Teluk Intan
(Teluk Anson)
フレイザーズ・ヒル
Fraser's Hill P.126
ラウブ
Raub
パハン州
PAHANG
ブセラ
Beserah
クアンタン
Kuantan P.247
セランゴール州
SELANGOR
P.125
ゲンティン・ハイランド
Genting Highlands
ベントン
Bentong
クアラ・クブ・バル
Kuala Kubu Baharu
Mentakab
Maran
Pekan
The Chateau Spa & Organic Wellness Resort
テメルロー
Temerluh
Karak
チニ・レイク
Chini Lake
P.253
クアラ・セランゴール
P.114 Kuala Selangor
Rawang
ティアラサ・エスケープ・グランピング・リゾート
Tiarasa Escapes Glamping Resort P.41
クアラルンプール
Kuala Lumpur P.45
クアラ・ガンダー ゾウ保護区
Kuala Gandah Elephant Sanctuary
P.112 シャー・アラム
Shah Alam
プタリン・ジャヤ
Petaling Jaya
ケタム島
Pulau Ketam
クラン
Kelang
Kajang
Lanjut
ティオマン島
Pulau Tioman
P.180
ヌグリ・スンビラン州
NEGRI SEMBILAN
Kuala Rompin
マラッカ海峡
Strait of Malacca
Morib
クアラルンプール国際空港
P.52 KLIA & KLIA2
セレンバン
Seremban P.115
Padang Endau
Pulau Seriburat
Pulau Pemanggil
タンピン
Tamping
スガマッ
Segamat
Pulau Rawa
P.116 ポート・ディクソン
Port Dickson
グマス
Gemas
Endau Rompin National Park
メルシン
Mersing
P.254
Pulau Aur
Tg.Tuan
Alor Gajah
Pulau Tinggi
Jemaluang
Tg.Kling
シブ島
Pulau Sibu
P.257
P.206 マラッカ(ムラカ)
Malacca(Melaka)
Umbai
Pulau Besar
ジョホール州
JOHOR
マラッカ州
MELAKA
ムアル
Muar
Yong Peng
クルアン
Keluang
高速道路
Ayer Hitam
バトゥ・パハ
Batu Pahat
P.220
コタ・ティンギ
Kota Tinggi
クライ
Kulai
ドゥマイ
Dumai
スマトラ島
Sumatera
ポンティアン・クチル
Pontian Kecil
P.221
ジョホール・バル
Johor Bahru
デサル
Desaru P.257
ククップ
Kukup
ククップ島
Pulau Kukup
タンジュン・ピアイ
Tg.Piai
シンガポール
SINGAPORE
Pulau Batam
Pulau Bintan

クアラルンプール中心部交通マップ

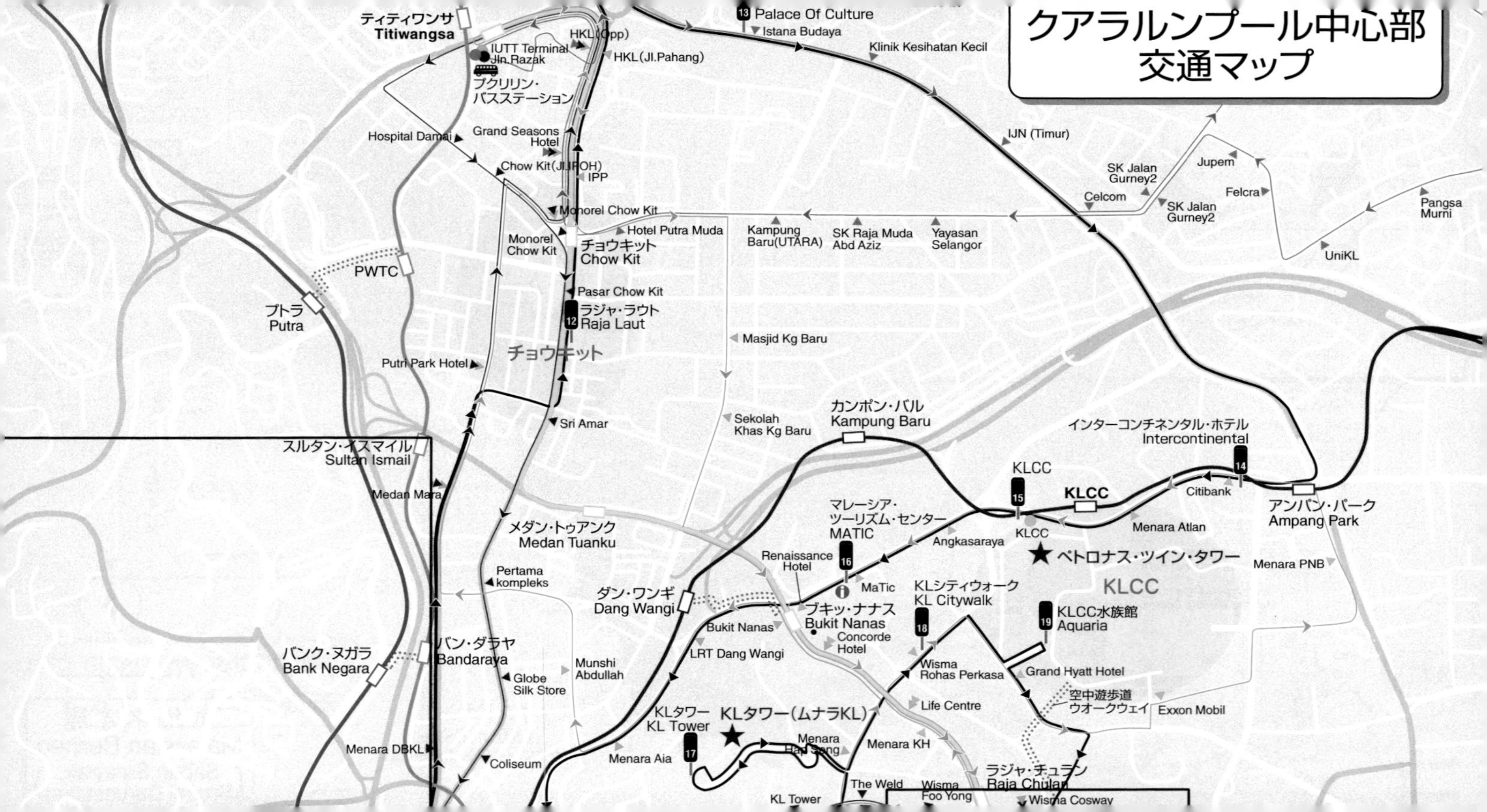

地球の歩き方 D19　2023～2024年版

マレーシア ブルネイ

Malaysia Brunei Darussalam

COVER STORY

発展著しいマレーシアの首都クアラルンプール。コロナ禍でも町は進化を続けていました。町のシンボル、ペトロナス・ツイン・タワー近くに完成したサロマ・リンクという橋はその代表。夕暮れとともに国旗のカラーに美しく輝き、すでに新たな観光名所となっています。多民族国家マレーシアにとって国旗は統一の象徴。印象的な色は旧宗主国のイギリス国旗に由来しますが、青には困難に屈せず前へ進む国民の団結の意味もあるのだそうです。

地球の歩き方 編集室

CONTENTS

コラム

Column

出発前に必ずお読みください！

クアラルンプール町歩きで注意したいこと…106
外務省危険情報…311　旅のトラブル…386

歩き方の使い方

略号と記号について

本文中および地図中に出てくる記号は以下のとおりです。

ガイド部

紹介エリアへ交通機関を使用しての行き方

飛行機
鉄道
バス
タクシー
モノレール
フェリー
ボート

エリアの概要

エリアの歩き方

- 住 住所
- ☎ 電話番号
- 携 携帯電話番号
- ☏／Free フリーダイヤル
- 予 現地以外の予約先
- 問 問い合わせ先
- URL ホームページアドレス
- E 電子メールアドレス
- 開 開館時間
- 営 営業時間
- 休 休日
- 料 料金
- CC 使用可能なクレジットカード
  - A：アメリカン・エキスプレス
  - D：ダイナースクラブ
  - J：JCB
  - M：マスターカード
  - V：ビザ

※子供料金について：特に記載がないかぎり0〜12歳が対象。

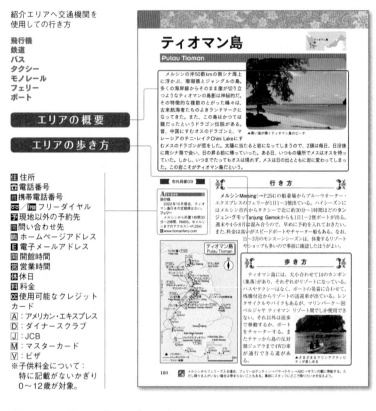

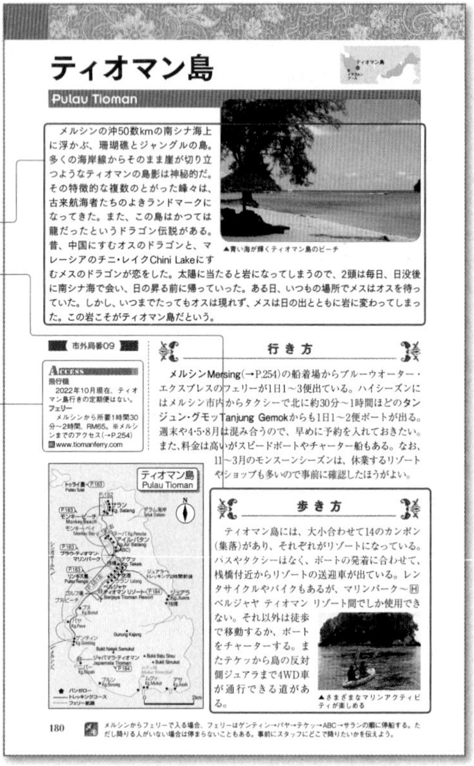

ティオマン島

Pulau Tioman

メルシンの沖50数kmの南シナ海上に浮かぶ、珊瑚礁とジャングルの島。多くの海岸線からそのまま崖が切り立つようなティオマンの島影は神秘的だ。その特徴的な複数のとがった峰々は、古来航海者たちのよきランドマークになってきた。また、この島はかつては龍だったというドラゴン伝説がある。昔、中国にすむオスのドラゴンと、マレーシアのチニ・レイクChini Lakeにすむメスのドラゴンが恋をした。太陽に当たると岩になってしまうので、2頭は毎日、日没後に南シナ海で会い、日の昇る前に帰っていった。ある日、いつもの場所でメスはオスを待っていた。しかし、いつまでたってもオスは現れず、メスは日の出とともに岩に変わってしまった。この岩こそがティオマン島だという。

▲青い海が輝くティオマン島のビーチ

市外局番09

ACCESS
飛行機
2022年10月現在、ティオマン島行きの定期便はない。
フェリー
メルシンから所要1時間30分〜2時間、RM65。※メルシンまでのアクセス（→P.254）
URL www.tiomanferry.com

行き方

メルシンMersing（→P.254）の船着場からブルーウオーター・エクスプレスのフェリーが1日1〜3便出ている。ハイシーズンにはメルシン市内からタクシーで北に約30分〜1時間ほどのタンジュン・グモッTanjung Gemokからも1日1〜2便ボートが出る。週末や4・5・8月は混み合うので、早めに予約を入れておきたい。また、料金は高いがスピードボートやチャーター船もある。なお、11〜3月のモンスーンシーズンは、休業するリゾートやショップも多いので事前に確認したほうがよい。

歩き方

ティオマン島には、大小合わせて14のカンポン（集落）があり、それぞれがリゾートになっている。バスやタクシーはなく、ボートの発着に合わせて、桟橋付近からリゾートの送迎車が出ている。レンタサイクルやバイクもあるが、マリンパーク〜Hベルジャヤ ティオマン リゾート間でしか使用できない。それ以外は徒歩で移動するか、ボートをチャーターする。またテケッから島の反対側ジュアラまで4WD車が通行できる道がある。

▲さまざまなマリンアクティビティが楽しめる

ティオマン島 Pulau Tioman

180 メルシンからフェリーで入る場合、フェリーはゲンティン→パヤ→テケッ→ABC→サランの順に停船する。ただし降りる人がいない場合は停まらないこともある。事前にスタッフにどこで降りたいかを伝えよう。

ホテル、レストラン、ショップ、スパ

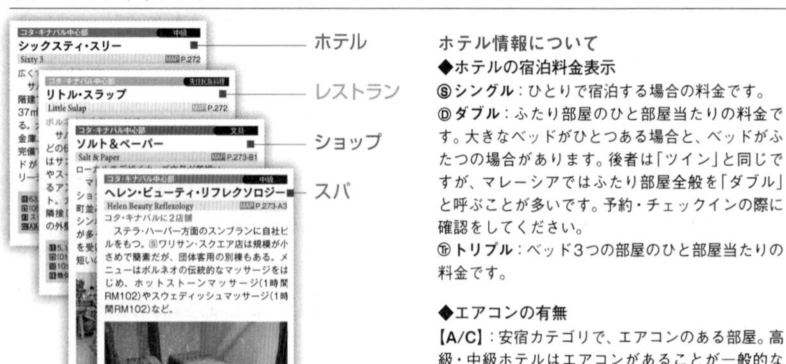

コタ・キナバル中心部 中級
シックスティ・スリー
Sixty 3
リトル・スラップ
Little Sulap
ソルト＆ペーパー
Salt & Paper
ヘレン・ビューティ・リフレクソロジー
Helen Beauty Reflexology
コタ・キナバルに2店舗
ステラ・ハーバー方面のスンブランに自社ビルをもつ。Sワリサン・スクエア店は規模が小さめで簡素だが、団体客用の別棟もある。メニューはボルネオの伝統的なマッサージをはじめ、ホットストーンマッサージ（1時間RM102）やスウェディッシュマッサージ（1時間RM102）など。
ホテル
レストラン
ショップ
スパ

ホテル情報について

◆ホテルの宿泊料金表示

Ⓢシングル：ひとりで宿泊する場合の料金です。

Ⓓダブル：ふたり部屋のひと部屋当たりの料金です。大きなベッドがひとつある場合と、ベッドがふたつの場合があります。後者は「ツイン」と同じですが、マレーシアではふたり部屋全般を「ダブル」と呼ぶことが多いです。予約・チェックインの際に確認をしてください。

Ⓣトリプル：ベッド3つの部屋のひと部屋当たりの料金です。

◆エアコンの有無

【A/C】：安宿カテゴリで、エアコンのある部屋。高級・中級ホテルはエアコンがあることが一般的なので、エアコンの部屋の【A/C】表記は省略している。

地　図

観光案内所
空港　バスステーション
タクシー乗り場
ボート／フェリー乗り場(ジェティ)
ガソリンスタンド　銀行
ホテル　レストラン
屋台　バー／ディスコ
ショップ
市場　映画館
郵便局　電話局
警察署　病院
大使館
モスク(イスラム寺院)
中国寺院
ヒンドゥー寺院
キリスト教会
ワット(タイ寺院)
山　滝　温泉
ゴルフコース
ダイビングショップ
ダイビングスポット
スノーケリングスポット

住所の表記について

各地域の見どころやホテル、ショップ、レストランなどの施設の住所は、原則として都市名が省略してあります。郵便を出す場合は、掲載住所の後ろに都市名と国名(Malaysia)を追加してください。

ページ下に入っている情報

はみ出し情報として、各ページ下にそのページに関した情報が入っている場合があります。はみ出し情報は編集部からと読者からのふたつにアイコンで分かれています。

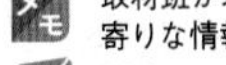

取材班が現地調査中に感じたことや耳寄りな情報

読者からの投稿

ⓈⒹなどのマークのないホテル料金について

ホテルでⓈⒹなどのマークがない部屋は、部屋名などのカテゴリーで分けられているホテルです。それらにはシングルとダブルの両方ありますが、基本的にはダブルのひと部屋当たりの料金を表示しています。

掲載情報のご利用に当たって

編集部では、できるだけ最新で正確な情報を掲載するように努めていますが、現地の規則や手続きなどがしばしば変更されたり、またその解釈に見解の相違が生じることもあります。このような理由に基づく場合、または弊社に重大な過失がない場合は、本書を利用して生じた損失や不都合などについて、弊社は責任を負いかねますのでご了承ください。また、本書をお使いいただく際は、掲載されている情報やアドバイスがご自身の状況や立場に適しているか、すべてご自身の責任で判断のうえご利用ください。

現地調査および調査期間

この本は2022年8~10月の取材に基づいて作られており、記載の住所、料金などのデータは基本的にこの時点のものです。その後、時間の経過とともにデータの変更が生じることが予想されます。そのことをお含みおきのうえ、現地で最新の情報を入手されることをおすすめします。

発行後の情報の更新と訂正、旅のサポート情報について

発行後に変更された掲載情報や訂正箇所は、『地球の歩き方』ホームページ「更新・訂正情報」で可能なかぎり案内しています（ホテル、レストラン料金の変更などは除く）。また、「サポート情報」もご旅行の前にお役立てください。
URL www.arukikata.co.jp/travel-support/

投稿記事について

投稿記事には✉マークを付けて取材情報と区別しています。記事の最後に(東京都　○○花子　'18)とあるのは、投稿者の旅行した年を表しています。投稿に含まれる料金などのデータは編集部が原則として追跡調査を行い、調査済みの投稿は(東京都　○○花子　'18)['22]と、再調査年度を明記した表示になっています。

■新型コロナ感染症について

2020年3月より新型コロナウイルス(COVID-19)が感染拡大し、2023年2月現在も収束したとはいえない状況です。渡航計画前に必ず、外務省のウェブサイトで感染症危険情報の確認、マレーシアへの入国条件につきましてはマレーシア政府観光局のウェブサイトで確認ください。なお、掲載物件の多くは非常時対応になっており、状況は日々変わっています。各施設の公式SNS、Google Map、ウェブサイトなどで最新情報を確認ください。
◎外務省　海外安全ホームページ・マレーシア危険情報
URL www.anzen.mofa.go.jp/info/pcinfectionspothazardinfo_017.html#ad-image-0

Malaysia
マレーシア

都市と自然、民族、文化が融合した鮮やかな国へ

古くは大航海時代から、風に運ばれた貿易船が港に集まりアジアとヨーロッパを結ぶ交差点であったこの土地は、今なお、さまざまな文化や民族であふれている。東南アジア有数の都市であるクアラルンプール。世界最古の熱帯雨林といわれるボルネオ島のジャングル。至福のひとときを約束するアイランド・リゾート。地域による違いだけではなく、食べ物をとってみても、マレー、中国、インド、ニョニャ料理と多彩で、その味わいは私たちの舌を飽きさせることがない。多様な文化が重なり合い、民族や信仰という壁を越えて共存しているこの国の人たちは、旅人をもあたたかい笑顔で迎え入れてくれるだろう。

1 高層ビルが立ち並ぶクアラルンプール KLCC周辺とモスクや古い建物が今なお残るカンポン・バルをつなぐ巨大な橋サロマ・リンク・ブリッジ　2 海に浮かぶマラッカ・ストレイツ・モスク。ステンドグラスが陽の光を受けて輝く。夜はライトアップされる　3 マレーシア最大のヒンドゥー教の聖地、バトゥ洞窟。272段の階段は2018年に色鮮やかな蛍光色に塗り替えられた　4 マレーシアの国民食、ナシ・ルマッ。ココナッツミルクで炊いたごはんと付け合わせとのハーモニーをぜひ試してみたい　5 マレー半島の東海岸沖に浮かぶラン・トゥンガ島のビーチ。周辺の海は海洋公園に指定されており、すばらしい透明度でダイバーに人気がある　6 大自然が残るネイチャーアイランド「ランカウイ島」　7 世界遺産の町、マラッカをリバークルーズする。次々と現れるカラフルな建物から目が離せない

マレーシアの基本情報

▶マレーシアの民族 → P.400
▶マレーシアの宗教と祝祭日 → P.402
▶マレー語サバイバル会話術 → P.403

国　旗
左上はイスラム教の象徴である月と星を表し、赤と白の線はマレーシアの13の州と、首都のクアラルンプールを表現している。

正式国名
マレーシア
Malaysia

面　積
33万km²（日本の約0.9倍）

人　口
3300万人（2022年）

首　都
クアラルンプール
Kuala Lumpur（KL）

元　首
アブドゥラ第16代国王
Abdullah

政治体制
立憲君主制（議会制民主主義）。元首は国王だが政治的実権はほとんどない。

民族構成
マレー系69%、中国系23%、インド系7%、そのほか1%。

宗　教
国教はイスラム教。ほかに仏教、ヒンドゥー教、キリスト教など。

言　語
国語はマレー語だが、英語もよく通用する。ほかに中国語、タミル語など。

通貨と為替レート

RM

▶旅の手続き →P.388

通貨単位はマレーシア・リンギット（RM）。補助単位はマレーシア・セン（¢）。1リンギットは100セン。RM1＝約31.22円（2022年10月12日現在）。

両替は銀行か、町なかにある公認の両替商で。ホテルでの両替も可能だが、レートは悪い。

通貨の種類
紙幣：100、50、20、10、5、1（RM）
硬貨：50、20、10、5（¢）

RM100

RM50

RM20

RM10

RM5

RM1

50¢

20¢

10¢

5¢

電話のかけ方

▶電話とインターネット →P.385

日本からマレーシアへのかけ方　（例）クアラルンプール ☎(03)1234-5678 へかける場合

事業者識別番号 **0033**（NTTコミュニケーションズ） **0061**（ソフトバンク） 携帯電話の場合は不要 ＋ 国際電話識別番号 **010** ※ ＋ マレーシアの国番号 **60** ＋ 市外局番（最初の0は取る） **3** ＋ 相手先の電話番号 **1234-5678**

※携帯電話の場合は010のかわりに「0」を長押しして「+」を表示させると、国番号からかけられる
※NTTドコモは事前にWORLD CALLの登録が必要

メモ　クアラルンプールの市外局番は(03)。東京都区内と同じでまぎらわしいため、クアラルンプールに関しては原則として市外局番の前に「現地」と入れている。ただし、ホテル、ショップ、レストランのページには入れていない。

入出国

観光目的で90日以内の滞在であればビザは不要。パスポートの残存有効期間は入国時6ヵ月以上必要。未使用査証欄が2ページ以上（原則として連続）必要。入国時に指紋認証あり。

▶旅の手続き
→ P.388

日本からのフライト時間

直行便で約7時間。クアラルンプールへの直行便はマレーシア航空と日本航空、全日空、エアアジアX、バティック・エア・マレーシアが運航している。また、コタ・キナバルへの直行便もある。

▶マレーシアとブルネイへの道
→ P.370

気　候

クアラルンプールと東京の気温と降水量

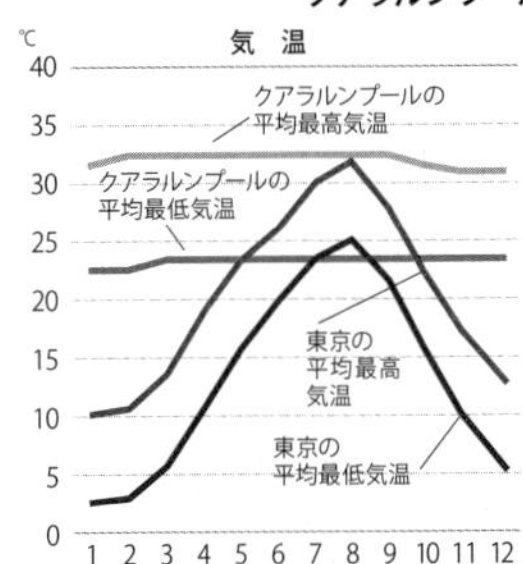

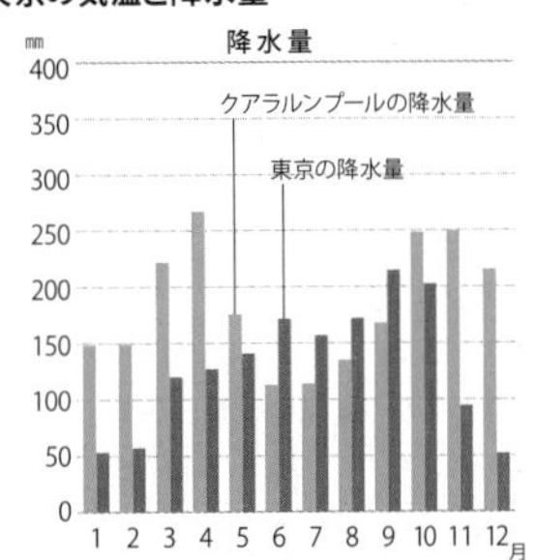

マレーシアは熱帯気候に属し、マレー半島東部やボルネオ島は、10～3月が雨季となる。西部では3～4月初旬、10～11月が雨季となるが、東海岸ほど雨は多くない。

東京のデータは「気象庁気象統計情報」、クアラルンプールのデータは「マレーシア政府観光局」より。

ビジネスアワー

公共機関
月～木曜　8:00～12:45、14:00～16:15
金曜　8:00～12:45、14:45～16:15
土曜　8:00～12:45
日曜、祝日は休日
※マレー半島東海岸では金曜が休日となることもある。

銀　行
月～金曜　9:00～16:00
土・日曜、祝日は休日

商　店
月～土曜　9:00～19:00
日曜は休日
※デパートやショッピングモールは10:00～22:00が基本だが、開店時間よりも遅く始まることが多いので、午前中は注意。

マレーシアから日本へのかけ方　（例）☎東京(03)1234-5678へかける場合

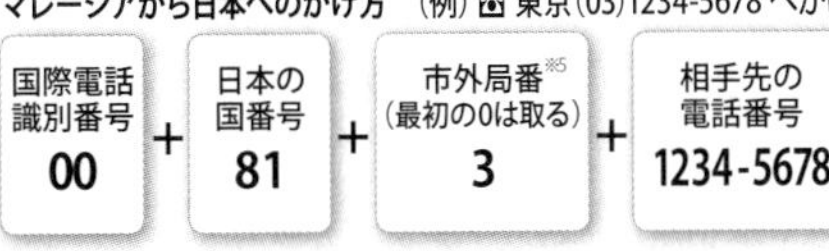

※5 携帯電話などへかける場合も「090」「080」などの最初の0を除く

▶マレーシア国内通話のかけ方
町なかの公衆電話は、RM0.10以上の硬貨か、各電話会社のテレホンカードで使用することができる。受話器を取り、硬貨またはテレホンカードを入れ、相手先の電話番号を押せばよい。携帯電話の普及とともに、町なかの公衆電話が撤去されていたり、壊れたままになっていることも多いので注意しよう。

メモ　携帯電話の3キャリアは「0」を長押しして「＋」を表示し、続けて国番号からダイヤルしてもかけられる。

時差とサマータイム

日本より1時間遅い。日本が12:00のときマレーシアは11:00。また、サマータイムはない。
マレーシアとタイにも時差がある。マレーシアはタイより1時間早い。国境をまたぐ場合は注意すること。一方、シンガポールとの時差はない。

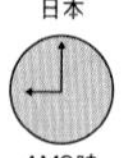

祝祭日（2023年）

▶マレーシアの宗教と祝祭日→P.402

1月	1日	新年
	22～23日	中国暦新年＊
4月	22～23日	ハリラヤ・プアサ（断食明け大祭）＊
5月	1日	メーデー
	5日	ウェサックデイ（釈迦聖誕祭）＊
6月	3日	国王誕生日
	28日	ハリラヤ・ハジ（犠牲祭）＊
7月	19日	イスラム暦新年＊
8月	31日	国家記念日
9月	16日	マレーシア・デイ
	27日	ムハンマド聖誕祭＊
11月	12日	ディーパバリ（ヒンドゥー灯明祭）＊
12月	25日	クリスマス

年によって異なる移動祝祭日（＊印）に注意。

電圧とプラグ

電圧は220～240V、50Hz。コンセントは3つ穴のBFタイプが多く、100-240V対応でない日本の電化製品を使用するときは変圧器と変換プラグが必要。

ビデオ＆DVD方式

マレーシアのビデオ方式はPAL式、DVDのリージョンコードは[3]。一方、日本のビデオ方式はNTSC式、DVDのリージョンコードは[2]。日本のVHSやDVDをマレーシアで、もしくはマレーシアのものを日本で再生する場合には、ソフト、プレーヤー両方のビデオ方式とリージョンコードが一致しなければならない。最近ではリージョンフリーのDVDをパソコンで再生できることも多い。コピー商品が多いので、くれぐれも購入することのないように気をつけたい。

郵　便

日本へのエアメールは、はがきRM0.90、封書は20gまでがRM6.10で、10gごとにRM2.20が加算される。5～11日ほどで日本へ届く。

チップ

基本的にチップの習慣はないが、観光地では習慣となりつつある。観光地で気持ちのよいサービスを受けた場合、すんなりとチップを渡せるとスマートだ。ポーターにはRM10くらいを目安に。ホテルやレストランで、サービスチャージ10%（SST）が料金に含まれている場合は不要。

飲料水

▶旅のトラブル→P.386

水道水は避ける。ミネラルウオーターを飲用したほうがよい。レストランで有料の水を頼むと通常はペットボトルのミネラルウオーターが出てくる。部屋に置いてあるポットには水道水が入っている場合がほとんどなので注意。

税関

TAX

入国に際して、酒類1本（1ℓ程度）は無税で持ち込める。たばこは紙、葉巻、電子等、全て課税（1本RM0.6）。お金はUS$1万（約106万円）相当以上持ち込む場合は税関に申告が必要。また、猥褻物の持ち込みは厳禁、麻薬の持ち込みは旅行者といえども死刑を含む極刑が科せられる。

税金

2017年9月より観光税（Tourism Tax）が導入された。宿泊する際、1室1泊につきRM10が宿泊料金に加算される(総数4室以下の宿泊施設は除外)。ペナン島、ランカウイ島、マラッカに関しては、すでに導入されている各都市の税額も加算される。消費税に近い売上サービス税Sales & Services Tax(SST)があり、宿泊や飲食代などに5%または10%課税される。

安全とトラブル

▶旅のトラブル
→P.386

マレーシアは比較的治安のよい国だが、旅行者はスリや置き引き、いかさま賭博などに巻き込まれないように十分注意したい。

2022年10月現在、日本の外務省は、サバ州東側の島嶼部および周辺海域、また、サバ州東海岸のうちサンダカン、ラハ・ダトゥ、クナおよびセンポルナ周辺地域に「レベル3：渡航は止めてください（渡航中止勧告)」を、サバ州東海岸のうち上記以外の地域に「レベル2：不要不急の渡航は止めてください」という危険情報を発出している。(詳細→P.311)

都市部においてスリや置き引き、引ったくり、いかさま詐欺などのトラブルに遭う旅行者が多い。特にいかさま賭博詐欺（→P.106）には十分注意しよう。

マレーシア国内には特段の旅行制限区域はないが、軍事関連施設や宗教施設のなかには立ち入りを禁じている場所もある。写真を撮る際は被写体となる施設や人物によっては問題となることもあるので、事前にひと声かけておくとトラブルを防ぐことができる。

マレーシアでは麻薬等違法薬物に対する規制も厳しく、違反した場合の法定刑は非常に重い。麻薬などの違法薬物の使用や売買に関わったり、また知り合いであっても中身のわからないものを安易に預かったり、日本その他への運搬に手を貸すなどはやめておこう。

●警察、救急、消防 ☎999

●在マレーシア日本国大使館
MAP P.51-D2
住 No. 11, Persiaran Stonor, Off Jl. Tun Razak, 50450 Kuala Lumpur
☎ 現地 (03) 2177-2600
URL www.my.emb-japan.go.jp

インターネット

▶電話とインターネット
→P.385

マレーシアのインターネット環境はエリアによって変わる。都市部のホテルやカフェでは無料Wi-Fiが普及しており、使い勝手もよい。地方でも空港、ホテルやレストラン、カフェなど、限定されたエリアではある程度通じる。マクドナルドやスターバックスなどのチェーン店ではパスワードを無料で配布しているので、カウンターで聞いてみよう。

パソコンやスマートフォンを持参して、頻繁にネットを利用したい人は、日本国内で有料Wi-Fiをレンタルするのもひとつの手だろう。価格や利用プランなどは、会社によっても違うため、比較検討してから決めよう。

普段使っているスマートフォンを現地でネット接続する場合、SIMフリーのスマホであれば、現地のSIMカードが利用できる。現地空港の到着ロビーやショッピングモールには現地電話会社の店があり、SIMカードが販売され、SIMカードを差し替えるだけで利用できる。SMSを含む通話利用に限定するならRM30～（利用期間は3ヵ月が基本)。インターネットも利用するなら、プランにより価格が変わるので、現地での滞在日数や利用頻度、速度に合わせて選ぶとよい（RM65／30日の使い放題など)。利用期間の延長やチャージができるものもあるので購入時に販売カウンターで確認して購入しよう。とくにGrabを利用する人は、スマホのネット接続はマスト。

マレーシア オリエンテーション

総面積約33万km^2。日本よりひと回り小さい国土をもち、多様な自然と民族に彩られたマレーシアは、エリアによって旅の楽しみ方も違ってくる。本書では、クアラルンプール、クアラルンプール周辺&高原リゾート、マレー半島／西海岸・南部、マレー半島／東海岸・内陸部、アイランド・リゾート、ボルネオ島の6つのエリアに分けて紹介している。

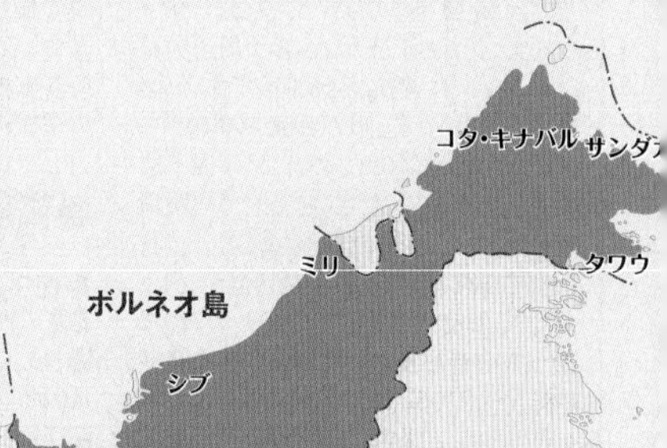

マレーシアの国旗

アメリカの国旗にどこか似ているデザイン。赤と白の13本のストライプは独立時の13州を表す。月と星はおなじみのイスラムのシンボル。

多民族多宗教国家

マレーシアは、マレー人、中国人(華人)、インド人の3大民族を中心に、ビダユ族などそのほかの先住民族で構成されている。おのおのの宗教の信仰の自由が保障されており、基本的には平和的に共存している。

1 クアラルンプール(KL)

➡P.45

マレーシアの首都。人口177万人を誇るアジア有数の大都会。ツイン・タワーやKLタワーなど近代的な建物が建ち並ぶ。ゴージャスな5つ星ホテルにステイしたり、ブランドショッピングに出かけたり、楽しみ方はさまざま。

 ※ベストシーズンは1年中　雨季 8月、11～2月

2 クアラルンプール周辺&高原リゾート

➡P.107

クアラルンプールの喧騒から車で1時間も走れば、そこにはまだ自然が残っている。高原地帯はもとはイギリス人の避暑地として開発された町。キャメロン・ハイランドなどは長期滞在(ロングステイ)のメッカとなっている。

乾季 4～7月　雨季 11～3月

3 マレー半島／西海岸・南部

➡P.185

一番歴史のある町マラッカ、シンガポールとの国境ジョホール・バルなど、マレーシアの経済は西海岸を中心に発展してきた。マレーと中国の文化が混ざり合ったババ・ニョニャ文化にも注目してみたい。

乾季 11～3月　雨季 4～10月

4 マレー半島／東海岸・内陸部

➡P.229

マレーシアのなかでも最もマレー文化が色濃く残っている地域。ウミガメの姿も見られる南シナ海の島々や海岸線は、新しい旅のデスティネーションとして人気が高まってきている。11～3月はモンスーン期に入る。

乾季 4～9月　雨季 11～3月

5 アイランド・リゾート

➡P.127

海に囲まれたマレーシア周辺には多くの島々が浮かんでいる。本書では旅行者に特に人気の高い、ペナン島、ランカウイ島、パンコール島、ティオマン島をピックアップしている。ティオマン島のみベストシーズンが3～9月となるので注意。

乾季 11～4月　雨季 5～9月

※ティオマン島は3～9月がベストシーズン。

6 ボルネオ島

➡P.265

世界的にも貴重な原始の熱帯雨林が広がっており、オランウータンやテングザル、ラフレシアなど珍しい動植物が生息している。ジャングルトレッキングやダイビングなど、ほかでは味わえないアクティブな旅が楽しめる。

乾季 4～9月　雨季 11～3月

(太陽)＝乾季　(傘)＝雨季

※快適な旅行ができるように便宜上乾季と雨季に分けているが、マレーシアでは1年をとおして温暖な気候が続く。雨季でも、夕方にスコールが降る程度。

見て、体験して、楽しもう！

今クアラルンプールでしたい5つのこと

新型コロナ禍における3度のロックダウンを乗り越えたクアラルンプールは
ローカルに向けたツーリズムから活気を取り戻し、新名所やおしゃれカフェが続々登場。
衛生管理が徹底され、ホスピタリティも向上するなど
以前にも増して旅人を魅了する町になっている。

Kuala Lumpur 1 Discovery

最旬のフォトスポットを巡る

2020年2月に開設されたサロマ・リンク・ブリッジ。高層ビルが立ち並ぶKLCC地区とマレー系居住区のカンポン・バルを結ぶ全長68mの巨大な橋で、ペトロナス・ツインタワーとともに夜空を彩るビュースポットだ。また、人気の観光地チャイナタウンにはウォールアートが登場。1960年代の華人の生活が描かれていて、タイムスリップ気分が味わえる。

Saloma Link Bridge

1

2

3

アンパン通り側からサロマ・リンク・ブリッジを渡り、ツインタワーに向かって振り返った場所が撮影ポイント。サロマとは1960年代に活躍した歌手の名前で、夫は伝説の映画スター、P.ラムリー。すぐ近くに彼の墓もある。

1 橋とツインタワーの間にある黄金色のビルはパブリック銀行のオフィス　2 橋のデザインはマレーシアの伝統的な結婚の儀式で使われるシレーの葉がモチーフ　3 夜はライトアップされ、青、緑、国旗カラーなどに色がチェンジ

サロマ・リンク・ブリッジ

Saloma Link Bridge

MAP P.72-B1外　住 AKLEH, Kampung Baru

戦前からある古びた建物の壁に多数の絵が描かれ、路地をぐるりと巡る構造になっている。広東語でいたずらっ子を"鬼仔"（クワイ・チャイ）と呼び、そんな子供たちが暮らしていたエリアだとか。童心に帰って写真を撮ろう。

1 ビー玉で遊ぶ子供、理髪店、食堂など、さまざまな場面の絵が並ぶ　2 書家は縁起のいい四字熟語をしたためたり、字が書けない人の代筆業を行ったりしていた

クワイ・チャイ・ホン　Kwai Chai Hong

MAP P.83-B2　住 Lorong Panggung, Chinatown

2018年にオープンしたショッピングモール「The LINC KL」内にあるインスタレーション。4万1200個のカラフルな折り紙がカーテンのように天井から吊られている。ほかに、虹色の階段、幸せを運ぶフクロウなどアートが多数。

1 40色の紙で折られているのは鳩で、平和や調和を表現
2 虹色の階段を照らす明かりが雨のしずくのよう

ザ・リンク・KL　The LINC KL

MAP P.73-D1　DATA P.38

ここもチェック!

青青 Pandan Republic

クワイ・チャイ・ホン入口の隣にあるカフェ。ビタミンカラーの外観がフォトジェニック。

パンダン・リパブリック
Pandan Republic

MAP P.83-B2　住 No.6, Lorong Panggung
営 12:00～18:00　休 水

REXKL

若者に人気のアート施設。本の世界に入り込んだようなアートな空間演出は見応えがある。

レックスKL
REXKL

MAP P.82-B1　住 80 Jl. Sultan　営 10:00～22:00（火・水・日）、10:00～24:00（木～土）　休 月

モスクでイスラム建築の美に浸る

マレーシアには多くのモスクがあり、観光客でも中を見学することができる。繊細なイスラム文様、ドーム型の屋根やミナレットの造形美にうっとりしてしまう。なかでもピンクとブルーに彩られたふたつのモスクは必見。行政都市プトラジャヤのピンクモスクはメルヘンな印象。セランゴール州のブルーモスクは青と白のコントラストが神秘的な美しさだ。どちらもKLセントラル駅から鉄道とタクシーで1時間程度で行ける。

Pink Mosque (→P.111)

ローブも
ピンク!

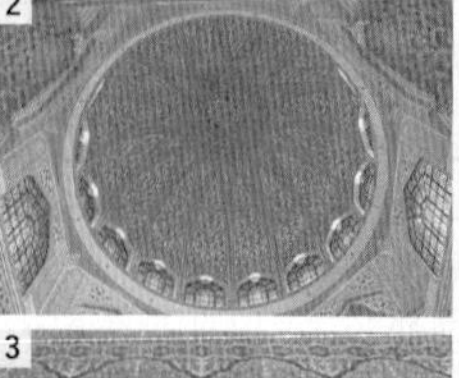

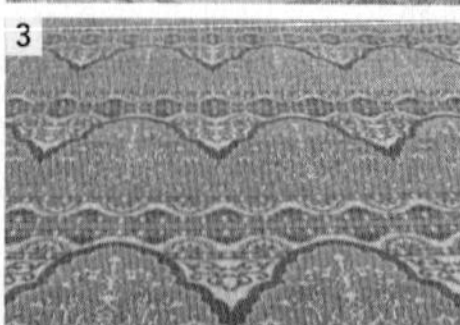

1 正式名称はマスジッド・プトラMasjid Putra。バラ色の花崗岩を使って建てられていて、モスク内部も美しいピンク
2 幾何学的な模様が反復して描かれるアラベスク文様
3 絨毯もピンク
4 総工費が約63億円という壮大なスケール

Blue Mosque

(→P.113)

1 壁に埋め込まれた青色のタイル　2 ステンドグラスやシャンデリアなど光を意識した美しい装飾　3 白を基調とした大回廊は大理石のひんやりとした感覚が気持ちいい　4 ガイド付きで内部を巡るので何でも聞いてみよう

女性は青色のローブとスカーフを着用してガイドツアーに参加する。イスラム教の礼拝の仕方なども教えてくれる

風情ある注目の2エリアを散策する

クアラルンプールに訪れたら、絶対に外せないふたつのエリア。若者が集まるチャイナタウンと歴史あるコロニアル建築物が立ち並ぶマスジッド・ジャメ駅周辺だ。どちらのエリアもこの数年で格段に歩きやすく整備され、案内板や撮影スポットも充実。昼間は暑いので、比較的涼しい午前中に向かうか、カフェで休憩を挟みながら散策してみよう。

チャイナタウンでアートとカフェ巡り Jalan Jalan Chinatown

Jalan Jalanとは散歩のこと

今、KL で最もホットなエリア。ウォールアートの出現を機に、おしゃれカフェやナイトスポットが次々に登場。特にスルタン通りの南側を回ってみよう。

DATA P.82

いざ出発！

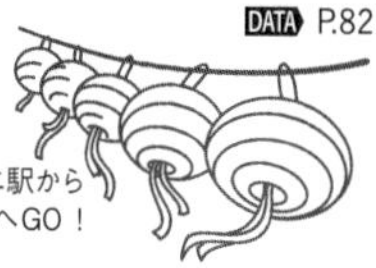

パサール・スニ駅からスルタン通りへGO！

徒歩5分

QRコードにスマホのカメラをかざすと、作品の説明や情景に合わせた音が流れる

海老しゅうまい(RM9)、エッグタルト(RM2.70)

ウォールアートでノスタルジーに浸る

昔の華人街を壁画で再現。リアルな椅子などを組み合わせて 3D の世界をつくり出している。

DATA P.17

「品泉」で点心とエッグタルト

4 世代にわたる老舗の中国菓子店。大理石のテーブル、木枠の灯篭などを設えた風情ある店内。

DATA → P.34

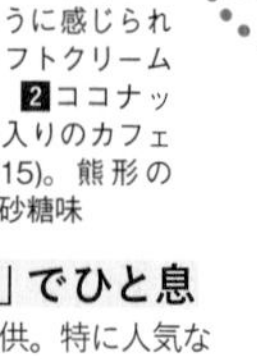

1 パンダンの香りがメロンのように感じられる濃厚ソフトクリーム(RM13)　2 ココナッツミルク入りのカフェラテ(RM15)。熊形の氷は椰子砂糖味

ホームメイドカフェ「青青」でひと息

伝統の味を現代風にアレンジして提供。特に人気なのはパンダン味のソフトクリーム。

DATA P.17

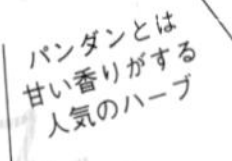

パンダンとは甘い香りがする人気のハーブ

徒歩3分

缶入りチョコレート、カカオ含有率70%チョコバー、クッキーなど豊富な品揃え

人気のチョコレート店でショッピング

マレーシア産のチョコブランド「ベリーズ」のカフェ＆ショップ。おみやげにも最適。

DATA P.35

1ツインタワーや花などさまざまな絵柄から好きなデザインを選べる　2そのほか似顔絵体験やヘナアート、印章作りのコーナーも

カラフルなバティック染め体験

「セントラル・マーケット」で伝統工芸のバティック作り。作品は旅の思い出にぴったり。

DATA P.84

徒歩5分

1映画『アンナと王様』でも使われた調度品の数々　2人気のデザート、ココナッツミルクがけドリアン（RM19.90）

アンティークの家具にうっとり

ニョニャ料理店「プレシャス」。オーナー私物の調度品や年代物のインテリアがすばらしい。

DATA P.94

徒歩8分

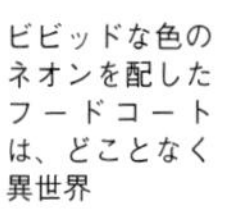

最新の文化の発信源「REXKL」

コンサートやイベントを開催。迷路チックな書店など独特の空間デザインも魅力。

DATA P.17

ビビッドな色のネオンを配したフードコートは、どことなく異世界

屋上のバー「Shhhbuuuleee」で超高層ビル「ムルデカ118」を眺めながら乾杯

徒歩5分

チャイナタウンの夜に乾杯

「フォー・ポインツ・バイ・シェラトン KL・チャイナタウン」のバーで、美しい夜景を堪能する。

DATA P.103

COLUMN

南国の知恵、ファイブ・フット・ウェイ

町全体の風景で注目したいのは、建物の道路側にある歩廊。日よけ、雨よけの役割がある歩行者用の公共道路で、南国ならではの構造。テーブルを置いて営業するレストランもある。5フィート幅のため、ファイブ・フット・ウェイと呼ばれる。

マスジッド・ジャメで歴史散歩
Historical Walk Masjid Jamek

イギリス統治時代に建てられたコロニアル建築物が集まっていて、まるでタイムスリップしたような気分が味わえるエリア。クアラルンプール発祥の地、ふたつの川の合流地点を中心に散策しよう。

GO!

マスジッド・ジャメ駅からムルデカ広場方面へ！

徒歩5分

クラン川沿いの建物の壁に描かれたアート

船で商品を運んだ貿易の歴史が描かれている

徒歩3分

銅製の丸いキューポラをもつ時計塔が印象的

橋を渡って歴史エリアへ。ちなみに、ここから見る夜のライトアップは幻想的(→P.78)

徒歩5分

イギリス人建築家によるムーア様式の建物

マレーシアに現存する植民地時代を代表する建物「スルタン・アブドゥル・サマド・ビル」。

DATA P.76

徒歩2分

1957年の独立宣言の場「ムルデカ広場」

国旗の掲揚塔は100mと世界一の高さ。マレーシア全州の旗がはためている。

DATA P.75

見事な技法の織物や色鮮やかな伝統布が並ぶ

「国立織物博物館」でテキスタイルに触れる

マレーシア全土の民族衣装を展示。1905年に建てられたイギリス人設計の建物も見どころ。

DATA P.77

COLUMN

案内版をチェック！

各名所には案内板が設置されていて、解説やQRコードが表示されている。QRコードはグーグルマップと連動しているので、現在の位置と次に見るべき名所への行き方がわかって便利。

1「アーチ」ブランドの木製の小物はおみやげに人気
2ギャラリー内のカフェではパンやケーキが楽しめる

学んで、お茶して、おみやげも

I ♡ KL が目印の「クアラルンプール・シティ・ギャラリー」。パネル展示や模型など見どころ多数。

DATA P.77

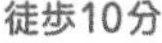

徒歩10分

市内最古のモスク「マスジッド・ジャメ」

ふたつの川の合流地点に立つクアラルンプールを象徴するモスク。レンガの壁が美しい。

DATA P.76

徒歩10分

インド商人が建てた歴史あるモスク

1863 年に建築。改装を重ねて今のモスクのサイズになり、3000 人以上の信者が集まる場に。

DATA **Masjid India**

住 Jl. Melayu　※外から眺めるのみ

ここもおすすめ☆フォトスポット

1マスジッド・ジャメ入口のアラビア文様
2イスラム建築の特徴であるアーチ型の構造
3アーチ型は石やレンガを積み上げる建築上の工夫から生まれた

徒歩10分

トゥンク・アブドゥル・ラーマン通りへ

小道にひっそりと描かれた昔の食堂を表現した壁画(MAP P.87-2B)

トゥンク・アブドゥル・ラーマン通りには昔ながらの3階建てのショップハウスが並ぶ

COLUMN

クアラルンプール発祥の地

クアラルンプールとは“泥の川が合流する場所”という意味で、クラン川とゴンバック川の合流地点を指す。数年前から、リバーフロントを再開発し、名所にするプロジェクト「River of Life」が進められている。

Kuala Lumpur 4 Discovery

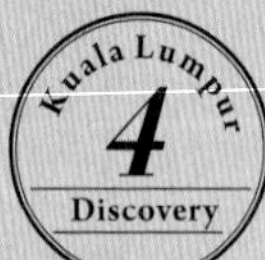

バトゥ洞窟でパワーをチャージ

クアラルンプールから北へ約10kmの場所にあるヒンドゥー教の聖地、バトゥ洞窟。黄金に輝いているのは、シヴァ神の息子であり、美や力の象徴として崇められているムルガン神の像。さらに272段の急な階段を上ると鍾乳洞があり、ヒンドゥー教の神々の像や奥の寺院には聖者スブラマニアンが祀られている。鍾乳洞に開いた穴から光が差し込み、神秘的だ。

1

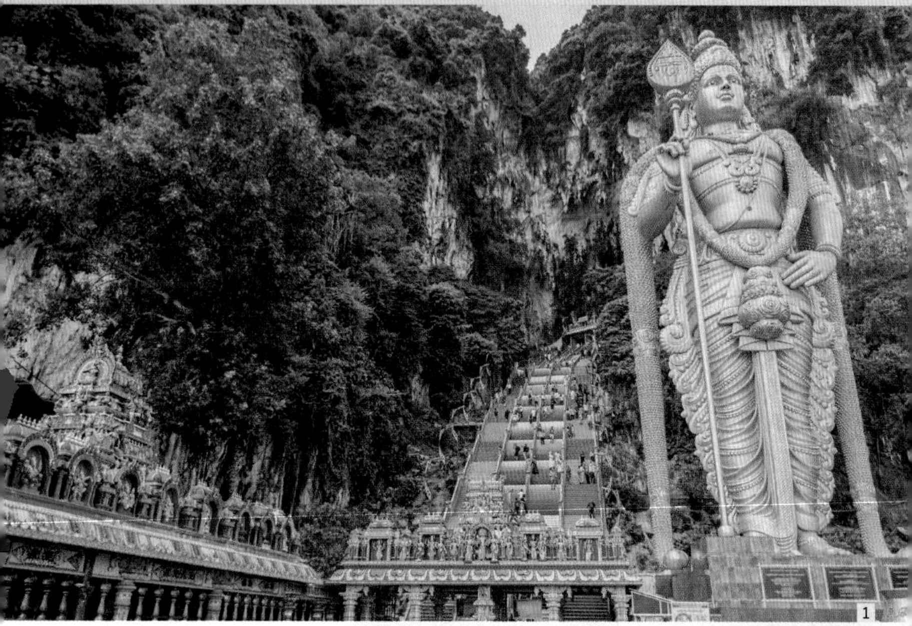

1 ムルガン神の像は約300ℓもの金を使って作られたという　2 自然の造形美を生かした洞窟寺院　3 財産、商売、学問の神といわれる頭部が象のガネーシャ　4 サルがいるので食べ物や帽子を取られないようにしよう

DATA →P.88

3

4

2

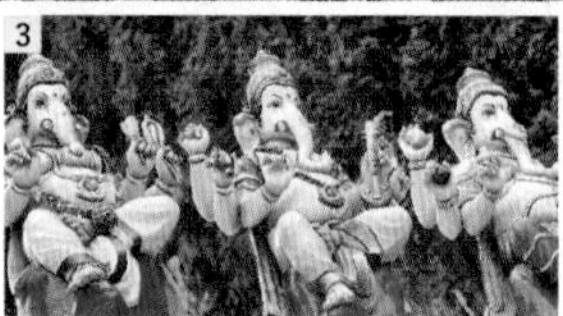

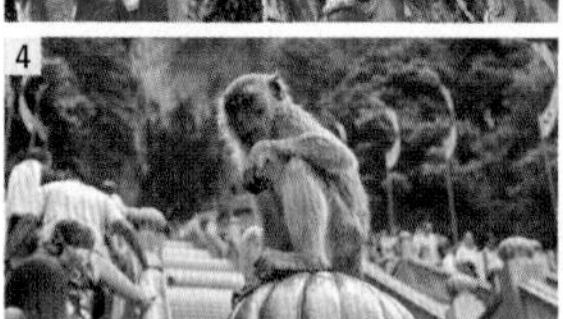

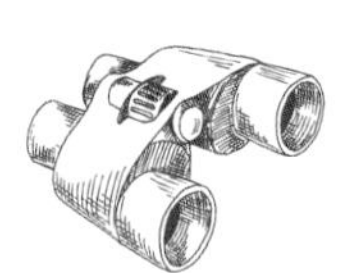

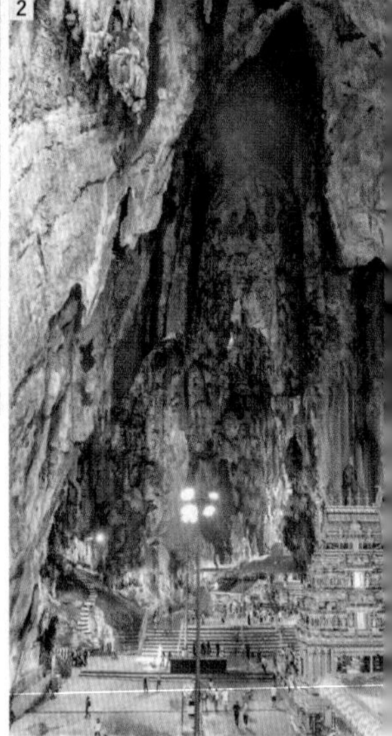

COLUMN

ヒンドゥー教の奇祭、タイプーサムとは？

信者は神への信仰心を表現するために、トランス状態で針を背中に刺したり、ミルクポットを頭の上に抱えたり、カバディという重い山車をひとりで背負うといった苦しみに耐えながら行進する。毎年1月下旬～2月初めに開催され、期間中はバトゥ洞窟へ多くの信者が集まる。

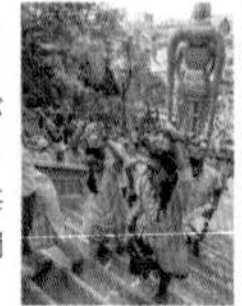

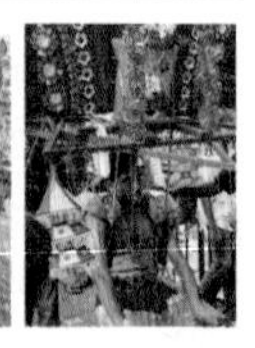

名物のもやしとチキンを食べにイポーへ

DATA P.200

食いしん坊ならイポーはマスト。ゆでた鶏にしょうゆベースのタレとチリソースをつけて食べるイポーチキンには、ご飯ではなく、米麺（クイティオ）を合わせるのがローカル流だ。副菜にもやしを頼めばパーフェクト。点心も美味。

オールドタウンに点心の名店が多いよ！

1 イポーチキンにもやしを合わせるのが定番　2 イポーのもやしは短くて太い。水分が多くてみずみずしい味　3 ポメロという人気の果物。日本のざぼんに似ている

日帰り旅で名所を満喫する

イポーはマレーシア屈指のグルメタウン。きれいな水で育ったみずみずしいもやし、ゆでチキン、点心が有名だ。マレーシア初の王朝が誕生し、世界的な貿易港として栄えた歴史あるマラッカは、西洋と東洋の文化が混じり合った伝統工芸や食文化が、今も多くの人々を魅了する。KL 中心地からイポーへは高速鉄道で2時間半、マラッカへは車で約2時間で行ける。

職人とおやつの町マラッカへ

DATA P.206

ビーズが細かいほど繊細な柄になり輝きも増す

2008年に世界文化遺産に登録されたマラッカ。伝統文化の担い手となったのは中国から渡ってきた移民の末裔プラナカンの人々。西洋と東洋のハイブリッドな文化の持ち主で、ビーズサンダルは見事な技。伝統菓子クエも美味。

1 ビーズを一つひとつ縫い付けて作るビーズサンダル　2 刺繍が施されたトップスは、プラナカン女性の正装　3 マラッカ名物のニョニャ粽。中のご飯にはバタフライピーの青い印付き　4 色鮮やかながら甘さ控えめで日本人の舌にも合う菓子クエ

母なる大自然と貴重な歴史都市へ

マレーシア 世界遺産紀行

World Heritage in Malaysia

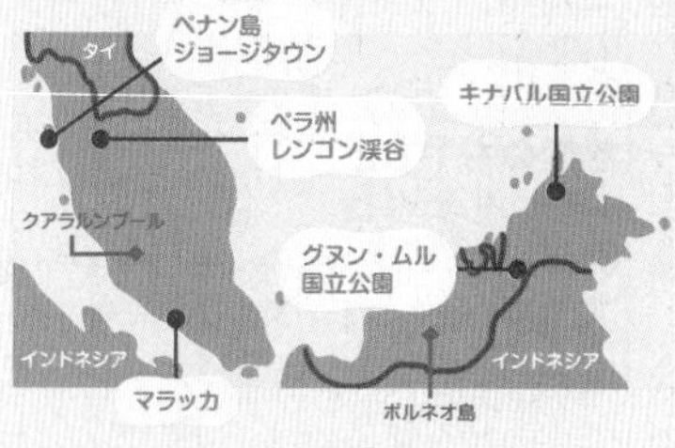

次世代へと受け継いでいくべき人類共通の宝物、世界遺産。
ミックスカルチャーと大自然が魅力のマレーシアには、マラッカ海峡にあるふたつの歴史都市と、ボルネオ島の国立公園、マレーシアの考古遺跡などふたつの文化遺産とふたつの自然遺産が登録されている。

世界文化遺産

顕著な普遍的価値を有する建造物群や遺跡、文化的景観など

登録年 2008年 マラッカ海峡の歴史都市群

※ふたつの都市が一緒に登録されている

マラッカ >>>P.206

Malacca

マラッカ王国にもたらされ半島全土へ広がっていったイスラム教のほか、ポルトガル、オランダ、イギリスに占領と支配をされながらも、さまざまな民族や文化と緩やかに融合を繰り返し吸収してきたマラッカ。朱色で染められたこの町からマレーシアの歴史は始まっている。

アクセス クアラルンプールから車で約2時間
見どころ オランダ広場、セント・ポール教会、セント・フランシス・ザル教会、ババ・ニョニャ・ヘリテージなど

マラッカのシンボル「オランダ広場」奥にはスタダイスが見える

1 ジョージタウン巡りはトライショーで
2 細部まで刻まれた彫刻は圧巻（クー・コンシー）

ジョージタウン（ペナン島） >>>P.130

Georgetown

ペナン島の中心ジョージタウンの象徴ともいえるのが、ノスタルジックなショップハウスやコロニアル建築群だ。古いものを大切にしてきた結果、現代で新たな評価を得たジョージタウンは歴史を受け継ぎながらエネルギッシュな町として、現在も生き続けている。

アクセス クアラルンプールから国内線で約1時間
見どころ コーンウォリス要塞、ペナン・プラナカン・マンション、チョンファッツィ・マンション、クー・コンシーなど

登録年 2012年 レンゴン渓谷の考古遺跡

Archaeological Heritage of the Lenggong Valley >>>P.200

200万年近くにわたる初期人類の生活を伝える重要な遺跡で、アフリカ大陸以外では、最も古い初期人類遺跡といわれている。先史時代の洞窟の壁画や武器などは、旧石器時代に人類が道具を使った証拠を示唆している。2ヵ所の遺発掘現場にそれぞれ2ヵ所の遺跡がある。

アクセス イポーから車で約2時間
見どころ 東南アジア最古の完全な人骨（ペラ・マン）、旧時代の石器などを併設しているレンゴン考古学博物館で見ることができる。

貴重なものが展示してあるレンゴン考古学博物館

世界自然遺産 顕著な普遍的価値を有する地形や地質、生態系、景観、絶滅のおそれのある動植物の生息、生息地を含む地域

登録年 2000年 グヌン・ムル国立公園 >>>P.331

Gunung Mulu National Park

キナバル公園と同時期に登録されたグヌン・ムル国立公園。東京都の23区がすっぽりと入る広大な敷地には、世界でもまれにみる豊かな生態系が形成されている。濃い緑の間にある美しい渓谷をボートで進んだり、世界最大の入口をもつ鍾乳洞へ入ってみたり、冒険心をくすぐられる雄大な自然で遊ぶことができるのも魅力のひとつ。

アクセス コタ・キナバルから国内線でムル空港へ。所要約50分。空港からは車で約10分

楽しみ方 洞窟探検、キャノピー・ウオーク、ナイト・ウオーク、トレッキングなど

どの洞窟もスケールの大きさに圧倒される

国立公園を囲むように流れるメリナウ川

登録年 2000年 キナバル公園

KinaBalu Park

>>>P.282

キナバル山は東南アジア最高峰。晴れた日であればコタ・キナバルからその雄姿を確認することができ、頂上からは遠くフィリピンの島影を見ることもできる。そんな名峰を有するのがキナバル公園だ。熱帯雨林の樹海が広がる山麓からごつごつした花崗岩が続く頂上へと、自然環境に適応しながら生息する貴重な動植物が数多い。

アクセス コタ・キナバルから車で約2時間30分

楽しみ方 登山、トレッキング、ネイチャーガイドウオークなど

1 食虫植物のウツボガズラなど珍しい植物の宝庫
2 山麓から山頂にかけて、さまざまなバリエーションの植物が見られる
3 標高4000mを超えるマレーシア最高峰のキナバル山

旅がもっと楽しくなる！

美食天国クアラルンプールのグルメ案内

クアラルンプールを訪れたら絶対に外せないのが、食を楽しむこと。
多民族国家ならではのバラエティに富んだ料理。
そして、都会のおしゃれなレストランからアジアらしい喧騒に満ちた屋台まで。
この多様性こそ、さまざまな人が暮らす町、クアラルンプールそのものだ。
おすすめのグルメスポットをシチュエーション別に紹介しよう。

レストラン選びの極意

●ジャンルを決めよう

マレーシアの名物料理はマレー系、中国系、インド系の3つのジャンルに大きく分かれている。店もそれぞれ異なるので、まずは食べたい料理のジャンルを絞ろう。

●メリハリが大事

高級レストランと屋台では雰囲気も値段もまったく違うが、そのどちらにも等しく愛情を注ぐのがマレーシア人。今夜は豪華に、明日は屋台で手軽に、と気分を変えて楽しもう。

1. 三大民族の王道の味をおさえたいならココ

モダンに楽しむ伝統のマレー料理

Bijan

ビジャン

DATA P.93

ブキッ・ビンタン地区の外れにたたずむクアラルンプールを代表する有名レストラン。多種のスパイスやハーブを使ったオーセンティックなマレー料理が味わえる。ピーナッツソースのサテーやココナッツミルクとスパイスで長時間煮込んだマトンのルンダンが人気で、デザートはドリアンチーズケーキなど独創的。照明を効果的に使った室内、ろうそくが灯るテラス席のふたつの空間があり、まるでリゾート内のレストランのような優雅さもいい。

1 香ばしい串焼きサテーは甘めのピーナッツソースで（RM24） 2 木製のインテリアに囲まれた居心地のいい店内 3 口の中でほろっと繊維質がほどけるマトンルンダン（RM50）

マレー料理にはスパイスを使うカレーに似た煮込み料理が多いので、ご飯と一緒にどうぞ。

北京ダックが人気の中国料理

Marco Polo

マルコ・ポーロ

DATA P.93

1980年創業の中国料理レストラン。メニューは前菜、海鮮、焼き物など70種以上揃い、特に仕込みに2日間かけ、伝統的なガス釜で焼く北京ダックが名物だ。日本と比べると驚くほどリーズナブルな価格というのも魅力。また、海老だしが香るスープ麺、米粉を使ったやわらかな平打ち麺など麺料理も人気。メインシェフ3人に、スタッフは総勢60人という大型レストランで、週末ともなると大人数でテーブルを囲むマレーシア人で大にぎわいだ。

中国料理のなかでも
広東料理を中心に
提供しています。
ランチタイムの点心も人気です。

1 北京ダック(半羽RM78)は目の前でサーブ。中の身は焼麺などにリクエスト可　2 海老の殻から濃厚なだしを取ったスープ麺(RM66／海老300g)　3 円卓で取り分けるスタイル

スパイスの香りに覚醒するインド料理

Gajaa at 8

ガジャ・アット・エイト

インド料理店激戦区バングサにある人気店。マレーシアのインド系民族のルーツのひとつである南インド・ケララ州の料理が味わえる。おつまみの定番チキン65、マトンやシーフードの煮込み、ローストなど前菜からメインまで幅広いメニュー構成。また、伝統の味を忠実に再現しながら、マサラジュースのウエルカムドリンクを提供するなど、モダンな演出も魅力だ。黒胡椒や青唐辛子のキリッとしたスパイス感を生かしたソフトドリンクも秀逸。

1 ホウレン草とダルのベジカレー(RM25)　2 揚げ魚にココナッツクリームをかけたケララ伝統の味。カレーリーフと青唐辛子がアクセント(RM25)　3 赤と黒のスタイリッシュな空間

フレッシュな
ライムとソーダ、
スパイスで作る
ウエルカムドリンクで
お迎えします。

住 No.8, Lorong Maarof, Bangsar Park　☎(03) 2210-7369　営 11:30～15:00、18:00～22:00　休 無休

2. おしゃれなカフェでゆっくり

マレーと中国の融合、ニョニャ料理

Precious Old China

プレシャス・オールド・チャイナ

DATA P.94

マラッカにルーツをもつプラナカン（→P.188）の兄弟が営むニョニャ料理店。ココナッツミルクと多種のハーブを使い、下ごしらえだけで数時間かけて作る料理の数々はどれも美味。とくにサクサク食感のパイティー、見た目に驚くナシルマッ、濃厚なスープ麺のニョニャ・ラクサがおすすめ。店内にあるインテリアはすべてオーナーの私物で、美しい装飾が施された年代物の家具も見どころ。

1 バタフライピーという花で青く色付けしたナシルマッ（RM12.80） 2 ココナッツミルクでクリーミーに仕上げたニョニャ・ラクサ（RM16.90） 3 アンティークの家具に囲まれ、まるで博物館にいるよう

ひとり旅に最適のローカルカフェ

Old Town White Coffee

オールドタウンホワイトコーヒー

DATA P.94

ローカル料理をカフェスタイルで提供しているチェーン店。名物料理は、辛いサンバル付きのナシルマッ、甘いカヤジャムをはさんだトースト、そして香り高いホワイトコーヒー。カフェ文化が根づいているイポー発祥の店で、ショッピングモールや空港などを中心に約200店舗を展開。Wi-Fiが完備されていて手軽に利用できるので、ひとり旅や休憩にも使える。

1 カヤトースト（RM6.60）、ナシルマッ（RM14.90）、甘いホワイトコーヒー（RM8.90）。この3つのコンビはマレーシアの典型的な朝ごはん
2 麺料理も人気
3 大理石のテーブルがおしゃれ

ホテル内の中国レストランも外せない！

一流の料理人が腕を振るうホテルのレストラン。とくに中国料理は絶品で、日本で食べるよりかなりお得。

リッツカールトン内

Lien リエン

DATA P.93

数々のベストレストラン賞に輝くレストラン。上質な食材を使った広東料理で、皮つき豚肉のクリスピーポーク、中国茶で香りをつけた甘辛のスペアリブ、北京ダックが人気。

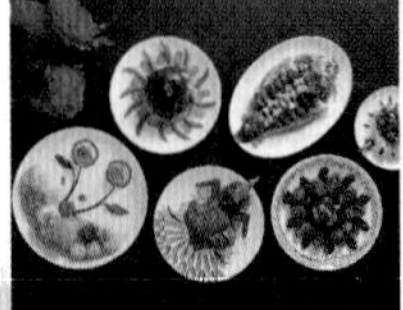

メニューにS、M、Lの3サイズを用意し、少人数のお客への工夫も

マンダンリン内

Lai Po Heen ライ ポー ヒーン

DATA P.93

一等地にあるクアラルンプールを代表する名店。鮮度と質の高い食材を使い、どれも上品な味に仕上がっている。豚肉を使わないポークフリーで、マレーシアならではの中国料理が堪能できる。

厨房はガラス張りになっていて、客席から活気ある調理風景が見える

3. ローカル度満点の屋台通りとフードコート

屋外で楽しむ屋台ストリート

Jalan Alor

ジャランアロー

DATA P.67

夕暮れとともに活気に満ちてくるアロー通り（ジャランアロー）。数百メートル続く路地でアジアらしい喧騒に包まれている。中国系のローカルグルメが中心で、肉骨茶（バクテー）やカニ料理、空芯菜炒め、もちろんサテーもある。季節によってはフルーツ屋台でドリアンの少量売りもしているので食べてみたい人におすすめ。マンゴー、マンゴスチンもおいしい。

1 呼び込みの人がにぎやか　2 串刺しにした具を茹でてピーナッツソースで食べるロロッ　3 中国料理の定番、カエルの生姜炒め。やわらかな身で臭みはゼロ　4 甘辛の手羽先を炭火で焼いた名物

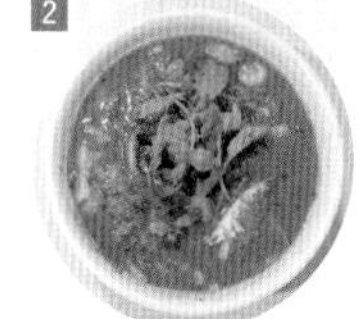

1 各店舗で注文し、好きな席へ
2 魚のだしに酸味を効かせたペナン名物のアッサムラクサ
3 鶏肉と蓮根を漢方スープでじっくり煮込んだもの。旅で疲れたときは、このスープで癒やされよう
4 果物で1番人気のスイカジュース

圧巻の種類に驚くフードコート

Pavilion Food Republic Level 1

パビリオン・フード・リパブリック・レベル1

DATA P.96

大きなショッピングセンターにはフードコートが必ずあり、とくにここは味がよいと評判。メニューの金額が表示されていて清潔なので、家族連れでも安心だ。マレー系、中国系、インド系と多様なマレーシア料理を提供している。ハラルの調理法にのっとり、本来なら豚肉を使う料理も鶏肉で代用されているのがマレーシアらしい。生搾りジュースもおすすめ。

地元密着型の店に行ってみたいならココ！

食べたい料理が決まっている人は専門店に行ってみよう。徹底的にこだわった老舗が多く、味も抜群にいい。

マレーシアの国民食
ナシ・ルマッ

ローカル度満点の人気店
Nasi Lamak Antara Bangsar
ナシルマッ・アンタッラ・バンサ
住 4 Jl. Raja Muda Musa, Kampng Baru

インド系の軽食
ロティチャナイ

24時間営業の地元のオアシス
Nasi Kandar Pelita
ナシカンダー・プリタ
住 113 Jl. Ampang
MAP P.72-B2

朝食の定番
カヤトースト

1928年創業の老舗
Yut Kee Restaurant
ユッキー・レストラン
住 1, Jl. Kamunting, Chow Kit
MAP P.87-B2

とろとろで染みる
粥

チャイナタウンの名店
漢記
ホンキー
住 93, Jl. Hang Lekir
MAP P.82-B1

マレーシア各地の名物食堂を紹介した本『マレーシア 地元で愛される名物食堂』。多民族が織りなす食文化の変遷、食堂での注文方法などコラムも充実。

指さし料理カタログ

マレーシアの定番料理図鑑

マレーシアは言わずと知れたグルメ天国。
多民族国家なのでさまざまな料理が楽しめる。
まずは定番料理を味わって。

─ 料理図鑑の使い方 ─

英語を話すのが得意でない人もこの料理図鑑を使えば簡単。それぞれの料理を指でさし示して、ディス・ワン・プリーズThis one please(これをひとつください)と言うだけで注文できる。

← このマークが付いている料理は辛い。ただ、激辛料理はほとんどなく、店によって辛さの度合いは異なる。辛いタレが別添えの場合は、好みで調整しよう。

マレー料理 Malay

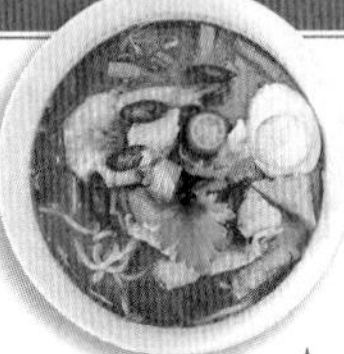

カリー・ミー Curry Mee

カレー風味の汁麺。ココナッツミルクにカレー粉やスパイスを入れて作るスープはとても濃厚。ライムの酸味を加えて食べるとおいしい。

定番 ナシ・ルマッ Nasi Lemak

朝食でよく食べられるココナッツミルクで炊いたご飯。付け合わせはゆで卵、イカン・ビリス（小魚を揚げたもの）、キュウリなど。

アッサム・ラクサ Asam Laksa

あっさりとした魚だしと、タマリンドの酸味が何ともいえない。麺は米粉から作る白くて柔らかい麺。地域ごとに特徴がある。

ミー・ゴレン Mee Goreng

日本でいう焼きそば。麺も同じ中華そばを使用し、具も日本と同じようにさまざまなものを一緒に炒める。激辛のものもあるので注意が必要。

サテー Satay

肉の串焼き。羊、牛、鶏などの肉を香辛料で漬け込み、串に刺して焼いたマレー風焼き鳥。ピーナッツソースで食す。

ナシ・ゴレン Nasi Goreng

サンバル（チリソース）、ブラチャン（発酵エビ）などで炒めたご飯に、エビせん、目玉焼きなどを添えた辛いチャーハン。

ナシ・チャンプル Nasi Campur

いわゆるぶっかけご飯。自分の好きなものを指さし、ご飯を盛った皿に入れてもらう。マレー語でナシはご飯、チャンプルは混ぜるの意味。

イカン・バカール Ikan Bakar

日本語にすると焼き魚。サバ、アジ、エイなどにタレを塗り、バナナの葉で包み蒸し焼きにすることが多い。

ナシ・アヤム Nasi Ayam

マレー系の屋台で提供されるチキンライス。とろみのある甘辛いチリソースをかけた鶏肉と、鶏スープで炊いたご飯を一緒に食べる。

定番 ルンダン Rendang

スパイスとココナッツミルクで煮込んだ肉料理。鶏が定番で牛は祝い料理。ナシ・ルマッなどご飯と一緒に食べる。

アヤム・ゴレン Ayam Goreng

マレー風のスパイスに漬け込んで油で揚げた、いわゆるフライドチキン。庶民のおかずの代表。カリッと揚がった衣が香ばしい。

カレーパフ Curry Paf

マレーシアで最もポピュラーなおやつ。サクサクのパイ生地の中に、カレー味のジャガイモや鶏肉が入っている。

Chinese 中国系

海南チキンライス
Hainanese Chiken Rice

鶏をゆでて、そのゆで汁で炊いたご飯と鶏を一緒に食べる。酸味のあるチリソースをつけるのが定番。

福建麺
Hokkien Mee

豚とエビが入った焼きうどん。海鮮だしと一緒に炒めている。中国醤油を加えて黒色の見た目だが意外に味はまろやか。

スチームボート
Steamboat

マレー風寄せ鍋。魚介類、野菜、鶏肉などを入れて食べる。最後は残ったスープに卵と麺を入れて締める。

定番

肉骨茶（バクテー）
Bak Kut Teh

豚肉を漢方と一緒に煮込んだスタミナ健康スープ。白米と食べるのが定番。肉は唐辛子醤油につけて。

Indian インド系

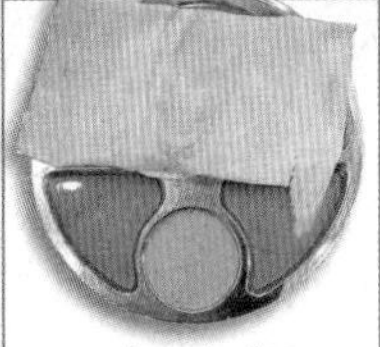

トーセイ
Thosai

米粉などを水で溶いた生地を発酵させ、鉄板上で薄く伸ばして焼いたもの。おもにカレーと食べる。

バナナ・リーフ・カリー
Banana Leaf Curry

バナナの葉の上にご飯、カレー、香辛料で味付けされた野菜をのせて食べる。

ムルタバ
Murtabak

薄く伸ばした小麦粉の生地に、ミンチにした肉やタマネギをのせて巻き、鉄板で焼いた、ムスリム系のインド料理。

定番

ロティ・チャナイ
Roti Canai

マレーシアで進化したインド発祥の小麦粉のパン。ふわふわ＆サクサクで、カレーにつけて食べる。

Nyonya ニョニャ料理

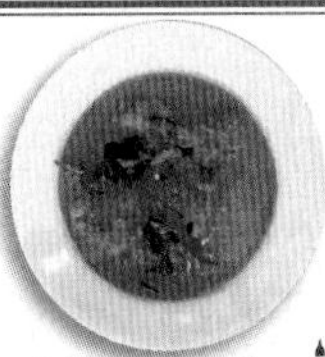

カリー・カピタン
Curry Kapitan

タマネギの甘み、多種のスパイス、鶏肉から出ただしが混ざりあい、奥深い味わいに。辛さはひかえめなカレー。

定番

ニョニャ・ラクサ
Nyonya Laksa

ココナッツミルクたっぷりのスープ。甘味、酸味、辛みが同時に味わえるスパイシーな麺料理。

カンコン・ゴレン・チリ
Kangkong Goreng Chili

カンコン（空芯菜）のピリ辛炒め。もともとは中国系の料理だが、マレー料理と融合し、よりスパイシーになった。

オタオタ
Otak Otak

魚のすり身に、ココナッツ、ウコン、タマネギなどを練りこんで、バナナの葉に包んで焼いたもの。

Dessert & Drink デザート＆ドリンク

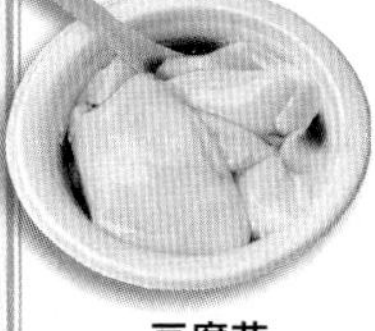

豆腐花
Tau Fu Fa

豆乳を固めたものに甘い蜜をかけて食べる。屋台でもよく見られ、温かいものか冷たいものを選ぶことができる。

アイス・カチャン
Ice Kachang

マレー風のカキ氷。小豆、寒天、コーンなどがトッピングされており、甘いシロップがかかっている。

クエ
Kuih

おやつの総称。ココナッツと米粉を使い、蒸してやわらかな食感のものが多い。緑は香り豊かなパンダンリーフの色。

テ・タレ
Teh Tarik

練乳入りの甘いミルクティー。基本は温かいドリンクで、「テ・アイス」と頼むと冷たいものに。

※同じ料理名でも地域によって味が違うことがある。たとえばラクサ。北は魚だしで、南はココナッツミルク味が多い。ペナンのホッケンミーは海老だしのスープ麺。

3 搾りたてのココナッツミルク、椰子砂糖の香りが絶品のかき氷、チェンドル(RM14)
4 ワラビに似たパクと海老をライム汁やココナッツであえた香り豊かなサラダ(RM32)

1 ファンキーな似顔絵の人物がシェフ・ワン氏 2 店内はボタニカルな絵で彩られ、天井にはイスラム文様のデザイン

「De Wan 1958」のモダン・マレー料理

有名料理家シェフ・ワン氏が手がけるハイエンドなレストラン。マレーシア人なら誰でもなじみのある定番料理を、こだわりの食材で、盛り付けに工夫を凝らし、クオリティ高く提供している。南国のパワーを感じるカラフルな空間も魅力。

進化するグルメ都市

注目の新名店はモダンでローカル

ていねいにモダナイズされた伝統の味やドリアン食べ比べメニューなど、話題のフードに注目。

デ・ワン1958

De Wan 1958

MAP P.73-D1 住 The LINC KL, Level 2 No.360, Jl. Tun Razak ☎(03)2935-9375 営 11:00～16:00、18:00～22:00、土・日11:00～22:00 休 無休

1 店内にはエッグタルトの甘い香りが満ちている 2 豚のラードを使った生地は、驚くほどサクサクで軽い食感 3 エッグタルト(RM2.70)、アーモンドタルト(RM3.20)

「品泉」のエッグタルト

1893年創業の老舗。エッグタルトやカヤパフなど焼き菓子と多種の点心を提供。市場内の露店に始まり、現在は若者が集まる映えスポットの2階建てレストラン。それでも、100年以上変わらないレシピで作るエッグタルトが人気No.1。

ブン・チューン

点心・品泉

MAP P.83-B2 住 No.8 lorong pangung ☎(010)432-7881 営 7:30～16:00 休 月

「Durian BB Park」のドリアン食べ比べ

ドリアンは、品種によって味や食感が微妙に異なり、食べ比べるとそれが明らかに。そんな貴重な体験ができるのが、人気の品種が揃うドリアン専門店。敬遠されがちな匂いも、フルーティ系、お酒のような発酵系など、違いがわかる。

ドリアンBBパーク

Durian BB Park

MAP P.69-D2 住15, Jl. Kamuning, Off Jl. Imbi ☎(03)2110-3475 営12:00～23:00 休無休

1 食べ比べセット(5種、RM85)の取材時の品種は、D24、猫山王、黒刺、紅蝦など。身の色の違いもわかる 2 ドリアンは体を熱くするといわれているので、水をたっぷり飲もう 3 1年中オープンしているが、特に6～8月がドリアンの旬

「Kc&Co」のドライ・ラクサ

マラッカに本店があるニョニャ料理店。マレー半島と中国の調理法を合わせた伝統のニョニャ料理を再解釈し、シェフ独自の現代的な視点で進化させたメニューが並ぶ。真空調理やラクサにパスタを使うなどユニークな技が光り、どれも見事な味。

ケーシー＆コー・レストラン

Kc&Co Restaurant

MAP P.48-A1 住A-G-6, Plaza Arkadia, No.3, Jl. Intisari Perdana, Desa Parkcity ☎(011)1319-4117 営12:00～22:00 休無休

1 スパイシーなココナッツソースにパスタを合わせたドライ・ラクサ(右・RM23)と赤と緑の唐辛子を使った刺激的な辛さのサンバル茄子(RM22) 2 スパイスとココナッツミルクで煮込んだ豚のルンダン(RM39) 3 都心から車で約30分、デサパークシティ内に店を構える

こんなトレンドも！

「Eat X Dignity」のベジ・ナシクラブ

多様性に対応する店が増え、ベジタリアン向けのカフェメニューも登場。鶏の代わりに油揚げを使ったベジ・ナシクラブ（RM21）。

イート・エックス・ディグニティ
Eat X Dignity

MAP P.48-B1 住25-G, Jl. 11/48a, Sentul Raya Boulevard ☎(03)2303-1366 営8:00～21:00 休無休

「Gajaa at 8」の進化系アパン

おなじみのストリートフード「アパン」をレストランが進化させたメニュー。オーセンティックでありながらモダンな味のスイーツアパン（RM10）。

ガジャ・アット・エイト
Gajaa at 8

MAP P.48-B1 住No.8 Lorong Maarof, Bangsar Park ☎(03)2210-7369 営11:30～15:00、18:00～22:00 休無休

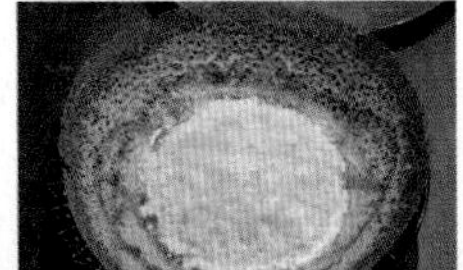

「Beryl's Lot18」のローズラテ

ローカル食材を現代の味に組み合わせるのがブーム。コーヒーの苦みのあとにふわっと広がるのは、華やかなローズの香り（RM17）。

ベリーズ・ロットエイティーン
Beryl's Lot18

MAP P.83-B2 住Lot 18 Jl. Panggong ☎(03)2022-0713 営10:00～18:00 休月

コーヒー、紅茶

マレーシアで日常的に飲まれているコーヒーと紅茶。マレーシア産の人気ブランドが多数あり、おみやげにぴったり。特に粉末タイプは個別包装でバラマキみやげにもマル。

1 RM2.95／100g

2 RM13.20

RM9.95

1 2 キャメロン・ハイランド産のボー・ティー（→P.122）。茶葉タイプとティーバッグ（ジャスミン、イングリッシュブレックファースト）

3 RM18.80

3 オールドタウン・ホワイトコーヒー（→P.94）の3in1粉末タイプ。塩キャラメルフレーバーが新登場

スナック、ナッツ

マレーシア人が好むスイートチリ味やココナッツカレー味のナッツ。パリパリ食感のチップスは、ほのかに甘い紫芋や香ばしいレンズ豆など、日本にはない食材のものがおすすめ。

2 RM4.62

1 RM4.62

各RM4.90

チリフレークやカレーリーフがゴロゴロ入ったナッツ

1 ビビッドな紫色で見栄えも抜群。コーンフレーバーが美味　2 インド系食堂で提供されるクラッカー「パパド」を市販化したもので、クミンの香りが本格的

気軽に買えるのが楽しい

スーパー徹底活用術

特産の紅茶、チョコレート、現地の味が再現できる調味料など、ご飯好きならスーパーは宝の山！

甘い食品

マレーシア人がパンに塗るのは、ココナッツミルクで作る甘いカヤ。煮るときに加えるパンダンの香りもやみつき要素。高品質のカカオを使ったビーントゥバーのチョコレートも人気。

各RM3

カヤはパンダン濃厚タイプとオリジナルの2種

RM19

コクのある椰子砂糖を使ったローカルテイストのグラノーラ

各RM15

BENNSのチョコレート。「スンガイ・ルアン」「ムルデカ・ブレンド」はマレーシア産の上質なカカオを使用

おなじみ「ベリーズ」のチョコはティラミス味が人気No.1

RM5.75

辛い食品

有名ブロガーの高評価をきっかけに爆発的ヒットとなった「ペナン・ホワイトカレーヌードル」。唐辛子が入ったチリ味のツナ缶。どちらも刺激的な辛さで、帰国後の食卓に革命を起こすかも。

各RM7.05

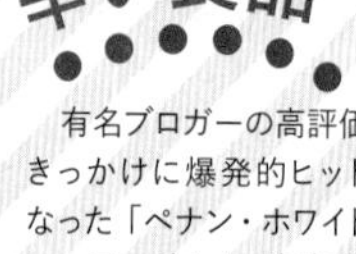

マヨネーズチリ味としょうゆチリ味のツナ缶。唐辛子は食べないでね

RM10.25／4袋

インスタント麺「ペナン・ホワイトカレーヌードル」は、辛いだけでなく濃厚なコクも人気の理由

スーパーで買える調味料で

マレーシアの味を再現しよう！

かんたんレシピ！

バクテー

ふくよかな漢方が香る 豚肉のスープ

材料

バクテーの素／豚肉1kg／にんにく 丸ごと1個／乾燥しいたけ 6個／油揚げ 1枚／レタス 適量／オイスターソース 大さじ2／しょうゆ 大さじ2／塩 小さじ1/2

①豚肉は下ゆで、しいたけは水で戻す（戻し汁は使わない）。油揚げ（または厚揚げ）は8等分、レタスは1枚ずつはがす。
②鍋に1.5～2ℓの水、バクテーの素、にんにく（丸ごと）、しいたけを入れ、強火にかける。沸騰したら弱火にし、漢方の香りが立つまで20分ほど煮込む。
③ふたたび強火にし、豚肉を加える。あくをとり、弱火にして調味料を加えたら、そのまま30分ほど煮込む。
④油揚げ、レタスを加えて、火が通ったらできあがり。

数種の漢方が組み合わさったバクテーの素(各RM7.20)

アッサムプダス

酸味と辛みが絶妙な 魚のスープ

材料

アッサムペダス・ペースト／白身魚 300g／オクラ、トマト、みょうが 適量

①鍋に100～200mlの水とペーストを入れ、煮立ったら魚を加える。
②オクラは硬いヘタを取る。トマトは8等分、みょうがは半分にカット。
③❶の鍋に野菜を加え、火が通ったらできあがり。
※みょうがはスープの香り付けなので食べない。

タマリンドの酸味が効いたアッサムプダス・ペースト(RM5.80)

そのほか万能スパイスと調味料はこれ！

カレー粉

カレーや炒めものなど何にでも使えるカレー粉(各RM1)

サンバル

ご飯のおともや野菜炒めの調味料としても使えるサンバル(RM8.90)

これもおみやげの定番！

ペリペリソース

辛みと酸味がやみつきになる南アフリカ発「Nando's」のペリペリソース(RM11.15)。タバスコに似ていてピザとの相性は抜群。

COLUMN

マレーシアのスーパーマーケット事情

ショッピングモールには必ずスーパーが入っている。食材が新鮮、と地元の人に人気なのは「ジャヤ・グローサー」。規模が大きいのは「イオン」「ジャイアン」。どのスーパーも店内は広く、わかりやすいディスプレイで利用しやすい。日本と違うのは、豚肉や豚由来の成分を含むノンハラル食品を集めた特別コーナーがあること。例えば豚のハムを購入するときは、ノンハラルコーナーで会計まで済ませよう。

特集7

旅の思い出がよみがえる

マレーシアをおしゃれに表現したアートな雑貨

新型コロナという未曽有の経験から、
自国の文化を見つめ直すアーティストが増えたという。
伝統や日常にある風景をモチーフにした
ローカルブランドに注目が集まっている。

Custmind @The LINC KL

色鮮やかな現代のティフィン

昔のマレーシア人の食卓でよく使われていた3段重ねの弁当箱ティフィン。原色のバティック柄、藍と白のシックなデザイン、ノスタルジックな花柄など、選ぶのが困ってしまうほど豊富に揃う。名前など好きな文字を入れることも可。

Bendang Artisan @The LINC KL

色の濃淡や風合いが1枚ずつ違う

絵画のような色遣いの陶器

マラッカの窯元で一つひとつ手作りで創作。黒や白の皿をキャンバスのように使い、力強い独特のデザインが特徴。著名なレストランで使われたことで一躍有名になり、2020年にはユニクロとのコラボも実現。

Shade

シェイドのオーナー(左)は、あの人気雑貨店ピーターホーのオーナーの甥っ子さん

豊富なアイテムが揃う雑貨店

籐や布のバッグ、皿、ハンカチ、アクセサリーなど日常使いできるセンスのいい雑貨が並ぶ。特にバティック柄のコースターやクアラルンプールの名所を描いたランチョンマットは、軽くておみやげにも最適。

The LINC KL　リンクKL

ツインタワーから徒歩15分ほどの距離にある、今最も注目を集めるショッピングモール。話題のレストラン「De Wan 1958」(→P.34)、アートスポット(→P.17)、センスのいい雑貨店や洋服店も充実。

MAP P.73-D1 住 360, Jl. Tun Razak ☎(03)9213-0388 営 10:00～20:00 休 無休

Shade　シェイド

マレーシアモチーフの雑貨のほか、東南アジア各地のかわいいアイテムが並ぶ。どれもセンスがよくて上質。ショッピングモールThe Rowにあるので、モール内のカフェでお茶しがてら立ち寄りたい。

MAP P.87-B2 住 56-1, 1st Floor The Row KL Jl. Doraisamy ☎(012)334-7123 営 11:00～19:00 休 無休

ポーチ、トートバッグ、クッションカバーなど商品は多数

ローカルフードのイラストが満載

マレーシアの日常にあるアイテム、特に食にまつわるイラストで人気を集める布雑貨ブランド「ビンカ KL」。食卓に何気なくある調味料やドリンクを描くことで、自分たちの文化を次世代につないでいくことも大事にしている。

Loka Made @Ilham Gift Shop

マレーシアのあらゆる文化を表現

2015 年から活動するデザインチーム「ロカメイド」。歴史的建造物、ボルネオの動物、工芸や楽器、人気のローカル料理など、さまざまなマレーシアの魅力を絵で表現し、ステッカーやマグカップなど多種の作品を創作している。

August_Jewellery @MGB

現代によみがえるビーズアクセサリー

ボルネオ島の伝統工芸ビーズアートを現代のピアスで再現。極小ビーズを使っているため、絵柄が繊細で、驚くほど軽い。南国の花のようなビビッドな色のアクセサリーは、眺めているだけでも元気になれる。

サバ州出身のデザイナーが、自分たちの文化を伝えたいという思いで創作

Suria @MGB

エレガントなバティックの装い

マレーシアの伝統工芸であるバティック布で作られた洋服。洗練されたデザインは熱帯雨林を表現したもので、鳥の飾り羽や森の吊り橋などがモチーフ。シルク製でやわらかな肌触りで着心地も抜群。

Ilham Gift Shop　イルハム・ギフト・ショップ

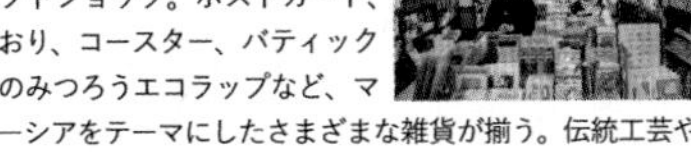

アートギャラリーに併設されたギフトショップ。ポストカード、しおり、コースター、バティック柄のみつろうエコラップなど、マレーシアをテーマにしたさまざまな雑貨が揃う。伝統工芸やアートに関する書籍も豊富。

MAP P.73-D1　住 L5, Ilham Tower, No 8, Jl. Binjai　☎(03)2181-5128　営 火～土11:00～19:00、日11:00～17:00　休 月祝

Malaysia Grand Bazaar (MGB)　マレーシア・グランド・バザール

現代のモダン雑貨から伝統工芸品まで揃うショッピングモール。Bingka KL、Melanie Bayoud のほか、ニョニャクバヤ（→ P.191）やボルネオ島の籠バッグなど、ありとあらゆる工芸品が並ぶ。行事に合わせてイベントも開催。

MAP P.68-A3　住 No.2, Hab BBCC, Bukit Bintang City Centre, Jl. Hang Tuah　☎(03)2117-2255　営 10:00～22:00　休 無休

個性あふれる泊まりたい空間

KLのホテル、最新トピック

リーズナブルな料金からホテル天国といわれるクアラルンプール。
最近注目を集めているのはテーマ性のあるホテル。

ボタニカルとエコを表現した都心のオアシス

PARKROYAL COLLECTION KL

1 ゲストとの距離が近いオープンな空間のレセプション　2 ずっとくつろぎたくなる居心地のいいプール　3 ペットボトルなどプラスチック素材は極力使用せず、各部屋には浄水器を設置

2022年6月に全面リニューアルし、ホテル全体を緑の観葉植物が包み込む目をひくデザインに。部屋はボタニカルなアートで彩られている。にぎやかなブキッ・ビンタンにあるとは思えないリゾートホテルのような優雅な雰囲気。

パークロイヤル・コレクションKL
PARKROYAL COLLECTION KL

DATA P.101

チャイナタウンで
華人文化に触れる

Four Points by Sheraton KL, Chinatown

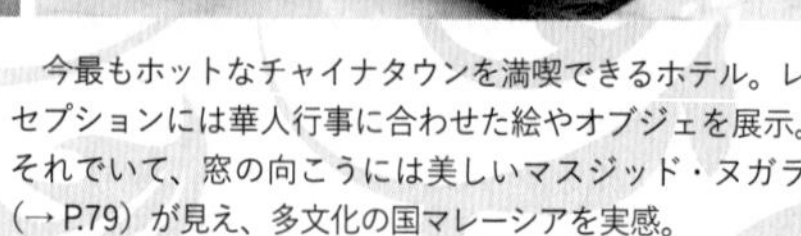

1 アフタヌーンティーはプラナカンがテーマ(RM168+2人前) 2 部屋にはチャイナタウンを描いた風情ある絵

フォー・ポインツ・バイ・シェラトンKL,チャイナタウン
Four Points by Sheraton KL, Chinatown

DATA P.103

今最もホットなチャイナタウンを満喫できるホテル。レセプションには華人行事に合わせた絵やオブジェを展示。それでいて、窓の向こうには美しいマスジッド・ヌガラ(→ P.79)が見え、多文化の国マレーシアを実感。

暮らすように旅をするデザイン型ホテル

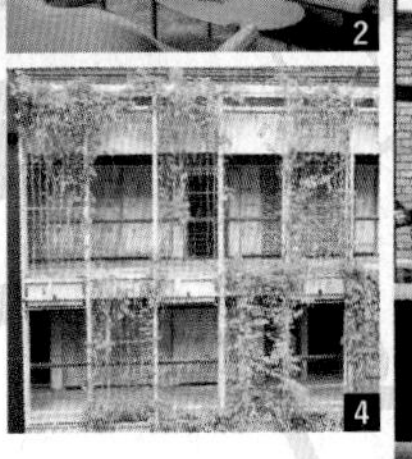

1 Wi-Fi完備のロビーにはパソコンに向かう若者の姿も 2 旅人同士が情報交換できるオープンな空間 3 植物を育てる体験ができるGrowがテーマの部屋 4 コンクリートの無機質さと明るい緑のコントラストがスタイリッシュ

クロエ・ホテル
KLOE Hotel

DATA P.104

KLOE Hotel

ブキッ・ビンタンの外れという静かなエリアにたたずむ、おしゃれな若者が集まるホテル。ロビーのシンメトリーな造形が美しく、中庭は緑で飾られている。体験型のスイートルームが人気で、Grow、Taste など 5 つのテーマで楽しめる。

立地とデザイン性が抜群に優れたモダンなホテル

W KL

マリオットグループのスタイリッシュなホテル。KLCC のすぐ隣という抜群の立地で、ドバイのブルジュ・ハリファの建築に携わった事務所が設計を担当。モダニズム様式でデザインされ、12 階のバーからはツインタワーが迫力の姿を見せる。

1 異世界に迷い込んだようなスタイリッシュなバー
2 どの部屋からも都心の美しい景色を眺めることができる

タブリュKL **W KL**

MAP P.72-B1 住 No. 121, Jl. Ampang ☎(03)2786-8888

非日常を楽しむグランピング施設

Tiarasa Escapes Glamping Resort

1 全面に窓ガラスが配され、森の中で休んでいる気分に 2 滞在を楽しめるようにさまざまなプログラムが用意されている
3 7エーカーの広大なリゾート内には果物のなる木があり、鳥や蝶のすみかになっている

KL から車で 45 分ほどの距離にあるグランピング施設。20 のテント付きヴィラは、ボルネオ島イバン族のプアクンプという伝統布を使うなど、エスニックな雰囲気。大自然に包まれて目を覚ます 1 日は格別な体験になる。

ティアラサ・エスケープ・グランピング・リゾート
Tiarasa Escapes Glamping Resort

MAP 折込表 住 Persiaran Enderong, Kampung Janda Baik, Bentong, Pahang ☎(012)887-7777

マレーシアの旅に+α

ブルネイへの旅

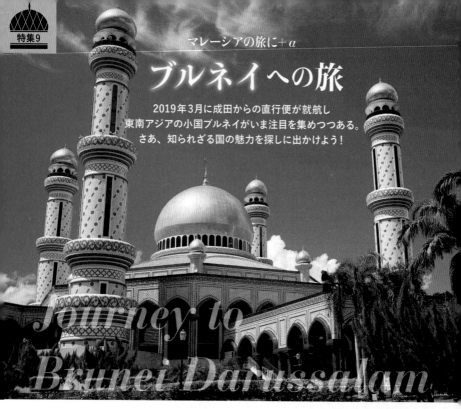

2019年3月に成田からの直行便が就航し
東南アジアの小国ブルネイがいま注目を集めつつある。
さあ、知られざる国の魅力を探しに出かけよう!

Journey to Brunei Darussalam

魅力その1

世界に誇るボルネオの大自然

ボルネオ島に位置するブルネイには、世界最古といわれる原生林が広がっている。ブルネイの飛び地にあるウル・トゥンブロン国立公園には、キャノピーウオークが整備され、この原生林のジャングルを上から眺めることができる。朝方に訪れると、ジャングルに朝もやがかかり、神々しささえ覚えるほど。また、首都のバンダル・スリ・ブガワンでは、ボートで15分程度川を下るだけで、ボルネオの固有種テングザルに出合うことができる。ボルネオ島の母なる大自然はブルネイを包み込むように広がっている。

1ロングボートでトゥンブロン川を上る　2キャノピーウオークからの景色　3ボルネオ島の固有種のテングザル

魅力その2
石油と天然ガスで潤うゴージャスな国

ブルネイは世界有数の石油、天然ガスの産出国。ひとり当たりの国民の所得水準が高く、社会福祉も充実している。その豊かさを象徴するスポットがバンダル・スリ・ブガワン周辺に点在している。例えば、ジュルドンに立つエンパイヤ・ホテル＆カントリークラブは7つ星とも称される超高級リゾート。同じくジュルドンにあるジュルドン・パーク遊園地は、東南アジアで最も予算が投じられた遊園地だ。ほかにも、世界中の一級建築資材で建てられたモスクなど、ゴージャスな建造物は挙げればきりがない。治安のよさも旅をするうえで大きな魅力だ。

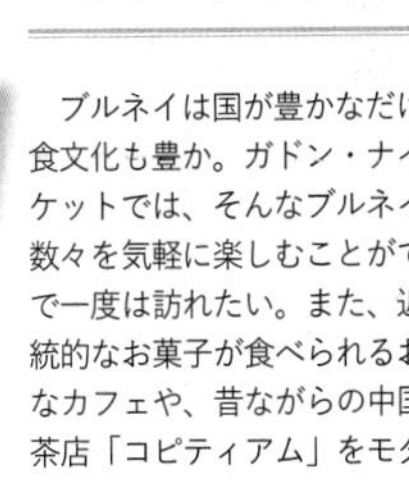

1エンパイヤ・ホテルのゴージャスなロビー　2"王族博物館"とも称されるロイヤル・レガリア　3夜の闇に浮かぶオールドモスク　4エンパイヤ・ホテルの装飾はとにかく豪華

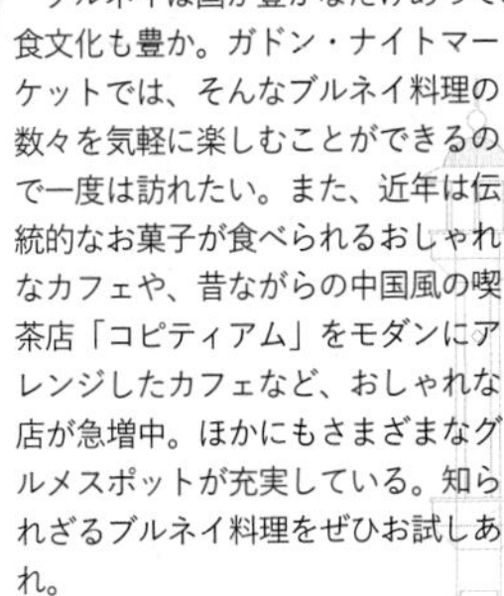

魅力その3
知られざるブルネイグルメ

ブルネイは国が豊かなだけあって、食文化も豊か。ガドン・ナイトマーケットでは、そんなブルネイ料理の数々を気軽に楽しむことができるので一度は訪れたい。また、近年は伝統的なお菓子が食べられるおしゃれなカフェや、昔ながらの中国風の喫茶店「コピティアム」をモダンにアレンジしたカフェなど、おしゃれな店が急増中。ほかにもさまざまなグルメスポットが充実している。知られざるブルネイ料理をぜひお試しあれ。

1ガドンで行われるナイトマーケット
2手長海老のラクサ　3ナイトマーケットにはブルネイ料理が勢揃い
4ブルネイの伝統料理アンブヤ
5カラフルな伝統菓子も試してみたい
6ボルネオ島特産のドリアン

旅の前に、知っておきたいこと

クアラルンプール最新 NEWS

2年ぶりに取材を行った編集部が感じたクアラルンプールの新しい表情をピックアップ！

キャッシュレス払いの推進

空港に到着し、KLIAエクスプレスの切符売り場で目に入ったのは「We Prefer Cashless!」の表示。クレジットカード各種、Apple PayなどのモバイルペイGrab Pay（観光客も利用可）などのEウォレットでの支払いが可能で、現金よりも歓迎！とのこと。コロナ禍で非接触のシステムが整備され、屋台でもEウォレットOKのところも増えたという。その流れなのか、以前より両替所の数が減っていた。

健康への意識がアップ

週末の朝、ツインタワーがあるアンパン通りで見かけたのは、自転車でツーリングをしている人々。アプリからレンタルできるシェアリング・スクーターBeam（観光客も利用可）を使っている人も多く、体を動かす健康志向の人が増えたようだ。また同時に、歩道の整備も変化。例えば、スピードを出した自転車やスクーターが通れないように、道路のところどころにポールを複数本立てるなど工夫されていた。

タッチパネル注文やSNS発信

マクドナルドの入口にあったのはタッチパネル方式のマシーン。注文から会計までここで行い、カウンターでは料理のピックアップだけ。また、日本と同じように、QRコードを読み取ってスマホにメニューを表示するレストランも登場していた。以前にも増してSNSが活用され、人気店の情報はFacebookやInstagramでキャッチ。また、電話予約ではなくWhatsApp（メッセンジャーアプリ）予約の施設も増加。

都心に集まるフードトラック

アンパン通りのMaTic（→P.73）と（H）コーラスの隣の2ヵ所に、フードトラック（移動販売車）が集まるエリアが出現。サテー、オタオタ、ロジャ、ビーフスープなどのローカル料理からハンバーガー、ホットドッグなどの西洋料理まで多数のメニューを提供。中央のテーブル席で好きなフードトラックで買った料理を持ち寄って食べることができ、まるで屋外のホーカーセンターのような雰囲気になっていた。

注目を集めるアグロツーリズム

密を避けることから、アウトドアがブーム。自然豊かな地域でのエコツーリズムが人気になり、都心から離れた場所にグランピング施設が増加。また、KLで話題になっているのはアグロツーリズム。果物園や植物園を訪れ、果物狩りなど、マレーシアならではの自然体験ができる。特にカジャン地区のパイナップル農園、セランゴール地区のフルーツバーリーが人気。どちらももぎたてのフルーツが絶品。

アートやカルチャーがブーム

友人によると、イルハム・ギャラリーで開催された「Ilham Art Show 2022」は大好評だったという。聞けば、アートやカルチャーに興味をもつ人が増え、クリエイター自身もマレーシアモチーフの作品を次々に発表。特にあちこちで見かけたのが、クリエイターが手がける期間限定のポップアップストア。これは起業家を支援する政府の取り組みでもあるらしく、作家本人と交流ができることもブームを後押し。

マスジッド・ヌガラ(国立モスク)

Kuala Lumpur クアラルンプール

AREA GUIDE

クアラルンプール

Kuala Lumpur (KL)

クアラルンプール

マレーシアの首都にして、約177万人が暮らすアジアを代表する大都市のひとつ。KLのシンボルともいえるペトロナス・ツイン・タワーや植民地時代のコロニアル建造物、民族色あふれる町並みと、見どころが多い。

コロニアルの雰囲気漂うクアラルンプールの旧市街

ムルデカ・スクエアとレイク・ガーデン ➡P.74

ムルデカ・スクエアはクアラルンプールの中心地として栄え、マレーシアを語るうえで欠かすことのできないエリア。クアラルンプール発祥の地に建つモスク、マスジッド・ジャメやイギリス植民地時代のコロニアル建築群など、ゆっくりと散歩しながら見学したい大規模な建物が建ち並んでいる。

ペルダナ湖の周りに熱帯植物が生い茂る巨大な公園がボタニカル・ガーデン。周囲には博物館や美術館、バード・パーク、国立モスク、プラネタリウムなどがあり、さしずめ"クアラルンプールの上野"といったところだ。コロニアル建築が美しいクアラルンプール鉄道駅も見逃せない。

▲町歩きをするならまずここへ（シティ・ギャラリー）

▲73mのミナレットが印象的な国立モスク

見逃せない人気観光地のひとつ

チャイナタウン ➡P.82

屋台や大衆食堂、露店が軒を連ねる活気のあるエリア。早朝から深夜までたいへんなにぎわいだが、特に夕方以降は屋台が並びすさまじい熱気に包まれる。アジアの醍醐味を味わいたいならぜひ訪れておきたい。安宿の多い町としても知られ、世界中のバックパッカーも集まってくる。セントラル・マーケットはショッピングに最適。

▲毎日がお祭り騒ぎのよう

旅のベストシーズン

クアラルンプール 1年中

気候的には、特にベストシーズンを考慮する必要はない。気温は1年を通じて21〜33℃くらいと安定している。3〜4月と10〜12月は雨が少し多め。

下町情緒を求めるなら

チョウキットとトゥンク・アブドゥル・ラーマン通り周辺 ➡P.86

トゥンク・アブドゥル・ラーマン通り周辺は、クアラルンプールの下町ともいえるエリア。カラフルな布地店や民族衣装の店が建ち並ぶチョウキットは、問屋や大きなバザールがある庶民の町として知られ、リアルなマレーシア人の暮らしを体験したい人におすすめ。

▲ハレからケの日までの洋服が揃う店「カンダー」

ツイン・タワーのおひざもと

ペトロナスツインタワーとKLCC周辺 ➡P.70

いまやクアラルンプールの顔ともいえるペトロナス・ツイン・タワー。周囲には最先端のショッピングモールや、高級ホテル、巨大な公園があり、KLでは最も洗練されたエリア。ビジネス街として知られるが、観光的な見どころもあり、自然も豊かだ。ナイトスポットも充実している。

▲ツイン・タワーはビジネスと観光両方の中心地

ショッピングするならココ!

ブキッ・ビンタン ➡P.66

クアラルンプールの中心部にある随一の繁華街。巨大ショッピングモールやホテル、レストランが建ち並び、クアラルンプールの銀座ともいえるエリアだ。ショッピングのみならず、食べ歩き、スパでリラックスなどさまざまな過ごし方ができる。開発著しく、次々に新スポットが誕生。

▲最大級のショッピングモール Ⓢ パビリオン

KLIAからの電車が発着

KLセントラルとブリックフィールズ ➡P.81

クアラルンプール市街地への玄関口、またマレーシアの交通のハブとして多くの人でにぎわうエリア。高級ホテルやショッピングモールが建ち並ぶ一方で、リトル・インディアなどの庶民的な町並みも見られる。

KLCC駅
KLCC周辺
ブキッ・ナナス駅
ブキッ・ビンタン
ブキッ・ビンタン駅
インビ駅

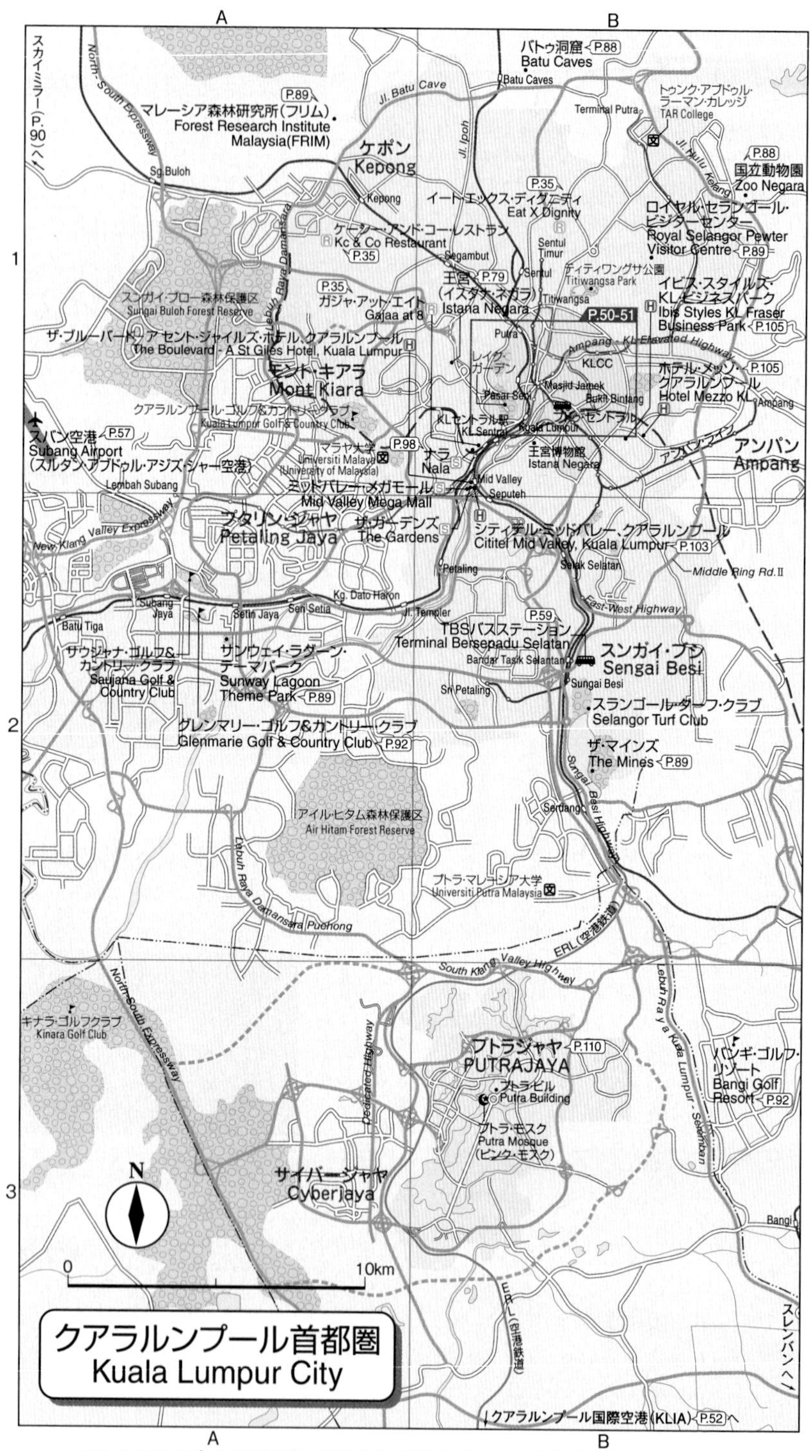
クアラルンプール首都圏
Kuala Lumpur City
バトゥ洞窟 P.88
Batu Caves
マレーシア森林研究所(フリム) P.89
Forest Research Institute Malaysia(FRIM)
ケポン
Kepong
イート・エックス・ディグニティ P.35
Eat X Dignity
ケーシー・アンド・コー・レストラン
Kc & Co Restaurant P.35
王宮(イスタナ・ネガラ) P.79
Istana Negara
ガジャ・アット・エイト P.35
Gajaa at 8
トゥンク・アブドゥル・ラーマン・カレッジ
TAR College
国立動物園 P.88
Zoo Negara
ロイヤル・セランゴール・ビジターセンター
Royal Selangor Pewter Visitor Centre P.89
イビス・スタイルズ・KL・ビジネスパーク
Ibis Styles KL Fraser Business Park P.105
ホテル・メッゾ・クアラルンプール
Hotel Mezzo KL P.105
スンガイ・ブロー森林保護区
Sungai Buloh Forest Reserve
ザ・ブルーバード - アセント・ジャイルズ・ホテル・クアラルンプール
The Boulevard - A St Giles Hotel, Kuala Lumpur
モント・キアラ
Mont Kiara
クアラルンプール・ゴルフ&カントリー・クラブ
Kuala Lumpur Golf & Country Club
スバン空港 P.57
Subang Airport
(スルタン・アブドゥル・アジズ・シャー空港)
マラヤ大学 P.98
University of Malaya
ナラ
Nala
KLセントラル駅
KL Sentral
王宮博物館
Istana Negara
アンパン
Ampang
ミッドバレー・メガモール
Mid Valley Mega Mall
ペタリン・ジャヤ
Petaling Jaya
ザ・ガーデンズ
The Gardens
シティテル・ミッドバレー、クアラルンプール
Cititel Mid Valley, Kuala Lumpur P.103
TBSバスステーション P.59
Terminal Bersepadu Selatan
スンガイ・ブシ
Sengai Besi
サウジャナ・ゴルフ&カントリー・クラブ
Saujana Golf & Country Club
サンウェイ・ラグーン・テーマパーク
Sunway Lagoon Theme Park P.89
スランゴール・ターフ・クラブ
Selangor Turf Club
グレンマリー・ゴルフ&カントリー・クラブ
Glenmarie Golf & Country Club P.92
ザ・マインズ
The Mines P.89
アイル・ヒタム森林保護区
Air Hitam Forest Reserve
プトラ・マレーシア大学
Universiti Putra Malaysia
キナラ・ゴルフクラブ
Kinara Golf Club
プトラジャヤ P.110
PUTRAJAYA
プトラ・ビル
Putra Building
プトラ・モスク
Putra Mosque
(ピンク・モスク)
バンギ・ゴルフ・リゾート
Bangi Golf Resort P.92
サイバージャヤ
Cyberjaya
スカイミラー(P.90)へ
スレンバンへ
クアラルンプール国際空港(KLIA) P.52へ
P.50-51
KLCC
North-South Expressway
ERL(空港鉄道)
South Klang Valley Highway
Sungai Besi Highway
Middle Ring Rd.II
East-West Highway
New Klang Valley Expressway
Lebuh Raya Damansara Puchong
Dedicated Highway
Jl. Ipoh
Jl. Batu Cave
Jl. Hulu Kelang
0
10km
N

メモ クアラルンプールは日本同様、公共交通機関が発達しているので、観光がしやすい。タクシーやGrabは、日本に比べて格段に安いので、鉄道や無料バスなどと上手に組み合わせて利用するといい。

クアラルンプール

Kuala Lumpur (KL)

▲町の中心にそびえ立つ88階建てのペトロナス・ツイン・タワーと全長68mのサロマ・リンク・ブリッジが夜のKLを彩る

クアラルンプールとは、マレー語で「泥の川の合流地」という意味。国内では通称「KL」の呼び名で親しまれており、マレーシアの首都として、貿易、商業、政治など、国の中心的役割を果たしている。人口約177万人。かつてはスランゴール州の州都で、スズ鉱山の採掘拠点として栄えていた。19世紀中頃、クラン川とゴンバック川の合流地でスズが見つかり、以来、クアラルンプールはスズ鉱山の町として開拓された。そして、掘り出された鉱石を川の水で洗ったため、川には泥水が流れるようになった。市街の中心を流れるこのふたつの川は、クアラルンプール発祥の地に建つマスジッド・ジャメのある所で交わっている。それが、この町の地名「クアラルンプール(泥の川の合流地)」の由来となる。

その後、1974年に連邦政府の直轄地となり、スズ貿易が衰退したあとも町の成長は衰えることなく、ここ20年ほどで急激な近代化を果たした。町のシンボル「KLタワー」が1996年に建ち、1998年には「ペトロナス・ツイン・タワー」も完成した。それらを皮切りに、大型ショッピングセンターやインターナショナルクラスのホテルなども続々とオープン。エキゾチックな熱帯植物の公園、ダイナミックに輝く美しい摩天楼、イギリス統治時代の面影を残す趣のある歴史的建造物、活気あふれる市場、各民族の聖地であるモスクや寺院など、それらが混在する独特の景観は、ここクアラルンプールならではだ。

また、マレー人、華人(中国人)、インド人の三大社会に加えて、あまり知られていない少数民族もクアラルンプールに集まっている。カラフルな民族衣装に身を包んださまざまな民族が町なかを行き交い、今もなお、さらなる発展を遂げている。近代性と多面性をもつエネルギッシュな町、それがクアラルンプールだ。

メモ クアラルンプールの市外局番は(03)。東京都区内と同じでまぎらわしいため、クアラルンプールに関しては原則として市外局番の前に「現地」と入れている。ただし、ホテルなど明らかに現地とわかる場合は入れていない。

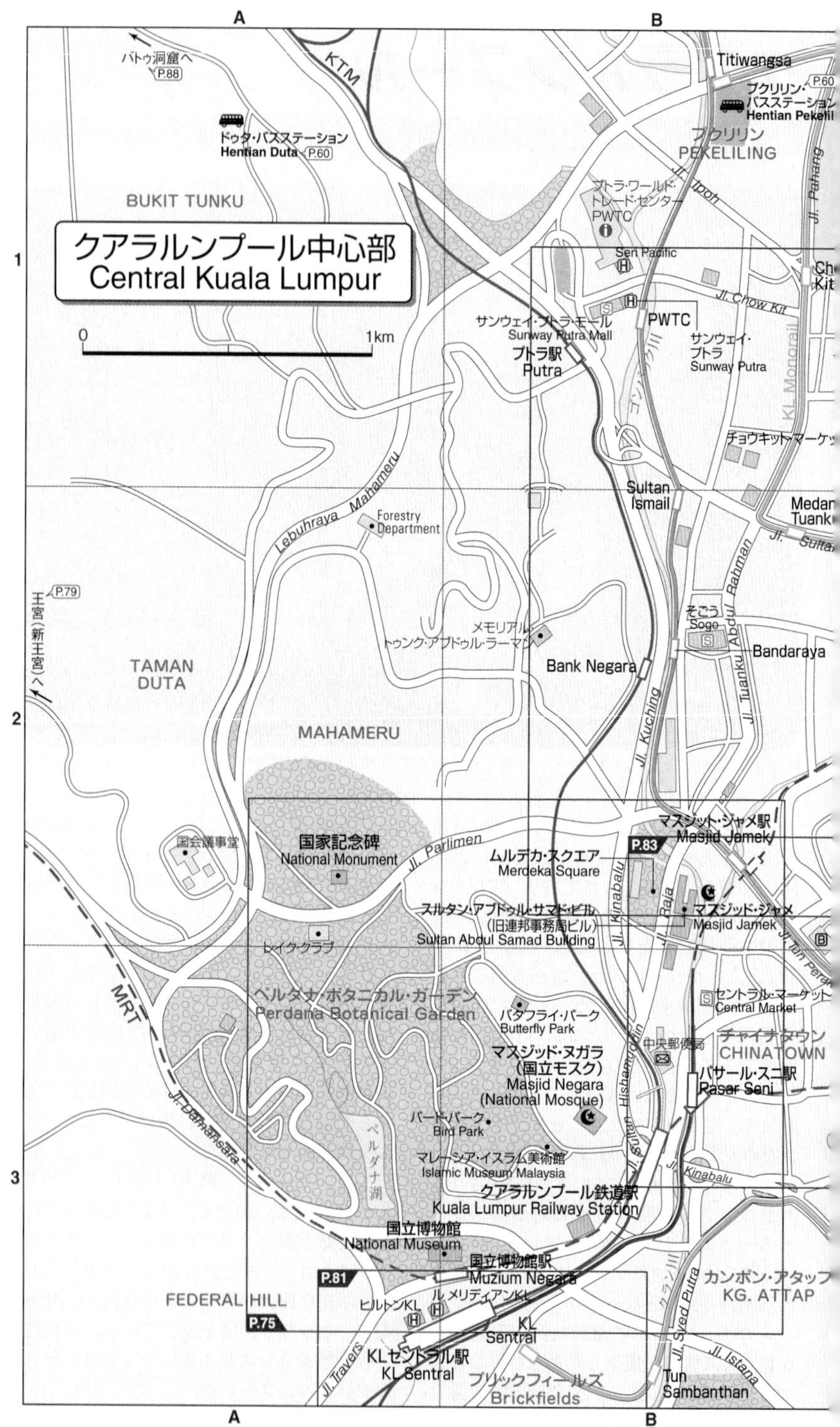

メモ 市内中心部の朝・夕は渋滞するので、鉄道やモノレールを利用するといいだろう。タクシーやGrabの場合、渋滞時はつかまりにくく、渋滞に巻き込まれると、どんどん料金は上がっていくし、時間もかかる。雨の場合も同様。

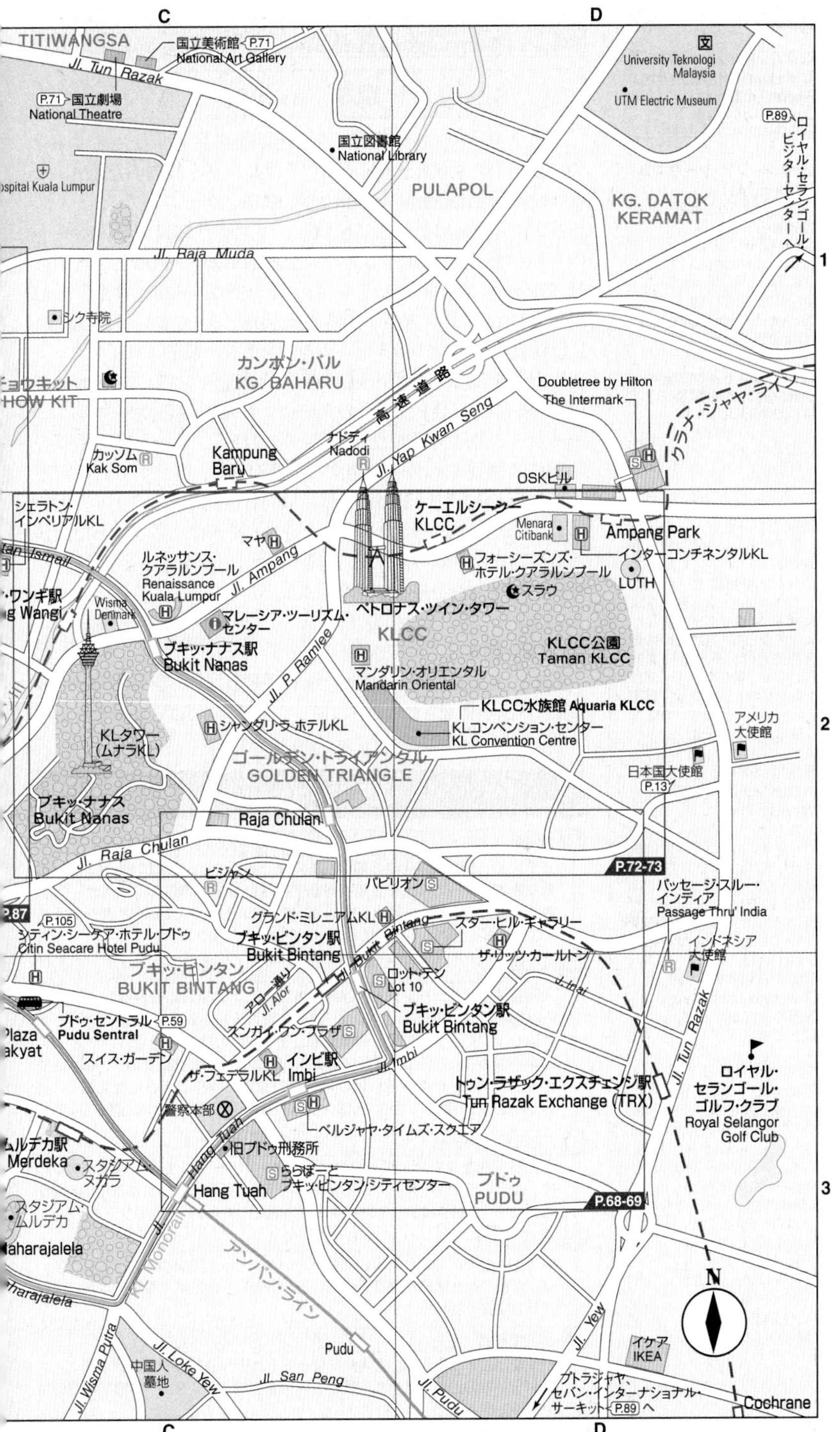
C
D
TITIWANGSA
国立美術館 P.71
National Art Gallery
Jl. Tun Razak
P.71 国立劇場
National Theatre
University Teknologi Malaysia
UTM Electric Museum
P.89 ロイヤル・セランゴール・ビジターセンターへ
国立図書館
National Library
ospital Kuala Lumpur
PULAPOL
KG. DATOK KERAMAT
1
Jl. Raja Muda
シク寺院
カンポン・バル
KG. BAHARU
高速道路
チョウキット
HOW KIT
Doubletree by Hilton
The Intermark
クラナ・ジャヤ・ライン
Jl. Yap Kwan Seng
ナドディ
Nadodi
カッソム
Kak Som
Kampung Baru
OSKビル
シェラトン・インペリアルKL
ケーエルシーシー
KLCC
Menara Citibank
Ampang Park
マヤ
インターコンチネンタルKL
ルネッサンス・クアラルンプール
Renaissance Kuala Lumpur
Jl. Ampang
フォーシーズンズ・ホテル・クアラルンプール
LUTH
スラウ
・ワンギ駅
g Wangi
Wisma Denmark
マレーシア・ツーリズム・センター
ペトロナス・ツイン・タワー
KLCC
KLCC公園
Taman KLCC
ブキッ・ナナス駅
Bukit Nanas
Jl. P. Ramlee
マンダリン・オリエンタル
Mandarin Oriental
KLCC水族館 Aquaria KLCC
シャングリ・ラ ホテルKL
KLコンベンション・センター
KL Convention Centre
アメリカ大使館
2
KLタワー（ムナラKL）
ゴールデン・トライアングル
GOLDEN TRIANGLE
日本国大使館
P.13
ブキッ・ナナス
Bukit Nanas
Raja Chulan
Jl. Raja Chulan
P.72-73
ビジャン
パビリオン
パッセージ・スルー・インディア
Passage Thru' India
P.87
グランド・ミレニアムKL
P.105
シティン・シーケア・ホテル・プドゥ
Citin Seacare Hotel Pudu
ブキッ・ビンタン駅
Bukit Bintang
Jl. Bukit Bintang
スター・ヒル・ギャラリー
ザ・リッツ・カールトン
インドネシア大使館
ブキッ・ビンタン
BUKIT BINTANG
アロー通り
Jl. Alor
ロット・テン
Lot 10
Jl. Inai
ブドゥ・セントラル P.59
Pudu Sentral
Plaza
akyat
ブキッ・ビンタン駅
Bukit Bintang
スンガイ・ワン・プラザ
スイス・ガーデン
インビ駅
Imbi
Jl. Imbi
ザ・フェデラルKL
Jl. Tun Razak
ロイヤル・セランゴール・ゴルフ・クラブ
Royal Selangor Golf Club
トゥン・ラザック・エクスチェンジ駅
Tun Razak Exchange (TRX)
警察本部
ベルジャヤ・タイムズ・スクエア
ムルデカ駅
Merdeka
スタジアム・ヌガラ
Hang Tuah
旧プドゥ刑務所
ららぽーと ブキッ・ビンタン シティセンター
プドゥ
PUDU
3
スタジアム・ムルデカ
Hang Tuah
P.68-69
Jl.
KL Monorail
アンパン・ライン
Maharajalela
aharajalela
N
Jl. Wisma Putra
Jl. Loke Yew
中国人墓地
Pudu
Jl. San Peng
Jl. Pudu
Jl. Yew
イケア
IKEA
プトラジャヤ、セパン・インターナショナル・サーキット P.89へ
Cochrane
C
D

メモ KLモノレールのブキッ・ビンタン駅とインビ駅はそれほど離れていないので歩くことが可能。

市外局番03

クアラルンプール国際空港 Kuala Lumpur International Airport (KLIA)
URL www.klia.com.my
☎現地(03)8777-8888

マレーシア・ツーリズム・センター(MaTIC) (Malaysia Tourism Centre)
MAP P.72-B1
住109, Jl. Ampang
☎現地(03)9235-4800
開8:00～17:00 休土・日・祝
URL www.tourismmalaysia.or.jp (日本語サイト)

ツーリストインフォメーションセンター(MTPB)
☎1-300-88-5050

日本からマレーシアへ
→P.370

マレーシアへの持ち込み制限について
以下のものは免税で持ち込める。
● **ワイン、蒸留酒、ビール1ℓ**
タバコはいかなる形でも課税対象(紙巻きは1本から)。入国の際US$1万以上の外貨を所持している場合は要申告。なお、飛び出しナイフやポルノは持ち込み禁止。麻薬の持ち込みが発見された場合は極刑に処せられる。

日本語が通じる旅行会社
● **ウェンディー・ツアー Wendy Tour**
タイやベトナム、シンガポールなど、アジア全般に強い旅行会社。マレーシアにも、日本人スタッフが駐在している。
MAP P.68-B1
住CP65, Suite 1306, 25th Floor, Central Plaza, No.34, Jl. Sultan Ismail
☎現地(03)2145-4518
URL wendytour.com/malaysia
営9:00～17:00
休土・日・祝

三井アウトレットパーク(MOP)行きのシャトルバス
空港近くの三井アウトレットパーク(→P.97)へ、空港から無料のシャトルバスが運行されている。毎日8:20～23:30の間、KLIA2→KLIA→MOP→KLIA2と循環運転しており、それぞれの区間は所要約10分。空港の乗降場は以下のとおり。
● **KLIA**
国内線1階(Lv.1)、2番ドア外のタクシー乗り場奥
● **KLIA2**
1階外のバス乗り場B09

アクセス

空路 BY AIR

クアラルンプールの玄関となる定期便が発着する空港はふたつ。市街から約60km南にある**クアラルンプール国際空港Kuala Lumpur International Airport**(通称**KLIA**、ケーエルアイエー)と、市街から15kmほど南西に位置し、プロペラ機による国内外への近距離路線が発着する**スバン空港Subang Airport**(正式名称はスルタン・アブドゥル・アジズ・シャー空港Sultan Abdul Aziz Shah Airportだがスバン空港のほうがとおりがよい)だ。KLIAには隣接してふたつのターミナルがある。一般的にメインターミナルだけをKLIAと呼び(以下KLIAと表記)、エアアジアなどのLCC(格安航空会社)専用のターミナルは**KLIA2**(ケーエルアイエーツー。以下KLIA2と表記)と呼ばれる。ターミナル相互の移動には鉄道やバスを利用する必要があり、あたかも別の空港のような印象を受けるが、正確には同じ空港のターミナルごとの通称。ただし、ターミナルが異なる乗り継ぎは、必ずいったん預けた荷物を受け取ったうえ、再度チェックインをする必要があり、移動にも時間かかるので注意しよう。

入出国手続き

KLIA、KLIA2、スバン空港ともに手順は同じ。空港内の案内板には日本語が併記され、それに従って進んでいけばいいので安心。

入国 – Arrival –

1 到着
メインターミナルのKLIAの場合、国際線で到着するとエアロトレインと呼ばれる電車に乗って入国審査場へ移動する。KLIA2は徒歩のみでの移動となり、動く歩道などもごく一部にしかないので、離れたゲートに着くと20分以上歩くこともあるため、手荷物はなるべく軽いほうがラク。

2 入国審査
入国審査場はマレーシア人用、ASEANレーン、それ以外に分かれているので、Foreignerと表示のあるカウンターへ。入国カードは必要なく、パスポートだけ出せばいい。たまに帰りの航空券(eチケットの場合は控えのプリント)の提示を求められるので用意しておこう。審査中に指紋認証があり、指示されたらカウンターにある指紋読み取り機の画面に両手の人さし指を置く。ピカッと光ったら離してOK。入国スタンプが押されパスポートが戻ってくる。

3 荷物受け取り
入国審査場を出た所に荷物を受け取るターンテーブルを示す画面があるので、乗ってきた便名を確かめて向かう。万一、荷物に破損があったり未着が生じたりした場合は決して外には出ず、場内にあるクレームカウンターへ。

4 税関審査
申告するものがなければ緑の通路へ。ノーチェックで通過できることが多いが、求められた場合には審査に応じる。申告するものがある場合は赤い通路に行き審査を受ける。

5 到着ロビー
税関を出ると無事入国。案内板に従ってそれぞれの交通手段の乗り場へ。ツアーなどでの出迎えは名前を書いたボードを持ったスタッフが出てすぐの所で待っている。

出国 – Departure –

❶ チェックイン

利用航空会社のターミナルに行き、出国ロビー各所にある表示画面で確かめ、予約した便名と到着地が示されたカウンターに行きチェックインする。一部の航空会社は市内のKLセントラル駅でも可能だが、この場合はKLIAエクスプレス(→P.56)のチケットが必要(ただし、2022年10月現在サービス休止中)。

▲KLIAの出発ロビー

▲チェックインカウンター

❷ 出国審査

入国時と同様Foreignerと表示のあるカウンターへ。出国カードの記入は必要なく、パスポートの提出だけでいい。再び指紋認証を受け、パスポートに出国スタンプが押されたら審査終了。

❸ 手荷物検査

KLIA2では出国審査のすぐあとに荷物検査があるが、これは税関による手荷物審査で、パソコンなどを手荷物から取り出す必要はない。ペットボトルもここまではOK。搭乗前のセキュリティチェックは各ゲートに行く手前で行われる。KLIAでも搭乗前の各ゲートで手荷物検査がある。

国際線から国内線への乗り継ぎ – Transit –

KLIAでは国際線で到着したらエアロトレインで移動し、降りたら進行してきた方向の逆へ進むと国内線乗り継ぎ専用の入国審査場がある(ここでの審査の流れは左記入国時と同じ)。その後に手荷物検査場があり、終わればすぐに国内線のフロアとなっている。この乗り継ぎ方法は、最初の出発空港で最終到着地まで荷物を預けた場合のみに可能で、税関審査は到着した国内線空港で行われる。KLIA2で同様の荷物のスルーができるのは、エアアジアグループでフライスルーFly-Thruと呼ばれるあらかじめ乗り継ぎのチケットを通して予約するシステムで購入した場合のみ(すべての便の予約番号が同一であることが条件)。この場合でも入国審査と税関審査は通常どおり行い、いったん外に出てから出発ロビーに移動して国内線へと乗り継ぐ。

これ以外はいったん入国し、荷物も受け取ったうえ、出発ロビーの国内線カウンターであらためてチェックインする。

▲国内線の便数は多くて便利

▲乗り継ぎの場合はこの看板の方向へ

KLセントラル駅でのチェックイン
現在、チェックイン・サービスは休止しており、再開は未定。(2022年10月末時点)。

国内線から国際線の乗り継ぎ
国内線の出発空港で預けた荷物は、そのまま国際線の到着地まで運ばれるので、KLIAでは出国審査と手荷物検査のみ。KLIA2のエアアジア・グループの場合は、到着時と同じくFly-Thruで予約した航空券でのみこれが可能で、それ以外は一度荷物を受け取り、再度チェックインとなる。

各航空会社の日本の連絡先
→P.370

KLIAとKLIA2間の移動
→P.57欄外

空港付近のホテル

● KLIA

Ⓗサマサマ・エクスプレスKLIA&KLIA2
Sama-Sama Express KLIA&KLIA2
MAP P.54、55
☎現地(03)8787-4848
URL www.samasamaexpress.com
料ⓈⒹRM286.20～(6時間滞在)、ⓈⒹRM510～(12時間滞在)、シャワーのみRM32。
※上記ホテルは制限エリア内(入国審査前)にある。乗り継ぎで利用する場合、預けた荷物は受け取れず、目的地まで運ばれるので注意。

Ⓗサマサマ・ホテル
Sama-Sama Hotel
MAP P.54
☎現地(03)8787-3333
URL www.samasamahotels.com
料ⓈⒹRM450～

● KLIA2

Ⓗチューン・ホテルKLIA2
Tune Hotel-KLIA2
MAP P.54
☎現地(03)8787-1728
URL www.tunehotels.com
料ⒹRM169～
デイユース(8時間)RM120～

Ⓗカプセル・バイ・コンテナ・ホテル
Capsule by Container Hotel
MAP P.55外
☎現地(03)7610-2020
URL capsulecontainer.com
料 3時間 RM135
6時間 RM145～
12時間 RM155～

メモ エアアジアのフライスルーを利用すると最初の便が遅れた場合、無料でフライト変更ができるフライト保証付き(国際便の乗り継ぎのみ対象)。マレーシアでフライスルーが利用できるのはKLIA2経由の場合のみ。

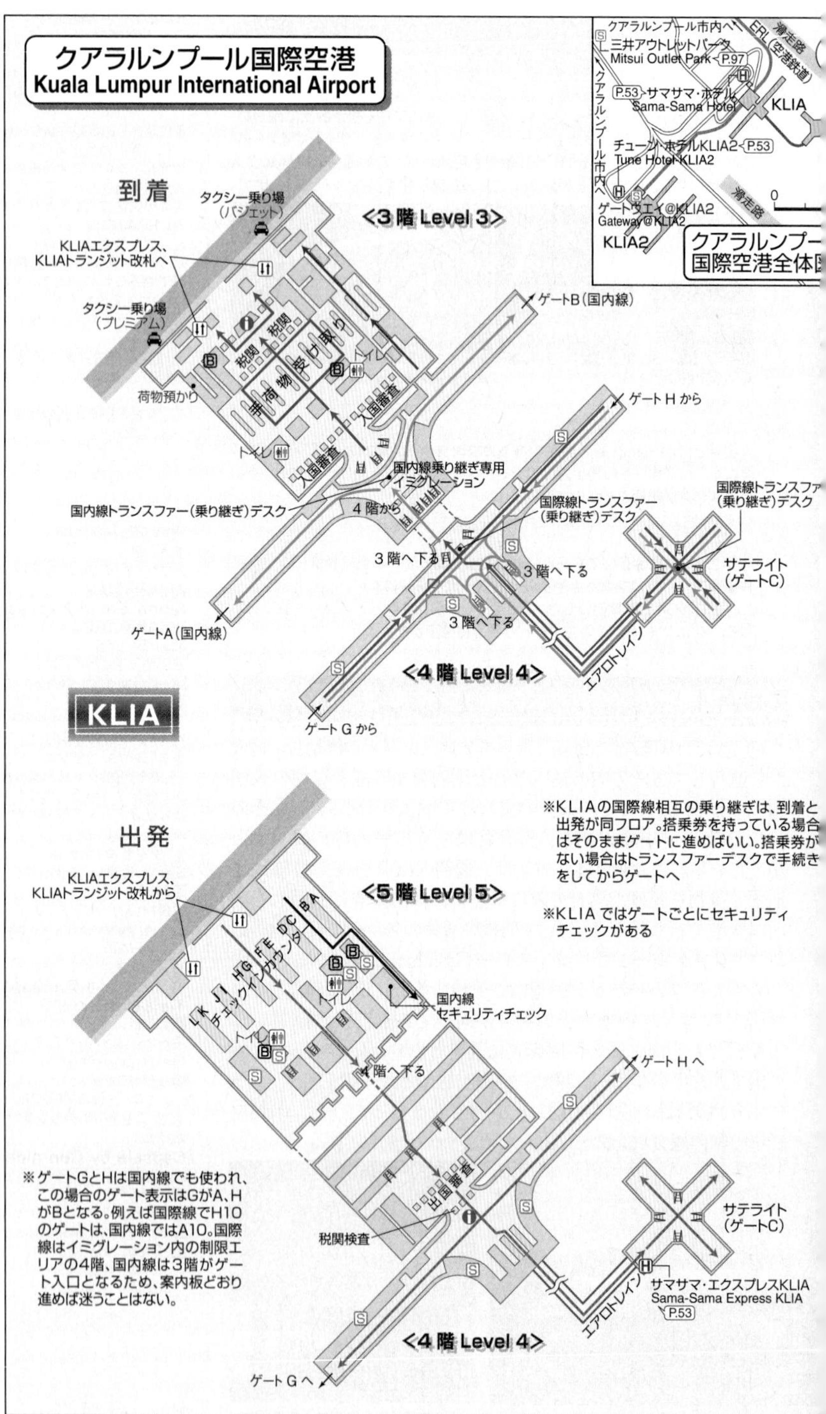

クアラルンプール国際空港
Kuala Lumpur International Airport
到着
タクシー乗り場
(バジェット)
<3階 Level 3>
KLIAエクスプレス、
KLIAトランジット改札へ
タクシー乗り場
(プレミアム)
税関
税関
手荷物受け取り
トイレ
入国審査
荷物預かり
トイレ
入国審査
国内線乗り継ぎ専用
イミグレーション
国内線トランスファー(乗り継ぎ)デスク
4階から
ゲートB(国内線)
ゲートHから
国際線トランスファー
(乗り継ぎ)デスク
3階へ下る
3階へ下る
3階へ下る
国際線トランスファー
(乗り継ぎ)デスク
サテライト
(ゲートC)
エアロトレイン
ゲートA(国内線)
<4階 Level 4>
ゲートGから
KLIA
クアラルンプール市内へ
三井アウトレットパーク
Mitsui Outlet Park P.97
ERL(空港鉄道)
滑走路
クアラルンプール市内へ
P.53 サマサマ・ホテル
Sama-Sama Hotel
KLIA
チューン・ホテルKLIA2 P.53
Tune Hotel KLIA2
滑走路
ゲートウエイ@KLIA2
Gateway@KLIA2
KLIA2
クアラルンプール
国際空港全体図
※KLIAの国際線相互の乗り継ぎは、到着と出発が同フロア。搭乗券を持っている場合はそのままゲートに進めばいい。搭乗券がない場合はトランスファーデスクで手続きをしてからゲートへ
※KLIAではゲートごとにセキュリティチェックがある
出発
KLIAエクスプレス、
KLIAトランジット改札から
<5階 Level 5>
B A
D C
F E
H G
J I
L K
チェックインカウンター
トイレ
国内線
セキュリティチェック
トイレ
4階へ下る
ゲートHへ
出国審査
税関検査
サテライト
(ゲートC)
エアロトレイン
サマサマ・エクスプレスKLIA
Sama-Sama Express KLIA
P.53
<4階 Level 4>
ゲートGへ
※ゲートGとHは国内線でも使われ、この場合のゲート表示はGがA、HがBとなる。例えば国際線でH10のゲートは、国内線ではA10。国際線はイミグレーション内の制限エリアの4階、国内線は3階がゲート入口となるため、案内板どおり進めば迷うことはない。

メモ KLIAエクスプレスおよびKLIAトランジットのKLIA駅は同一階でKLセントラル駅行きとKLIA2行きが発着する。乗り間違えないように到着列車の確認を。

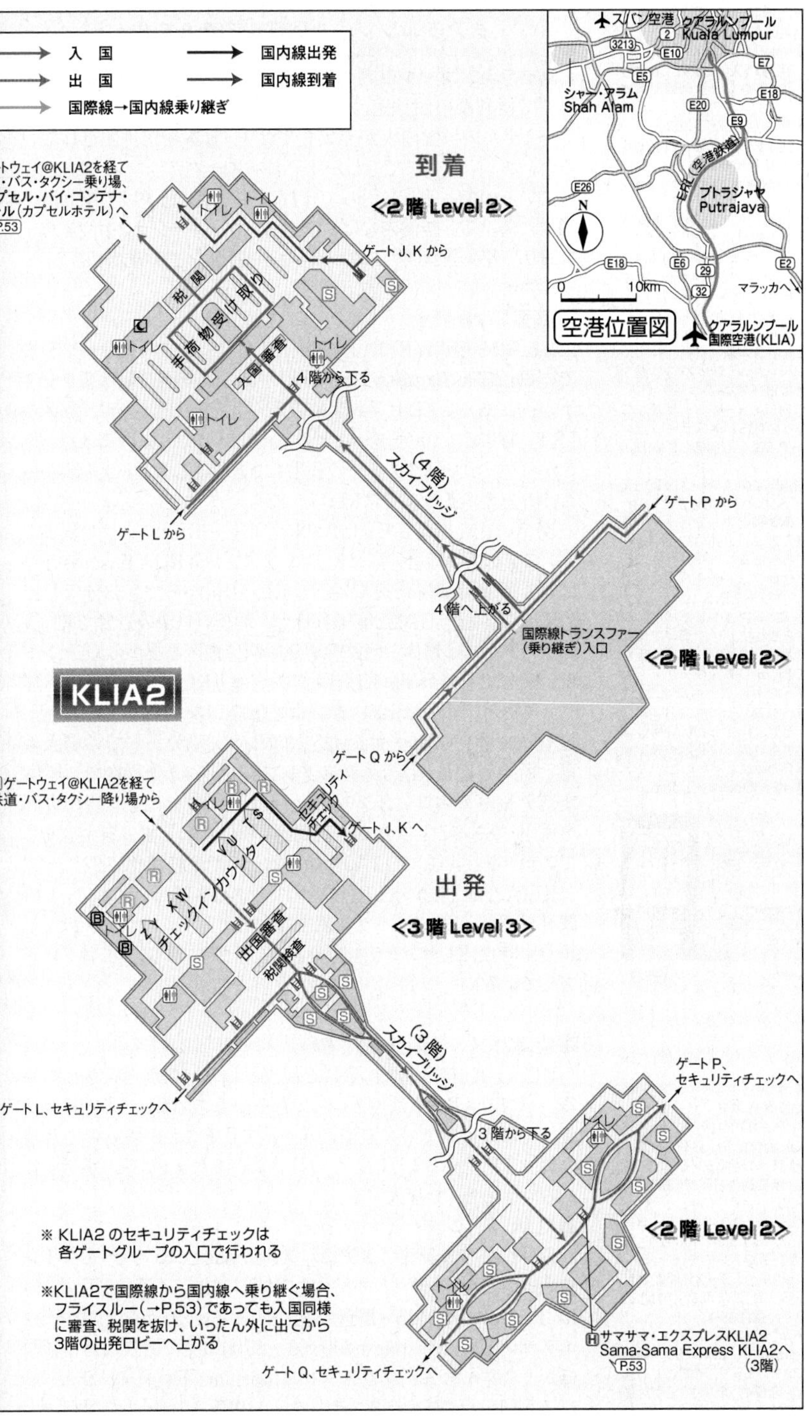
入 国
出 国
国際線→国内線乗り継ぎ
国内線出発
国内線到着
KLIA2
到着
<2階 Level 2>
ートウェイ@KLIA2を経て
道・バス・タクシー乗り場、
プセル・バイ・コンテナ・
テル（カプセルホテル）へ
P.53
トイレ
トイレ
ゲートJ, Kから
税関
手荷物受け取り
入国審査
トイレ
トイレ
4階から下る
トイレ
(4階)
スカイブリッジ
ゲートLから
ゲートPから
4階へ上がる
国際線トランスファー
（乗り継ぎ）入口
<2階 Level 2>
ゲートQから
ゲートウェイ@KLIA2を経て
鉄道・バス・タクシー降り場から
トイレ
セキュリティチェック
ゲートJ, Kへ
チェックインカウンター
出発
<3階 Level 3>
トイレ
出国審査
税関検査
(3階)
スカイブリッジ
ゲートL、セキュリティチェックへ
ゲートP、
セキュリティチェックへ
3階から下る
トイレ
<2階 Level 2>
トイレ
サマサマ・エクスプレスKLIA2
Sama-Sama Express KLIA2へ
P.53
(3階)
ゲートQ、セキュリティチェックへ
※ KLIA2 のセキュリティチェックは
各ゲートグループの入口で行われる
※KLIA2で国際線から国内線へ乗り継ぐ場合、
フライスルー（→P.53）であっても入国同様
に審査、税関を抜け、いったん外に出てから
3階の出発ロビーへ上がる
空港位置図
スバン空港
クアラルンプール
Kuala Lumpur
シャー・アラム
Shah Alam
ERL（空港鉄道）
プトラジャヤ
Putrajaya
マラッカへ
クアラルンプール
国際空港(KLIA)
N
0
10km
E10
E7
E5
E18
E20
E9
E26
E18
E6
E2
2
3213
29
32

各交通機関の連絡先

● **KLIAエクスプレス**
URL www.kliaekspres.com

● **空港バス(Airport Coach)**
クアラルンプール国際空港オフィス
☎現地(03)8787-3894

● **空港タクシー(Airport Limo)**
☎1-300-88-8989
URL www.airportlimo.my

KLIAトランジットの停車駅
KLIA2駅⇔KLIA駅⇔サラク・ティンギ駅Salak Tinggi⇔プトラジャヤ&サイバージャヤ駅Putrajaya/Cyberjaya⇔バンダル・タシク・スラタン駅Bandar Tasik Selatan⇔KLセントラル駅

バンダル・タシク・スラタン駅はLRTアンパン・ライン、KTMコミューターに接続しており、TBSバスステーション(→P.59)とも連結している。

KLIAエクスプレス&KLIAトランジットのeチケット

時間帯によってはチケット購入窓口に長蛇の列ができることがある。ホームページからクレジットカードを使ってeチケットを購入しておくと、プリントアウトしたバーコードを改札でかざすだけで乗車できるので便利。また、行きにあらかじめ往復チケットを買っておくこともできる(往復RM100、子供はRM45)。ただし、いずれも払い戻しはできないので、利用が確実な場合のみにしておくこと。
URL www.kliaekspres.com

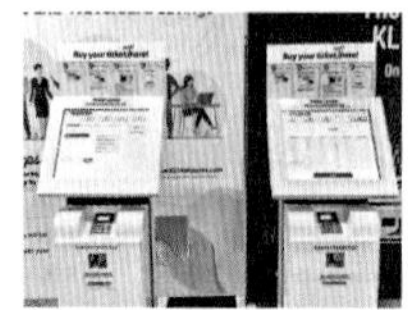
▲チケット・マシーンが新設

空港からマレーシア各地への直行バス

〈マラッカ〉2社のバス会社がKLIA始発9:30、最終20:00で1時間〜1時間30分ごとに運行。所要約2時間で片道RM25〜35。

<ジョホール・バル>ヨーヨーバスYoyo BusがKLIA2始発4:00、最終23:45で、ジョホール・バルへ1.5〜3時間ごとに運行。所要時間約4時間30分で片道RM59。

〈イポー〉ヨーヨーバスYoYo BusがKLIA2始発6:30、最終23:10で1.5〜2時間ごとに運行。所要約3時間30分で片道RM48。

クアラルンプール国際空港から市内へ

クアラルンプール市内へ向かう方法はいくつかあるが、最も早くて便利なのが鉄道。安さ重視ならバスがおすすめ。空港ターミナル内は案内板が充実しており、日本語が併記されているか、あるいは誰にでもわかりやすいマーク(アイコン)で表示されているので、それに沿って行けば目的の交通手段の乗り場に簡単に着ける。空港内には、空港インフォメーションカウンターもあり、各交通機関のスケジュールや料金などが確認できる。

鉄道 TRAIN

KLIA2を起点にKLIAを経由してKLセントラル駅(→P.58)までの鉄道**ERL(Express Rail Link)**がある。空港の駅は各ターミナル内にある。KLセントラル駅からはKLモノレール、プトラLRT、KTMコミューターなどの市内交通に乗り継げるほか、ここからクーポン制タクシーの利用もできる(KLセントラル駅から市内の主要ホテルまではRM17〜25)。

KLIA2駅を出発してKLIA駅に停車後、KLセントラル駅までノンストップの特急列車は**KLIAエクスプレスKLIA Ekspres**と呼ばれ、所要時間は最速で28分。KLIA2駅からでも33分ほどで到着する。ただし2022年10月時点、新型コロナの影響でKLIAエクスプレスは運休。同路線を途中駅に停車しながらKLセントラル駅まで行く列車、KLIAトランジットKLIA Transitのみ運行している。始発は5:00、最終は翌0:02。10〜20分間隔で運行。運賃は片道RM55(子供RM25)でクレジットカードでの購入も可。所要時間はKLIAエクスプレスにプラス7分程度で、座席が郊外電車型のロングシート(一部はKLエクスプレス用の車両を使用)であること以外は運行間隔もほぼ変わらず、料金も同じでチケットも共通。KLIA2の始発は5:00で最終が翌12:02。

KLIAとKLIA2のKLIAエクスプレスとKLIAトランジットの改札は同じ。KLセントラル駅では改札が別なので注意(2022年10月末時点、KLセントラル駅のKLIAエクスプレス改札はクローズしている)。

空港バス AIRPORT BUS

KLIA、KLIA2のそれぞれを起点としたバスが運行されている。バスのメリットは何といってもその安さだが、とりわけラッシュ時には市内での大渋滞に巻き込まれることが多いので余裕をもって利用するようにしたい。バスのチケットは乗り場近くにあるカウンターで購入する。

●KLIA(メインターミナル)から

KLセントラル駅まで**エアロバスAerobus**と**スアサナ・エダランSuasana Edaran**がノンストップで運行している。運賃は片道RM15。KLIAからは04:15〜23:00出発、KLセントラルからはスアサナ・エダランSuasana Edaranが03:00〜23:00出発で所要は約1時間。ほか、スターマート・エクスプレスStarmart Express、ジェットバスJet BusがTBSバスステーション(MAP→P.59)まで運行。

●KLIA2(LCCターミナル)から

エアアジアのオフィシャルバスの**スカイバスSky Bus**がKLセントラル駅まで運行。KLIA2を6:30～翌0:15出発、KLセントラルからは3:00～23:00出発で1～3時間間隔の運行。所要は約1時間15分で片道RM11。郊外の巨大ショッピングモールⓈワン・ウタマ行きもある(2022年10月末現在運休中)。

また、**エアロバスAerobus**のKLセントラル駅までの便もあり、KLIA2を4:30～23:15出発、KLセントラルからはスアサナ・エダランSuasana Edaranが3:00～23:00出発で1～3時間間隔の運行、所要は約1時間で片道RM12～15。

また、KLIAと同じく、スターマート・エクスプレスStarmart Express、ジェットバスJet BusがTBSバスステーション(MAP→P.59)まで運行している。

そのほか、エアポートコーチAirport Coachが、KLIAからKLIA2の順に停まり、ジョホール州のムアを経由して、バトゥパ・パハまで運行している。運賃は片道RM50(子供RM40)で、所要は4時間15分程度。

タクシー　TAXI

KLIA、KLIA2ともに前払い定額のクーポン制タクシーがあり安心して利用できる。車は4種類から選べ、市内中心部(KLCC、KLセントラル、ブキッ・ビンタンを含む)までは、安い順にバジェットRM84.30、プレミアムRM118.70、ファミリー／ラグジュアリーRM233.10。乗車人数と荷物の量によって使い分ける。ターミナル内にあるカウンターで、行き先と車種、人数と荷物の数を告げて購入する(クレジットカード可)。道路状況にもよるが所要1時間～1時間30分ほど。このほかペナン、マラッカなどマレーシア各地への料金も設定されているので遠方への利用も可能。係員にクーポンを見せて乗り場の指示を受けよう。また、以前は禁止だった一般のメータータクシーも空港内に乗り入れるようになり、カウンターで選べる。料金はメーター＋高速代で、市内までの目安はRM80(バジェット)とクーポン制のバジェットクラスより若干安いか同程度。渋滞だとメーターが上がってしまう場合もある。クーポン制とは別の専用乗り場があり、ここで利用料として別途RM2を支払う。

スバン空港から市内へ

スバン空港はクアラルンプール市街から近く、空港タクシーを利用するのが便利だ。カウンターは到着ロビーにあり、運賃はRM40～60。所要約30分でクアラルンプール市街に到着する。

空港シャトルバス(RM11)はKLセントラル駅とKLIA2経由KLIA行きがあったが2022年10月現在休止中。また、KLセントラル駅まで**スカイパークSkypark**という電車が1～2時間ごとに運行。KTMによる運行で、途中スバン・ジャヤ駅にのみ停車。比較的、時間も正確だ。バスは、ターミナルを出てすぐの大通りにあるバス停からKlセントラル駅経由パサール・スニ駅行きの772番がある。

空港バスのオンライン予約

バスチケットは事前にオンラインでの購入が可能
URL www.easybook.com
URL www.busonlineticket.com

各バス会社の連絡先

● **スカイバス**
URL www.skybus.com.my
● **エアロバス**
携 (010)292-3888
URL www.aerobus.my
● **ジェットバス**
携 (017)583-8255
URL www.jetbus.com.my
● **トランスナショナル**
☎ (017)659-2527
URL www.transnasional.com.my
● **ヨーヨーバス**
携 (05)545-7669
URL www.yoyo.my

タクシーの深夜料金

クーポン制タクシー、一般タクシーともに0:00～6:00の間は深夜割増が必要で、いずれも運賃の50%増し。

KLIAとKLIA2の移動

乗り場が出発・到着ホールから一番近く便利なのは鉄道で、運賃も片道RM2(子供RM1)と安い。

また、KLIA～KLIA2間を、シャトルバスが24時間、10分ごとに走っている。料金は無料で、KLIAは1階ロビーの4番ドアを出たところから出発。KLIA2は1階のトランスポーテーションハブが乗り場。ターミナルから一度出て、かなり歩くので、急ぐ場合は鉄道が賢明。

白タクに注意

ターミナル内やタクシー乗り場近くで声をかけてくる運転手がいるが、これはいわゆる白タク。空港での客引き行為自体が違法でトラブルのもととなるので利用しないこと。

スカイパーク

KLセントラル駅の乗り場は、レベル2の中長距離列車用のホームとなるので注意。空港駅はターミナルから大通りを渡ったところにある。

メモ　メータータクシーは大きな荷物もトランクに詰めてくれるが、入りきらない場合は開けたままひもなどで固定して走る。雨が降るとびしょぬれになることは承知しておこう。

鉄道 RAIL

鉄道の玄関口は**KLセントラル駅KL Sentral**。マレーシア国鉄やLRT、モノレールなどが発着する。クアラルンプール国際空港からのKLIAエクスプレス、KLIAトランジットもこの駅に発着している。なお、**クアラルンプール鉄道駅Kuala Lumpur Railway Stationとは別もの**なので注意すること。

クアラルンプールの玄関口

KLセントラル駅

KL Sentral

MAP P.59、81

クアラルンプールの交通の要衝がKLセントラル駅。構内は5つのレベルで構成されており、開放的な雰囲気で、案内板には日本語も併記されているので、英語が苦手な人も安心だろう。レストランやフードコートも充実しているので時間があれば利用したい。メインとなるのはLEVEL1(日本でいう2階)。KTMコミューター、プトラLRT、KLIAエクスプレス、KLIAトランジットの改札口やチケットカウンターなどがある。マレーシア航空やエアアジアのオフィスも入っているので、チケットの購入やリコンファームなども可能だ。チェックインカウンターもあり(202年10月末時点クローズ)、KLIAエクスプレス利用者はここでチェックインすることもできる(→P.53欄外)。

▲日本語表記の表示板がある

市内交通のハブステーション

クアラルンプールの市内交通の中心となるのが、KTMコミューター、LRT、KLモノレールの3つ。そのうちKLセントラル駅には、KTMコミューターとクラナ・ジャヤ・ライン(プトラLRT)のふたつが乗り入れている。KLモノレールにも「KLセントラル駅」があるが、この構内には乗り入れておらず、Ⓢニュー・セントラルを通り抜け、道路を挟んだ向かい側、歩道橋を渡った所にある。バス乗り場は建物を出た地下にある。ここから空港やゲンティン・ハイランド行きのバスが発着している。

KLセントラル駅
住 Stesen Sentral
☎ 現地(03)2786-8080
URL www.klsentral.com.my

KLセントラル駅からのタクシー

クーポン制タクシーがある。カウンターで目的地までのクーポンを購入する。クアラルンプール中心部まで15～30分、プレミアムタクシーはRM22、バジェットはRM17～。

KLセントラル駅構内

● **グランドレベル**
KTMコミューター・プラットホーム、KLIAエクスプレス・プラットホーム、KLIAトランジット・プラットホーム

● **レベル1**
KTMコミューター、プトラLRT、KLIAエクスプレス、KLIAトランジットのチケットカウンターと改札口、インフォメーションカウンター、ショップ、レストラン、トイレ、祈りの部屋

● **レベル2**
KTMインターシティとスカイパーク線(スバン空港行き)のチケットカウンターおよび改札口、インフォメーションカウンター、バス・タクシー乗り場、ポリス・ブース、フードコート

● **レベル3**
プトラLRTのプラットホーム、駐車場、トイレ

● **レベル4**
KLセントラル・マネージメントオフィス、KTMセントラル・レジョン、駐車場

▲ KLIA トランジットのチケット売り場

▲セントラル駅直結の Ⓢ ニュー・セントラル

メモ モノレールのKLセントラル駅へは、鉄道駅と挟んで建つⓈニュー・セントラルの中を通っていく。いずれからも一度エスカレーターで1フロア上がり、中を通って再び1フロア降りる。始発から終電までは移動可能。

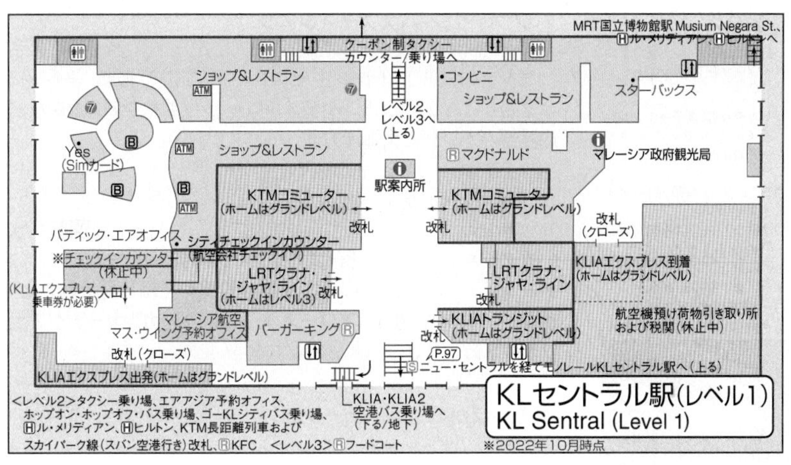

バス BUS

マレーシアを移動する際に最も利用価値が高いのが長距離バス。本数が多いうえ、運賃はとても安い。車体もしっかりしており、高速道路やパーキングエリアといったインフラは完全に整備されているので快適だ。シンガポールやタイのハート・ヤイ(ハジャイ)行きの国際バスも運行されている。ただし、中国暦新年や、ハリラヤ・プアサ(断食明けの祭)のときは繁忙期のため価格が上がり、当日チケットがなくなるほど混雑するので注意。

▲マレーシア最大のバス会社、トランスナショナルのバスカウンター

長距離バスステーション

TBSバスステーション
Terminal Bersepadu Selatan

MAP P.48-B2

近代的な大型バスターミナル。クアラルンプールの町の中心から約10km南の郊外にありバンダル・タシク・スラタン駅Bandar Tasik Selatanと連結している。2015年11月より、プドゥ・セントラルを発着するバスの大部分がTBSバスステーションへ移転した。移転したのは北部方面行きの路線で、**ペナンやバタワース、アロー・スター、イポー**など。マレー半島の南西の町**マラッカ、ジョホール・バル**などと半島部東海岸**クアラ・トレンガヌ、コタ・バル**なども発着している。今後も移転する路線があるとのこと。発着スケジュールなどは事前に長距離バスの予約サイトで確認を。TBSバスステーション (Bandar Tasik Selatan)へは、KLセントラル駅からKILAトランジットでRM6.50。

TBSバスステーション
【最寄り駅】KTMコミューターもしくはKLIAトランジットのバンダル・タシク・スラタン駅Bandar Tasik Selatan
URL www.tbsbts.com.my

▲陸路移動のハブターミナル

プドゥ・セントラル(旧プドゥラヤ・バスステーション)
Pudu Sentral

MAP P.51-C3

町の中心部、チャイナタウンの東にあるバスステーション。マレー半島北西の町を結ぶバスが発着する。おもな行き先は、**タンジュン・マリム**など。

プドゥ・セントラル
【最寄り駅】アンパン・ラインのプラザ・ラキャ駅Plaza Rakyat

▲近代的な建物

メモ プドゥ・セントラルは、バス乗り場が地下1階になっている。発着場がバスステーション構内ではなく、プドゥ通りの路上の場合もある。

❊プクリリン・バスステーション
【最寄り駅】アンパン・ラインまたはKLモノレールのティティワンサ駅Titiwangsa

❊ドゥタ・バスステーション
近くに駅がないためタクシーで向かおう。

バスチケットのインターネット予約
休暇シーズンは事前にネット予約がおすすめ。ただし、路線によってはネットで販売していないものもある。
URL www.easybook.com
URL www.busonlineticket.com

KL セントラル駅にあるゲンティン・ハイランド行きのチケット売り場

プクリリン・バスステーション
Hentian Pekeliling MAP P.50-B1

プトラ・ワールド・トレード・センター(PWTC)の北東、トゥン・ラザク通りにある。**ベントン**や**テメルロー**、**ラウブ**や**クアンタン**など、**内陸部パハン州**と**東海岸方面**へのバスが発着。

ドゥタ・バスステーション
Hentian Duta MAP P.50-A1

クアラルンプールの北部にあり、マレー半島北部行きのバスステーション。ニュークランベリー高速道路のそばにあるので北部地域への移動に最適。**アロースター**、**クアラ・カンサー**、**クアラ・プルリス方面行き**のバスが発着する。

そのほかのバスステーション
Other Bus Station

KLセントラル駅には**ゲンティン・ハイランド**や空港行きのバスが発着している。ブキッ・ビンタンの中心地であるⓈベルジャヤ・タイムズ・スクエアにも長距離バスの発着所がある。行き先は**ジョホール・バル**や**シンガポール**など。

長距離バスの乗り方

1 チケットブースを探す
バスステーションの窓口に行き先が書かれているので、それを頼りに探す。全土にネットワークをもつトランスナショナルなどは独立したブースがあり、そこですべてのチケットを購入できる。

行き先を確認 ▶

2 チケットを買う
ブースで希望日や時間を伝える。この際にパスポートを提示。代金と引き換えにチケットを手渡される。トランスナショナルはコンピューター化されているので、プリントアウトされたチケットが渡される。

窓口でチケットを受け取る ▶

3 チケットを確認
チケットを渡されたら、念のため内容を確認すること。乗車地、下車地、運賃、出発日時、座席番号、プラットホーム番号や、会社によってはバスのナンバーなどが書かれている。

トランスナショナルのチケット ▶

4 バス乗り場へ
クアラルンプールなどの大都市では、指定されたプラットホームからバスに乗る。また同じプラットホームから何本もバスが出る場合があるので、必ずバス前面の行き先表示を確認しよう。

出発の 10 分前には乗り場で待っておくこと ▶

5 バスに乗車
スーツケースやバックパックなど大きな荷物は、乗車前にバスのトランクに預ける。チケットに座席が指定されている場合もあるが、すいていればどこに座っても問題はない。チケットは車内でチェックされることもある。

メモ 長距離バスの注意事項。同じ路線であっても、バス会社やクラスによって運賃や停留所は多少異なる。一般にトランスナショナルは比較的安い。

市内交通

クアラルンプール市民の足は電車、市内バス、タクシーの3つ。うまく組み合わせて活用しよう。

電車 TRAIN

LRT
LRT (Light Rail Transit System) MAP P.63

LRTはアンパン・ライン(スターLRT)とクラナ・ジャヤ・ライン(プトラLRT)などの路線で運行されており、マスジッド・ジャメ駅で交わっている。運行時間は6:00～23:30頃。日中は約8分間隔、朝夕のラッシュ時は約4分間隔で運行している。運賃はRM1.10～3.20程度。アンパン・ライン、クラナ・ジャヤ・ラインは正式名称だが、アンパン・ラインはスターLRT、クラナ・ジャヤ・ラインはプトラLRTと言っても通じる。

●アンパン・ライン
セントゥル・ティムール駅～マスジッド・ジャメ駅～アンパン駅またはプトラ・ハイツ駅を結ぶ。

●クラナ・ジャヤ・ライン
ターミナル・プトラ(ゴンバック)駅～KLCC駅～マスジッド・ジャメ駅～KLセントラル駅～プトラ・ハイツ駅を結ぶ。KLセントラル駅、KLCC駅を通っており、観光客もお世話になる路線だ。

KLモノレール
KL Monorail MAP P.63

KLセントラル駅～ティティワンサ駅を結んでいる。KLセントラル駅～ブキッ・ビンタンを移動するのに便利だ。ただしモノレールのKLセントラル駅は、KTMなどが乗り入れているKLセントラル駅とは少し離れているので注意(→P.58)。運行時間は6:00～24:00頃。運賃はRM1.20～3.60程度。

KTMコミューター
KTM Comuter MAP P.63

マレーシア国営鉄道(KTM)が運行しており、クアラルンプール市内と郊外を結ぶ。タンジュンマリム駅(ペラ州)～ポート・ワラン駅(セランゴール州)を結ぶ路線と、バトゥケーブス駅(クアラルンプール郊外)～グマス駅を結ぶふたつの路線がある。いずれもKLセントラル駅を通る。運行時間は6:00～23:00頃。15～30分に1本運行。運賃はRM1.50～15.70程度。遅延が多いので注意。

MRT
MRT (Mass Rapid Transit) MAP P.63

2017年に開通した新しい路線。スンガイ・ブローとカジャンを結ぶ。KLセントラル駅と通路でつながっているミュージアム・ネガラ駅から、チャイナタウンやブキッ・ビンタンにもスムーズに行けるようになった。

※LRT
URL www.rapidkl.com.my

観光に便利なICカード
KLでは、観光に便利なICカードが発売されている。日本でいうSuicaやICOCAのようなもので、頻繁にバスや電車を利用する場合には購入を検討しよう。

●タッチ＆ゴーカード Touch'n Go Card
LRT(電車)のKLCC駅窓口、ワトソンズ(薬局)、セブンイレブン、KLIA(空港)など、多数の場所で購入・チャージ(マレーシアではトップアップという)ができ、クアラルンプールの公共交通機関(下記参照)のほとんどすべてで使用できるたいへん便利なカード。交通機関のほかにワトソンズやセブンイレブン、一部のレストランなどでも利用できる。カード代金はRM25で、そのうちRM5が発行手数料。10年有効。
URL www.touchngo.com.my
〈使用可能な乗り物〉
KLモノレール、LRT、MRT、KTMコミューター、KLIAエクスプレス、ラピッドKLバス

▲タッチ＆ゴーカード

※KLモノレール
URL www.myrapid.com.my

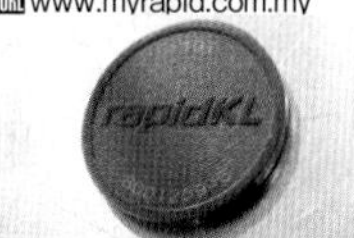

▲コイン式のトークン

※KTMコミューター
URL www.ktmb.com.my

電車利用の安全性
クアラルンプールでは、駅のホームなどに係員がいることはほとんどない。何か困ったことや用事があるときは、改札や切符売り場などへ行くと係員がいる。また、どの電車も車内は比較的きれいで安全。とはいえ、深夜のひとり乗りなどはできるだけ避けよう。

※MRT
URL www.mymrt.com.my

// 電車の乗り方 //

クアラルンプールの電車は３種類あるが、基本的に乗り方は同じだ。ここではKLモノレールを例にとって乗り方を解説していこう。

1 チケット購入

チケットは自動券売機で購入する。自販機では、小額紙幣とコインしか使用できない。大きい紙幣は窓口で両替する。窓口での購入は、係員に行き先を告げ、運賃を支払う。

▲自動券売機

2 改札

チケットはコイン型のトークンまたは磁気カードタイプがほとんど。トークン、カードともに改札機上面のタッチ画面にかざすだけ。カードの場合、手前のスリットにチケットを挿入するものもある。改札機上面のスリットからチケットが出てくるので、それを取って改札ゲートを通過する。

▲自動改札機

3 乗車

目的地へ向かうプラットホームで電車を待つ。KLCCやブキッ・ビンタンなど人の乗降の多い駅では、整列乗車が基本。また混んでいて乗り切れない場合は、むりやり乗り込むのではなく、余裕をもって次の電車に乗るようにしよう。5～10分待てば次の電車が入線してくる。

▲混んでいる駅では整列乗車を

4 下車

車内アナウンスはマレー語と英語。電車の乗降口には路線図が掲示されているほか、ホームにも駅名の表示がある。改札を出るときは、トークン回収口にトークンを投入すればトークンはそのまま回収される。

▲乗り方は、慣れてしまえば簡単

自販機でのチケットの買い方

1. まず画面の左上を指で触れて、表示言語を「English」に、次に路線を選びタッチ

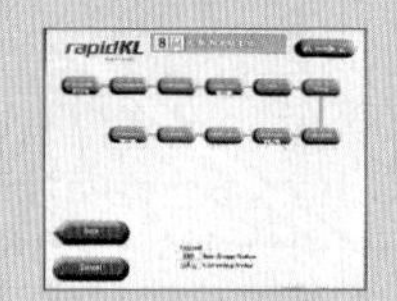

2. 路線が出てくるので行きたい場所を指でタッチし、OKを押す

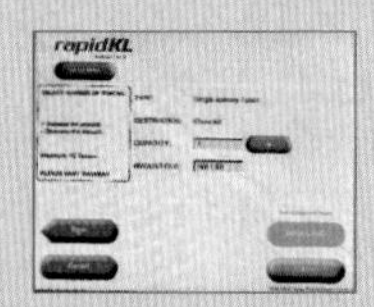

3.上に行き先、下に料金が表示される。よければ自販機に小銭を入れる。最後にトークンを受け取る

乗り換え

クアラルンプールの電車網で面倒なのが乗り換えだ。KTMとLRTは必ずだが、たとえ同じLRTであっても、駅が離れていて、けっこう歩かなくてはならない場合もある。例えばチャイナタウンからKLCCへ行くときには、アンパン・ラインのプラザ・ラキヤ駅から乗るよりも、少し歩いたとしてもクラナ・ジャヤ・ラインのパサール・スニ駅から乗ったほうが楽だ。プラザ・ラキヤ駅から乗った場合、マスジッド・ジャメ駅でクラナ・ジャヤ・ラインに乗り換えなければならないからだ。乗る前に路線図を見てルートを考えよう。

メモ 鉄道駅の朝、夕は出勤と帰宅のラッシュで券売機が混んでいる。滞在中に何度も鉄道に乗る予定のある人や、数日滞在するなら、「タッチ＆ゴーカード」などのプリペイド型電子マネーを購入すると便利。

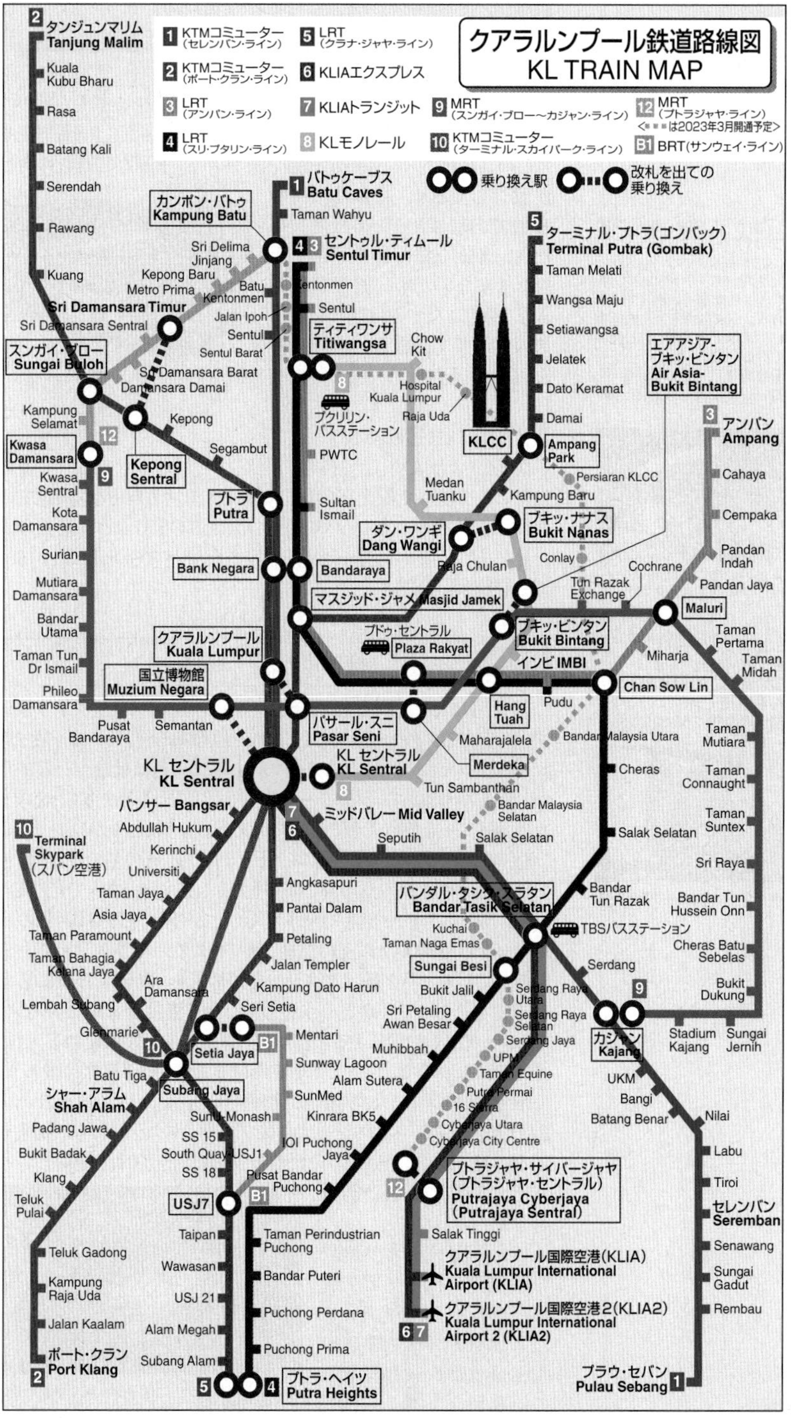
クアラルンプール鉄道路線図
KL TRAIN MAP
1 KTMコミューター（セレンバン・ライン）
2 KTMコミューター（ポート・クラン・ライン）
3 LRT（アンパン・ライン）
4 LRT（スリ・プタリン・ライン）
5 LRT（クラナ・ジャヤ・ライン）
6 KLIAエクスプレス
7 KLIAトランジット
8 KLモノレール
9 MRT（スンガイ・ブロー〜カジャン・ライン）
10 KTMコミューター（ターミナル・スカイパーク・ライン）
12 MRT（プトラジャヤ・ライン）
<・・・は2023年3月開通予定>
B1 BRT（サンウェイ・ライン）
乗り換え駅
改札を出ての乗り換え
タンジュンマリム Tanjung Malim
Kuala Kubu Bharu
Rasa
Batang Kali
Serendah
Rawang
Kuang
バトゥケーブス Batu Caves
Taman Wahyu
カンポン・バトゥ Kampung Batu
Sri Delima
Jinjang
Kepong Baru
Metro Prima
セントゥル・ティムール Sentul Timur
Batu Kentonmen
Kentonmen
Jalan Ipoh
Sentul
Sentul Barat
Sri Damansara Timur
Sri Damansara Sentral
スンガイ・ブロー Sungai Buloh
Sri Damansara Barat
Damansara Damai
Kampung Selamat
Kepong
Kepong Sentral
Kwasa Damansara
Kwasa Sentral
Kota Damansara
Surian
Mutiara Damansara
Bandar Utama
Taman Tun Dr Ismail
Phileo Damansara
Pusat Bandaraya
Semantan
Segambut
プトラ Putra
Bank Negara
Bandaraya
ティティワンサ Titiwangsa
Chow Kit
Hospital Kuala Lumpur
Raja Uda
プクリリン・バスステーション
PWTC
Sultan Ismail
Medan Tuanku
KLCC
ターミナル・プトラ（ゴンバック） Terminal Putra (Gombak)
Taman Melati
Wangsa Maju
Setiawangsa
Jelatek
Dato Keramat
Damai
Ampang Park
Persiaran KLCC
Kampung Baru
エアアジア・ブキッ・ビンタン Air Asia-Bukit Bintang
アンパン Ampang
Cahaya
Cempaka
Pandan Indah
Pandan Jaya
Cochrane
Maluri
Taman Pertama
Taman Midah
ダン・ワンギ Dang Wangi
ブキッ・ナナス Bukit Nanas
Conlay
Raja Chulan
Tun Razak Exchange
マスジッド・ジャメ Masjid Jamek
ブドゥ・セントラル Plaza Rakyat
ブキッ・ビンタン Bukit Bintang
インビ IMBI
Miharja
クアラルンプール Kuala Lumpur
国立博物館 Muzium Negara
パサール・スニ Pasar Seni
Hang Tuah
Pudu
Chan Sow Lin
Maharajalela
Merdeka
Bandar Malaysia Utara
Cheras
Taman Mutiara
Taman Connaught
KL セントラル KL Sentral
Tun Sambanthan
Bandar Malaysia Selatan
Salak Selatan
Taman Suntex
Sri Raya
バンサー Bangsar
Abdullah Hukum
Kerinchi
Universiti
ミッドバレー Mid Valley
Seputih
Salak Selatan
Terminal Skypark（スバン空港）
Taman Jaya
Asia Jaya
Taman Paramount
Taman Bahagia
Kelana Jaya
Lembah Subang
Ara Damansara
Glenmarie
Angkasapuri
Pantai Dalam
Petaling
Jalan Templer
Kampung Dato Harun
Seri Setia
バンダル・タシック・スラタン Bandar Tasik Selatan
Bandar Tun Razak
Bandar Tun Hussein Onn
Cheras Batu Sebelas
Bukit Dukung
Kuchai
Taman Naga Emas
TBSバスステーション
Sungai Besi
Serdang
Bukit Jalil
Sri Petaling
Awan Besar
Serdang Raya Utara
Serdang Raya Selatan
Serdang Jaya
カジャン Kajang
Stadium Kajang
Sungai Jernih
Setia Jaya
Mentari
Sunway Lagoon
SunMed
Muhibbah
Alam Sutera
Kinrara BK5
UPM
Taman Equine
Putra Permai
16 Sierra
Cyberjaya Utara
Cyberjaya City Centre
UKM
Bangi
Batang Benar
Nilai
Batu Tiga
Subang Jaya
シャー・アラム Shah Alam
Padang Jawa
Bukit Badak
Klang
Teluk Pulai
SunU-Monash
SS 15
South Quay-USJ1
SS 18
IOI Puchong Jaya
Pusat Bandar Puchong
USJ7
Taipan
Wawasan
USJ 21
Alam Megah
Subang Alam
Taman Perindustrian Puchong
Bandar Puteri
Puchong Perdana
Puchong Prima
プトラ・ヘイツ Putra Heights
プトラジャヤ・サイバージャヤ（プトラジャヤ・セントラル） Putrajaya Cyberjaya (Putrajaya Sentral)
Salak Tinggi
クアラルンプール国際空港（KLIA） Kuala Lumpur International Airport (KLIA)
クアラルンプール国際空港2（KLIA2） Kuala Lumpur International Airport 2 (KLIA2)
Labu
Tiroi
セレンバン Seremban
Senawang
Sungai Gadut
Rembau
プラウ・セバン Pulau Sebang
Teluk Gadong
Kampung Raja Uda
Jalan Kaalam
ポート・クラン Port Klang

市内バス BUS

乗りこなすのは難しい？　市内バス

庶民の足として利用されている市内バスは、中心部から郊外まで主要エリアを網羅している。最大手のラピッドKL Rapid KLをはじめ、メトロバスMetro BusやSJバス SJ Busなど複数の会社が運行しており、料金は市内の移動であればRM1～5程度。ただし、詳細な路線図や車内アナウンスがないため、旅行者がいきなり乗りこなすのは難しい。バスの運転手に確認して乗り込むようにしよう。

▲ラピッドKL、車内は清潔

観光に便利な巡回バス

路線バスとは別に、2種類の巡回バスが走っている。主要な見どころを結んで観光案内付きで走る乗り降り自由な2階建てのホップオン・ホップオフ・バスHop-On Hop-Off Busと、地元の人の足にもなっている無料のゴーKLシティバスGOKL City Busだ。詳細は→P.78。

ホップオン・ホップオフ・バス(→P.78)

24時間有効のチケットは、大人RM60、子供RM30。チケットは乗車時に購入できるほか、一部のホテル、旅行会社、専用ブースでも取り扱っている。

☎現地(011)1230-5350

URL www.myhoponhopoff.com

▲無料の市内巡回バス、ゴーKLシティバス（→ P.78）

タクシー TAXI

旅行者にとって一番便利な乗り物であるタクシー。クアラルンプールを走るタクシーは大きく分けて2種類ある。ひとつは一般タクシー(通称バジェットまたはノーマル)。車体の色は紅白が一般的だが、色は数種類ある。メーターを使ってくれないことが多く、交渉またはメーターを使うように言うのが必須。もうひとつがプレミアム(通称ブルー・タクシーまたはエグゼクティブ)。その名のとおり青色の車体だ。バジェットより高いレートだが、必ずメーターで走ってくれる。高級ホテルや空港で乗車することが多い。最近は紫色の小型ワゴン車や2000cc以上の高級ブルー・タクシー(ラグジュアリー)も走っている。手を挙げタクシーを停めたら、乗車する前に必ず行き先を告げてOKかどうか確認しよう。値段交渉もこの時に。ラッシュアワーや雨による渋滞状況によっても値段は変わる。自動ドアではないので、自分でドアを開けること。後部座席に乗ろう。

料金はバジェットの場合、初乗りがRM3、以降1kmごとにRM1.25。ブルー・タクシーは高級ブルー・タクシーともに初乗りRM6、1kmごとにRM2。いずれも24:00～翌6:00は5割増し。それぞれ渋滞のときの割増料金がある。

ほか、KLセントラル駅や各空港にはクーポン制の一般タクシーがあり、またスマホアプリで呼び出すGrabタクシーも普及している。

▲ブルー・タクシーはメーター制でボラれることもなく安心という声も多い

無線タクシー会社

Comfort Taxi

☎現地(03)8024-0507

BLUE CAB

携現地(018)258-3222

▲タクシー乗り場の看板

メモ　ホップオン・ホップオフ・バスは観光スポット巡りにはおすすめだが、ルートは一方通行で、渋滞時は1周2時間以上かかることもあるので注意しよう。

＼配車サービスアプリ／

// グラブの利用方法 //

マレーシアを中心に東南アジア各国でサービスを展開している自動車配車アプリ、グラブ（Grab）。登録をした一般のドライバーが、自家用車を使って乗客を運ぶタクシーのようなサービスで、配車の手配から支払いまでスマホアプリで行うことができる。

▲気さくに話しかけてくれるドライバーが多い

1 事前準備

スマホにアプリをダウンロードする。アプリを起動し、携帯番号、名前、メールアドレスを入力しアカウントを作成。携帯電話のSMSで認証コードが送られてくるので、4桁の数字を入れて登録完了。Grab payの画面でクレジットカードを登録しておくと、現金のやりとりが発生しないので便利だ。また、使用にはインターネット環境が必要なので、現地でSIMカードを買うか、事前にWi-Fiをレンタルしておこう。

2 目的地の入力

アプリを起動したら、Transportの画面を選択。スマホの位置情報をオンにしておき、GPSから取得された自分のいる場所がちゃんと合っているかを確認しよう。ここがピックアップポイントになる。次に、目的地の名称を入力。ショッピングセンターや空港など規模の大きい施設の場合は、具体的な降車ポイントを指定することも可能だ。地図画面を指でタップして目的地を動かすこともできる。

3 配車手配

目的地の入力が完了すると、目的地までの時間と値段が表示されるので、OKであればConfirmボタンを押して手配。ドライバーが見つかると、ドライバーの名前、顔写真、車種、車のナンバー、何分後に到着予定かが画面に表示される。

4 乗車、降車

到着した車とドライバーがアプリで表示されたものと合っているかを確認し、乗車する。目的地に到着したら支払いをして降りる（クレジット払いの場合は現金でのやりとりは必要なし）。

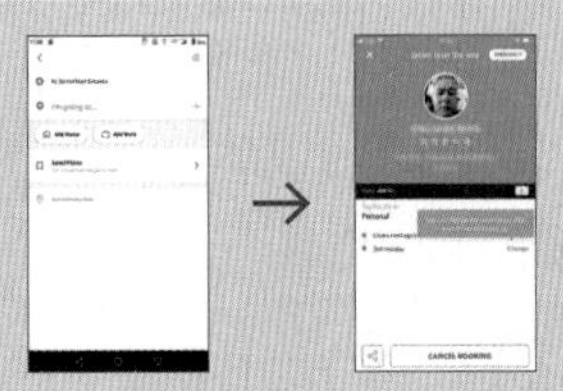

目的地の入力画面。名称や住所にて入力可能で、入力すると地図上に位置が表示される

ドライバーが決定すると、名前、顔写真、評価、車体情報の画面が送られてくる

ピックアップまでにかかる予想時間と車の位置情報が地図上に表示される

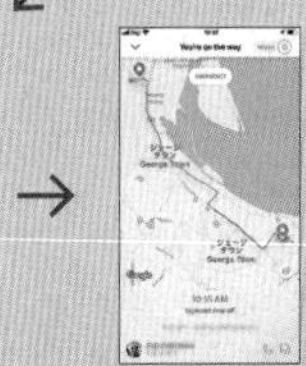

走行中は目的地到着の予想時間と車が走っているルートが表示される

グラブを使うメリット

- 場所に制限されることなく、どこでも呼び出すことができる。
- 一般的なタクシーの料金よりも割安で利用できる。
- 事前に料金（渋滞の場合は多少の変更あり）が表示されるので安心。
- アプリ入力で目的地を指定できるので、間違いがほぼない。
- 手配中、アプリ内のチャット機能でドライバーと会話ができる。
- 走行中、地図上でどこを走っているかを確認できるので安心。

グラブ利用にあたって

大きな荷物がある場合や大人数での利用の際は車のアイコンをタップし、希望に合う車種を選択しよう。クアラルンプール、ペナン、マラッカ、イポー、コタ･キナバルなど主要都市でサービスをスタートし、現在はほぼ全地域を網羅。一部のレストランではGrab pay払いもできる。また、乗客の厳しい評価システムを導入しているため、ドライバーの信頼性が高いと言われているが、表示と違うドライバーが来たなどトラブルもあるので注意は怠らないようにしよう。雨や渋滞のひどい時間に呼び出してもなかなか来ないのはタクシーと同じだ。

ブキッ・ビンタン

Bukit Bintang

「ブキッ・ビンタン」とは「星が丘」という意味。マレーシアの銀座といった雰囲気の、クアラルンプールきってのおしゃれなエリアだ。たくさんの巨大ショッピングセンターが建ち並び、高級ブランドから手頃なローカルブランドまで品揃えも幅広い。レストラン、カフェ、バー、屋台街といった飲食店はもちろん、スパやフットマッサージ店なども充実。ショッピングからナイトライフまでたっぷり楽しめる。

ACCESS

MRT/モノレール

MRTはブキッ・ビンタン駅下車。KLモノレールはブキッ・ビンタン駅かインビ駅、ラジャ・チュラン駅となる。

バス

旅行者が利用するバス停は、Ⓢスターヒル・ギャラリー前とスルタン・イスマイル通りのバス停が中心となる。チャイナタウンやⓈセントラル・マーケットへは無料の市内巡回バス、ゴーKLシティバスのパープルラインで行ける。

KLCCへの空中歩道

Ⓢパビリオンの入口にブキッ・ビンタンとKLCCを結ぶ全長約1.2Kmの空中歩道(ウオークウェイ)がある。ほとんど効いていないが、空調完備、雨でもぬれずに移動できる。Ⓢパビリオンの入口からKLコンベンションセンターまで徒歩約10分。

町歩き時のトイレ

町歩きの途中のトイレは、ショッピングセンターを利用しよう。ただし、入口で使用料を払うところも。トイレットペーパーは備わっていないことも多いので、念のためティッシュを持参することをおすすめする。

両替所について

ブキッ・ビンタンの目抜き通りやショッピングモール内には両替所が点在。パビリオン側よりも、アロー通りに向かったほうが比較的レートがいいようだ。ただし、カードや電子マネー決済の急激な普及により、両替所の数は減少傾向。

▲Ⓢパビリオンの両替所。日曜も営業

歩き方

ブキッ・ビンタン通りJl. Bukit Bintangは、クアラルンプール随一の繁華街。通りは昼夜を問わず大勢の人でいつもにぎわっている。一方、ブキッ・ビンタン通りから1本西側のアロー通りには、道に沿ってズラリと屋台が並び、都会的な雰囲気から一転して庶民の生活感が漂う。道を1本隔てただけでまったく異なった文化やテイストが味わえるのもブキッ・ビンタンの魅力といえる。町の中心をモノレールの高架が貫いている。

ショッピングエリアのブキッ・ビンタン通り

地元の人はもちろん、旅行者が一番集まるのは目抜き通りのブキッ・ビンタン通りだ。通りにはショッピングセンターやカフェ、レストラン、ホテルが集中している。

アロー通りの入口からさらに西に下った**チャンカット・ブキッ・ビンタン通りChangkat Bukit Bintang**と、この通りから枝分かれした**テンカット・トン・シン通りJl. Tengkat Tong Shin**、**ナガサリ通りJl. Nagasari**周辺は、多くの人でにぎわう注目のエリア。ショップハウス(→P.189)が建ち並ぶクラシックな町並みに、ドイツ、イタリア、タイ、スペイン、中東など世界各国の料理店や、おしゃれなダイニングバーと地元の人用の食堂が入り交じっている。

夜華やかなネオンが連なり、毎晩お祭り騒ぎのブキッ・ビンタン通りの南側を走る**インビ通りJl. Imbi**の南側は別世界。再開発が進み、町並みが刻々と変化するなか、朝〜昼ご飯用の屋台や食堂、夜は地元の人たちがゆっくり集う中国系老舗レストランも健在。ぎらぎらしたブキッ・ビンタン通りの喧騒から離れた人々の生活が感じられる地域だ。

▲ショッピングストリート。ブキッ・ビンタン通り

メモ 現地の日本語情報誌『パノーラ』でクアラルンプールの最新情報をチェックしよう。スリアKLCCの紀伊國屋書店などで無料で入手できる

見どころ

クアラルンプール最大の工芸品館

クラフト・カルチュラル・コンプレックス

Craft Cultural Complex / Kraftangan Malaysia MAP P.69-D1

ブキッ・ビンタンの中心地から歩いて15分ほどにある、マレーシア全土の伝統工芸を紹介する施設。バティック、木工彫刻製品、ピューター製品、銀細工、ソンケット(刺繍が施された織物)、手編み籠などを展示。おみやげに最適な良質な品が揃った国営の民芸品店Ⓢカリヤネカの本店(→P.98)もある。

▲おみやげにぴったりのバティック布

クラフト・カルチュラル・コンプレックス
住 Jl. Conlay
☎ 現地(03)2162-7459
営 9:00〜18:00
(博物館は17:00まで)
休 無休
料 無料

▲職人から習うバティック体験もおすすめ

COLUMN

クアラルンプールで人気の屋台街

▲やわらかくてクセのないカエルのショウガ炒め

▲炭火で香ばしく焼いたチキン・ウイング

▲マレーシアの絶品B級グルメのサテー

▲人気店はオープンと同時に満席になることも

クアラルンプール随一の繁華街がブキッ・ビンタン。そのなかで最もにぎわっているのが「アロー通り」だ。200m以上もある道の両側に50軒以上の屋台が並ぶ。ほとんどの店が夕方からの営業で、日暮れ近くになると、どこからともなく観光客や地元の人たちが集まってきて、日が暮れると通りは人・人・人で熱気に包まれる。屋台のメニューは、中国系料理が多く、エビ麺(プロウン・ミー)、雲呑麺(ワンタン・ミー)、ロロッ(串付きおでん)、チキンライスやお粥、肉骨茶(バクテー)など、何でも揃う。そのほか、サテーやラクサ、カエル料理なども。アルコールが飲めるので、チキン・ウイングのようなつまみになるメニューも豊富。ひと皿RM15前後のものが多く、料金も手ごろ。アルコールを飲まなければ、食事からデザートまで食べてもひとりRM40〜50(1400円前後)。ひとりでも周りを気にせずに、気軽に立ち寄れるのが屋台のいいところでもある。店の選び方だが、客でにぎわっている店を選ぶといい。注文の仕方はどの店も同じ。気に入った店に入り、席に着いてメニューを確認。注文を取りに来てくれるので注文を。日本のように無料で水が出てこないので、ドリンクも一緒に注文しよう。支払いは、料理が運ばれてきたときに払う店と、最後に払う店がある。

アロー通りの屋台街
MAP P.68-A2〜B2
営 夕方〜24時くらい(店によって異なる)
休 無休(店によって異なる)

メモ 2022年開業のららぽーと・ブキッ・ビンタンに隣接するⓈMGBでは、伝統的な民芸品から若手クリエイターが手がけるセンスのいい雑貨が揃っている。URL mgb.my/

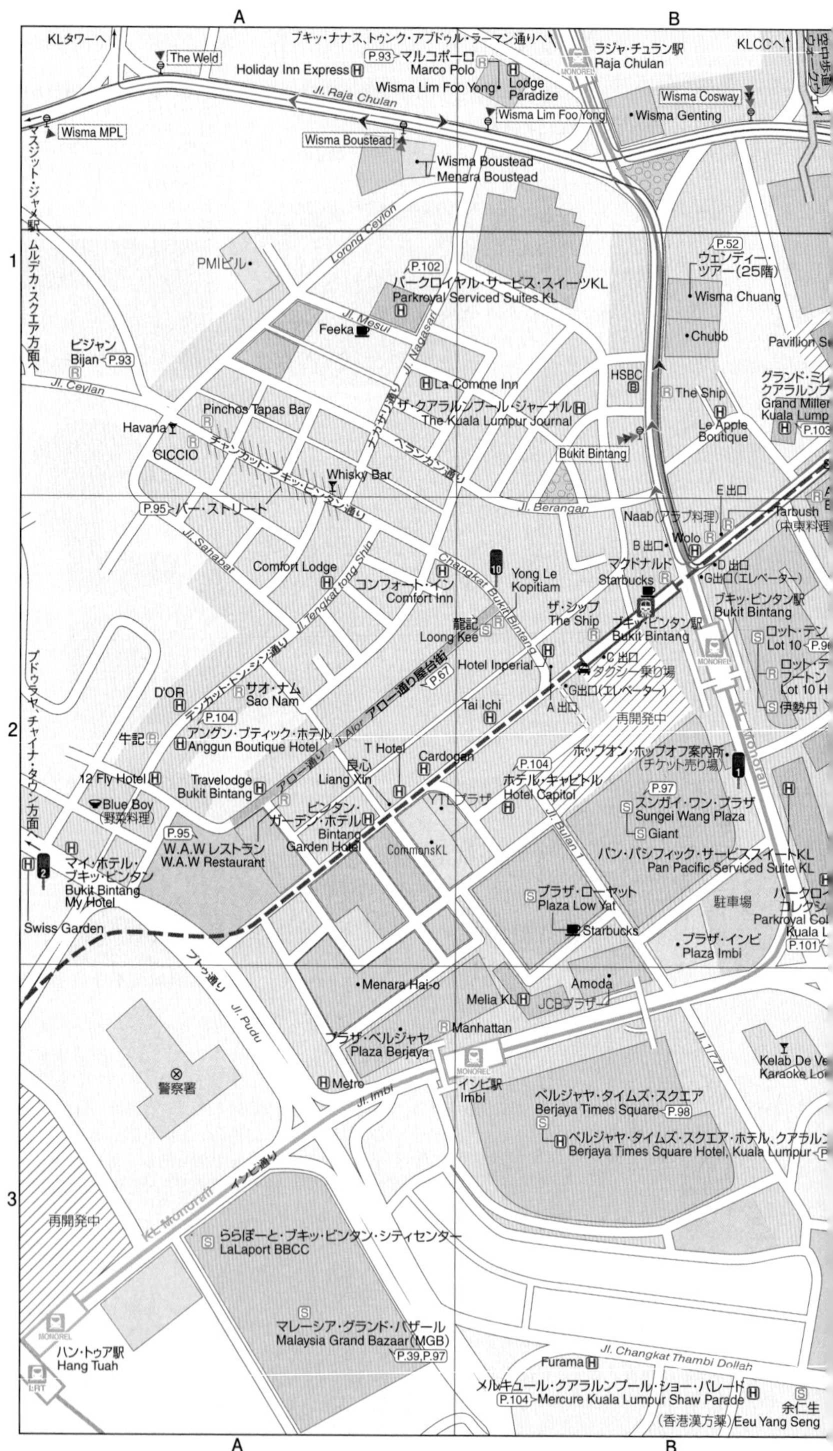
A
B
1
2
3
KLタワーへ
ブキッ・ナナス、トゥンク・アブドゥル・ラーマン通りへ
KLCCへ
空中歩道ウォークウェイ
The Weld
P.93 マルコポーロ
Marco Polo
Holiday Inn Express
Lodge Paradize
Wisma Lim Foo Yong
ラジャ・チュラン駅
Raja Chulan
Jl. Raja Chulan
Wisma Cosway
Wisma Genting
Wisma Lim Foo Yong
Wisma MPL
Wisma Boustead
Wisma Boustead
Menara Boustead
マスジッド・ジャメ駅、ムルデカ・スクエア方面へ
Lorong Ceylon
PMIビル
P.102
パークロイヤル・サービス・スイーツKL
Parkroyal Serviced Suites KL
P.52
ウェンディー・ツアー（25階）
Wisma Chuang
Chubb
Pavilion
Jl. Mesui
Feeka
Jl. Nagasari
ビジャン
Bijan P.93
Jl. Ceylon
La Comme Inn
ザ・クアラルンプール・ジャーナル
The Kuala Lumpur Journal
HSBC
The Ship
Le Apple Boutique
グランド・ミレ
クアラルンプ
Grand Miller
Kuala Lump
P.103
Pinchos Tapas Bar
Havana
CICCIO
チャンカット・ブキッ・ビンタン通り
ナガサリ通り
ベランガン通り
Bukit Bintang
Whisky Bar
P.95 バー・ストリート
Jl. Berangan
E出口
Naab（アラブ料理）
Tarbush（中東料理）
Wolo
B出口
Jl. Sahabat
Comfort Lodge
コンフォート・イン
Comfort Inn
Changkat Bukit Bintang
Yong Le Kopitiam
マクドナルド
Starbucks
D出口
G出口（エレベーター）
ブキッ・ビンタン駅
Bukit Bintang
Jl. Tengkat Tong Shin
テンカット・トン・シン通り
ザ・シップ
The Ship
ブキッ・ビンタン駅
Bukit Bintang
龍記
Loong Kee
ロット・テン
Lot 10 P.96
ロット・テ
フードトン
Lot 10 H
伊勢丹
ブドゥラヤ、チャイナ・タウン方面へ
Hotel Imperial
C出口
タクシー乗り場
G出口（エレベーター）
A出口
P.67
アロー通り屋台街
D'OR
サオ・ナム
Sao Nam
Tai Ichi
再開発中
KL Monorail
P.104
アングン・ブティック・ホテル
Anggun Boutique Hotel
Jl. Alor
アロー通り
牛記
T Hotel
Cardogan
ホップオン・ホップオフ案内所（チケット売り場）
良心
Liang Xin
P.104
ホテル・キャピトル
Hotel Capitol
12 Fly Hotel
Travelodge Bukit Bintang
YTLプラザ
P.97
スンガイ・ワン・プラザ
Sungei Wang Plaza
Giant
Blue Boy（野菜料理）
ビンタン・ガーデン・ホテル
Bintang Garden Hotel
Jl. Bulan 1
P.95
W.A.Wレストラン
W.A.W Restaurant
CommonsKL
パン・パシフィック・サービススイートKL
Pan Pacific Serviced Suite KL
マイ・ホテル・ブキッ・ビンタン
Bukit Bintang My Hotel
プラザ・ローヤット
Plaza Low Yat
駐車場
パークロイ
コレクシ
Parkroyal Col
Kuala L
P.101
Swiss Garden
Starbucks
プラザ・インビ
Plaza Imbi
プドゥ通り
Menara Hai-o
Amoda
Melia KL
JCBプラザ
Jl. Pudu
Manhattan
Jl. 1/77b
プラザ・ベルジャヤ
Plaza Berjaya
Kelab De Ve
Karaoke Lo
警察署
Metro
インビ駅
Imbi
Jl. Imbi
ベルジャヤ・タイムズ・スクエア
Berjaya Times Square P.98
ベルジャヤ・タイムズ・スクエア・ホテル、クアラルン
Berjaya Times Square Hotel, Kuala Lumpur
インビ通り
KL Monorail
再開発中
ららぽーと・ブキッ・ビンタン・シティセンター
LaLaport BBCC
マレーシア・グランド・バザール
Malaysia Grand Bazaar（MGB）
P.39, P.97
ハン・トゥア駅
Hang Tuah
Jl. Changkat Thambi Dollah
Furama
メルキュール・クアラルンプール・ショー・パレード
P.104 Mercure Kuala Lumpur Shaw Parade
余仁生
（香港漢方薬）Eeu Yang Seng

メモ　ブキッ・ビンタンは、マッサージ店が多い。いかがわしい店の見分け方はいくつかあるが、私服（露出度の高い服など）で若い女性が呼び込みをしている所や道路側から店内が見えるかどうかなども目安のひとつ。

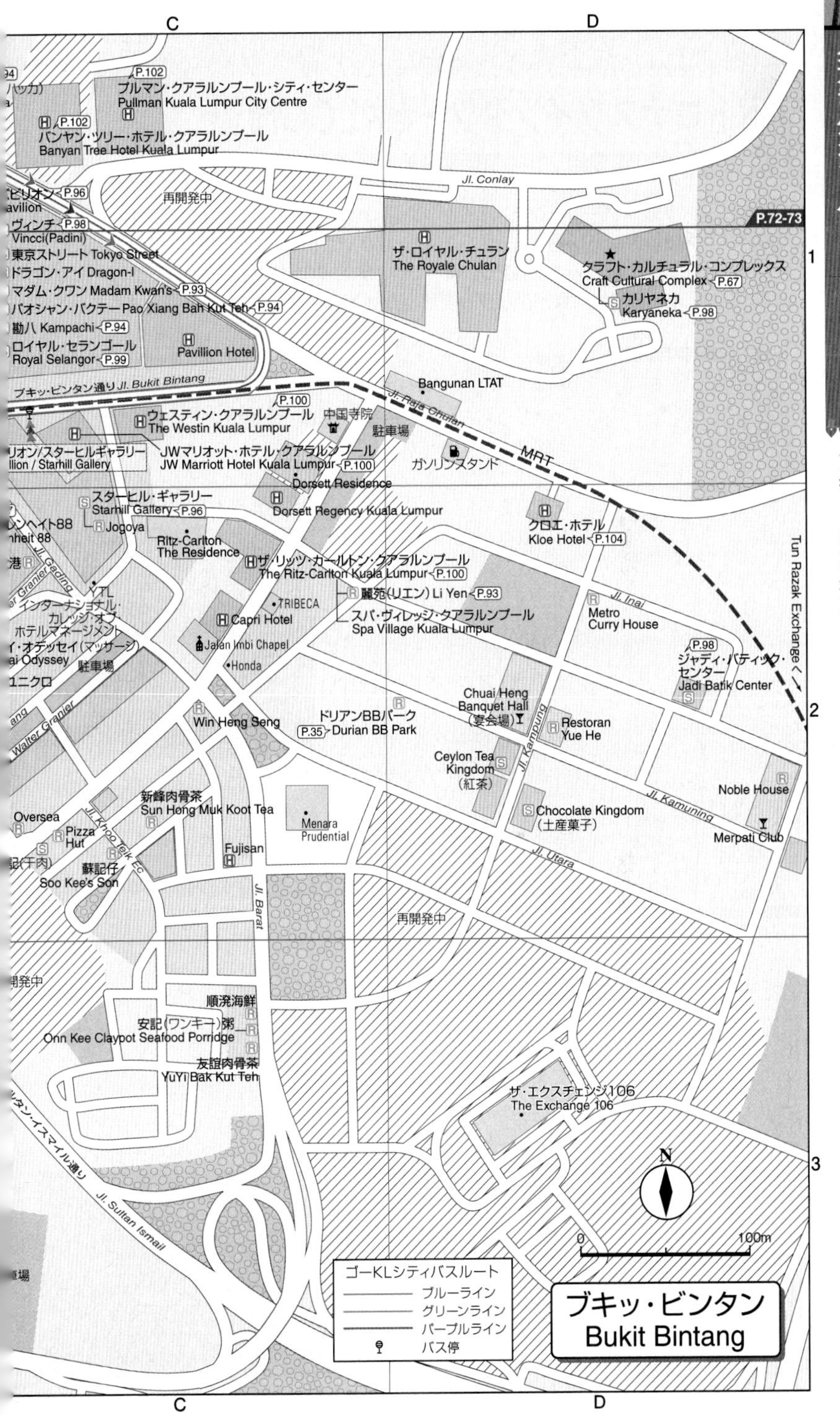

ブキッ・ビンタン
Bukit Bintang
プルマン・クアラルンプール・シティ・センター
Pullman Kuala Lumpur City Centre
バンヤン・ツリー・ホテル・クアラルンプール
Banyan Tree Hotel Kuala Lumpur
Jl. Conlay
再開発中
ザ・ロイヤル・チュラン
The Royale Chulan
クラフト・カルチュラル・コンプレックス
Craft Cultural Complex
カリヤネカ
Karyaneka
東京ストリート Tokyo Street
ドラゴン・アイ Dragon-I
マダム・クワン Madam Kwan's
パオシャン・バクテー Pao Xiang Bah Kut Teh
勘八 Kampachi
ロイヤル・セランゴール
Royal Selangor
Pavillion Hotel
ブキッ・ビンタン通り Jl. Bukit Bintang
Bangunan LTAT
Jl. Raja Chulan
MRT
ウェスティン・クアラルンプール
The Westin Kuala Lumpur
中国寺院
駐車場
JWマリオット・ホテル・クアラルンプール
JW Marriott Hotel Kuala Lumpur
ガソリンスタンド
Dorsett Residence
スターヒル・ギャラリー
Starhill Gallery
Jogoya
Dorsett Regency Kuala Lumpur
クロエ・ホテル
Kloe Hotel
Ritz-Carlton
The Residence
ザ・リッツ・カールトン・クアラルンプール
The Ritz-Carlton Kuala Lumpur
麗苑(リエン) Li Yen
スパ・ヴィレッジ・クアラルンプール
Spa Village Kuala Lumpur
TRIBECA
Capri Hotel
Jalan Imbi Chapel
Honda
Jl. Inai
Metro
Curry House
ジャディ・バティック・センター
Jadi Batik Center
Tun Razak Exchangeへ
YTL
インターナショナル・カレッジ・オブ・ホテルマネージメント
ユニクロ
Win Heng Seng
ドリアンBBパーク
Durian BB Park
Chuai Heng
Banquet Hall
(宴会場)
Restoran
Yue He
Ceylon Tea
Kingdom
(紅茶)
Jl. Kampung
Chocolate Kingdom
(土産菓子)
Jl. Kamuning
Noble House
Merpati Club
Jl. Utara
新峰肉骨茶
Sun Hong Muk Koot Tea
Menara
Prudential
Oversea
Pizza
Hut
Jl. Khoo Teik Ee
蘇記仔
Soo Kee's Son
Fujisan
Jl. Barat
Jl. Walter Granier
順泼海鮮
安記(ワンキー)粥
Onn Kee Claypot Seafood Porridge
友誼肉骨茶
YuYi Bak Kut Teh
ザ・エクスチェンジ106
The Exchange 106
Jl. Sultan Ismail
0
100m
ゴーKLシティバスルート
ブルーライン
グリーンライン
パープルライン
バス停

ブキッ・ビンタンの再開発地帯に建設されたザ・エクスチェンジ106は、ペトロナスツインタワーより高い492m 106階建て。クアラルンプールの新しい国際金融特区(TRX)を象徴する建物。

ペトロナスツインタワーとKLCC周辺

Petronas Twin Tower, KLCC

KLCC(クアラルンプール・シティ・センター)は高層ビルが建ち並ぶクアラルンプール最大のビジネス街。アンパン通り、トゥン・ラザク通り、スルタン・イスマイル通りに囲まれた地区は、通称「ゴールデン・トライアングル」と呼ばれ、クアラルンプールのど真ん中に位置している。ビルの合間には緑が生い茂る街路樹や公園などもあり、自然にも恵まれている。

ACCESS

LRT/モノレール

クラナ・ジャヤ・ライン(LRT)でKLCC駅下車。または、KLモノレールでブキッ・ナナス駅下車で、徒歩10～15分。

バス

バス停はアンパン通りにあり、ブキッ・ビンタン駅からは無料のゴーKLシティバス(グリーンライン)で行くことができる。

歩き方

クラナ・ジャヤ・ラインのKLCC駅(MAP P.73-C1)の改札口から連絡通路を通っていくと、そのままペトロナス・ツイン・タワーのⓈスリアKLCC地下1階に出る。ペトロナス・ツイン・タワーの南東側にあるKLCC公園は噴水やプールもある市民の憩いの場所だ。疲れたら、ここでひと休みするのもいい。また、KLCC駅の1kmほど南西の丘の上にそびえ立っているのがKLタワー。これを目印にしてアンパン通りJl. Ampangを西へ進んでいくと、❶マレーシア・ツーリズム・センター(MaTiC)がある。

▲観光局の MaTiC にも寄ってみよう

見どころ

大都市クアラルンプールのシンボル

ペトロナス・ツイン・タワー

Petronas Twin Tower MAP P.73-C1

高さ452mを誇るオフィスビル。クアラルンプールの近代化を象徴する建物として町のシンボルともなっている。日本と韓国の建築会社によって建造され、1998年の完成から2003年までの5年間、世界で最も高いビルだった。この2本のビルは41階のスカイブリッジ(高さ170m)によって結ばれている。このスカイブリッジと、86階地上370mの高さにあるオブザベーションデッキは一般にも公開されている。ペトロナス・フィルハーモニック・オーケストラのコンサートホールもある。またこのビルの下には高級ブランド店や伊勢丹、紀伊國屋書店などが入ったショッピングセンター、ⓈスリアKLCC(→P.96)が入っている。

▲夜 8:00 から 10:00 まで 30 分おきの噴水ショーは必見

ペトロナス・ツイン・タワー
☎現地(03)2331-8080
開9:00～18:00(祝～17:30)
休月、ハリラヤ・プアサ、ハリラヤ・ハジ
URL www.petronastwintowers.com.my(オンラインサイト)
料大人 RM80 子供 RM33
※スカイブリッジとオブザベーションデッキの入場料金。
※時間指定の定員制でツアーは約1時間。
行き方 クラナ・ジャヤ・ラインでKLCC駅下車。徒歩すぐ。

チケットの購入方法

オンラインで事前にチケットを購入、もしくは直接地下1階の窓口で購入するかのどちらかになる。平日の午前中でも、多くの人が並んでいるので、オンラインでの購入がマスト。行きたい日付と時間を選び、メールアドレスとパスワードを入力(同じ画面からアカウントの設定を済ませる)、その後、クレジットカードで支払い。購入が確定したら、登録したメールアドレスに確認書が送られてくるので、印刷して持参し、当日この確認書をチケットカウンターに提示すると、チケットと交換してくれる。予約した時間の15分前には、すべての準備を整えておこう。ちなみにオンライン予約のプロセスは48時間かかるため、前日のオンライン予約はできない。

メモ ペトロナス・ツイン・タワーのギフトショップが、スカイブリッジのチケットカウンターと同じ地下1階にある。マグカップやトートバッグ、エプロンなどにツイン・タワーが描かれていておみやげにピッタリ。

町のランドマーク的存在の通信タワー

KLタワー(ムナラKL)

Menara Kuala Lumpur (KL Tower) MAP P.72-A2

錐のような独特の形をした通信タワー。総工費RM270億、4年の工期をかけて1996年に完成した。地上276mの上層部はドーム形になっており、展望台や回転レストランなどがあり、クアラルンプール市街を一望できるスポットだ。チケットはオンラインサイトから事前に購入するといい。2つの展望台があるが、窓ガラス越しではない屋外のスカイデッキがおすすめ。地上300mの高さから360度の景色が堪能できる。

▲クアラルンプールのランドマークのひとつ

水中トンネルで大迫力の海の世界をのぞく

KLCC水族館

Aquaria KLCC MAP P.73-C2

▲動く歩道で移動する水中トンネル

ツイン・タワーの近くにあるKLコンベンション・センターの地下にある水族館。最新の設備を誇り、約150種5000匹の海の生き物を展示している。特に注目なのが、90mにも及ぶ長い水中トンネル。ゆっくりと動く歩道に乗って水中散歩を楽しめる。巨大なサメやマンタ、ナポレオンフィッシュなどが悠々と泳ぎ回る姿を目の当たりにすることができる。

マレーシアの芸術と文化を堪能

国立美術館&国立劇場

National Art Gallery & National Theatre MAP P.51-C1

国立美術館では、常設展のほか特設展示も行っており、写真・グラフィックスタジオ、屋外には彫刻の庭などもある。一方、国立劇場は国立劇団と国立交響楽団の本拠地でもあり、演劇、舞踊、演奏会などが定期的に上演されている。

高層ビル群に囲まれた都会の中のオアシス

KLCC公園

Taman KLCC MAP P.73-C1～2

故ロベルト・バール・マルクスの設計によって造られた公園で、広大な敷地には約1900種のマレーシアの原生木が植林されている。園内を一周する遊歩道は1.4kmにも及ぶ。芸術的な彫刻や壁画なども配置されており、特にツイン・タワーの目の前にある大きな噴水のレイク・シンフォニーは注目だ。敷地内にあるドーム形の建物はモスクMasjid(イスラム教徒の礼拝堂)。祈りの時間になると、近くのオフィス街から人々が続々と集まってくる。

KLタワー
住 2, Jl. Puncak
☎ 現地(03)2020-5499
開 9:00～22:00(最終入場は21:30) 休 無休
料 展望台(屋内)
大人RM52 子供RM31
スカイデッキ(展望台込み)
大人RM105 子供RM55
行き方 クラナ・ジャヤ・ラインでダン・ワンギ駅もしくはKLモノレールのブキッ・ナナス駅下車。KLタワー入口のある丘の上まで徒歩約10分。ゲートから丘の上までは無料のシャトルバスが15分間隔で走行しているので、これを利用するといい。下りは展望台入場券を渡せば乗れる。

▲外に突き出たガラス張りのスカイボックスはスリル満点

KLCC水族館
住 Kuala Lumpur Convention Centre Complex
☎ 現地(03)2333-1888
URL aquariaklcc.com
開 10:00～19:00
(入場は18:00まで)
休 無休
料 大人 RM75 子供 RM65
行き方 ペトロナス・ツイン・タワーの地下階から連絡通路を使って徒歩約5分。

国立美術館
☎ 現地(03)4026-7000
開 9:00～17:00
休 ハリラヤ・プアサ
料 無料

国立劇場
☎ 現地(03)4026-5555
料 公演により異なる
URL www.istanabudaya.gov.my
※美術館の展示および劇団や交響楽団の発表・演奏は、定期的にKLコンベンション・センターでも行われている。

▲シンボリックな屋根のデザインはマレー凧をイメージ

KLCC公園
行き方 クラナ・ジャヤ・ラインでKLCC駅下車。徒歩約3分。

メモ 夜のツイン・タワーが楽しめるスポットを紹介。ツイン・タワーそばに建つ Ⓗ トレーダーズ・ホテルのレベル33「スカイバー」、57階のルーフトップバー&レストラン「マリニーズ・オン57」などが定番。

ペトロサインス
住 Aras, 4 Suria KLCC, Menara Berkembar Petronas
☎ 現地(03)2331-8181
URL www.petrosains.com.my
開 月～金　9:30～17:30（入場は～16:00）
土・日・祝　9:30～18:30（入場は～17:00）
休 第一月
料 大人（13～60歳）RM28
子供（3～12歳）RM16.50

▲大人も子供も楽しめる

産油国ならではのアトラクション満載の石油科学館

ペトロサインス

Petrosains　MAP P.73-C1

ここは、国営の石油会社「ペトロナス」が運営する、石油化学技術の発展について子供から大人まで楽しみながら学べるアトラクション科学館。入口はⓈスリアKLCCの4階。まずは遊園地気分のライドに乗って、館内を見学。ライドを降りてからもプログラムに沿って、ジオラマを見たり、クイズやゲームに参加していく。なかでもヘリコプターシミュレーションで行く、海上石油採掘基地を再現したオイル・プラットホームで台風を体感するアトラクションはスリル満点だ。見学には2時間はかかる。近代的なデザインのカフェやギフトショップなど、そのほかの施設も充実している。

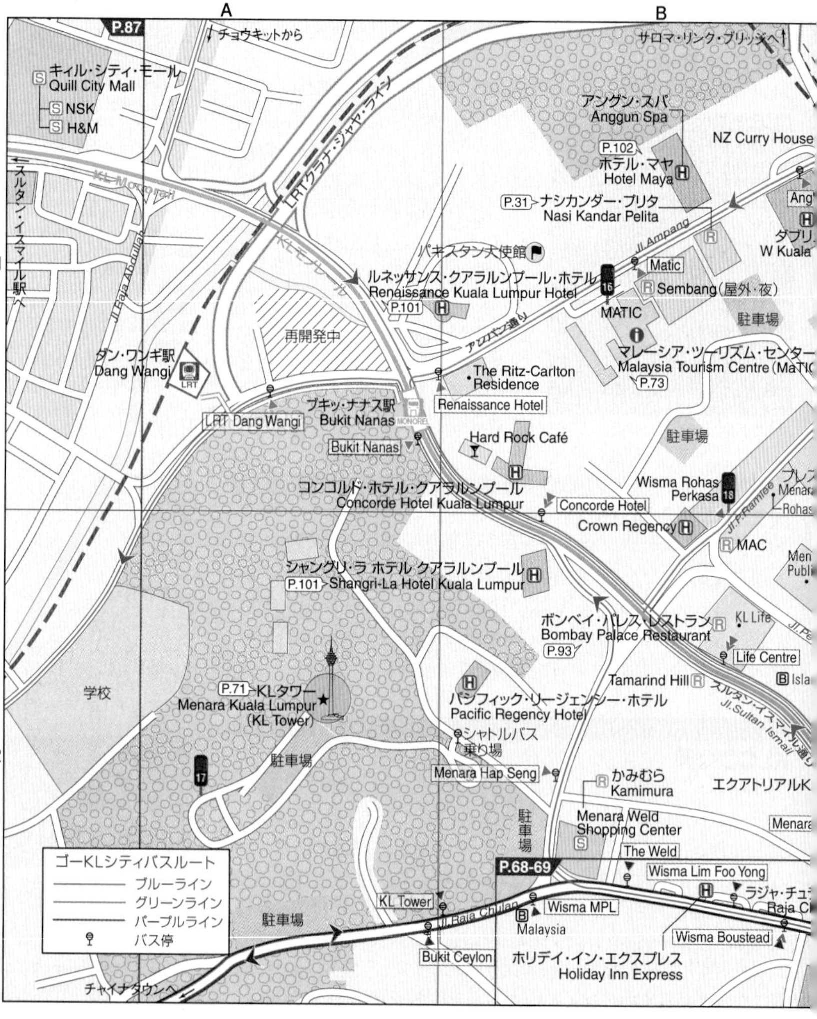

A　B
1　2
P.87
チョウキットから
サロマ・リンク・ブリッジへ
Ⓢ キィル・シティ・モール Quill City Mall
Ⓢ NSK
Ⓢ H&M
スルタン・イスマイル駅へ
KL Monorail
LRTクラナ・ジャヤ・ライン
KLモノレール
Jl.Raja Abdullah
アングン・スパ Anggun Spa
P.102 ホテル・マヤ Hotel Maya Ⓗ
NZ Curry House
P.31 ナシカンダー・プリタ Nasi Kandar Pelita
Jl.Ampang
パキスタン大使館
ルネッサンス・クアラルンプール・ホテル Renaissance Kuala Lumpur Hotel P.101 Ⓗ
Matic
Ⓡ Sembang（屋外・夜）
MATIC
駐車場
アンパン通り
再開発中
ダン・ワンギ駅 Dang Wangi
マレーシア・ツーリズム・センター Malaysia Tourism Centre (MaTiC) P.73
The Ritz-Carlton Residence
LRT Dang Wangi
ブキッ・ナナス駅 Bukit Nanas
Renaissance Hotel
Bukit Nanas
Hard Rock Café
駐車場
コンコルド・ホテル・クアラルンプール Concorde Hotel Kuala Lumpur
Wisma Rohas Perkasa
Concorde Hotel
Crown Regency Ⓗ
Jl.P.Ramlee
Ⓡ MAC
シャングリ・ラ ホテル クアラルンプール P.101 Shangri-La Hotel Kuala Lumpur Ⓗ
ボンベイ・パレス・レストラン Bombay Palace Restaurant P.93 Ⓡ
KL Life
Life Centre
Tamarind Hill Ⓡ
学校
P.71 KLタワー Menara Kuala Lumpur (KL Tower)
パシフィック・リージェンシー・ホテル Pacific Regency Hotel Ⓗ
スルタン・イスマイル通り Jl.Sultan Ismail
シャトルバス乗り場
駐車場
Menara Hap Seng
Ⓡ かみむら Kamimura
エクアトリアル
Menara Weld Shopping Center Ⓢ
The Weld
駐車場
P.68-69
Wisma Lim Foo Yong
ラジャ・チュラン Raja Chulan
KL Tower
Wisma MPL
Jl.Raja Chulan
Ⓑ Malaysia
Wisma Boustead
駐車場
Bukit Ceylon
ホリデイ・イン・エクスプレス Holiday Inn Express
チャイナタウンへ

ゴーKLシティバスルート
ブルーライン
グリーンライン
パープルライン
バス停

メモ ライトアップが美しいサロマリンクブリッジ（→P.16）は、ペトロナス・ツイン・タワーから歩いてすぐ。アンパン通りのⓇNZ Curry Houseの脇の道を入っていこう。

旅行者に役立つ総合コンプレックス

マレーシア・ツーリズム・センター

Malaysia Tourism Centre (MaTiC) MAP P.72-B1

マレーシア・ツーリズム・センターとして利用されているこのコロニアル建築は、1935年に農場主&スズ採掘業者のユン・トン・セン氏の邸宅として建てられたもの。その後イギリス陸軍オフィス、第2次世界大戦中は日本陸軍本部として使われるなど、歴史上大きな役割を果たしてきた。現在では、ツーリズム・センターをはじめ、伝統舞踊が楽しめるシアターなども入っている。

▲平日 15:00 よりミニ伝統舞踊ショーが開催されている

マレーシア・ツーリズム・センター(MaTiC)
住 109, Jl. Ampang
☎ 現地(03)9235-4800
開 8:00～17:00
休 土・日・祝
行き方 KLモノレールのブキッ・ナナス駅から徒歩約7分。KLCC駅から徒歩約10分。

▲隣りはフードトラックパーク「Sembang」で17:00より営業

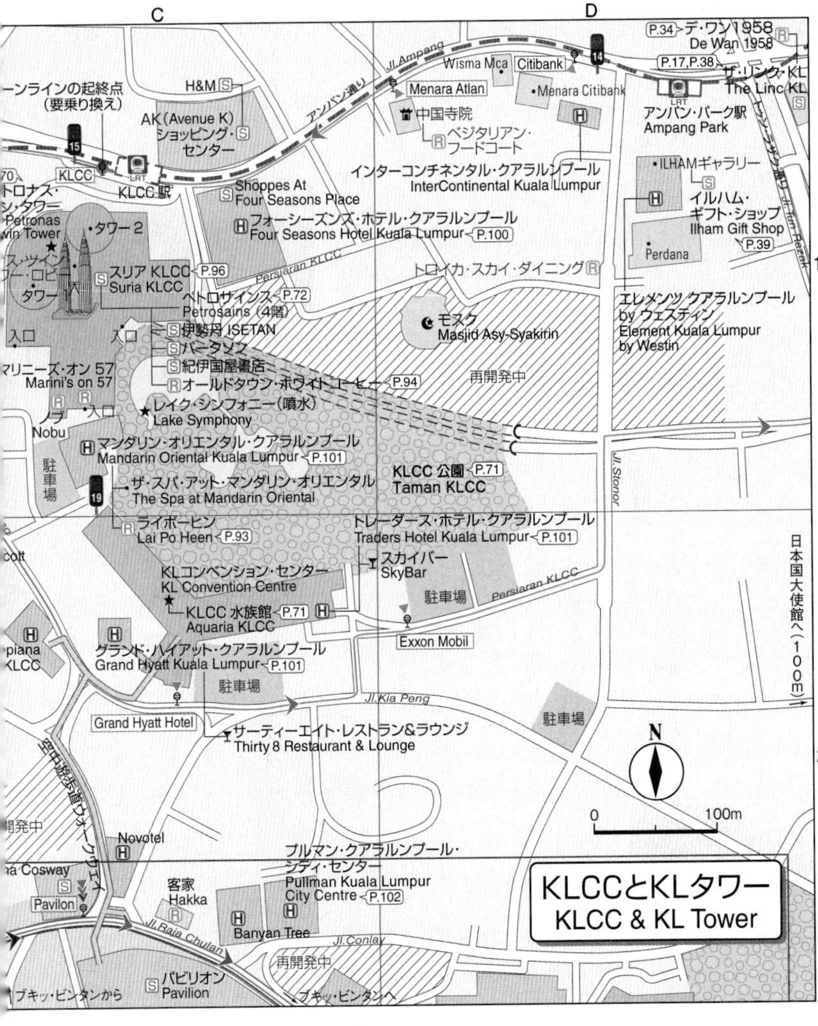

C
D
1
2

P.34 デ・ワン1958
De Wan 1958
Jl. Ampang
Wisma Mca
Citibank
14
P.17,P.38 ザ・リンク・KL
The Linc KL
ーンラインの起終点
(要乗り換え)
H&M
Menara Atlan
Menara Citibank
アンパン通り
LRT
アンパン・パーク駅
Ampang Park
AK(Avenue K)
ショッピング・センター
中国寺院
ベジタリアン・フードコート
15
KLCC
LRT
インターコンチネンタル・クアラルンプール
InterContinental Kuala Lumpur
ILHAMギャラリー
KLCC駅
Shoppes At
Four Seasons Place
イルハム・ギフト・ショップ
Ilham Gift Shop P.39
フォーシーズンズ・ホテル・クアラルンプール
Four Seasons Hotel Kuala Lumpur P.100
トゥン・ラザク通り
Jl. Tun Razak
Perdana
ペトロナス・ツイン・タワー
Petronas Twin Tower
タワー2
スリア KLCC P.96
Suria KLCC
Persiaran KLCC
トロイカ・スカイ・ダイニング
エレメンツ クアラルンプール by ウェスティン
Element Kuala Lumpur by Westin
ペトロサインズ P.72
Petrosains(4階)
伊勢丹 ISETAN
パークソン
紀伊國屋書店
オールドタウン・ホワイトコーヒー P.94
モスク
Masjid Asy-Syakirin
再開発中
入口
マリニーズ・オン 57
Marini's on 57
レイク・シンフォニー(噴水)
Lake Symphony
ノブ
Nobu
マンダリン・オリエンタル・クアラルンプール
Mandarin Oriental Kuala Lumpur P.101
Jl. Stonor
駐車場
19
ザ・スパ・アット・マンダリン・オリエンタル
The Spa at Mandarin Oriental
KLCC 公園 P.71
Taman KLCC
ライポーヒン
Lai Po Heen P.93
トレーダース・ホテル・クアラルンプール
Traders Hotel Kuala Lumpur P.101
スカイバー
SkyBar
KLコンベンション・センター
KL Convention Centre
駐車場
Persiaran KLCC
KLCC 水族館 P.71
Aquaria KLCC
日本国大使館へ(100m)
Exxon Mobil
グランド・ハイアット・クアラルンプール
Grand Hyatt Kuala Lumpur P.101
駐車場
Jl. Kia Peng
Grand Hyatt Hotel
サーティーエイト・レストラン&ラウンジ
Thirty 8 Restaurant & Lounge
駐車場
空中遊歩道ウオークウエイ
N
0 100m
再開発中
Novotel
プルマン・クアラルンプール・シティ・センター
Pullman Kuala Lumpur City Centre P.102
客家
Hakka
Pavilion
Banyan Tree
Jl. Raja Chulan
Jl. Conlay
再開発中
パビリオン
Pavilion
ブキッ・ビンタンから
ブキッ・ビンタンへ

KLCCとKLタワー
KLCC & KL Tower

メモ ゴーKLシティバスのグリーンラインKLCC駅は起終点になるため、一旦降り、始発のグリーンラインに乗り換える。すぐ前方に止まっているグリーンバスが始発バス。

ムルデカ・スクエアとレイク・ガーデン
Merdeka Square & Lake Garden

クラン川とゴンバック川が合流する地点の西側にあるムルデカ・スクエア(独立広場)周辺は、クアラルンプールを代表する観光名所のひとつ。イギリス統治時代の面影が色濃く残り、19世紀後半〜20世紀初頭にかけて造られた歴史的・文化的な建物が集まっている。また、川の合流地点は夜になるとライトアップされ、幻想的な景色を見せる。スルタン・アブドゥル・サマド・ビルの美しいライトアップとともに、夜景スポットとしても人気。マレーシアの歴史をはじめ、個性豊かで品位にあふれる町並みをじっくりと味わいたい。一方、植民地時代の英国財務官アルフレッド卿の考案で造られたペルダナ・ボタニカル・ガーデン(レイク・ガーデン)は、約91.6haの広さを誇る。敷地内にはトロピカルフラワーが咲き乱れ、緑豊かな熱帯植物が茂り、湖ではボート遊びもできる。都会の中のオアシスのような場所だ。

ACCESS

●ムルデカ・スクエアへ

LRT

クラナ・ジャヤ・ラインまたはアンパン・ラインでマスジッド・ジャメ駅下車。セントラル・マーケットからは徒歩約15分。トゥンク・アブドゥル・ラーマン通り周辺からも歩いていける。

●ボタニカル・ガーデンへ

KTM／MRT

KTMコミューターでクアラルンプール駅下車。そこから徒歩約15分。MRTは国立博物館駅で下車し歩道橋を渡る。KLセントラル駅で下車した場合は、地下通路で国立博物館駅経由で歩いていける。

タクシー

KLセントラル駅から所要約7分。バードパークやバタフライパークなどの施設は、ボタニカル・ガーデン内とはいえ離れているので、タクシーやGrabを利用しよう。

園内を巡回するトラム

レイク・ガーデンを1周するトラムが運行している。

●トラムTram

営9:00〜17:00
料大人 RM15　子供 RM10

▲便利な周回トラム

歩き方

市民の憩いの公園へ

ボタニカル(レイク)・ガーデンは、ふたつの湖の周囲を利用して造られた公園で、園内を一周するには少なくとも半日以上はかかる。各施設間も、歩くと15〜30分近くかかる。タクシーをチャーターするか、園内を回るトラム(有料)を利用すると便利。

▲広大な敷地内はよく整備されている

クアラルンプール発祥の地で、史跡を巡り歩く

ムルデカ・スクエア周辺は、この国の歴史を語るのに外せないエリア。近代化を象徴するKLCC周辺とは異なり、クアラルンプールの歴史を象徴する建物が数多く残されている。主要な見どころは、この地区の中心を走るラジャ通りJl. Raja沿いに集結していて、名称や説明が書かれた表示板も充実。イギリス統治時代から脈々と受け継がれてきた町の雰囲気を味わいながら、ぶらぶらと散策してみるのもいいかもしれない。

メモ　ムルデカ・スクエア付近は休憩できる店がほとんどないので、散策するときは必ずミネラルウオーターを持ち帽子をかぶるなど、暑さ対策は万全に。

見どころ

国旗がはためくマレーシア独立の記念すべき場所

ムルデカ・スクエア(独立広場)

Merdeka Square (Dataran Merdeka) MAP P.74

マレー語で「独立」を意味するムルデカ。その名のとおり、ここは1957年8月31日にマラヤ連邦の独立が宣言された歴史的な場所。広場の南端には、世界一の高さを誇る100mの掲揚塔に国旗がはためいており、独立記念日の式典も毎年ここで行われている。さらに奥には、現在もセレブたちの社交場として使用されている、イギリス統治時代の1884年に造られたクラブハウス「ロイヤル・スランゴール・クラブ」もある。この広場はかつてはクリケット競技場として注目を集めていたところでもあり、8.2haもの広々とした広場内は芝生できれいに整備され、現在は正月などの祭りのときに、パレード広場、青空シアター、競技場として利用されている。行事が行われていないときは芝生への立ち入り厳禁。

ムルデカ・スクエア
住 Dataran Merdeka
行き方 クラナジャヤ・ラインまたはアンパン・ラインでマスジット・ジャメ駅下車、徒歩約10分。セントラルマーケットから徒歩約10分。

▲毎年8月31日はパレードが開幕

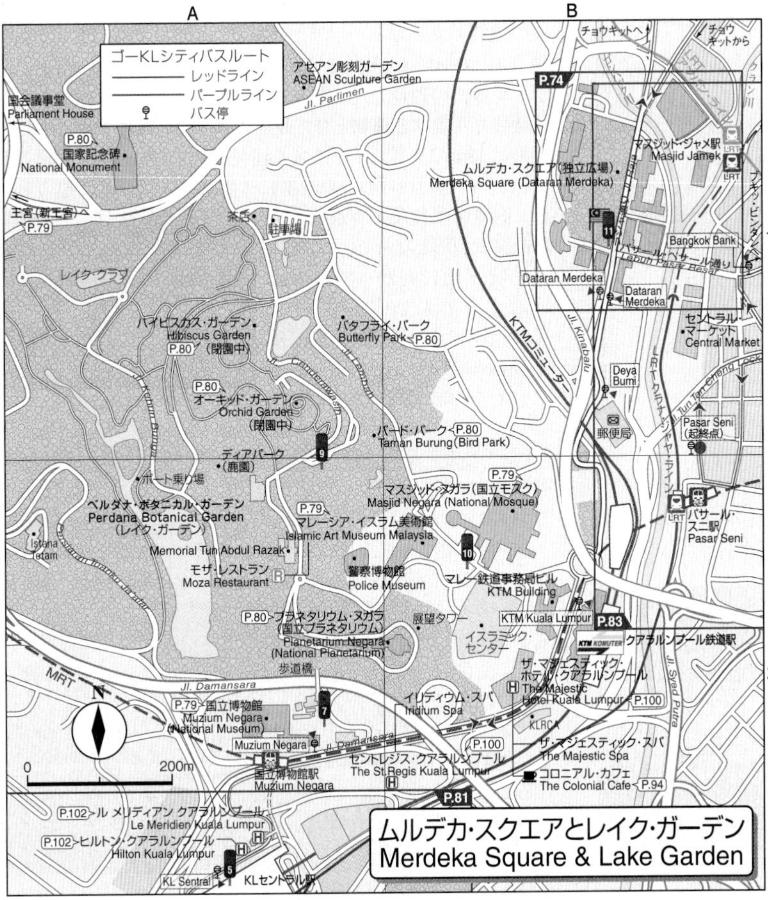

ムルデカ・スクエアとレイク・ガーデン Merdeka Square & Lake Garden

ゴーKLシティバスルート
レッドライン
パープルライン
バス停

アセアン彫刻ガーデン ASEAN Sculpture Garden
国会議事堂 Parliament House
国家記念碑 National Monument P.80
王宮(新王宮) P.79
レイク・クラブ
ハイビスカス・ガーデン Hibiscus Garden (閉園中) P.80
バタフライ・パーク Butterfly Park P.80
オーキッド・ガーデン Orchid Garden (閉園中) P.80
バード・パーク Taman Burung (Bird Park) P.80
ディアパーク(鹿園)
ボート乗り場
ペルダナ・ボタニカル・ガーデン Perdana Botanical Garden (レイク・ガーデン)
Istana Tetam
Memorial Tun Abdul Razak
モザ・レストラン Moza Restaurant
マスジッド・ヌガラ(国立モスク) Masjid Negara (National Mosque) P.79
マレーシア・イスラム美術館 Islamic Art Museum Malaysia P.79
警察博物館 Police Museum
マレー鉄道事務局ビル KTM Building
プラネタリウム・ヌガラ(国立プラネタリウム) Planetarium Negara (National Planetarium) P.80
展望タワー
イスラミック・センター
歩道橋
国立博物館 Muzium Negara (National Museum) P.79
Muzium Negara
国立博物館駅 Muzium Negara
イリディウム・スパ Iridium Spa
ザ・マジェスティック・ホテル・クアラルンプール The Majestic Hotel Kuala Lumpur P.100
KLRCA
ザ・マジェスティック・スパ The Majestic Spa P.100
セントレジス・クアラルンプール The St. Regis Kuala Lumpur
コロニアル・カフェ The Colonial Cafe P.94
ル メリディアン クアラルンプール Le Meridien Kuala Lumpur P.102
ヒルトン・クアラルンプール Hilton Kuala Lumpur P.102
KL Sentral KLセントラル駅
クアラルンプール鉄道駅 KTM Kuala Lumpur P.83
KTMコミューター
ムルデカ・スクエア(独立広場) Merdeka Square (Dataran Merdeka) P.74
Dataran Merdeka
マスジッド・ジャメ駅 Masjid Jamek
Bangkok Bank
パサール・ベサール通り Lebuh Pasar Besar
セントラル・マーケット Central Market
Deya Bumi
郵便局
Pasar Seni (起終点)
パサール・スニ駅 Pasar Seni
チョウキットへ
チョウキットから
Jl. Parlimen
Jl. Damansara
Jl. Kinabalu
Jl. Syed Putra
Jl. Tun Tan Cheng Lock
MRT
P.81
0 200m

メモ レイクガーデンを見下ろす最高の立地にあるのが、贅を尽くしたもてなしが自慢の超高級ホテル「セントレジス・クアラルンプール(→P.100)」。客室はクアラルンプールでも有数の広さを誇る。

クアラルンプールの町はここから発展した

マスジッド・ジャメ

Masjid Jamek　MAP P.74

クラン川とゴンバック川の合流地点に建つ、市内最古のイスラム寺院。1909年にイギリス人建築家A. B. Hubbockにより建設された。インドのムガール建築の影響を受け、白いタマネギ形のドーム屋根、素焼きれんがの壁、白大理石の床とアーチのある柱廊など、その美しさは数あるマレーシアの寺院のなかでも1、2を争うといわれているほど。

▲ふたつの川の間に建てられている

❊マスジッド・ジャメ
開 土〜木　10:00〜12:30、14:30〜16:00
休 金
行き方 クラナ・ジャヤ・ラインまたはアンパン・ラインでマスジッド・ジャメ駅下車。歩いてすぐ。
※礼拝時間の間は入れない。それ以外の時間であれば見学させてもらえる。マナーには十分な注意を。肌を露出した服装は避け、礼拝場などに入るときは必ず靴を脱ぐこと。

植民地時代の建築の代表格

スルタン・アブドゥル・サマド・ビル(旧連邦事務局ビル)

Sultan Abdul Samad Building　MAP P.74

ラジャ通りを挟んでムルデカ・スクエアの対面にあるビル。上部の銅製の丸いキューポラが目印だ。イギリスのビクトリア様式、スペインでよく知られるイスラムのムーア様式、インドのムガール様式の融合したデザインは、マレーシアに現存する植民地時代を代表する建物として知られる。左右対称で真ん中の時計塔は40mの高さ。イギリス人建築家A. C. Norman(下記のセント・マリー聖堂も同じ)の設計により1894〜1897年に建てられた。旧連邦事務局ビルから現在は最高裁判所となっている。

建物正面に向かって右隣は政府オフィスで、1896年の建造でイギリス人建築家A. B. Hubbockの設計。どちらもクアラルンプールの象徴的存在だ。

▲夜はライトアップされて美しい

❊スルタン・アブドゥル・サマド・ビル
行き方 クラナ・ジャヤ・ラインまたはアンパン・ラインでマスジッド・ジャメ駅下車。徒歩約10分。セントラル・マーケットからは徒歩約10分。

▲イギリス建築を取り入れたムーア様式は必見

英国統治時代の面影が残る

セント・マリー聖堂

Cathedral of St. Mary The Virgin　MAP P.74

1894年に建てられた英国系の教会。ゴシック建築を基調に設計されている。信者以外も建物の中に入ることは可能だが、騒ぎ過ぎないように気をつけよう。また、受付ではこの教会に関するさまざまな説明を受けることもできるので質問などあればしてみよう。

▲1894年に建立

❊セント・マリー聖堂
住 Jl. Raja
☎ 現地(03)2692-8672
開 9:00〜16:00
休 無休

▲マレーシアのキリスト教徒は人口の約9%

メモ　スルタン・アブドゥル・サマド・ビルは、全長約140メートルのかなり大きな建物。ムルデカ広場側から撮影すると、なんとか全景が入る。内部の見学は不可。

マレー文化と他民族融合の歴史を学ぶ

国立織物博物館

Muzium Tekstil Negara MAP P.74

マレーシア全土の民族衣装をマネキンとともに展示している博物館。サバ、サラワク両州の生活やマラッカのババ・ニョニャ(→P.188)の職人芸、中国人たちが持ち込んだ豪奢な衣装などが並び興味深い。年代順に織物の工法、材料、染料、装飾刺繍、身につける金属の装飾品などを紹介し、ディスプレイしている。

この博物館は建物も見どころのひとつ。1905年に建てられた旧鉄道事務局が博物館として使われているためだ。設計はイギリス人A.B. Hubbock。赤れんがと石膏の縞模様はイギリスから、上部のタマネギ形のドームはインドのムガール様式からの影響がうかがえる。

▲ひときわ目立つ建物

※国立織物博物館
住26, Jl. Sultan Hisha-muddin
☎現地(03)2694-3457
営9:00〜17:00
休第1月、ハリラヤ・プアサ、ハリラヤ・ハジ
料大人 RM5　子供 RM2

▲美しい民族衣装

クアラルンプール都市計画、20年後の姿を模型で見よう！

クアラルンプール・シティ・ギャラリー

Kuala Lumpur City Gallery MAP P.74

KLについて詳しく知るためのギャラリー。1898年築の古い英国コロニアル式の印刷会社の建物を利用し、写真パネルでKLの歴史を展示した「KLメモリアル・ライブラリー」や、現在のKL中心部やムルデカ・スクエアのミニチュア模型、近い将来の都市計画の完成模型などが展示され、1階には運営会社ウッドクラフトカンパニー、アーチArchのショップ(→P.98)を併設。特に現在のKL市内の模型は、室内灯が消えると全体がキラキラと輝く仕掛けとなっており、エンターテインメント性の高いギャラリーとなっている。

▲模型室には KL の解説の動画もある

▲人気の撮影スポット

※クアラルンプール・シティ・ギャラリー
住No.27, Jl. Raja, Dataran Merdeka
☎現地(012)389-3907
URL www.klcitygallery.com
開9:00〜18:00
休無休　料無料
※1階の受付はツーリストインフォメーションにもなっている。

▲アーチのクラフトショップも人気

見応え十分のギャラリー！

ムルデカ・スクエアの南にあるKLシティ・ギャラリーは、おすすめの観光スポットです。クアラルンプールの歴史がわかる展示や、おみやげの販売、インフォメーションがあります。特にKLの立体模型はとてもすばらしく見応えがあります。
(茨城県　ゆり　'13)['22]

貴重な資料が保存されている

クアラルンプール図書館

Perpustakaan Kuala Lumpur MAP P.74

コロニアル様式の3階建ての図書館で、ムルデカ・スクエアの南側に位置する。イギリスからの独立において大きな役割を果たした、マレーシア初代首相のトゥンク・アブドゥル・ラーマン・プトラ・アル・ハジに関する資料などが閲覧できる。館内にはソファがあるので、ひと休みするのもいい。なお、資料はマレー語か英語がほとんど。閲覧だけでなく借りることもでき、パスポート提示で登録後、利用できる。

※クアラルンプール図書館
住1, Jl. Raja
☎現地(03)2612-3500
開火〜日10:00〜18:45
休月　料無料

▲ムガール調の建物も一見の価値アリ

そのほかの見どころ
● **市立劇場**
City Theatre
MAP P.74

国立織物博物館と同様、1896年にA.B.Hubbockが設計した建物。内部の見学はできないが、現在は劇場で、音楽イベントなどに利用されている。

▲アーチの曲線の窓が美しい

政府主導のプロジェクト

リバー・オブ・ライフ KL
River of Life KL
MAP P.74

クアラルンプールという地名の由来となったクラン川とゴンバック川の合流地点。現在クアラルンプールでは、このふたつの川の浄化プロジェクトが行われており、その一環として2017年より、マスジッド・ジャメ周辺が毎日20:30より幻想的な青色にライトアップ。市内最古のモスク、マスジッドジャメも美しく輝いていて見応えがある。

▲ライトアップに加えて噴水ショーもある

COLUMN

便利なシャトルバスで市内観光

市内の見どころを結ぶ観光ツアーバス

KLホップオン・ホップオフ・バス KL Hop-On Hop-Off Bus
MAP 折込裏

KL市内のおもな観光スポットを巡回するツーリスト向けのダブルデッカーバス。ブキッ・ビンタンを起点に、19ヵ所の停留所をまわり乗り降り自由。

●運行時間
9:00～18:00の間、20～30分間隔で運行。

●チケットの買い方
乗車時に購入できるほか、市内に設けられた各ブースで購入できる。24時間有効のものは、大人RM60、子供RM30。ファミリー割引がある。

▲2階はオープンエアで見晴らしのいいホップオン・ホップオフ・バス
▶バス乗り場のサイン

KLシティオブライツ(ナイトツアー) KL City of Lights

夜20:00に出発しKLの夜景スポットを巡る。

市内の無料巡回バス

ゴーKLシティバス GOKL City Bus
MAP 折込裏

KL市内5区間を巡回する無料のバスで、市民の足にもなっている。

●おもな運行ルート

＊グリーンライン／KLCCを起点にブキッ・ビンタン地区を周回する。

＊パープルライン／パサール・スニ駅を起点にチャイナタウンとブキッ・ビンタンを結ぶ。

＊レッドライン／ティティワンサ駅前を起点に、チョウキット、KLセントラル駅、ムルデカ・スクエアなどを結ぶ。

＊ブルーライン／ティティワンサ駅前を起点に、チョウキットとブキッ・ビンタン地区を周回する。

＊オレンジラインとピンクライン／おもに住宅地。

●運行時間
6:00(日曜は7:00)～23:00(土曜は1:00)。運転間隔は朝夕のラッシュ時は約5分ごと、日中は約10分ごと、早朝と夜間は約15分ごととなっている。ちなみに起点ではスルーできず、必ず乗り換えが必要。

▲車体の色とルートの色はリンクしていない。ちなみに緑色は環境に配慮した電気式バス

メモ KL City Of Lightsはブキッ・ビンタンから出発。大変人気なのでインターネットでの事前購入はマスト。当日も早めに行って、オープンエアの2階席に座ろう。詳細はP.99に。

マレーシア建築も見どころの博物館

国立博物館

Muzium Negara (National Museum)

MAP P.75-A2

1963年に建てられた、マレーシア随一の博物館。建物はマレーシアの伝統を取り入れた宮殿風の造りで、入口の両側にはマレーシアの文化と歴史を描いた壁画が飾られている。歴史、政治、文化、美術工芸、自然など、多岐にわたって紹介している。

▲先史から戦後まで4つの時代区分で展示

モダンなデザインが世界的にも珍しい

マスジッド・ヌガラ(国立モスク)

Masjid Negara (National Mosque)

MAP P.75-B2

1965年に建てられた国立モスク。高さ73mのミナレット(尖塔)がそびえ立つ、開いた傘のようなブルーの屋根が特徴で、伝統的なイスラム芸術や装飾などを現代風にアレンジした造りになっている。

▲女性はモスク内ではローブを着用

マレーシアが誇る世界中からの逸品

マレーシア・イスラム美術館

Islamic Art Museum Malaysia

MAP P.75-B2

外観がオスマン様式のタイル張りで彩られた美しい美術館。約3万m²という広々とした館内は、ていねいに考えられたディスプレイでとてもわかりやすい。イラン、中東、トルコなどよく知られるイスラム諸国だけでなく、中国、インド、東南アジア各国からの品々も充実している。各地域文化とイスラムの融合の具合が作品に出ているのが非常に興味深い。

▲繊細で美しいイスラム装飾品が展示されている

白と黄色に輝く宝石のような王宮

王宮(イスタナ・ネガラ)

Istana Negara

MAP P.48-B1

現国王の住居で、王室行事などの会場でもある。中央の門からは整然と刈り込まれた前庭の奥に、王宮の黄色に輝くドーム形屋根や真っ白なファサードが見える。内部に入れないのが残念。門の両サイドには馬に乗った衛兵が警備していて、写真撮影ができる。

▲夜にはライトアップされる

国立博物館

住 Jl. Damansara
☎ 現地(03)2267-1111
URL www.muziumnegara.gov.my
E mvmjapanese@yahoo.com(日本語可)
開 9:00～17:00
休 第1月、ハリラヤ・プアサ、ハリラヤ・ハジ
料 大人 RM5　子供 RM2
※10:00から日本語ガイドあり(金・土のみ)。

▲人気の日本語ガイドツアーは約1時間

マスジッド・ヌガラ

開 礼拝は1日5回。その間の見学は不可。
休 無休
料 無料
※入館の際は肌の露出を避け、靴は入口で脱ぐ。女性は入口でローブとスカーフを貸してくれるので、それを身につける。男性も短パンはNG。内部の見学は常駐のガイドの同行を求められる場合も。

マレーシア・イスラム美術館

住 Jl. Lembah Perdana
☎ 現地(03)2274-2020
URL www.iamm.org.my
開 9:30～18:00
休 無休
料 大人 RM14　6歳以下 無料　学生 RM7

▲近代的イスラム建築

王宮(イスタナ・ネガラ)

住 Istana Negara, Jl. Duta
行き方 ホップオン・ホップオフ・バスの8番停留所National Palace(Jl. Duta)降りてすぐ。タクシーを利用する場合は、帰りのためにタクシーは待たせておこう。

メモ 以前の旧王宮は、現在「ロイヤル・ミュージアム」として内部の見学が可能。KLセントラル駅の東側にあり、開館時間は9:00～17:00、無休。大人RM10、子供RM5。

マレーシアで宇宙空間を楽しく体験

プラネタリウム・ヌガラ(国立プラネタリウム)

Planetarium Negara (National Planetarium)　MAP P.75-B2

レイク・ガーデンの小高い丘の頂上に建ち、青いドーム形の建物が印象的。スペースサイエンスショーや映画を楽しめるスペースムービーなどがあり、メインホールでは宇宙科学に関する常設展も行っている。また、望遠鏡を設置した天文台や、敷地内には国立博物館へつながる歩道橋もある。

さまざまな鳥が舞う自然愛好家の楽園

バード・パーク

Taman Burung (Bird Park)　MAP P.75-A1

東南アジアで最大級の規模を誇り、ホーンビル(サイチョウ)、フラミンゴ、クジャクなど、この地域に生息する約3000羽の鳥が飼育されている。鳥について学ぶエリアもある。

美しいチョウが舞う緑豊かな熱帯雨林

バタフライ・パーク

Butterfly Park　MAP P.75-A1

マレーシアを代表するラジャ・ブルックをはじめ、5000匹以上のチョウが飼育されている。敷地内はとても広く、約1万5000本の木を植林して造られた人工の熱帯雨林になっている。独特のデザインが印象的な池やチョウの生育所などもある。

さまざまなランが咲き誇る美しい庭園

オーキッド・ガーデン

Orchid Garden　MAP P.75-A1

園内には、マレーシアランや混種ランなど、約800種類の美しい花々が咲き誇っている。ランはマレーシア人にも人気の花のひとつで、週末にはバザーが開催されることもある。現在は、園内の改装と花々のメンテナンスのため閉園中(2022年10月末時点)。

熱帯の女王ハイビスカスの聖地

ハイビスカス・ガーデン

Hibiscus Garden　MAP P.75-A1

「熱帯の女王」と呼ばれるマレーシアの国花ハイビスカスが楽しめるガーデン。赤、白、黄色、ピンクなど、約500種類のハイビスカスが園内を色鮮やかに染めている。現在は、園内の改装と花々のメンテナンスのため閉園中(2022年10月末時点)。

兵士たちにささげられた世界最大級のブロンズ像

国家記念碑

National Monument　MAP P.75-A1

アメリカ人彫刻家フェリックス・デ・ウェルドンによる、高さ15.54mの立体ブロンズ像があることで有名。マレーシア独立戦争で命を失った兵士たちの功績をたたえるために造られたもので、国旗を持った7人のマレーシア軍兵士が描かれている。

プラネタリウム・ヌガラ
住 53, Jl. Perdana
☎ 現地(03)2273-4303
開 9:00～16:30　休 月
料 大人 RM12　子供 RM8
(プラネタリウムショー込み)

▲宮殿風のプラネタリウム

バード・パーク
☎ 現地(03)2272-1010
開 9:00～18:00
休 無休
料 大人 RM75　子供 RM50

▲敷地内は、鳥たちが自由に空を飛べるようになっている

バタフライ・パーク
☎ 現地(010)264-6957
開 9:00～18:00
休 無休
料 大人 RM25　子供 RM13
ビデオ持ち込み料1台 RM5
三脚不可

▲間近で見ることができる

オーキッド・ガーデン
☎ 現地(03)2276-0432
開 9:00～18:00
休 無休　料 RM1 月～金は無料

▲花は購入できることも

ハイビスカス・ガーデン
☎ 現地(03)2167-6000
開 9:00～18:00
休 無休　料 RM1 月～金は無料

▲珍しい種類も多数

国家記念碑
☎ 現地(03)2693-6661
開 9:00～18:00
休 無休　料 無料
行き方 タシック・ペルダナ・バスでジャラン・パーリメン下車。

KLセントラルとブリックフィールズ

KL Sentral

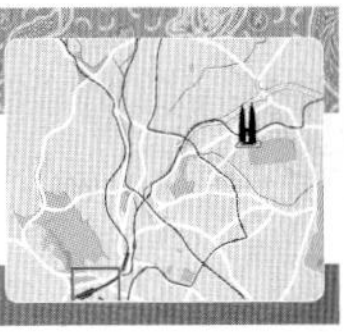

KLセントラル駅が2001年に開業し、クアラルンプール駅(現存)からマレーシアの交通のハブに代わって以来、周囲にオフィスビルや高級ホテル、ショッピングセンターが続々とオープン。現代的な都市KLを象徴する地区となった(ちなみにモダンな駅舎の設計はKLIAと同じく、故・黒川紀章氏によるもの)。その一方で、駅裏には庶民的な繁華街も残るなど、歩いてみると表情豊かでなかなかおもしろい。

歩き方

駅の周囲にはユニークな姿をした高層ビルが林立する。駅と直結したⓈニュー・セントラル(→P.97)は何でも揃う人気のショッピングモール。少し離れたモノレールの駅の周囲は**ブリックフィールズBrickfields**と呼ばれる地区で、東南側の一帯の**リトル・インディアLittle India**にはインド系の小さな食堂や商店が集まり、狭い範囲ながら異国情緒たっぷりだ。

▲リトル・インディアの町並み

ふたつのリトル・インディア
→P.86欄外

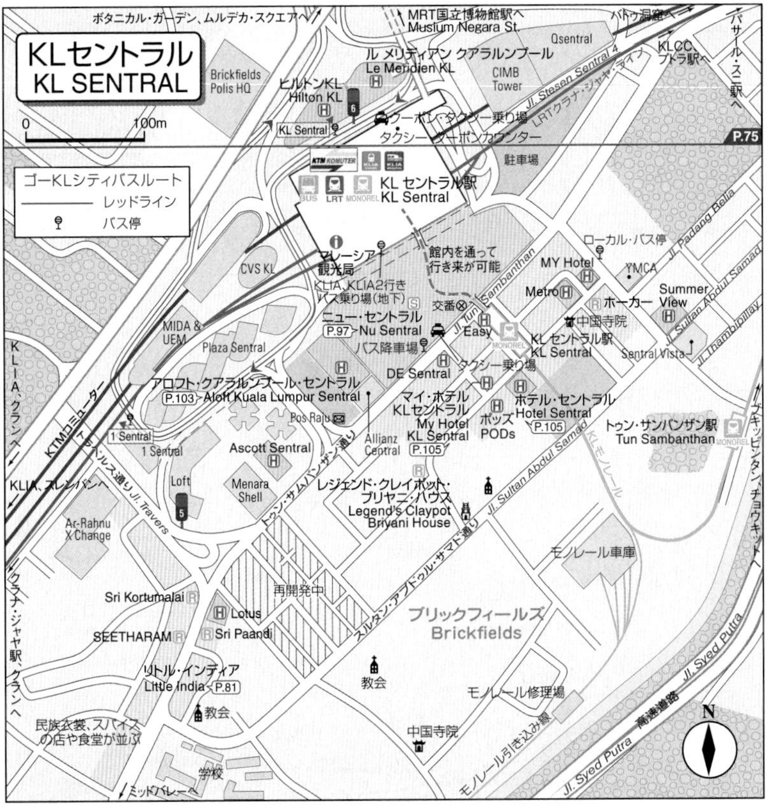

メモ KLセントラル駅の隣、クアラルンプール鉄道駅の駅舎は1910年にA. B. Hubbockが設計した歴史的建造物。外観は13～14世紀のオスマン帝国やムガール帝国などの影響を受けている。

チャイナタウン

Chinatown

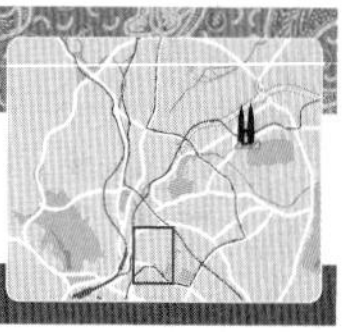

プタリン通りを中心として、チェン・ロック通りJl. Cheng Luckからバライ・ポリス通りあたりまでの一帯がクアラルンプールのチャイナタウンだ。植民地時代からの古い町並みが続き、その隙間に迷路のように細い路地が入り組み、屋台や露店が軒を連ねる。朝は5:00頃から市場、点心屋、屋台などが営業し始め、昼頃からプタリン通りにはたくさんの雑貨や靴などを売る露店が並び、道を埋め尽くす。

最近では、ウォールアートで昔の華人街を表現したエリアや多目的アートスポットなどの名所も続々。地元の若者が利用するおしゃれなカフェにも立ち寄ってみたい。

ACCESS

LRT／MRT

クラナ・ジャヤ・ラインとMRTのパサール・スニ駅が最寄り。アンパン・ラインのマスジッド・ジャメ駅、プラザ・ラキャ駅からも徒歩圏内。

※ブキッ・ビンタンとムルデカ・スクエアからは歩いて15分ほどで行ける。ブキッ・ビンタンからプドゥ通りJl. Puduを歩いていくときは車に注意しよう。

歩き方

屋台や露店がひしめくプタリン通り

チャイナタウンを南北に縦断する**プタリン通りJl. Petaling**がこのエリアのメインストリートだ。通りいっぱいに露店が並ぶ。交差するハン・ルキル通りJl.Hang Lekirmも露店や屋台でにぎやかで、18:00頃からスルタン通りJl.Sultanに露店がずらり。ひやかして歩くだけでも楽しい。だいたい22:00頃から店じまいを始める。

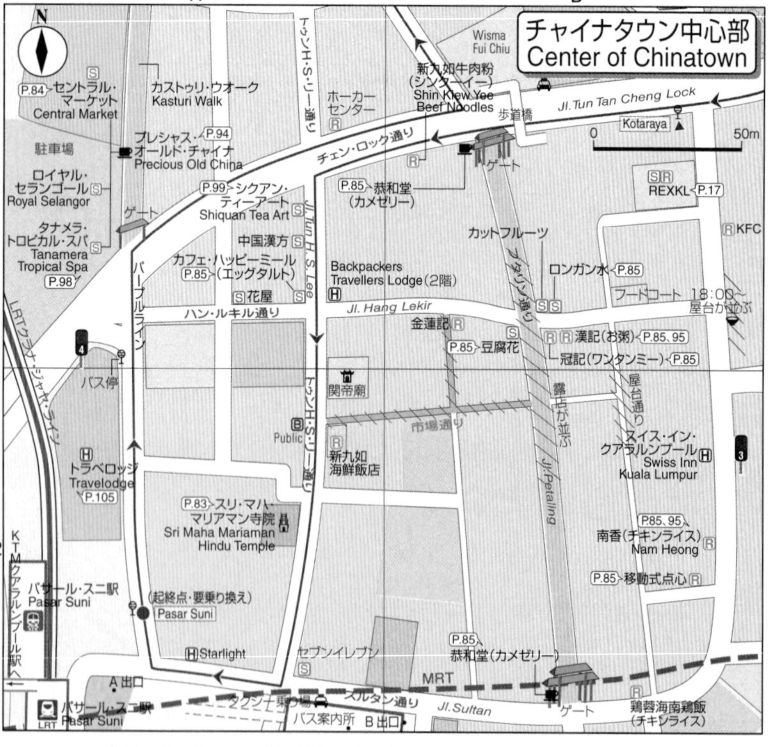

チャイナタウン中心部 Center of Chinatown

A B 1 2
セントラル・マーケット Central Market P.84
カストゥリ・ウオーク Kasturi Walk
プレシャス・オールド・チャイナ Precious Old China P.94
駐車場
ロイヤル・セランゴール Royal Selangor
タナメラ・トロピカル・スパ Tanamera Tropical Spa P.98
シクアン・ティーアート Shiquan Tea Art P.99
中国漢方
カフェ・ハッピーミール（エッグタルト） P.85
花屋
ホーカーセンター
新九如牛肉粉（シンクーイー） Shin Kiew Yee Beef Noodles
歩道橋
Jl. Tun Tan Cheng Lock
チェン・ロック通り
Kotaraya
Wisma Fui Chiu
ゲート
恭和堂（カメゼリー） P.85
REXKL P.17
KFC
カットフルーツ
Backpackers Travellers Lodge（2階）
ロンガン水 P.85
フードコート 18:00～屋台が並ぶ
Jl. Hang Lekir
ハン・ルキル通り
金蓮記
豆腐花 P.85
漢記（お粥） P.85、95
冠記（ワンタンミー） P.85
屋台通り
プタリン通り
露店が並ぶ
Jl.Petaling
関帝廟
市場通り
Public
新九如海鮮飯店
スイス・イン・クアラルンプール Swiss Inn Kuala Lumpur
トゥンH・S・リー通り
Jl.Tun H. S. Lee
パープルライン
バス停
LRTクラナ・ジャヤ・ライン
トラベロッジ Travelodge P.105
スリ・マハ・マリアマン寺院 Sri Maha Mariaman Hindu Temple P.83
南香（チキンライス） Nam Heong P.85、95
移動式点心 P.85
パサール・スニ駅 Pasar Suni
（起終点・要乗り換え） Pasar Suni
KTMクアラルンプール駅へ
Starlight
セブンイレブン
恭和堂（カメゼリー） P.85
MRT
A出口
タクシー乗り場
スルタン通り
Jl.Sultan
バス案内所
B出口
ゲート
鶏蓉海南鶏飯（チキンライス）
0 50m

メモ チャイナタウンは昼と夜で様相が変わる。特に夜はナイトスポットに遊びにくる若者や食事目的の地元の人でごった返している。人が多い場所では貴重品の管理を怠らないように。

寺院が建ち並ぶトゥンH・S・リー通り

プタリン通りの西側に並行して走る、もうひとつの大きな通りが**トゥンH・S・リー通りJl. Tun H. S. Lee**だ。この通りには、中国の**関帝廟**やヒンドゥー教のスリ・マハ・マリアマン寺院などが建っている。特に**スリ・マハ・マリアマン寺院Sri Maha Mariaman Hindu Temple**は、1873年に建てられたKL最大のヒンドゥー寺院だ(現在の建物は1999年に改装)。昼夜を問わず、インド系の人々が祈りをささげに集まってくる。観光客も中に入れるが、山門の前で靴を脱ぐこと。

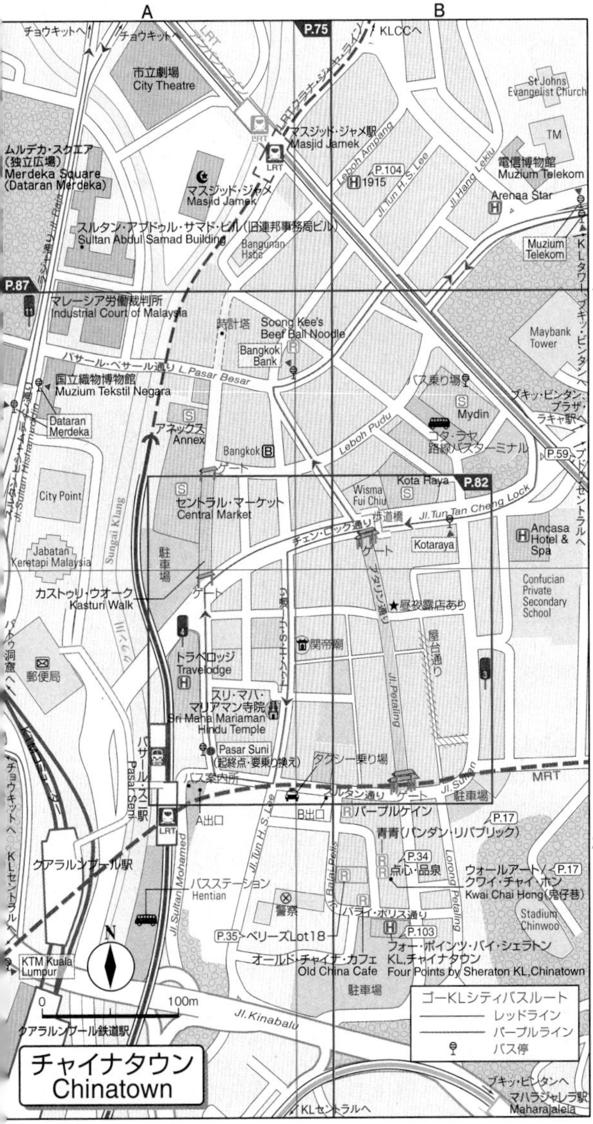

A B 1 2
チョウキットへ
チョウキットへ
P.75
KLCCへ
LRTアンパン・ライン
LRTクラナ・ジャヤ・ライン
市立劇場 City Theatre
St Johns Evangelist Church
マスジッド・ジャメ駅 Masjid Jamek
TM
ムルデカ・スクエア(独立広場) Merdeka Square (Dataran Merdeka)
マスジッド・ジャメ Masjid Jamek
Leboh Ampang
Jl.Tun H.S.Lee
Jl.Hang Lekiu
P.104 1915
電信博物館 Muzium Telekom
Arenaa Star
スルタン・アブドゥル・サマド・ビル(旧連邦事務局ビル) Sultan Abdul Samad Building
Bangunan Hsbc
Muzium Telekom
KLタワー、ブキッ・ビンタンへ
P.87
マレーシア労働裁判所 Industrial Court of Malaysia
時計塔
Soong Kee's Beef Ball Noodle
Bangkok Bank
Maybank Tower
パサール・ベサール通り L.Pasar Besar
国立織物博物館 Muzium Tekstil Negara
バス乗り場
Mydin
ブキッ・ビンタン・プラザ、ラキャ駅へ
Dataran Merdeka
アネックス Annex
Leboh Pudu
コタ・ラヤ路線バスターミナル
Bangkok
P.59
プドゥ・セントラルへ
ゲート
City Point
Wisma Fui Chiu
Kota Raya
P.82
セントラル・マーケット Central Market
歩道橋
Jl.Tun Tan Cheng Lock
チェン・ロック通り
Ancasa Hotel & Spa
Kotaraya
ゲート
Jabatan Keretapi Malaysia
Sungai Klang
駐車場
Confucian Private Secondary School
カストゥリ・ウオーク Kasturi Walk
ゲート
★昼夜露店あり
関帝廟
プタリン通り
屋台通り
バトゥ洞窟へ
郵便局
トラベロッジ Travelodge
スリ・マハ・マリアマン寺院 Sri Maha Mariaman Hindu Temple
Jl.Petaling
Pasar Suni (起終点・要乗り換え)
タクシー乗り場
パサール・スニ駅 Pasar Seni
MRT
バス案内所
スルタン通り
ゲート
Jl.Sultan
駐車場
A出口
B出口
パープルケイン
P.17
青青(パンダン・リパブリック)
P.34
点心・品泉
ウォールアート/クワイ・チャイ・ホン Kwai Chai Hong(鬼仔巷) P.17
チョウキットへ
KLセントラルへ
クアラルンプール駅
Jl.Sultan Mohamed
バスステーション Hentian
警察
Jl.Balai Polis
Lorong Petaling
Stadium Chinwoo
パライ・ポリス通り
P.35 ベリーズLot18
P.103
フォー・ポインツ・バイ・シェラトンKL,チャイナタウン Four Points by Sheraton KL,Chinatown
オールド・チャイナ・カフェ Old China Cafe
KTM Kuala Lumpur
N
0 100m
駐車場
Jl.Kinabalu
クアラルンプール鉄道駅
ゴーKLシティバスルート
レッドライン
パープルライン
バス停
チャイナタウン Chinatown
ブキッ・ビンタンへ
マハラジャレラ駅 Maharajalela
KLセントラルへ

※スリ・マハ・マリアマン寺院
MAP P.82-A2
住 163, Jl. Tun H. S. Lee
☎ 現地(03)2078-3467
開 6:30～10:30
11:30～13:00
16:00～20:30

ヒンドゥー教徒でなくても入れるが、入口では靴を脱ぐこと。靴を預ける所で20¢支払う。毎年1～2月に行われるタイプーサムの大祭では、2頭の着飾った牛に引かせた神様の像を載せた牛車が、ここからバトゥ洞窟(→P.88)まで行進する。

▲スリ・マハ・マリアマン寺院の山門

▲戦前からある建物の外壁に絵が描かれた鬼仔巷(クワイ・チャイ・ホン)

▲アートスポットREXKLの書店。書棚に入って写真が撮れる

▲チャイナタウンを南北に貫くプタリン通り

メモ 写真スポットとして人気のウォールアート鬼仔巷近くの点心店「品泉」(MAP P.83-B2)は味がよいと評判。海老蒸し餃子(蝦餃)、揚げタロイモ(芋角)、バクテー肉団子。店内で焼き上げるエッグタルトも絶品。

コピー商品の購入は厳禁！

有名ブランドのロゴやデザイン、キャラクターなどを模倣した偽ブランド品や、ゲームや音楽のソフトなどを違法に複製した「コピー商品」は、絶対に購入しないように。これらの品物を持って帰国すると、空港の税関で没収されるだけでなく、場合によっては損害賠償を請求されることもある。

ナイトスポットが集まるスルタン通り

若者が集まるスルタン通り**Jl.Sultan**。カルチャースポットREX KLは、おしゃれなフードコートや書店、夜はイベントを開催。夕方から路上屋台が営業を開始し、多くの人が屋外での食事を楽しんでいる。

若者に人気のバライ・ポリス通り

プタリン通りを南へ、チャイナタウンの外れまで歩いた所にある小路が**バライ・ポリス通りJl. Balai Polis**だ。一本入ると、昔の華人街をウォールアートで再現した観光スポット、鬼仔巷（クワイ・チャイ・ホン）。第2次世界大戦前からある古い建物の壁に郷愁をそそる絵が描かれている。

COLUMN

買い物、食事、バティック体験も！セントラル・マーケットで遊ぼう

チャイナタウンの北西端にあるセントラル・マーケットは、マレーシア各地の民芸品や、近隣諸国からの輸入雑貨が一堂に集まる定番の観光＆ショッピングスポット。1階には通路に沿って、テーマ別に小さなショップがぎっしりと軒を連ねる。バティックを使った小物やボルネオの籠やラタン製品、中東からの香水瓶やタイルなど。雑貨のみならず、マレーシア国内で人気のスパグッズや再生能力の高いなまこ成分を取り入れたなまこ石けんなど、掘り出し物がいっぱいだ。2階にはフードコートや有名ニョニャ料理店「プレシャス・オールド・チャイナ」（→P.94）、バティックやソンケットを使った伝統衣装やモダンなエスニック・テイストの洋服店が並ぶ。

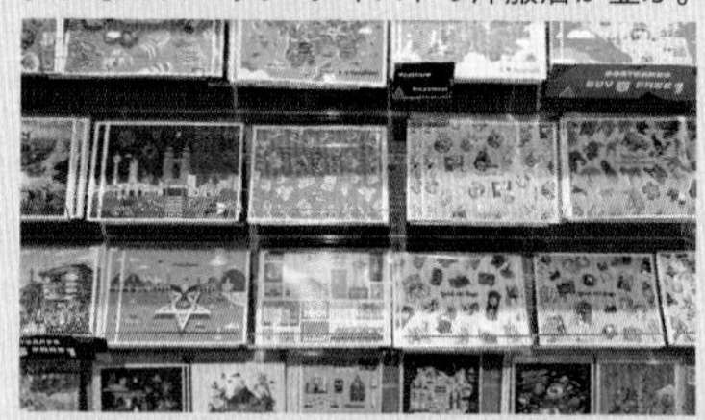

▲マレーシアの名所が描かれた「ロカメイド」のポストカード

▲好きなスタンプを押して絵ハガキを完成。その場でポスト投函

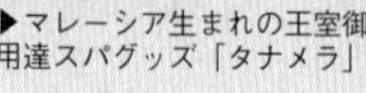

▶マレーシア生まれの王室御用達スパグッズ「タナメラ」

▲雑貨店、レストラン、マッサージ店もある複合施設

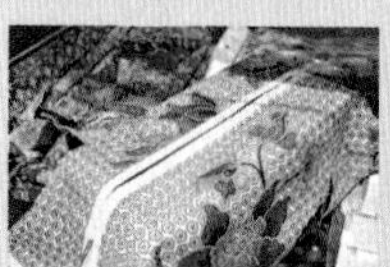

▲コントラストの強い色使いは伝統的。ティッシュケース

▲モダンなスタイルのしぼり染めのＴシャツ

▲敏感肌でも使えるなまこ石けんはバラマキみやげに最適

▲手軽にバティックの色付けが体験できる（建物の外）

●セントラル・マーケット

MAP P.82-A1

住 Jalan Hang Kasturi

☎ 現地(03)2031-0399

URL www.centralmarket.com.my

営 10:00～20:00　休 無休

メモ　セントラル・マーケットはコロナ禍の影響で休業店が多く、2022年8月の取材時点で営業していた店は、全体の約4割程度。2年の休業を経て再開した店舗もあり、活気は戻ってきている。

チャイナタウンの屋台と大衆食堂

ここは安くておいしい屋台＆大衆料理の宝庫だ。入り組んだ路地を散策しながら、マレーシアン中華を食べ尽くそう。

ハン・ルキル通りのお粥とドリアンタルト

▲1949年創業「漢記」の粥はトロトロ食感の広東系

チャイナタウンの中心となるプタリン通りとハン・ルキル通りJl. Hang Lekirの交差点からスタートしてみよう。フルーツ屋台が軒を連ねるこの交差点には、客足の絶えない人気の屋台が2軒ある。ひとつは「**豆腐花**」(MAP P.82-B1)。1杯RM2.40で、蜜は黒蜜か白蜜が選べる。その斜め向かいにあるのが、**ロンガン水**の屋台。1杯RM4。底に沈んだロンガンの実がまたおいしい。この交差点にある**お粥**の専門店が「**漢記**」(MAP P.82-B1)(営5:00〜14:00)。鶏ガラスープで炊いた中華粥の具はコイが名物RM9で、豚ミンチと塩卵RM8も絶品。

▲マレーシア人はノドの調子が悪いときにロンガン水を飲む

ハン・ルキル通りを東に進んだ所にあるのが、地元で有名な**雲呑麺**の店「**冠記**」(MAP P.82-B1)(営10:00〜14:30 休火)。汁無しのワンタンミー・ドライRM11(チャーシュー別)が名物。またセントラルマーケット側に歩くと小さな菓子店「**カフェ・ハッピーミール**」があり絶品タルトを多種販売している。

◀ドリアンタルトが名物

スルタン通りのチキンライス

プタリン通りの東、スルタン通りJl. Sultanにある**鶏飯**のうまい店が「**南香**」(MAP P.82-B2)(営10:00〜18:00 休月)。スープ付き鶏飯RM6.30(チキン＋ライス)。店先にぶら下がったチキンが目印だ。

夕方18:00頃から次々に露店が営業スタート。人気は「鴻記」のクレイポットチキンライス。中国醤油で味付けした鶏肉がのった土鍋ご飯で、ほくほく食感に香ばしさがあとを引く。隣のロロッ(串刺しおでん)、ピリ辛のイカンバカール(焼き魚)も名物。

▲日本人の口によく合う

点心の店はスルタン通りに昼だけ現れる移動販売店(店名なし MAP P.82-B2、休木)の肉まん、ローマイガイ(おこわ)が絶品。ただし、毎日昼11:00頃から1時間だけの販売。

▲売り切ったら店じまい

プタリン通りのカメゼリー

プタリン通りJl. Peta- lingの北と南の入口、2ヵ所に店を構えるのが、漢方入りの健康デザート、亀苓膏(カメゼリー)の店「**恭和堂**」(MAP P.82-B1、B2)(営10:00〜23:00、10:00〜20:00)。苦いので甘い蜜をかけて食べよう。

穴場は、プタリン通りとハン・ルキル通り、トゥンH・S・リー通りJl. Tun H. S. Leeに囲まれた一角の市場。表通りからは目につかない薄暗いエリアで、生鮮食料品を売っている。また新鮮なローカルハーブやフルーツのほか干し貝柱、干し牡蠣なども売られている。

▲美肌効果があるといわれるカメゼリー(小RM10)

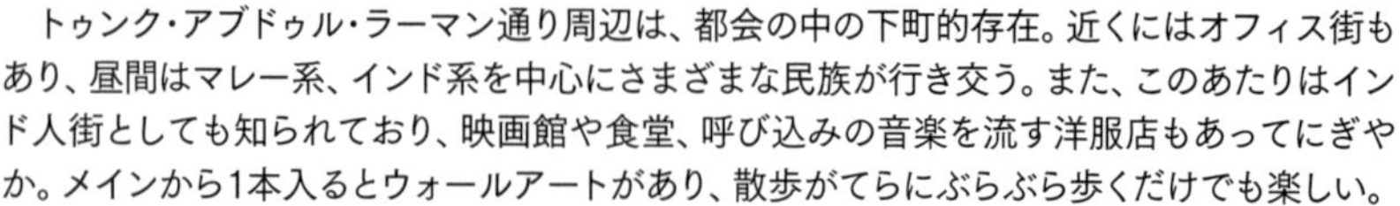

チョウキットとトゥンク・アブドゥル・ラーマン通り周辺

Chow Kit & Around Jalan Tuanku Abdul Rahman

トゥンク・アブドゥル・ラーマン通り周辺は、都会の中の下町的存在。近くにはオフィス街もあり、昼間はマレー系、インド系を中心にさまざまな民族が行き交う。また、このあたりはインド人街としても知られており、映画館や食堂、呼び込みの音楽を流す洋服店もあってにぎやか。メインから1本入るとウォールアートがあり、散歩がてらにぶらぶら歩くだけでも楽しい。

同エリアでも特に下町色の濃いチョウキットは、トゥンク・アブドゥル・ラーマン通りの北側に位置する町。マレー系が最も多く住む地域で、マレー人街ともいわれるほど、庶民の生活の場となっている。チョウキットといえば、地元の人たちが「マーケット」と呼んでいる大きな市場が有名。一方、「PWTC」という呼び名で親しまれているプトラ・ワールド・トレード・センターは展示会や会議が1年を通して行われるコンベンションセンターで、周辺には、ホテル、ショッピングモールなどが点在するエリアとなっている。

Access

●トゥンク・アブドゥル・ラーマン通りへ

LRT

アンパン・ラインでバンダラヤ駅か、アンパン・ラインまたはクラナ・ジャヤ・ラインでマスジッド・ジャメ駅下車。

バス

トゥンク・アブドゥル・ラーマン通りに停まるバスは、すべてⓈプルタマ前を経由。

●チョウキット、PWTC周辺へ

バス

ゴーKLシティバスのレッドラインでアクセスできる。そのほか、セントラル・マーケットやコタ・ラヤなどからも出ている。

モノレール／LRT

KLモノレールでチョウキット駅下車。もしくは、LRTのアンパン・ラインでPWTC駅下車。

ふたつのリトル・インディア

KLにはリトル・インディアと呼ばれる場所が2ヵ所ある。KLセントラル近く(→P.81)はスパイスや服飾品の店、インド料理の食堂が多く、トゥンク・アブドゥル・ラーマン通り近くはテキスタイルやアクセサリーの店が中心。

▲チョウキット・マーケット

歩き方

インドの香り＆雰囲気を味わいながら、ローカル気分を満喫

トゥンク・アブドゥル・ラーマン通りは、クアラルンプールで最も古くから続く繁華街。イギリス統治時代からの歴史ある建築物も数多く点在する。なかでもインド映画専門の**コロシアム映画館**は有名で、国内でもっとも古い映画館であり、建造物としても見応えがある。この通りの両側には生地屋がずらりと並んでいるほか、北に向かうとⓈそごうもある。観光客はほとんどいないが、地元の人たちでたいへんにぎわっている。

インド人が多く暮らしているのが、この通りの東側、マスジッド・インディア通り(通称リトル・インディア)だ。サリーやインドシルク、アクセサリーなどインド関係の店が軒を連ねている。色鮮やかな布は、見ているだけでも楽しむことができる。

▲色とりどりの生地が並ぶ

チョウキットで下町気分を味わおう

町を歩くときは、チョウキット通りJl. Chow Kitを覚えておくと便利。チョウキット通りの中心ⓇKFCから東へ進めばトゥンク・アブドゥル・ラーマン通りと交差し、西へ進めばPWTCがある。どちらへも徒歩5分ほどで行ける。そして、チョウキット通りと交差する**ラジャ・アラン通りJl. Raja Alang**を入ると、有名な生鮮食肉市場チョウキット・マーケットがある。この周囲には肉、魚、野菜、果物、乾物、スパイス、お菓子などの店が雑然と並び、東南アジア独特の雰囲気が漂っている。

チョウキットからPWTCへは、プトラ通りJl. Putraを西の方向へ。PWTC周辺には、ホテルや大型ショッピングモールのⓈサンウェイ・プトラ・モール(→P.99)などがある。そのほか、いくつかのホテルや観光局などもある。

メモ　リトル・インディアには服飾や雑貨をはじめ、生活用品を売る店が連なり異国情緒を存分に楽しめる。カラフルなブレスレットやお香グッズなど、おみやげ探しに最適。

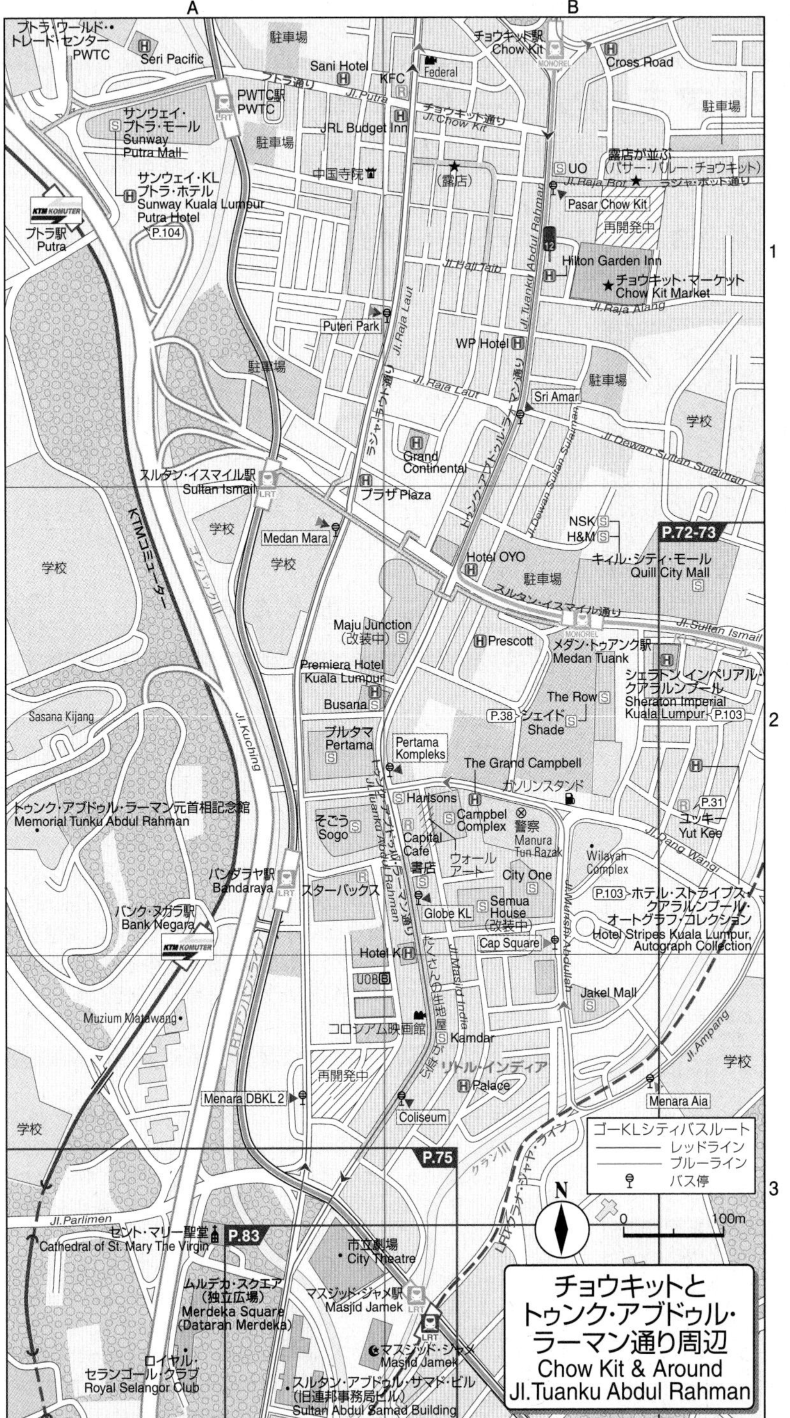

メモ トゥンク・アブドゥル・ラーマン通りの1本東の路地にも生地屋が並ぶ。またⓈプルタマ(MAP P.87-A2)の中には民族衣装店や、オーダーメイドの服が作れるテーラーが並んでいる。

クアラルンプール郊外

Kuala Lumpur Suburbs

チャイナタウン、ブキッ・ビンタン、ムルデカ・スクエア……。クアラルンプールには、個性豊かな町、そして数多くの見どころが点在する。そんなクアラルンプールの魅力を味わったあとは、一歩離れた魅力的な場所を訪れてみたくなる。

▲272段の階段を上ると巨大な洞窟がある

※バトゥ洞窟
住 Selangor
料 無料
行き方 KTMコミューターでバトゥケーブス下車。タクシーはクアラルンプール中心街から約20分、RM50〜60。

※国立動物園
住 Hulu Kelang,Ampang
☎ 現地(03)4108-3422
URL www.zoonegaramalaysia.my
開 9:00〜17:00　休 無休
料 大人 RM88　子供 RM43
行き方 LRTのクラナ・ジャヤ・ラインでワンサ・マジュ駅下車。そこからタクシーですぐ。

▲一番人気はパンダ

行き方

郊外の各施設へは、バス、電車、タクシーなどを利用することになる。クアラルンプール市内や最寄りの駅からシャトルバスが運行している施設もあり、とても便利だ。ただし、場所によっては電車のほうが短時間で行けたり、Grabを利用して直接アクセスした方がトータルでスムーズな場合も。アクセス方法をよく吟味して、うまく活用しよう。

見どころ

大祭タイプーサムの舞台にもなるヒンドゥー教の聖地

バトゥ洞窟

Batu Caves　MAP P.48-B1

クアラルンプールから北へ約10km。ヒンドゥー教の聖地である洞窟がある。272段の急な階段を上がると大鍾乳洞があり、いたるところにヒンドゥーの神々が、そして奥の寺院には聖者スブラマニアンが祀られている。階段周辺には野生のサルが数多く出没し、バッグや手にしている食べ物を引ったくられるケースも少なくない。階段を上がる際の飲食は絶対に避けよう。また、ヒンドゥー教の大祭タイプーサム(1〜2月頃)でもこの洞窟が舞台となり、信者たちが体のあちこちに針や鉄串を刺して行列する様は圧巻。2018年に階段がカラフルに塗られ話題に。

約400種の世界中の動物たちに出合える

国立動物園

Zoo Negara　MAP P.48-B1

哺乳類、爬虫類、鳥類など、約400種類以上の世界各国の動物が飼育されている。なかには、マレーシアに生息するスマトラトラ、オランウータン、ギボンなど、珍しい動物も。また、園内には水族館もあり、海水・淡水魚など、約80種類の生き物がいる。猿やインコ、アシカなどのショーが毎日2回(金除く)開催されている。2014年にパンダ館もオープンしている。

▲大人から子供まで楽しめる

ファミリー向けのテーマパーク

サンウェイ・ラグーン・テーマパーク

Sunway Lagoon Theme Park　MAP P.48-A2

プタリン・ジャヤ地区バンダル・サンウェイにあるテーマパーク。約80エーカーの広大な敷地内には、6つのテーマパークがあり、巨大なウオータースライダーをはじめ、ジェットコースター、お化け屋敷、バンジージャンプ、ミニ動物園など、さまざまなアトラクションがある。また、近くにはピラミッド&スフィンクスが目印の大型ショッピングモールのⓈサンウェイ・ピラミッドがあり、ミッド・バレーに次いで国内で2番目の規模。ホテルも併設していて、泊まりで楽しめる。

サンウェイ・ラグーン・テーマパーク
住 3, Jl. PJS 11/11 Bandar Sunway
☎ 現地(03)5639-0000
URL www.sunwaylagoon.com
開 11:00〜18:00(週末は10:00〜)
休 無休
料 大人 RM213　子供 RM178
行き方 KTMコミューター・スバンジャヤSubang Jaya駅より路線バス。サンウェイ・リゾート・シティの周りから無料のシャトルバスが25分ごとに運行。

レジャーからゴルフまで集結!

ザ・マインズ

The Mines　MAP P.48-B2

東南アジア最大級の大手不動産会社キャピタランドが手がけるショッピングモール。グルメからファッション、日用品まであらゆる店舗が揃っている。近くに、タイガー・ウッズがプレーしたこともある名門マインズ・リゾート・ゴルフ・クラブがあり、広大なエンターテインメント施設のようになっている。

ザ・マインズ
住 Jl.Dulang, MINES Resort City, Seri Kembangan, Seri Kembangan, Selangor Darul Ehsan
☎ 現地(03)8949-6333
URL www.the-mines.com.my
開 10:00〜22:00　休 無休
行き方 KTMコミューターでスルダンSerdang駅下車。そこから徒歩約10分。タクシーだとクアラルンプール中心街から約20分。国際空港からは約30分。

緑豊かな森林公園で熱帯雨林の魅力を体感

マレーシア森林研究所(フリム)

Forest Research Institute Malaysia (FRIM)　MAP P.48-A1

クアラルンプールから、北西約16kmのケポンKepongにある森林科学公園。世界で最も古い森林公園にも数えられ、果樹、針葉樹、単子葉樹など、豊かな森林遺産を公開しており、熱帯雨林の魅力を感じることができる。総面積約600haの園内には、ジャングル・トレイル、植物標本室などがあり、そのほかさまざまな種類の木材などを展示する博物館もある。

▲最高地点は海抜141m、全長250mという規模の大きなスカイウォークが目玉

マレーシア森林研究所
住 Survey Research Insititute Kepong
☎ 現地(03)6279-7000
開 7:30〜19:00(12:00〜16:00を除く)　土・祝7:00〜19:00
休 無休
料 大人RM5　子供RM1
行き方 KTMコミューター、ケポン駅よりタクシーで5分。
※スカイウォークは8:30〜15:30(天候次第)金休、料金は大人RM40

世界最大規模を誇るピューター製品造りを見学

ロイヤル・セランゴール・ビジターセンター

Royal Selangor Pewter Visitor Centre　MAP P.48-B1

1885年に創立した、ロイヤル・セランゴール社の工場。マレーシアの特産品ピューター製品の業者としては、世界で最も規模が大きい歴史ある老舗だ。クアラルンプールは世界的なスズの原産地で、ピューターとはそのスズを原料にして造られた製品のこと。アンチモニーや銅を混合して、食器類やインテリアなど、さまざまな商品を製造している。工場ではピューター製品の製作工程の見学やピューター加工の体験もできる。

▲すべての商品はこの工場で職人の手によって作られている

ロイヤル・セランゴール・ビジターセンター
住 4, Jl. Usahawan, 6 Setapak Jaya
☎ 現地(03)4145-6122
URL www.royalselangor.com
開 9:00〜17:00
休 無休
料 無料
行き方 クラナ・ジャヤ・ラインでワンサ・マジュ駅下車。そこからタクシーですぐ。約RM5〜10。クアラルンプール中心地の主なホテルよりフリーシャトルバスが運行(要予約)。

そのほかの見どころ

● セパン・インターナショナル・サーキット Sepang International Circuit
MAP P.51-D3外
住 Jl. Pekeliling KLIA Selangor Darul Ehsan
URL www.sepangcircuit.com
オートバイの国際大会などが開催されている。

※スカイミラー

行き方 クアラルンプール中心街から車で約1時間15分、セランゴール州の船着場ジェムムに着き、そこからさらにスピードボートで約30分。市内から全送迎付きのツアーに参加するか、船着場までタクシーで行って、そこからスピードボートに乗り換えるかのどちらか。ボートには定員があるので事前予約をおすすめ。料金はボート往復RM120～150など。

海面が鏡のようになる写真スポット

スカイミラー

Sky Mirror MAP P.48-A1外

まるでボリビアのウユニ塩湖のような、海面が鏡にみえる浅瀬のスポット。本来なら満月と新月の前後数日のみに現れる現象だが、最近では写真の技術が上がり、対応日程が多くなっている。周りには何もない海の真ん中なので自然も満喫。グループで行く方が楽しめる。

▲カラフルな服のほうが写真映えする

COLUMN

ケタム島へ日帰り小旅行

フォトジェニックな水上家屋が建ち並ぶ海鮮グルメの島

ケタム島はポート・クランの沖約10kmに浮かぶ中華系漁民の小さな島。クアラルンプールから半日～1日でのショートトリップが可能だ。

ケタムとはカニを意味し、その名の通りカニをはじめとする海鮮料理が名物。船着き場から歩いてすぐにレストラン街がある。活きたカニを入れたバケツが店先に置いてあり、自分で選んで調理法を指定するのだが、値段は時価、交渉次第。もちろんメニューには海鮮以外も中華が中心の普通の料理もあり、こちらは本土のローカルレストランと料金はそれほど変わらない。

ケタム島のほとんどの建物は水上に建っている。一見は陸地の町と何も変わらないメインストリートだが、商店もATMのある銀行もお寺も水上家屋。普通の道に見えるのも実は水上橋なのだ。一般民家はパステルカラーに塗られ、とてもかわいらしい風景。それがたくさんの橋で結ばれている。

ケタム島の風景はどこを切り取ってもフォトジェニック

ケタム島への行き方

KLセントラル駅からKTMコミューターでポート・クラン駅まで約1時間30分。運転間隔はまちまちで30分から1時間以上空くこともあり、しかもよく遅れるので時間にはたっぷり余裕をもったほうがいい。

改札を出て右手にあるフェリーターミナルから高速船に乗って25～30分。船は複数の会社が運航していて、8:30～18:30（週末、平日は10:30より）の間の出発だが会社によってスケジュール（各社約2時間ごと）と料金（片道RM12程度で往復は割引になる）が若干異なるので、ターミナルで出発時間を確認して切符を購入、その際、帰りの最終時間を必ず確認すること。島に埠頭はふたつあり、プラウ・ケタムPulau Ketamとスンガイ・リマSungai Lima。中心はプラウ・ケタムですべての船がここへ向かうが、スンガイ・リマを経由する便もあるので注意。また、人が集まると出発する小型高速船もあり、所要20分、若干割高だが、混雑する週末には利用価値が高い。

島内の交通は徒歩か自転車。電動自転車のレンタル（1時間RM20）もある。

お寺も建っているのは水の上

島には素朴なレストランがたくさんある

クアラルンプールからのオプショナルツアー
Activity

クアラルンプール市内や近郊の観光地は広範囲に点在している。公共交通は日本ほど便利ではなく、小さな駅には、客待ちをしているタクシーなどいない場合も。短時間で効率よくマレーシアを体感したいなら、旅行会社が主催するツアーに参加するものいい。紹介するツアーはすべて日本語ガイド付き。

クアラルンプール半日観光
Kuala Lumpur Half Day Tour

市内の名所を効率よく巡る

ペトロナス・ツイン・タワーの写真撮影スポットや王宮、独立広場、マスジッド・ヌガラ(国立モスク)などの主要な見どころをガイドと一緒に回る。民芸品店やチョコレート専門店などでの買い物付き。

所要時間　約4時間30分
料金の目安　大人RM250～　※昼食付き

世界遺産マラッカ観光
World Heritage Malacca Tour

ガイド付きなので安心(→P.206)

チェン・フン・テン寺院や、セント・ポール教会、サンチャゴ砦、オランダ広場、ババ・ニョニャ・ヘリテージなどを巡るツアー。朝出発し、夕方にはホテルに戻る。日帰りするならツアーが便利でラクラク。

所要時間　約8時間
料金の目安　大人RM500～　※昼食付き

イポーの旅
Ipoh Tour

古城や洞窟寺院を巡る(→P.200)

マレーシア第三の都市イポーを日帰りで楽しむ。イポーならではのランチは絶品。有名なホワイトコーヒーも体験。行きはバスを利用、帰りは鉄道にてクアラルンプール駅へ。その後ホテルまで送迎あり。

所要時間 約10時間　※昼食付き　**料金の目安** 大人RM470～(2名以上で催行)　※昼食付き

ピューター製作&バティック体験
Pewter & Batik

マレーシアの伝統工芸を体験(→P.89)

マレーシアの名産品であるピューターとバティックの製作体験ができる。作品は持ち帰ることができるのでおみやげにもなる。ピューター体験は、ロイヤル・セランゴール・ビジターセンターで。

所要時間　約2時間30分
料金の目安　大人RM300～(2名以上で催行)

クアラ・セランゴールホタル鑑賞
Kuala Selangor Firefly Tour

1年を通してホタルの観賞が可能(→P.114)

川に生息している無数のホタルをボートに乗って鑑賞。真夏のクリスマスツリーといわれるほどロマンティックな光景が広がる。クアラルンプール発のナイトツアーとしては一番人気。海鮮中華の夕食付き。

所要時間　約5時間30分　**料金の目安**　大人RM450～(2名以上で催行)　※夕食付き

KLフォトジェニックツアー
KL Photogenic Tour

ピンクモスク、I Love KLを巡る

プトラジャヤにあるピンク色で彩られた「プトラ・モスク」、極彩色が美しい東南アジア最大級の中国寺院「天后宮」、そしてI Love KLのモニュメントと旅の思い出写真にぴったりのスポットを巡るツアー。

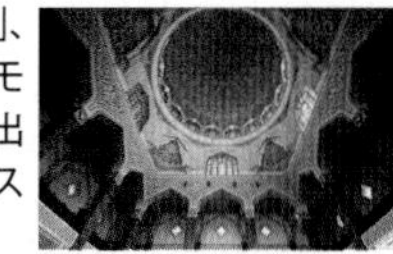

所要時間　約7時間30分
料金の目安　大人RM420～

※料金、内容はウェンディー・ツアーのもの。旅行会社によって料金や内容が異なる場合がある。

日本語が通じるクアラルンプールの旅行会社リスト

■JTB クアラルンプール支店
☎現地(03)2142 8727　営平日9:00～17:30
休土・日・祝　URL mybus-ap.com/country/malaysia

■ウェンディー・ツアー クアラルンプール本店
☎現地(03)2145-4518　営平日9:00～17:00
休土・日・祝　URL wendytour.com/malaysia

■エイチアイエス クアラルンプール支店
☎現地(03)2142-0588　営平日9:00～18:15
休土・日・祝　URL www.his-discover.com/malaysia

ほとんどの旅行会社では、お得なミールクーポンや、スパ、ゴルフなどの各種パッケージが用意されている。英語に不安があったり、手配が面倒な人は旅行会社にお願いするのもひとつの手。

クアラルンプールのゴルフコース

Golf

マレーシア政府が「ゴルフ立国」を目指していることもあり、クアラルンプールのゴルフ場は清潔で設備が整っている。日本人プロゴルファーが設計したゴルフ場「テンプラー・パーク・カントリー・クラブ」もあり、ゴルファーに人気。

▲風光明媚なゴルフ場、テンプラー・パーク。自然の造形美である巨大な岩がシンボル

クアラルンプール郊外

テンプラー・パーク・カントリー・クラブ

Templer Park Country Club　MAP 地図外

ジャンボ尾崎が設計した人気コース

日本人駐在員に人気のゴルフ場。谷越え、池越え、打ち下ろしなど、起伏に富んだエキサイティングなコースで、中・上級者向き。平日、または週末も午後なら比較的すいているので初心者もOK。クラブハウスにはマレーシアでは珍しい大浴場がある。

住 Rawang
☎ 現地(03)6091-9111
URL www.tpcc.com.my
料 グリーンフィー RM200～(18ホール)

クアラルンプール郊外

バンギ・ゴルフ・リゾート

Bangi Golf Resort　MAP P.48-B3

初心者から上級者まで楽しめる

660エーカーの広さを誇る見晴らしのいいコース。コース脇に生い茂る熱帯雨林が常夏のマレーシアらしい趣。コース内へのカートの乗り入れが可能(天候次第)なので、暑さでの体力消耗を防ぐことができる。レストランの和食はおいしいと評判。

住 No.1, Persiaran Bandar, Bandar Baru Bangi
☎ 現地(03)8929-9888
URL www.bangigolfresort.com
料 グリーンフィー RM120～(18ホール)

クアラルンプール郊外(シャー・アラム)

グレンマリー・ゴルフ&カントリー・クラブ

Glenmarie Golf & Country Club　MAP P.48-A2

ホテルに隣接したリゾートゴルフ場

フェアウェイは広々としていて開放感があり、芝の手入れがていねい。比較的高スコア狙えるガーデンコース、上級者の挑戦心をくすぐるバレーコースの2コースで構成されている。テニスコートも備えた複合スポーツ施設で、H ホリデイ・インに隣接。

住 No. 3 Jl. Usahawan U1/8,40150 Shah Alam
☎ 現地(03)7802-5200
URL www.glenmariegolf.my
料 グリーンフィー RM360～(18ホール)

COLUMN

マレーシアのゴルフ事情

服装は、スパイクレスのゴルフシューズ、襟ありのウエア、上着はズボンの中に入れること。半ズボンはOK。炎天下のプレーなので帽子はかならず被ろう。汗だくになるので、着替えは必須。プレーは、9ホール後の休憩はなく、一気に18ホールをまわるスルー。かなり暑いので、水分補給をしっかりすること。プレー中にスコールに遭うことも多く、雷のサイレンがなったら、避雷小屋で待機しよう。プレーが終わったら、シャワーで汗を流し、クラブハウスで食事ができる。平日と休日で料金が大きく異なり、休日は3名以上での予約が必須。キャディが付いた場合は、ひとりRM50ぐらいのチップをあげるとスマートだ。なお、グリーンフィーに食事代は含まれていない。また、旅行会社の送迎込みのゴルフツアーで申し込むのも便利。

▲難関コース「サウジャナ・ゴルフ&カントリークラブ」はホテル宿泊者であればプレー可

メモ マレーシアでのゴルフのグリーンフィーは、平日はかなりリーズナブルだが、週末は1.5倍ほど割高になるところが多い。クラブレンタルはRM150前後が目安。

クアラルンプールのレストラン

Restaurant

ブキッ・ビンタン周辺　マレー系

ビジャン

Bijan　MAP P.68-A1

都心の喧噪から離れた一軒家レストラン

ブキッ・ビンタンの奥にたたずむ隠れ家のようなマレーシア料理店。豚肉を使わないポークフリーの店で、各地方の伝統料理を忠実に再現して提供。鴨のルンダンや海老の煮込みなど、おすすめ料理にはメニューにトンボマークが記されている。

住3, Jl. Ceylon　☎(03)2031-3575
URLwww.bijanrestaurant.com
営16:30～23:00
休無休　CC A M V

ブキッ・ビンタン　中国料理

麗苑(リエン)

Li Yen　MAP P.69-C2

クラシックな空間で伝統の中国料理を味わう

国民の約3割近くを中国系が占めるマレーシアでは、いたるところで本格的な中国料理が楽しめる。なかでもリエンは食通が太鼓判を押す名店。皮がパリパリのローストポークが名物で、シーフード料理も充実。蒸し魚がおすすめだ。

住 H The Ritz-Carlton Kuala Lumpur
☎(03)2782-9033　営12:00～15:00、18:30～22:00
(日・祝10:30～)（点心はランチのみ）
休無休　CC A D J M V

ブキッ・ビンタン　マレー系

マダム・クワン

Madam Kwan's　MAP P.69-C1

地元の人でにぎわう老舗のマレーシア料理店

清潔感のあるカフェスタイルの店。看板メニューはナシ・ルマッ・プレート(RM23.90)。ココナッツミルクで炊いたご飯に、ピリ辛の特製サンバルソースとチキンカレー付き。Ⓢパビリオンや Ⓢスリア KLCC などショッピングセンター内に店舗展開。

住Lot No.1.16.00, Level 1 Pavilion, 168 Jl. Bukit Bintang　☎(03)2143-2297
URLwww.madamkwans.com.my
営11:00～22:00　休無休　CC M V

ブキッ・ビンタン　中国料理

マルコポーロ

Marco Polo　MAP P.68-B1

2wayスタイルの北京ダックが名物

1980年創業の中国料理店。看板メニューは北京ダックで、半羽RM78とリーズナブル。予約無しでも注文できる。パリパリの皮を甘いタレと一緒に食べたら、ダックの身は希望に合わせて炒飯やスープにアレンジしてくれる。ランチの飲茶も人気。

住1st Floor, Wisma Lim Foo Yong, Jl. Raja Chulan
☎(03)2141 2233　URLmarcopolo.com.my/
営11:00～14:30(日10:30～)、18:00～22:00
休無休　CC A M V

KLCC　広東料理

ライポーヒン

Lai Po Heen　MAP P.73-C1

マンダリンホテル内にある優雅なレストラン

舌の肥えたビジネスマンが集う5つ星ホテルの中国料理店。食材にこだわり、どれも上品な味に仕上がっている。ランチに提供する点心が人気で、海老の焼売に金箔をあしらうなど見た目も美しい。料理は豚肉のかわりに鶏肉を使用するポークフリー。

住 H Mandarin Oriental Kuala Lumpur
☎(03)2380-8888　営12:00～14:30(土日10:30～)、18:00～22:00(点心はランチのみ)
休無休　CC A D J M V

KLCC　インド系

ボンベイ・パレス・レストラン

Bombay Palace Restaurant　MAP P.72-B2

数々の賞を受賞した本場インドの味を提供

マレーシアをはじめ、アメリカ、カナダ、イギリス、ハンガリーなど、世界各国に支店をもつ高級インド料理店。ムガール王朝風のゆったりとしたたたずまいで、ムードも満点。辛くない料理も多く、日本語メニューがあるので注文しやすい。

住Life Centre Mezzanine Floor, 20 Jl. Sultan Ismail
☎(03)2171-7220
営12:00～14:30、18:30～22:30
休無休　CC A J M V

ハラールとは、イスラムの教えで許されている食品や料理を指す。ハラールレストランでは、豚料理やアルコールは提供されない。店の窓にはハラール店であることを示すステッカーが張られている。

ブキッ・ビンタン　中国系

パオシャン・バクテー

Pao Xiang Bah Kut Teh　MAP P.69-C1

地元の名物料理。体が温まり滋養強壮にも

中国漢方で豚肉をじっくり煮込んだバクテーの専門店。発祥の地であるクランに本店があり、提供スタイルもそのまま。三枚肉(RM23.00)、スペアリブ(RM23.00)など、豚肉の部位ごとに注文する。揚げパンを追加して、漢方スープに浸していただこう。

住 Level 4, Pavilion, 168, Jl. Bukit Bintang
☎ (03)2148-6388　URL www.paoxiangbkt.com
営 11:00～22:00
休 無休　CC M V

チャイナタウン　ニョニャ料理

プレシャス・オールド・チャイナ

Precious Old China　MAP P.82-A1

アンティークに囲まれた空間

ニョニャ料理の老舗 R オールド・チャイナ・カフェの2号店。レトロな店内にはマレーシアがロケ地となった映画『アンナと王様』のセットに利用された調度品も。メニューはニョニャ・ラクサやアッサム・フィッシュなどのニョニャ料理。

住 Lot 2, Mezzanine Floor, Central Market
☎ (03)2273-7372　URL www.oldchina.com.my
営 10:00～18:00
休 月、火、中国暦新年の3日間　CC M V

ブキッ・ビンタン　中国系

客家(ハッカ)

Hakka　MAP P.69-C1

開放感あふれる屋外レストラン

地元の人でにぎわう中国系レストラン。小皿から海鮮料理まで何でも揃い、フカヒレのレタス巻きがつまみの定番。クアラルンプール最大級のレストランともいわれ、屋外には約300席、冷房が効いた屋内席は約100席もある。駐在日本人にも人気。

住 90, Jl. Raja Churan
☎ (03)2143-1908
営 12:00～15:00、18:00～23:30
休 無休　CC A J M V

ブキッ・ビンタン　日本料理

勘八

Kampachi　MAP P.69-C1

マレーシア第1号の歴史ある日本料理店

1974年創業の本格的な日本料理店。職人の腕前は確かで数々の賞を受賞したほど。パビリオン店内は和情緒あふれる広々とした造り。ちらし、うな丼、銀鱈の西京漬などメニュー豊富で幅広い年齢層に人気。H エクアトリアルが本店。

住 Level 6 Pavilion, 168 Jl. Bukit Bintang
☎ (03)2148-9608　URL www.kampachi.com.my
営 パビリオン店 11:00～22:00(金・土は～22:30)
休 無休　CC A M V

クアラルンプール駅前　西洋&マレーシア料理

コロニアル・カフェ

The Colonial Cafe　MAP P.75-B2

憧れのコロニアルホテルでアフタヌーンティー

ユニークな丸型のスタンドで提供されるアフタヌーンティー(RM82～、部屋によって異なる)は毎日満席という人気ぶりだ。紅茶は国内産ボー・ティーをはじめ約50種を用意。夜は海南出身のシェフが考案した歴史あるコロニアル料理。

住 H The Majestic Hotel Kuala Lumpur
☎ (03)2785-8000　営 12:00～14:30、15:00～18:00、18:30～22:30　休 無休　CC A D J M V
※要予約(特にオーキッド・コンサーバトリーは人気)

KLCC　カフェ

オールドタウン・ホワイトコーヒー

Old Town White Coffee　MAP P.73-C1

人気のローカルカフェチェーン

地元の料理をおしゃれなカフェスタイルで提供。ショッピングモールや空港などマレーシア全土に200店舗以上もあるチェーン店で、ひとりでも安心してくつろげる。カヤトースト、ナシルマッが看板料理で、ほかにも多数のローカル料理がそろっている。

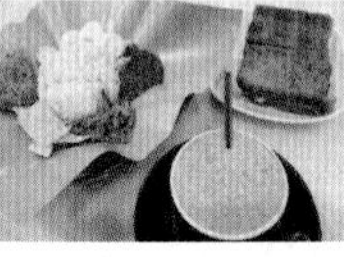

住 Food Court, Level 2, Suria KLCC, Jl. Ampang
☎ (03)2382-2828
営 10:00～22:00
休 無休　CC M V

メモ　甘いものが好きならニョニャ・カラーズ Nyonya Colorsへ。ショーケースに並ぶカラフルなおやつ(クエ)は常時20以上。KLCC、パビリオン、KLIA2などに店舗あり。

クアラルンプールのレストラン
Restaurant

ブキッ・ビンタン　中国系

ロット・テン・フートン(十號胡同)

Lot 10 Hutong　MAP P.68-B2

中国系のB級グルメのパラダイス!

マレーシア各地の有名屋台が集まる人気のフードコート。ホッケンミーやチキンライス、点心、ワンタンミー……デザートのクエまで幅広いラインナップでいろいろな味が試せる。エアコンの効いた空間でゆっくりできるのも便利。

住LG Floor, Lot10 Shopping Centre 50, Jl. Sultan Ismail
☎(03)2782-3566
営10:00～22:00
休無休　CC不可

ブキッ・ビンタン　中国系

W.A.W レストラン

W.A.W Restaurant　MAP P.68-A2

アロー通りで一番人気

炭火で焼いたチキンウイングが人気で、開店と同時に多くの観光客が訪れる。店先で、チキンを焼いているので、香ばしい匂いが漂いついつい入ってしまう。名物は炭火で焼いた甘辛のチキンウイング。1ピースRM3.30(2ピース～)。

住No.1 & 5 & 7 Jl.Alor
☎(03)2144-2463
営17:00～翌4:00
休第1、3月曜　CC M V

チャイナタウン　中国系

南香

Nam Heong　MAP P.82-B2

驚くほどしっとり軟らかな肉質

チャイナタウンにあるチキンライスの老舗。店の軒先につるされている丸鶏を豪快にぶつ切りにして提供。皮がパリパリのクリスピーポークや甘いタレをからめたチャーシューも人気。さらに野菜炒め、点心、スープなど様々なメニューがある。

住No.56, Jl. Sultan
☎(03)2078-5879
営10:00～18:00
休月、中国正月(3日間)　CC不可

チャイナタウン　中国系

漢記(ホンキー)

Hon Kee　MAP P.82-B1

半屋外でローカル度満点

1949年創業のお粥専門店。時間をかけてじっくり煮込むため、米粒のないトロトロの仕上がりになる。お粥の具は、鶏、ピータン、豚団子、カエルなどで、コイの刺身粥も人気。また、一品料理の蒸し鶏やチーチョンファン(麺料理)も美味。

住93 Jl. Hang Lekir
携(012)227-6281
営5:00～14:00
休無休　CC不可

人気のナイトスポット

どんどん変化していくクアラルンプール市内で、活気あるナイトスポットといえば、裏ブキッ・ビンタンともいわれる**チャンカット・ブキッ・ビンタン通りとナガサリ通り**(MAP P.68-A1)だ。わずか200mほどの通りに、スペインタパス(R ピンチョス・タパス)から、カジュアルなピッツェリア(R チッチオ・バー&ピッゼリア)、イングリッシュパブやドイツビールの店など、雰囲気のよい店がひしめいている。建物やインテリアも凝っていて、KLの国際色豊かな側面を実感するにはいい場所だ。ディナーへ出かける前に一杯ひっかけていくのも楽しい。ブキッ・ビンタン周辺から歩いていける距離。

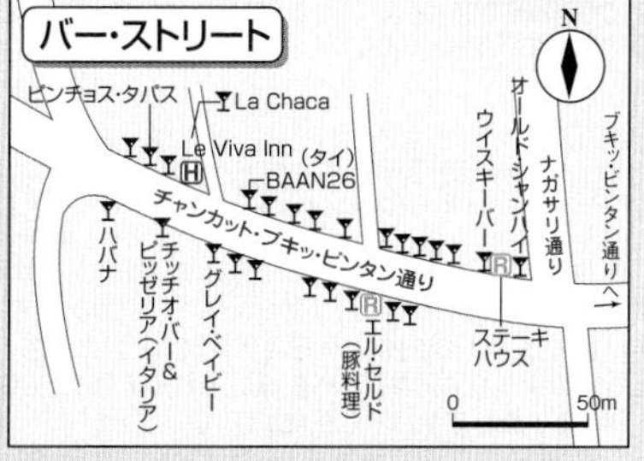

●タパスやピザなど食事のできるレストランも多い

マレーシアの伝統料理の真髄を味わえるレストランDe.Wan by Chef Wan。人気の料理家シェフ・ワンの店で、空間もすばらしい。URL dewan.space/

ショップ情報

買い物もグルメも楽しめる！ クアラルンプールとその周辺のショッピングセンター

年3回のメガセール

中国正月時期の2～3月に「アーリーイヤーセール」、7～8月の「メガセール」、年末の「イヤーエンドセール」と、マレーシアでは年3回バーゲンセールが行われる。なかには70%OFFとなる商品も。ショッピングならこの時期を狙って行くのもいい。

ショッピング天国ともいわれるマレーシア。そのなかでもショッピングセンターでは、一流ブランドからとてもかわいらしいローカルブランド、個性的な民族風のものまで何でも見つけることができる。KLローカルのファッションブランドや雑貨は安くてかわいいので、チェックの価値あり。クアラルンプールには多くのショッピングセンターがあるが、代表的なところをいくつか紹介しよう。

抜群の立地とおしゃれな雰囲気

スリア KLCC　KLCC

Suria KLCC　MAP P.73-C1

クアラルンプール・シティ・センター内(KLCC)にある。ペトロナス・ツイン・タワーの6階までがショッピングセンターで、世界の高級ブランドから、雑貨、コスメ、書籍などを扱う約270店舗が入っている。ファッションはもちろん、エンターテインメント、カルチャー、レストラン、アート、スパなどの施設が充実。

住Kuala Lumpur City Centre, Jl. Ampang & Jl. Ramlee
☎(03)2382-2828　営10:00～22:00(店により異なる)
休無休(店により異なる)　CC A D J M V(店により異なる)

高級ブランド店がめじろ押し

パビリオン　ブキッ・ビンタン

Pavilion　MAP P.69-C1

ブキッ・ビンタン通りとラジャ・チュラン通りに囲まれた敷地にある巨大ショッピングモール。有名ブランドからコスメ、ダイニング、映画館、フィットネスクラブまで。ローカル料理が多種揃うフードコートから肉骨茶の有名店(→ P.94)、スイーツなどグルメも充実。手頃な価格で人気のサンダル「ヴィンチ」(→ P.98)の店もある。

住168 Jl. Bukit Bintang
☎(03)2118-8888　営10:00～22:00(店により異なる)
休無休(店により異なる)　CC A D J M V(店により異なる)

抜群の立地に個性的な店が揃う

ロット・テン　ブキッ・ビンタン

Lot 10　MAP P.68-B2

ブキッ・ビンタンの中心に建ち、緑の外観がひときわ目を引くショッピングセンター。若者向けファッションを中心に、日系デパートの伊勢丹やドン・キホーテなど、約100店舗が入居。デザイナーズブランドや居心地のいいカフェ、1階では催事も。地下には各店が集まるフードコート(→ P.95)がある。

住50, Jl. Sultan Ismail　☎(03)2782-3566
営10:00～22:00(店により異なる)　休無休(店により異なる)
CC A D J M V(店により異なる)

建物、商品、サービスのどれもが一流志向

スターヒル・ギャラリー　ブキッ・ビンタン

Starhill Gallery　MAP P.69-C2

Ⓗ JWマリオット・ホテル・クアラルンプール(→P.100)に隣接した、6階建てのショッピングセンター。世界の一流ブランド店が並んでいて、館内の大理石の床やピカピカに磨き上げられた階段の手すりや壁など、高級感あふれる雰囲気。LG階の日本料理店、点心店やバーも評判がいい。

住181, Jl. Bukit Bintang
☎(011)5719-5658　営10:00～22:00(店により異なる)
休無休(店により異なる)　CC A D J M V(店により異なる)

Ⓢ パビリオン6階の奥には、「TOKYO STREET」があり、ダイソーが手がける5リンギットショップや、ラーメンの人気店「山頭火」、おにぎり屋にコスメまで日本一色。日本が恋しくなったら寄ってみては。

KLセントラル唯一のショッピングモール

ニュー・セントラル　KLセントラル

Nu Sentral　MAP P.81

KLセントラルエリアにある8階建ての巨大ショッピングモール。KLセントラル駅、モノレール駅に直結し、両者の安全かつ快適な通路としても人々に喜ばれている。海外有名ブランドをはじめ、ローカルブランド、パークソンなどのデパートメントストア、スーパーマーケットなど充実したラインアップを誇る。

住 No 201, Jl. Tun Sambanthan
☎ (03)2859-7177　営 10:00～22:00(店により異なる)
休 無休(店により異なる)　CC A D J M V(店により異なる)

若者のトレンドが集まる店

スンガイ・ワン・プラザ　ブキッ・ビンタン

Sungei Wang Plaza　MAP P.68-B2

市内のショッピングセンターのなかでも若者に人気がある。約200万平方フィートの広大な敷地をもちローカルブランドのファッションブティックをはじめ、電化製品、書籍、スポーツ用品、コスメ、レストランなど、約800店舗が並ぶ。ところ狭しと並ぶ店は見ているだけでも楽しい。

住 9, Jl. Bukit Bintang　☎ (03)2148-6109
営 10:00～22:00(店により異なる)
休 無休(店により異なる)　CC A D J M V(店により異なる)

ブキッ・ビンタンの中心に位置

ファーレンヘイト88　ブキッ・ビンタン

Fahrenheit88　MAP P.69-C2

ブキッ・ビンタンのⓈパビリオンの斜め向かいにあるショッピングセンター。マレーシア初となるユニクロなど低価格のヤングファッションが中心。マレーシアで大人気の靴ブランドのチャールズ&キースなど、ローカルブランドや中国料理店も入っている。上の階には評判のいいタイ式マッサージ店もある。

住 179 Jl. Bukit Bintang,
☎ (03)2148-5488　営 10:00～22:00(店により異なる)
休 無休(店により異なる)　CC A D J M V(店により異なる)

クアラルンプール初のアウトレットモール

三井アウトレットパーク クアラルンプール国際空港セパン　空港周辺

Mitsui Outlet Park KLIA SEPANG　MAP P.54

日本発のアウトレットモール。店舗数約200の巨大施設で、インターナショナルブランドから「ボニア」「カルロリノ」など、現地での人気のローカルブランドのアウトレット品を扱っている。クアラルンプール国際空港から無料シャトルバスで約10分という距離なので、帰国前に寄りたい。

住 Persiaran Komersial, KLIA, Selangor Darul Ehsan
☎ (03)8777-9300　営 10:00～22:00(店により異なる)

休 無休(店により異なる)　CC A D J M V(店により異なる)
※ KLIA、KLIA2からのアクセス→ P.52欄外

話題のカルチャー発信地

マレーシア・グランド・バザール　ブキッ・ビンタン

Malaysia Grand Bazaar (MGB)　MAP P.68-A3

G階はおみやげ向きの店が並ぶ。人気クリエイターによる雑貨やファッションは、マレーシアらしさを表現しつつ、現代的なデザイン。民芸品、民族衣装も揃う。上の階はフードコート、地下階には若者が集まるZepp KL。また週末には伝統工芸の職人から学ぶワークショップなども開催。ららぽーと隣の立地。

住 No.2, Jl Hang Tuah, Bukit Bintang City Centre
☎ 03-2117 2255　営 11:00～22:00
休 無休(店により異なる)　CC A D M V

メモ　Ⓢスリア KLCCとⓈパビリオンでは、旅行者向けの優待割引制度が用意されている。総合案内所などでパスポートを提示すれば、その場でカードを発行してくれる。10%オフになる店もあるので要チェック！

ムルデカ・スクエア　民芸品

アーチ・クアラルンプール・ギフトショップ

Arch Kuala Lumpur Giftshop　MAP P.74

クアラルンプールらしいおみやげが見つかる

クアラルンプール・シティ・ギャラリー(→P.77)内のみやげ物店。カエデやカシの木といった木材を使ったセンスのいい木工クラフト品が買える。またツイン・タワーや民族衣装などをモチーフにしたフォトフレーム、マグカップもおすすめ。

住27, Jl. Raja, Dataran Merdeka
☎(03)2698-3333
営9:00～18:30
休無休　CC A D J M V

バングサ　雑貨

ナラ

Nala　MAP P.48-B1

カラフルなデザインがおしゃれ

クアラルンプール在住のオランダ人女性がデザインした雑貨店。ビビッドな色のオリジナル生地が特徴で、カラフルなプラナカン文化に影響を受けたという。バッグ、小物入れ、ワンピースやスカートなどの洋服もキュート。

住18, Jl, Abdullah, Bangsar
☎(012)565-0098　URL naladesigns.com
営10:00～19:00
休無休　CC M V

ブキッ・ビンタン周辺　民芸品

ジャディ・バティック・センター

Jadi Batik Center　MAP P.69-D2

バティック染め体験ができる

伝統工芸品である、ろうけつ染めのバティック製品を中心に、ピューター(すず)製のテーブルウエアや民芸品、みやげ物を扱っている。店内の工房は広く、職人たちが常駐しており、チャンティンで描く技の見学や染色体験もできる。

住30, Jl, Inai, Off Jl. Imbi
☎(03)2145-1133　URL www.jadibatek.com
営9:00～17:30
休無休　CC A J M V

チャイナタウン　コスメ製品

タナメラ・トロピカル・スパ

Tanamera Tropical Spa　MAP P.82-A1

女性向けのビューティーグッズを扱う店

マレーシア生まれのスパグッズ。天然成分を使った王室御用達のグッズで、品質のよさには定評がある。石けん(RM22)やリップ(RM20.5)、ヘアケア(RM49.5～)などの日頃のお手入れから、保湿やスクラブなどスペシャルケアまで。スパもある。

住Jl. Hang Kasturi, Central Market
☎(03)2272-2802　URL tanamera.com.my
営11:00～18:00
休無休　CC M V

ブキッ・ビンタン　サンダル

ヴィンチ

Vincci (Padini)　MAP P.69-C1

キャビンクルー愛用のNo.1ブランド

女性から絶大な人気を誇るマレーシア発のシューズやアクセサリー店。流行を取り入れたサンダルはRM80～で、まとめ買いする旅行者の姿も多い。ただし長く歩くのは不向きなものも。クアラルンプールの主要ショッピングモールや各都市に支店がある。

住Level 4, Pavilion, 168 Jl. Bukit Bintang
☎(03)2141-4330　URL padini.com
営10:00～22:00
休無休　CC J M V

ブキッ・ビンタン周辺　民芸品

カリヤネカ

Karyaneka　MAP P.69-D1

民芸品を買いたい人はここへ

マレーシア全土の民芸品を扱う国営のチェーン店。本店はクラフト・カルチュラル・コンプレックス(→P.67)内にある。雑貨や洋服、伝統工芸品まで種類豊富に揃うのでおみやげを探すにはおすすめだ。ホームページで商品を確認できる。

住Jl, Conlay　☎(03)2164-9907
営9:00～18:30　URL karyaneka.com.my
休無休
CC A J M V

メモ　ベルジャヤ・タイムズ・スクエアのSC内にはジェットコースターのあるテーマパークがあり世界的に有名。
料 大人RM70、子供RM65　URL berjayatimessquarethemeparkkl.com

クアラルンプールのショップ
Shopping

チャイナタウン　中国茶

シクアン・ティーアート
Shiquan Tea Art　MAP P.82-A1

リピーター続出の茶葉専門店

チャイナタウンの茶葉専門店。店主が、茶の入れ方から健康にいい飲み方までていねいに教えてくれる。日本人のリピーターも多い。ジャスミンパールRM23.90(50g)、プーアールRM48(150g)など、どの茶葉もクオリティが高い。

住No.135, Jl. Tun H.S Lee
☎(03)2078-2409
営10:00～18:00
休日・中国正月　CC M V

ブキッ・ビンタン　ピューター製品

ロイヤル・セランゴール
Royal Selangor　MAP P.69-C1

ビール派におすすめのピューター製ビアマグ

ピューターとはすずを主原料にした金属のこと。マレーシアは、かつてすずの産地であり、ロイヤル・セランゴール社は1885年創業の老舗。VIPの御用達のブランドで、美しい艶と光沢が特徴。食器からインテリアグッズ、アクセサリーまで揃う。

住Level 3, Pavilion, 168 Jl.Bukit Bintang
☎03-2110-3532
URL intl.royalselangor.com
営10:00～22:00　休無休　CC M V

COLUMN

KLナイトスポット巡り

年々増加するクアラルンプールの夜景スポット。大規模にライトアップされたコロニアル建築物や巨大ブリッジなど見応えがあるものが多い。数ヵ所巡ってみたいなら、ホップオン・ホップオフ・バスが主催する「KLシティ・オブ・ライツ、ナイトツアー」に参加しよう。クアラルンプールの夜の魅力を存分に堪能できる。

夜8時出発。ブキッ・ビンタンを起点に、サロマ・リンク・ブリッジ(→P.16)、KLタワー(→P.71)、スルタン・アブドゥル・サマド・ビル(→P.76)、王宮(→P.79)、セントラル・マーケット(→P.84)などを巡る。途中でバスを下車し、写真撮影タイムが設けられているスポットが数ヵ所あるが、その日の渋滞の状況によっても変化するので、バスに乗車しながら夜景を撮影するのが基本。そのため、オープンエアのバスの2階席に座ろう。残念ながら、窓付きの1階席からは夜景を堪能するのは難しい。席は先着順なので、早めに集合場所に行くこと。チケットはインターネットでの事前購入がおすすめだ。地元の人にも人気なので、週末は特に混雑する。

▲色が変化するKLタワービル

●**KL City of Lights Night Tour**
運行時間:20:00～22:00　集合場所:ブキッ・ビンタンのスンガイ・ワン・プラザ正面
料 大人RM65　子供RM30

▲メルヘン風にも見える王宮

▲屋根なしの2階席がおすすめ

▼圧倒されるスケールのスルタン・アブドゥル・サマド・ビル

ギャラリーILHAMのギフトShopはポストカードなど小物系おみやげが多数(→P.39)。そこからすぐのショッピングモールThe LINC KLにはティフィンボックスの店がある(→P.38)。URL www.ilhamgallery.com

クアラルンプールのホテル
Hotel

クアラルンプール駅前　高級

ザ・マジェスティック・ホテル・クアラルンプール
The Majestic Hotel Kuala Lumpur　MAP P.75-B2

コロニアルな雰囲気に包まれた包まれたラグジュアリーな滞在

英国植民地だった頃の建築を7年かけて改装したネオクラシック様式の旧棟とモダンなタワーウイングの2棟の客室。華やかなりし頃のセレブの気分が味わえる。オーキッドルームのアフタヌーンティーが人気。KLセントラル駅などからのフリーシャトルあり。

最寄り駅 KLセントラル駅　住 5, Jl. Sultan Hishamuddin
☎(03)2785-8000
URL www.majestickl.com
料 デラックス RM600～　CC A J M V　室 300

ブキッ・ビンタン　高級

ウェスティン・クアラルンプール
The Westin Kuala Lumpur　MAP P.69-C1

世界展開を誇る名門ホテル

観光や買い物に便利なブキッ・ビンタン通りに面し、ホテルの客室は15階からとなっているので、窓からの眺めも抜群！ 優雅なレストランで楽しむ上質なハイティーが名物。インターナショナルレストランやバーラウンジも充実。

最寄り駅 ブキッ・ビンタン駅(KLモノレール／MRT)
住 199, Jl. Bukit Bintang　☎(03)2731-8333
予 ウェスティン予約センター　☏ 日本 0120-92-5956
URL www.thewestinkualalumpur.com
料 デラックス RM630～　CC A D J M V　室 443

KLセントラル　高級

セントレジス・クアラルンプール
The St. Regis Kuala Lumpur　MAP P.75-B2

圧倒的な広さを誇る贅を極めた客室が魅力

クラシカルななかにもモダンな要素を取り入れたインテリアは見事のひとこと。6つあるレストランのなかには、アフタヌーンティーや鮨の名店も。セントレジスならではのバトラーサービスでゲストに最高の時間をもたらしてくれる。

最寄り駅 KLセントラル駅
住 No 6 Jl. Stesen Sentral 2　☎(03)2727-1111
URL www.starwoodhotels.com
料 デラックス RM1250～　CC A M V　室 208

ブキッ・ビンタン　高級

ザ・リッツ・カールトン・クアラルンプール
The Ritz-Carlton Kuala Lumpur　MAP P.69-C2

マレーシアで最初のブティックホテル

ブキッ・ビンタン中心地という抜群の立地にある名門ホテル。アフタヌーンティー、中国料理店は在住日本人の間で人気。客室の設備も充実しており、羽毛100%のふかふか枕に、バスルームも大理石という豪華ぶり。どの部屋も広々としている。

最寄り駅 ブキッ・ビンタン駅(KLモノレール／MRT)　住 168, Jl. Imbi　☎(03)2142-8000　予 ザ・リッツ・カールトン東京予約センター　☏ 日本 0120-853-201　URL www.ritzcarlton.com　料 デラックス RM810～　CC A J M V　室 364

KLCC　高級

フォーシーズンズ・ホテル・クアラルンプール
Four Seasons Hotel Kuala Lumpur　MAP P.73-C1

中心地にそびえたつ最高級ホテル

中心地ペトロナス・ツイン・タワーからすぐの距離にあり、レストランやスパ、低層階にはデパートを併えた充実の設備。部屋は白を基調としたエレガントなしつらえ。ランチタイムは、見た目も麗しい点心や三段重ねプレートのアフタヌーンティーを提供。

最寄り駅 KLCC駅(クラナ・ジャヤ・ライン)
住 145 Jl. Ampang　☎(03)2382-8888
URL www.fourseasons.com/kualalumpur/
料 シティビュールーム RM1100～　CC A D J M V　室 209

ブキッ・ビンタン　高級

JWマリオット・ホテル・クアラルンプール
JW Marriott Hotel Kuala Lumpur　MAP P.69-C1

スターヒル・ギャラリーと連結する快適ホテル

ブキッ・ビンタン通りに建つ高級ホテル。高級ブランドなどを数多く扱う、Ⓢスターヒル・ギャラリー(→P.96)と連結しているのでとても便利。客室にはバスローブ、セーフティボックスなどが常備されている。

最寄り駅 ブキッ・ビンタン駅(KLモノレール／MRT)
住 183, Jl. Bukit Bintang　☎(03)2715-9000
予 マリオット東京予約センター　☏ 日本 0120-142-536
URL www.marriott.com　料 デラックス RM700～
CC A J M V　室 561

メモ　クアラルンプールの市外局番は(03)。東京都区内と同じでまぎらわしいため、クアラルンプールに関しては原則として市外局番の前に「現地」と入れている。ただし、ホテル、ショップ、レストランのページには入れていない。

クアラルンプールのホテル
Hotel

KLCC 高級

マンダリン・オリエンタル・クアラルンプール
Mandarin Oriental Kuala Lumpur MAP P.73-C1

名門ホテルならではのゴージャスさが人気

世界屈指の高さを誇るペトロナス・ツイン・タワーの隣に建つ。すぐ近くにはKLCC公園があり、中心部にありながら緑豊かな雰囲気だ。客室からは市街の景色を一望でき、ベッドも広々。浴室には独立したシャワーブースが付いている。

最寄り駅 KLCC駅(クラナ・ジャヤ・ライン) 住KLCC ☎(03)2380-8888 予マンダリンオリエンタル・ホテル・グループ・リザベーション・オフィス ☎日本 0120-663-230 URL www.mandarinoriental.co.jp 料デラックス RM700～ CC A D J M V 室643

KLCC周辺 高級

ルネッサンス・クアラルンプール・ホテル
Renaissance Kuala Lumpur Hotel MAP P.72-A1～B1

2023年4月リニューアルオープンの大型ホテル

KLタワー最寄りのブキッ・ナナス駅の目の前にあり、KLCCへも徒歩10分の大型ホテル。現在全面改装中で、ルネッサンスタワーが4月、フォーポイントタワーが5月、コンベンションセンターが6月にリニューアルオープン予定。

最寄り駅 ブキッ・ナナス駅(KLモノレール)
住Corner of Jl. Sultan Ismail & Jl. Ampang
☎(03)2162-2233 URL www.marriott.com
予マリオット東京予約センター ☎日本 0120-142-536
料スーペリア RM310～ CC A J M V 室910

KLCC 高級

トレーダース・ホテル・クアラルンプール
Traders Hotel Kuala Lumpur MAP P.73-C2

ツイン・タワーを望むには最高のロケーション

クアラルンプールの大型高級ホテルのなかでも、デザインに力を入れているホテルのひとつ。内装もセンスのよさが光る。33階のスカイバーからはライトアップされたツイン・タワーが楽しめる。日本人の長期滞在ビジネスマンに評判がよい。

最寄り駅 KLCC駅(クラナ・ジャヤ・ライン)
住KLCC ☎(03)2332-9888 予シャングリ・ラ ホテル&リゾーツ ☎日本 0120-944-162 URL www.shangri-la.com
料デラックス RM560～ CC A J M V 室571

KLCC周辺 高級

シャングリ・ラ ホテル クアラルンプール
Shangri-La Hotel Kuala Lumpur MAP P.72-B2

ブキッ・ナナスの麓に建つ28階建てホテル

KLCC徒歩圏内のラグジュアリーホテル。客室はシティビューと、ブキッ・ナナスの森が望めるガーデンビューの2タイプから選べる。日本料理店ジパングが入っていて在住日本人に人気。朝食ビュッフェのバラエティ豊かさは圧巻。

最寄り駅 ブキッ・ナナス駅(KLモノレール) 住11, Jl. Sultan Ismail ☎(03)2032-2388 予シャングリ・ラ ホテルズ&リゾーツ ☎日本 0120-944-162 URL www.shangri-la.com
料デラックスRM600～ CC A J M V 室662

KLCC 高級

グランド・ハイアット・クアラルンプール
Grand Hyatt Kuala Lumpur MAP P.73-C2

便利な立地に建つモダンなホテル

KLCCの脇に建ち、空中遊歩道でⓈパビリオンに直結の便利な立地。広々としたロビーが印象的で、マレーシア人芸術家によるアートが飾られている。38階にあるパノラマレストランからは、美しいツイン・タワーが至近距離に見える。

最寄り駅 ラジャ・チュラン駅(KLモノレール)
住12, Jl. Pinang ☎(03)2182-1234
URL kualalumpur.grand.hyatt.com
料グランドツイン RM650～ CC A D J M V 室412

ブキッ・ビンタン 高級

パークロイヤル・コレクション・クアラルンプール
Parkroyal Collection Kuala Lumpur MAP P.68-B2

自然と人との共存がコンセプト

2022年6月に全面改装し、新しく生まれ変わった高級ホテル。SDGsをテーマに、ペットボトルなどのプラスチック素材を極力使用せず、各部屋に浄水器を設置。観葉植物がホテル全体に飾られ、まさに都心のオアシスだ。朝食ビュッフェの充実ぶりは圧巻。

最寄り駅 ブキッ・ビンタン駅(KLモノレール／MRT)
住Jl. Sultan Ismail, Bukit Bintang ☎(03)2782-8388
URL www.panpacific.com/
料アーバンデラックス RM450～ CC A J M V 室527

メモ KLCCから徒歩約10分、アンパン通りに沿いにあるⒽインターコンチネンタルKL。ローカル料理中心のビュッフェや点心食べ放題(時間限定)が名物。MAP P.87-B2

クアラルンプールのホテル

Hotel

KLセントラル　高級

ル メリディアン クアラルンプール

Le Meridien Kuala Lumpur　MAP P.75-A2

洗練されたサービス

空港と市内を結ぶKLIAエクスプレスの起点であるKLセントラル駅に直結。アラビックでおしゃれなインテリアが、優雅な空間を演出している。屋外のプールはライトアップが美しい。夜は静かで、くつろぎの時間を過ごしたい人におすすめ。

最寄り駅 KLセントラル駅　住 2, Jl. Stesen Sentral
☎(03)2263-7888　予 メリディアンホテル予約センター
フリーダイヤル 日本 0120-09-4040　URL www.starwoodhotels.com
料 スーペリア RM490～　CC AJMV　室 420

ブキッ・ビンタン　高級

パークロイヤル・サービス・スイーツ・KL

Parkroyal Serviced Suites Kuala Lumpur　MAP P.68-A1

キッチン付きの客室で、快適で安心の滞在

ブキッ・ビンタンのナイトスポット（アロー通りやチャンカット通り）から歩いてすぐ。各部屋にはキッチンや冷蔵庫が完備されていて、ホテルゲストの約3割が長期滞在。子どもがいる家族連れにも人気だ。KLタワーが見えるプールでリラックスできる。

最寄り駅 ブキッ・ビンタン駅（KLモノレール／MRT）
住 No.1 Jl. Nagasari, Off Jalan Raja Chulan
☎(03)2084-1000　URL www.panpacific.com/
料 スタジオ・スイート RM350～　CC AJMV　室 287

KLセントラル　高級

ヒルトン・クアラルンプール

Hilton Kuala Lumpur　MAP P.75-A2

アートで彩られたホテル

Ⓗ ル メリディアン クアラルンプールと並んで建つ。内装はモダンでスタイリッシュ。特筆すべきは、レストランの充実ぶり。マレーシアでも有名な名シェフたちが腕を振るう。Ⓡ チャイナは、中国漢方のプロが常駐し、モダンな広東料理を提供。

最寄り駅 KLセントラル駅　住 3, Jl. Stesen Sentral
☎(03)2264-2264　予 ヒルトン・リザベーション&カスタマーケア　☎東京(03)6679-7700　フリーダイヤル 日本 0120-489-852
URL www.hilton.com　料 RM720～　CC ADJMV　室 503

ブキッ・ビンタン　高級

プルマン・クアラルンプール・シティ・センター

Pullman Kuala Lumpur City Centre　MAP P.69-C1

ニーズに合わせて部屋タイプが選べる

Ⓢ パビリオンが目の前。ブキッ・ビンタンへ徒歩10分ほどと、最良のロケーションにある。エレガントな雰囲気の客室では、ビジネスコースが多い。ローカル料理や点心料理のビュッフェ（時間限定）が人気。長期滞在用のレジデンスも提供。

最寄り駅 ラジャ・チュラン駅（KLモノレール）
住 4, Jl. Conlay　☎(03)2170-8888
URL www.pullmanhotels.com
料 デラックス RM435～　CC AJMV　室 602

KLCC　高級

ホテル・マヤ

Hotel Maya　MAP P.72-B1

シティリゾートと呼ぶにふさわしい

KLCC地区へも徒歩圏内、お手頃価格のシティホテル。スタイリッシュな客室には、明るい光が差し込み、心地よい。「アングン・スパ」が人気で週末の場合は早めに予約をしよう。ルームサービスがないため外からの宅配サービスOK。

最寄り駅 KLCC駅（クラナ・ジャヤ・ライン）
住 138, Jl. Ampang　☎(03)2711-8866
URL www.hotelmaya.com.my
料 スタジオ RM408～　CC AJMV　室 207

ブキッ・ビンタン　高級

バンヤン・ツリー・ホテル・クアラルンプール

Banyan Tree Hotel Kuala Lumpur　MAP P.69-C1

アクセス抜群でレストランも充実

パビリオンの真向かいという好立地で、KLCCへの遊歩道のアクセスもいい。部屋数が少ないため、比較的ゆったりとした雰囲気で、高層階からの景色は絶景だ。日本食のレストランや60階のルーフトップバーがあり、話題性もある。

最寄り駅 ラジャ・チュラン駅（KLモノレール）
住 2 Jl, Conlay　☎(03)2113-1888
URL www.banyantree.com
料 RM1000～　CC ADJMV　室 55

メモ　フランスの由緒正しいホテル＆レストランの会員組織が、クアラルンプールで加盟を認めたホテル。Ⓗ ヴィラ・サマディ・クアラルンプールは都会の中のリゾート。　URL www.villasamadhi.com.my

クアラルンプールのホテル
Hotel

ブキッ・ビンタン　高級

グランド・ミレニアム・クアラルンプール

Grand Millennium Kuala Lumpur　MAP P.68-B1

シティリゾート気分を満喫できる

ブキッ・ビンタンの人気ショッピングモールに囲まれた最高の立地。エレガントさと都会的なセンスが調和した客室からは、大きな窓越しにクアラルンプールの町並みを見晴らせる。広東料理のⓇライ・チン・エンなどレストランも充実。

最寄り駅 ブキッ・ビンタン駅（KLモノレール／MRT）
住 160, Jl. Bukit Bintang　☎(03)2117-4888
URL www.millenniumhotels.com　料 デラックス RM400～
CC ADJMV　室 468

チャイナタウン　高級

フォー・ポインツ・バイ・シェラトンKL, チャイナタウン

Four Points by Sheraton Kuala Lumpur, Chinatown　MAP P.83-B2

朝から夜まで楽しめるチャイナタウンのホテル

チャイナタウンの目抜き通りまで徒歩約5分という立地。各部屋にチャイナタウンの昔の様子を描いた絵画が飾られていて、風が心地よいバーからはKLタワーとKLCCが見渡せる。7階のロビーは全面窓ガラスが配され、国立モスクの夜景が見える。

最寄り駅 パサール・スニ駅（クラナ・ジャヤ・ライン／MRT）
住 No 2, Jl. Balai Polis　☎(03)2035-7333
URL www.marriott.com
料 キングベッド RM350～　CC AJMV　室 318

KLセントラル　高級

アロフト・クアラルンプール・セントラル

Aloft Kuala Lumpur Sentral　MAP P.81

空港とのアクセスが抜群

KLセントラル駅直結のデザイナーズホテル。土地柄ビジネスマンの利用が多く、ロビーには誰でも利用できるプリンターを配置。フロントもチェックインなどの対応が早い。屋上のバーからは、夜空に輝くツイン・タワーが見える。

最寄り駅 KLセントラル駅
住 5, Jl. Stesen Sentral. KL Sentral
☎(03)2723-1188　URL www.aloftkualalumpursentral.com
料 ロフトルーム RM350～　CC ADMV　室 482

ブキッ・ビンタン　高級

ベルジャヤ・タイムズ・スクエア・ホテル、クアラルンプール

Berjaya Times Square Hotel, Kuala Lumpur　MAP P.68-B3

ショッピングモールが備った総合ホテル

ブキ・ビンタンにあるⓈベルジャヤ・タイムズ・スクエア（→P.99）の上層階にあるホテル。KLモノレールのインビ駅と直結していて便利。客室によっては、ペトロナス・ツイン・タワーやKLタワーが望め、夜景も楽しめる。

最寄り駅 インビ駅（KLモノレール）
住 1 Jl, Imbi　☎(03)2117-8000
URL www.berjayahotel.com/kualalumpur/
料 スタジオ RM400～　CC ADJMV　室 650

ミッドバレー　高級

シティテル・ミッドバレー、クアラルンプール

Cititel Mid Valley, Kuala Lumpur　MAP P.48-B1

大型ショッピングモール、メガモールに直結

ミッドバレー・シティのランドマーク的存在で、ビジネス対応も充実。カテゴリーの大半を占めるスーペリアルームはこぢんまりとしているが、明るく機能的な造りとなっている。朝夕の渋滞を避ければ車でアクセスしやすい。

最寄り駅 ミッドバレー駅（KTMコミューター）
住 Mid Valley City, Lingkaran Syed Putra　☎(03)2296-1188　問 JSマーケティング　☎東京 (03)5652-6407
URL www.cititelmidvalley.com　料 スーペリア RM300～
CC ADJMV　室 646

トゥンク・アブドゥル・ラーマン通り周辺　高級

ホテル・ストライプス・クアラルンプール・オートグラフ・コレクション

Hotel Stripes Kuala Lumpur, Autograph Collection　MAP P.87-B2

歴史あるカムティン通りのスタイリッシュホテル

Ⓢザ・ロウ近くにあり、昔ながらの食堂が点在する落ち着いた立地。マリオットグループのホテルだけに、施設面やホスピタリティは一流。ルーフトップバーやプールからは、KLタワーが見渡せる。料理にも定評があり、グリルで香ばしく焼いたバーベキューが楽しめる。

最寄り駅 メダン・トゥアンク駅（KLモノレール）
住 25 Jl. Kamunting　☎(03)2038-0000
URL www.stripeskl.com
料 デラックス RM400～　CC AJMV　室 184

Ⓗシェラトン・インペリアルKLは中心地から少し離れているので渋滞に巻き込まれにくく、車での移動には便利。Jl.Sultan沿いにある。

クアラルンプールのホテル
Hotel

PWTC周辺 高級

サンウェイ・KLプトラ・ホテル

Sunway Kuala Lumpur Putra Hotel MAP P.87-A1

アパートメント複合型ホテル

Ⓢサンウェイ・プトラ・モール(→P.99)の上層部にあり、プトラ貿易センターからすぐの立地の複合型デラックスホテル。室内にはセンスのよい家具が並ぶ。大型ホテルなので修学旅行生などの団体利用やビジネスユースも多い。

最寄り駅 PWTC駅(アンパン・ライン)
住 Putra Place, 100 Jl. Putra ☎(03)4040-9888
URL sunwayhotels.com/sunway-putra/
料 スーペリア RM300〜 CC MV 室572

ブキッ・ビンタン 高級

クロエ・ホテル

Kloe Hotel MAP P.69-D2

オシャレでアートな最新ホテル

2020年開業のモダンなホテル。中庭はコンパクトながらも緑で満たされている。体験型の滞在ができる部屋がユニークで、絵を描く、味わう、育てる、音を聴く、本を読むといった5つのテーマでデザイン。ブキッ・ビンタンの中心地までは徒歩約10分。

最寄り駅 ブキッ・ビンタン駅(KLモノレール/MRT)
住 227 Jl. Bukit Bintang ☎(03)2772-1313
URL kloehotel.com/ 料 スーペリア RM350〜
CC AJMV 室85

ブキッ・ビンタン 中級

ホテル・キャピトル

Hotel Capitol MAP P.68-B2

ブキッ・ビンタン中心部ながら静かな環境

IT館プラザ・ローヤットの隣にある、ブティックホテル。ブキッ・ビンタン。メインストリートへはすぐ出られるにもかかわらず、1本裏側に位置するので、夜はとても静かな環境だ。客室のデザインはシンプルながら都会的で清潔感がある。

最寄り駅 ブキッ・ビンタン駅(KLモノレール/MRT)
住 Jl. Bulan, Off Jl. Bukit Bintang
☎(03)2143-7000 URL www.capitol.com.my
料 スーペリア RM190〜 CC ADMV 室235

ブキッ・ビンタン 中級

アングン・ブティック・ホテル

Anggun Boutique Hotel MAP P.68-A2

リクシャーが目印のショップハウスホテル

古いショップハウス(→P.189)を改装した、ブティックホテル。ロビーには年代物のタイプライターや調度品が設えられ、レセプションもアンティーク調。ノスタルジーにたっぷりと浸れる。全面開放のカフェで朝食を取ることができる。

最寄り駅 ブキッ・ビンタン駅(KLモノレール/MRT)
住 9, Tengkat Tong Shin, Off Jl. Bukit Bintang
☎(03)2145-8003 URL anggunkl.com
料 クラシック RM200〜 CC MV 室18

ブキッ・ビンタン 中級

メルキュール・クアラルンプール・ショー・パレード

Mercure Kuala Lumpur Shaw Parade MAP P.68-B3

屋上プールが気持ちいい

アコーグループの中級ホテル。ブキッ・ビンタンの外れに位置するが、そのぶん静かに過ごすことができ、料金もリーズナブル。20階建てのビルに、ジムや屋上プール、レストランなどの施設があり、いずれも都会的な雰囲気で過ごしやすい。

最寄り駅 インビ駅(モノレール)
住 152, Jl. Changkat Thambi Dollah
☎(03)9224-3030 URL www.mercure.com
料 デラックス RM260〜 CC AJMV 室213

チャイナタウン 中級

1915

1915 MAP P.83-B1

立地のよいブティックホテル

歴史的建造物の多く残るレボー・アンパン通りに建つ、ノスタルジックなホテル。1915年建造の建物を全面的に改装し、設備の整った居心地のいいホテルになった。付近はタミル系インド人が多く住む一角で、エキゾチックな雰囲気。

最寄り駅 マスジッド・ジャメ駅(クラナ・ジャヤ・ライン)
住 49, Jl. Leboh Ampang
☎(03)2388-4643
料 デラックス RM108〜 CC MV 室48

クアラルンプールのホテル
Hotel

チャイナタウン　中級

トラベロッジ
Travelodge　MAP P.82-A2

ビジネスマンに人気のホテル

LRTのパサール・スニ駅前というロケーション。チャイナタウンやセントラルマーケットでの買い物、食べ歩きを楽しむのに便利。トラベロッジはブキッ・ビンタン、イポーにチェーン展開しているリーズナブルホテル。居心地のよいホテルだ。

最寄り駅 パサール・スニ駅(クラナ・ジャヤ・ライン／MRT)
住 7, Jl. Hang Kasturi　☎(03)2032-2288
URL www.travelodgehotels.asia
料 RM114～　CC MV　室 180

ブキッ・ビンタン　中級

イビス・スタイルズ・KL・ビジネスパーク
Ibis Styles Kuala Lumpur Fraser Business Park　MAP P.48-B1

世界展開のリーズナブルホテル

ビジネスユースに便利な機能的なホテル。コインランドリー、24時間営業のビジネスセンターを完備。KLCCとパビリオンに無料シャトルを運行している。なお、宿泊費は少し上がるが、KLCC中心地(ヤプカンセン通り)にも展開している。

最寄り駅 チャン・ソウ・リン駅(アンパンライン)
住 Jl. Metro Pudu 2, Fraser Business Park　☎03-9232-8688　URL all.accor.com/hotel/8552/index.en.shtml
料 RM130～　CC AJMV　室 500

KLセントラル　中級

ホテル・セントラル
Hotel Sentral　MAP P.81

セントラル駅近くの手軽なビジネスホテル

KLセントラル駅からモノレールへと続く通路に入り、モノレールには乗らず外へ出て徒歩約1分の所に手頃なビジネスホテルがある。スタッフは皆親切でアメニティも充実。周辺のブリックフィールズにはインド料理のおいしい食堂が多数ある。

最寄り駅 KLセントラル駅
住 30, Jl. Thambypillai, Brickfields
☎(03)2272-6000　URL www.hotelsentral.com.my
料 スーペリア RM200～　CC AMV　室 232

チュラス　中級

ホテル・メッゾ・クアラルンプール
Hotel Mezzo Kuala Lumpur　MAP P.48-B1

LRT駅近くの立地で移動が便利

コインランドリーがあり、長期滞在向きの快適なバジェットホテル。中心地からは少し離れているが、LRTとMRTのふたつのラインが交差するマルリ駅近くなので、様々な観光地にアクセスできる。徒歩圏内にショッピングモールがあるのも便利。

最寄り駅 マルリ駅(アンパンライン／MRT)
住 532, Batu 3¼, Jl. Cheras　☎(03)9283-0011
URL hotelmezzo.com.my/
料 RM110～　CC MV　室 49

チャイナタウン　中級

シティン・シーケア・ホテル・プドゥ
Citin Seacare Hotel Pudu　MAP P.51-C3

プドゥ・バスターミナル近くの立地

観光スポットのチャイナタウンとブキッ・ビンタンの両方から徒歩圏内。とくに長距離バスの発着地点であるプドゥ・バスターミナル近くなのが便利。部屋はコンパクトで清潔感があり、カフェやミーティングスペース、朝食も提供している。

最寄り駅 プラザ・ラキャット駅(アンパンライン)
住 No. 38, Jl. Pudu, Bukit Bintang
☎03-2031-7777　URL citinpudu.com
料 RM70～　CC MV　室 99

KLセントラル　中級

マイ・ホテル・KLセントラル
My Hotel KL Sentral　MAP P.81

駅近で便利な立地

郊外観光スポットのハブとなっているKLセントラル駅近く。シンプルな部屋だが、Wi-Fiなど必要ものはちゃんと揃っている。スタッフはフレンドリーで安全面の心配もほとんどない。インド系タウンなのでカレー屋台が近くにある。

最寄り駅 KLセントラル駅
住 No 1, Jalan Tun Sambanthan 4
☎(03)2273-8000
料 ⓈⒹRM138～　CC JMV　室 100

メモ KLIAと同じセパン地区の海岸に高床式の水上ヴィラをもつ「アバニ・セパン・ゴールド・コースト・リゾート」がある。機内の窓から眺めるとヤシの木の形になっている。料 RM500～　URL www.avanihotels.com/en/sepang

COLUMN クアラルンプール町歩きで注意したいこと

マレーシアおよびクアラルンプールは、アジアの国や都市のなかでもかなり治安のいい部類に入る。とはいえ、ここはやはり異国の地。不安定な旅行者の心理につけこんだ賭博詐欺やクレジットカード詐欺などの被害があとを絶たない。まずは、必ずこのページに目を通してほしい。

賭博詐欺(いかさま賭博)

マレーシアにおける詐欺被害の代表的なものが「いかさま賭博」だ。現地人と友達になりたいという日本人旅行者の心理を巧みに操って所持金を巻き上げるというもの。手口としては、最初は優しい口調で「マレーシアは初めて?」などと、フレンドリーに話しかけてくる。日本人であることを確認すると、「××から妹が○○大学(名門校であることが多い)に留学するのだけど心配でたまらない。妹に日本のことをいろいろと教えてあげてほしい」などと言葉巧みに自宅と称する民家に誘われ、タクシーで移動。トランプゲームに巻き込まれ、勝つはずのゲームにも必ず負ける。詐欺師は5〜8人のプロ集団で、負ければ当然現金や貴金属などを要求される。手持ちがない場合は、クレジットカードで現金の引き出しを強要されるか、高価な貴金属などを購入させられる。被害額はかなり深刻で、1件当たり数十万〜数百万円にも及んでいる。特にチャイナタウン、ブキッ・ビンタン、KLCC周辺に多い。

★詐欺集団の特徴

①チャイナタウン周辺

最初に話しかけてくるのは、若い女性(ふたり組のときもある)や優しいおじさんが多い。

②ブキッ・ビンタン周辺

ショッピングセンター付近に多く、男女ふたり組や女性である割合が高い。

③KLCC周辺

最近、最も多いのが、「私は○○で働いています。今は日本語を勉強中です」などと、片言の日本語を話し、さらに相手に安心感をもたせるために、日本人になじみのある店で働いているのだと言うパターンが目立つ。特に「紀伊國屋」の名が出ることが多い。また、在住日本人も加担した賭博犯罪も増加。同じ日本人だからと安心して、安易についていかないように気をつけよう。

対　策　法

見知らぬ人からの誘いには決して応じないこと。また、「NO」という毅然とした態度を示し、曖昧な態度や隙を作らないこと。もし心配なら「記念撮影をさせて」とカメラを向けてみよう。相手が詐欺師であれば、たいてい写真を嫌がる。万一、巻き込まれてしまった場合は、危害を加えられる前に金品で解決し、自らの安全を優先させることが大切。その後、すぐに警察に通報、または日本大使館へ。

引ったくり

路上を歩いていると、後方からバイクで近づいてきて、走行しながら追い越しざまにバッグなどを奪って逃げるケースが、クアラルンプール市内で頻発している。なかにはバッグと一緒に自分も引きずられてしまい、大けがをすることも。

対　策　法

バッグは車両側に持たないようにし、斜めのたすき掛けにすること。人混みを歩くときは、腕で荷物を抱える。そして、周囲をよく確認しながら行動することが肝心。それでも盗られてしまった場合は、絶対にしがみつかないこと。物より自分の命のほうが大切だ。また、貴重品などはできるだけ持ち歩かない。人通りのない道、夜道のひとり歩きは避けよう。

クレジットカード詐欺

最近、クレジットカードによる被害が急増している。その手口は緻密で、クレジットカードを読み取る機械に小さなチップを取りつけて、カード番号を記録させるというもの。それにより、知らない間にクレジットカードを使用され、あとで心当たりのない多額の請求書が送られてきた、なんてことに。

対　策　法

クレジットカードを利用する際は、店選びを慎重に。また、高級レストランだから、高級ホテルだから、と安心せずに、どんな場所であれきちんとした管理を心がけよう。

そのほか

スリ、置き引き、恐喝、偽装警察官、タクシーのトラブル、睡眠薬強盗などもある。神経過敏になる必要はないが、夜はひとり歩きは避ける、町なかでは無防備な行動は取らない、手荷物は常に道路と反対側に持つ、知らない人には決してついていかない、などの基本的なことを守ろう。

高地のキャメロン・ハイランドには、
日本でも人気が高いボーティーのプランテーションがある

クアラルンプール周辺&高原リゾート

Around Kuala Lumpur & Highland Resort

クアラルンプール周辺&高原リゾート

Around Kuala Lumpur & Highland Resort

クアラルンプール

クアラルンプールから少し足を延ばしてみよう。マレーシア独特の自然が大きく広がっており、ホタルが飛び交う川や静かなビーチ、ミナンカバウ建築などがある。また、高原エリアにはリゾート地がいくつもある。特にキャメロン・ハイランドは、長期滞在のデスティネーションとしてますます人気が高まってきている。

キャメロン・ハイランド

日本人滞在者の多い高原リゾート

キャメロン・ハイランド ➡P.118

「マレーシアの軽井沢」とも称される、人気の高原避暑地。19世紀後半からイギリス人によって開拓された歴史をもつため、今も英国風の別荘やホテルが建ち並び、ヨーロッパの田舎町といった風情が漂っている。

▲英国風の別荘やホテルが多い

クアラルンプールからのホタルツアーが人気

クアラ・セランゴール ➡P.114

ホタル観賞で知られるセランゴール川の河口の町。カユ・アピアピ(火炎樹)と呼ばれる木に無数の蛍が集まる姿は幻想的だ。クアラルンプールからツア(→P.91)で気軽に訪れることができる。自然公園などの見どころもある。

▲蛍が輝く様は真夏のクリスマスツリーのよう

クアラ・セランゴール

近代的町並みと自然の調和する町

シャー・アラム ➡P.112

クアラルンプールに代わってセランゴール州の州都となり、新たに開発された新興都市。マレーシア最大のブルー・モスクが町のシンボルだ。人工的な町並みと自然の景観がマッチした不思議な魅力をもつ町。

▲ミナレットの高さで知られるブルー・モスク

整備された行政の中心都市

プトラジャヤ ➡P.110

首都クアラルンプールの集中を避けるために作られた行政都市。イスラム建築様式で建てられた首相官邸や連邦裁判所など美しい建造物は目を見張るものばかり。なかでもピンク色に彩られたプトラ・モスクは必見。

▲アラベスク模様が美しい

さわやかな気候のもとで英国式の文化を楽しむ

フレイザーズ・ヒル

➡P.126

クアラルンプールから約100km。キャメロン・ハイランド同様イギリス人によって開拓された高原避暑地。標高は1524m。町の中心となる時計台の周りは古いスタイルの英国建築が建ち並ぶ。8本ものトレッキングルートがある。

▲時計台の周りが中心地になる

公認カジノで運試し?!

ゲンティン・ハイランド

➡P.125

クアラルンプールから約51km。標高2000mの山頂を切り開いて造られた一大アミューズメントパーク。屋内で楽しめるスカイ・トロポリスSKY TROPOLIS、壮大なスケールのスカイ・ワールドSKY WORLDSなどさまざまなテーマパークがある。マレーシアで唯一の公認カジノにも注目。

▲ファミリーで楽しめるテーマパークが充実

伝統文化の残る"ユニークな州"

セレンバン

➡P.115

古くからの習慣や文化が残るヌグリ・スンビラン州の州都。マレーシアのほかの州には見られないユニークな母系社会や文化、習慣はミナンカバウ族の影響で、現在も色濃く残っている。

▲セレンバンの見どころのひとつ、州立博物館

海沿いにリゾートホテルが点在

ポート・ディクソン

➡P.116

クアラルンプールから約60km。手軽に訪れることができるビーチリゾートとして人気が高い。18kmにも及ぶ長いビーチに面して、いくつものホテルが建っている。マリンスポーツの設備が充実している。

▲美しいマリーナの近くにはホテルがある

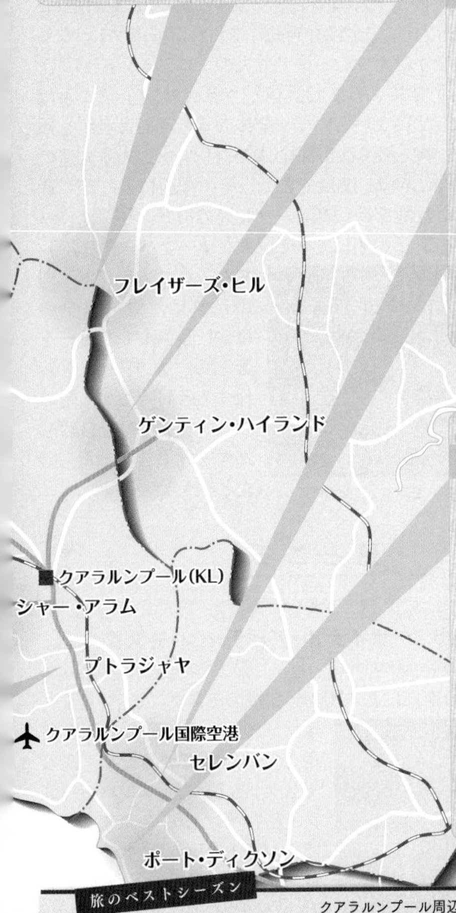

フレイザーズ・ヒル
ゲンティン・ハイランド
クアラルンプール(KL)
シャー・アラム
プトラジャヤ
クアラルンプール国際空港
セレンバン
ポート・ディクソン

旅のベストシーズン

クアラルンプール周辺 3〜7月
高原リゾート 4〜8月

クアラルンプール周辺については、クアラルンプールと同様。高原エリアは年間を通じて22℃前後と涼しい。ベストシーズンは乾季である3〜7月。11〜2月は雨季となり、かなり冷え込むことがあるので、寒さ対策が必要だ。土曜と祝日の前日は、地元の観光客で混み合う。

プトラジャヤ

Putrajaya

プトラジャヤはマレーシアの行政上の首都。クアラルンプールから南へ約25km、クアラルンプール国際空港とのほぼ中間に位置する。1995年に当時第4代首相だった現マハティール首相によって開発が着手され、2001年には連邦直轄領となった。国会や一部の省庁を除きほとんどがクアラルンプールから移転してきており、住居用コンドミニアムが建設されるなど人口は増加傾向。未来都市を彷彿させるような現代建築が多く、ピンク色の大理石で造られたフォトジェニックなモスクはとくに有名だ。

市外局番03

ACCESS

KLセントラル駅から空港鉄道の普通電車KLIAトランジットでプトラジャヤ・サイバージャヤ(プトラジャヤ・セントラル)駅下車。所要約20分、RM21。駅からプトラジャヤの中心まではバス、タクシー、Grabなどを利用して行く。

バス

駅に隣接のバスターミナルからプトラジャヤ巡回バスL15が走っておりRM1.5。ピンク・モスクのすぐ目の前で降りられる(バス停名はPutra Square)。ただし、本数は少ない。

タクシー

バスターミナルと同じ場所にあるタクシー乗り場がある。

Grab

駅からピンク・モスクまでRM9～。

チュアンク・ミザン・ザイナル・アビディン・モスク

住 25 Jalan Tuanku Abdul Rahman, Presint 3, Putrajaya

☎ (03)8880-4300

URL www.masjidtuankumizan.gov.my

料 無料

開 土～木 10:00～12:30
14:00～16:00
17:00～18:00
金 15:00～16:00
17:00～18:00

歩き方

セランゴール州の広大なゴムとアブラヤシのプランテーションだった土地を購入し、完全に計画的に造られた都市プトラジャヤ。国家の威信をかけたマレーシア最大のプロジェクトとして、ほとんどが国内企業によって設計構築され、外国企業の手は10%ほどしか入っていないという。全体のうち38%は自然を残すプランにより、中央部に都市部全体の約12%を占める人造のプトラジャヤ湖Putrajaya Lakeを配し、その周囲にそれぞれ緑豊かで広々とした敷地を持つユニークな姿のモダン建築がゆったりと点在している。その姿はまるで巨大なテーマパークのよう。ちなみにプトラジャヤ湖の役割は、環境保全のほか、景観やレジャーを楽しみ、水上交通を確保すると同時に、熱帯のマレーシアで町を自然冷却する効果を狙ったものだという。

▲まさに現代の計画都市。整然とした景色が美しい

見どころ

近未来の世界を想像させるモダン建築

チュアンク・ミザン・ザイナル・アビディン・モスク

Masjid Tuanku Mizan Zainal Abidin MAP P.111

プトラジャヤの南部にある2009年完成のモスク。人工ワイヤーメッシュという金属の金網を多用して造られているため「鉄のモスク」あるいは「シルバーモスク」とも呼ばれる。メタリックでシンメトリーなデザインゆえ近未来世界のような雰囲気がある。ピンク・モスクよりも規模は大きく敷地だけでは2倍もある。

▲ライトアップされた夜景はさらに未来の建物のよう

メモ 連邦直轄領として政府が直接統治をしているのはクアラルンプールとプトラジャヤ、ラブアン島の3地域。他の13州と同等の地位を持つ。

マレーシア随一の映えスポットとして大人気

ピンク・モスク

Pink Mosque MAP P.111

▲（左）まさにピンク一色。メルヘンの国から抜け出てきたよう（右上）見学用のローブもピンク（右下）ドーム内も美しいピンク

正式名称はマスジット・プトラMasjid Putra。マスジットはマレー語でモスクを意味するため、英名のプトラ・モスクPutra Mosqueでも呼ばれる。2年間をかけて建設され1999年に完成した。総工費は約2億5,000万リンギット（約63億円）。プトラジャヤ湖に面し、水上に浮かぶかのように建っている。

高さ118mのミナレットはじめ全体が美しいピンク色をしているのは、バラ色の花崗岩を使って建てられているため。中央部にある1万5人千が一度に祈りを捧げられるという高さ50メートルの巨大なドーム内も、天井から壁や絨毯までが美しいピンク色。女性およびショートパンツ等の軽装の男性は見学時にガウンを借りて着用するがこれもピンク色。何もかもがピンク色という、そのフォトジェニックさで世界的な人気を呼んでいる。

モスクの正面はマレーシア国旗とそれを囲むように各州および連邦直轄地の旗が掲げられている円形広場プトラ・スクエアPutra Square。周囲には首相官邸Laman Perdanaや各省の建物が並び、プトラジャヤのへそともいえる場所にある。

ユニークで美しい建築群を湖上から眺める

プトラジャヤ・クルーズ

Cruise Tasik Putrajaya MAP P.111

プトラジャヤ湖を巡るクルーズ。ピンク・モスクのすぐ近くに乗り場がある。湖に浮かんでいるようなピンク・モスクを見ることができ、気象条件等が合えば鏡のようにシンメトリーに水面に映る美しい姿も見られる。このほか鉄のモスクや2001年に建てられた高さ68mの記念塔ミレニアム・モニュメントなど、プトラ・レイクに面した主要な建築群と8つの橋が見られる。19:00出発スーパーセーブ（RM25）というクルーズコースでは夜景を眺めることもできる。

ピンク・モスク
住 Presint 1, Putrajaya
☎ (03) 8888-5678
URL www.islam.gov.my
料 無料
開 土〜木 9:00〜12:00
14:00〜16:00
17:00〜18:00
金 9:00〜11:00
15:00〜16:00
17:00〜18:00

食事や飲み物調達はピンク・モスクで
ピンク・モスクに併設の湖畔の建物内には比較的規模の大きいフードコートと売店やみやげ物店が入っている。

プトラジャヤ・クルーズ
住 Jeti Putra, Jambatan PutraPresint 1, 62000, Putrajaya, Malaysia
☎ (03) 8881-0648
URL www.cruisetasikputrajaya.com/

デイクルーズ Day Cruise（所要約45分）
営 月〜木12:00、13:30、15:45、17:00、18:00
金 12:00、14:30、15:45、17:00、18:00
土・日・祝10:00、11:00、12:00、13:30、15:45、17:00、18:00
料 大人RM50　子供RM35

メモ　プトラはマレー語で「王子」、ジャヤは「勝利」の意味。独立の象徴であり王子の称号を持つ初代首相のトゥンク・アブドゥル・ラーマンにちなんでいる。

シャー・アラム

Shah Alam

シャー・アラムは、クアラルンプールの南西約25kmに位置するセランゴール州の州都。町の中心には、シャー・アラム・レイク・ガーデンがあり、人工湖と緑豊かな庭園が町を美しく飾っている。マレーシア情緒たっぷりのモスクや、レンタサイクルが楽しめる広大な国立植物公園があり、近代化を象徴する現代建築の高層ビルも建っている。シャー・アラムは、近代的な景観と自然が調和する、そんな魅力あふれる町だ。

市外局番03

ACCESS

鉄道

クアラルンプールのKLセントラル駅から、KTMコミューターでシャー・アラム駅下車。所要約50分、RM6.40。中心街までタクシーで10分。歩くと回り道する必要があるため1時間半くらいかかる。

バス

パサール・スニのバスターミナルから750系統に乗り、シャー・アラムのHentian Bandarで下車。所要約40分。RM3。Rapid KLバスの場合、現金ではなくタッチ&ゴーカード(→P.61)のみ支払い可なので注意。

Grab

クアラルンプール中心街から約1時間、RM35～140。車の種類や時間帯によって異なる。

▲日本人が多く訪れるブルー・モスク

▲ブルー・モスクの内部

歩き方

シャー・アラムは、かつてセランゴール州の州都だったクアラルンプールに代わり、その役割を担う町としてつくられた新興商業都市だ。マレーシア最大の規模を誇る、**スルタン・サラフディン・アブドゥル・アジズ・シャー・モスク(ブルー・モスク)**が建つことでも知られている。町の真ん中を走るのは、**ペシアラン・スルタン通りJl. Pesiaran Sultan**。通り沿いにはセランゴール州の**ⓘ観光案内所**があり、各州内の観光案内パンフレットを無料で入手できるほか、マレーシアの民芸品やバティックなどの展示販売も行っている。さらに、通りを南に行くと繁華街の中心に建つショッピングセンター、ⓈPKNSがある。各商店、レストラン、銀行などが入居しており、市内や郊外へのバスもここに発着している。シャー・アラム・レイク・ガーデンは、ちょうどその建物の向かいにあり、園内には、湖に面した大きなレストラン、ⓇRestaurant Tasik Indahもある。

▲KTMのシャー・アラム駅

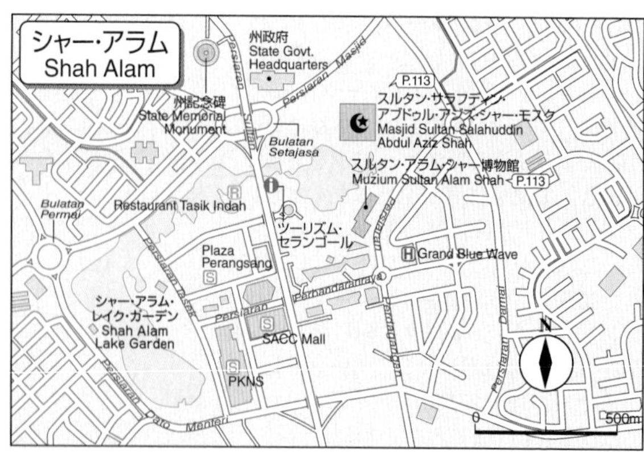

メモ シャー・アラムの市外局番は(03)。東京都区内と同じでまぎらわしいため、シャー・アラムに関しては原則として市外局番の前に「現地」と入れている。

見どころ

世界最大級を誇るブルー・モスク

スルタン・サラフディン・アブドゥル・アジズ・シャー・モスク

Masjid Sultan Salahuddin Abdul Aziz Shah

MAP P.112

通称「ブルー・モスク」で知られ、シャー・アラムで最も有名な建物。町のシンボルとして市民に愛されている。1988年3月に完成し、世界でも4番目の規模といわれる大きな造りだ。青いドーム形をしたブルーの屋根が特徴で、そこに建つ142.3mのミナレットは世界屈指の高さを誇る。モスクの敷地内にはイスラム教に関するギャラリーがあり、ガイドがパネルなどを使ってイスラム教について説明してくれる(無料)。

▲夜はライトアップされ、神秘的な美しさを漂わせる

スルタン・サラフディン・アブドゥル・アジズ・シャー・モスク
☎現地(03)5523-8006
URL www.mssaas.gov.my
開8:00〜13:00
14:00〜16:00
※金は12:15〜14:45まで休み
※お祈りの時間は見学不可
休ハリラヤ・プアサ、ハリラヤ・ハジ
料無料
※日本人ガイドが勤務しているので、希望があれば事前に電話またはメールで予約すること。
※入場はガイド同伴が原則。訪問時間が限られている場合は事前予約がベター。
行き方KTMコミューターのシャー・アラム駅からタクシーで約10分。RM10。
※入場をする際は、女性向けに長いローブと髪を覆うスカーフを無料で貸してくれる。長いローブは短パンの男性にも貸し出される。

▲入口でローブとスカーフを身につけて中に入ろう

セランゴール州の歴史や文化など展示物が充実

スルタン・アラム・シャー博物館

Muzium Sultan Alam Shah

MAP P.112

1階と地下1〜2階が展示室になっており、スルタンやマレーシアの歴史などを写真や資料などで紹介している。特に、セランゴール州の文化についての展示は内容が豊富。また、なかにはマレーシア人の埋葬方法のレプリカなど、珍しい展示物もあり、見応えも十分だ。そのほか正面の左隣には図書館もあり、建物裏には、スルタン・サラフディン・アブドゥル・アジズ・シャー・モスクへ通じる小道もある。(2022年10月時点改装中)

スルタン・アラム・シャー博物館
☎現地(03)5519-0050
開9:30〜17:30
(金は12:00〜14:45は休み)
休無休　料無料
行き方KTMコミューターのシャー・アラム駅からタクシーで約10分。RM10。

マレーシアの農業を楽しく学ぶ国内初の農業公園

国立植物公園

Taman Botani Negara

MAP 地図外

総面積1258haの広大な敷地を誇る植物園。パーム油の素となるアブラヤシ、水田、ゴムの木、カカオの木、ヤシの木など、さまざまな植物を見学することができる。また、レンタサイクルもあり、園内を巡回する無料バスが運行している。時間をかけてゆっくり回りたい。

国立植物公園
☎現地(03)5510-7048
開7:30〜16:30　休月
料大人 RM3　子供 RM1
行き方シャー・アラム駅からも遠く、バスでも行けるがわかりにくいので、タクシーで行くことをおすすめする。所要約15分。

メモ　ブルー・モスクの見学は英語ガイド、または希望すれば日本語ガイドあり。内部のステンドグラスは美しく、建物内の撮影もOK。

クアラ・セランゴール

Kuala Selangor

クアラルンプールの北西64kmにあるクアラ・セランゴールは、かつてはセランゴール州の州都として行政の中心的役割を果たしていた。現在は、沿岸近くにあるホタルの生息地として知られ、ホタルが織りなす大自然のショーを目的に訪れる人も少なくない。旅行会社では、ホタル観賞ツアーなども数多く催行され、観光客の人気を集めている。そのほか、マングローブの原生林、野生動物など、見どころも多彩だ。

市外局番03

ACCESS

バス

クアラルンプールのTBSバスステーション(MAP P.48-B2)からSri Thevenのバスで所要約60分、RM20。Tesco Kuala Selangor下車。そこからボート乗り場までタクシーで約20分。

歩き方

クアラルンプールから車で1時間余り。町の中心は小さな旧市街。漁村Pasir Penambangにはいくつかのシーフードレストランもある。

一方、新市街には、バスターミナル、タクシー乗り場、役所、モスクなど、観光スポットや交通関連の施設が集まっている。なお、バスは旧市街の中心広場にも停まる。

見どころ

何万というホタルに包まれながら、幻想的な夜を過ごそう

セランゴール川のホタル観賞

Kelip-Kelip

ホタル(Kelip-Kelip)観賞ポイントは、セランゴール川流域にある**カンポン・クアンタン**と**カンポン・ブキッ・ブリンビン**の2ヵ所にある。出発は夕暮れのあと。各部落から川流域へは、小舟で約30分間かけて回る。

クアラ・セランゴールのボート会社

カンポン・クアンタン ボート運航会社
Kelip Kelip Kampung Kuantan
☎現地(03)3289-1439
営 夕方から夜間のみ(ホタル観賞時間は19:30～22:30)
料 小舟1隻(4人乗り)RM100

人気のあるボート乗り場

カンポン・ブキッ・ブリンビン(ファイアーフライ・パーク・リゾート)
Kampung Bukit Belimbing
☎現地(03)3260-1208
営 19:00～22:00(ホタル観賞)
料 大人 RM16　子供 RM9
宿泊 RM160
行き方 クアラルンプールからは、ツアーかタクシーで行く。所要約1時間10分。クアラ・セランゴールからは、長距離タクシーターミナルからタクシーで。

バードウオッチャーに人気の自然豊かな公園

クアラ・セランゴール自然公園

Taman Alam Kuala Selangor

約240haの広大な規模を誇る自然保護区で、シギの一種サンドパイパーやアオアシシギのノーマンズ・グリーンシャンクなど、珍しい鳥も生息。これまで約130種類が確認されており、バードウオッチャーに人気。

クアラ・セランゴール自然公園
住 Jl. Klinik
☎現地(03)3289-2294
開 9:00～18:00　休 無休
料 大人 RM4　子供 RM1
行き方 ムラワティの丘の道路脇の小道を約5分。途中、事務所、売店、トイレがある。

マラッカ海峡やクアラ・セランゴールを一望できる

ムラワティの丘

Bukit Melawati

旧市街にそびえる丘で、この地域では最も標高が高い。17世紀、オランダが地域占領の参考にするため、この丘からあたり一帯を見渡したといわれている。敷地内にはアルティングスバーグの砦の遺跡、灯台、セランゴール砲台、区長公邸など見どころが多彩。

メモ　クアラ・セランゴールの市外局番は(03)。東京都区内と同じでまぎらわしいため、クアラ・セランゴールに関しては原則として市外局番の前に「現地」と入れている。

セレンバン
Seremban

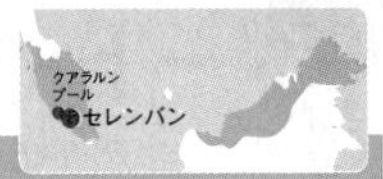

クアラルンプールから南東へ約60km。国際空港からも約40km。セレンバンは、人口約88万人のヌグリ・スンビラン州の小さな州都で、正式名称は「Negri Sembilan Darul Khsus」という。「Darul Khsus」とはマレーシア語で「ユニークな州」という意味で、その名のとおり、ほかの州では見られないユニークな母系社会を保持している。その歴史は15～16世紀頃に遡り、西スマトラ島からミナンカバウ族がこの地に移住してきたことから始まる。彼らは伝統的な文化と習慣をこの地にもたらし、その面影は、現在も母系社会やミナンカバウ建築などとして色濃く残っている。

歩き方

町の中心部は、碁盤の目状に区分されている。周辺には銀行、インターネットカフェなどがあり、そのほかのおもな施設はバスステーションの**ターミナル・ワン**周辺に集まっている。ターミナル・ワンはふたつの建物からなり、そのひとつは、大きなショッピングセンターになっている。さらに、その前に建つ教会と川に挟まれたアーケード状の歩道を数十m行くと、屋台が集まったフードコートもある。また、市内にある公共の建物には、ミナンカバウ建築様式の造りが多く、特にヌグリ・スンビラン州庁舎の敷地内のホールや市庁舎は見事な造りだ。中心部から少し高台になった所には、レイク・ガーデンもある。

見どころ

伝統的なミナンカバウ建築の建物が見られる

州立博物館
State Museum & Cultural Center

この博物館の一番の見どころは、屋外に展示されているふたつの家屋。ひとつは、木造の宮殿イスタナ・アンパン・ティンギIstana Ampang Tinggi。この建物は1869年に完成したもので、当時のスルタン一族が娘の結婚に際して建てたもの。マレーシアの伝統建築で、彫刻のパネルと重い引き戸などに特徴がある。もうひとつは、ミナンカバウ家屋のルマ・ヌグリ・スンビランRumah Negeri Sembilan。こちらも伝統的な様式で造られており、古い木造が歴史を感じさせる。

▲伝統的な様式の博物館の外観

市外局番06

ACCESS

鉄道
クアラルンプールのKLセントラル駅から、KTMコミューターでセレンバン駅下車。所要約1時間30分、RM18。

バス
クアラルンプールのTBSバスステーション(MAP P.48-B2)から1日4本ほど運行。所要約1時間、RM6.70～。

タクシー
ターミナル・ワン1階に、長距離乗合タクシー乗り場がある。また、市内・郊外へのタクシーは隣接するショッピングセンター付近に集まっている。クアラルンプールへは所要約1時間、RM162～。

州立博物館
住 Jl. Sungai Ujong
☎ (06)763-1149
開 8:00～17:00
休 無休　料 無料
行き方 ターミナル・ワンからセパンSepang行きのバスで途中下車。所要約15分。タクシーは所要約10分、RM10程度。

メモ　セレンバンのあるヌグリ・スンビラン州は、第2次世界大戦中に日本軍が進攻した地として研究が進められている。事前に勉強してからこの地を踏むと、また違った観光の仕方ができるかもしれない。

ポート・ディクソン

Port Dickson (PD)

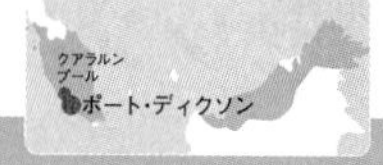

通称「PD」という略称で親しまれており、約18kmにわたる、マレーシアでも最長のひとつに数えられる白砂のビーチがあることでも有名。クアラルンプールからは、おもにバスで結ばれている。

市外局番06

ACCESS

鉄道&タクシー

クアラルンプールのKLセントラル駅からKTMコミューターでセレンバン駅下車。RM18〜。所要約1時間。その後タクシーで約40分。

ポート・ディクソンからビーチへ

バスステーションの3番乗り場から、海岸道路Jl. Pantaiを走るローカルバスに乗る。バスにはTanjung Agsa、Pasir Panjangなど、行き先が表示されているのでわかりやすい。もしくは、ルート内の場所であれば、車掌に行き先を伝えれば目的地の付近で降ろしてくれる。

タクシーで行く場合は、バスステーション前のタクシー乗り場から乗車する。海岸線にあるリゾートならRM10〜15が目安。

▲美しいサンセットが見られる

ラチャド岬

行き方 岬へはテロッ・ケマンからバスで約10分。ただし、岬へは行かないので、車掌にあらかじめ「ルマ・アピRuma Api」と伝えておけば適当な場所で降ろしてくれる。そこから徒歩で、三差路の上り下り坂道を30〜40分。中心街へ戻るときは、バス道路のバス停で待つ。1時間に1本程度しか運行していない。バスが来たら必ず手を挙げること。

歩き方

ポート・ディクソンの中心街からバスで約20分。きれいな砂浜に、青く透きとおった海のテロッ・ケマンTeluk Kemangに出る。地元客はもちろん、観光客にも最も人気のあるビーチで、周辺にはビーチハウスやマリンスポーツのレンタル店などが点在し、毎年フェスティバルなども開催される。また、マリンスポーツが盛んな場所でもある。

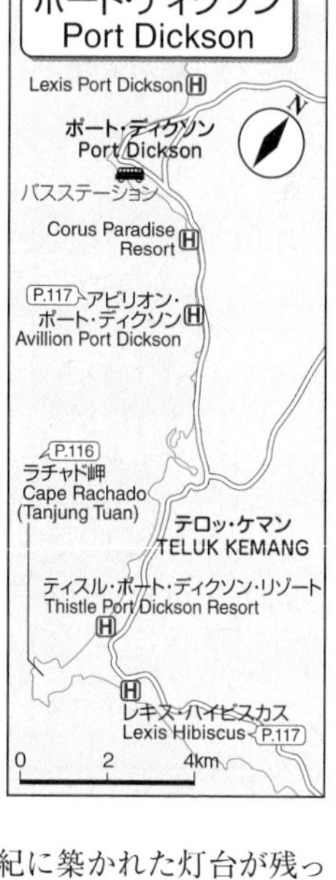

見どころ

マラッカ海峡の美しい眺めを堪能

ラチャド岬

Cape Rachado (Tanjung Tuan) MAP P.116

通称「Tanjung Tuan」とも呼ばれ、マラッカ海峡を渡航する船のために、ポルトガル統治時代の16世紀に築かれた灯台が残っている。そこから、マラッカ海峡の大パノラマが望める。岬の一部はマラッカ州に属しており、森林保護地区にもなっている。

▲水上コテージがハイビスカスの花の形に並ぶ H レキス・ハイビスカス

ポート・ディクソンのホテル
Hotel

ポート・ディクソン周辺　高級

アビリオン・ポート・ディクソン
Avillion Port Dickson　MAP P.116

マラッカ海峡を望む隠れ家ビーチリゾート

漁村をイメージした建物は、2000年にマレーシア建築協会の最優秀賞を受賞。エリアで最高級のリゾートホテルの一軒で、海に浮いたようにデザインされたラウンジが人気。客室は2タイプで、全室がマラッカ海峡に面している。

住3 Mile, Jl. Pantai
☎(06)647-6688
URL avillionhotelportdickson.com
料ウオーターシャレー RM346～　CC A D J M V　室240

テロッ・ケマン　高級

レキス・ハイビスカス
Lexis Hibiscus　MAP P.116

モダンな水上コテージが並ぶ新ホテル

エリアで人気のリゾートホテル、Ⓗグランド・レキスの姉妹ホテル。モダンな水上コテージが、上空から見るとハイビスカスの花の形に並んでいる。敷地内は専用カートで移動。中国やシンガポールからの家族連れ、団体客の利用が目立つ。

住12th Mile, Jl. Pantai
☎(06)660-2626
URL www.lexishibiscuspd.com
料プールヴィラ RM960～　CC A D J M V　室639

COLUMN

マレー半島をクルーズで巡る

世界的ブームの豪華客船の旅。マレー半島を巡る2～5泊程度のショートクルーズも人気が高い。寄港地はマラッカ観光にはポート・ディクソン、クアラルンプール観光にはポート・クランが使われることが多く、このほかペナンやランカウイにも入港する。ポート・クランにはクルーズ船専用のターミナルもあり発着地としても使われている。

大型の船で優雅なクルーズを楽しめるのが、アジア初のプレミアム客船ゲンティン・ドリーム号を2016年秋に就航させ、大きな話題となった同じくゲンティン・グループのドリームクルーズDream Cruises。また、世界最大規模のクルーズ会社、ロイヤル・カリビアンのスペクトラム・オブ・ザ・シーSpectrum of the seaは2019年春に就航。どちらもシンガポールをベースにマレー半島各地を巡るルートがある。本格的なクルーズだが、服装などはスマートカジュアルが基本で、初心者でも楽しむことができる。ほとんどの大型クルーズ船にはスライダー付きのプールやプレイグランド、カジノや映画館が備わっていて、幅広い年齢層が楽しめるエンターテイメントやアクティビティが満載。一泊換算で1万円程度からという手頃な価格も特徴だ。

このほか、ヨーロッパ系でもマレー半島をスケジュールに入れている船は多い。

クルーズの代金には基本の食事代やエンターテイメントが含まれている。いずれの会社もマレー半島クルーズの多くには日本語対応スタッフが乗務しており、言葉の心配がいらないことがほとんど。移動費に宿泊代、食事代も込みと考えるとクルーズはお得な旅のスタイルともいえる。

●ドリームクルーズ　Dream Cruises
URL www.dreamcruises.jp

●ロイヤル・カリビアン・インターナショナル Royal Caribbean International
URL www.royalcaribbean.com/

▲ポート・クランのクルーズ船ターミナル

▲マレー半島からシンガポールに入港中のスタークルーズ

キャメロン・ハイランド
Cameron Highlands

キャメロン・ハイランドは、マレーシア屈指の高原リゾート。マレーシア半島の中央部パハン州に位置し、海抜1800m、避暑地として親しまれている。紅茶をはじめ、高原野菜、花の栽培地として知られ、周囲には、茶畑、花畑、果樹園などが並ぶ。気温は15～25℃と過ごしやすく、朝晩は長袖や上着を羽織らないと寒いこともある。

1885年、キャメロン・ハイランドは、イギリスの国土調査官ウィリアム・キャメロンによって見いだされた。以後、イギリス統治時代から紅茶の栽培地として開拓され、地名も彼の名にちなんでつけられた。栽培要員として、同じ英国の支配下にあったインドから大量の労働者が移り住んだため、インド系住民の割合が多く、現在もインド料理店が町に並ぶ。

▲英国式アフタヌーンティーが人気

市外局番05

ACCESS

バス

●クアラルンプールから

TBSバスステーション(MAP P.48-B2)から複数のバス会社がタナ・ラタ行きなど1日8便ほど運行。所要約4時間30分～5時間、RM35前後。タクシーだと、所要約3時間、RM515～。

●ペナン島から

コムタ前の長距離バスステーションからタナ・ラタ行きが1日1便運行。所要約5時間、RM40前後。スンガイ・ニボンのバスターミナルからも運行している。タクシーでは、所要約3時間30分。

●イポーから

郊外にあるアマン・ジャヤ・バスステーションから、1日2便運行。所要約2時間～2時間30分、RM20前後。

主要バス会社

●CSトラベル&ツアー CS Travel & Tours
☎(012)245-9722
営9:00～17:00

●ユニティティ・エクスプレス Unititi Express
☎(011)1610-3818
URL www.unititi.com.my

歩き方

キャメロン・ハイランドでは、**タナ・ラタTanah Rata**と**ブリンチャンBrinchang**が観光の起点となる。タナ・ラタは、キャメロン・ハイランドの中心地。メインロードには、バスステーション、タクシーステーション、中級ホテル、安宿、レストラン、みやげ物屋、銀行、郵便局などがギュッと集結しており、いずれも徒歩圏内で何かと便利だ。

また、タナ・ラタからゴルフ場にかけては、トレッキングコースや中級～高級ホテルが集まっている。その先がブリンチャンだ。タナ・ラタからは車で約10分。バスは1日5本、RM2～5(2022年10月現在運休中)。タクシーはRM10～15。いずれも小さな町だが、ブリンチャンにはマレーシアで2番目に高い山**グヌン・ブリンチャン**がある。バタフライ・ガーデンやローズ・センター、紅茶農園などの観光スポットも、さらにその先となる。タナ・ラタからバスで行けるところもあるが、ブルー・バレー茶園方面など、タクシーしか入れないところもあるので注意しよう。また、キャメロン・ハイランドでは、流しのタクシーは走っていない。タクシーを利用する場合は、タクシーステーションから乗車するか、宿泊先のホテルなどで手配してもらうといい。タクシーのチャーターは1時間RM50～。そのほか、取りたての高原野菜が並ぶ朝市やハチミツ園などもあるのでぜひ立ち寄ってみよう。

▲マレーシアの国蝶「ラジャ・ブルック」

メモ キャメロン・ハイランドには、近年のロングステイの人気上昇にともない、多くの日本人が長期滞在している。この土地が支持される理由はやはりこの土地の気候の快適さだろう。

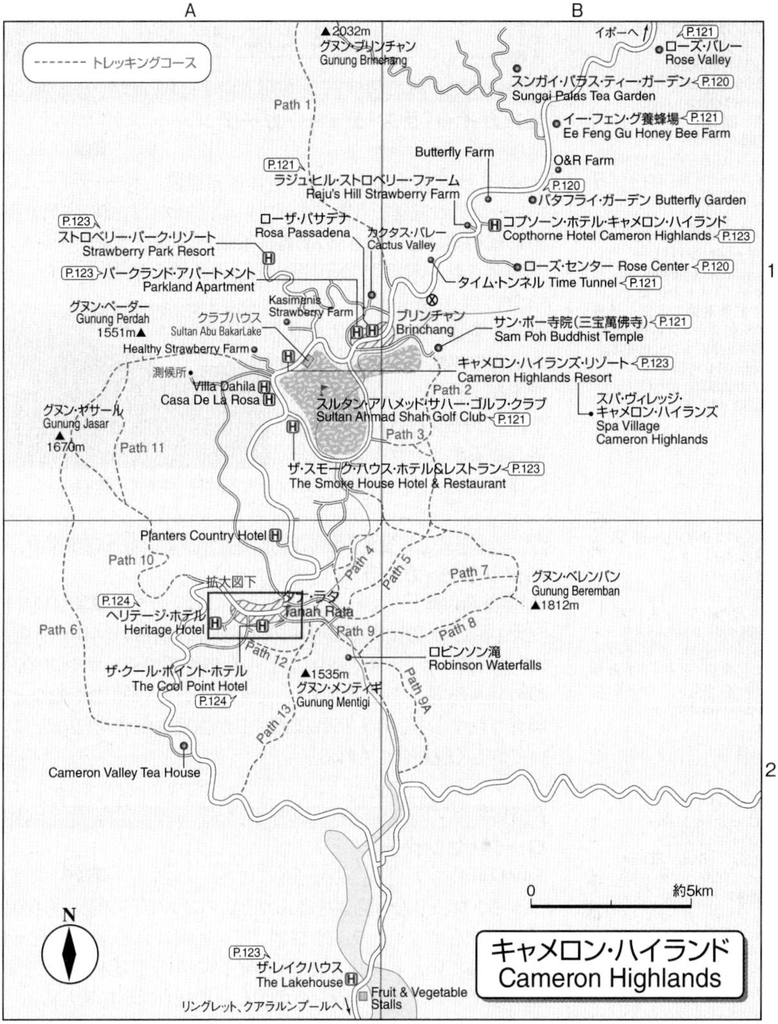

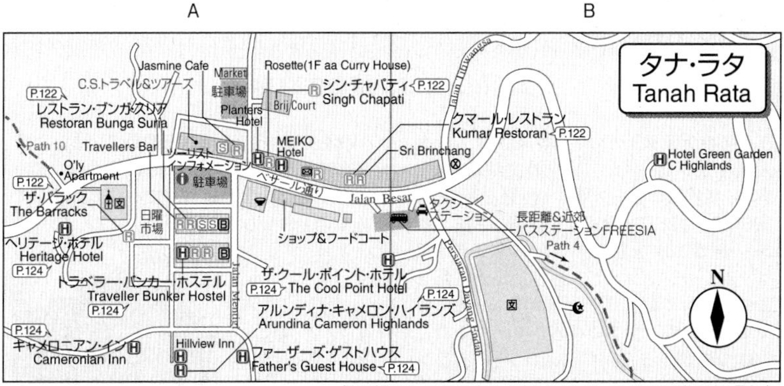

キャメロン・ハイランド Cameron Highlands

A
B
------- トレッキングコース
▲2032m
グヌン・ブリンチャン
Gunung Brinchang
イポーへ
P.121
ローズ・バレー
Rose Valley
スンガイ・パラス・ティー・ガーデン P.120
Sungai Palas Tea Garden
イー・フェン・グ養蜂場 P.121
Ee Feng Gu Honey Bee Farm
Path 1
Butterfly Farm
O&R Farm
P.120
バタフライ・ガーデン Butterfly Garden
P.121
ラジュ・ヒル・ストロベリー・ファーム
Raju's Hill Strawberry Farm
コプソーン・ホテル・キャメロン・ハイランド
Copthorne Hotel Cameron Highlands P.123
ローザ・パサデナ
Rosa Passadena
カクタス・バレー
Cactus Valley
P.123
ストロベリー・パーク・リゾート
Strawberry Park Resort
ローズ・センター Rose Center P.120
P.123 パークランド・アパートメント
Parkland Apartment
タイム・トンネル Time Tunnel P.121
1
グヌン・ペーダー
Gunung Perdah
1551m▲
Kasimanis
Strawberry Farm
クラブハウス
Sultan Abu BakarLake
ブリンチャン
Brinchang
サン・ポー寺院(三宝萬佛寺) P.121
Sam Poh Buddhist Temple
Healthy Strawberry Farm
キャメロン・ハイランズ・リゾート P.123
Cameron Highlands Resort
測候所
Villa Dahila
Casa De La Rosa
Path 2
グヌン・ジャサール
Gunung Jasar
▲1670m
スルタン・アハメッド・サハー・ゴルフ・クラブ
Sultan Ahmad Shah Golf Club P.121
スパ・ヴィレッジ・キャメロン・ハイランズ
Spa Village
Cameron Highlands
Path 11
Path 3
ザ・スモーク・ハウス・ホテル&レストラン P.123
The Smoke House Hotel & Restaurant
Planters Country Hotel
Path 10
Path 4
Path 5
Path 7
グヌン・ベレンバン
Gunung Beremban
▲1812m
拡大図下
P.124
ヘリテージ・ホテル
Heritage Hotel
タナ・ラタ
Tanah Rata
Path 6
Path 9
Path 8
Path 12
ロビンソン滝
Robinson Waterfalls
ザ・クール・ポイント・ホテル
The Cool Point Hotel
P.124
▲1535m
グヌン・メンティギ
Gunung Mentigi
Path 13
Path 9A
Cameron Valley Tea House
2
0
約5km
N
P.123
ザ・レイクハウス
The Lakehouse
Fruit & Vegetable Stalls
リングレット、クアラルンプールへ

タナ・ラタ Tanah Rata

A
B
Jasmine Cafe
Market
駐車場
Rosette(1F aa Curry House)
P.122
C.S.トラベル&ツアーズ
シン・チャパティ P.122
Singh Chapati
Brij Court
レストラン・ブンガ・スリア
Restoran Bunga Suria
Planters Hotel
クマール・レストラン
Kumar Restoran P.122
Path 10
Travellers Bar
MEIKO Hotel
Sri Brinchang
Jalan Ulu Gangsa
Hotel Green Garden
C Highlands
O'ly Apartment
ツーリスト インフォメーション
駐車場
P.122
ザ・バラック
The Barracks
ベサール通り
Jalan Besar
タクシー ステーション
日曜市場
長距離&近郊 バスステーションFREESIA
ショップ&フードコート
Path 4
ヘリテージ・ホテル
Heritage Hotel
P.124
ザ・クール・ポイント・ホテル
P.124 The Cool Point Hotel
トラベラー・バンカー・ホステル
Traveller Bunker Hostel
P.124
Jalan Mentigi
Persiaran Dayang Endah
P.124
アルンディナ・キャメロン・ハイランズ
Arundina Cameron Highlands
N
P.124
キャメロニアン・イン
Cameronian Inn
Hillview Inn
ファーザーズ・ゲストハウス
Father's Guest House P.124

(注:バスステーションからツーリストインフォメーションまでは約150m程度。)

Ⓗザ・スモーク・ハウス・ホテル&レストラン(→P.123)では本格的な英国式朝食を提供。ディナーはローストビーフやパイなど。また、アフタヌーンティーもおすすめ。

見どころ

美しい茶畑が広がる有名な紅茶農園

スンガイ・パラス・ティー・ガーデン

Sungai Palas Tea Garden MAP P.119上-B1

マレーシア最大のボー・ティーの紅茶農園。ボー・ティーとは、マレーシアの宮廷でも親しまれている、アッサム種の高級紅茶。20世紀初期、海抜1524mの高地に茶畑(ティープランテーション)が開発され、現在では年間60万kgの茶葉が収穫されている。一角には工場もあり、つみ取った茶葉が紅茶になるまでの工程を無料見学することができる。そのほかみやげ物店や、約20種類の紅茶の味が楽しめるティーラウンジも併設している。

▲テラス席からは絶景が臨める

スンガイ・パラス・ティー・ガーデン
☎(05)496-2096
開8:30～16:30
URL www.boh.com.my
休月　料無料
行き方 タナ・ラタのバスステーションから、所要約40分。タクシーで所要約20分。(現在バス運休中)

そのほかの紅茶農園
キャメロン・バレー Cameron Valley
ボー・ティーと人気を二分する紅茶農園の老舗。純度100%のプレミアム級の紅茶が味わえる。カフェが名物。
☎(05)491-1133
URL bharattea.com.my
開8:30～18:00

熱帯ならではの色鮮やかなチョウが見られる

バタフライ・ガーデン

Butterfly Garden MAP P.119上-B1

マレーシアの国蝶ラジャ・ブルックや、明るいブラウン色のゴールデン・ビートル(金虫)など、約45種類のチョウや約100種類の昆虫を見ることができる。そのほか、熱帯植物や蛇なども飼育されており、申し出ればガイドが生態や飼育方法などについて詳しく説明してくれる。

バタフライ・ガーデン
☎(05)496-1364
開8:00～18:00
休無休
料大人 RM10　子供 RM5
行き方 タナ・ラタのバスステーションから、カンポン・ラジャ行きに乗り、途中下車。所要約30分。タクシーで約15分。(現在バス運休中)

美しいバラと景色が同時に楽しめる

ローズ・センター

Rose Center MAP P.119上-B1

メインロードから脇道を進んだところにあるバラ園。約100種類のバラをはじめ、ランや翡翠ワインと呼ばれる珍しい花々が栽培されている。ブリンチャンの小高い丘の上にあるので、緑豊かなキャメロン・ハイランドの美しい景観も同時に楽しめる。

ローズ・センター
☎(014)246-7822
開8:30～18:00　休無休
料大人 RM6　子供 RM4
行き方 タナ・ラタのバスステーションから、カンポン・ラジャ行きに乗り、キー・ファームで下車、所要約30分。そこから徒歩約20分。タクシーで約25分。(現在バス運休中)

COLUMN

ジム・トンプソン謎の失踪事件

タイのシルク王として有名な、アメリカ人実業家ジム・トンプソンの失踪事件は、当時、世界的ニュースとして話題を呼んだ。1967年3月26日の昼過ぎ、休暇でキャメロン・ハイランドを訪れていたトンプソン氏は、近くのジャングルに散歩に出かけたまま姿を消してしまった。その後、必死の捜索がされたが、行方の手がかりをつかむことはできなかった。キャメロン・ハイランドが舞台となったこの事件をモデルに、松本清張が小説『熱い絹』を書いている。より臨場感を感じるために、また、キャメロン・ハイランドをより詳しく知るために読んでみるのもおもしろい。

▶ジム・トンプソンが失踪直前に滞在していた「月光荘」。見学などはできない

キャメロン・ハイランドの見どころは郊外に点在している。効率よく回るためにはタクシーのチャーターがいちばんだ。なお、2022年10月時点で路線バスは運休中の模様。

定番から珍種まで数多くのバラが揃う

ローズ・バレー

Rose Valley MAP P.119上-B1

赤、ピンクなどの定番色から、水色、グリーン、ブラックなどの珍しいカラーや、棘のないものなど、約250種類のバラが揃う。また、マーガレットや果物などの植物もあり、高さ16フィートを誇るマレーシアで最も大きい花瓶もある。

イチゴ摘み体験、イチゴを使ったスイーツを堪能

ラジュ・ヒル・ストロベリー・ファーム

Raju's Hill Strawberry Farm MAP P.119上-B1

キャメロン・ハイランドにはイチゴを栽培している農園がたくさんある。ここでは、園内を見学できるほか、入口では取れたてのイチゴやジャム、イチゴパフェ、ケーキなどを販売している。イチゴは酸味が強くさわやかな味。イチゴつみは500gでRM40～。参加人数によって収穫量の限度や値段が異なる。

ハチミツが採れるまでの工程を垣間見られる

イー・フェン・グ養蜂場

Ee Feng Gu Honey Bee Farm MAP P.119上-B1

ハチミツの生産をしている養蜂場で、敷地内にはさまざまな花が咲き誇り、その周辺のいたるところにハチの巣箱が設置されている。太陽の出ている日には巣箱から採取している様子も見られる。

入口では、ここで採れた純粋なハチミツはもちろん、美容にもいいローヤルゼリーなどを販売している。場内を回るときは、ハチに刺されないように気をつけよう。

カラフルな色使いが印象的な中国寺院

サン・ポー寺院(三宝萬佛寺)

Sam Poh Buddhist Temple MAP P.119上-B1

ブリンチャンの丘の上に建つ、マレーシアで4番目の規模を誇る中国仏教寺院。色鮮やかで明るい寺院内には、迫力のある黄金の仏像が祀られている。地元華人の参拝者の姿も多い。

レトロな過去へタイムスリップ

タイム・トンネル

Time Tunnel MAP P.119上-B1

キャメロン・ハイランドの成り立ち、その歴史を説明してくれる展示館。薄暗い館内では写真のほか、当時の農具、美容室で使われていた機材、バイク、飲料のレプリカ、おもちゃなどを展示している。どれもが日本の昭和期を彷彿とさせるものばかりで、誰が見てもどこか懐かしさを感じるはずだ。説明文は英語のみだが見ているだけでも楽しい。15分程度で見て回れるので、時間があれば寄ってみよう。

▲マレーシアの昔の屋台の様子を再現

ローズ・バレー
住 148, Tringkap, Pahang
☎ (012)364-3208
開 9:30～18:00 休 無休
料 大人 RM5　子供 RM2
行き方 タナ・ラタのバスステーションから、カンポン・ラジャ行きに乗り、途中下車。所要約40分。タクシーで約20分。(現在バス運休中)

ラジュ・ヒル・ストロベリー・ファーム
携 (019)575-3867
開 8:30～18:00
休 無休　料 無料
行き方 タナ・ラタのバスステーションから、カンポン・ラジャ行きに乗り、途中下車。所要約30分。(現在バス運休中)

イー・フェン・グ養蜂場
住 75, Batu 43, Green Cow, Kea Farm Brinchang
☎ (05)496-1951
開 8:00～19:00
休 無休　料 無料
行き方 タナ・ラタのバスステーションから、カンポン・ラジャ行きに乗り、途中下車。所要約30分。(現在バス運休中)

サン・ポー寺院
行き方 ブリンチャンの町から徒歩10分。タナ・ラタのバスステーションから、カンポン・ラジャ行きに乗り、途中下車。所要約10分。タクシーで約10分。(現在バス運休中)

タイム・トンネル
開 9:00～18:00
料 大人 RM8　子供 RM4
行き方 タナ・ラタのバスステーションから、カンポン・ラジャ行きに乗り、途中下車。所要約20分。タクシーで約15分程度。(現在バス運休中)

ゴルフコース

スルタン・アハメッド・サハー・ゴルフ・クラブ Sultan Ahmad Shah Golf Club(SAS)
MAP P.119上-A1
☎ (05)491-1126
開 7:30～16:30
料 グリーンフィー RM95
※土・日・祝はRM120。
行き方 タナ・ラタからタクシーで約10分。

メモ キャメロン・ハイランドのジャングルには13のトレイルがある。おすすめはNo.4、5、9のトレイル。タナ・ラタにある各旅行会社で申し込むことができる。必ずガイドと一緒に行動すること。

タナ・ラタ　インド料理

レストラン・ブンガ・スリア

Restoran Bunga Suria　MAP P.119下-A

地元インド人に評判の店

地元の人も通う人気のレストラン。バナナリーフカレーやフィッシュヘッドカレー、定番のチキンカレーはもちろんタンドリーチキンやロティ・チャナイ、マサラ・トーセもおすすめ。インドのスイーツもあるのでカフェとしての利用もOK。

住66A Persiaran Camellia 3, Tanah Rata
☎(017)525-9001
営9:30～22:00
休無休　CC不可

タナ・ラタ　インド料理

クマール・レストラン

Kumar Restoran　MAP P.119下-A

本格的なインド料理が味わえる

朝食のロティ・チャナイはRM1.80程度で種類が豊富。チキンやフィッシュ、野菜などが選べるバナナリーフカレーセットは約RM8、店先にあるタンドール窯で焼く焼きたてのナンはRM2.10～。人気のセットメニューはRM10程度より。

住26 Main Rd, Tanah Rata
営7:00～22:00
休無休
CC不可

タナ・ラタ　インド料理

シン・チャパティ

Singh Chapati　MAP P.119下-A

北インド料理が楽しめる

小さな家族経営の北インド料理レストラン。満席だと、料理が出てくるまで待たされることもあるが、味は申しぶんない。スパイスの香り豊かなチキンマサラRM14.90(小)、チキンビリヤニRM18.90、ポテト&カリフラワーカレーがおすすめ。

住Brij Court、Tanah Rata
携(017)578-6454
営13:30～16:30、18:30～21:30
休無休　CC不可

タナ・ラタ　カフェ

ザ・バラック

The Barracks　MAP P.119下-A

居心地のいいカフェ&レストラン

第2次世界大戦中にイギリス軍によって造られたバラックをそのまま利用しているユニークなカフェ。ガーデンにテーブルが用意され、そこでスコーンや紅茶を楽しむことができる。パスタやサラダなどの洋食料理も用意されている。

住Tanah Rata
携(011)464-8883
営11:00～20:00(金・土・日～22:00)
休月　CC M V

COLUMN

ボー・ティー　Boh Tea

半島中部のキャメロン・ハイランドは、大規模なティー・プランテーションが広がる一大産地。その起源はインドやスリランカと同様、イギリス統治時代に遡る。ボー・ティーはキャメロン・ハイランドを代表する紅茶メーカーで、1929年にイギリス人J.A.ラッセルによって創設された。以後80余年にわたり、マレーシア国民に愛されるお茶として不動の地位を築き、今では日本やアメリカなどへも輸出されるブランドへと発展している。気になるお味はというと、しっかりしたテイストと豊かな香り、ほかの有名ブランドにも負けない品質である。王道は「Gold Blend」や、「Garden Tea」。アールグレイ、マンゴーなどのフレーバーシリーズ「Seri Songket」は、マレーシアの伝統的織物ソンケット柄をあしらったパッケージが人気。キャメロン・ハイランドでは、プランテーション見学ができ、テイスティングもできる。

▲マレーシアの主要都市のスーパーでも手に入る

メモ　香木として人気の「沈香」を独自に有機栽培し、お茶などのオリジナル商品を展開するHoga。広大な園内を散策することができ、カフェや資料館もある。URL hoga.my/

キャメロン・ハイランドのホテル
Hotel

ゴルフコース周辺　高級

キャメロン・ハイランズ・リゾート
Cameron Highlands Resort　MAP P.119上-A1

ゴルフ場に隣接する緑豊かなホテル

高い天井の広々とした客室、暖炉のあるラウンジなど優雅な時間を過ごせる高級ホテル。宿泊客向けに、ジム・トンプソンの謎の足取りをたどるツアーや、周辺の山を散策するツアーなども行っている。また日本人向けのゴルフパッケージあり。

住By The Golf Course, Tanah Rata　☎(05)491-1100
URL www.cameronhighlandsresort.com
予YTLトラベル・センター(KL)　☎現地(03)2783-1000
料デラックス RM650～　CC A D J M V　室56

ゴルフコース周辺　高級

ザ・スモーク・ハウス・ホテル&レストラン
The Smoke House Hotel & Restaurant　MAP P.119上-A1

異国情緒漂う英国スタイルのホテル

美しいイングリッシュガーデンと、おとぎ話に出てくるような建物が人気。建物は1937年に建造され、以前はクラブハウスとして使用されていた。客室はデラックスとスイートに分かれ、天蓋付きベッドにアンティーク家具で装飾され、ムードがある。

住By The Golf Course, Tanah Rata
☎(05)491-1215
URL www.thesmokehouse.com.my
料スイートRM580～　CC A D J M V　室16室+3棟

ゴルフコース周辺　高級

コプソーン・ホテル・キャメロン・ハイランド
Copthorne Hotel Cameron Highlands　MAP P.119上-B1

最高の眺望に日本人向けサービスも充実

標高1628mに建つ4つ星ホテル。エレガントな雰囲気の客室からは、壮大な山々や渓谷に囲まれた緑豊かな景色が楽しめる。屋内温水プールやフィットネス施設も充実している。レストランも施設内にある。

住Kea Farm, Brinchang
☎(05)496-1777
URL www.millenniumhotels.com
料スーペリア RM200～　CC A D J M V　室350

リングレット　高級

ザ・レイクハウス
The Lakehouse　MAP P.119上-A2

森と湖に囲まれた隠れ家的ホテル

ヨーロッパ・アルプスの山小屋を思わせるようなメルヘンチックな雰囲気。裏側には整備された庭があり、天蓋付きベッド、ひじかけ椅子など、客室はアンティーク家具でまとめられている。窓からは湖と丘が望め、アメニティも充実。

住30th Mile Ringlet
☎(05)495-6152
URL www.lakehouse-cameron.com
料デラックス RM675～　CC A M V　室19

ゴルフコース周辺　高級

ストロベリー・パーク・リゾート
Strawberry Park Resort　MAP P.119上-A1

森の洋館でプライベートタイムを満喫

森林に囲まれた、英国風のおしゃれなアパートタイプのリゾート。建物はA～Gの7つのブロックに分かれており、敷地内には手入れの行き届いた庭園がある。全室にバルコニー、リビング、バスタブが付いている。周辺はとても静か。

住Lot 195&196, Tanah Rata
☎(05)491-1166
URL www.strawberryparkresorts.com
料スタジオ RM332　CC A D J M V　室118

ブリンチャン　中級

パークランド・アパートメント
Parkland Apartment　MAP P.119上-A1

長期滞在型のアパートメントタイプ

タナ・ラタからブリンチャンに向かう途中、ゴルフコースのグリーンを見下ろす丘の上に建つ。白壁に黒い縁取りが施された現代な雰囲気の外観とは裏腹に、客室は古きよき時代のエレガントさを残したレトロな空間を演出している。

住Lot 134, Brinchang
☎(05)491-2366
URL parklandapartments.com.my
料3ベッドルーム RM261～　CC M V　室20

キャメロン・ハイランドにレンタカー会社は1軒(Sewa Kereta C Highlands)のみ。自由に観光したい人はタクシーのチャーターかレンタカーの利用。レンタバイクや現地発のツアーもあるので、観光案内所で確認を。

キャメロン・ハイランドのホテル
Hotel

タナ・ラタ　中級

ヘリテージ・ホテル
Heritage Hotel　MAP P.119下-A

高台にある人気のホテル

リゾートマンションも併設する、日本人長期滞在者に人気のホテル。リピーターも多く、敷地内には小さいながらも手入れの行き届いた見事な中庭がある。客室もきれいで、メインロードへも歩いて5分。長期滞在の場合は割引きになることも。

住 Jl. Gereja, Tanah Rata
☎ (05) 491-3888
URL www.heritage.com.my
料 スーペリア RM148　CC A D J M V　室 238

タナ・ラタ　安宿

アルンディナ・キャメロン・ハイランズ
Arundina Cameron Highlands　MAP P.119下-A

手つかずの自然が残る静穏空間を堪能

かわいらしい外壁が印象的な、一軒家風の3階建てホテル。客室は12室のみとこぢんまりとした造りだが、静穏な安らぎに満ちた空間&プライベートな時間が過ごせる。タナ・ラタの中心部にあるが、繁華街から離れているため静かに過ごすことができる。

住 17A, Jl. Mentigi, Tanah Rata
☎ (013) 530-6081
料 スタンダード RM120～
CC 不可　室 12

タナ・ラタ　安宿

キャメロニアン・イン
Cameronian Inn　MAP P.119下-A

広々とした緑あふれる庭が自慢

部屋はシンプルな造りだが、掃除が行き届いており清潔感がある。周囲はとても静かで、広々とした庭が自慢。また、共用のテレビルームもあり、旅行者の憩いの場となっている。ガイド付きのジャングルウオークツアーあり。Wi-Fiも完備。

住 16, Jl. Mentigi, Tanah Rata
☎ (05) 491-1327　URL www.thecameronianinn.com
料 ダブル(シャワー共有) RM58～　バルコニー付 RM128～
CC 不可　室 18

タナ・ラタ　安宿

ザ・クール・ポイント・ホテル
The Cool Point Hotel　MAP P.119下-A

中心地からすぐの便利な立地

タナ・ラタのメインロードからも近く、買い物や移動にも便利。客室も清潔で、4ベッドのファミリータイプの部屋もある。バックパッカーも宿泊するため、中級というよりはどちらかというと、安宿に近いといえる。レストランが併設されている。

住 891, Persiaran Dayang Endah, Tanah Rata
☎ (05) 491-4914
料 スタンダード RM115～
CC A M V　室 43

タナ・ラタ　安宿

ファーザーズ・ゲストハウス
Father's Guest House　MAP P.119下-A

町の喧騒から離れて静かなひとときを

タナ・ラタの町外れの小高い丘の上にあり、緑に囲まれた静かな立地。敷地内にはレストランがあり、インターネットや日替わりのビデオプログラムなどもある。欧米人に人気のゲストハウスだ。ボーの紅茶園を回るツアーなども用意。

住 4, Jl. Mentigi, Tanah Rata
携 (016) 566-1111　URL fathersguesthouse.net
料 ドミトリーRM30　共同シャワーⓈⒹRM75～
シャワー付きⓈⒹRM96～　CC M V　室 34

タナ・ラタ　安宿

トラベラー・バンカー・ホステル
Traveller Bunker Hostel　MAP P.119下-A

バックパッカーの集う安宿

清潔感を感じられる快適な客室とフレンドリーなスタッフ。トレッキングコースへのアクセスもよく、リピーターが多い。頻繁に開催されるイベントで、世界各国から集まるバックパッカーと交流を深めることができるのもうれしい。

住 No.82 B,Persiaran Camelia 4
☎ (05) 491-4557
料 ドミトリー RM25(8人部屋)　RM35(4人部屋)
CC M V　室 11

ゲンティン・ハイランド
Genting Highlands

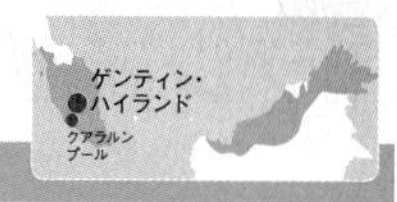

ゲンティン・ハイランドは、クアラルンプールから北東へ約51km。パハン州西部の州境付近に位置する、カジノで有名な高原リゾートだ。海抜約2000m、平均気温は約22℃前後と年間をとおして涼しい気候で、マレーシア最大のエンターテインメントシティとして知られている。また、2022年にオープンしたばかりの広大なテーマパーク「スカイワールド」や「スカイトロポリス」は子供連れの旅行者に人気。カジノ、遊園地、ゴルフ場など、アミューズメント施設も豊富に揃い、さわやかな涼しい環境のなかで楽しむことができる。

歩き方

ゲンティン・ハイランドは多彩な顔をもつ24時間眠らないリゾート。各施設の多くは、その頂上にある。タクシーや自家用車で行く場合は別だが、バスで訪れた場合は、山の中腹の**ゴー・トン・ジャヤGoh Tong Jaya**からゲンティン・スカイウエイと呼ばれるロープウエイで移動する。頂上までは約3.4km、所要時間は約15分。壮大な美しい景色を眺めながら、ゆっくりと山頂まで上ることができる。

頂上ではⒽゲンティン・ハイランドの下が駅になっており、ロープウエイもここに到着する。そこから各ホテルへは専用の通路で結ばれている。各ホテルへの案内板がたくさん出ているので、それに従って進めばOKだ。

また、「ゲンティン・ハイランド＝カジノ」というイメージが定着しているが、楽しさはまだまだ多彩。周辺には、豊かな自然が数多く残っており、ゴルフ、ジャングルトレッキングなども楽しめる。スターウォーズやスノーワールドなどのテーマパークも人気がある。

(注:この図は諸物件の位置関係をメインとしたデフォルメマップなので、距離は正確ではありません)

市外局番03

ACCESS

バス

クアラルンプールのプドゥ・セントラル(MAP P.51-C3)から所要約2時間30分、RM10(バス代のみ)。

クアラルンプールのKLセントラル駅から、ゲンティン・エクスプレスが8:30～19:30の1時間ごとに運行。所要1時間30分～3時間、RM20(ロープウエイ代込み)。各地へのバスは、中腹のバスステーションにバス会社のカウンターがある。ジョホール・バル、ペナン島行きなどが発着している。

タクシー

クアラルンプール中心街から所要1時間30分～2時間。料金は約RM120。

市内交通

テーマパーク・ホテル(バレー・ウィング)前の一角にタクシー乗り場がある。

ゲンティン・ハイランドの見どころ

URL www.rwgenting.com

アワナ・ゲンティン・ゴルフ・コース

マレーシア国内でも難易度が高い18ホールで知られている。場所は頂上からロープウエイで降りた下方。

料 9ホール　RM209～
18ホール　RM320～
※宿泊者は安くなる。

ここはマレーシア唯一の公認カジノがある場所として知られる。女性は長袖の洋服、男性はネクタイかバティックシャツを着用すること。入場は21歳以上。

フレイザーズ・ヒル

Fraser's Hill (Bukit Fraser)

フレイザーズ・ヒルは、クアラルンプールから北へ約100kmのパハン州にある高原リゾート。海抜1524m、平均気温21～23℃と涼しい気候で、避暑地として人気が高い。チューダー調のバンガローやコロニアル様式のシャレー、松の木が連なる丘など、イギリスの田園風景を彷彿とさせる静かな所だ。また、マレーシアで最も古くからあるゴルフ場、ザ・ロイヤル・フレイザーズ・ヒル・ゴルフ・クラブがあるほか、約270種もの鳥が観察されたバードウオッチングの名所としても有名だ。

市外局番09

ACCESS

鉄道&タクシー
クアラルンプールのKLセントラル駅からKTMコミューターでクアラ・クブ・バル駅下車。所要1時間30分。RM7～17。その後タクシーで約1時間、RM50～80。

タクシー
フレイザーズ・ヒルを訪れる人はほとんどがクアラルンプールからタクシーで向かう。クアラルンプール市内からはRM400程度が目安。

ⓘインフォメーションセンター
URL www.pahangtourism.org.my
☎(09)362-2007

市内交通
市内の交通手段はない。どうしても足が必要な人はラウブRaubからタクシーを呼ぼう。とはいっても、フレイザーズ・ヒルはとても小さな町だ。美しい景色のなかでゆったりと流れる時を楽しもう。

ジェリアウの滝
フレイザーズ・ヒルの北側約5kmに位置する美しい滝で、ピクニック場、シャワー室、更衣室の公共施設が整っている。

ネイチャートレイルも人気
高原周辺には、いくつかのネイチャートレイルがある。入口には案内板がありルート図などが設置されている。初心者向けの短いハイキングコースから1日かけて散策する本格的なコースまでさまざま用意されている。

行き方

フレイザーズ・ヒルは、日帰りで行ける気軽な高原リゾート。曲がりくねった険しい山道が続き、山を上がるにつれ、植物や気候がどんどん変化する。車で向かう際は、酔い止めを持参しよう。

歩き方

麓となる町の中心地にはマーケット・スクエアがあり、おもな見どころや施設もこの周辺に集まっている。ⓘインフォメーションセンター、郵便局、ホテルなどが並んでいる。広場中央には時計台が建っているので、あたりを観光する際は、それを目印に回るといいだろう。

自然に興味のある人は、バードウオッチングがおすすめ。ただし、ガイドなしでは危険なので、絶対に素人だけの入山はやめよう。そのほか、花の栽培園、ジュリアウの滝などもある。

また、フレイザーズ・ヒルではトレッキングが人気。町の周囲にトレイルが整備され、トレイルマップはホテルなどで手に入る。

ユネスコのジオパークに指定されているランカウイ島

Island Resorts
アイランド・リゾート

AREA GUIDE

アイランド・リゾート

Island Resorts

西をマラッカ海峡、東を南シナ海に挟まれたマレー半島は、ビーチリゾートが充実している。アジアを代表するリゾートのひとつペナン島やランカウイ島には、おしゃれなホテルやスパ、ゴルフ場などが揃う。手つかずの大自然を満喫するなら、パンコール島やティオマン島もおすすめだ。

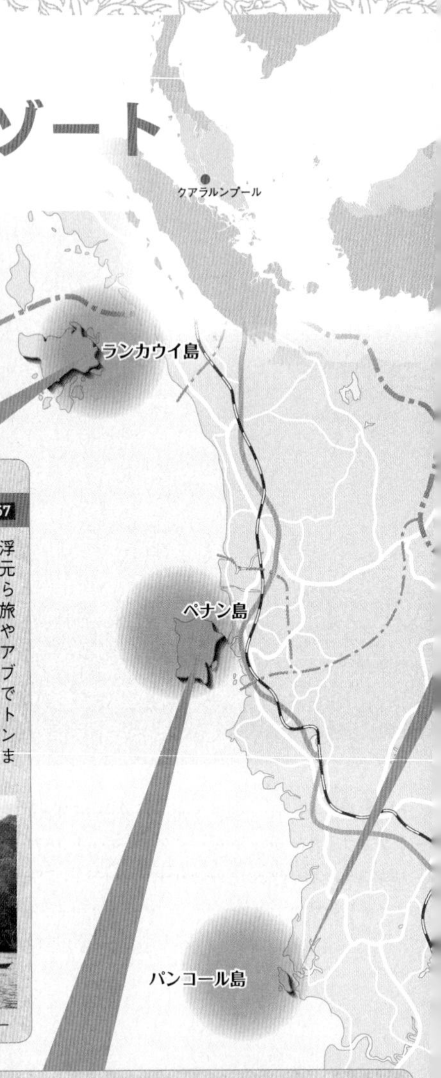

クアラルンプール
ランカウイ島
ペナン島
パンコール島

マレーシア随一のリゾートアイランド

ランカウイ島

➡P.157

マレーシアとタイの国境付近のアンダマン海に浮かぶ人気のリゾートアイランドで、マハティール元首相の出身州としても有名。免税の島としても知られており、本国からのマレーシア人や、世界中の旅行者がシーズンを問わず訪れている。また、地質や地形などの貴重な地質遺産が認められ、東南アジアでは唯一、ジオパークに認定された。マングローブをボートやカヤックで巡り、ジオパークの見学ができるツアーもあり人気だ。もちろんビーチリゾートとしてもマレーシア随一でパンタイ・チェナンやパンタイ・テンガーはバックパッカーからファミリーまで、いつも多くの観光客でにぎわっている。

▲マングローブが育む豊かな自然に包まれるカヤックツアー

マレーシアの歴史が刻まれたオールドタウン

ペナン島

➡P.130

イギリスの植民地時代の面影を残す町ジョージタウンには、コロニアル様式の建物が今なお点在し、ペナン島を代表する見どころのひとつになっており、2008年にユネスコ世界文化遺産として登録された。ジョージタウンには、18世紀後半に建てられたショップハウスを利用したヘリテージホテルやカフェ、おみやげ店などもある。また、世界遺産以外には、マレー料理やインド料理、中国料理などの屋台グルメ、島の北部にあるビーチリゾートエリアではリゾートライフやマリンアクティビティなどが体験できる。歴史とグルメ、ビーチリゾートと三拍子揃ったマレーシアでも有数の観光地。

▲壁画アートでも有名なジョージタウン

手つかずの自然が残る小さなビーチリゾート

パンコール島

➡P.176

マレー半島西海岸の古い港町ルムッの沖合11kmの所に浮かぶ、隠れ家のようなすてきな島。神秘の熱帯雨林、エメラルド色に輝く海、世界をあかね色に染める夕日……。さらには、マレーシア屈指の高級リゾートⒽパンコール・ラウト・リゾートもある。ここではアジア随一といわれる極上のスパも体験できる。時間と喧騒を忘れて過ごせる、理想郷がここにある。

▲Ⓗパンコール・ラウト・リゾート

▲ビーチではマリンスポーツが楽しめる

旅のベストシーズン

ペナン島、ランカウイ島、パンコール島	**11〜4月**
ティオマン島	**3〜9月**

マレー半島西部に位置するペナン島、ランカウイ島、パンコール島は、11〜4月がベストシーズン。5〜9月はモンスーン期に入り雨が多くなる。雨季といってもスコールなので、リゾートは年間を通じてオープンしている。一方、マレー半島東部に位置するティオマン島は、3〜9月がベストシーズン。10〜2月は雨季となる。

世界中のダイバーが憧れるダイバーズ天国

ティオマン島

➡P.180

神秘的な物語に彩られた素朴さが魅力の島。映画『南太平洋』の舞台となったことでも知られる美しいビーチがあり、一歩山に入れば野生の動植物の宝庫でもある。ダイビングスポットとしても知られ、日本人の駐在するショップもある。また、ホテルも高級リゾートからバックパッカー向けのゲストハウスまで揃っており、気軽に訪れることができるのもこの島の魅力といえるだろう。

▲サーフスポットとしても有名

▲ダイバー憧れの島

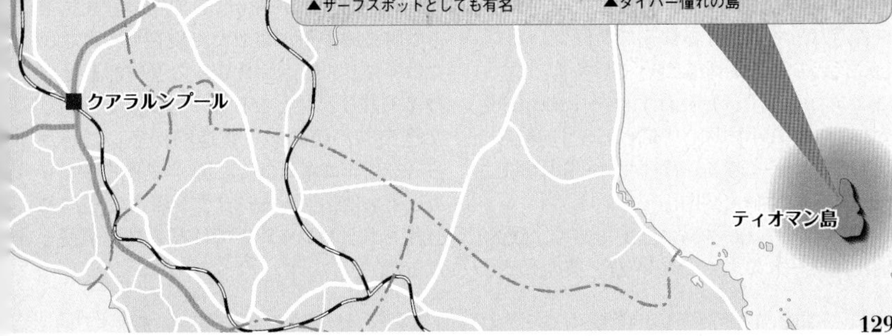

クアラルンプール

ティオマン島

ペナン島

ペナン島
クアラルンプール

Pulau Pinang (Penang)

▲カラフルな乗り物トライショーと世界遺産ジョージタウンの風情ある町並み

ペナン州は、バタワースを中心とした西海岸北部のウェスレー地方とペナン島のふたつから構成されている。ペナン島は、南北約24km、東西約15kmのインド洋に浮かぶ大きな島。「ペナン」とは、マレーシア語でヤシ科の植物であるビンロウジュのことで、マレーシアの老人が好んで口にするフルーツのひとつといわれている。人口は約70万人。そのうち、過半数を華人(中国系)が占めており、マレーシアの中で、最も華人の人口が多い所だ。平均気温は24～32℃と変化が少なく、1年をとおしてTシャツ＆短パンで過ごせる快適な気候だ。ただし、代わりに年間雨量がとても多く、雨季にはスコールや、時には1日中雨が降り続くこともあり、小雨季と呼ばれる5月前後も、比較的雨が多くなる。雨季は4～9月頃で、一番暑いのは1～2月頃。

また、ペナン島は島の歴史も古く、観光地＆リゾートのふたつの魅力を兼ね備え、マレーシア第2の観光都市として、世界中から多くの人々が訪れている。

ペナン島は、イギリスがマレーシアに最初に入植した地で、その歴史は1786年、イギリス東インド会社のフランシス・ライトが、東南アジア進出の拠点にこの島を選んだことから始まる。以後、この島はイギリス東インド会社に譲渡され、「プリンス・オブ・ウェールズ島」の名のもとに、東西貿易の中継地である自由港として発展してきた。それにより、西洋、中国、イスラム、ヒンドゥー文化が融合する独特の雰囲気をもつ町並みが形成された。現在も、町なかにはイギリス統治時代からの歴史的遺産が数多く残り、見どころも多彩だ。そういった歴史的価値のある建造物が多いことから、2008年ユネスコにより、半島側のマラッカとともに、ジョージタウンが世界遺産に登録され、マレーシアでは初の文化遺産となった。

メモ　ペナン島の名前の由来となったビンロウジュは、太平洋の島々、アジア、東アフリカの一部で見られるヤシ科の植物で、その種は嗜好品としてかみたばこのように楽しまれていた。

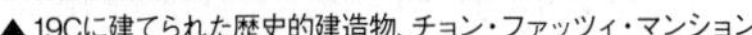

▲19Cに建てられた歴史的建造物、チョン・ファッツィ・マンション

▲ほのぼのとしたストリートアートはペナンの見どころ

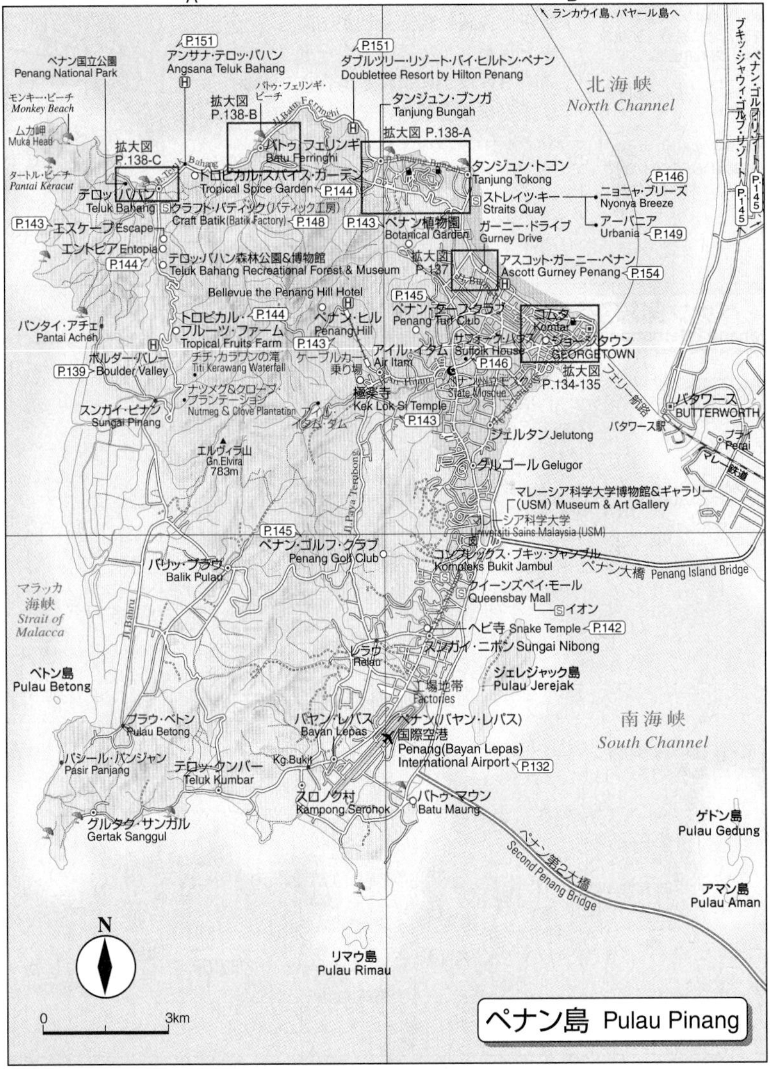

A
B
1
2

ランカウイ島、パヤール島へ
ペナン国立公園
Penang National Park
P.151
アンサナ・テロッ・バハン
Angsana Teluk Bahang
P.151
ダブルツリー・リゾート・バイ・ヒルトン・ペナン
Doubletree Resort by Hilton Penang
北海峡
North Channel
ペナン・ゴルフ・リゾート
ブキッ・ジャウィ・ゴルフ・リゾート
P.145
P.145
モンキー・ビーチ
Monkey Beach
ムカ岬
Muka Head
拡大図
P.138-B
バトゥ・フェリンギ・ビーチ
タンジュン・ブンガ
Tanjung Bungah
拡大図 P.138-A
バトゥ・フェリンギ
Batu Ferringhi
拡大図
P.138-C
タートル・ビーチ
Pantai Keracut
トロピカル・スパイス・ガーデン
Tropical Spice Garden
P.144
タンジュン・トコン
Tanjung Tokong
P.146
テロッ・バハン
Teluk Bahang
クラフト・バティック(バティック工房)
Craft Batik(Batik Factory)
P.148
ストレイツ・キー
Straits Quay
ニョニャ・ブリーズ
Nyonya Breeze
P.143
エスケープ Escape
P.143
ペナン植物園
Botanical Garden
ガーニー・ドライブ
Gurney Drive
アーバニア
Urbania
P.149
エントピア Entopia
P.144
テロッ・バハン森林公園&博物館
Teluk Bahang Recreational Forest & Museum
拡大図
P.137
アスコット・ガーニー・ペナン
Ascott Gurney Penang
P.154
Bellevue the Penang Hill Hotel
P.145
ペナン・ターフ・クラブ
Penang Turf Club
トロピカル・フルーツ・ファーム
Tropical Fruits Farm
P.144
ペナン・ヒル
Penang Hill
コムタ
Komtar
パンタイ・アチェ
Pantai Acheh
P.143
ケーブルカー乗り場
サフォーク・ハウス
Suffolk House
ジョージタウン
GEORGETOWN
チチ・カラワンの滝
Titi Kerawang Waterfall
アイル・イタム
Air Itam
P.146
P.139
ボルダー・バレー
Boulder Valley
州立モスク
State Mosque
拡大図
P.134-135
ナツメグ&クローブ・プランテーション
Nutmeg & Clove Plantation
極楽寺
Kek Lok Si Temple
フェリー航路
スンガイ・ピナン
Sungai Pinang
アイル・イタム・ダム
P.143
バタワース
BUTTERWORTH
バタワース駅
ジェルタン Jelutong
プライ
Perai
エルヴィラ山
Gn.Elvira
783m
グルゴール Gelugor
マレー鉄道
Jl.Paya Terubong
マレーシア科学大学博物館&ギャラリー
(USM) Museum & Art Gallery
マレーシア科学大学
Universiti Sains Malaysia (USM)
P.145
ペナン・ゴルフ・クラブ
Penang Golf Club
コンプレックス・ブキッ・ジャンブル
Kompleks Bukit Jambul
バリッ・プラウ
Balik Pulau
ペナン大橋 Penang Island Bridge
マラッカ海峡
Strait of Malacca
クイーンズベイ・モール
Queensbay Mall
イオン
Jl.Bahru
ヘビ寺 Snake Temple
P.142
レラウ
Relau
スンガイ・ニボン Sungai Nibong
ペトン島
Pulau Betong
ジェレジャック島
Pulau Jerejak
工場地帯
Factories
南海峡
South Channel
プラウ・ベトン
Pulau Betong
バヤン・レパス
Bayan Lepas
ペナン(バヤン・レパス)国際空港
Penang(Bayan Lepas) International Airport
P.132
パシール・パンジャン
Pasir Panjang
テロッ・クンバー
Teluk Kumbar
Kg.Bukit
スロノク村
Kampong Serohok
バトゥ・マウン
Batu Maung
ゲドン島
Pulau Gedung
グルタク・サンガル
Gertak Sanggul
ペナン第2大橋
Second Penang Bridge
アマン島
Pulau Aman
N
リマウ島
Pulau Rimau
0
3km

ペナン島 Pulau Pinang

メモ さまざまな言語が飛び交うペナン。なかでもユニークなのは中国語で、福建語を基本に、マレー語や英語がミックスされた独特の言葉。"ペナン福建"ともよばれている。

市外局番04

ACCESS

飛行機

クアラルンプールからマレーシア航空が1日5〜7便、所要約1時間(RM123〜)。

エアアジアが1日5便(RM85〜)。ランカウイ島からはマレーシア航空とファイアーフライ航空、エアアジアなど合わせて1日5便、所要約40分(RM75〜)。そのほかの地方主要都市や近隣諸国からの直行便が多数ある。

バス

クアラルンプールのTBSバスステーション(MAP P.48-B2)から複数のバス会社が1〜2時間ごとに運行。所要5〜6時間、RM38程度。

タクシー

クアラルンプールから所要約6時間30分。

フェリー

ランカウイ島から1日2便、所要約2時間45分、RM73.60(2022年10月末時点運休中)。

アクセス

空路 BY AIR

日本からペナン島への直行便はないので、クアラルンプール国際空港(KLIA)からマレーシア航空の国内線、格安航空ターミナル(KLIA2)からエアアジアなどを利用する、もしくはクアラルンプール市内にあるスバン空港からファイアーフライ航空やバティック・エア(旧マリンド・エア)を利用して行くことも可能。所要時間は50分〜1時間。このほか近隣諸国を経由してペナン島へ乗り入れているフライトを利用することもできる。香港、シンガポール、タイのバンコク、インドネシアのメダンから、マレーシア航空や各国の航空会社が国際線を運航している。マレーシア国内各地から訪れる場合には格安航空会社のエアアジアやファイアーフライ航空が便利だ。地方都市のほか、タイのプーケット島からの便もある。

▲ペナン国際空港の出発ターミナル

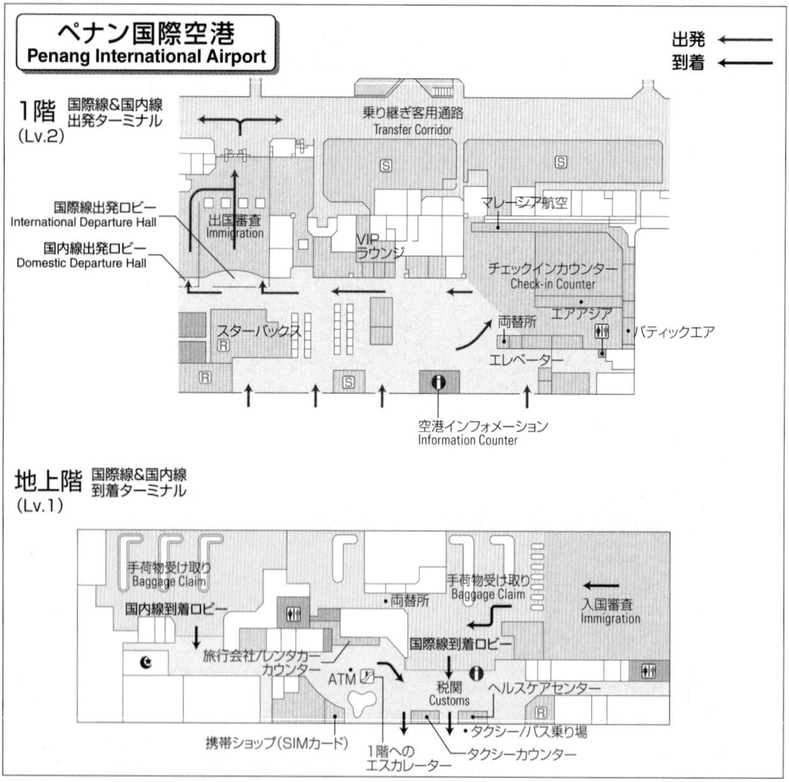

ペナン国際空港
Penang International Airport

出発 ←
到着 ←

1階 (Lv.2) 国際線&国内線 出発ターミナル

乗り継ぎ客用通路 Transfer Corridor
国際線出発ロビー International Departure Hall
国内線出発ロビー Domestic Departure Hall
出国審査 Immigration
VIPラウンジ
マレーシア航空
チェックインカウンター Check-in Counter
エアアジア
バティックエア
両替所
エレベーター
スターバックス
空港インフォメーション Information Counter

地上階 (Lv.1) 国際線&国内線 到着ターミナル

手荷物受け取り Baggage Claim
国内線到着ロビー
両替所
手荷物受け取り Baggage Claim
入国審査 Immigration
国際線到着ロビー
旅行会社/レンタカーカウンター
ATM
税関 Customs
ヘルスケアセンター
携帯ショップ(SIMカード)
1階へのエスカレーター
タクシーカウンター
タクシー/バス乗り場

メモ 世界遺産の都市ペナンとマラッカの2都市をいちどに巡りたいなら、バティック・エア(旧マリンド・エア)の直行便を利用しよう。1日1便なので、早めの予約をおすすめ。

ペナン国際空港

国際・国内線ともにこの空港に発着しているが、規模はさほど大きくない。ペナン島に到着したら、まずは入国審査、手荷物を受け取り、税関審査、両替の順番に手続きを済ませる。

空港から市内へ

エアポートタクシーが出ており、到着ロビーにある「Taxi」という看板を掲げたカウンターでチケットを購入する。行き先に応じて料金が決まっている。ジョージタウンへは、所要約35分、RM44.70。ビーチ方面へは所要45分〜1時間、RM54.70〜74。

バスの場合は、ジョージタウンへは401か401Eのラピッド・ペナン(RM2.7)、バトゥ・フェリンギやタンジュン・ブンガへは102のラピッド・ペナン(RM5)に乗る。所要時間は1時間〜1時間30分。渋滞時はかなり時間がかかる。現在、乗り場はタクシーと同じ空港地上階の、入口を出たところにある。

長距離バス BY BUS

クアラルンプールやマレーシアの主要都市、シンガポールなどからさまざまな会社の長距離バスが1日数本運行。クアラルンプールから所要5〜6時間、RM38程度。また、対岸にある商業都市バタワースまで長距離バスを利用して、そこからフェリーで渡る方法もある(→下記)。

長距離タクシー BY TAXI

近郊州を走る長距離タクシーがある。料金は1台当たりになるので、ひとりでも4人分の料金を支払えば出発する。クアラルンプールから、所要約5〜6時間。

電車 BY TRAIN

マレー鉄道の主要駅のひとつであるバタワースButterworth駅までマレー鉄道で行き、そこからバスやフェリーで、ペナン島へ渡る。マレー鉄道については→P.379。

フェリー BY FERRY

バタワース発着は6:00〜20:30まで30分〜1時間30分間隔で運航している。所要約30分、運賃はバタワース→ペナンはRM1.20でペナン→バタワースは無料。速いファストフェリーもあり、バタワース発6:30〜20:30、所要6〜10分、片道RM1.20。ペナン側の乗降はランカウイ行きフェリー乗り場と同じ。ランカウイ島からは毎日2便、所要約2時間45分でランカウイ・フェリー・サービスが運航していたが、現在運休中(2022年10月末時点)。

各航空会社の問い合わせ先

● **マレーシア航空**
住 Level 2, Departure Hall Penang International Airport, 11900 Bayan Lepas
URL malaysiaairlines.com

● **エアアジア**
URL airasia.com

● **ファイアーフライ航空**
URL fireflyz.com.my

空港から市内へのタクシー料金(定額)

ジョージタウン RM44.70
タンジュン・ブンガ RM54.70〜69
バトゥ・フェリンギ RM74
テロッ・バハン RM74
※0:00〜6:00は5割増し。

バタワースButterworth

ペナンの対岸に位置する、マレー半島からのゲートウエイとなる町。クアラルンプールをはじめマレーシア各都市からのバスが発着し、マレー鉄道の国際急行も停車する。バタワース鉄道駅、バスステーション、フェリー乗り場は歩道橋で結ばれている。

長距離バス会社

● **トランスナショナル Transnasional**
☎ 現地(017)659-2527
URL transnasional.com.my

長距離バスのチケットは、バスターミナルやバス会社の代理店などで扱っている。インターネットの予約も便利(→P.60)クアラルンプールをはじめ、コタ・バル、イポー行きなどがある。

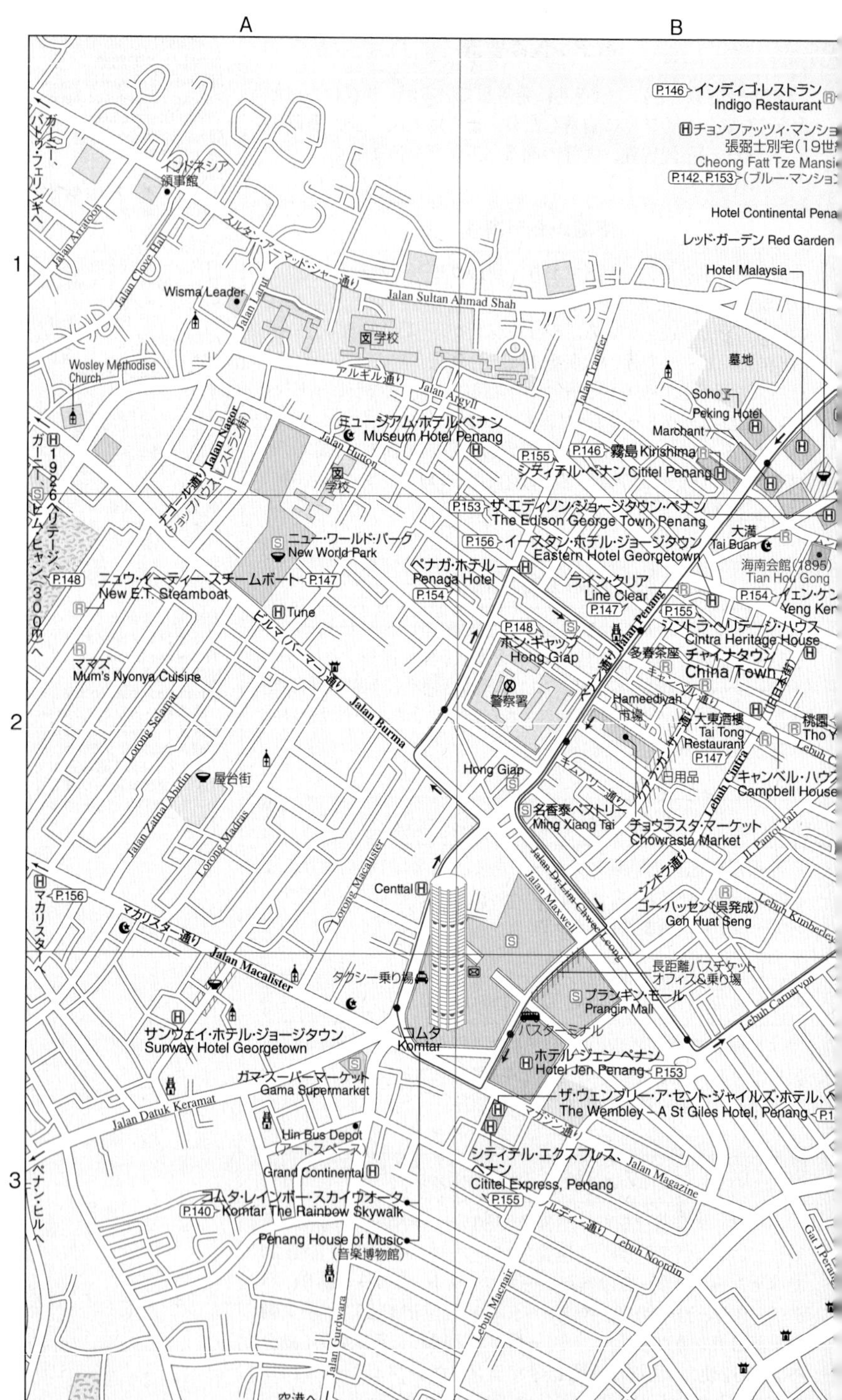

A
B
1
2
3
P.146 インディゴ・レストラン Indigo Restaurant
チョンファッツィ・マンション 張弼士別宅(19世紀) Cheong Fatt Tze Mansion
P.142、P.153 (ブルー・マンション)
Hotel Continental Penang
レッド・ガーデン Red Garden
Hotel Malaysia
インドネシア領事館
スルタン・アーマッド・シャー通り
Jalan Sultan Ahmad Shah
Wisma Leader
学校
墓地
Wosley Methodise Church
アルギル通り
Jalan Argyll
Soho
Peking Hotel
Marchant
ミュージアム・ホテル・ペナン Museum Hotel Penang
Jalan Hutton
P.146 霧島 Kirishima
P.155 シティテル・ペナン Cititel Penang
ナゴール通り Jalan Nagor (ショップハウス・レストラン街)
P.153 ザ・エディソン・ジョージタウン・ペナン The Edison George Town, Penang
ニュー・ワールド・パーク New World Park
P.156 イースタン・ホテル・ジョージタウン Eastern Hotel Georgetown
大満 Tai Buan
海南会館(1895) Tian Hou Gong
P.148 ニュウ・イーティー・スチームボート P.147 New E.T. Steamboat
ペナガ・ホテル Penaga Hotel P.154
ライン・クリア Line Clear P.147
P.154 イエン・ケン Yeng Ken
Tune
P.155 シントラ・ヘリテージ・ハウス Cintra Heritage House
P.148 ホン・ギャップ Hong Giap
ママズ Mum's Nyonya Cuisine
ビルマ(バーマー)通り Jalan Burma
警察署
ペナン通り Jalan Penang
多春茶座 チャイナタウン China Town
Hameediyah 市場
大東酒楼 Tai Tong Restaurant P.147
桃園 Tho Yuen
Lorong Selamat
屋台街
Jalan Zainal Abidin
Lorong Madras
Hong Giap
キャンベル通り
日用品
キャンベル・ハウス Campbell House
名香泰ペストリー Ming Xiang Tai
チョウラスタ・マーケット Chowrasta Market
クアラ・カンサー通り
Lebuh Cintra
Jl. Pintal Tali
Lorong Macalister
Centtal
Jalan Maxwell
Jalan Dr. Lim Chwee Leong
シントラ通り
ゴー・ハッセン(呉発成) Goh Huat Seng
Lebuh Kimberley
P.156 マカリスター通り Jalan Macalister
マカリスターへ
長距離バスチケットオフィス&乗り場
タクシー乗り場
プランギン・モール Prangin Mall
Lebuh Carnarvon
サンウェイ・ホテル・ジョージタウン Sunway Hotel Georgetown
コムタ Komtar
バスターミナル
ホテル・ジェン・ペナン Hotel Jen Penang P.153
ガマ・スーパーマーケット Gama Supermarket
ザ・ウェンブリー・ア・セント・ジャイルズ・ホテル、ペナン The Wembley – A St Giles Hotel, Penang
Jalan Datuk Keramat
Hin Bus Depot (アートスペース)
マガジン通り
シティテル・エクスプレス、ペナン Cititel Express, Penang P.155
Jalan Magazine
Grand Continental
コムタ・レインボー・スカイウオーク P.140 Komtar The Rainbow Skywalk
ノルディン通り Lebuh Noordin
Penang House of Music (音楽博物館)
Jalan Gurdwara
Lebuh Macnair
空港へ
ガーニー、バトゥ・フェリンギへ
ガーニー、ヒム・ヒャン(300m)へ
1926ヘリテージ
ペナン・ヒルへ
Jalan Arratoon
Jalan Clove Hall
Jalan Larut
Jalan Transfer

メモ Ⓢニュー・ワールド・パーク近くのナゴール通りには、色鮮やかなショップハウス群が建ち並び、それらを改装した魅力的なレストランが多く夜がにぎやか。Ⓗサンウェイ近くの屋台街も夜が本番。

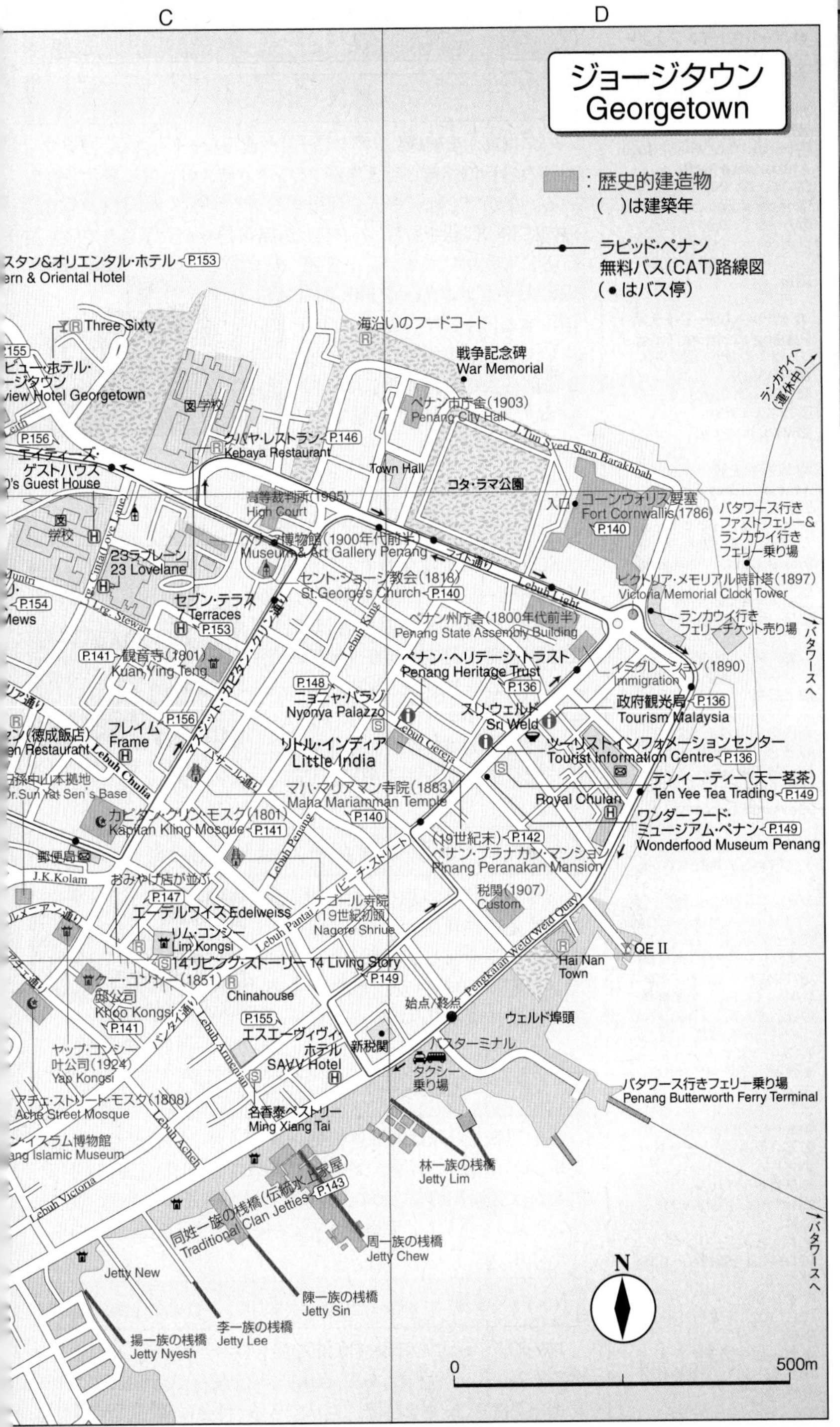
C
D
ジョージタウン
Georgetown
：歴史的建造物
( )は建築年
ラピッド・ペナン
無料バス(CAT)路線図
(●はバス停)
Three Sixty
海沿いのフードコート
戦争記念碑
War Memorial
ペナン市庁舎(1903)
Penang City Hall
J. Tun Syed Shen Barakhbah
クバヤ・レストラン P.146
Kebaya Restaurant
Town Hall
コタ・ラマ公園
高等裁判所(1905)
High Court
入口
コーンウォリス要塞
Fort Cornwallis(1786)
P.140
バタワース行き
ファストフェリー&
ランカウイ行き
フェリー乗り場
ペナン博物館(1900年代前半)
Museum & Art Gallery Penang
ライト通り
Lebuh Light
23ラブレーン
23 Lovelane
セント・ジョージ教会(1818)
St.George's Church P.140
ヴィクトリア・メモリアル時計塔(1897)
Victoria Memorial Clock Tower
セブン・テラス
7 Terraces
P.153
ペナン州庁舎(1800年代前半)
Penang State Assembly Building
ランカウイ行き
フェリーチケット売り場
P.141 観音寺(1801)
Kuan Ying Teng
ペナン・ヘリテージ・トラスト
Penang Heritage Trust
P.136
イミグレーション(1890)
Immigration
P.148
ニョニャ・パラッツォ
Nyonya Palazzo
スリ・ウェルド
Sri Weld
政府観光局 P.136
Tourism Malaysia
フレイム P.156
Frame
リトル・インディア
Little India
ツーリストインフォメーションセンター
Tourist Information Centre P.136
Lebuh Chulia
Lebuh Gereja
テンイー・ティー(天一茗茶)
Ten Yee Tea Trading P.149
マハ・マリアマン寺院(1883)
Maha Mariamman Temple
P.140
Royal Chulan
カピタン・クリン・モスク(1801)
Kapitan Kling Mosque P.141
ワンダーフード・
ミュージアム・ペナン P.149
Wonderfood Museum Penang
(19世紀末) P.142
ペナン・プラナカン・マンション
Pinang Peranakan Mansion
郵便局
J.K.Kolam
おみやげ店が並ぶ
税関(1907)
Custom
P.147
エーデルワイス Edelweiss
ナゴール寺院
(19世紀初頭)
Nagore Shrine
Lebuh Pantai
リム・コンシー
Lim Kongsi
14リビング・ストーリー 14 Living Story
P.149
QE II
Hai Nan
Town
クー・コンシー(1851)
邱公司
Khoo Kongsi
P.141
Chinahouse
P.155
エスエーヴィヴィ・
ホテル
SAVV Hotel
新税関
始点/終点
ウェルド埠頭
バスターミナル
タクシー
乗り場
Pengkalan Weld Weld Quay
ヤップ・コンシー
叶公司(1924)
Yap Kongsi
Lebuh Armenian
アチェ・ストリート・モスク(1808)
Ache Street Mosque
名香泰ペストリー
Ming Xiang Tai
バタワース行きフェリー乗り場
Penang Butterworth Ferry Terminal
Lebuh Acheh
イスラム博物館
Islamic Museum
林一族の桟橋
Jetty Lim
Lebuh Victoria
同姓一族の桟橋(伝統水上家屋)
Traditional Clan Jetties P.143
周一族の桟橋
Jetty Chew
Jetty New
陳一族の桟橋
Jetty Sin
李一族の桟橋
Jetty Lee
揚一族の桟橋
Jetty Nyesh
ランカウイへ(運休中)
バタワースへ
N
0
500m
スタン&オリエンタル・ホテル P.153
Eastern & Oriental Hotel
P.155
ビュー・ホテル・ジョージタウン
view Hotel Georgetown
P.156
エイティーズ・ゲストハウス
80's Guest House
学校
Cintra Love Lane
P.154
Lrg. Stewart
Mews
(徳成飯店)
Restaurant
孫中山本拠地
Dr.Sun Yat Sen's Base

メモ　ジョージタウンの見どころ巡りはラピッド・ペナンの「CAT」という無料バスを利用すると便利。起点はコムタとフェリーターミナルで、15～20分おきに巡回している。ルートマップは上記を参照。

島内交通

バス BY BUS

バスは島内を網羅し、バタワースへ渡るルートもある。ワンマンバスの場合は路線と行き先がフロントガラスの上部に表示されている。なかでも地元の人も利用するラピッド・ペナン社のバスは、島内に49の路線をもち、バス停にも路線番号が表示されていて旅行者にも利用しやすい。主要路線の大半がコムタ(→P.140)下に停車するほか、プンカラン・ウェルド(ウェルド埠頭)のフェリー乗り場前も大きな発着場になっている。島内移動なら運賃はRM1.40〜4。

▲ジョージタウン内を走る無料バス「CAT」

タクシー BY TAXI

乗車の際に値段交渉するのが一般的で、ジョージタウン市内の移動はRM15〜20、チャーターの場合は1時間RM60程度が目安。0:00〜6:00は5割増し。流しのタクシーはあまり走っていないので、ホテルやショッピングモールなどでつかまえよう。最近はタクシー配車アプリGrabの利用も可能。

▲乗車前に行き先を告げ料金を確認すること

トライショー BY TRISHAW

ペナン島特有の乗り物で、市内見物をするのに最適。ジョージタウンの見どころを回る場合はチャーターで1時間RM50が目安。風情があるので一度は乗ってみたい。

▲人力三輪車で運転手は背後

レンタカー BY RENT-A-CAR

車を運転する際は国外運転免許証が必要。車は空港、高級ホテル、レンタカーショップなどで借りられる。1日RM150〜が目安。町なかは交通量が多いので、運転には十分気をつけよう。事前にオンラインで予約し、到着後すぐにキーを受け取ることもできる。

レンタサイクル BY RENT-A-CYCLE レンタバイク BY RENT-A-MOTORCYCLE

レンタルショップのほか、自転車の場合はホテルで貸し出しやスマホアプリのリンクバイクもある。専用アプリを使って、市内25のステーションで借り、好きな時間に返却できる。料金は5時間RM8程度。

ペナン島の観光案内所

ℹツーリストインフォメーションセンター
Tourist Information Centre

ペナン島内の観光情報が主。州管轄。

MAP P.135-D2
住 No.10, The Whiteaways Arcade, Lebuh Pantai
☎(04)263-1166
URL mypenang.gov.my
開 月〜金　9:00〜17:00
土　9:00〜15:00
日　9:00〜13:00
休 祝

ℹペナン・ヘリテージ・トラスト
Penang Heritage Trust

ペナンの歴史と遺産保存。

MAP P.135-D2
住 26, Lebuh Gereja
☎(04)264-2631
URL www.pht.org.my

ℹ政府観光局
Tourism Malaysia

MAP P.135-D2

ペナン島だけでなくマレーシア全体の観光案内。

住 No.11, Beach St. Georgetown
☎(04)261-0058
URL www.malaysia.travel
開 月〜木　8:00〜13:00
14:00〜17:00
金　8:00〜12:15
14:45〜17:00
休 土・日・祝

島内の主要バス会社

●ラピッド・ペナン
Rapid Penang

☎(04)238-1212
URL www.rapidpg.com.my

車内はクーラーが効いていて快適だ。ホームページには、ルートマップや料金が掲載されている。

ラピッド・ペナンの無料バス

ラピッド・ペナンはCAT(Central Area Transit)と称して、ジョージタウン内に無料バスを走らせている。車体には"Hop On Free(乗車無料)"の表示がある。ジョージタウンの観光地を網羅している。P.134〜135のルートマップを参照。運行時間は6:00〜23:40。

ジョージタウンから近郊へのアクセス例(ラピッド・ペナン)

●テロッ・バハン
101か102　所要約40分、RM4

●バトゥ・フェリンギ
101か102、所要約40〜50分、RM2.70

●タンジュン・ブンガ
101、102　所要約25分、RM2

●ガーニープラザ
10、103、304　所要約15分、RM1.40

メモ 観光やショッピングでバスを利用する人も多いと思うがひとつ注意点がある。ペナン島のバスは、お釣りを用意していないので、必ずぴったり払うこと。どうしても小銭がない場合は、乗客に両替をお願いしてみよう。

歩き方

世界遺産に登録された歴史都市ジョージタウン

島の中心地は、イギリス統治時代の面影が色濃く残るジョージタウン。町を歩くときは、**チュリア通りLebuh Chulia**を境に北と南に分けると歩きやすく、世界遺産に登録されたおもな建造物は東側に集まっている（MAP P.134〜135）。

チュリア通りの北側には、西洋文化が残る見どころが点在するほか、フェリー乗り場、ⓘツーリストインフォメーションセンター、そして、このエリアを代表する白い時計塔がある。当時の中国人実業家がイギリスのビクトリア女王にささげるために創立したもので、1902年に完成した。さらに、**マスジット・カピタン・クリン通りJl. Masjid Kapitan Keling**から東側一帯は、マレーシアでも有数のインド人街になっている。

一方南側は、中国寺院やモスクなどの宗教的建物が目立つほか、ジョージタウンを象徴する高層の商業ビル**コムタKomtar**がある。目抜き通りの**ペナン通りJl. Penang**には、チョウラスタ・マーケットがある。屋台が軒を連ねており、なかでもマーケットの東側の**クアラ・カンサー通りJl. Kuala Kangsar**は最も人出が多い。朝は市場も立ち、ペナン島のチャイナタウンとも呼ばれるにぎやかな通りだ。ジョージタウンからタクシーで20分ほど海岸線を北上すると、ガーニーにたどり着く。海辺の開放的なロケーションにある屋外屋台街**ガーニードライブGurney Drive**が人気だ。

在ペナン日本国総領事館 Consulate-General of Japan in Penang
住 Level28, Menara BHL, 51, Jl. Sultan Ahmad Shah
☎ (04)226-3030
URL www.penang.my.emb-japan.go.jp
開 8:30〜12:30、13:30〜17:15
休 土・日・祝

多額の両替には注意
長期滞在などで、多額の日本円を市中の両替商で換金する人が増えているが、持ち運びの最中に現金をひったくられる事件も起きている。移動時であっても周辺に不審者がいないか注意が必要だ。また、多額の現金を所持していることを安易に他人に話すことも避けたい。最近は、カード決済の増加や電子マネーの普及により、路上の両替所の数は減っている。コムタやショッピングセンター内の両替所を利用しよう。

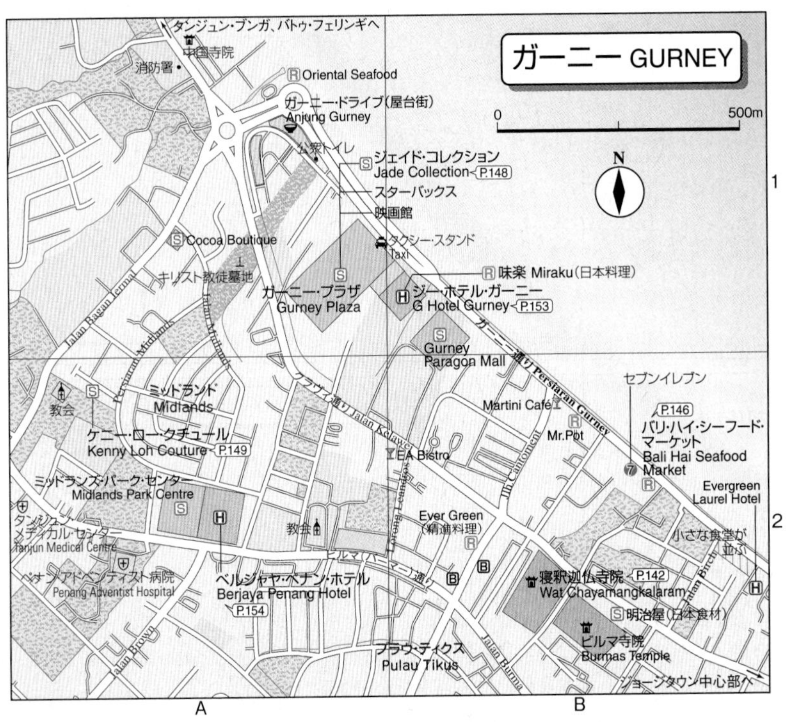

メモ ペナン島で最もにぎわう屋台街といえばガーニー・ドライブ。さまざまな料理のフードコートとホーカー（屋台）が海沿いに並んでいる。MAP P.137-A1 営17:30〜24:00頃 休無休

A

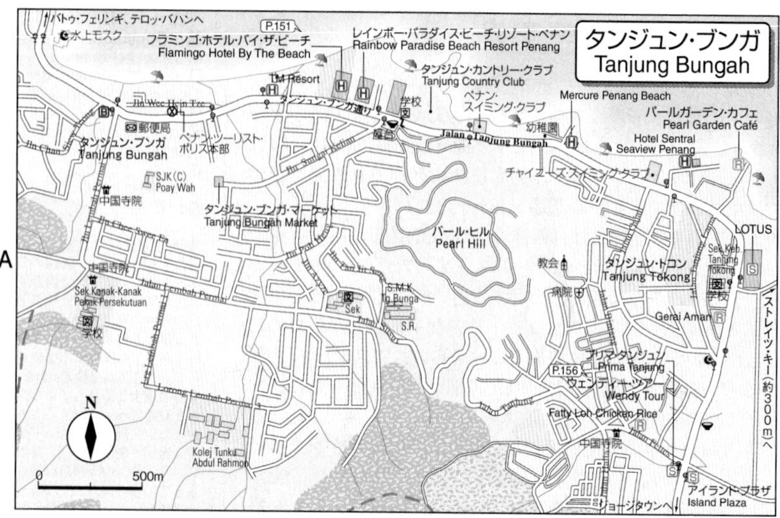

B

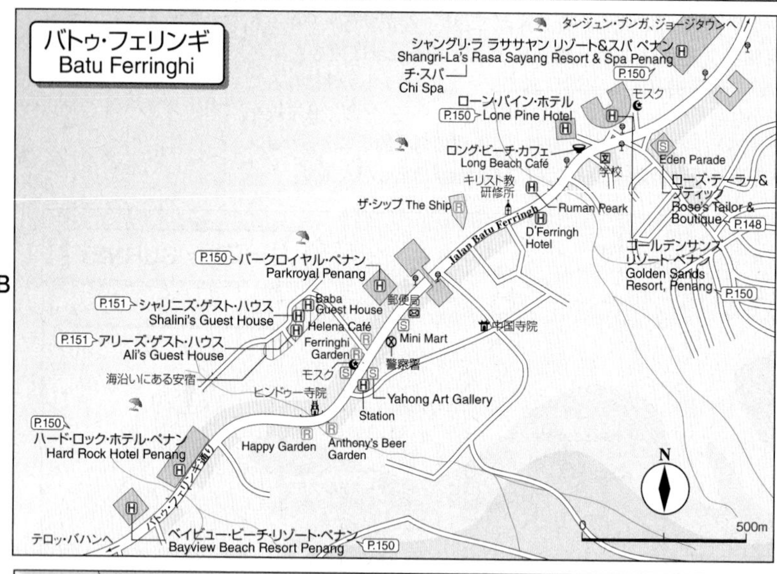

C

メモ 観光客向けの2階建てバス「Hop-On Hop-Off」を利用して見どころを回ることができる。ジョージタウンを中心としたシティルートがある。URL www.myhoponhopoff.com(2022年10月末時点運休中)

どこへ行くにもアクセスが便利なタンジュン・ブンガ

バトゥ・フェリンギとジョージタウンの中間に位置するのがこのタンジュン・ブンガ。ビーチ沿いには大型リゾートが建ち、山側には高層コンドミニアムが建ち並ぶ。交通の便もよく、ジョージタウンや、屋台街で有名なガーニー・ドライブへも、バスやタクシーで気軽に行くことができる。このエリアで人気の朝市はタンジュン・ブンガ・マーケット。またガーニーに程近いストレイツ・キーは海辺に建つショッピングモールで、スーパーやレストラン、センスのいい雑貨店が揃っている。

ペナン随一のリゾートゾーン、バトゥ・フェリンギ

ペナン島で最も美しいといわれているビーチ。このあたりは高級ホテルだけでなく安宿も多く、浜辺でのんびりと日光浴や読書を楽しむ人の姿も目立つ。また、このエリアは、マリンスポーツが一番盛んな場所。さまざまなアクティビティが充実している。都会のけん騒を忘れてリラックスできる観光客に人気のビーチだ。

▲マリンスポーツにも挑戦できる人気のビーチ

緩やかな空気が流れる静かな漁村、テロッ・バハン

テロッ・バハンには、新鮮なシーフード料理が味わえる屋台があり、周辺は豊かな自然環境にも恵まれている。また、高床式の家屋や漁師が荷揚げする光景なども見られ、自然の豊かさとローカルな情緒が交錯する、のどかな雰囲気のビーチもある。ペナン国立公園はトレッキングが楽しめるネイチャースポットとして人気だ。

タンジュン・ブンガへの行き方
コムタ・バスターミナルから101、102のラピッド・ペナン。所要約25分。

▲人気のⓈストレイツ・キー

バトゥ・フェリンギへの行き方
コムタ・バスターミナルから101、102のラピッド・ペナン。所要40～50分。

▲夜は露店が並ぶ

テロッ・バハンへの行き方
コムタ・バスターミナルから101、102のラピッド・ペナン。所要約60分。

▲ペナン国立公園入口

COLUMN

ペナンの大自然をグランピングで体験

テロッ・バハンからバリッ・プラウ方面へ車で約20分。手つかずの豊かな自然に包まれたグランピング施設「ボルダー・バレー」が話題になっている。サファリテント付きのビラは全面にガラス窓が施されていて、まるで部屋と森が一体化しているような心地よさ。敷地内には水遊びができるプールがあり、森の中のレストランではローカル料理から西洋料理まで提供。また、子供向けのネイチャー体験クラス、植物や動物を観察するネイチャーウォークなどのプログラムも充実。南国マレーシアの自然に触れながら、グランピングならではの手厚いホスピタリティが体験できる。

●Boulder Valley
MAP P.131-A1　住 8 Jl. Teluk Bahang
☎(019)977-8995
URL bouldervalleyglamping.com.my/

▲鳥のさえずりで目が覚める

メモ　ペナン国立公園の海岸からボートを使って、ウミガメの保護区であるタートルビーチに行くことができる。公園事務所で申込み、ボート代金（往復RM100程度）を支払う。

見どころ

ペナン島発祥の地で歴史を体感

コーンウォリス要塞

Fort Cornwallis　MAP P.135-D2

1786年、キャプテン・フランシス・ライトが初めて上陸した場所に建造された要塞。「コーンウォリス」とは、当時の東インド会社提督の名前だ。当時は木造だったが、1810年頃に現在のようなれんが造りに建て直された。全盛期には英国王室の砲兵隊の駐屯地としての機能を果たしていて、事務所、礼拝堂、信号所、軍事警官やインド人傭兵の宿舎などもあった。要塞内にある真ちゅう製の大砲スリ・ランバイはオランダ製で、この大砲に触れながら祈ると子宝に恵まれると信じられ、地元の女性の信仰を集めている。日射しをさえぎるものがないので暑さ対策をしていこう。

❊コーンウォリス要塞
住Jl. Tun Syed Sheh Barakbah
開9:00～19:00　休無休
料大人 RM20　子供 RM10
行き方コムタから徒歩約15分。

▲コーンウォリス要塞の入口

地上約250メートルの展望施設

コムタ・レインボー・スカイウオーク

Komtar The Rainbow Skywalk　MAP P.134-A3

1985年に建てられたペナンのランドマーク的存在の高層ビル。2016年にフロアが追加され、65階と屋上の2つの階に展望施設が新設。65階には、命綱をつけてビルの外を歩くアクティビティ「グラビティズ」がオープンし、屋上からは地上約250メートルの高さから、ジョージタウンの町を360度眺めることができる。さらにレインボー・スカイウオークとよばれるデッキも見もの。手すりと床が透明のガラス張りになっていて、そこに立って撮影すると、まるで宙に浮いているような写真になる。

❊コムタ・レインボー・スカイウオーク(ザ・トップ)
住No.1 Jl. Penang
☎(04)262-3800
URL thetop.com.my
開11:00～22:00、～19:00(火)
料大人RM68　子供RM48(65階と屋上の共通券)

▲レインボー・スカイウオーク

白亜の造りが美しい東南アジア最古の英国教会

セント・ジョージ教会

St. George's Church　MAP P.135-C2

1818年に建築された東南アジア最古のイギリス教会。大理石の床と高い尖塔をもつ白亜の建物で、広い芝生と樹齢を経た木々の緑が美しさをより引き立てている。エントランスの天蓋には、ペナン島の歴史的人物フランシス・ライトの初上陸を記念した、メモリアルキャノピーもある。また、毎週日曜の8:30と10:30にはミサも開かれている。ただし、礼拝中の見学はできるだけ遠慮しよう。

❊セント・ジョージ教会
住1, Lebuh Farquhar
開10:00～16:00(一般訪問時間)
休金・土・日　料無料
行き方コムタから徒歩約15分。

▲優雅なたたずまい

ヒンドゥー教の美しい彫像を見ることができる

マハ・マリアマン寺院

Maha Mariamman Temple　MAP P.135-C2

入口の色鮮やかな塔や彫刻がひときわ目を引くヒンドゥー寺院。1883年に建設されたもので、ジョージタウンでは最も古い寺院だ。内部にはヒンドゥー教の神々の彫像があり、なかでもダイヤモンドによる豪華な装飾のスブラマニアムと呼ばれる彫像は必見。入り口にいる人に許可を取ってから入ろう。

❊マハ・マリアマン寺院
住Lebuh Queen
☎(04)650-5215
開 6:30～12:00、18:00～21:00
休無休　料無料
行き方コムタから徒歩約10分。

▲細かな彫刻に魅せられる

メモ　チュリア通りをフェリー乗り場に向かって歩き、マスジット・カピタン・クリン通りとの交差点。右にモスク、左手前に中国寺院、その対面にヒンドゥー寺院が並び、多民族国家を実感する。

インドの伝統的様式を取り入れたペナン島最大のモスク

カピタン・クリン・モスク

Kapitan Kling Mosque

MAP P.135-C2

1801年、裕福なインド人のイスラム教徒カウダー・モフディーンによって建てられた、マレーシアでも最大のモスクのひとつ。カピタンとはキャプテン、クリンとはマレー語でインド出身者のことを指す。建物はインドの伝統的なムガール様式で、ドームには美しいミナレットが付いており、礼拝堂も洗練された雰囲気だ。

繊細な彫刻がすばらしい中国寺院

クー・コンシー(邸公司)

Khoo Kongsi

MAP P.135-C3

福建省からやってきた、邸氏一族が設立した中国寺院。「コンシー(公司)」とは、祖先を祀る廟のことで、敷地内は寺院と集会場から構成されている。最初は19世紀末に建てられたが、大火により一度焼失してしまい、現在の建物は1906年に再建され、1960年代に改修された。屋根や外壁には美しい彫刻が施され、精巧に造られた内装もすばらしい。

▲ペナン島で最も美しい中国寺院といわれる

いつも大勢の参拝者でにぎわうペナン島最古の中国寺院

観音寺

Kuan Ying Teng

MAP P.135-C2

ペナン島に入植した広東人と福建人によって建てられた、ペナン島最古の中国寺院。1800年代に造られたもので、柱や屋根には美しい彫刻が施されており、寺院内には慈悲の女神と呼ばれる観音像が祀られている。

カピタン・クリン・モスク
住 Jl. Masjid Kapitan Keling
開 11:30～18:00 ※金12:00～15:00、また1日5回のお祈りの時間は信者のみ 休 無休
料 無料 行き方 コムタから徒歩約12分。

▲許可を取ってから入場

クー・コンシー
住 18, Cannon Sq.
☎ (04)261-4609
URL www.khookongsi.com.my
開 9:00～17:00 休 無休
料 大人 RM10
子供(5～12歳)RM1
行き方 コムタから徒歩約10分。

▲細かい彫刻は見事

観音寺
住 Lebuh Pitt, Georgetown
開 9:00～15:00 休 無休
料 無料
行き方 コムタから徒歩約10分。

▲線香の煙に包まれている

COLUMN

世界遺産地区にはストリートアートがいっぱい

2012年頃から始まったストリートアート。ペナンの日常を描いたアートやペナンの今昔のエピソードをコミカルに描いたアイアンアートなどが50ヵ所以上あり、ジョージタウンのあちらこちらで目にすることができる。特に自転車やバイク、イスやセイロなど物とミックスさせて描かれたアートはぜひ見てほしい。あまりにもジョージタウンの雰囲気に合っていて、違和感がないので、見過ごしてしまいそうになるほど、できばえのよさにびっくりしてしまう。まずは観光局に行って、ストリートアートのガイドブックを手に入れよう。

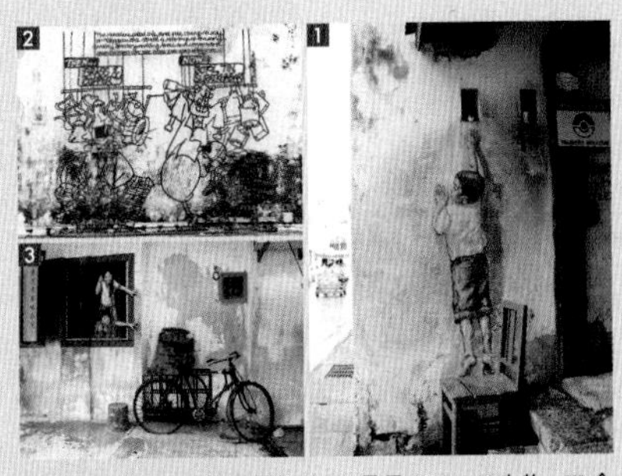

1 黄色のシャツの男の子は絵で、足元のイスは本物 2 今と昔の状況を対比させたアイアンアート 3 ペストリー「名香泰」横。この自転車は初代店主が実際に使用していたもの

メモ ジョージタウン世界遺産地区は禁煙区に指定されている。喫煙(電子タバコ含む)を行うと、最高RM1万の罰金、または2年以下の懲役が科せられるので注意。

栄華をしのばせる豪邸

チョンファッツィ・マンション（通称ブルー・マンション）

Cheong Fatt Tze Mansion

MAP P.134-B1

この館の主であったチョンファッツィは、19世紀末のペナンの表も裏も牛耳っていた人物で、「東洋のロックフェラー」とも呼ばれていた。このプラナカン建築は巧みに風水が取り入れられており、鮮やかなインディゴブルーから通称「ブルー・マンション」と呼ばれる。1992年に公開されたカトリーヌ・ドヌーブ主演の映画『インドシナ』のロケにも使われた。現在は、1日2回のガイドツアー(英語)で一般に公開している。

▲青い色は風水によるという

※チョンファッツィ・マンション
住 14 Leith St.
☎ (04)262-0006
URL www.cheongfatttzemansion.com
料 英語ガイドツアーRM25（毎日11:00、14:00の2回）
※Ⓗブルー・マンション(→P.153)も同じ敷地内で営業している。Webサイトで予約可。
行き方 コムタから徒歩約15分。

プラナカン文化の粋を集めた

ペナン・プラナカン・マンション

Pinang Peranakan Mansion

MAP P.135-D2

19世紀末ペナンの有力者ハイキーチャンによって建てられた典型的な「プラナカン」の家。内部には中国の木彫り、イギリスのタイル、スコットランドの鉄製品などが配されており、東洋と西洋が同居したエキゾチックな空間をつくり出している。豪奢な暮らしぶりをうかがわせる展示品の数々も見逃せない。

※ペナン・プラナカン・マンション
住 29 Church St.
☎ (04)264-2929
URL www.pinangperanakanmansion.com.my
開 9:30～17:00
休 無休
料 大人 RM20（6～12歳 RM10　6歳以下は無料）
行き方 コムタから徒歩15分。

▲豪著なババ・ニョニャの暮らしぶりをのぞく

金箔の巨大な寝釈迦仏が横たわる姿は圧巻！

寝釈迦仏寺院

Wat Chayamangkalaram

MAP P.137-B2

敷地内には、本堂と五重のパゴダ(仏塔)があり、いずれも1900年に建てられたもので、タイと中国式が入り交じったユニークな造りになっている。本堂には、金箔をまとった全長33mの巨大な寝釈迦仏が横たわっており、その迫力ある華麗な姿は圧巻だ。この涅槃仏は1958年に造られたもので、裏側には信者の骨壺が納められている。そのほか、タイ王国の写真や、南海観音を祀った中国式のお堂などがある。

▲33mもある巨大な涅槃仏

※寝釈迦仏寺院
住 Lorong Burma
開 8:00～16:00　休 無休
料 無料
行き方 ジョージタウンから101、102などのラピッド・ペナン。

ペナンの観光/イベント案内のサイト

世界中の観光客が集まるペナン島には観光情報雑誌やサイトが多い。観光案内所やホテルでいくつももらえるし、日本語のフリーペーパーもある。
URL www.penangfoods.com
URL www.penang.ws

守護神の蛇がいるユニークな寺

ヘビ寺

Snake Temple

MAP P.131-B2

ペナン島でも有名な中国儒教寺院。1850年、病気や傷を癒やす不思議な力をもつ僧、チョー・スー・コンを祀って建てられたといわれている。1986年に秋篠宮殿下も訪問しており、観光名所としても人気が高い。最盛期には70匹近くの蛇が生息していたが、現在は境内の通路に毒蛇が数匹いるのみとなってしまった。蛇たちは寺の守護神として拝められており、毒牙も抜いてあるので安心だ。有料で蛇と一緒に記念撮影もできる。

※ヘビ寺
住 Jl. Sultan Azlan Shah, Bayan Lepas
☎ (04)643-7273
開 7:00～18:00　休 無休
料 無料（スネークファームは大人 RM5　子供 RM3）
行き方 ジョージタウンから102、401などのラピッド・ペナン。

メモ　島の南西部、ペナン空港近くに戦争博物館War Museumがある。イギリス軍によって建てられた砦で日本軍も使用した場所。当時の戦争中の遺物が残されている。

3様式が混在するマレーシア最大の仏教寺院

極楽寺

Kek Lok Si Temple　MAP P.131-A1

1890年から約40年の歳月を費やして造られた、マレーシア最大の仏教寺院。12万m^2にも及ぶ広大な敷地内には、カラフルな数々の建物が建ち並んでいる。この寺の最大の見どころは、中国、タイ、ビルマ式の3様式が混在する高さ30mのパゴダ。7層からなるこの塔には、1万体の仏像がはめ込まれているといわれており、異文化が共存するペナン島ならではの造りだ。また、有料で内部に入ることもでき、屋上からはペナン島の町並みを眺めることができる。

新鮮な空気と最高の眺めで心身ともにリフレッシュ

ペナン・ヒル

Penang Hill　MAP P.131-A1

ペナン島の真ん中に位置する、標高830mのペナン・ヒル。観光客や地元の人にも、ハイキングコースとして人気が高い。麓から頂上までは歩いて約3時間。山麓駅からはケーブルカーも出ている。頂上は市街地より5度ほど涼しく、ジョージタウン、ペナン大橋をはじめ、マレー半島の美しい大パノラマを一望できる。また、モスク、中国寺院、ヒンドゥー寺院などの建物もあるほか、レストランやホテルもある。曇りの日は視界が悪いので、行くなら天気のよい晴れの日がベター。

▲Ⓗペナン・ヒルからの景色

熱帯ならではの豊かな自然を感じよう

ペナン植物園

Botanical Garden　MAP P.131-B1

ジャングルの斜面を利用して造られた植物園で、約72エーカーを有する広大な敷地内には、熱帯ならではの何百種類もの植物が植えられている。園内にはきれいに整備された遊歩道もあり、ゆったり散策するのにぴったりだ。ここから4人乗りの4WDでペナン・ヒルに登るサービスがあり、車に空きがあれば、その場で申込み可。往復でRM180程度、所要時間は2〜3時間。

村人は皆同じ苗字

同姓一族の桟橋

Traditional Clan Jetties　MAP P.135-C3〜D3

中国人移民の水上部落。周一族の桟橋(Jetty Chew)、陳一族の桟橋(Jetty Sin)、林一族の桟橋(Jetty Lim)、李一族の桟橋(Jetty Lee)などがある。今は観光名所になったが、人々の日常生活の場であり、民家の間に寺や小さな店があちこちに張り出し、軒先で子どもが遊んでいたりする。

▲ショップやカフェもオープンしている

極楽寺
住 Air Hitam
☎ (04)828-3317
開 8:30〜17:30　休 無休
料 五方仏殿とパゴダのみRM2
行き方 ジョージタウンから、201、203、204、502のいずれかのラピッド・ペナンでアイル・イタムへ。そこから徒歩で20分ほど。タクシーで入口まで行くこともできる。

▲建設にあたり、僧妙連の風水によってこの地が選ばれたとか

ペナン・ヒル
行き方 ジョージタウンから204のラピッド・ペナン。タクシーだと、ジョージタウンから所要約20分。
ケーブルカー
住 Perbadanan Bukit Bendera
☎ (04)828-8800
URL www.penanghill.gov.my
営 6:30〜23:00(頂上まで上るのは21:30が最終)に、15〜30分間隔で運行。頂上までは所要約10分。運賃は往復大人RM30、子供RM15。夜暗くなってから、ひとりで行くのはできるだけ避けよう。

ペナン植物園
住 Jl. Air Terjun
☎ (04)226-4401
開 7:00〜19:00
休 無休
料 無料
行き方 ジョージタウンから10のラピッド・ペナン。タクシーだと、ジョージタウンから所要約10分。

同姓一族の桟橋
行き方 ジョージタウン中心部から徒歩約15分。

アクティビティ
エスケープEscape
MAP P.131-A1
住 828 Jl, Teluk Bahang
☎ (017)797-7529
(WhatsAppで受付)
開 10:00〜18:00　休 月
URL www.escape.my
料 大人 RM167
子供(4〜12歳) RM111
事前のWeb購入割引あり
大自然のなか、地上30mからのバンジージャンプやロッククライミング、世界一長いウオーター・スライダー(1.140m)のあるプールなど子供も大人も1日楽しめる。場所はエントピア(→P.144)のすぐ北側。

メモ　ペナン・ヒル頂上にある「The Habitat」。全長230mのキャノピーウォーク、おみやげ店、カフェなどが揃い1日遊べる。営 9:00〜19:00　URL thehabitat.my　料 大人RM60

数千匹のチョウが舞う、熱帯で最初にできたチョウ園

エントピア

Entopia MAP P.131-A1

熱帯地域のなかでは、世界で最初に開設されたチョウ園で、園内を120種類、3000～4000匹のチョウが飛び回っている。なかには熱帯ならではの珍しいチョウもいる。サソリ、ヤスデ、ナナフシなどの昆虫や蛇などの爬虫類も見ることができる。

エントピア
住 830, Jl. Teluk Bahang
☎(04)888-8111
URL www.entopia.com
開 9:00～18:00 休 無休
料 大人 RM69 子供 RM49
行き方 ジョージタウンから101、102のラピッド・ペナン。テロッ・バハンで、501に乗り換える。タクシーだと、バトゥ・フェリンギから所要約20分。

癒やされながら学ぶ、散策に最適なトロピカルトレイル

トロピカル・スパイス・ガーデン

Tropical Spice Garden MAP P.131-A1

広々とした敷地内では、3つのコースが楽しめる。熱帯の木々や観葉植物を中心としたジャングルトレイル。美しい花々が中心のオーナメンタルトレイル。そして、マレーシア料理には欠かせないトーチ・ジンジャー、ペッパー、タマリンドなどのスパイストレイル。スパイスミュージアム、カフェ、ギフトショップなどもあり、日によっては料理教室(RM185)も行っている。

トロピカル・スパイス・ガーデン
住 Lot 595 Mukim 2, Jl. Teluk Bahang
☎(012)423-6797
(WhatsAppで受付)
URL tropicalspicegarden.com
開 9:00～16:00(金・土・日～18:00) 休 無休
料 大人 RM25 子供 RM15
行き方 ジョージタウンから101、102のラピッド・ペナン。タクシーだとバトゥ・フェリンギから30～40分。

フルーツの宝庫で見学&賞味を楽しもう！

トロピカル・フルーツ・ファーム

Tropical Fruits Farm MAP P.131-A1

マレーシアでは370種類以上の果物が栽培されているといわれており、この果樹園ではそのうちの約250種類を育生している。園内は約3万坪の広さで、熱帯と亜熱帯の植物が植えられており、ガイドの説明を聞きながら車で回る。また、見学だけでなく、入口にあるメインの建物にはレストランもあり、ここで栽培された数々の果物を賞味できるほか、天然のフルーツジュースの試飲もできる。

トロピカル・フルーツ・ファーム
住 Batu18, Jl. Teluk Bahang
☎(012)497-1931
URL www.tropicalfruits.com.my
開 9:00～17:00 休 無休
料 大人RM30
フルーツ試食の農園ツアーは大人RM50。
行き方 ジョージタウンから101、102のラピッド・ペナン。テロッ・バハンで501に乗り換える。タクシーだと、バトゥ・フェリンギから所要約35分。

COLUMN

ホーカーセンター(屋台街)に行ってみよう

ペナンを語るうえで外せないのがホーカーセンター(屋台街)。屋台によって営業時間は異なり、市場の近くは朝、夜遅くまで開いている屋台もあるので、地元の人は1日中屋台を利用している。中国系の麺料理からインド系、マレー料理、洋食と何でも揃う。福建麺やラクサ、炒めた麺のチャー・クイテオなどが定番メニュー。デザートではかき氷のアイスカチャンが人気。最もにぎわう「ガーニー・ドライブ」、バトゥ・フェリンギの「ロング・ビーチ・カフェ」、Ⓗシティテル・ペナンそばの「レッド・ガーデン」、ナゴール通り近くの「ニュー・ワールド」などが有名なホーカーセンター。

注文の仕方は簡単で、食べたい店に行き注文をし、好きな席に座って待つ。そうすると、ドリンクの注文を取りに来るので注文しよう。料理やドリンクが運ばれてきたらその場で料金を支払う。料理はRM10前後から。

▲ガーニー・ドライブで人気の揚げ物サラダ、ロジャの店

メモ ジョージタウンのMelayu通りにあるゴースト博物館 Ghost Museum Penang。ペナンで暮らす民族ごとのおばけ文化を紹介していて興味深い。

ペナン島のゴルフコース
Golf

ブキッ・ジャンブル
ペナン・ゴルフ・クラブ
Penang Golf Club　MAP P.131-A2

伝統と美しい景色をもつ由緒あるゴルフ場

かつて、マレーシア・オープンの舞台にもなった、由緒あるゴルフ場。10番ホールは、現地のゴルフ雑誌で「最も美しいコース」と評されている。設計は、世界でも名高いロバート・トレント・ジョンズJr.氏によるものだ。ペナン国際空港から車で約10分。

住 2, Jl. Bukit Jambul, Bayan Lepas
☎ (04)644-2255
URL www.penanggolfclub.com.my
料 グリーンフィーRM253～（18ホール）

スンガイ・ジャウィ
ブキッ・ジャウィ・ゴルフ・リゾート
Bukit Jawi Golf Resort　MAP P.131-B1外

トロピカルなヤシ園に広がるコース

ヒル・コースとレイク・コースの36ホールからなる。丘陵地のヒル・コースはアップダウンが激しく、レイク・コースは各ホールに池が設けられており、いずれも戦略性に富んだコースだ。宿泊施設は、ゴルフコースを望む好ロケーションにある。

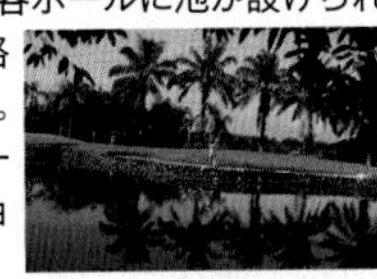

住 Lot 414, Mukim 6 Jl. Paya Kemian Sempayi Sungai Jawi　☎ (04)582-0759
URL www.bukitjawi.com.my
料 グリーンフィーRM175～（バギーフィー別途）

クパラ・バタス
ペナン・ゴルフ・リゾート
Penang Golf Resort　MAP P.131-B1外

ビギナーも楽しめる平坦なふたつのコースが特徴

設計はグラハム・マーシュ氏によるもので、いずれも平坦な造りが特徴。ふたつのコースがあり、どちらも緑の美しい景観を兼ね備え、気持ちよくプレイができる。設備もテニスコート、ジム、会議室、プール、ロッカー、ビジネスセンターなど豊富に揃っている。

住 1687, Jl. Tun Hamdan Sheikh Tahir, Kepala Batas
☎ (04)578-2022
URL www.penanggolfresort.com.my/v2/
料 グリーンフィーRM263～（18ホール）

ジョージタウン郊外
ペナン・ターフ・クラブ
Penang Turf Club　MAP P.131-B1

ペナン島で最も古いゴルフクラブ

ジョージタウンの競馬場に隣接する、ペナン島で最も古いゴルフ場。ペナン島の町並みを一望できるコースもあり、池やドレインがないのでビギナーにも最適だ。クラブハウスをはじめ、付属の打ちっ放しの練習場もある。レンタルクラブも揃っている。

住 Batu Gantong Rd.
☎ (04)238-5226
URL www.penangturfclub.com
料 グリーンフィーRM95.40～（9ホール）

COLUMN

ジョージタウンの新旧カフェ事情

空前のカフェブームが到来しているペナン。ラブレーン、チュリア、パンタイ通り界隈におしゃれなカフェが次々に登場し、ケーキなどの西洋菓子を提供している。一方で、エッグタルトなど昔ながらの伝統菓子の店も変わらず繁盛しているのが、食いしん坊の町ペナンらしさだ。また、注目なのはニョニャ菓子を提供するカフェ「ニョニャ・パラゾ Nyonya Palazzo」（→P.148）。2階カフェのティーセットに、ニョニャ・クバヤ衣装のレンタル、ペナン・プラナカン・マンションの入場料の3点を組み合わせたパッケージをお得な料金で提供。ニョニャ文化を存分に体験できる。

◀カフェ「Utoo Boho Cafe」の人気のケーキ

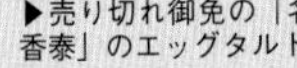

▶売り切れ御免の「名香泰」のエッグタルト

ペナン島のレストラン
Restaurant

ジョージタウン　フュージョン

インディゴ・レストラン
Indigo Restaurant　MAP P.134-B1

料理で世界を旅する

Ⓗブルー・マンション(→P.153)にあるコース中心のレストラン。ペナン出身のシェフが、西洋料理の技を基本に、マレーシアの食材や調理方法でひと工夫。アッサムラクサ味のカッペリーネはここならではの味。金と藍色で彩られた空間も見事。

住14, Leith Street
☎(04)262-0006
営12:00～15:00、18:30～22:00
休無休　CC M V

ストレイツ・キー　ニョニャ料理

ニョニャ・ブリーズ
Nyonya Breeze　MAP P.131-B1

地元で評判のニョニャレストラン

ストレイツ・キー内にあり、地元の人でにぎわっている。どの料理もていねいに作られていて、とくにサンバル・ウダン(海老のピリ辛炒め)、アチャー・フー(甘酢魚)、ナシウラム(ハーブ飯)が美味。クラブ(サラダ)も充実している。

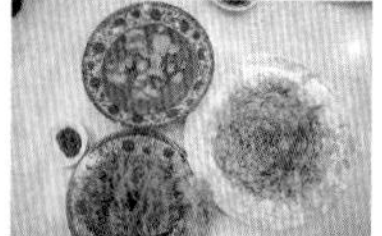

住Straits Quay
☎(019)988-7104
営11:30～14:30、17:30～20:30
休無休　CC M V

ジョージタウン　ニョニャ料理

クバヤ・レストラン
Kebaya Restaurant　MAP P.135-C2

コース仕立てのニョニャレストラン

Ⓗセブン・テラス(→P.153)併設のニョニャレストラン。プリフィックスコースのスタイルで、ニョニャ料理らしいカラフルな食器で提供。料理の味はもちろん、伝統菓子をアレンジした自家製デザートも絶品。現在、金土日のみランチも営業(12:00～14:30)。

住14A, Stewart Lane
☎(04)264-2333　URL kebaya.com.my
営18:00～20:00、20:00～22:00(2時間入替制)
休無休　CC M V

アイルイタム　西洋料理

サフォーク・ハウス
Suffolk House　MAP P.131-B1

邸宅で楽しむアフタヌーンティー

1780年代に建てられた英国&インド調建築の邸宅を使用したレストラン。クラシックな雰囲気のなかで楽しむアフタヌーンティー(RM110、14:30～17:30)が好評で、英国式サンドイッチ、スコーンなどが並ぶ。要予約。

住250, Jalan Air Itam
☎(04)228-3930
営12:00～22:30
休無休　CC M V

ガーニー　シーフード

バリ・ハイ・シーフード・マーケット
Bali Hai Seafood Market　MAP P.137-B2

海辺にあるシーフードレストラン

新鮮なカニ、エビなど水槽から選び、スチーム、揚げ、炒めなどリクエストに応じて調理してくれる海鮮料理の店。ガーニー地区の海辺にある有名店で、地元のVIPから観光客まで多くの人が訪れる。野菜炒め、炒飯など手軽なメニューも揃っている。

住90, 90A, 90 B, 90C & 90 D, Persiaran Gurney
☎(04)228-1272
営8:00～15:00、17:00～0:00
休無休　CC M V

ジョージタウン　日本料理

霧島
Kirishima　MAP P.134-B1

在住日本人にも人気の和の空間と味を満喫!

Ⓗシティテル・ペナン(→P.155)にある日本料理店。おもな食材は日本から直接空輸している。オリジナルの焼酎のボトルもあり、酒類も充実。寿司、天ぷら、串焼きに丼飯まで多彩なメニュー。寿司カウンターや個室もあるので様々な場面で心強い。

住Ⓗ Cititel Penang
☎(04)370-0108
営12:00～14:00、18:00～22:00
休中国正月　CC A J M V

メモ　ジョージタウンのキャンベル通りには、人気の食事処が2ヵ所ある。炭火カヤトーストが名物の「多春珈琲」、カレーとおかずを一皿で楽しむ「Hameediyah」だ。

ペナン島のレストラン

Restaurant

ジョージタウン　中国系

ニュウ・イーティー・スチームボート

New E.T. Steamboat　MAP P.134-A2

予算は1人RM50で大満足

地元の人でにぎわうスチームボートの店。スチームボートとは鍋料理のことで、魚のすり身、肉団子、野菜、鶏肉など、好きな具材を卓上の鍋に入れて鶏スープで煮込む。あっさりした味なので、好みでチリソースを加えて食べよう。

住4 Jalan Rangoon
☎(04)226-6025
営12:00～14:30、18:00～22:00
休木　CC M V

ジョージタウン　中国料理

大東酒樓

Tai Tong Restaurant　MAP P.134-B2

評判の老舗点心レストラン

かつて日本街と呼ばれたシントラ通りにある。外観は古びた感じを受けるが、味は抜群によく、地元でも評判の店。とくに朝と夜の営業時間に提供する点心が人気で、席に座って、おばちゃんたちが押してくるワゴンから好きなものを選ぶスタイル。

住45, Lebuh Cintra
☎(04)263-6625
営6:00～12:00、11:30～14:30、18:30～0:00
休隔週の月　CC M V

ジョージタウン　インド料理

ライン・クリア

Line Clear　MAP P.134-B2

カレー、おかずを一緒に盛るワンプレート飯

1930年創業、ペナンで最も有名なインド料理店。店といっても、路地に屋根をつけた半屋外の空間でローカル度は満点。店頭に並んでいるカレーやおかずをご飯と一緒に皿に盛る料理ナシカンダーを提供。料金はRM15～。ペナン空港内に支店あり。

住Next to 117, Jl. Penang
☎(04)261-4440
営8:00～0:00
休不定期　CC不可

ジョージタウン　中国料理

桃園

Tho Yuen　MAP P.134-B2

ひとりでも楽しめる小ぶりの点心

ジョージタウン中心部にある1935年創業の店。点心や粥が人気だ。海老蒸し餃子や中華まんの他、醸豆腐(おでんに似たおかず)、スペアリブの豆鼓蒸しなども点心の1種として小ぶりサイズで食べられる。朝から地元の人々でにぎわっている。

住92, Campbell St.
☎(04)261-4672
営6:00～15:00
休火　CC不可

ジョージタウン　中国系

テクセン(徳成飯店)

Tek Sen Restaurant　MAP P.135-C2

何を食べてもおいしいと評判

行列のできるマレーシア中華の店。メニューは野菜、豆腐、肉、海鮮と幅広く、白飯をつければ定食スタイルで楽しめる。アヒルの塩卵を使った苦瓜の炒めもの、カリカリのダブル・ロースト・ポーク、じわっと辛いカンコン(空心菜)のサンバル炒めが名物。

住18 Lebuh Carnavon
☎(012)981-5117
営12:00～14:30、18:00～20:30
休火　CC M V

ジョージタウン　西洋&マレーシア料理

エーデルワイス

Edelweiss　MAP P.135-C2

アンティークなおしゃれな店内

150年の歴史をもつショップハウスを利用したレストラン。店内には吹き抜けの緑豊かなガーデンテーブルがあり、ゆっくりとくつろげる。現在は夜のみの営業で、料理と一緒にお酒も楽しめる。空間、味ともに申しぶんない。

住No.38, Armenian St.
☎(04)261-8935
営18:30～22:00(木・金)、17:00～22:00(土・日)
休月～水　CC M V

メモ

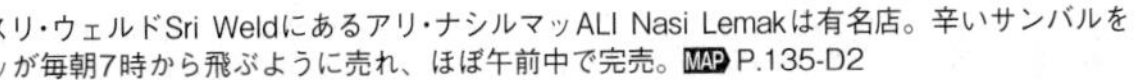

フードコートのスリ・ウェルドSri Weldにあるアリ・ナシルマッALI Nasi Lemakは有名店。辛いサンバルをかけたナシルマッが毎朝7時から飛ぶように売れ、ほぼ午前中で完売。MAP P.135-D2

ペナン島のショップ
Shopping

ジョージタウン　みやげ店

ホン・ギャップ

Hong Giap　MAP P.134-B2

マレーシア全土のみやげが集結

伝統工芸である錫(すず)を使ったピューター製品やプラナカンスタイルのカラフルな食器。また、バティック製品、なまこ石けんなどが揃う。お店の人は日本語が話せて、日本円の使用もOK。アンティークの貴重な品物も販売されている。

住9, Jl. Hutton
☎(04)262-5092
営10:00〜18:00、日11:00〜16:30
休無休　CC M V

ジョージタウン　みやげ店

ニョニャ・パラゾ

Nyonya Palazzo　MAP P.135-C2

ニョニャ・クバヤから調味料まで

美しい刺繍のニョニャ・クバヤ、ラタンで編んだかわいらしい籠など、ニョニャ文化をテーマにしたみやげ店。ニョニャ料理に欠かせないビーフンや調味料のドライサンバルなど食品も揃っている。2階のカフェでは、カラフルなニョニャのおやつを提供。

住29 Church Street
☎(017)222-6178
営10:00〜18:30
休無休　CC M V

バトゥ・フェリンギ　テーラー

ローズ・テーラー&ブティック

Rose's Tailor & Boutique　MAP P.138-B

気軽にオーダーメイド

バトゥ・フェリンギのⓈエデン・パレード内にあるオーダーメイドのテーラー。ブラウスRM80〜、スーツRM450〜。来店して採寸後、仮縫い、試着を経て3日程度で仕上がる。日本語で注文ができ、ペナン在住の日本人の常連客も多い。

住1-11A, Floor, Eden Parade, Jl. Sungai Emas
☎(012)476-6444　営月〜金14:00〜0:00、土12:00〜0:00、日15:00〜18:00、22:00〜0:00
休中国正月　CC J M V

ガーニー　伝統衣装

ジェイド・コレクション

Jade Collection　MAP P.137-A1

幅広いラインアップの伝統衣装

ガーニープラザ内にある伝統衣装を取り揃えた店。レース生地に刺繍を施した華麗な衣裳ニョニャ・クバヤやバティック生地の巻きスカートが揃う。刺繍を施したブラウス、クバヤ用のブローチも多種。現代風にアレンジしたチャイナドレスもすてき。

住170-04-76, Gurney Plaza
☎(04)226-1153
営10:00〜22:00
休中国正月　CC M V

テロッ・バハン　バティック

クラフト・バティック(バティック工房)

Craft Batik (Batik Factory)　MAP P.131-A1

バラエティ豊かな品揃え&工房も見学できる

マレーシア名物のバティック(ろうけつ染め)の専門店。スカーフ、帽子などさまざまな商品が揃い、どれにしようか目移りしてしまう。洗練された美しいバティック画の展示販売も行っている。裏にはバティック工房もあり、無料で見学できる。

住669, Mk. 2 Teluk Bahang
☎(04)885-1302　URL www.penangbatik.com.my
営店 9:00〜17:30　工房 9:00〜17:00
休無休(工房は日休み)　CC A J M V

ジョージタウン　中国菓子

ヒム・ヒャン

Him Heang　MAP P.134-A1外

豆沙餅の専門店

中国福建省のお菓子、豆沙餅(タオサーピア)は層になったパイ生地でハスや緑豆で作ったあんを包んだもの。ほろっと崩れる食感が大人気のお菓子だ。ペナン島ではこのお菓子が名物で、この店は人の絶えない超人気店。試食もできる。

住162A, Jl. Burmah
☎(04)228-6129　URL www.himheang.com
営9:30〜15:00
休日・祝　CC 不可

メモ　ヨットハーバーを眺めながらニョニャ料理(→P.146)や買い物(→P.149)が楽しめる複合施設。ジョージタウン中心部から車で約15分。Ⓢストレイツ・キー Straits Quay　URL www.straitsquay.com　MAP P.131-B1

ペナン島のショップ
Shopping

ガーニー　伝統衣装・ビーズサンダル

ケニー・ロー・クチュール

Kenny Loh Couture　MAP P.137-A2

人気のクバヤ・テーラーが手がける店

着る宝石と称されるニョニャ・クバヤ。プラナカンのルーツをもつ職人ケニーさんが手がける店で、伝統の刺繍に加え、現代風に進化させたカットのものも並ぶ。ビーズサンダルからサロンまで揃い、ケニーさんのアドバイスのもとで購入できる貴重な店。

住No.24, Solok Mano
☎(016)202-9977(要予約／WhatsAppで受付)
営10:00～18:30
休不定　CC M V

ジョージタウン　中国茶

テンイー・ティー(天一茗茶)

Ten Yee Tea Trading　MAP P.135-D2

中国茶の作法も教えてくれる

パンタイ通りにある中国茶専門店。プーアール茶RM69～(50g)など、台湾や中国福建省から取り寄せた質の高い茶葉を販売している。店主のリムさんが茶葉の扱いについても教えてくれる。店内のしつらえも一見の価値あり。

住33 Lebuh Pantai
☎(04)262-5693
営11:00～18:30
休日　CC M V

ストレイツ・キー　雑貨

アーバニア

Urbania　MAP P.131-B1

アーティストの作品が揃う

センスのいい雑貨が揃う。なかでも、伝統のバティック生地で作ったリュックに、プラナカンタイルをモチーフにしたイヤリングなど、マレーシア伝統の要素をデザインのポイントに取り入れた作品が人気。同じフロアにあるCRAFTETERIAもおすすめ。

住Straits Quay
☎(04)899-5228
営10:00～22:00
休無休　CC M V

ジョージタウン　雑貨

14 リビング・ストーリー

14 Living Story　MAP P.135-C3

人気のカラフル雑貨店

古いショップハウスを改装した居心地のいい雑貨店。ペナン文化を描いたポストカードをはじめ、クスっと笑えるオモシロ小物まで幅広い品揃え。カラフルなホーロー製の弁当箱など、おみやげ選びにもおすすめ。見ているだけで楽しくなる空間。

住14 Lebuh Armenian
☎(04)261-0352
営10:00～18:00(土～20:00)
休無休　CC 不可

COLUMN

ワンダーフード・ミュージアム・ペナン

ペナンの名物料理を中心に、マレーシア全体の食文化や歴史について学べるミュージアム。ここの目玉は、巨大な料理サンプルと一緒に写真が撮れること。「ペナンラクサ」や「チェンドル」が、かなりリアルに再現されていて、まるで本物のよう！ 調理器具を手に持ち、屋台の職人気分で撮影できるスポットもあり、写真映えは抜群だ。

巨大な「ペナンラクサ」のレプリカ

1階から2階に上がると、今度は別の角度から食事情を紹介。美食の陰にある非人道的な犠牲について、そして最後の部屋には「Love & Food are meant for sharing not for wasting」という文字。食事情全般について考えさせられる見応えのあるスポットだ。

●Wonderfood Museum Penang
MAP P.135-D2
住49, Lebuh Pantai
☎(04)251-9095　営9:00～18:00
休無休　料大人RM28 子供RM18

メモ　アルメニアン通りやペナン通りにある、伝統的な中国菓子を販売するⓈ「名香泰(Ming Xiang Tai)」。人気No.1はエッグタルトで、サクサクのパイ生地がやみつきになる。MAP P.134-B2、135-C3

バトゥ・フェリンギ　高級

シャングリ・ラ ラササヤン リゾート&スパ ペナン

Shangri-La's Rasa Sayang Resort & Spa Penang　MAP P.138-B

伝統様式のロマンティックなリゾート

バトゥ・フェリンギのビーチ沿いに建つ5つ星のリゾートホテル。広大な敷地に、マレー建築をモチーフにしたふたつのウイングがたたずむ。ガーデンウイングは白を基調とした明るい客室、ラサウイングは木目調でシックに統一。

住Batu Ferringhi Beach　☎(04)888-8888
予シャングリ・ラ予約センター　フリーダイヤル日本0120-944-162
URL www.shangri-la.com　料[ガーデンウイング]デラックスガーデンビューRM720〜　CC A D J M V　室304

バトゥ・フェリンギ　高級

ハード・ロック・ホテル・ペナン

Hard Rock Hotel Penang　MAP P.138-B

あらゆる世代に向けたサービスが自慢

アジアでは4軒目のハード・ロック・ホテル。ロビーにはロックスターのコスチュームがずらりと並び、部屋にはビートルズの写真が飾られていて、まさにロックファンにはたまらないホテル。Ⓡハード・ロック・カフェはじめレストランも豊富。

住Batu Ferringhi Beach
☎(04)881-1711
URL penang.hardrockhotels.net
料ヒルビュー RM390〜　CC A D J M V　室250

バトゥ・フェリンギ　高級

ゴールデンサンズ リゾート ペナン

Golden Sands Resort, Penang　MAP P.138-B

ペナン随一の開放感を誇る一大リゾート

バトゥ・フェリンギに、大規模に展開する一大リゾート。ペナン島を代表する老舗高級リゾートだけに、託児サービスや子供向けの室内プレイパークを備える。ジャングルウオーク(森林散策)などゲスト向けの無料アクティビティも充実。

住Batu Ferringhi Beach　☎(04)886-1911
予シャングリ・ラ予約センター
フリーダイヤル日本0120-944-162　URL www.shangri-la.com
料スーペリア RM648〜　CC A D J M V　室387

バトゥ・フェリンギ　高級

ローン・パイン・ホテル

Lone Pine Hotel　MAP P.138-B

バトゥ・フェリンギの老舗ホテル

Ⓗイースタン&オリエンタル・ホテル(→P.153)と同系列の隠れ家的ホテル。1948年にオープンし、バトゥ・フェリンギで最も長い歴史をもつ。ビーチ沿いにあるハンモックが、リラックスポイント。コロニアル式のビュッフェレストランなど施設も充実。

住97, Batu Ferringhi　☎(04)886-8686
URL www.lonepinehotel.com
料デラックス RM520〜
CC A J M V　室90

バトゥ・フェリンギ　高級

パークロイヤル・ペナン

Parkroyal Penang　MAP P.138-B

買い物も観光スポットもビーチも至近

バトゥ・フェリンギの中心という便利な立地。ビーチフロントに面して建ち、ホテル内にはショッピングアーケードやマレー式マッサージに定評がある「セント・グレゴリー・スパ」もある。部屋は明るい雰囲気で、バスルームは大理石という豪華ぶり。

住Batu Ferringhi Beach　☎(04)886-2288
URL www.parkroyalhotels.com
料スーペリア RM450〜　デラックス RM570〜
CC A M V　室309

バトゥ・フェリンギ　中級

ベイビュー・ビーチ・リゾート・ペナン

Bayview Beach Resort Penang　MAP P.138-B

ペナン島でも珍しいアトリウムタイプ

ペナン島内でも珍しい、バトゥ・フェリンギ唯一のアトリウム(吹き抜け)式の造りが特徴。客室も清潔で、ビーチの一番西端に位置し、静かな休日を過ごすには最高のロケーションだ。ペナン国際空港から車で約50分。

住Batu Ferringhi Beach　☎(04)886-1111
URL www.bayviewhotels.com
料スーペリア RM260〜
CC A D J M V　室360

メモ　ペナンでは、4つ星以上は1泊1室あたりRM3、3つ星以下は1泊1室あたりRM2の地方税に加え、1泊1室あたりRM10の観光税が徴収される。

ペナン島のホテル(バトゥ・フェリンギ、テロッ・バハン)

Hotel

テロッ・バハン　高級

アンサナ・テロッ・バハン

Angsana Teluk Bahang　MAP P.131-A1

部屋から海を眺め、ゆっくり過ごす休日

全室オーシャンビューで、客室から水平線に沈む美しい夕日を眺めることできる。インテリアはプラナカンをテーマにしたモダンな造り。インフィニティプールからキッズ用のプール、レストランやバーなど、充実の施設でくつろげる。

住11, Jl. Teluk Bahang　☎(04)817-0888
URL www.angsana.com/malaysia/penang
料スーペリア・シービュー RM600〜
CC MV　室236

バトゥ・フェリンギ　中級

ダブルツリー・リゾート・バイ・ヒルトン・ペナン

Doubletree Resort by Hilton Penang　MAP P.131-A1

静かな海辺に立つ大型リゾートホテル

タンジュン・ブンガとバトゥ・フェリンギの中間にあり、喧騒とは無縁の静かな立地。ビーチまで橋が直接設置されているので、安全に海に行くことができる。部屋のタイプはスイートからファミリー用までさまざま。インテリアセンス抜群。

住56, Jl. Low Yat Batu Ferringhi
☎(04)892-8000　URL hilton.com/en/hotels/penmbdi-doubletree-resort-penang/
料ツインゲストルーム RM280〜　CC MV　室316

テロッ・バハン　中級

バハン・ベイ

Bahang Bay　MAP P.138-C

長期滞在者に人気のホテル

テロッ・バハンの4つ星ホテル。海沿いの小高い丘に上に建っているので、眺めがとてもよく、プールやレストランなどの施設も充実。ビジネス向けのシンプルな部屋から、家族連れ、スイートまで部屋の種類は幅広い。長期滞在者の利用も多い。

住No 15, Jl. Teluk Bahang, 11050 Teluk
☎(04)888-1000
URL www.bahangbayhotel.com
料デラックス RM170〜　CC MV　室160

タンジュン・ブンガ　中級

フラミンゴ・ホテル・バイ・ザ・ビーチ

Flamingo Hotel By The Beach　MAP P.138-A

目の前にビーチが広がる抜群の立地

タンジュン・ブンガ湾に面して建ち、ホテルの目の前には、ペナン島のなかでも比較的透明度の高い海が広がっている。スパの評判が高く、ホテルでのんびり過ごすことで、日ごろの疲れを癒やすことができる。ジョージタウンまでは車で20分程度。

住Jl. Tanjung Bungah　☎(04)892-7111
URL penang.flamingo.com.my/
料デラックス RM218〜
CC MV　室280

バトゥ・フェリンギ　安宿

シャリニズ・ゲスト・ハウス

Shalini's Guest House　MAP P.138-B

ビーチ沿いの老舗ゲストハウス

目の前が海という心地よい立地。部屋タイプが多く、リーズナブルに気持ちよく泊まることができる。部屋は古いが、静かで、フロントの対応もていねい。敷地内に小さな庭もあり、BBQセットのレンタルが可。ビーチ沿いには食事処も。

住56, Batu Ferringhi　携(012)407-3822
URL shalinisguesthouse.blogspot.jp　料【A/C】ⓈⒹRM80〜(共同トイレ・シャワー)　ⓈRM150〜　ⒹRM250〜(トイレ・シャワー付き)　CC不可　室22

バトゥ・フェリンギ　安宿

アリーズ・ゲスト・ハウス

Ali's Guest House　MAP P.138-B

食事もできる緑豊かな庭が魅力的

2階建てのゲストハウス。客室はベッドと必要最小限の家具があるだけというシンプルな造り。ビーチからすぐののどかな立地で、常連の長期滞在者が多い。最大6人泊まれる部屋が6室あるので、家族や友達など大人数での利用にも便利。コーヒーなど軽食の提供可。

住53 & 54-B, Batu Ferringhi
☎(013)4331-665　料【A/C】ⓈⒹRM70〜(2人部屋/共同トイレ・シャワー)　ⓈⒹRM100〜(トイレ・シャワー付き)
CC MV　室14

メモ　タンジュン・トコンにある長期滞在者向けサービスアパートLuxfort118。キッチン、洗濯機付きで、近くにスーパーも。チェックイン時間は事前に要連絡。URL www.luxfort118.com/

COLUMN

マレーシアでより豊かな人生を～長期滞在ガイド

気候が温暖で治安もよい魅力的な国マレーシア。ロングステイ財団の調べでは、2006年以来、毎回ハワイやオーストラリアをおさえ14年連続で「ロングステイ希望滞在国」No.1に選ばれている。ここではマレーシア長期滞在の人気の秘密に迫ってみよう。

長期滞在とは

一般的に日本への帰国を前提とする、比較的長期にわたる海外での滞在のこと。現地で住居を購入もしくは賃借し、余暇を目的として、暮らすように過ごす生活スタイルが特徴。あくまでも生活費の源泉は日本で、現地での就労を必要としないもののことを指す。

長期滞在先としてのマレーシアの魅力

①安定した気候

熱帯雨林気候に属するマレーシアの年間平均気温は26～27度。日本のように湿度も高くないので、カラッとしていてとても過ごしやすい。また、天災の少なさも好まれる理由のひとつ。

②言葉と文化

マレーシアでは広く英語が使われている。そのため、言葉に不安がある人でも、英語が少しでも話せれば問題ない。また、とても温厚で親日的な人が多い。

③犯罪の少なさ

スリや置き引きなどがまったくないわけではないが、犯罪率はほかの東南アジア諸国とは比べものにならないほど。

④物価の安さ

マレーシアは日本に比べてとても物価の安い国だ。しかも、欲しい物が手に入らない、サービスが受けられないといったほかの国にありがちなことは、マレーシアならまずないといえる。

⑤日本から近い

長期間滞在するとしても、日本にたびたび帰国しなければならない用事はできるもの。ときに、日本からの距離、行き来のしやすさはとても重要だ。

⑥日本人コミュニティ

海外で滞在したときに心強い味方となってくれるのが日本人コミュニティだ。情報の交換をしたり、一緒に趣味を楽しんだり、困ったときに助けてくれたりと、活用方法はそれぞれ。

⑦進んだ医療

日本と変わらない最新機器を揃えている病院も多く、日本や欧米の大学を出た医師もいる。

バリエーション豊かな滞在先

長期滞在先として、マレーシアには多彩な選択肢が用意されている。まずは定番の**ペナン島**。マレーシア有数のリゾート地として知られ、ビーチ、グルメ、ゴルフなどさまざまな楽しみが用意されている。ペナンならではのミックスカルチャー体験も魅力。また、高原の避暑地**キャメロン・ハイランド**も滞在先として定評があり、日本人コミュニティの規模も大きい。そして人気が高まりつつあるのが、都市型の生活が可能な**クアラルンプール**。ショッピングモールや大規模なスーパーなどで何でも手に入るし、近隣にはゴルフ場も多く、優雅な都市生活を送ることができる。日本語の通じる総合病院も多数ある。そのほか、同じく避暑地として知られる**フレイザーズ・ヒル**や、まだまだ長期滞在者の少ない穴場的都市**コタ・キナバル**などがある。

長期ビザで生活の拠点を移す人も

長期滞在は旅行から一歩踏み込んで「暮らすように過ごす」ことがテーマであって、生活の拠点はあくまでも日本だ。これに対し、マレーシア政府が発給しているマレーシア・マイ・セカンド・ホーム・プログラム(MM2H)というビザを利用すれば最大10年間有効なビザが下りるので、生活の拠点をマレーシアにおくことも可能だ。ただしこれは永住権ではなく、現地で就労するには条件がつく。

ビザの取得に当たっては、日本での財産証明や、一定額以上の収入証明を提出するなど経済基盤の証明が必要であるほか、医療保険への加入や健康診断などもろもろの条件をクリアしなくてはならない。年齢制限はないが50歳未満かどうかで条件が異なる。申請条件はこれまでたびたび変更されてきているので、必ず最新情報を手に入れるようにしたい。

【ロングステイに関する問い合わせ】

●マレーシア政府観光局

東京☎(03)3501-8691

URL www. tourismmalaysia.or.jp

●(財)ロングステイ財団

東京☎(03)6910-0681

URL www.longstay.or.jp

メモ ロングステイで成功するコツは、十分な下見をすること。人気No.1だからといって、万人に合うとは限らない。日本で開催されるセミナーに出席したり、下見ツアーに参加するといい。

ペナン島のホテル(ジョージタウン、ガーニー)

Hotel

ジョージタウン　高級

イースタン&オリエンタル・ホテル

Eastern & Oriental Hotel　MAP P.135-C1

ペナン島で最も古い由緒あるホテル

1885年創立。かつて、「スエズ運河以東で最上のホテル」と称された由緒あるホテルだ。イギリスの作家、サマセット・モームやヘルマン・ヘッセなど、数多くの著名人が滞在したことでも有名。客室はすべてリビングルームを備えたスイートタイプ。

住10, Lebuh Farquhar　☎(04)222-2000
URL www.eohotels.com
料[ヘリテージウイング]デラックススイート RM830
CC A J M V　室221

ジョージタウン　高級

セブン・テラス

7 Terraces　MAP P.135-C2

プラナカンとモダンが融合

ジョージタウンのヘリテージエリアの中心にあるブティックホテル。19世紀に建てられた7つのショップハウスを改装し、プラナカンハウスへと生まれ変わった。全室1階がリビングエリア、2階がベッドルームに分かれたスイートタイプ。

住Stewart Lane
☎(04)261-8888
URL georgetownheritage.com
料スイートルームRM650～　CC M V　室16

ジョージタウン　高級

ホテル ジェン ペナン

Hotel Jen Penang　MAP P.134-B3

最新設備が揃う4つ星のビジネスホテル

フレンドリーをコンセプトに生まれたシャングリ・ラのブランド。品があり、シックななかにも使いやすさを追求した現代風のホテルで、ビジネスから観光まで幅広い客層に支持されている。コムタに隣接し、アクセス面も申し分ない。

住Magazine Rd.　☎(04)262-2622
予シャングリ・ラ予約センター　FREE 日本0120-944-162
URL www.hoteljen.com
料デラックス RM490～　CC A J M V　室443

ジョージタウン　高級

ザ・エディソン・ジョージタウン・ペナン

The Edison George Town, Penang　MAP P.134-B2

至れり尽くせりの優雅な滞在を

ペナンの歴史を見つめ続けてきた100年を超える伝統建築の老舗宿を大幅にリノベーション。ゴージャスなブティックホテルとして人気。時間によりスナックやワインが無料で楽しめるなどさまざまなサービスがうれしい。ホスピタリティも◎。

住15 Lebuh Leith　☎(04)262-2990
URL theedisonhotels.com
料デラックス RM680～
CC A J M V　室35

ジョージタウン　高級

チョンファッツィ・マンション(ブルー・マンション)

Cheong Fatt Tze Mansion/Blue Mansion　MAP P.134-B1

マレーシアで最も有名なヘリテージホテル

鮮やかなインディゴブルーの外壁からブルー・マンションとも呼ばれるジョージタウン有数の豪邸(→P.142)。細部まで風水を駆使した設計で、西洋から取り寄せたタイルや鉄の柱など美しい。宿泊者は自由に建物内の細部の写真を撮ることができる。

住14 Leith St.
☎(04)262-0006
URL www.cheongfatttzemansion.com
料ミン(Ming)RM576～　CC A J M V　室18

ガーニー　高級

ジー・ホテル・ガーニー

G Hotel Gurney　MAP P.137-B1

ガーニー・ドライブのデザイナーズホテル

Sプラザ・ガーニーの隣に建つ、ペナンでは珍しい19階建てのモダンテイストのデザイナーズホテル。客室はデラックスからデュープレックスタイプまでゲストのニーズに合わせて選べる。どのタイプも大きな窓が特徴だ。レストランも評判がいい。

住168A , Persiaran Gurney
☎(04)238-0000
URL www.ghotel.com.my
料デラックス RM560～　CC A D J M V　室312

メモ　観光地ペナンは、高級ホテル、海辺のリゾート、シティホテル、古い建物を改装したヘリテージホテルなど多種のホテルがある。1ヵ所ではなく数ヵ所滞在してペナンならではの魅力を体験するのも手。

ペナン島のホテル（ジョージタウン、ガーニー）

Hotel

ガーニー　中級

アスコット・ガーニー・ペナン

Ascott Gurney Penang　MAP P.131-B1

ガーニードライブまで歩いてすぐ

海辺というリゾート感満点の環境。そしてジョージタウンまで車ですぐという立地のよさが特徴。海に面した部屋は見晴らしがよく、簡易キッチンのある部屋もある。マッサージなどの施設も充実。夜はにぎやかなガーニードライブで屋台飯を満喫できる。

住18, Persiaran Gurney　☎(04)370-7000
URL bit.ly/AscottGurneyPenang
料デラックス RM495～
CC MV　室271

ジョージタウン　中級

ムントゥリ・ミュース

Muntri Mews　MAP P.135-C2

おしゃれなムントゥリ通りの代表格

オーナーが厳選したアンティーク家具が特徴的なヘリテージホテル。もともとは馬車のための厩舎とドライバーが停泊する場所だった建物で、ていねいに修繕＆修復されホテルになった。どこに行くのも便利な立地で、リピーターが多い。

住77 Muntri St.
☎(04)261-8888
URL www.georgetownheritage.com
料スタンダード RM300～　CC MV　室13

ジョージタウン　中級

キャンベル・ハウス

Campbell House　MAP P.134-B2

町なかで非常に評価の高い

ジョージタウンにほれたイタリア人とマレー人カップルの経営。3階建ての古いショップハウスを改装した12の客室はすべてスタイリッシュなスイート。重厚感ある家具でセンスよく空間をまとめている。エレベーターはない。

住106, Lebuh Campbell
☎(04)261-8290
URL campbellhousepenang.com
料ブロッサム RM342～　CC MV　室12

ジョージタウン　中級

イェン・ケン・ホテル

Yeng Keng Hotel　MAP P.134-B2

オリエンタルなブティックホテル

安宿として営業していた古いホテルを大改装し、おしゃれなブティックホテルとしてオープンした。19ある客室は、品のあるインディゴブルーやライムグリーンで統一され、エキゾチックな雰囲気。スタッフはフレンドリーで居心地がいい。

住362 & 366, Chulia St.
☎(04)262-2177
URL yengkenghotel.com.my
料スーペリア RM470～　CC ADMV　室19

ジョージタウン　中級

ペナガ・ホテル

Penaga Hotel　MAP P.134-B2

小規模だけど上質な町なかリゾート

調度品やインテリアパーツをヘリテージ風にしつつ、施設やアメニティは5つ星ホテルのように近代的。プール、スパ、レストラン、ショップがあり、広々とした客室はすべてジャクージ付き。スタッフのサービスも一流、家族連れも安心して宿泊できる。

住Corner of Jl. Hutton & Lebuh Clarke
☎(04)228-1852　URL hotelpenaga.com
料ハットンルーム RM250～　トランスファースイート RM250～　CC AMV　室45

ガーニー　中級

ベルジャヤ・ペナン・ホテル

Berjaya Penang Hotel　MAP P.137-A2

見どころ満載の好ロケーション

プラウ・ティクス地区にあるため、買い物や食事など、何かと便利なホテル。周辺に日本食レストランが多いのも魅力のひとつだ。屋台で有名なガーニー・ドライブやモーニング・マーケット（朝市）は、徒歩圏内で隣はショッピングセンター。

住1-Stop Midlands Park, Burmah Rd.
☎(04)227-7111　URL berjayahotel.com
料スタンダード ⓈⒹRM190～
CC ADJMV　室320

メモ　2008年にジョージタウンの町がユネスコの世界遺産に登録されてから、古い邸宅をホテルに修復して「ヘリテージホテル」にするところが増えてきた。近代大型ホテルよりずっと趣のある滞在ができる。

ペナン島のホテル(ジョージタウン)

Hotel

ジョージタウン　中級

ベイビュー・ホテル・ジョージタウン

Bayview Hotel Georgetown　MAP P.135-C1

各国の「味」が揃うレストランが自慢

ジョージタウンの北側にあり、観光やショッピング、ビジネスにも便利なロケーション。世界各国の味が満喫できる各種レストランも自慢だ。マレー郷土料理を提供するKopi Tiamや展望レストランのThree Sixtyなど3つのレストランがある。

住25A, Farquhar St.
☎(04)263-3161
URL www.bayviewhotels.com
料スタンダード RM220～　CC A J M V　室340

ジョージタウン　中級

シティテル・エクスプレス、ペナン

Cititel Express, Penang　MAP P.134-B3

カジュアルなコンパクトホテル

シティテルと同系列で、よりリーズナブルタイプ。客室は決して広いとはいえないが、好立地、リーズナブル、モダンで洗練された客室などを総合すると、料金以上のお得感がある。コムタまでは徒歩約5分、観光はもちろん、食事やショッピングにも最適。

住123 Lebuh Noordin　☎(04)259-1188
URL www.cititelexpress-penang.com　予JSマーケティング
☎東京(03)5652-6407　料スタンダード 154～
CC A M V　室234

ジョージタウン　中級

シティテル・ペナン

Cititel Penang　MAP P.134-B1

客室からの眺めも食事も大満足!

1997年創業のジョージタウン中心部に位置する、日本人観光客の利用が多い4つ星のシティホテル。町側の客室からはジョージタウンの町並みが望める。また、本格的な日本料理が味わえる霧島(→P.146)はゲスト以外も訪れる人気店。

住66, Jl. Penang　☎(04)291-1188
URL www.cititelpenang.com
予JSマーケティング　☎東京(03)5652-6407
料スタンダードRM243～　CC A J M V　室451

ジョージタウン　中級

ザ・ウェンブリー・ア・セント・ジャイルズ・ホテル、ペナン

The Wembley – A St Giles Hotel, Penang　MAP P.134-B3

コムタのそばでアクセス抜群

モダンで現代的な高層シティホテル。ニューヨークやロンドンなどにもあり、ビジネスから観光まで幅広い層から支持されている。日本食レストランの「江ノ島」、ペナンの絶景が眼下に広がる「DSRTスカイ・ルーム」、11階に造られた屋外プールなど施設面も充実。

住183, Jl. Magazine, George Town
☎(04)259-8000　URL www.stgiles.com
予JSマーケティング　☎東京(03)5652-6407
料スーペリア RM259～　CC A J M V　室415

ジョージタウン　中級

エスエーヴィヴィ・ホテル

SAVV HOTEL　MAP P.135-C3

半島側との移動に最適のホテル

マレー半島バタワース行きフェリー乗り場の近くにあり、半島側からの移動に便利な立地。無料CATバスの発着点からもすぐなので、島内観光を満喫できる。海の近くなので開放感があり、屋外プールやツアーデスクなどの設備も整っている。

住39C, Pengkalan Weld
☎(04)261-6228
URL savvhotel.com/
料スーペリア RM295～　CC M V　室46

ジョージタウン　中級

シントラ・ヘリテージ・ハウス

Cintra Heritage House　MAP P.134-B2

かつては日本軍の理容室としても機能した

1840年代に建てられたショップハウスを改装したリーズナブルなプチホテル。立地がよくセキュリティもしっかりしているので女性ひとりでも安心。各部屋にテレビはないが、エアコン、ファンが付いている。通り沿いの部屋は騒音注意。Wi-Fi利用可。

住Lot 1, 3, 5, 7, Lebuh Cintra
☎018-384-4538
URL www.cintrahouse.com
料スタンダード RM250～　CC M V　室14

インターネットのホテル予約サイトを利用するのが便利。ただホテルによっては自社Webでの予約で割引がある場合も。特殊な部屋に泊まりたいときや特別な希望がある場合もネット経由で伝えてみよう。

ジョージタウン　中級

イースタン・ホテル・ジョージタウン

Eastern Hotel Georgetown　MAP P.134-B2

立地抜群、カフェの居心地がいい

チュリア通りにあり、ジョージタウンの町歩き拠点として最適。部屋は清潔に保たれていて、入口すぐのカフェでゆったりくつろげる。有名ホテルE&Oと名前が似ている（距離も近い）ので、タクシーやGrabでの呼び出しの際は注意しよう。

住509, Lebuh Chulia
☎(04)262-8908
料スタンダードRM150～
CC MV　室21

ジョージタウン　中級

マカリスター・ホテル by PHC

Macalister Hotel by PHC　MAP P.134-A2地図外

ペナンの歴史を継承するPHC管轄のホテル

昔ながらの建築様式ショップハウスの保全に努めるPHCが管理するホテル。構造は生かしつつ、部屋はモダンで快適。一部の客室には簡易キッチンがあり、長期滞在者にも人気がある。マカリスター通りにあり、にぎやかなホーカーセンターまで歩いてすぐ。

住No 3, Lebuh Nanning
☎(04)375-8888
URL phchotels.com.my/
料デラックスRM250～　CC MV　室26

ジョージタウン　安宿

エイティーズ・ゲストハウス

The 80's Guest House　MAP P.135-C2

若者が集う今どきのゲストハウス

約100年前のショップハウスを改装したゲストハウス。ダブルベッド、ツインルーム、ドミトリーの3つのタイプの部屋があり、ドミトリーの各ベッドには電源、ロッカー付き。女性用のドミトリー（4ベッド）もある。Wi-Fiあり。

住46, Love Lane　☎(04)263-8806
URL www.the80sguesthouse.com
料ダブルベッドRM99、ドミトリーRM39～
CC MV　室5

ジョージタウン　安宿

フレイム

Frame　MAP P.135-C2

屋台の多いチュリア通りにある

屋台が集まるチュリア通りにあるゲストハウス。現在、フロントは朝と夕方19:00以降オープン。ランドリー、Wi-Fi、エアコン完備。シンプルながら手入れが行き届いて清潔。観光スポットにも近い。シャワー、トイレ付きの部屋と共同の2タイプ。女性用あり。

住168, Chulia Street　☎(04)263-8807
URL www.theframeguesthouse.com
料ダブルルームRM99、ドミトリーRM45～
CC MV　室8

COLUMN

安心！　日本語ガイドのいるオプショナルツアー

ペナン島の歴史や文化について詳しく知りたい、また家族連れで移動する場合など、頼りになるのが日本語ガイドツアーだ。「ウェンディ・ツアー」では専属の日本語スタッフが万全のサポートをしてくれる。ジョージタウン・ストリートウォークと世界遺産（約5時間／大人RM340）をはじめ、オランウータンに合えるオランウータン・サンクチュアリツアー（約7時間／大人RM560、子供RM340）など、日本語で詳しく説明してくれる。また、女子限定の貸衣装付きアフタヌーンティー（約3時間／大人RM400／2名より）など、ツアーでしか体験できないものも。ペナン事務所ではオリジナルのなまこ石けんも販売。ペナンのほか、クアラルンプール、コタ・キナバルにツアーデスクがある。

●ウェンディ・ツアー　Wendy Tour
MAP P.138-A　住98-1-02, Prima Tanjung Jl. Fettes, Tanjung Tokong
☎(04)890-5511（日本語OK）
URL malaysia.wendytour.com
URL instagram.com/wendytour_official
営9:00～17:00
休土・日・祝

ランカウイ島

ランカウイ島
クアラルンプール

Pulau Langkawi

▲パンタイ・チェナンのビーチではバナナボートやジェットスキーが楽しめる

マレー半島の西海岸沿いに位置し、大小さまざまな99の島々からなるランカウイ諸島。ランカウイ島はそのなかでも、東西30km、南北20kmの一番大きな島で、ランは「ワシ」、カウイは「大理石」を意味する。島内には「マスリの伝説」や「ダヤン・ブンティン島の伝説」、「アイル・ハンガッの泉伝説」、島で最も古い村のパダン・マシラットの「焼き米伝説」など、数々の言い伝えがあり、それらは伝説として、現在も地元の多くの人々に語り継がれている。ランカウイ島はそんな神秘的な面と、リゾート地ならではの自然と調和する近代的な面のふたつの顔をもつ。

この島がリゾート地として注目され始めたのは25年ほど前からで、近年では世界でも有数のスパ施設などを備えたラグジュアリーなリゾートホテルも続々と登場。いまやペナン島と並ぶビーチリゾートとしてすっかり定着している。島全体が免税地区のため、リゾートだけでなく充実したショッピングを楽しめるのはもちろん、市街を少し離れるとあたりには田園風景が広がり、水牛たちが草を食む光景に出合えたりもする。島全体がのどかな雰囲気に包まれており、その情景は、昔話の絵本のようでどこか懐かしい感じだ。

北部には、壮大なマングローブ樹林が点在し、原始を感じさせる濃密な自然が数多く残っている。また、ビーチでは日本では見られないパノラマビューの景色を見ることができる。青く透きとおる美しい海の中で、思いっきりマリンアクティビティを楽しんでみたり、ただのんびりと何もせずにビーチでゴロゴロと過ごすのもいい。

また、ランカウイ島は、東南アジア初のユネスコのジオパークGeopark(地質遺産)に島全土が指定されている。豊かな生態系を育む広大なマングローブ、そしてマレーシアで最も古い地層が分布している貴重なネイチャーアイランドなのだ。

メモ　ランカウイ島は言わずと知れた免税の島。大きな免税店がクアやパンタイ・チェナンにある。島に着いたらまずは免税店やスーパーに行ってビールやワイン、チョコレートなどを買ってみよう。

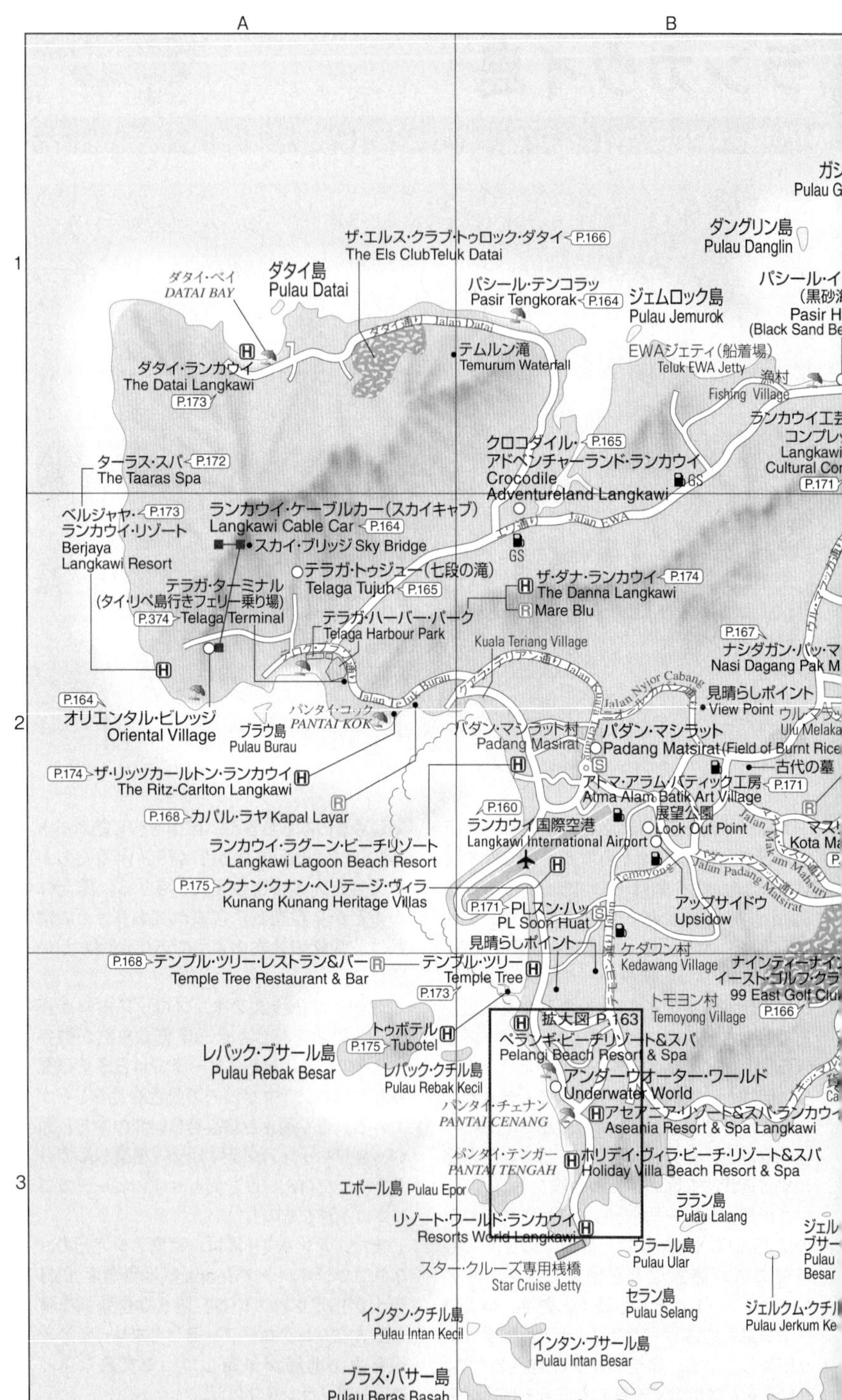
A
B
1
2
3
ザ・エルス・クラブ・トゥロック・ダタイ P.166
The Els ClubTeluk Datai
ダタイ・ベイ
DATAI BAY
ダタイ島
Pulau Datai
パシール・テンコラッ
Pasir Tengkorak P.164
ジェムロック島
Pulau Jemurok
ダングリン島
Pulau Danglin
ダタイ・ランカウイ
The Datai Langkawi
P.173
テムルン滝
Temurum Waterfall
EWAジェティ(船着場)
Teluk EWA Jetty
漁村
Fishing Village
Jalan Datai
ターラス・スパ P.172
The Taaras Spa
クロコダイル・アドベンチャーランド・ランカウイ P.165
Crocodile Adventureland Langkawi
GS
ベルジャヤ・ランカウイ・リゾート P.173
Berjaya Langkawi Resort
ランカウイ・ケーブルカー(スカイキャブ)
Langkawi Cable Car P.164
スカイ・ブリッジ Sky Bridge
Jalan EWA
テラガ・ターミナル
(タイ・リペ島行きフェリー乗り場)
P.374 Telaga Terminal
テラガ・トゥジュー(七段の滝)
Telaga Tujuh P.165
ザ・ダナ・ランカウイ P.174
The Danna Langkawi
Mare Blu
テラガ・ハーバー・パーク
Telaga Harbour Park
Kuala Teriang Village
P.167
ナシダガン・パッ・マ
Nasi Dagang Pak M
P.164
オリエンタル・ビレッジ
Oriental Village
ブラウ島
Pulau Burau
パンタイ・コック
PANTAI KOK
Jalan Teluk Burau
Jalan Nyior Cabang
見晴らしポイント
View Point
パダン・マシラット村
Padang Masirat
パダン・マシラット
Padang Matsirat(Field of Burnt Rice
古代の墓
P.174 ザ・リッツカールトン・ランカウイ
The Ritz-Carlton Langkawi
アトマ・アラム・バティック工房 P.171
Atma Alam Batik Art Village
P.168 カパル・ラヤ Kapal Layar
P.160
ランカウイ国際空港
Langkawi International Airport
展望公園
Look Out Point
ランカウイ・ラグーン・ビーチリゾート
Langkawi Lagoon Beach Resort
Jalan Padang Matsirat
Temoyong
P.175 クナン・クナン・ヘリテージ・ヴィラ
Kunang Kunang Heritage Villas
P.171 PLスン・ハッ
PL Soon Huat
アップサイドウ
Upsidow
見晴らしポイント
ケダワン村
Kedawang Village
P.168 テンプル・ツリー・レストラン&バー
Temple Tree Restaurant & Bar
テンプル・ツリー
Temple Tree
P.173
トモヨン村
Temoyong Village
99 East Golf Clu
P.166
拡大図 P.163
トゥボテル
P.175 Tubotel
ペランギ・ビーチリゾート&スパ
Pelangi Beach Resort & Spa
レバック・ブサール島
Pulau Rebak Besar
レバック・クチル島
Pulau Rebak Kecil
アンダーウオーター・ワールド
Underwater World
パンタイ・チェナン
PANTAI CENANG
アセアニア・リゾート&スパ・ランカウイ
Aseania Resort & Spa Langkawi
パンタイ・テンガー
PANTAI TENGAH
ホリデイ・ヴィラ・ビーチ・リゾート&スパ
Holiday Villa Beach Resort & Spa
エポール島 Pulau Epor
ララン島
Pulau Lalang
リゾート・ワールド・ランカウイ
Resorts World Langkawi
ウラール島
Pulau Ular
スター・クルーズ専用桟橋
Star Cruise Jetty
セラン島
Pulau Selang
インタン・クチル島
Pulau Intan Kecil
インタン・ブサール島
Pulau Intan Besar
ブラス・バサー島
Pulau Beras Basah

メモ マレーシアのガソリンの給油はセルフサービス。まず、空いている給油スタンドに車を入れ、受付に行き何番スタンドでいくら給油するか(ℓでも金額でもどちらでも可)を言い、支払いを済ませてから給油するのがスムーズ。

ランカウイ諸島
Pulau Langkawi
0
5km
N
伝説の洞窟
Cave of Legends
スパ アット フォーシーズンズ リゾート ランカウイ
e Spa at Four Seasons Resort Langkawi
タンジュン・ルー・リゾート P.173
Tanjung Rhu Resort
フォーシーズンズリゾート ランカウイ P.173
Four Seasons Resort Langkawi
タンゴック島
Pulau Tanggok
アナ・クリ島
Pulau Anak Kulli
ラングーン島
Pulau Langgun
デンダン島
Pulau Dendang
パダン・ラランド村
Padang Lalan
GS
アイル・ハンガッ通り
Jalan Air Hangat
アイル・ハンガッ・スパ・ビレッジ
Air Hangat Spa Village
P.164
ランカウイ・ユネスコ・グローバル・ジオパーク・ディスカバリー・センター
Langkawi UNESCO Global Geopark Discovery Centre P.172
見晴らしポイント
View Point
ガレリア・ペルダナ P.165
Galeria Perdana
ドリアン・ペランギン滝
Durian Perangin Waterfall
ランカウイ・ワイルドライフ・パーク P.165
Langkawi Wildlife Park
ランカウイ島
PULAU LANGKAWI
グヌン・ラヤ・ゴルフ・リゾート P.166
Gunung Raya Golf Resort
グヌン・ラヤ(881m)
Mt.Raya(Gunung Raya)
ゴム農園・インド系住民の村
Rubber Plantation & Indian Village
ヒンドゥー寺院
Hindu Temple
ランカウイ農業公園
Taman Agro Teknologi MARDI Langkawi
ケダ村
Kampung Keda
ランカウイ技術訓練校
Langkawi Tecnical School
ピサン・ハンディクラフト P.171
Pisang Handicraft
パダン・ガオン通り
Jalan Padang Gaong
クア
KUAH
拡大図 P.162
アル・ハナ・モスク
Al-Hana Mosque
チョロン島
Pulau Chorong
ティムン島
Pulau Timun
ランカウイ伝説公園
Legenda Park
チェパク島
Pulau Chepak
ケデラ島
Pulau Kedera
パカイ島
Pulau Pakai
ラディン島
Pulau Lading
Customs Jetty
フェリー・ターミナル(ジェティ)
Ferry Terminal(Jetty)
ケラル島
Pulau Keral
ウェスティン・ランカウイ・リゾート&スパ
Westin Langkawi Resort & Spa
サトゥン(タイ)へ
174 セントレジス・ランカウイ
The St.Regis Langkawi
ブンボン・ブサール島
Pulau Bumbon Besar
ブンボン・クチル島
Pulau Bumbon Kecil
イリディウム・スパ
Iridium Spa
ブヨン島
Pulau Buyong
タンガ・クチル島
Pulau Tangak Kecil
ティロル島
Pulau Tillol
クアラ・プルリスへ
ブンティン島
Dayang Bunting
パシール島
Pulau Pasir
エンゴン島
Pulau Enggong
トゥバ島
Pulau Taba
ニョ・セタリ島
Pulau Nylor Setali
ペナン島、パヤール島へ
クアケ・ケダーへ
C
D
1
2
3

メモ ランカウイ島には、公共の交通手段はタクシーかGrabしかないので、レストランやショップ、スパなどでは、気軽にタクシーを呼んでくれる。大型ショッピングモールにはタクシースタンドがあり、客待ちしている。

市外局番04

ACCESS

飛行機

クアラルンプールから所要約1時間。マレーシア航空(1日5便、RM182〜)、エアアジア(1日6便、RM125〜)がある。そのほか、バティック・エア・マレーシアなどがある。ペナン島からはマレーシア航空、ファイアーフライ航空1便、エアアジア1〜2便が運航、ほかにシンガポールからの便もある。

フェリー

ペナン島から1日2便、所要約3時間(直航便)でランカウイ・フェリーサービスが運行していたが2022年10月末時点休業中。

各航空会社の問い合わせ先

いずれも空港内にある。

● **マレーシア航空**
URL www.malaysiaairlines.com

● **エアアジア**
URL www.airasia.com

● **ファイアーフライ航空**
URL www.fireflyz.com.my

▲地上を歩いて到着ホールへ

アクセス

空路 BY AIR

2022年10月現在、日本からランカウイ島への直行便はない。クアラルンプール、もしくはシンガポールを経由して行くことになる。ペナン島からの便もあり、2島を一度に巡ることもできる。

ランカウイ国際空港

ランカウイ国際空港は、滑走路が1本あるだけの小さな空港。まず空港に到着したら、直接滑走路に降りてそのまま到着ロビーへ向かう。ちなみに、到着ロビーと出発ロビーは同じフロアになっている。そして、入国審査、税関審査を終えて手荷物を受け取れば入国手続きは完了だ。到着ロビーの荷物受け取り所周辺には、ホテルの予約やレンタカーの受付カウンターがある。さらに、もう少し先へ行くと、銀行、カフェ、レストラン、免税店、観光案内所がある。

▲天井から陽が差しこむ心地よい空港

空港から市内へ

市内やホテルへは、空港タクシーを利用する。チケットは、空港内にあるタクシーのカウンターで購入。エリアによって料金が決まっているので、初めての人でも安心だ。また、ホテルによっては送迎バスが出ているところもあるので、予約時に確認する。

▲タクシーのサービスカウンター

COLUMN

新名所マハタワー

2022年にオープンした展望タワー。クア湾に突き出すような立地で、地上138mの高さを誇る。18階の展望レストラン、33階の展望デッキは、どちらも見事な見晴らし。360度の眺望で真っ青な海が目の前に広がり、窓側の床はガラス張りになっている。ショッピングや生演奏も楽しめる複合施設で、ランカウイ観光の注目スポットだ。

美しい模様で彩られたマハタワー

●**マハタワー・シティセンター**
MAHA Tower City Centre
URL www.mahatower.com.my
DATA P.165

18階の見晴らしのいいレストラン

33階のガラスのフローリング

メモ 島にバスはないので、ホテルの送迎を頼んでいない場合、空港からホテルへの移動はタクシーを利用しよう。どこに行くのも料金が決まっているので、わずらわしい交渉はしなくても大丈夫。

フェリー　BY FERRY

国内からフェリーでランカウイ島へ訪れる場合、3ヵ所からアクセスできる。ひとつは、ペナン島のフェリー乗り場から毎日8:30と14:00の2便運航。所要約3時間。片道RM70、往復RM140。ただ残念ながら、2022年10月末時点、運行していたランカウイ・フェリーサービスは休業中となっている。もうひとつは、ランカウイ島の対岸の町クアラ・プルリスKuala Perlisから毎日4～5便、片道RM27、所要約1時間15分。クアラ・ケダーKuala Kedahからは毎日4～5便、片道RM34.50、所要約1時間45分。こちらは、ランカウイ・フェリーラインLangkawi Ferry Lineが現在も運航している。そのほか、タイ西海岸の国境の町サトゥンSatumからのフェリー運航もあるので、利用してみよう。

島内交通

タクシー　BY TAXI

島内はかなり広いので、車に頼ることになる。流しのタクシーは走っていないので、複数箇所を回る場合はチャーターしたほうがいい。チャーターの場合、4時間RM200程度。タクシーは、空港、フェリー乗り場、ショッピングセンター、ホテル周辺で待機しており、エリアごとに料金が決められている。Grab利用も便利。

▲赤と黄色が目印

レンタカー　BY RENT-A-CAR

ホテル、空港、フェリー乗り場などで申し込むことができる。自分で運転する場合は国外運転免許証が必要。ガソリン代の諸費用は別途で、自己負担となる。軽自動車からワゴンまで、さまざまな車種が用意されている。必ず保険の有無を確認しよう。コンパクトカー（オートマチック）の1日の料金はRM150前後が目安。

▲日本と同様の左側通行

レンタサイクル　BY RENT-A-CYCLE　レンタバイク　BY RENT-A-MOTORCYCLE

パンタイ・チェナンやパンタイ・テンガーにあるレンタルショップで借りられる。バイクは1日RM40～100。レンタサイクルは、ホテルで貸し出しているところもあり、1日RM20～35。

▲安全運転で

フェリーには薄手の上着を持っていこう

船内は冷房がガンガンに効いており、寒いくらい。長袖や薄手の上着を1枚持っていったほうがいい。また、波が荒いときは欠航となることもあるので注意しよう。

ランカウイ名物「ガマの油」とは

ランカウイではガマといえばなまこのこと。Gamatと呼ばれている。このGamatを煮詰めて作られるオイルがガマオイルMinyak Gamat。マレーシアの家庭では古くから常備薬として切り傷や虫刺されなど、さまざまなものに使われている。ただし難点は臭い。かなり独特な臭いを放つ。おみやげだったらハーブの香りとなまこ水を混ぜ込んだなまこ石鹸がおすすめ。

タクシーの所要時間＆料金目安（1～4人の場合）

● 空港から

行き先	所要時間	料金
パンタイ・チェナン	15分	RM25
パンタイ・テンガー	20分	RM25
パンタイ・コック	20分	RM30
テラガ・ハーバー・パーク	25分	RM30
クア（ジェティ）	25分	RM30
タンジュン・ルー	35分	RM40
ダタイ・ベイ	45分	RM60

● ジェティ（フェリー乗り場）から

行き先	所要時間	料金
パンタイ・チェナン	30分	RM35
パンタイ・テンガー	30分	RM35
空港	25分	RM35
タンジュン・ルー	30分	RM45
パンタイ・コック	45分	RM45
テラガ・ハーバー・パーク	45分	RM45
ダタイ・ベイ	50分	RM70

レンタカーショップ

● **Kasina Rent-A-Car**
☎(04)644-1842
URL www.kasina.com.my

レンタルをする際の注意

レンタカーやバイクなどを利用するときは、万一に備えて必ず海外旅行保険に加入しておこう。また、レンタカーの場合は車種によって料金に差がある。

メモ　マレーシアの中でもランカウイ島は道幅が広く、車もそんなに多くないので比較的運転しやすい。島を一周したいのであればレンタカーが便利だ。ただし、夕方以降のパンタイ・チェナンは大渋滞なので注意しよう。

ℹツーリストインフォメーションセンター
● **クア** MAP P.162-2
住 Jl. Persiaran Putra, Kuah
☎(04)966-7789
開9:00～17:00 休金・土
● **ジェティ** MAP P.162-2
住 Lot SB-2S, Setellite Building, Jetty Point Complex, Jeti Kuah
☎(04)966-0494
開9:00～17:00 休無休

▲羽を広げたワシの像があるイーグル・スクエア

歩き方

ランカウイの中心、クア

クアはランカウイ島随一の繁華街。ペナン島からのフェリーもここに到着する。ジェティ(船着場)近くにあるイーグル・スクエアEagle's Squareには、島のシンボルである大きな「ワシの像」が立っている。町の規模はそれほど大きくはないが、メインストリートの**プトラ通りPersiaran Putra**沿いには大きなショッピングコンプレックスや屋台街などもある。

観光客に人気のパンタイ・チェナン&パンタイ・テンガー

リゾートホテルやゲストハウス、レストランなどが集まっている、島随一のツーリストエリアが、島の南西部に位置するパンタイ・チェナン&パンタイ・テンガーだ。夕日が望めるバーなどもあり、マリンスポーツも盛ん。

ヨットハーバーがあるリゾートエリア、パンタイ・コック

ランカウイ島の西部にあるパダン・マシラット村Padang Masiratは、島で一番古い歴史をもつ村だ。マスリの墓や焼き米伝説の残る公園などがある。その西に広がるビーチがパンタイ・コックPantai Kok。いくつかの高級リゾートが建っているほか、世界各国のヨットが停泊するテラガ・ハーバー・パークTelaga Harbour Parkがある。

高級リゾートホテルが建つ北部エリア

ランカウイ島の北部には、手つかずの自然が残る美しいビーチが広がっている。なかでも屈指の美しさを誇るのが、島の北東部に位置するタンジュン・ルーTanjung Rhu。「ルー」とは マレー語で「西洋松」の意味。高級リゾートの隣にはパブリックビーチもある。美しいビーチと原生林が共存するエリアが、島の北西部に位置するダタイ・ベイDatai Bay。2軒の高級リゾートとゴルフ場のほかは、深い緑に囲まれた静寂の空間だ。

クア Kuah
0 500m
N
1
2
ランカウイ・パレード・メガモール P.171 Langkawi Parade Mega Mall
ヴィンチ Vincci
K.F.C.
マウンテン・セント(アジアン雑貨) Mountain Scents
ランカウイ・モール Langkawi Mall
ヨン・ロン・レストラン Yong Leong Seafood P.169
シャークフィン Shark Fing P.168
ワンダーランド・フードストア Wonderland Food Store P.169
Jalan Pandak Mayah
Persiaran Mahsuri
パッタハッジ・ヤ・ナシ・アヤム P.169 Pak Haji Ya Nasi Ayam
プトラ通り
空港、パンタイ・チェナンへ
タンジュン・ルー、ダタイ・ベイへ
アイル・ハンガット通り Jalan Air Hangat
P.175 ベイビュー・ホテル・ランカウイ Bayview Hotel Langkawi
アルン・アルン・スパ Alun Alun Spa P.172
P.165 マハタワー MAHA Tower
クア・タウン Kuah Town
P.169 ニュー・ウオーター・ガーデン・ホーカー・センター New Water Garden Hawker Centre
ランカウイ寿司 Langkawi Sushi
Hotel Asia
警察署 Police
スパ・ショップ The Spa Shop
P.162 ツーリストインフォメーションセンター(クア)
Persiaran Putra
アル・ハナ・モスク Al Hana Mosque
図学校
ベンダン・バル Bendang Baharu
P.170 イルハム・セラミック・スタジオ Ilham Ceramic Studio
クア湾 Kuah Bay
チョグム公園 Chogm Park
Eagle Bay Hotel
郵便局
旅行会社
ランカウイ・シービュー・ホテル Langkawi Seaview Hotel
ラダ・コンプレックス Lada Complex
ランカウイ・フェア Langkawi Fair
イーグル・スクエア Eagle's Square
ランカウイ伝説公園 Legenda Park P.164
Jalan Penarak
ペナラック Penarak
ジェティ(桟橋) Jetty
フェリー・ターミナル Ferry Terminal
P.162 ツーリスト インフォメーションセンター(ジェティ)
スターバックス・コーヒー
WHSmith
ジェティ・ポイント・デューティー・フリー Jetty Point Duty Free
K.F.C.
P.167 フィッシュ・ファーム・レストラン Fish Farm Restaurant
バトゥ・アンジン湾 Teluk Batu Anjing
ロイヤル・ランカウイ・ヨット・クラブ Royal Langkawi Yacht Club
P.172 ヘブンリー スパ バイ ウェスティン Heavenly Spa by Westin
ウェスティン・ランカウイ・リゾート&スパ Westin Langkawi Resort & Spa P.174
サトゥン(タイ)へ
ペナン島、パヤール島へ
クアラ・ケダー、クアラ・プルリスへ

メモ パンタイ・チェナンやパンタイ・テンガーには安くておいしい食堂が多くある。マレーシアの朝食の定番ナシ・ルマッ、インドの朝食の定番ロティ・チャナイなどはRM1くらいから食べられる店も。

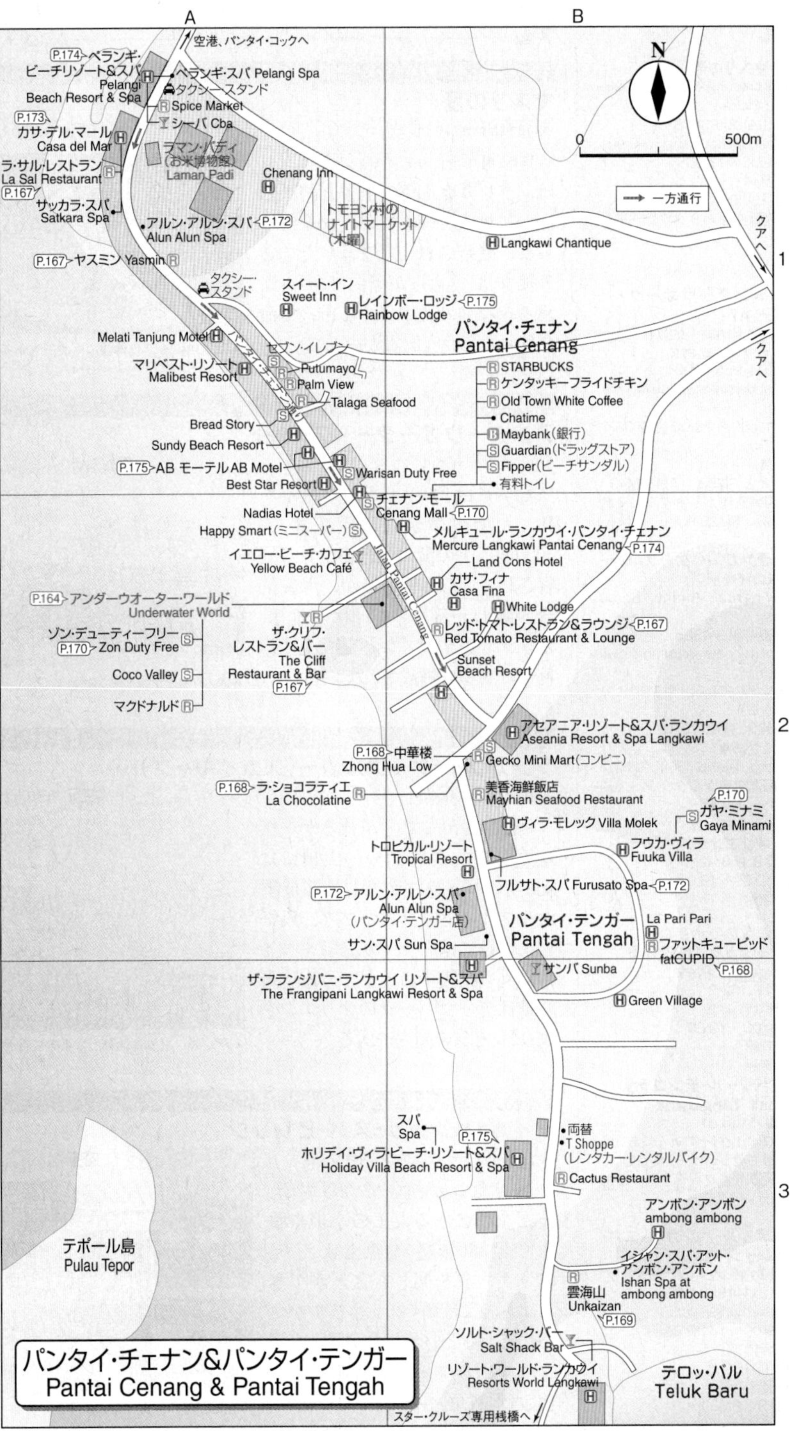
パンタイ・チェナン&パンタイ・テンガー
Pantai Cenang & Pantai Tengah
空港、パンタイ・コックへ
P.174 ペランギ・ビーチリゾート&スパ Pelangi Beach Resort & Spa
ペランギ・スパ Pelangi Spa
タクシー・スタンド
Spice Market
シーバ Cba
P.173 カサ・デル・マール Casa del Mar
ラ・サル・レストラン La Sal Restaurant P.167
サッカラ・スパ Satkara Spa
ラマン・パディ (お米博物館) Laman Padi
Chenang Inn
トモヨン村のナイトマーケット (木曜)
アルン・アルン・スパ Alun Alun Spa P.172
P.167 ヤスミン Yasmin
タクシー・スタンド
スイート・イン Sweet Inn
レインボー・ロッジ Rainbow Lodge P.175
Langkawi Chantique
一方通行
500m
クアへ
パンタイ・チェナン Pantai Cenang
Melati Tanjung Motel
パンタイ・チェナン通り
セブン・イレブン
マリベスト・リゾート Malibest Resort
Putumayo
Palm View
Talaga Seafood
Bread Story
Sundy Beach Resort
P.175 AB モーテル AB Motel
Warisan Duty Free
Best Star Resort
STARBUCKS
ケンタッキーフライドチキン
Old Town White Coffee
Chatime
Maybank(銀行)
Guardian(ドラッグストア)
Fipper(ビーチサンダル)
有料トイレ
Nadias Hotel
チェナン・モール Cenang Mall P.170
Happy Smart(ミニスーパー)
メルキュール・ランカウイ・パンタイ・チェナン Mercure Langkawi Pantai Cenang P.174
イエロー・ビーチ・カフェ Yellow Beach Café
Land Cons Hotel
カサ・フィナ Casa Fina
Jalan Pantai Cenang
P.164 アンダーウオーター・ワールド Underwater World
White Lodge
レッド・トマト・レストラン&ラウンジ Red Tomato Restaurant & Lounge P.167
ゾン・デューティーフリー P.170 Zon Duty Free
ザ・クリフ・レストラン&バー The Cliff Restaurant & Bar P.167
Coco Valley
マクドナルド
Sunset Beach Resort
アセアニア・リゾート&スパ・ランカウイ Aseania Resort & Spa Langkawi
P.168 中華楼 Zhong Hua Low
Gecko Mini Mart(コンビニ)
P.168 ラ・ショコラティエ La Chocolatine
美香海鮮飯店 Mayhian Seafood Restaurant
ヴィラ・モレック Villa Molek
P.170 ガヤ・ミナミ Gaya Minami
トロピカル・リゾート Tropical Resort
フウカ・ヴィラ Fuuka Villa
フルサト・スパ Furusato Spa P.172
P.172 アルン・アルン・スパ Alun Alun Spa (パンタイ・テンガー店)
パンタイ・テンガー Pantai Tengah
La Pari Pari
ファットキューピッド fatCUPID P.168
サン・スパ Sun Spa
サンバ Sunba
ザ・フランジパニ・ランカウイ リゾート&スパ The Frangipani Langkawi Resort & Spa
Green Village
スパ Spa
P.175 ホリデイ・ヴィラ・ビーチ・リゾート&スパ Holiday Villa Beach Resort & Spa
両替
T Shoppe (レンタカー・レンタルバイク)
Cactus Restaurant
アンボン・アンボン ambong ambong
テポール島 Pulau Tepor
イシャン・スパ・アット・アンボン・アンボン Ishan Spa at ambong ambong
雲海山 Unkaizan P.169
ソルト・シャック・バー Salt Shack Bar
リゾート・ワールド・ランカウイ Resorts World Langkawi
テロッ・バル Teluk Baru
スター・クルーズ専用桟橋へ

見どころ

悲劇の物語にまつわるランカウイ島伝説の墓

マスリの墓

Kota Mahsuri MAP P.158-B2

約200年前、タイの女性マスリは、ランカウイ島の王子と結婚したが、旅人との不貞の疑いをかけられ、処刑されてしまう。そのとき彼女は、「自らが潔白であれば、真っ白な血が流れる」と言って命を絶ったという伝説が残っている。

▲敷地内には文化体験コーナーもある

マレーシア最大規模を誇る水族館

アンダーウオーター・ワールド

Underwater World MAP P.163-A2～B2

館内には100以上もの水槽があり、大型魚類から熱帯魚まで、4000匹以上の海の生き物たちが飼育されている。そのほか、海底気分が味わえるトンネル状の水槽、オリジナルグッズなどを販売するみやげ物屋も併設されている。

▲大人から子供まで楽しめる

ランカウイ島の絶景が見下ろせる

ランカウイ・ケーブルカー(スカイキャブ)

Langkawi Cable Car MAP P.158-A2

海抜700mまで上がれるケーブルカーで所要約20分。山頂には360度のパノラマが楽しめる展望台やスカイブリッジがあり、天気のよい日にはマラッカ海峡やタイの島々も見渡すことができる。乗り場はテーマパークのオリエンタル・ビレッジの園内にある。

▲風が強いときは運休となるので注意

ミネラルたっぷりの湯でリラックス

アイル・ハンガッ・スパ・ビレッジ

Air Hangat Spa Village MAP P.159-C1

島で温泉が湧いている場所。公園全体にある人工の小川や噴水で足湯(無料)を楽しんだり、ジャクージを楽しむことができる。お湯には多くのミネラルが含まれているといわれる。子ども用プール、カフェ、本格的なスパ施設(別料金)もある。

▲休憩がてらに寄ってみよう

マスリの墓
住 Kampung Mawat, Mukim Ulu Melaka
☎ (04)955-3515
URL kotamahsurilangkawi.com
開 9:00～17:00
休 無休
料 大人 RM17　子供 RM7
行き方 空港からタクシーで約20分。RM25～。

アンダーウオーター・ワールド
住 Zon Pantai Cenang, Mukim Kedawang
☎ (04)955-6100
URL underwaterworldlangkawi.my
開 10:00～18:00(祝9:30～18:30)
休 無休
料 大人 RM53　子供 RM43
行き方 空港からタクシーで約20分。RM25～。

ランカウイ・ケーブルカー(スカイキャブ)
住 Oriental Village, Burau Bay
☎ (04)959-4225
URL www.panoramalangkawi.com
営 9:30～18:00(季節により異なる)
休 無休(強風の日は運休することがある)
料 大人 RM55　子供 RM40
行き方 空港からタクシーで約20分。RM30～。

オリエンタル・ビレッジ
MAP P.158-A2
営 10:00～19:00
休 無休

そのほかの見どころ

● ランカウイ伝説公園 Legenda Park
MAP P.162-2
住 Kuah Jetty
開 9:00～19:00
休 無休
料 無料

● パシール・テンコラッ Pasir Tengkorak
MAP P.158-B1
ダタイ・ベイの近くにある島で最も美しいビーチのひとつ。
行き方 空港からタクシーで約45分。RM60～。

アイル・ハンガッ・スパ・ビレッジ
住 Km 16 Jl. Ayer Hangat
☎ (011)1950-6460
URL ayerhangat.com
開 9:00～18:00
休 無休
料 RM15
行き方 空港からタクシーで約30分。RM30～。

メモ ランカウイ・ケーブルカーの山頂駅から徒歩10分ほどでスカイブリッジに出る。ランカウイ島の絶景をパノラマで見ることができる。天気のよい日に行ってほしいおすすめスポット。

1000頭以上のワニが飼育されている

クロコダイル・アドベンチャーランド・ランカウイ

Crocodile Adventureland Langkawi　MAP P.158-B2

このワニ園のハイライトは巨大なワニと人間がダンスなどをするショーで、これと餌づけのどちらかは必ず見たいところ。園内には卵やユーモラスな剥製などもある。また、ワニ製品も販売していて、国際保証付きなので日本に持ち帰ることが可能。

約1000匹のワニが飼育されている

餌づけ体験もできるユニークな鳥園

ランカウイ・ワイルドライフ・パーク

Langkawi Wildlife Park　MAP P.159-C2

2500エーカーの広さを誇る園内には、約150種類の鳥類が飼育されている。南国ならではの珍しい鳥類から、ダチョウ、フラミンゴ、フクロウなど、実にさまざま。インコやオウムに直接餌を与えることができる「餌づけゾーン」などもある。

▲鳥や動物たちと触れ合える

世界各国からの寄贈品が並ぶ、マハティール元首相の記念館

ガレリア・ペルダナ

Galeria Perdana　MAP P.159-C2

世界各国から寄贈された、マレーシアのマハティール元首相への贈り物が展示されている。クリスタル、陶芸品、木彫りの彫刻など、バラエティ豊かなさまざまな品が揃い、マハティール元首相の功績がうかがえる。なかには、日本の昭和天皇から贈られたものも置かれている。(一時休業中)

▲珍しい品々が多く展示されている

天然のきれいな水が流れる七段の滝

テラガ・トゥジュー(七段の滝)

Telaga Tujuh　MAP P.158-A2

木々に囲まれた森の中にある。全体で標高差が480mもあり、7段の滝に分かれている。一番上の滝まで638段の階段がありかなりきついが、週末ともなると家族連れでにぎわっている。また、階段の途中、横に延びる小道があり、ここを入った所にも滝がある。スカイキャブ近く。

▲ひんやりとして気持ちがいい

クロコダイル・アドベンチャーランド・ランカウイ
住 Jl. Datai, Mukim Air Hangat
☎(04)959-2061
URL crocodileadventureland.com
開 10:00～17:00　休 無休
料 大人 RM45　子供 RM35
行き方 空港からタクシーで約30分。RM40～。

▲人気のワニショー

ランカウイ・ワイルドライフ・パーク
住 Lot 1485, Kampung Belanaga Pecah, MK Air Hangat
☎(04)966-5855
開 8:30～17:30
料 大人 RM50　子供 RM30
休 無休
行き方 空港からタクシーで約40分。RM45～。

ガレリア・ペルダナ
住 Kilim, Mukim Air Hangat
☎(04)959-1498
開 9:00～17:00
休 第1月、ハリラヤ
料 大人 RM10　子供 RM4
行き方 空港からタクシーで約40分。RM45～。
※改装のため3月末まで休業

テラガ・トゥジュー
行き方 空港からタクシーで約30分。RM30～。

そのほかの見どころ

マハタワー MAHA Tower
MAP P.162-1
住 Persiaran Mahawangsa, Mukim Kuah
☎(04)961-0880
URL www.mahatower.com.my/
開 10:00～22:00
休 無休
料 大人RM78　子供RM46(夕暮れ時は+RM12)

138メートルの高さを誇る展望タワー。33階のスカイデッキの展望エリアはガラス張りの床になっていて、アンダマン海の上に浮かんでいるよう。
行き方 空港からタクシーで約20分。RM30～

▲2022年オープン

メモ　パラダイス101 Paradise 101は島全体がウオーターパークになっている。朝から晩まで思いっきり遊べるスポット。URL www.paradise101.com/

ランカウイ島のアクティビティ

Activity

ランカウイ島の魅力は、何といってもきれいな海と熱帯雨林の壮大な大自然。せっかく来たのだから、ただ海を眺めているだけではもったいない。誰でも気軽に参加できるさまざまなツアーやアクティビティが充実しており、その楽しさは無限大！　ランカウイ島を思いっきり遊び尽くそう。

マングローブ・フォレスト・リバークルーズ

Mangrove Forest Rivercruise

日本人ガイドが同行する人気ツアー

マングローブの奥地や秘境のポイントなど、珍しい場所に行ける、冒険好きな人や、ファミリーにおすすめのツアー。迫力満点のワシの餌づけなどもあり、マングローブの知識を遊びながら楽しく学べる。

ニッポン・メット・シン・トラベル&ツアーズ
Nippon Met Sin Travel & Tours
☎(04)959-3952(日本語可)
URL www.sennindayori.com
料 大人RM250、子供RM150(4～12歳)※ランチ、日本人ガイド、ホテルへの送迎、ボート代含。　CC 不可
※5日以上の余裕をもって予約すること

サンセットクルーズ&海水ジャクージ

Sunset Cruise & Seawater Jacuzzi

天然ジャクージが楽しめる

海の壮大なスケールを肌で感じながら、優雅なひとときが楽しめる。また、名物の「海水ジャクージ」では、美しい夕景を眺めながら、ビール片手にほてった体を冷やして心身ともにリラックス。カップルに人気のツアー。

クリスタル・ヨット・ホリデイズ
Crystal Yacht Holidays
☎(04)955-6545
携(012)408-7866
URL www.crystalyacht.com
E info@crystalyacht.com(日本語可)
料 RM280　CC AMV

アクティビティの問い合わせ先

【ゴルフ場】

■ナインティーナイン・イースト・ゴルフ・クラブ
99 East Golf Club

世界的なゴルフ場開発会社による運営。コース管理が徹底されていて気持ちがよい。2022年10月現在、9ホールのみオープン。9ホールを2回まわり、18ホールプレイするのは可能。

MAP P.158-B3
住 Jl. Bukit Malut, Mukim Ulu Melaka
☎(04)955-1153
URL www.99east.com
営 7:30～19:30
料 RM170(9ホール)、RM250((9ホール×2)　CC MV

■グヌン・ラヤ・ゴルフ・リゾート
Gunung Raya Golf Resort

MAP P.159-C2
住 Jl. Air Hangat, Kisap
☎(04)966-8148
URL www.golfgr.com.my
営 7:00～17:30(18ホールは15:30まで)
料 RM159(9ホール)、RM318(18ホール)
CC MV

■ザ・エルス・クラブ・トゥロック・ダタイ
The Els Club Teluk Datai

MAP P.158-A1
住 Jl. Teluk Datai
☎(04)959-2700
URL www.elsclubmalaysia.com
料 RM310～
CC AMV

【カヤック de ジャングル】

■ランカウイ倶楽部
Langkawi Club

カヤックに乗ってランカウイ島の自然を探検するツアー。カヤックについての講習や、オールのこぎ方の練習を行うので、まったくのビギナーでも問題ない。カヤックだけでなく、洞窟を探険したりと盛りだくさんの内容。

☎(04)959-2704
URL langkawiclub.com
料 カヤック Deジャングル RM350
　マングローブクルーズ RM250
CC 不可
※ 問い合わせは日本語でOK。
※ 料金は変更になる場合があるので要確認。

メモ　ランカウイ島ではエキサイティングなスカイダイビングが体験できる。澄んだ海のグラデーションや緑豊かなマングローブなど思い出に残る景色が目の前に。スカイダイブ・ランカウイ URL skydivelangkawi.com

ランカウイ島のレストラン

Restaurant

クア　シーフード料理

フィッシュ・ファーム・レストラン

Fish Farm Restaurant　MAP P.162-2

海に突き出たデッキの上のレストラン

地元でおいしいと評判のシーフードレストラン。エビ、魚、カニなどの魚介類を水槽から選ぶスタイルで、とくに新鮮さが実感できる蒸し魚の人気が高い。海を一望できるオープンエリアの席は開放感がある。クアのイーグルスクエアから車で約5分程度。

住Lot 1986, Jl. Pantai, Jalan Penarak
☎(012)643-2818
営12:00～23:00
休月　CC M V

パンタイ・チェナン　アジア&西洋料理

ラ・サル・レストラン

La Sal Restaurant　MAP P.163-A1

ロマンチックな夕焼けを眺めながらの食事

Ⓗカサ・デル・マール(→P.173)のレストラン。ビーチにもテーブルが並べられロケーションは申し分ない。サラダやサンドイッチなどの軽めのランチからディナーは本格的なマレー料理まで。バーとして利用するノンゲストも多い。

住Ⓗ Casa del Mar
☎(04)955-2388　URL www.casadelmar-langkawi.com
営12:00～14:30、15:00～18:00、19:00～22:30
休無休　CC A D M V

パンタイ・チェナン　インターナショナル料理

レッド・トマト・レストラン&ラウンジ

Red Tomato Restaurant & Lounge　MAP P.163-B2

ホームメイドやオリジナル料理

カジュアルな雰囲気のカフェ。店自慢のサラダ、サンドイッチ、ピザ、パスタなど、洋食を中心に提供している。パンは店内で手作りしていて、フレッシュジュースなどのドリンクメニューも充実。朝から晩まで営業しているので、使い勝手もいい。

住No.5 Casa Fina Av. Pantai Cenang
☎(04)955-4055　URL redtomatorestaurant.com.my
営9:00～22:00(日～18:00)
休月　CC M V

パンタイ・チェナン　マレーシア&インターナショナル料理

ザ・クリフ・レストラン&バー

The Cliff Restaurant & Bar　MAP P.163-A2

チェナン・ビーチを一望

アンダーウオーター・ワールド(→P.164)の小道をビーチのほうに入ると、海にせり出したように建っているレストラン&バー。昼間はパンタイ・チェナンのビーチが一望でき、夜はビーチにともる明かりが幻想的でロマンティック。

住Lot 63 & 40, Jl. Pantai Cenang
☎(04)953-3228　URL thecliflangkawi.com
営12:00～23:00
休無休　CC A M V

パダン・マシラット　マレー料理

ナシダガン・パッ・マラウ

Nasi Dagang Pak Malau　MAP P.158-B2

田んぼの中の一軒家で鯉カレー

ご飯とおかずをワンプレートで食べる、マレーシア人の日常食を提供。店頭に並ぶおかずはどれも味がよく、とくにまろやかな風味の鯉カレー、カリッと揚がった鶏の唐揚げが名物だ。目の前には田園風景が広がり、ランカウイらしいロケーション。

住No. 186, Jl. Makam Mahsuri, Mukim Ulu Melaka
☎(012)271-1977
営8:00～14:00(火～12:00)
休無休　CC不可

パンタイ・チェナン　シリア&アラブ料理

ヤスミン

Yasmin　MAP P.163-A1

地元で人気のアラブ料理店

Ⓗカサ・デル・マールのそばにあるレストラン。ケバブやタブーレ、チーズ入りのクナーファ、ホンムスなど本格的なアラブ料理が楽しめる。ドリンクは、さっぱりとしたミントレモンジュースがおすすめ。シーシャ(水たばこ)もある。

住Pantai Cenang
☎(013)430-5983
営11:30～24:00　休無休
CC M V

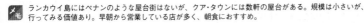

メモ　ランカウイ島にはペナンのような屋台街はないが、クア・タウンには数軒の屋台がある。規模は小さいが、行ってみる価値あり。早朝から営業している店が多く、朝食におすすめ。

パンタイ・チェナン　西洋&マレーシア料理

テンプル・ツリー・レストラン&バー

Temple Tree Restaurant & Bar　MAP P.158-B3

時を忘れるリゾート内のレストラン

Ⓗテンプル・ツリー(→P.173)内。注目は建物で、イポーから移築した古いマレー式建築物をモダンなスタイルでよみがえらせたもの。天井の木の梁、中央にあるバーも見事な造りになっている。メニューは幅広く、サテーからパスタまである。

住Lot 1053, Jl. Pantai Cenan
☎(017)599-5935
営8:00～23:00
休無休　CC M V

テルッ・ニボン　シーフード料理

カパル・ラヤ

Kapal Layar　MAP P.158-A2

夕焼けを眺めながらのシーフード

ヨットが目印の海辺のレストラン。地元の人がちょっとおめかしをしてハレの日に訪れる店で、新鮮で質のいいシーフード料理を提供している。ロブスター、シャコ、タイガープロウン、マッドクラブなど高級な魚介類が揃っている。

住2187, Telok Nibong, Jl. Pantai Kok
☎(012)495-1449
営11:00～15:00、17:00～23:00
休無休　CC M V

クア　肉骨茶

レストラン・シャークフィン

Restaurant Shark Fing　MAP P.162-1

ゴク飲みしたくなる漢方スープ

クアにあるバクテー専門店。ふくよかな漢方の香りと豚肉のうま味がしみ出たコク深いスープが特徴。骨つきのバラ肉やモツ系がたっぷり入っているが、余分な脂を取り除いて煮込むため、あと味は意外にもさっぱり。野菜料理も充実している。

住Langkawi Mall Dindong, No. 267
☎(012)476-5049
営14:30～21:00
休無休　CC不可

パンタイ・テンガー　中国&シーフード料理

中華楼

Zhong Hua Lou　MAP P.163-B2

ファミリーで楽しめる幅広いメニュー

パンタイ・テンガーにある中国料理店。どの料理も日本人の口に合う味付けで食べやすい。塩卵で味付けしたイカ唐揚げ、タイ式蒸し魚、鹿肉の黒胡椒炒めなど、ビールや白いご飯がすすむメニューが並ぶ。海老の濃厚チーズソースが名物。

住No. 1, Pantai Tengah
☎(012)470-1593
営12:00～15:30、17:00～22:30
休無休　CC M V

パンタイ・テンガー　ニョニャ料理

ファットキューピッド

fatCUPID　MAP P.163-B2

洗練されたニョニャ料理が楽しめる

Ⓗラ・パリ・パリにあるカフェ&レストラン。ハンバーガーなどのウェスタン料理もあるがおすすめはニョニャ料理。ニョニャラクサ(RM28)、アッサムプダス(酸っぱ辛い魚のスープRM28)など10種類ほど用意されている。

住2273 Jl.Teluk Baru, Kampung Tasek Anak
☎(04)955-1010
営11:00～15:00、17:00～22:30
休月・火　CC M V

パンタイ・テンガー　ベーカリー&ケーキ

ラ・ショコラティエ

La Chocolatine　MAP P.163-B2

フランス風のパティスリー

地元でパンがおいしいと評判のカフェ。クロワッサンやブリオッシュはもちろん、エクレアや、タルト、チョコレートケーキなど、どれも質のよい素材で作られた逸品がショーケースに並ぶ。テイクアウトがメインだが、店内やテラスでも食べられる。

住Pantai Tengah
☎(04)955-8891
営9:00～18:00(木・土・日～19:00)
休金　CC M V

メモ　パンタイ・チェナンとパンタイ・テンガーのビーチには多くのビーチバーがある。水着のまま入れる店も多く、どの店も気軽に入れる。夕方からはお得なハッピーアワーがあるのでチェックしてみよう。

ランカウイ島のレストラン
Restaurant

パンタイ・テンガー　和食

雲海山
Unkaizan　MAP P.163-B3

ホッとする和食が揃う

ランカウイの和食店といえば、いちばんに名前が上がる店。ボリュームのあるセットメニューから、刺身、寿司、天ぷら、揚げ出し豆腐など定番の和食がずらりと揃う。店内にはいけすがあり、新鮮な魚をその場でさばいてもらうこともできる。

住Lot 395 Jl. Telok Baru, Pantai Tengah
☎(04)955-4118
営18:00～22:30
休水、第2・第4の火　CC M V

クア　チキンライス

パック・ハッジ・ヤ・ナシ・アヤム
Pak Haji Ya Nasi Ayam　MAP P.162-1

島でチキンライスといえばここ！

チキンライスの専門店。チキンが売り切れると閉店となる。自家製ソースが自慢。ナシ・アヤム(チキンライス)RM5～。注文するときは食べたい部分を指定するだけでOK。町から離れているが、有名店なのでたどり着くのに問題はない。

住85, 86, Persiaran Mutiara, Pusat Dagangan Kelana Mas　携(019)563-8320
営9:00～17:00
休金　CC不可

クア　中国&シーフード料理

ワンダーランド・フードストア
Wonderland Food Store　MAP P.162-1

地元の人で大評判

クアのムティアラ通り沿いの湾側には、いくつもの中国系シーフード料理店が並ぶが、そのなかで最も評判の店がここ。フレッシュな海鮮をシンプルにニンニクで炒めた料理が人気。食べて飲んで予算はひとりRM40～60。ディナーのみ営業。

住179, 180, 181, Pusat Perniagaan Kelana Mas. Kuah
携(012)467-4515
営18:00～22:00
休月　CC M V

クア　シーフード料理

ヨン・ロン・レストラン
Yong Leong Restaurant　MAP P.162-1

地元の人が集まる名店

クア北部にある庶民的なレストラン。スパイスの香り豊かなフィッシュカレー、酸味とコクのあるアッサムフィッシュなどのシーフード料理が人気。豚の角煮、鉄板豆腐、独特の香りがあるプタイ豆のサンバル炒めなど中華系のマレーシア料理も充実。

住Lot 36, Persiaran Mutiara 2, Pusat Dagangan Kelana Mas　☎(04)966-8495
営12:00～15:00　18:00～23:00
休無休　CC M V

COLUMN

ランカウイ島のホーカーセンター

ランカウイ島のホーカーセンターはクアにある。ホーカーセンターとは、小さなお店が集まったいわゆる屋台村のような空間。ここでは、中華系の店が多いが、インドやタイ料理なども食べられる。評判がいい店は、ワンタン麺やポークライス、チキンライスなど。どの料理もRM5前後でテアイス(甘い冷たいミルクティー)はRM1.50。料理を注文してテーブルに座っていると、ドリンクのオーダーを取りに来てくれる。また、ここのホーカーセンターは、ペナンやクアラルンプールと違い、早朝から夕方のみの営業となる。なので、朝食で利用する地元の人も多いのだ。

▲ピンクの建物が目印

●ニュー・ウオーター・ガーデン・ホーカー・センター New Water Garden Hawker Centre
MAP P.162-1
住Jl.Pandak Mayah 6, Pusat Bandar Kuah
営7:30～15:00頃(夕方から海鮮料理店に)
休店舗により異なる　CC不可

メモ　ランカウイ島での夜のお楽しみといったらナイトマーケット。毎日日替わりで開催されるが、パンタイ・チェナンとパンタイ・テンガーに宿泊していたら、木曜のトモヨン村がいちばん近い。

ランカウイ島のショップ
Shopping

パンタイ・チェナン　免税店

ゾン・デューティーフリー
Zon Duty Free　MAP P.163-A2～B2

パンタイ・チェナンにある免税店

「アンダーウオーター・ワールド」とマクドナルドに隣接する免税店。ジュエリー、時計、日用品、アルコール、食品などがある。化粧品の品揃えは充実しており、島内一との声も高い。タクシーが客待ちをしているので、足の心配もいらない。

住 Lot 970, 971 & 973 Pantai Cenang, Mukim Kedawang
☎ (04)641-3200
営 10:00 ～21:00(店により異なる)
休 無休(店舗により異なる)　CC A D J M V

パンタイ・チェナン　ショッピングモール

チェナン・モール
Cenang Mall　MAP P.163-A2

パンタイ・チェナンの憩いの場

パンタイ・チェナンにあるショッピングモール。コンパクトな規模だが、銀行やレストラン、カフェ、ドラッグストア、みやげ物店など、ひととおり揃っている。マレーシア発祥のコーヒーチェーン店Ⓡオールド・タウン・ホワイト・コーヒーもある。

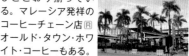

住 Jl. Pantai Cenang
☎ (04)953-1188
営 11:00～23:00(店舗により異なる)
休 無休　CC 店舗により異なる

パンタイ・テンガー　雑貨

ガヤ・ミナミ
Gaya Minami　MAP P.163-B2

リピーター続出のなまこ石鹸

日本人の女性オーナーが各地を回って集めた雑貨やウエア、工芸品などが並ぶコンセプトショップ。いちばん人気は、ショップオリジナルのなまこ石鹸。一つひとつ色鮮やかなバティックでラッピングされているので、おみやげに最適。

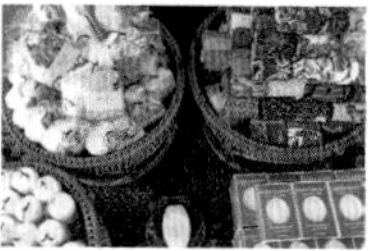

住 Ⓗ Fuuka Villa
☎ (04)955-7750
営 14:00～18:00
休 金、ハリラヤ　CC J M V

クア　陶器

イルハム・セラミック・スタジオ
Ilham Ceramic Studio　MAP P.162-2

アーティストのハンドメイド陶器

ランカウイ出身の陶芸家ラッジさんの工房。Ⓗリッツカールトンなど島内の5つ星ホテルで使用されているラッジさんの作品は、ランカウイの自然を映し出したような美しい色使い。皿、カップなどデザインは幅広く、陶器体験レッスンも開催。

住 Kampung Bendang
☎ (013)599-4022(要予約／WhatAppsで受付)
営 10:00～17:00
休 金　CC M V

COLUMN

ナイトマーケットでローカルの雰囲気を楽しもう！

毎晩どこかしらで開かれるナイトマーケット(パサール・マラム)は、地元庶民の暮らしに欠かせない場所。自然あふれるリゾート地ならではの環境で開かれるマーケットは、都心のものとはまた違った雰囲気でなかなかおもしろい。新鮮な魚介、フルーツ、総菜、デザート、香辛料、衣料品など、さまざまな露店が並び、「スーパーよりも安くて新鮮！」と地元客も納得。時間はだいたい18:00～22:00くらい。ただし、日にちによって開催場所や時間が異なるので、行くときにはホテルやタクシーの運転手などに聞いて、事前に確認してから出かけたほうがいい。また、場所によって規模の大きさも異なる。

●ナイトマーケット週間スケジュール

日曜：パダン・マシラット(Padang Masirat)
月曜：ウル・マラッカ(Ulu Melaka)
火曜：ケダワン村(Kedawang Village)
水・土曜：クア(Kuah)
木曜：トモヨン村(Tomoyong Village)
金曜：アイル・ハンガッ(Air Hangat)

メモ　おみやげのおすすめは、何といってもなまこ製品。石鹸やオイルを買う観光客が多い。ほかには、スズを主成分とするピューター製品やろうけつ染めのバティック、香辛料などが人気。みやげ物屋やスーパーで購入できる。

ランカウイ島のショップ
Shopping

パダン・マシラット　バティック

アトマ・アラム・バティック工房
Atma Alam Batik Art Village　MAP P.158-B2

バティックの製作工程を見学できる

南国の花やチョウなどをモチーフにしたバティック製品の専門店。バティックとは、マレーシアを代表する工芸品。タペストリーやハンカチ、スカーフ、クッションカバーなどが揃い、館内ではバティックの製作工程の見学や体験もできる。

住Padang Matsirat
☎(04)955-2615　URL www.atmaalam.com
営10:00～18:00
休無休　CC AMV

クア　美容

スパ・ショップ
The Spa Shop　MAP P.162-1

スパで愛用されているケア商品

上質なスパグッズが揃う店。東南アジア由来の天然成分を独自に開発したスパグッズで、マレーシア各地のホテルのスパで愛用されている。ヘアケアからボディマッサージクリームなど幅広い商品が揃い、最近はハンド・サニタライザーも人気。

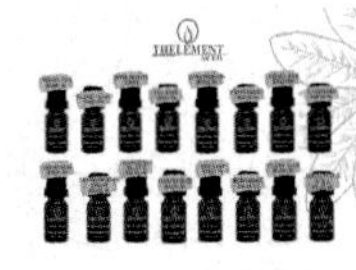

住52, Jl. Pandak Mayah 5, Kuah
☎(04)966-8078
営10:00～21:00
休無休　CC MV

クア　雑貨

ピサン・ハンディクラフト
Pisang Handicraft　MAP P.159-C2

自社工房の手作りなまこ石鹸が人気

なまこ水の配合から石けんの生成、ラッピングまで、すべて自社工房で手作りしている。プルメリア、レモングラス、ラベンダーなど、香り付きのなまこ石けんが人気。最近は、店頭販売より、なまこ石けんの卸を中心に営業。

住14H, Lolong Bukit Indah 3A, Taman Bukit Indah
☎(012)332-6606
営10:00～18:00
休金祝　CC MV

クア　ショッピングセンター

ランカウイ・パレード・メガモール
Langkawi Parade Mega Mall　MAP P.162-1

豊富な品揃えが自慢のマーケット

島で一番大きなショッピングセンター。おすすめは、マレーシアブランドの「ヴィンチVincci(靴&バッグ)」、スパコスメや中国茶などのアジアン雑貨「マウンテン・セントMountain Scents」など。地下にはスーパーマーケット、ホテルが隣接していている。

住A14-15, Batu 3/4 Pakok Asam
☎(04)966-5017　URL www.langkawi-parade.com
営10:00～22:00
休中国正月の1日目と2日目　CC ADMV(店舗により異なる)

そのほかのエリア　食料品

PLスン・ハッ
PL Soon Huat　MAP P.158-B2

おみやげのまとめ買いに最適な卸問屋

食料品やアルコール、日用品など扱うスーパーマーケット。基本卸売だが、誰でも買い物ができる。マレーシア産の紅茶やスパイス類、お菓子などおみやげ向きのものも多い。卸が基本なので、価格もほかに比べて安いものがほとんど。

住Jl. Padang Matsirat, Bohor
☎(04)955-6731
営9:00～20:00　休金
CC不可(RM100以上利用の場合AJMV使用可)

そのほかのエリア　工芸品

ランカウイ工芸文化コンプレックス
Langkawi Craft Cultural Complex　MAP P.158-B1

伝統や文化に触れながら買い物が楽しめる

バティック、ソンケット、ラタン、ピューター、ランカウイ・クリスタルなど、マレーシア各地の伝統的な製品を展示、販売もしている。バティックなどのさまざまな工芸品の製造過程の見学もできる。クアからなら車でおよそ45分。

住Teluk Yu, Mukim Bohor
☎(04)959-1913
営10:00～18:00
休無休　CC AMV

ランカウイ島のスパ
Spa

パンタイ・コック　ホテルスパ

ターラス・スパ
The Taaras Spa　MAP P.158-A2

伝統療法を取り入れた"効く"スパ

開放的な屋外の温水ジャクージがユニーク。興味深いのは、土地の伝統的なヒーリング法を取り入れていること。例えば、90分間(RM330)のターラス・シグニチャー・マッサージは、アロマハーブで湿布したあとに、スパイスをブレンドしたオイルでマッサージするというもの。

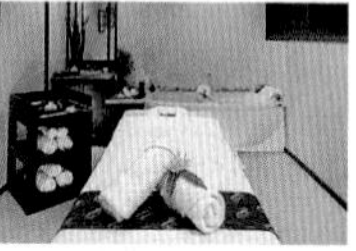

住 H Berjaya Langkawi Resort
☎(04)959-1888
営10:00～20:00　休無休　CC A D J M V

クア　ホテルスパ

ヘブンリー スパ バイ ウェスティン
Heavenly Spa by Westin　MAP P.162-2

自然と調和したスパヴィラ

アンダマン海の壮大な景観を望むビーチフロントにスパヴィラが建てられている。メニューは、マレー式、中国式などのマッサージや、ボディトリートメント、日焼け後のスキンケアなど種類が豊富。そのほかアーユルヴェーダやネイルケア、ボディスクラブ、男性向けのメニューもある。

住 H Westin Langkawi Resort & Spa(→P.174)
☎(04)960-8888
営9:00～21:00　休無休　CC A M V

パンタイ・テンガー　デイスパ

アルン・アルン・スパ
Alun Alun Spa　MAP P.163-B2

島内に3店舗を構える人気のデイスパ

パンタイ・テンガー、パンタイ・チェナン、クアの H ベイビュー・ホテル・ランカウイ内に店舗のある人気の町スパ。日本語スタッフはいないが、日本語のメニューが用意されているのでメニュー選びも安心。料金も良心的で、デイスパでは手軽に利用できるスパのひとつ。

住 Jl. Teluk Baru, Pantai Tengah, Mukim Kedawang
☎(04)955-5570　URL alunalunspa.com
営11:00～23:00　休無休　CC J M V

パンタイ・テンガー　デイスパ

フルサト・スパ
Furusato Spa　MAP P.163-B2

気軽に利用できるデイスパ

フットマッサージや首・背中・肩・頭マッサージなどの手軽なメニューから、フルサトマレーマッサージ(マレー式のオイルマッサージ)やカップルで利用できるスパパッケージまで幅広いメニューが用意されている。夕方以降は混むので必ず予約を。送迎無料のエリアがあるので、予約時に要確認。

住 No.11, SUNMALL Jl.Teluk Baru, Pantai Tengah
携(04)955-6968　URL furusatospa.blogspot.jp　営13:00～22:00　休ハリラヤ　CC J M V

COLUMN

ランカウイ島がジオパークに！

2007年、ランカウイ島はユネスコの地質遺産(ジオパークGeopark)に登録された。東南アジアでは初の快挙。ジオパークとは、科学的にみて重要で貴重な、あるいは美しい地質遺産を複数含む一種の自然公園のことだ。島には90に上る地質サイトのほかに、3つのジオパークが配置されている。ここには、マレーシアで最も古い地層が分布し、熱帯石灰岩地域特有の地形と鍾乳洞がたくさんある。また、隕石の衝突カルデラもあるとのことだ。ランカウイ島北東部、キリム・カルスト・ジオフォレストパーク内にあるディスカバリーセンターでは、岩石や鉱物などの展示を行っている。鍾乳洞などは、マングローブツアーなどのオプショナルツアーで見ることができる。

●ランカウイ・ユネスコ・グローバル・ジオパーク・ディスカバリーセンター
Langkawi UNESCO Global Geopark Discovery Centre(GDC)
MAP P.159-C1　住 Kampung Kilim
URL www.langkawigeopark.com.my

メモ　ランカウイ島には多くのスパがある。高級リゾートにはスパ施設が、町なかにはずっと安価なデイスパがある。町なかは飛び込みでも受けられることが多いが、リゾートのスパは基本的に予約が必要となる。

ランカウイ島のホテル
Hotel

ダタイ・ベイ　高級

ダタイ・ランカウイ
The Datai Langkawi　MAP P.158-A1

熱帯雨林に包まれた特別なリゾート

自然との調和を第一に考えられたラグジュアリーなホテル。敷地内に広がる熱帯雨林でのネイチャーウオークや川のせせらぎに耳を傾けながらのスパ体験など、自然が身近に感じられる工夫が随所に凝らされている。世界中からリピーターが訪れている。

住 Jl. Teluk Datai
☎ (04)950-0500　URL www.thedatai.com/
料 キャノピーデラックス RM2500～
CC A J M V　室 121

パンタイ・チェナン　高級

テンプル・ツリー
Temple Tree　MAP P.158-B3

マレー式建築を利用した、おしゃれなリゾート

築70～100年のマレーハウスを改装し、一軒家風に仕上げたリゾート。民芸品や古材を上手に使い、カラフルなシーツやリネンで心躍る空間に。すべて部屋の設えが異なるハウスは20。敷地内には Ⓡ テンプル・ツリー・レストラン＆バー(→P.168)がある。

住 Pantai Cenang
☎ (017)599-5935
URL www.templetree.com.my
料 エステート1 RM750～　CC A M V　室 20

タンジュン・ルー　高級

タンジュン・ルー・リゾート
Tanjung Rhu Resort　MAP P.159-C1

プライベート感抜群の大人のリゾート

白亜の外観が印象的なリゾートホテル。アンダマン海に面して建ち、目の前には約2.5kmの白砂のプライベートビーチが広がる。客室は5つのカテゴリーがあり、リネンにはタイシルクや上質なインド綿を使用している。

住 Mukim Ayer Hangat
☎ (04)959-1033
URL www.tanjungrhu.com.my
料 ダマイスイート RM675～　CC A D J M V　室 136

パンタイ・チェナン　高級

カサ・デル・マール
Casa del Mar　MAP P.163-A1

立地もよく、スペイン風の造りが魅力

パンタイ・チェナンの北端に建つオン・ザ・ビーチのプチホテル。ホテル名はスペイン語で「海の家」を意味し、地中海を彷彿させる建物がとても印象的。近隣には多くのレストランやみやげ物店が建ち並び、空港へも車で約15分と立地も抜群。

住 Jl. Pantai Cenang　☎ (04)955-2388
URL www.casadelmar-langkawi.com
予 サンヨーインターナショナル　☎ 東京(03)3461-8585
料 ビーチフロント RM1000～　CC A J M V　室 33

タンジュン・ルー　高級

フォーシーズンズリゾート ランカウイ
Four Seasons Resort Langkawi　MAP P.159-C1

最高級のラグジュアリーホテル

タンジュン・ルーのホワイトサンドビーチに建つ好立地。エントランスやモダンテイストの客室など､贅を極めた夢のような空間が広がる。客室は熱帯庭園に位置するメラリウカ・パビリオンと、ビーチ側にあるヴィラの2タイプ。日本人スタッフも常駐。

住 Jl. Tanjung Rhu　☎ (04)950-8888
予 フォーシーズンズ ホテルズ アンド リゾーツ 予約オフィス
無料 日本0120-024-754　URL www.fourseasons.com/langkawi
料 グランドヴュー RM2330～　CC A D J M V　室 91

パンタイ・コック　高級

ベルジャヤ・ランカウイ・リゾート
Berjaya Langkawi Resort　MAP P.158-A2

水上シャレーと温水スパが人気

マレーシア風の水上シャレーを構える豪華なリゾートホテル。客室は全室ベランダかバルコニー付きで、緑豊かな熱帯雨林とアンダマン海の美しい海に囲まれた静穏な空間と、自然の美を肌で感じることができる。

住 Karong Berkunci 200, Burau Bay
☎ (04)959-1888　URL www.berjayahotel.com/langkawi
料 レインフォレスト・シャレー RM650～
CC A D J M V　室 412

ランカウイ島のホテルでは、ペナン島同様宿泊税の徴収がある。1～2つ星は1泊当たりRM1、3～4つ星は1泊当たりRM3、5つ星は1泊当たりRM5が課金され、さらに観光税RM10(1室1泊あたり)が加算される。

ランカウイ島のホテル
Hotel

パンタイ・コック　高級

ザ・リッツカールトン・ランカウイ
The Ritz-Carlton Langkawi　MAP P.158-A2

マレーシアで2軒目のリッツカールトン

島の西側の静かな入り江に建っているのでプライベートリゾートといった趣。90の豪華な客室とスイート、29のプールヴィラ、3つのプール、3つのレストランとビーチバーラウンジを完備。ハーブ、花、海泥など自然の素材を使う。

住 Jl.Pantai Kok　☎(04)952-4888
URL www.ritzcarlton.com/jp/hotels/malaysia/langkawi
料 レインフォレスト・デラックス RM1850～
CC ADJMV　室 119

クア　高級

セントレジス・ランカウイ
The St. Regis Langkawi　MAP P.159-C3

スターウッドの最高級ブランドが誕生

ランカウイ島の南端、熱帯雨林に囲まれたラグジュアリーホテル。島最大のプライベートラグーン、800㎡もの広さを誇るイリディウムスパ、本格的なアフタヌーンティーが楽しめる Ⓡ カユプティなどオリジナリティーあふれる施設が並ぶ。

住 JL. Pantai Beringin　☎(04)960-6666
予 セントレジス ホテル&リゾート　FREE 日本 0120-925-659
URL www.marriott.com/hotels/travel/lgkxr-the-st-regis-langkawi/
料 プレミアレインフォレスト RM1800～　CC ADJMV　室 89

パンタイ・コック　高級

ザ・ダナ・ランカウイ
The Danna Langkawi　MAP P.158-A2

英国コロニアル調のラグジュアリーホテル

コートダジュールの地中海スタイルの港を模したテラガ・ハーバー・パークにある5つ星ホテル。ランカウイ島では珍しい古きよきヨーロッパを彷彿させる英国コロニアル調のたたずまい。客室はマウンテンビューやシービューなど8つのタイプがある。

住 Telaga Harbour Park, Pantai Kok
☎(04)959-3288　予 エス・ティー・ワールド
☎ 東京(03)6415-8630　URL www.thedanna.com
料 マーチャント RM1275～　CC ADJMV　室 130

クア　高級

ウェスティン・ランカウイ・リゾート&スパ
Westin Langkawi Resort & Spa　MAP P.162-2

アクセス最高の5つ星リゾート

町の喧騒とは無縁のラグジュアリー・リゾート・ホテル。オレンジの屋根瓦と白壁が美しいメイン棟、その下にはインフィニティプールが広がっている。海側の客室やメインダイニングからは、アンダマン海が一望できる。

住 Jl. Pantai Dato Syed Omar　☎(04)960-8888
予 ウェスティン ホテル&リゾート　FREE 日本 0120-925-659
URL www.marriott.com/hotels/travel/lgkwi-the-westin-langkawi-resort-and-spa/　料 スーペリア RM1235～　CC ADJMV　室 222

パンタイ・チェナン　高級

ペランギ・ビーチリゾート&スパ
Pelangi Beach Resort & Spa　MAP P.163-A1

伝統的なマレー村をイメージした老舗リゾート

砂浜と澄んだ海に囲まれた高級リゾート。広大な敷地には、南国の木を配し、ナチュラルな趣。リゾート全体がマレーシアの伝統的な高床式住居をイメージして造られたカンポン(村)スタイルになっており、プールも充実している。

住 Pantai Cenang
☎(04)952-8888
URL www.pelangiresort.com
料 ガーデンビュー RM770～　CC AMV　室 355

パンタイ・チェナン　高級

メルキュール・ランカウイ・パンタイ・チェナン
Mercure Langkawi Pantai Cenang　MAP P.163-B2

設備も立地も抜群のモダンなホテル

2022年にオープンした注目のホテル。パンタイ・チェナンというにぎやかなビーチ通りの近くにあり、ショッピングや観光に便利。部屋はモダンなデザインで、コンパクトな造りのものからプライベートプール付きまである。レストランやバーも充実。

住 Lot 2500 Jl. Pantai Cenang, Mukim Kedawang
☎(04)952-5888
URL all.accor.com/hotel/A3M7/index.en.shtml
料 スーペリア RM482～　CC MV　室 164

メモ　ちょっと贅沢したいなら島の北西部のダタイ・ベイか北東部に位置するタンジュン・ルーに宿を取ろう。静かなビーチと緑豊かな木々に囲まれた高級リゾートで、ゲストのみが味わえる洗練されたロケーションだ。

ランカウイ島のホテル
Hotel

空港周辺　高級

クナン・クナン・ヘリテージ・ヴィラ
Kunang Kunang Heritage Villas　MAP P.158-B2

タイムトリップをしたような世界

空港近くにあるヴィラタイプのホテル。マレーシアの伝統的な家屋である高床式住居をモチーフにした20のヴィラは、それぞれ工夫を凝らしたデザイン。レストランでは昔ながらのマレー料理が提供され、伝統的なスパ体験など、ここでしかできない体験ができる。

住 Lot 1947-A, Jl. Pantai Cenang, Kampung Gelam, Kedawang　☎(04)952-3656
URL www.kunangkunangresort.com/
料 ヴィラ・クタリ RM550～　CC MV　室19

クア　中級

ベイビュー・ホテル・ランカウイ
Bayview Hotel Langkawi　MAP P.162-1

島内では珍しい実用的&近代的な造り

クア・タウンの中心地にあり、便利な立地が魅力のビルディングタイプのホテル。観光客のみならず、ビジネスマンの利用も多い。客室はベージュ系で落ち着いた雰囲気。レストランは、西洋やマレー料理のほかに、本格中国料理が楽しめる。

住 Jl. Pandak Mayah 1, Pusat Bandar Kuah
☎(04)966-1818
URL bhl.bayviewhotels.com
料 スーペリア RM180～　CC AJMV　室282

パンタイ・テンガー　高級

ホリデイ・ヴィラ・ビーチ・リゾート&スパ
Holiday Villa Beach Resort & Spa　MAP P.163-B3

伝統的な村落で最高のホリデイを満喫

13エーカーの広大な敷地を誇るモダンな4つ星ホテル。目の前には、白い砂浜のテンガー・ビーチが広がり、客室やインフィニティプールからの眺めもすばらしい。客室のタイプは8つあり、さまざまなビューが選べる。

住 Lot 1698, Pantai Tengah
☎(04)952-9999
URL www.holidayvillahotels.com
料 スーペリア RM364～　CC ADJMV　室258

パンタイ・チェナン　安宿

AB モーテル
AB Motel　MAP P.163-A1

各国の長期滞在者が集まる

パンタイ・チェナンのビーチのすぐそばにある老舗のゲストハウス。改装、増築を重ね清潔感もある。シンプルで機能的。道路側と海側の両方に客室があり、海側が高い。宿泊代は安く、しかしロケーションにはこだわりたい、という人におすすめ。

住 Pantai Cenang
☎(04)955-1300
URL abmotel.weebly.com
料 ⓈⒹRM90～180　CC MV　室22

パンタイ・チェナン　安宿

トゥボテル
Tubotel　MAP P.158-B3

チューブ型のユニークな客室

オーストラリアのダス・パーク・ホテルにインスパイアされた客室がチューブ(土管)の形をしたホテル。室内は、エアコンとベッドのみで、シービューとガーデンビューの2タイプ。トイレやバスは共同。男女混合と女性専用のドミトリーもある。

住 Kuala Chenang
☎(012)476-2486　URL www.tubotel.com
料 スタンダードガーデン RM100～
CC ADMV　室30

パンタイ・チェナン　安宿

レインボー・ロッジ
Rainbow Lodge　MAP P.163-A1

バックパッカーに人気

長期アジア旅行者たちが集うゲストハウス。レストラン、カフェ&バーがあり、旅行者たちとお酒を飲みながら情報交換もできる。インターネット環境も整っていて全室でWi-Fiの利用が可能。空きがあれば予約なしでの宿泊も可。長期滞在用アパートもある。

住 Lorong Surau Pantai Cenang
☎(04)955-8103　URL rainbowlangkawi.yolasite.com
料 クイーンルーム RM90～
CC 不可　室66+1ドミトリー

メモ　Ⓗベルジャヤ・ランカウイ・リゾートやⒽザ・ダナ・ランカウイに宿泊しているならレストランやショップが集まったⓈテラガ・ハーバー・パークが近くて便利。MAP P.158-A2

パンコール島

Pulau Pangkor

パンコール島は、半島部西海岸、古い港町ルムッの沖合約11kmに浮かぶ小さい島。島中央部は今も手つかずのジャングルに覆われている。

市外局番05

ACCESS

飛行機

2022年10月現在、パンコール島行きの定期便はない。

バス&フェリー

クアラルンプールのTBSバスステーション(MAP P.48-B2)から1日10〜30本、ルムッへのバスが出ている。所要約4時間20分、RM27〜。ルムッからはフェリーを利用。

パンコール・ビレッジ行き

所要約30〜45分。片道RM14。9:00〜18:00(復時は6:30〜17:00)の間、約1時間間隔で運航

※運航時間は要確認

パンコール・マレーシア Pangkor Malaysia

URL www.pangkormalaysia.com

H パンコール・ラウト・リゾート行き

1日4往復。所要約15分。料金は往復大人RM160、子供RM80(チャーターは片道RM500〜)。

※運航時間はホテルのホームページで要確認

URL www.pangkorlautresort.com

島の入口はパンコール・ビレッジ

ルムッからのフェリーが発着するパンコール・ビレッジPangkor Villageの桟橋は島の東側にある。ホテルが多いパシール・ボガクPasir Bogakは島の西側。徒歩で約30分。交通手段はタクシーまたは貸自転車、レンタルバイク(要国外運転免許証)の3つ。ビーチは西側に集中している。

行き方

対岸のルムッLumutのフェリーターミナルからパンコール島へのフェリーが出ている。港は、S.P.K.の船着場(Jeti Sungai Pinang Kecil Lama)とパンコール・ビレッジの桟橋(Pangkor Jetty)の2ヵ所で、島の入口はパンコール・ビレッジ。料金は片道RM14で所要時間は約30〜45分。1時間間隔で9:00〜18:00に運航。

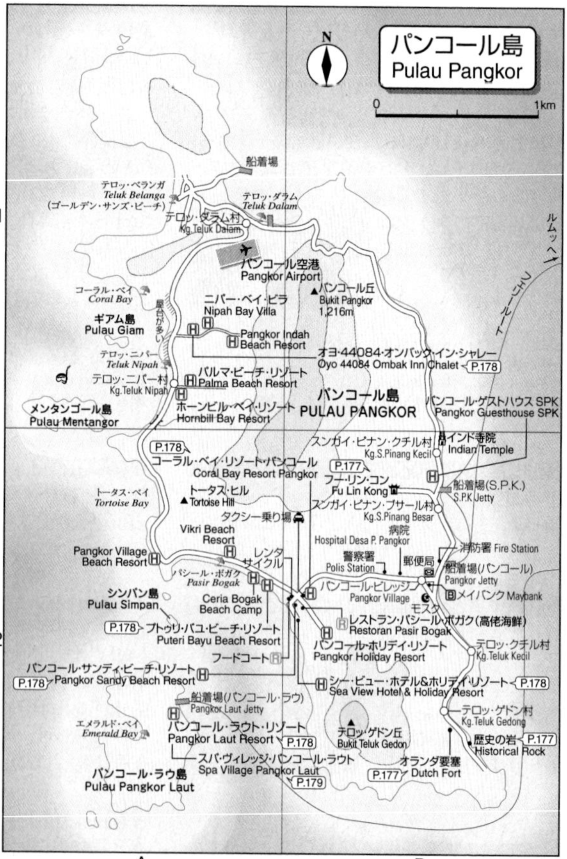

見どころ

パンコール島唯一の史跡

オランダ要塞

Dutch Fort

MAP P.176-B2

現在残っているのは、1743年にオランダ人によって建造されたものだが、最初に造られたのは1670年頃。そしてオランダ政府の強引なスズ独占政策が民衆の怒りを招き、1690年にはマレー人によって破壊された。その後も揺れ動く植民地時代の嵐にさらされ、建造と破壊を交互に繰り返してきた。現在は砲台の跡がわずかに残っている程度だが、不思議と歴史の重みが感じられる。また、この史跡はマレー系の人々が住むテロッ・ゲドンTeluk Gedongの中にあるので、彼らの生活ぶりも垣間見ることができる。場所は船着場のあるパンコール・ビレッジより、海岸線の道伝いに自転車で10分の所。

▲何度も破壊と再建が繰り返された

300年前のできごとが刻まれた

歴史の岩

Historical Rock

MAP P.176-B2

オランダ要塞のすぐ近く、海岸沿いの道路脇に巨大な岩がある。長さ約10m、幅4.5m、高さ4.2mの岩の一部に「オランダ要塞が再建された1693年頃、オランダ人高官の子供がこの付近でトラに食べられてしまった」という悲劇を表現した絵や文字が刻まれている。行方不明になった本当の原因は不明で、オランダに対して不満を抱いていた地元民による犯行ではないかという憶測もあったという。

▲伝説が刻まれた巨岩

マレーシアで万里の長城と出合う

フー・リン・コン

Fu Lin Kong

MAP P.176-B2

パンコール島の住人は、ランカウイ島やティオマン島と異なり､ほとんどが華人。ヨーロッパ諸国の植民地政策の一環として、中国本土より連れてこられた人々の末裔である。その人々が集まって住むスンガイ・ピナン・ブサール村近くにある中国寺院には、彼らの“祖国”に対するあつい思いが強く感じられる。朱色の鮮やかで派手な外観のお寺の庭一面には、ミニチュアの万里の長城が造られており、一見の価値がある。メインの道から少し外れた所にあるので、わからなければ地元の人に尋ねたほうがいい。

レンタサイクルとレンタバイク

パンコール・ビレッジに数軒ある店で借りることができる。自転車はホテルにもある。バイクを借りるときは国外運転免許証(→P.390)が必要。

パンコール島のレストラン

パンコール島では、もちろんシーフードがおすすめ。新鮮な魚介類を使った料理は種類も豊富で、値段も手頃だ。

パシール・ボガクにもレストランが何軒かあるほかフードコートもある。夕方になると屋台も出る。地元客に人気があるのは、Ⓡレストラン・パシール・ボガク。

▲オランダ要塞

▲色鮮やかな中国寺院、フー・リン・コン

パンコール島のホテル
Hotel

パンコール・ラウ島　高級

パンコール・ラウト・リゾート
Pangkor Laut Resort　MAP P.176-A2

パンコールを代表する高級リゾート

　パシール・ボガク沖に浮かぶパンコール・ラウ島にある高級リゾート。宿泊者のみが島に入ることのできるプライベートアイランドで、海外の著名人が数多く訪れていることでも有名。水上コテージ、海側、山側の部屋がある。

住Pangkor Laut Island
☎(05)699-1100
URL www.pangkorlautresort.com
料ガーデンヴィラ RM1100～　CC ADJMV　室140

パンコール島　中級

プトゥリ・バユ・ビーチ・リゾート
Puteri Bayu Beach Resort　MAP P.176-A2

ゆったりとしたシャレーでのんびり

　パンコール・ラウ島を望む絶好の立地。手入れの行き届いた南国の植物が咲く小道の両脇にヴィラが点在する。ヴィラはシンプルだが機能的でゆったりとした造りだ。ヴィラ以外にリーズナブルな温水シャワーが付いたホテルタイプのルームがある。

住Pantai Pasir Bogak
☎(05)685-1929
URL www.puteribayu.com
料スタンダードRM170～　CC MV　室130

パンコール島　中級

パンコール・サンディ・ビーチ・リゾート
Pangkor Sandy Beach Resort　MAP P.176-B2

ファミリーに人気のリゾート

　パシール・ボガクにある3つ星ホテル。ビーチが目の前なのでロケーションも申しぶんない。客室は、ルームとシャレータイプの2種類、プールやレストランがあり設備も充実している。水上バイクやバナナボート、カヌーなどの手配も可。

住Lot 30, 32300 Pasir Bogak
☎(05)685-3027
URL www.pangkorsandybeach.com
料スーペリア RM275～　CC MV　室25

パンコール島　中級

シー・ビュー・ホテル&ホリデイ・リゾート
Sea View Hotel & Holiday Resort　MAP P.176-B2

パンコールの老舗ホテル

　パシール・ボガクの南端にあり、目の前が海岸という抜群のロケーションを誇る。ここから眺める夕日は最高。ビーチサイドのレストランはオープンエアが気持ちいい。カヌーやフィッシングなどのマリンスポーツのアレンジ可能なのもうれしい。

住Jl. Pasir Bogak
☎(05)685-1605
URL www.seaviewpangkor.com
料スタンダードRM160～　CC AMV　室59

パンコール島　中級

コーラル・ベイ・リゾート・パンコール
Coral Bay Resort Pangkor　MAP P.176-B2

ペントハウスもある

　パシール・ボガクにある5階建てのホテル。アパートメントタイプは、白とグリーンのさわやかなインテリアでまとめられ、広さも十分なのでファミリーやグループの利用がおすすめ。マリンスポーツのアレンジも可能。

住Lot 34, Pasir Bogak
☎(05)685-5111
URL www.pangkorcoralbay.com.my
料スーペリアRM198～　CC MV　室217

パンコール島　中級

オヨ・44084・オンバク・イン・シャレー
Oyo 44084 Ombak Inn Chalet　MAP P.176-A1

フレンドリーで居心地のよいホテル

　テロッ・ニパー・ビーチまで徒歩2分の所に建つ中級ホテル。オーナーはもちろん、スタッフはとても親切に応対してくれる。ホテルは色鮮やかな花々に囲まれたナチュラルテイストで、レストランを完備。客室は質素だが、掃除が行き届き、清潔に保たれている。

　すべての客室には、エアコン、ホットシャワー、テレビ、バルコニーを完備。

住Lot 4440 Nipah Bay
☎(05)685-5223　URL oyorooms.com/my/76655
料デラックスツイン RM100～　プレミアム RM120～
CC MV　室20

COLUMN

アジア最大級のスパ・ヴィレッジ

パンコールで極上のスパ体験を

アジアで最高のスパのひとつに数えられるのが、Ⓗパンコール・ラウト・リゾートの「スパ・ヴィレッジ」だ。広大な敷地内に、趣向を凝らしたトリートメントルーム、プール、ライブラリーなどのスパ専用施設が用意されている。特筆すべきは"プレ・スパ・プログラム"の導入だ。これは、心身が十分リラックスした状態で自分の選んだトリートメントに臨めるよう、ゲストは選んだメニューに関係なく誰もが事前に1時間弱のプレ・スパ・メニューを受けられるというもの。スパのロビーでカウンセリングを受けたあと、フットバス、マレーバス、ジャパニーズバス(露天風呂)、上海スクラブ(あかすり)の順に進んでいき、あとは自分のトリートメントが始まるまで、水上コテージを見渡すライブラリーでお茶をいただきながらリラックス。こうしてようやくトリートメントルームへ案内される。伝統的マレースタイル、タイ式、スウェーデン式、指圧など幅広いメニューが用意されており、それぞれに合ったトリートメントルームで至福のスパタイムを満喫。終了後もゆったり余韻に浸れるのがうれしい。ライブラリーでくつろぐもよし、スパショップでお気に入りの一品を探すもよし、心ゆくまでくつろいでいられる。ゲストを心身から癒やすという本来の考え方を忘れないスパ・ヴィレッジ。極上のバケーションを望む人におすすめのスパだ。

●スパ・ヴィレッジ・パンコール・ラウト
Spa Village Pangkor Laut
MAP P.176-A2
住 Ⓗ Pangkor Laut Resort(→P.178)
☎(018)923-9774 URL pangkorlautresort.com/spa-village.html 営11:00～19:00(トリートメント受付～18:00) 休無休
料ボディトリートメント100分RM550など

▲海からの風が気持ちいい

COLUMN

パンコール島のウオータースポーツ

パンコール島でのマリンスポーツは、宿泊しているリゾート内で申し込むか、テロッ・ニパーなどのビーチにあるマリンスポーツセンターを利用するかになる。後者のほうが断然安上がりだ。手軽に楽しめるスノーケリングはテロッ・ニパーの対岸に浮かぶメンタンゴール島Pulau Mentangor付近がポイント。そのほか、水上バイクやバナナボートなども人気。また、引き潮になるとギアム島Pulau Giamへ歩いて渡れるほど浅くなるが、毒をもつエイがいるので絶対に試さないこと。

▲マリンスポーツの盛んなテロッ・ニパー

▲Ⓗパンコール・ラウト・リゾートでも楽しめる

ティオマン島

Pulau Tioman

▲青い海が輝くティオマン島のビーチ

メルシンの沖50数kmの南シナ海上に浮かぶ、珊瑚礁とジャングルの島。多くの海岸線からそのまま崖が切り立つようなティオマンの島影は神秘的だ。その特徴的な複数のとがった峰々は、古来航海者たちのよきランドマークになってきた。また、この島はかつては龍だったというドラゴン伝説がある。昔、中国にすむオスのドラゴンと、マレーシアのチニ・レイクChini Lakeにすむメスのドラゴンが恋をした。太陽に当たると岩になってしまうので、2頭は毎日、日没後に南シナ海で会い、日の昇る前に帰っていった。ある日、いつもの場所でメスはオスを待っていた。しかし、いつまでたってもオスは現れず、メスは日の出とともに岩に変わってしまった。この岩こそがティオマン島だという。

市外局番09

ACCESS

飛行機
2022年10月現在、ティオマン島行きの定期便はない。

フェリー
メルシンから所要1時間30分～2時間、RM65。※メルシンまでのアクセス(→P.254)
URL www.tiomanferry.com

行き方

メルシンMersing(→P.254)の船着場からブルーウオーター・エクスプレスのフェリーが1日1～3便出ている。ハイシーズンにはメルシン市内からタクシーで北に約30分～1時間ほどの**タンジュン・グモッTanjung Gemok**からも1日1～2便ボートが出る。週末や4･5･8月は混み合うので、早めに予約を入れておきたい。また、料金は高いがスピードボートやチャーター船もある。なお、11～3月のモンスーンシーズンは、休業するリゾートやショップも多いので事前に確認したほうがよい。

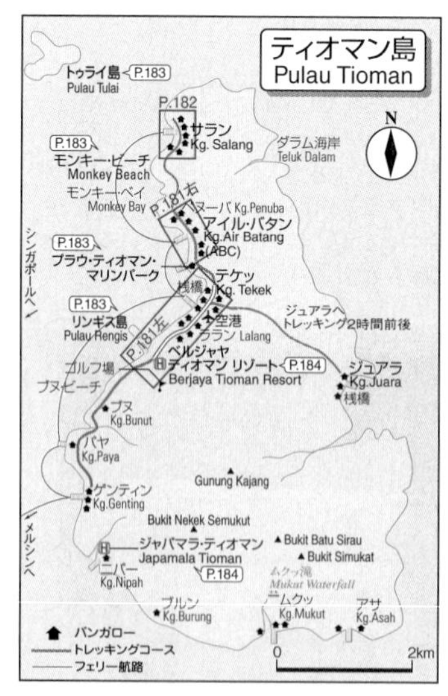

歩き方

ティオマン島には、大小合わせて14のカンポン(集落)があり、それぞれがリゾートになっている。バスやタクシーはなく、ボートの発着に合わせて、桟橋付近からリゾートの送迎車が出ている。レンタサイクルやバイクもあるが、マリンパーク～Ⓗベルジャヤ ティオマン リゾート間でしか使用できない。それ以外は徒歩で移動するか、ボートをチャーターする。またテケッから島の反対側ジュアラまで4WD車が通行できる道がある。

▲さまざまなマリンアクティビティが楽しめる

メモ メルシンからフェリーで入る場合、フェリーはゲンティン→パヤ→テケッ→ABC→サランの順に停船する。ただし降りる人がいない場合は停まらないこともある。事前にスタッフにどこで降りたいかを伝えよう。

カンポン・テケッKampung Tekek〜マリンパークMarine Park

島の中心は**テケッ村Kampung Tekek**。小規模ながら空港や両替店、ミニマーケットなどがあり、地元の人の生活を垣間見ることができる。おもなビーチはこのテケッを中心とする西海岸一帯。

空港から北に徒歩約30分で**プラウ・ティオマン・マリンパークPulau Tioman Marine Park**にたどり着く。テケッからのサイクリングロードはここまで。さらに北のアイル・バタン村へ行くなら徒歩で15分かかる。

ベルジャヤ・リゾート周辺

空港から南へ約3kmの所に、島随一の高級リゾートⒽベルジャヤ ティオマン リゾートがある。沖合に浮かぶ小さなリンギス島は、スノーケリングのポイントだ。ここからさらに南へ20分ほど歩くとブヌ・ビーチに出る。

カンポン・アイル・バタン Kampung Air Batang(ABC)〜カンポン・ペヌーバ Kampung Penuba

比較的きれいなゲストハウスや手頃な価格のレストランが多いのでバックパッカーに人気。

ビーチ北端にあるⒽバンブー・ヒル・シャレー(→P.184)の先には急な山道が続き、大岩を越えるとそのあとはラク。モンキー・ビーチはさらにその先にある。

カンポン・サラン Kampung Salang

ティオマン島で最も美しいビーチといわれている。サラン・ビーチからモンキー・ビーチまではゆっくり歩いて約40分。

カンポン・パヤ Kampung Paya

島で最も西に突き出た部分で、この周辺は、ダイビングスポットにもなっている。島の最高峰カジャン山を眺められるのもいい。また運がよければウミガメが桟橋の大岩付近で見られる。

(注:マリンパークから空港まで徒歩約30分、空港からベルジャヤ・リゾートまで約3km)

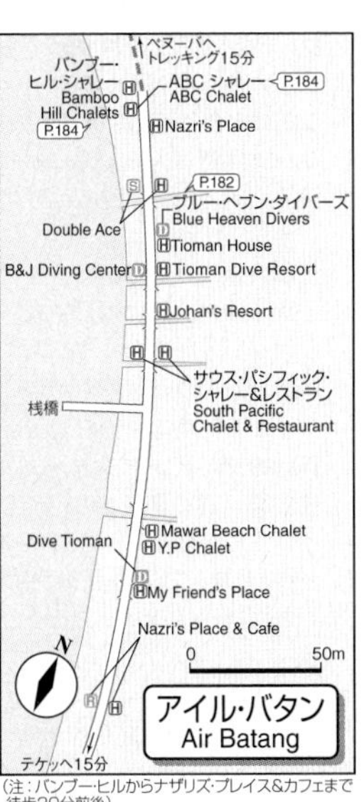

(注:バンブー・ヒルからナザリズ・プレイス&カフェまで徒歩20分前後)

ティオマン島の海洋公園費

入島の際、フェリー乗り場でティオマン島の海洋公園費を支払う。メルシンの船着場からティオマン島に行く場合は、ティオマン島の海洋公園費RM30と、ジョホール州に支払うナショナルパークフィーRM20が必要、タンジュン・グモッの船着場からティオマン島に行く場合は、パハン州なのでティオマン島の海洋公園費RM30だけでOK。

▲サランの桟橋

(注:サラン・ハットからザイズ・プレイスまで徒歩約20分)

カンポン・ゲンティン、ニパー、ムクッ Kampung Genting / Nipah / Mukut

パヤからスピードボートで10分程度、トレッキングなら1時間半くらいで**ゲンティン村Kampung Genting**に着く。サランと並んでにぎやかな所だ。

ニパー村Kampung Nipahは宿はあるが、ここまで来ると人も少なくて静かだ。島の南端には**ムクッ村Kampung Mukut**があり、いくつか宿もある。ここの名所は村から徒歩10分で行けるムクッ滝。滝つぼで泳ぐこともできる。一度は訪れてみたい場所だ。

カンポン・ジュアラ Kampung Juara

テケッ村から**ジュアラ村Kampung Juara**は、4WD車が通れる道で結ばれている。不定期だがタクシーもある。片道4kmのトレッキングコースを使うと約2時間かかる。

大きな入江になったジュアラのビーチは透明で美しいが、南シナ海側なのでやや波が高いときもある。宿の間隔もゆったりとしており、静かに過ごせる。

COLUMN

ティオマン島のダイビング情報

島の周辺には珊瑚礁や沈船、カヴァーン、ドロップオフなどさまざまなダイビングポイントがあり、初心者から上級者まで楽しめる。ビーチエントリー、ボートダイビングのいずれも可能。リンギス島はウミガメ、リーフシャーク、バラクーダの群れが見られる。ラバスでは岩の造形が楽しめるほか、ナポレオンフィッシュに出合う可能性も高い。チェベやタイガーリーフは特に人気が高いポイントで、魚影も濃く、ソフトコーラルが美しい。

日本人スタッフがいるダイビングショップ

ティオマン島には日本人スタッフが在籍するショップがある。ひとつは、アイル・バタン(ABC村)にあるⒹブルー・ヘブン・ダイバーズ。ティオマン島唯一の日本人インストラクター経営のダイビングショップ。ティオマン島在住21年、島の海を知り尽くしたアキさんとアイコさんがダイバーの強い味方だ。11月初旬から2月末までは雨季のためクローズとなる。

もう1軒は、テケッにあるⒹティオマン・リーフ・ダイバーズ。Ⓗバブラ・シービュー・リゾートに隣接し、オーナーの奥さんは日本人の明美さんなので、問い合わせなども日本語でOK。Ⓗバブラ・シービュー・リゾートの宿泊とダイビングがセットになったお得なパッケージが用意されている。

●ブルー・ヘブン・ダイバーズ
Blue Heaven Divers MAP P.181右
携(010)400-6135
URL www.blueheavendivers.com
料2ダイブ RM260(器材込み) 3ダイブ RM330(器材込み)
※フル器材持参の場合は、10% OFF
体験ダイビング(ボート) RM250(器材込み)

▲島で唯一の日本人オーナーのショップ

●ティオマン・リーフ・ダイバーズ
Tioman Reef Divers MAP P.181左
URL www.tiomanreefdivers.com
☎(09)419-1342
料2ダイブ RM170(器材別) RM230(器材込み)

▲スタッフもゲストもフレンドリー

見どころ

海の生態系の勉強をしよう

プラウ・ティオマン・マリンパーク
Pulau Tioman Marine Park

MAP P.181左

3階建ての建物が展示場となっており、おもにティオマン島近辺のダイビングポイントや生息する魚の紹介を、ポスターで展示している。午前中にはビデオ上映もあり、海の中の映像を見ることができる。ここを見学する際は、船着場で支払ったティオマン島の海洋公園費Conservation Fee(→P.181欄外)のレシートを持参のこと。係のチェックが入ったときに払ったことを証明できないと、もう一度払わされる場合もある。

※プラウ・ティオマン・マリンパーク
☎(09)413-1273
開9:30～18:00
休無休　料無料

▲海のことがよくわかる

サンゴの美しいダイビングスポット

リンギス島
Pulau Rengis

MAP P.181左

ティオマン島の西に浮かぶ無人島。周囲に広がったサンゴは美しく、ウミガメ、リーフシャークなどを見ることもできる。そのため、ダイビングはもちろん、スノーケリングをしても楽しい。宿泊先のホテルやティオマン島のダイビングショップで申し込もう。

▲特徴的な形のリンギス島

両替について
島内の銀行では両替ができないので、メルシンなどで済ませておこう。一般のリゾートのレセプションでも扱っているところがあるが手数料が高い。

ビールが安い
ティオマン島は免税区域のため、ビールやたばこなどが安く購入できる。

ティオマン島からスピードボートで約20分

トゥライ島
Pulau Tulai (Coral Island)

MAP P.180

デイトリップが人気の珊瑚礁の島。美しい白砂の3つのビーチでは、どこでもスノーケリングが可能。ナポレオンフィッシュ、カメ、サメなどが見られる。オフシーズンでも海が凪いでいればボートは出るが、客が少なければボート代は割高に。なお、トゥライ島には食堂はないので、弁当や飲料水、スノーケルセットはティオマン島で用意していこう。

▲左に見える島がコーラル・アイランド

▲11～2月はサーフィンのベストシーズン

その名のとおり野生のサルが多い

モンキー・ベイとモンキー・ビーチ
Monkey Bay & Monkey Beach

MAP P.180

ペヌーバとサランの間にある入江で、ティオマン島の中でも、非常に泳ぎやすく美しいビーチといわれている。地元では野生のサルが多いことで有名。宿泊施設はないが、島中からデイトリップ・ボートが出ている。またサランからトレッキングで40分、ペヌーバから1時間で行くこともできるが、道が険しくひとり歩きはすすめられない。ここも店がないので飲料水、食料、スノーケルセットはあらかじめ準備して出かけよう。

▲島北部には、トレッキングコースがある

ティオマン島のホテル

Hotel

カンポン・ランティン　高級

ジャパマラ・ティオマン

Japamala Tioman　MAP P.180

森の癒やしを体感できる高級シャレー

緑生い茂るジャングルと一体化している高級リゾート。木や石などのナチュラルな素材を使い、目の前に海が見えるスパ、プール付きのシャレーなど贅沢な造りになっている。リゾートの外を移動するときはすべてボート移動。非日常が味わえる。

住Kampung Lanting
☎(09)419-7777
URL www.japamalaresorts.com
料ツリートップシャレー RM1100～ CC A M V　室13

テケッ　高級

ベルジャヤ ティオマン リゾート

Berjaya Tioman Resort　MAP P.181左

この島一番の大型リゾート

テケッ空港から南に約3km。ショップ、スパ設備も完備されている。客室のほとんどはシャレータイプ。レストランはマレー料理やタイ料理、青い海に囲まれたビーチバーやプールバーが揃う。ゲームなどを楽しめるキッズクラブもある。

住P.O.Box 4, 86807 Mersing, Johor
☎(09)419-1000
URL www.berjayahotel.com
料ガーデンシャレー RM750～　CC A D J M V　室268

テケッ　中級

バブラ・シービュー・リゾート

Babura Seaview Resort　MAP P.181左

ビーチフロントのレストランが評判

シービューはオーシャンフロントでホットシャワー付き。シャレーはレストランの後方にあり、静かに過ごせる。ロングハウスは平屋ですべて部屋の外に洗濯物干しがある。すぐ隣にティオマン・リーフ・ダイバーズ(→P.182)がある。

住Kg Tekek
☎(017)718-4663
URL baburaseaview.com
料【A/C】テラスルーム RM108～　CC M V　室21

アイル・バタン　中級

バンブー・ヒル・シャレー

Bamboo Hill Chalets　MAP P.181右

アイル・バタンの最北端のこぎれいな宿

山の傾斜に沿うように建てられたシャレーは、自然と調和した造り。部屋が少なく、人気なので予約したほうがベター。山からのせせらぎを浄化して、ボトルで販売している。静かに過ごしたい人にはおすすめのシャレー。11～12月のモンスーンシーズンは休業。

住Kg. Air Batang　携(019)411-4392
URL www.bamboohillchalets.com
料ルーム RM150　シャレーRM250～350
CC M V　室5

アイル・バタン　中級

ABC シャレー

ABC Chalet　MAP P.181右

シャレータイプの客室

アイル・バタンの北側、H バンブー・ヒル・シャレーの手前にある。客室はすべてシャレータイプ。ビーチに面したエアコン付きの部屋には、お湯をわかすヒーターも付いている。レストランあり。

住Kg. Air Batang　☎(09)419-1154
URL www.abcbeachtioman.com
料シービュー RM250～
CC M V　室15

サラン　中級

サラン・インダ・リゾート

Salang Indah Resorts　MAP P.182

1年中オープンの宿

桟橋から北側に3分、みやげ物店、雑貨屋、レストランと何でも揃っていて便利。サラン・ビーチに面した水上コテージや、エアコン、テレビ、冷蔵庫が付いた部屋などがある。設備が充実しているわりに価格が安いのもうれしい。

住Salang
携(013)952-5424　URL www.salangindahresort.com
料スタンダード RM120～　デラックス RM180～
CC M V　室86

世界遺産の町マラッカに建つスタダイス（→P.210）

Peninsular Malaysia West Coast, Southern Area

マレー半島／西海岸・南部

AREA GUIDE

マレー半島／西海岸・南部

Peninsular Malaysia / West Coast, Southern Area

マレー半島の西海岸と南部は、マレーシアの歴史が詰まった見どころの多いエリアだ。古都マラッカ、スズで栄えた町イポー、マハティール首相の生誕地アロー・スター、シンガポールへの玄関口ジョホール・バル……。このエリアにはマレー鉄道も走っており、車窓の風景を眺めながら、のんびりと旅をするのもいい。

著名な首相を輩出した由緒ある町

アロー・スター

➡P.192

王都としての歴史をもち、今も発展を続けるケダー州の州都。タイ国境にも近く、タイの文化の影響もみられる。マハティール元首相や、独立時の首相トゥンク・アブドゥル・ラーマンの出身地としても知られる。

▲世界の富を集めた白亜のモスク、ザイールモスク

静かな時の流れと古い町並みを楽しむ

タイピン

➡P.197

"永遠なる平和"という意味をもつ歴史ある町。中国系の住民が70%を占め、古いコロニアル調の建物群と中国風の家並みが調和する町並みが興味深い。ゆっくりと滞在してその魅力を味わいたい。

▲コロニアル建築のペラ州立博物館

旅のベストシーズン

マレー半島 西海岸・南部

11～3月

マラッカ海峡に面したマレー半島の西海岸は、4～10月が南西モンスーンの影響を受け雨季となる。それ以外の11～3月がベストシーズンといえる。ただし、半島の南西にはスマトラ島が位置しているのでモンスーンの影響は少ない。

伝統マレー文化の残る川沿いの町

クアラ・カンサー

➡P.199

小さな町だが、ペラ州の州都として機能していた歴史をもつ。美しいモスクや王宮が残り、伝統的マレー文化を継承する誇り高き人々の住む町としても知られている。町はペラ川沿いに開け、数少ないが宿もいくつかある。

▲金色のドームが美しいウブディア・モスク

いまだ知られざる多くの魅力をもつ

イポー

➡P.200

ペラ州の州都であり、国内で3番目に大きな町。"美食の町"として知られ、評判の名物グルメを求めて多くの人が訪れる。また、洞窟寺院やコロニアル建築など、建築的に興味深い見どころも点在している。

▲洞窟寺院、サン・ポ・トン

世界遺産にも登録されているマレーシアきっての古都

マラッカ

➡P.206

ムラカ朝の王都として栄え、大航海時代にはヨーロッパ諸国によって激しい争奪戦が繰り広げられた歴史ある町。ショップハウスの伝統的な町並みや多くの史跡が残され、2008年に世界遺産に登録されている。

▲マラッカのシンボル、オランダ広場

かつて日本人クラブがあった

バトゥ・パハ

➡P.220

放浪の詩人、金子光晴が滞在していたことで知られる小さな町。観光客も少なく静かな雰囲気が漂っている。彼が滞在していた日本人クラブの建物は今もバトゥ・パハ川ほとりの税関の前に残っている。

▲かつての日本人クラブ

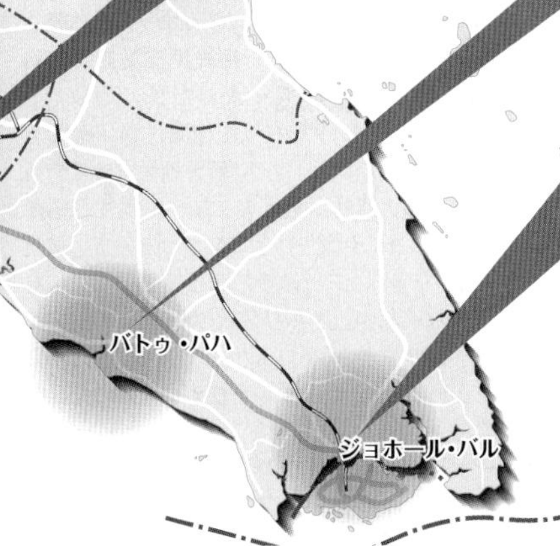

発展の進むマレーシア有数の大都市

ジョホール・バル

➡P.221

シンガポールと隣接するジョホール州の州都で、マレーシア有数の大都市。かつては治安のよくない町として知られていたが、発展にともない治安も安定し、教育移住などで日本人の居住者が増加。レゴランドが家族連れに大人気。

▲アジアで初となるレゴランド・リゾート

マレーと中国の文化が混ざり合って生み出されたのがババ・ニョニャ文化だ。マラッカには色濃くババ・ニョニャ文化が根づいている。名物のニョニャ料理に舌鼓を打ったり、ショップハウスを見学したり、独特の文化と歴史に浸ってみたい。

マレーシアで生まれた ババ・ニョニャ文化

ババ・ニョニャとは？

古都マラッカを語るうえで欠かせないキーワードがババ・ニョニャ文化だ。その昔、中国本土から渡ってきた中国人男性と、地元のマレー系女性とが結婚して生まれた子孫のうち男性がババ、女性はニョニャと呼ばれる。彼らの生活スタイルで特徴的な点は、マレー語を話し食文化や衣服にもマレースタイルを取り入れる一方で、冠婚葬祭には中国古来の風習を忠実に守っていることだ。つまり彼らはマレー人としてイスラム教徒になることはなく、マレー文化を取り入れた華人(中国人)と理解するべきである。よって顔立ちですぐに見分けられるというものではない。ババ・ニョニャとは、マレーと中国、ふたつの文化が融合したライフスタイルのユニークさが特徴なのだ。

▲ババ・ニョニャ・ヘリテージの外観

ババ・ニョニャの歴史

▲軒先にぶら下げられた中国提灯

ババ・ニョニャ誕生の歴史の背景は、古く明王朝時代にまで遡る。海上交易の要衝マラッカ王国との関係強化を狙う明王朝は、皇女をマラッカ王のもとへ嫁がせた。マラッカは後にその地の利ゆえにポルトガル、オランダと続く植民地支配を受けるわけだが、こうして小さな漁村から確固たる繁栄を築いたマラッカへ、新天地を求めてやってきた中国人男性が地元のマレー人女性と結婚し、ババ・ニョニャ誕生へとつながったのだ。彼ら初期のババ・ニョニャは後に商工業で財をなした者も少なくない。イギリス統治下では子供を宗主国へ留学させ、イギリスから取り寄せた磁器のボーン・チャイナやタイルが住まいを彩った。彼らの生活を知るならババ・ニョニャ・ヘリテージ(→ P.212)を訪れてみよう。豪華絢爛たる家具や衣装などが展示されていて興味深い。

華麗なる富豪の邸宅とショップハウス

ビジネスで財をなしたババ・ニョニャの繁栄は、今なおその家屋に色濃く残っている。エントランスには豪華絢爛な彫刻、黒檀の調度品には螺鈿(貝殻をちりばめた模様)が施されゴージャス感が漂い、天井にはきらびやかなシャンデリア、食卓にはイギリスのボーン・チャイナで揃えたテーブルウエアが並ぶ。中国とマレー文化、さらに西洋文化がシックな色合いのもとで見事にマッチしているのが印象的だ。風水が多分に取り入れられた設計のほか、階上へつながる階段には、夜間フタをしたりのぞき穴を造るなど、セキュリティの工夫も興味深い。

時間をかけて観察するほどに奥深いババ・ニョニャ邸宅、見学するだけでは物足りないという人はぜひ宿泊してみよう。ホテル・プリ(→P.219)で趣のある中庭のテラスで午後のティータイムを楽しむのも心地よい。その奥のヒーレン・パーム・スイーツは風格のあるエントランスがひときわ目を引く。いずれも客室はシンプルだが、栄華を極めたババ・ニョニャの歴史が詰まった空間で過ごすというのは、なかなか情緒があるものだ。

1 典型的なババ・ニョニャ邸宅が広がるレストラン・プラナカンの玄関　2 ホテル・プリは建物自体がまるで歴史博物館だ　3 鮮やかな西洋風のステンドグラス　4 黒檀に貝殻をちりばめたゴージャスな調度品

ショップハウスをのぞいてみよう

マラッカをはじめ、ここから移り住んだプラナカン※も多い町ペナンやシンガポールに共通して見られる町並みは、ショップハウスと呼ばれる2階建ての長屋で、その名のとおり1階はお店、2階は住居になっている。間口は狭く、ウナギの寝床状に奥へと深い。パステル調の色使いや日差しを避けるよろい戸付きの窓、ヨーロッパ風の柱などが特徴だ。暮らしの知恵とでもいうべき軒先の屋根付き通路は"5フィート通路"と呼ばれ、熱帯雨林気候の日差しとスコールから通行人を守る役割を果たしている。

▲大きな椅子はアヘンを吸うためのものだったらしい

ババ・ニョニャ・ヘリテージ周辺のショップハウスにはアンティークや雑貨を扱う店が入っているので、旅行者は気軽にその中をのぞくことができる。一見薄暗い店舗の奥へと足を進めてゆくと、ふわっと明るい日が差す空間に出る。ここは吹き抜けの中庭で、小さな池を造ってコイを飼っている店、ハスを浮かべている店など、それぞれ趣向を凝らしている。さらに奥へと進むと、特に仕切られることなく居住スペースや職人のアトリエに出てしまうことも。ショップハウスを巡っていて楽しいのは、ここには生活の空気が流れていることと、お店の人にあれこれ質問してみると商品だけでなくそれぞれの店のコンセプトについてもうれしそうに語ってくれることだ。現在はプラナカンばかりでなく、独特の風情にひかれてよそから移ってきた人も多い。趣あるショップハウスが、これからも大切に維持されることを願うばかりだ。

▲祭壇があるエントランスホール

※プラナカン：15世紀後半から移住してきた中国系移民の末裔であるババ・ニョニャの総称

ニョニャ料理をいただく

　ニョニャ料理、それはすなわちお母さんの味だ。マラッカをはじめ、同じくババ·ニョニャが多いペナン島やシンガポールにも根づいている。メニューによって、見た目は普通のマレー料理や中国料理と変わりのない品もあるが、口にするとスパイシーさだけでなく酸味や甘味、ハーブの香りなど、なるほど確かに融合料理だと実感できる。小エビのペーストから作られるサンバル·ブラチャンというソース、ココナッツミルク、豊富なスパイスがニョニャ料理独特の風味を醸し出している。最初は変わった味だと思うかもしれないが、これがクセになるから不思議だ。ひと皿の量が多いので、大勢でわいわい食べるのがいい。

▲ニョニャ料理は大皿からみんなで取り分けて食べるのが基本。中国料理の食材を使い、独特のスパイスが効いている

◀プラナカンとは、ババとニョニャの総称だ

ニョニャ・ラクサ
Nyonya Laksa

湯葉とキクラゲの味噌炒め
Chap Chai

エビとパイナップルのココナッツミルク煮
Masak Lemak Udang Nemas

オタオタ
（魚のすり身の包み焼き）
Otak Otak

チリソースがけの揚げ魚
Ikan Goreng Chili

空心菜のチリ炒め
Kangkong Goreng Chili

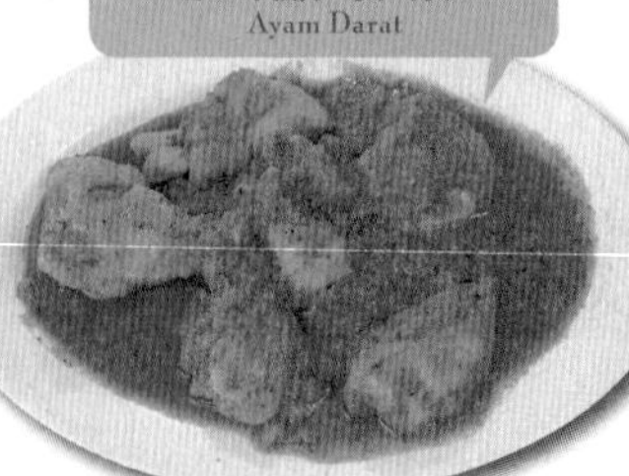

ニョニャ風チキンカレー
Ayam Darat

チェンドル
（アズキとゼリーのココナッツかき氷）
Cendol

繊細で可憐な バババ・ニョニャの手仕事

バババ·ニョニャの日常生活には美しい色調やフォルムが随所にちりばめられ、現代でも十分通じるセンスにあふれている。刺繍やビーズはニョニャのたしなみとされ、世代を超えて受け継がれてきた。チャイナタウンを歩けば職人の手仕事を伝えるショップやアンティークショップ、おみやげ探しにぴったりの雑貨店などで、ババ·ニョニャ文化に触れることができる。

ニョニャ・クバヤ

クバヤ Kebayaとは、マレー人女性も身につけているブラウス型の上着。ニョニャ・クバヤというとボディラインが絞られ細身のものが主流。襟元や袖口の花や鳥をあしらった刺繍が華やかさを引き立てている。

サンダル

ニョニャにとって大切な花嫁修業のひとつが、繊細な刺繍だった。金銀の細い糸をあしらったもの、ガラスビーズをドット状に縫い込んだものなどがある。その輝きは100年たっても色褪せることがなくアンティークとしての価値も高い。

テーブルウエア

ピンク、ミントグリーン、レモンイエローなど色彩はパステル調だが、絵柄はフェニックスや花など中国文化を色濃く感じさせる。雑貨店ではプラナカン食器のレプリカの急須、湯のみ、スプーンなどが売られており値段も手頃だ。

タイル

イギリスから取り寄せていたものだが、パステル調の色彩や花柄がババ·ニョニャ風だ。床や玄関脇の壁に使用されてきた。アンティークショップでバラ売りされていることもあるので、おみやげとして買ってみてもいい。

アロー・スター

Alor Setar

▲ライトアップされ一層美しさが際立つザイール・モスク

ケダー州の州都アロー・スターは、真っすぐ北上するとタイ国境へと続く国道沿いに広がり、タイ文化の影響も見られる。北西にランカウイ島、南にペナン島という位置にあるが、立ち寄る旅行者は多くない。しかし、王都として栄えた長い歴史をもち、元首相ドクター・マハティール、独立時の首相トゥンク・アブドゥル・ラーマンと、ふたりの首相が生まれた町だと地元の人は胸を張る。西海岸の町にしてはマレー人の人口が多く、市内には王宮や荘厳なモスクが多く残る。

市外局番04

ACCESS

飛行機

クアラルンプールから所要約1時間。KLIAからマレーシア航空が1日3便。エアアジアが1日2便。スバン空港からファイアーフライ航空が1日3便、バティック・エア・マレーシアが1日1便。

鉄道

クアラルンプールのKLセントラル駅から所要約4時間30分～5時間30分。RM73～98。

バス

クアラルンプールのTBSバステーション(MAP P.48-B2)から所要6～7時間、RM43～45。会社やバスの車種で異なる。

バスでアロー・スターに入る場合

長距離バスでアロー・スター入りする場合は、シャハブ・ペルダナ・バスターミナルが終点となるバスもある。市内へ向かう場合はタクシーか近郊バスを使わなければならない。プカン・ラブ(水曜市場)前で降りる人も多いので、市内に用事がある人はここで降りよう。

歩き方

長距離バスは、郊外の**マルゴンMargong**にある**シャハブ・ペルダナ・バスターミナル Shahab Perdana Bus Terminal**に乗り入れている。シャハブ・ペルダナ・バスターミナルから市内へは、約4km離れていてバスで10～15分。タクシーでRM7前後。空港から市街へは、タクシーで約20分、RM15。クーポン制で到着口にあるカウンターで買う。市内からは交渉制で乗車することもある。

ほとんどの見どころは中心部にあるので歩いて回れる。**ケダー州立博物館**へはタクシーのほうが便利だろう。**ℹマレーシア政府観光局(MTPB)**は、中心部からマハティール元首相の生家へ向かう途中にある。また、ランガー通り沿いに**プカン・ラブ Pekan Rabu**(水曜市場)と呼ばれるショッピングモールがあり、毎日9:00～18:00オープンしている。伝統工芸品からローカル料理まで揃っている。

▲アロー・スターの町並み

見どころ

州内の歴史や習俗を中心とした

ケダー州立博物館

Muzium Negeri Kedah MAP P.193

ムルデカ公園の真向かいにある。1階は動物のはく製、2階は生活用具、武器、陶磁器、農業や漁業のミニチュアのジオラマ、さらに日本政府(1941～1945年)発行の紙幣(軍票)などが展示されている。また、屋外では昔の消防車や農具、レース用ボートなどの展示物もあり、併設された新館では、近郊から出土した品を見ることもできる。

アロー・スター
Alor Setar

0 200m

アロー・スター空港へ
Jl. Stadium
ケダー州立博物館 Muzium Negeri Kedah P.193
スタジアム
KFC
アナク・ブキッ川
ホテル・スリ・マレーシア Hotel Seri Malaysia P.195
Lebuhraya Darul Aman
Jl. Stadium
中央郵便局
警察署
シャハブ・ペルダナ・バスターミナルへ(約4km)
BDBビル
P.193 ケダー・ツーリズム・カウンシル Kedah Tourism Council
ハート・ヤイ(ハジャイ)へ
P.195 グランド・アローラ Grand Alora
Jl. Tampang Badak
タイ仏教寺院
Aman Central
アロー・スター・タワー Menara Alor Setar P.194
Sentosa Regency
P.195 ホテル・グランド・クリスタル Hotel Grand Crystal
Royal
プトラ通り Jl. Putra
ホテル・サミラ Hotel Samila P.195
スルタン・バドリシャー通り Jl. Sultan Badlishah
スターパレード
Jl. Kampung Perak
セントーサ・プラザ
時計塔 Clock Tower
P.194 バライ・ノバット Balai Nobat
P.193 ルマ・ムルデカ Rumah Merdeka
P.194 バライ・ブサール Balai Besar
ザイール・モスク P.194 Zahir Mosque
P.194 ケダー王宮博物館 Kedah Royal Museum
噴水
P.195 ホテル・ダルラマン・アロー・スター Hotel Darulaman Alor Setar
ケダー州立アート・ギャラリー Balai Seni Negeri Kedah
City Plaza
P.195 ザ・ジェライ・ホテル・アロー・スター The Jerai Hotel Alor Setar
トゥンク・イブラヒム通り Jl. Tunku Ibrahim
チャイナタウン
郵便局
ランガー通り Jl. Langgar
ルマ・アピ・タンジュン・チャリ Rumah Api Tanjung Chali P.193
警察署
KFC
プカン・ラブ(水曜市場)
ケダー川
Jl. Raja
旧駅舎
Ban Hoo (家具)
P.194 ルマ・クライラン・マハティール・モハマド (マハティール首相の生家) Rumah Kelahiran Mahathir Mohamad
アロー・スター駅
バタワース、クアラルンプールへ
バタワース、クアラルンプールへ
N

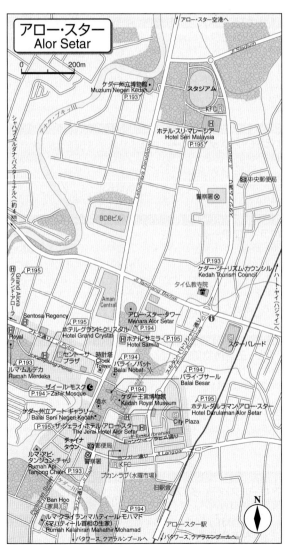

市内交通
バスは非常に少ないのでタクシーがおすすめ。1時間チャーターは約RM50～70。

ケダー州立博物館
☎(04)733-1162
開 土～木 9:00～17:00
金 9:00～12:30、14:30～17:00
休 祝
料 無料
※内部は写真撮影禁止。

ケダー・ツーリズム・カウンシル Kedah Tourism Council
住 Wisma Pknk, Jl. Sultan Badlishah
☎(04)735-3664/(04)735-0031
営 日～木8:00～17:00(木～15:00)
休 金・土

アロー・スターのチャイナタウン
中心部の南西、ケダー川とアナク・ブキッ川が合流する一帯は、マレー人の多いアロー・スターでも中国系が多く暮らし、1920年代に建てられたショップハウスが建ち並んでいてチャイナタウンと呼ばれている。ふたつの川の合流地点にはルマ・アピ・タンジュン・チャリ Rumah Api Tanjung Chali というノスタルジックな外観の灯台があり、対岸の展望所からは対照的なアロー・スター・タワー(→P.194)と同時に見られ、よい記念撮影場所だ。
MAP P.193

▲ルマ・アピ・タンジュン・チャリ。奥にアロー・スター・タワーが見える

マレーシア初の首相もアロー・スター出身
マハティール元首相とともにアロー・スターが誇るマレーシア初の首相トゥンク・アブドゥル・ラーマン。ルマ・ムルデカ Rumah Merdeka (Tunku Abdul Rahman Memorial)は彼の生家が再現されたメモリアルパークで、中心部の西外れにある。マハティール元首相に比べ、豊かな家庭に育った様子がうかがえる。入場無料。
MAP P.193

メモ 旅情あふれる小さな駅舎が人気だったアロー・スター駅だが、鉄道の近代化の一環で南へ100mほど移動し現代的に新築された。旧駅舎はもとの場所に残されているが内部には入れない。

マハティール元首相の生家

ルマ・クライラン・マハティール・モハマド

Rumah Kelahiran Mahathir Mohamad　MAP P.193

町の中心から徒歩約30分、閑静な場所にある。小さな木造一軒家で、元首相ドクター・マハティール（1925年12月20日生）の家系図をはじめ、親族の写真や家具、食器などの生活用品や、医師時代に使用した医療器具などを展示。首相の人生の歩みが理解できるとともに、質素ながら工夫を凝らすマレー人の生活ぶりをかいま見ることができる。

▲高床式の伝統住居

※ルマ・クライラン・マハティール・モハマド（マハティール元首相の生家）
☎(04)772-2319
開 火～木、土・日9:00～17:00
休 月・金・祝
料 無料

美しくも荘厳なイスラム建築の傑作

ザイール・モスク

Zahir Mosque　MAP P.193

1912年に完成したこのモスクは、マレーシア国内で最も美しく大きなイスラム建築のひとつ。夜になるとイルミネーションで飾られるため、美しい姿を見ることができる。

▲荘厳なたたずまいのザイール・モスク

マレー王室のミュージックホール

バライ・ノバット

Balai Nobat　MAP P.193

時計塔の斜め向かいにある八角形の小さな建物。もともと打楽器の楽団が演奏する会場として造られたもの。

▲優雅なたたずまいのバライ・ノバット

マレー王室専用の大ホール

バライ・ブサール

Balai Besar　MAP P.193

鉄道駅から歩いて10分ほどの所にある、1896年に再建造された大ホール。1735年に建造されたが、その後シャム（タイ）やインドネシアに攻められて、壊された経緯がある。今ではケダー州のスルタンの結婚式など公式行事に使われている。

▲細やかな装飾は一見の価値あり（バライ・ブサール）

かつてのスルタンの暮らしぶりが垣間見られる

ケダー王宮博物館

Kedah Royal Museum　MAP P.193

1735年にアロー・スターの町を築いた、ケダーの19代目スルタンが建てた木造の王宮が最初だったが、たびたびの戦乱で再建を繰り返し、現在の建物は19世紀に当時のスルタンによって完成された。内部は博物館として開放されており、優雅ながらもどこか素朴なケダーの王家の暮らしぶりがうかがえる。

※ケダー王宮博物館
☎(04)732-7937
開 日～木　10:00～17:00
休 金・土・祝　料 無料
※内部は撮影禁止。

町のランドマーク

アロー・スター・タワー

Menara Alor Setar　MAP P.193

町の中心からやや北にある、高さ165.5mのタワー。展望台から360度の景観を見ることができる。

※アロー・スター・タワー
☎(04)720-2906
URL www.menaraalorsetar.com.my
開 9:00～22:00　休 無休
料 大人 RM18
子供・シニア（1～4才・60才～）RM12
行き方 市内中心から徒歩15分。

アロー・スターのホテル
Hotel

市内　中級

グランド・アローラ
Grand Alora　MAP P.193外

町いちばんの大型ホテル

市内ではいちばん高級なホテル。屋上プール、スパ、サウナ、ジム、子ども向けの施設まで完備。4つ星ホテルにふさわしく、客室にはミニバーが備えられている。中心地から少し離れるが、ビジネスユースも多い。

住No. 888 Persiaran Bandar Baru Mergong, Lebuhraya Sultanah Bahiyah
☎(04)770-8888　URL grandalora.com.my
料スーペリア RM175～　CC M V　室235

市内　中級

ザ・ジェライ・ホテル・アロー・スター
The Jerai Hotel Alor Setar　MAP P.193

快適なビジネス向けホテル

町の中心にありひときわ目立つ中級ホテル。まさに市街地のど真ん中なので、どこへ行くにも便利なロケーションだ。設備は整っているが観光というよりビジネス向け。そのぶん料金は安めなので、コストパフォーマンスよく快適な滞在が可能だ。

住Lot 134-141 Jl. Sultan Badlishah
☎(04)733-5917　URL thejerai.com.my
料スーペリア RM155～
CC M V　室96

市内　中級

ホテル・グランド・クリスタル
Hotel Grand Crystal　MAP P.193

リーズナブルな料金が魅力

バスステーションから徒歩で約15分の場所にある4つ星ホテル。繁華街からは少し離れているものの、Ⓢセントーサ・プラザや中華屋台の多い通りが近くにあるので、買い物、食事には困らない。客室は少し古い印象だが、最低限の設備は整っている。

住40, Jl. Kampung Perak
☎(04)731-3333
料デラックス RM130～
CC A D J M V　室138

市内　中級

ホテル・サミラ
Hotel Samila　MAP P.193

ローカルに人気の老舗ホテル

立地がよく、表通りから少し離れているので静かな滞在ができる中級ホテル。改装された客室内はシンプルながらも清潔感がある。広々としたファミリールームが人気で、フレンドリーなスタッフとレストランに定評がある。

住27, Jl. Kanchut
☎(04)730-8612
料プレミア・ツイン RM95～
CC M V　室51

市内　中級

ホテル・スリ・マレーシア
Hotel Seri Malaysia　MAP P.193

ビジネスマンに人気

デスク、アイロン、コーヒー＆ティーメーカーなど、客室のファシリティも整っており、会議場もあるので、ビジネスでの利用が多い。静かな環境を求める人や市内から少し離れていても気にならない人にはおすすめのホテルだ。

住Jl. Stadium, Alor Setar City Center
☎(04)730-8737　URL serimalaysia.com.my
料スタンダード RM168～
CC M V　室138

市内　安宿

ホテル・ダルラマン・アロー・スター
Hotel Darulaman Alor Setar　MAP P.193

コスパが魅力のバジェットホテル

2019年に改装されたバジェットホテル。リーズナブルな価格でありながら、清潔感のある快適な部屋を提供している。中心地から少し入った場所にあるので騒音も少ない。アットホームなフロントは24時間対応。セキュリティの面でも安心できる。

住1590, Jalan Tunku Ibrahim
☎(04)734-1773
料スタンダード RM89～
CC M V　室14

COLUMN

ランカウイ島行きのフェリー

ランカウイ島行きのジェティは2ヵ所

ランカウイ島へは、アロー・スター中心地のPekan Rabuバス停留所から、バスで約20分、またはタクシーで約15分の距離にあるフェリーターミナル、クアラ・ケダーKuala Kedahからフェリーで行くことができる。立派なジェティ(船着場)だが、あとは周りにレストランが何軒かあるくらい。

もうひとつの**クアラ・プルリスKuala Perlis**は、アロー・スターの北、車で1時間ほどの所にある小さな町。ここからもランカウイ島行きのフェリーが出る。ジェティは大きく立派で、ボートの発着時には旅行者でにぎわう。町自体は閑散としているが、レストランや1泊RM100程度のホテルも数軒ある。長距離バスステーションはジェティから町方向へ50mほどの所にある。また、この町からボートでタイに入ることもできる。

▲クアラ・ケダーのジェティ

▲クアラ・プルリスのフェリーチケット売り場

●クアラ・ケダー～ランカウイ島

料 大人 RM34.50　子供 RM25.50
所要約1時間45分
運航は7:30～19:00頃

●クアラ・プルリス～ランカウイ島

料 大人 RM27　子供 RM19.50
所要約1時間15分
運航は7:00～19:00頃

COLUMN

マレー半島西海岸のタイ国境情報

●パダン・ブサール　Padang Besar

マレー鉄道が通る国境の町。鉄道利用の場合、駅構内のイミグレーションで出入国の審査を受ける。すべての荷物を持って一度下車して、審査後、再び同じ列車に乗車する。徒歩の場合は、駅から徒歩5分くらいの所にある国境で出入国審査を受ける。タイ側のイミグレーションはそこから1kmほど離れており、バイクタクシーが待ち構えている。バスの場合は、カンガーkangar※からバスが出ていて、国境の手前約500mのバス停で降りる。

タイに入ると、大通りからハート・ヤイ(ハジャイ)行きのバスが出ている。ハート・ヤイまでバスで所要約1時間。国境の開門時間は6:00～22:00。タイとは1時間の時差があるので、タイ側は5:00～21:00。

**●ブキッ・カユ・ヒタム
Bukit Kayu Hitam(Kedah)**

ペナン島などから出発するタイのハート・ヤイ行き長距離バスは、アロー・スター経由でここを通過する。ハート・ヤイまで所要約1時間。

●クアラ・プルリス　Kuala Perlis

ボートによる国境越えの起点。タイ側の国境の町サトゥンSatunまでは所要約1時間。また、サトゥンからランカウイ島行きのボートが出ている。

●ペンカラン・フル　Pengkalan Hulu

のんびりした山あいの町。旅行者はほとんどいない。7km離れた国境まではタクシーで(RM10～15が目安)。町からはクアラルンプール行きのバスが運行している。

▲パダン・ブサールの国境

※アロー・スターからカンガーまではラマ・バスステーションからバスで約1時間。

タイピン

Taiping

タイピンはかつてラルートLarutと呼ばれていた。1848年にスズ鉱石が発見され、それを機に多くの中国人労働者がやってきた。その後彼らの間に内部抗争が生じ、「ラルートの戦い」に発展する。事態は1874年にやっと収まり、以後ラルートはタイピン(中国語で「太平＝永遠なる平和の町」)に改名され、今日までその美しい名前で呼び親しまれている。今も人口の70％が華人によって占められている。コロニアル調のビルと中国風の古い町並みが残るこの町には、ゴルフコースや刑務所など、マレーシアで最初のものが31ヵ所もある。

歩き方

町の中心は**コタ通りJl. Kota**と市場の周辺で、タクシーステーションや近郊へのバスが発着するタイピン・バスステーションもあり、ホテル、食堂、ショッピングセンターなどもこのあたりに集中している。コタ通りの南、**パンゴン・ワヤン通りJl. Panggon Wayang**周辺にはフードセンター(屋内屋台街)があり、ナイトマーケットも開かれる。鉄道駅から中心街までは徒歩約10分、長距離バスステーションは車で5～10分程度の**カムティン・ラヤKamuting Raya**にある。

▲町の真ん中にある時計塔

市外局番05

ACCESS

鉄道
クアラルンプールのKLセントラル駅からETSトランジットで所要約3時間30分。RM47～62。

バス
クアラルンプールのTBSバスステーション(MAP P.48-B2)から所要約3時間30分、RM27～。

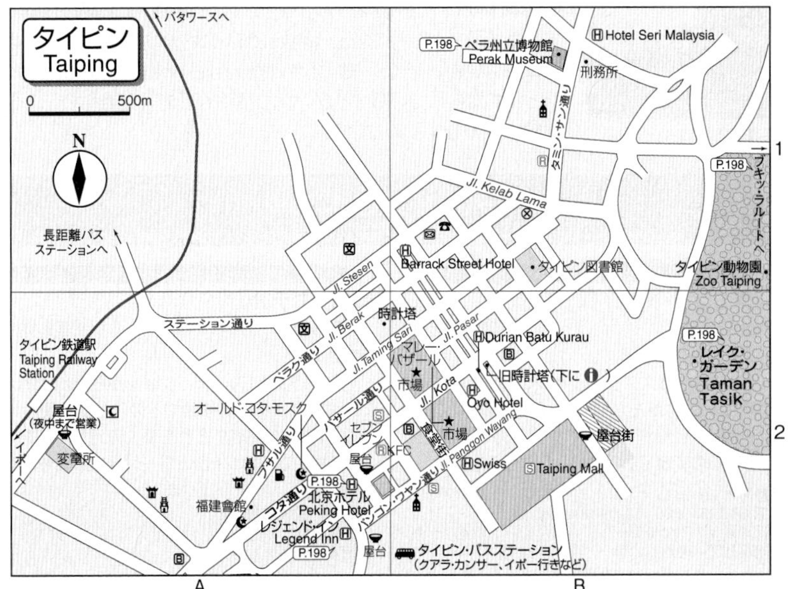

見どころ

タイピンだけでなくマレーシアの歴史を物語る

ペラ州立博物館

Perak Museum　MAP P.197-B1

町の中心部から歩くと約40分、刑務所の斜め向かいにある。美しいコロニアル調の建物で、スタッフは民族衣装を着ている。オラン・アスリ(→P.400)の生活についての展示から、この土地に伝わる粘土の水差しであるラブ Labu、楽器、銀細工などの工芸品、マレーシアに生息するいろいろな動物のはく製、歴史や文化の本を揃えた図書館もある。

▲イギリス植民地時代の建物

マレーシア有数の美しさ

レイク・ガーデン

Taman Tasik　MAP P.197-B2

中心街の東側に南北に広がる湖を中心とした公園。スズの採鉱場だった所を1880年に公園にしたもの。人造湖なのだが、マレー半島内でも年間降水量が多い土地柄だけに、青々とした草木に囲まれた公園となっている。また、道路沿いに立つレインツリーが、湖と相まって見事な景観を見せている。また、一角には国内で最初に造られた**タイピン動物園 Zoo Taiping**もある。

急な坂道を上って見晴らしの良い場所へ

ブキッ・ラルート

Bukit Larut　MAP P.197-B1外

タイピンから約12km、海抜1035mにある高原リゾート。規模は小さいが、早くから開発された最も古い由緒ある高原避暑地として知られている。リゾートで宿泊も可能。日帰りでも、その魅力を十分楽しめる。

市内交通
徒歩かタクシーを利用する。近距離ならRM6ほど。タイピン市内から長距離バスステーションまでは、バスで行ける。タクシーならRM10～。

※ペラ州立博物館
☎(05)807-2057
開9:00～17:00
休無休
料大人RM5　子供RM2

※タイピン動物園
☎(05)804-1045
開8:30～18:00
ナイトサファリ
日～木　20:00～23:00
土　20:00～24:00
料大人 RM16(夜RM20)
子供 RM 8(夜RM10)
休無休

※ブキッ・ラルート
宿泊施設のオフィスを兼ねた専用車のチケットカウンターが、ブキッ・ラルートの麓にある。毎日8:30～16:30、2時間間隔で運行(片道RM5)。所要往復30分程度。帰りの出発時間も予約すること。タクシーで向かう場合は、タイピンから約10分、約RM7。
☎(05)807-7241

▲専用車で山道を上る

タイピンのホテル

Hotel

市内　中級

レジェンド・イン

Legend Inn　MAP P.197-A2

アクセスのいい立地

タイピン・バスステーションの向かいにある。客室はシンプルだが無料Wi-Fiや24時間のフロント対応など設備は整っており、2015年に改装しているのでとてもきれい。スタッフも親切。

住2, Jl. Long Jaafar
☎(05)806-0000　URL legendinn.com
料スーペリア RM95～
CC A J M V　室89

市内　安宿

北京ホテル

Peking Hotel　MAP P.197-A2

歴史を感じる

タイピン・バスステーションから徒歩3分ほどの場所にあるので移動するのにとても便利。ここは1929年に建てられた華人の元サロンで、建物は古いが、ホットシャワー付きの部屋もある。

住2, Jl. Idris
☎(05)807-2975
料RM101～
CC不可　室22

クアラ・カンサー
Kuala Kangsar

18世紀にスルタンがこの町に移り住んでから、ペラ州の州都として発展してきた(現在の州都はイポー)。その後スズ産業が興った時代には、ほかのペラ州の町に比べて発展が遅れたが、それゆえ伝統的マレー文化が残されることになった。

見どころ

マレーシアで最も美しいといわれる

ウブディア・モスク

Masjid Ubudiah MAP P.199

金色のドームと、それに添うように高くそびえるミナレットをもつモスク。27代のペラのスルタンSultan Idris Murshidul'adzam Shah Iの命で建立されたもの。スルタン所有の2頭のゾウがイタリア製の大理石タイルを壊したり、第1次世界大戦時に破壊されたりという困難を乗り越えて、1917年にできあがった。

元宮殿を改装した

王宮博物館(イスタナ・クナンガン)

Royal Museum (Istana Kenangan) MAP P.199

1926年建設の木造のユニークな建物は、1本の釘も使用せずに建てられたもの。壁には細かい彫刻がある。ペラ州の歴代スルタンについての展示と解説がある。(2022年10月現在休業中)

公園の一角にある

パビリオン・タワー

Pavillion Tower MAP P.199

六角形をした3階建ての小さな塔。1930年に建てられたもので、王族やVIPがそばのフィールドで行われるセレモニーやポロの試合を見学するときに使われた。

新旧の宮殿街

イスタナ・イスカンダリア&イスタナ・フル

Istana Iskandariah & Istana Hulu MAP P.199

金色のドーム状の屋根と白亜の建物からなるのが現スルタン公邸の**イスタナ・イスカンダリアIstana Iskandariah**。アール・デコにイスラムのモチーフが取り入れられている。ウブディア・モスク前の白い建物が1903年建設の別館、**イスタナ・フルIstana Hulu**。こちらはビクトリア調。入場はできないので少し離れた所から全体を見るのみ。

▲ウブディア・モスク

市外局番05

ACCESS

鉄道
クアラルンプールのKLセントラル駅から所要2時間30分〜。RM42〜56。

バス
クアラルンプールのTBSバスステーション(MAP P.48-B2)から所要約4時間、RM27.30〜。

タクシー
タイピンから約RM60。

王宮博物館
開 土〜水 9:30〜17:00
木 9:00〜12:45
休 金・祝 料 無料

(注:クアラ・カンサー・バスステーションからウブディア・モスクまでタクシーで約10分)

イポー

Ipoh

▲イポーのパワースポットといわれているサン・ポ・トン

ペラ州の州都であり、マレーシアで3番目に大きな都市イポーは、人口約71万人を抱える。キンタ渓谷でスズが生産されるようになってから人口が流入し、中国系の億万長者たちが誕生した近代都市だ。クアラルンプールとペナン島の中間に位置しており、交通の要衝としても栄えている。ちなみにイポーという町の名は、先住民が狩猟の際に吹き矢の毒として使用していた樹液が採れる木の名称に由来する。古い建造物が並ぶ旧市街と開発の進む新市街を散策したり、郊外の洞窟寺院を訪ねたり、またはおいしい中国料理を食べ歩いたりと、案外滞在が長くなってしまう町だ。

市外局番05

ACCESS

バス

クアラルンプールのTBSバスステーション(MAP P.48-B2)とKLIA2から所要約2時間30分、RM25前後(KLIA、KLIA2からはRM45前後)。バタワースから約2時間、RM20前後。アロー・スターから約3時間30分、RM40~48。

鉄道

KLセントラル駅からKTM ETSで約2時間30分、RM26~38。

レンゴン渓谷の考古遺跡

2012年、世界文化遺産に登録された。イポーより車で約2時間の所にあるレンゴン渓谷は、マレーシア考古遺跡としても最も重要な遺跡のひとつで、183万年前~1700年前の旧石器から鉄器時代の石器や陶器などが発見されている。

イポー近郊の穴場スポット

石灰石と大理石の洞窟グゥア・トゥンプルンGua Tempurungは、マレーシア半島最大級の石灰石質の自然洞窟。洞窟内は、5つの巨大なドームで形成されている。

問 ペラ州観光局

☎ (05)255-9962

行き方

マレーシア各地から長距離バスの乗り入れがあり、鉄道駅もある。近郊バスステーションは鉄道駅近くにあるが、長距離バスステーションはイポー鉄道駅から北へ約15kmのところにあるアマン・ジャヤ・バスステーションとなる。市内から向かう場合は距離があるためタクシーを使ったほうがよい(RM30~)。シャトルバスが近郊バスステーションから出ていて片道RM4。またクアラルンプールからマレーシア航空が運航している。**スルタン・アズラン・シャー空港Sultan Azlan Shah Airport**から市内中心までタクシーで10分。約RM15。

歩き方

アクセスのよい旧市街

町の中心を南北に流れる**キンタ川Sungai Kinta**の西側が旧市街、東側が新市街と分かれる。旧市街は鉄道駅を中心としたエリア。市民ホールや州立モスクなどのほか、行政関係の荘厳な建物が建ち並んでいる。**ツーリストインフォメーションセンター(TIC)**(8:00~17:00。土・日・祝はクローズ。)では市街地図や近郊の観光情報などが得られる。近郊へのバスステーション、タクシー乗り場も鉄道駅の近くにある。

▲アマン・ジャヤ・バスステーション

クアラルンプールからイポーへの移動は、KLセントラル駅から高速電車ETSを使うのが便利。週末は混雑するので早めにネットで予約をしておこう。www.ktmb.com.my

にぎやかな新市街

ホテルやレストラン、店などはほとんど新市街に集まっていて、大通り沿いにはオフィスビルが整然と並んでいる。滞在するなら、こちらのほうが何かと便利だ。鉄道駅から新市街まではタクシーで約RM10。最近人気を集めているのはイポーグルメとイポーアート。イポーチキン、飲茶、ポメロ(柑橘系の果物)、もやしが名物。アートでは、ペナンで人気の壁画作家、アーネスト氏の作品が、2014年、イポーにもお目見え。イポー人の日常生活を描いた作品が心に染みる。アートは旧市街で見られる。

▲店先につるされたポメロ

ヤスミン・アト・コンヘン・ニュージアム Yasmin At Kong Hen Newseum

マレーシア映画界において「マレーシア新潮流」と呼ばれるムーブメントを牽引したヤスミン・アフマド監督。東京国際映画祭をはじめ、世界で高く評価された彼女の記念館が、ここイポーにある。生前に語った言葉が飾られ、ヤスミン映画が常時DVDで上映。

営10:00～17:00 料無料

▲ BookXcess に併設

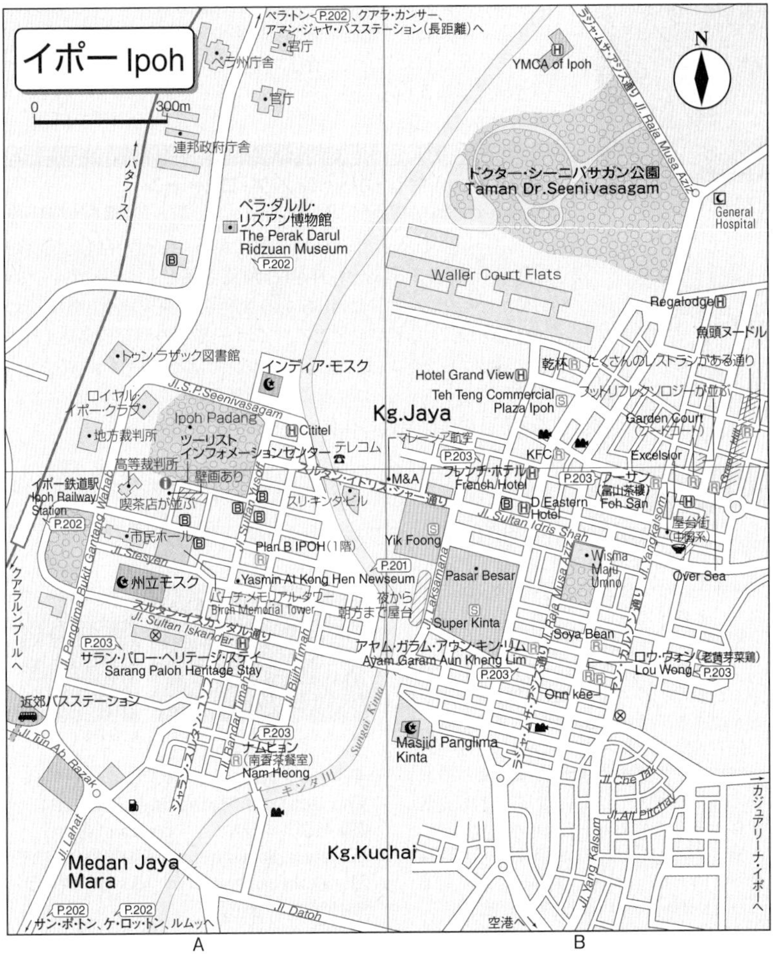

イポー Ipoh

0 300m

ペラ・トン P.202、クアラ・カンサー、アマン・ジャヤ・バスステーション(長距離)へ
官庁
ペラ州庁舎
官庁
連邦政府庁舎
バタワースへ
YMCA of Ipoh
Jl. Raja Musa Aziz
ドクター・シーニバサガン公園 Taman Dr.Seenivasagam
General Hospital
ペラ・ダルル・リズアン博物館 The Perak Darul Ridzuan Museum P.202
Waller Court Flats
Regalodge
魚頭ヌードル
トゥン・ラザック図書館
インディア・モスク
乾林
たくさんのレストランがある通り
Hotel Grand View
Teh Teng Commercial Plaza Ipoh
フットリフレクソロジーが並ぶ
ロイヤル・イポー・クラブ
Jl. S.P. Seenivasagam
Ipoh Padang
Kg.Jaya
Garden Court (フードコート)
地方裁判所
Cititel
ツーリストインフォメーションセンター
テレコム
マレーシア航空
Excelsior
KFC
高等裁判所
壁画あり
P.203
フレンチ・ホテル French Hotel
P.203
フーサン(富山茶樓) Foh San
イポー鉄道駅 Ipoh Railway Station
M&A
スルタン・イドリス・シャー通り
喫茶店が並ぶ
スリ・キンタ・ビル
D Eastern Hotel
P.202
Jl. Sultan Idris Shah
屋台街(中国系)
市民ホール
Yik Foong
Jl. Stesyen
Plan B IPOH(1階)
Wisma Maju Umno
Over Sea
P.201
州立モスク
Yasmin At Kong Hen Newseum
Pasar Besar
バーチ・メモリアル・タワー Birch Memorial Tower
夜から朝方まで屋台
クアラルンプールへ
スルタン・イスカンダル通り
Jl. Sultan Iskandar
Super Kinta
Jl. Laksamana
Jl. Raja Musa Aziz
Jl. Yang Kalsom
Soya Bean
P.203
サラン・パロー・ヘリテージ・ステイ Sarang Paloh Heritage Stay
アヤム・ガラム・アウン・キン・リム Ayam Garam Aun Kheng Lim
ロウ・ウォン(老黄芽菜鶏) Lou Wong P.203
P.203
Jl. Panglima Bukit Gantang Wahab
Jl. Bijih Timah
Onn kee
近郊バスステーション
Jl. Tun Ab. Razak
P.203
ナムヒョン(南香茶餐室) Nam Heong
Masjid Panglima Kinta
Sungai Kinta
キンタ川
Jl. Che Tak
Jl. Ali Pitchay
カジュアリーナ・イポーへ
Jl. Lahat
Medan Jaya Mara
Kg.Kuchai
Jl. Yang Kalsom
P.202 P.202
サン・ポ・トン、ケ・ロッ・トン、ルムッへ
Jl. Datoh
空港へ
A B 1 2

見どころ

一見の価値がある建築

イポー鉄道駅

Ipoh Railway Station　MAP P.201-A2

ムーア風とコロニアル風の建築様式を取り入れたイポー鉄道駅は、町のシンボル的存在。イポー〜クアラルンプールを結ぶETS(高速電車)、KTMインターシティと呼ばれる長距離列車の発着口。目の前の緑鮮やかなイスラム風の公園にはペラ州の旗がたなびいている。

ペラ州の歴史がわかる

ペラ・ダルル・リズアン博物館

The Perak Darul Ridzuan Museum　MAP P.201-A1

鉄道駅から北に徒歩10分程度。コロニアル調の建物で、1階はイポーの歴史、おもにスズの産出や輸出入についての内容を展示しているほか、日本占領時代の写真や軍票(紙幣)、民具などがある。それに対して2階は、熱帯林のジオラマや生き物についての展示物が中心。

中国系の人が信仰する洞窟寺院

ペラ・トン／サン・ポ・トン／ケ・ロッ・トン

Perak Tong / San Poh Tong / Kek Look Tong　MAP P.201-A1、2外

イポーには石灰岩で造られた洞窟が多く、その自然な造形美を生かして建てられた中国寺院(洞窟寺院ともよぶ)がいくつもある。ペラ・トンは、128mもある金色の仏陀の座像をはじめ、40体を超える仏像が見どころ。イポー最古の洞窟寺院として知られるサン・ポ・トンは、地元の人の間ではパワースポットとしても知られている。ケ・ロッ・トンは、鍾乳洞のトンネルのようになっており、中には金色の仏像がいくつも配されている。

▲イポー鉄道駅

ペラ・ダルル・リズアン博物館
☎(05)241-0048
開 土〜木　9:30〜17:00
　金　9:30〜12:15、14:45〜17:00
休 無休　料 無料

ペラ・トン
開 8:00〜17:00　料 無料
行き方 近郊バスステーションからNo.35のバスで所要約15分、RM1.50。タクシーで約RM20。

▲ペラ・トン内部にある黄金の仏像

サン・ポ・トン
開 9:00〜18:00　料 無料
行き方 市内から5kmほど離れている。近郊バスステーションからNo.66のバスで所要約20分、RM2〜4。タクシーでRM20〜。

COLUMN

天然温泉リゾート　ザ・バンジャラン・ホットスプリング・リトリート

イポーには天然温泉が湧き出るエリアがあり、その地の利を使って建てられた高級リゾートホテル。敷地の中央にはオープンエリアの温泉が配置され、温かい湯につかりながら、イポーらしい山景色を眺めることができる。温泉のほかにも、鍾乳洞の中に造られた洞窟バー、クリスタルが飾られた瞑想エリア、洞窟内でのヨガプログラムなど自然のパワーを感じられる仕掛けが随所に。伝統的マッサージやスパプログラムも充実。レストランでは、イポー名産の果物ポメロとフレッシュなハーブや野菜をたっぷり使ったオリジナル料理が味わえる。

▲洞窟内にあるワインバー

▲豪華なガーデンヴィラ

●ザ・バンジャラン・ホットスプリング・リトリート
The Banjaran Hotsprings Retreat
MAP 地図外　住 No. 1, Persiaran Lagun Sunway 3, Sunway City　☎(05)210-7777
URL www.thebanjaran.com　料 レイクヴィラRM1395〜　CC AMV　室 25

イポーのレストラン＆ホテル
Restaurant & Hotel

市内　中国料理

フーサン（富山茶樓）
Foh San　MAP P.201-B2

ニュータウン（新市街）の点心専門点

イポーには広東人が多く住んでいて、飲茶文化が根づいている。一番の有名店が「富山」。席に座ると、アツアツに蒸した蒸篭が次々に運ばれてくるので、自分が食べたい種類を指で指して選ぼう。道を挟んだ向かいの「明閣」も評判がいい。

住51, Jl. Leong Sin Nam
☎(05) 254-0308　URL www.fohsan.com.my
営7:00〜14:30
休火　CC MV

市内　カフェ

ナムヒョン（南香茶餐室）
Nam Heong　MAP P.201-A2

人気のコーヒーチェーンはここが発祥！

イポー発祥のホワイト・コーヒー。これを看板メニューに掲げた全国チェーン店「オールド・タウン・ホワイト・コーヒー」の本家は、実はこの店。昔ながらのコーヒー店で、いつ行っても地元の人でにぎわっている。エッグタルトが美味。

住2, Jl. Bandar Timah
☎(012) 588-8766
営7:00〜17:30
休不定休　CC不可

市内　中国料理

ロウ・ウォン（老黄芽菜鶏）
Lou Wong　MAP P.201-B2

イポーといえばここ！　鶏ともやしの店

イポーをグルメの町として有名にしたのは、この店の鶏料理。しっとり軟らかな茹で鶏は、あっさりとした醤油ベースのたれが絶品。それに、シャキシャキのもやしを副菜にするのがイポー流。ライスの代わりに、米の麺を合わせるのもおすすめ。

住49, Jl. Yau Tet Shin
☎(05) 254-4199
営9:00〜21:00
休中国正月　CC不可

市内　マレーシア料理

アヤム・ガラム・アウン・キン・リム
Ayam Garam Aun Kheng Lim　MAP P.201-B2

うま味をぎゅっととじ込めた塩チキン

岩塩で蒸し焼きにした塩チキン。丸１羽の持ち帰り専門店で、地元の人の間ではおもたせとして人気。鶏のうま味を引き出した絶妙の塩加減で、ふたりでも１羽ペロッと食べてしまう。ホテルに持ち帰って、ビールと一緒に堪能したい。

住24, Jl. Theatre
☎(05) 254-2998
営9:00〜売り切れまで
休月　CC不可

市内　中級

サラン・パロー・ヘリテージ・ステイ
Sarang Paloh Heritage stay　MAP P.201-A2

ゆったり過ごせるヘリテージホテル

旧市街に位置する絶好のロケーション。手入れの行き届いたクラシカルな雰囲気の館内でゆったりとした時間を楽しめる。エレベーターがないので、体調や荷物を考慮して部屋をリクエストするといい。サランとは鳥の巣のことで休息の場の意味。

住12, 14, 16, Jalan Sultan Iskandar
☎(05) 241-3926
URL sarangpaloh.com
料スタンダード RM254〜　CC不可　室11

市内　中級

フレンチ・ホテル
French Hotel　MAP P.201-B2

清潔感のあるブティックホテル

市内の中心地に位置し、どこに行くにも便利な立地。大通りに面しているので夜の出入りも安心できる。キングベッドの部屋が基本で、清潔で快適。雰囲気のよいカフェ・レストランを併設し、スタッフもフレンドリーに接してくれる。

住60-62 Jl. Dato Onn Jaafar
☎(05) 241-3030　URL frenchhotel.com.my
料スーペリア RM98〜　デラックス RM104〜
CC JMV　室48

メモ　ホテルによっては割引料金を設定しているところもある。中心部には安宿も多いが、イポーの安宿は売春宿の可能性が高い。イポーの町自体が治安のよいところではないので、夜出歩くときは十分な注意が必要だ。

マレー鉄道の旅

車窓の向こうには、ヤシのジャングル、ゴム園、ときおり現れては過ぎていくマレー人集落（カンポン）……そして、車内には心地よい振動とのんびりした時間が流れている。マレー鉄道は旅のエッセンスがぎっしりと詰まったすてきな列車だ。

マレー鉄道物語

スズを運ぶために敷かれた鉄道

マレーシア最初の鉄道は、1885年にペラ州のタイピンTaipingから西海岸のポート・ウェルドPort Weldまでの間に敷かれたものだ。その長さ13km。その数十年前、1848年に、ひとりのマレー人がタイピンの小川でスズ鉱石を発見した。それから大勢の華人がやってきてスズを採掘し始め、町はたちまちにぎやかになった。こうなると、当時マレー半島の植民地政策を進めていたイギリスが黙って見ているはずがない。さすが資本力の違うイギリス、スズの産地から近くの港まで鉄道を敷き、豊富なスズをレールに載せてどんどん送り出すことを考えた。さらに、イギリス人はスズ採掘そのものにも浚渫機などを導入して、あっという間に華人のスズ生産高を上回ってしまった。こうしてスズを載せるための鉄道はますます延び、スランゴール州のクアラルンプールからポート・スウェッテナム（クラン）、ヌグリ・スンビラン州のスレンバンからポート・ディクソンまでと、その路線を延ばしていった。

ゴムの生産がさらに線路を延ばす

現在あるような東西2本のマレー鉄道を完成させたのはゴムである。西海岸線と東海岸線の走る地帯を見てみると、見事にゴムの生産地だ。スズが大都市を造り、大都市とゴムと港をつなぐべく鉄道は延びていった。1903年にはペナン〜タイピン〜イポー〜クアラルンプール〜セレンバンがつながり、1918年にはタイ国境に達し、1924年、ジョホール水道に橋が建設されたときに、シンガポール〜タイまでつながる西海岸線は完成した。

一方、ヌグリ・スンビラン州のグマスからパハン州のジャングル、クランタン州を突き抜けて東海岸にいたる路線も、1931年に完成した。

そして、自動車での移動が主流となった現在も、マレー鉄道は地元の人々や旅行者を運ぶ重要な交通手段として活躍している。

■マレー鉄道の予約・問い合わせ先
KTM　クアラルンプール
☎現地(03)2267-1200　URL www.ktmb.com.my

※マレー鉄道の乗り方、時刻表など詳細情報は「旅の技術と準備」の鉄道旅行入門(→ P.379) を参照。

▲クアラルンプール鉄道駅

マレー鉄道車内案内 Malaysian Railways

1等 Premier

指定席。エアコンも付いているし、シートもゆったりデラックス。ドリンクが配られるサービスも。年配の外国人旅行者やビジネスマンがよく利用している。

2等 Superior

指定席。エアコン付きで清潔、シートもしっかりしているし、リクライニングも可能。料金的にもリーズナブル。外国人や地元の旅行者にも人気が高い。

エコノミー Economy

自由席と指定席がある。東海岸線の一部ではエアコンは入っていないが、地元の人たちと触れ合う絶好のチャンスでもある。乗っていて一番楽しいのはここ。

寝台 Berth

寝台は2段式。上段 Upperよりも下段 Lowerのほうが若干料金は高く、そのぶん気持ち広々としている。7:00くらいには布団が上げられてしまう。

食堂車 Dining

サンドイッチやフライドライスといった軽食やスナック類、コーヒーなどが販売されている。支払いはシンガポール・ドルでもできる。

美しい駅を見ておこう

西海岸線のイポー駅は、マレー鉄道の駅のなかでも指折りの立派なコロニアル建物だ。ここはかつてホテルとしても使われていたが、2011年3月に閉館。ハリウッド映画『アンナと王様』の舞台としても使われた。

◀旧マジェスティック・ステーション・ホテル・イポー

豪華列車イースタン & オリエンタル・エクスプレス

オリエント急行を東南アジアに再現させた豪華列車E&Oエクスプレスが、シンガポール～クアラルンプール（KL）～バンコクを結ぶマレー半島を縦断している。シンガポール発の北行きは2泊3日、バンコク発の南行きは3泊4日、全長2043kmの道のりだ。列車は17両編成。スイートふたつを含む全44キャビン（85名）と、クラシックな食堂車、バー・カー、熱帯の空気に触れられるオブザベーション・カー（展望車）など、優雅な鉄道の旅を演出する空間が広がっている。乗車料金に含まれる食事のコースはフランス料理を中心にアジア料理も取り入れているほか、別料金でアラカルトメニューもある。車中での服装は、日中はスマートカジュアル、夜は男性はジャケットとタイ着用、女性もそれと同程度が適当だ。料金、運行日などは直接問い合わせを。※マレー鉄道におけるシンガポール駅はなくなったが(ウッドランズ駅を使用)、ツアー参加者はシンガポールのホテルでのチェックインとなるため、ここではシンガポールと記載。

▲琥珀色に包まれる優しく豪華な空間(ラウンジカー)

ベルモンド URL www.belmond.com/ja/

残念ながらE&Oエクスプレスは現在休業中。2023年より再開予定。

マラッカ

Malacca (Melaka)

▲マラッカ歩きの目印となるオランダ広場

イスラム教を導入し、スルタンが統治する王国であったマラッカ(ムラカ)朝は、今日のマレー世界の原型をつくったといっていいだろう。15世紀初頭に築かれたこの王国の繁栄を支えたのは、その名を冠したマラッカ海峡である。季節風を利用して東西へ貿易船が行き来し、シルクロードに匹敵する海上の道として発展した。しかし、アジア侵略を進めるヨーロッパ諸国にとって、マラッカは垂涎の的であった。16世紀初めのポルトガルに始まり、オランダ、イギリスの数世紀にわたる外国支配が、この地からついには半島全土に及んでいった。町に残る各国の残した史跡は、その事実をいまに伝えている。朱色に染まるオランダ広場周辺は、世界遺産のひとつ。

市外局番06

ACCESS

バス

クアラルンプールのTBSバスステーション(MAP P.48-B2)から所要約2.5〜3.5時間、RM10〜16。

鉄道

マラッカ市内に駅はない。最寄り駅はタンピンTampinだが、マラッカから車で1時間ほど離れている。

タクシー

クアラルンプールから約2時間、RM220〜250。

行き方

バスは中心から約2.5km北の郊外にあるバスステーション、マラッカ・セントラルMelaka Sentralに発着する。マラッカ・セントラルの近代的なビルには20数台のチケット販売機があり、長距離バスもそこで購入。オンラインでチケットを購入した場合は、カウンターで手数料を払い発券してもらう。中心部へはローカルバス17番(RM1.50)に乗り、バングアン・メラ「Banguan Merah」で下車するとオランダ広場の目の前。マコタ・パレードまではRM1.60。タクシーではRM20〜。

▲マラッカ・セントラル・バスステーション

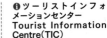

歩き方

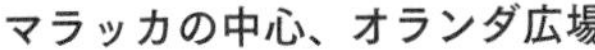

マラッカの中心、オランダ広場

　マラッカの観光の起点となるのが**オランダ広場Dutch Square**。マラッカ川の橋の目の前に位置し、目にも鮮やかな濃いオレンジの**スタダイスStadthuys**や**ムラカ・キリスト教会Christ Church Melaka**が建ち並んでいる。この後ろにそびえる小高い丘の頂上には**セント・ポール教会St. Paul's Church**が建っている。この丘を取り囲むように、**マラッカ・スルタン・パレスMalacca Sultanate Palace**などの博物館、ほかに**ℹツーリストインフォメーションセンター(TIC)**、警察、郵便局などもこのロータリーに面している。また、この丘の上から望む夕日は絶景だ。

　オランダ広場から大通りの**ブンガ・ラヤ通りJl. Bunga Raya**を北上すると、Ⓗザ・マジェスティック・マラッカやセント・ピーター教会St. Peter's Churchなどがある。

ババ・ニョニャ文化の発信基地、チャイナタウン

　オランダ広場から北西にある橋を渡ると**チャイナタウン**に入る。ここはマラッカの中心であり、そして15～19世紀ババ・ニョニャ(→P.188)またはプラナカンPeranakan(海峡華人)文化がおおいに栄えた所だ。当時も現在も目抜き通りは**トゥン・タン・チェン・ロック通りJl. Tun Tan Cheng Lock**(別名ヒーレン・ストリート Hereen St.)と**ハン・ジュバッ通りJl. Hang Jebat**(別名ジョンカー・ストリートJonker St.)。このふたつの通りには、ババ・ニョ

ℹツーリストインフォメーションセンター
Tourist Information Centre(TIC)

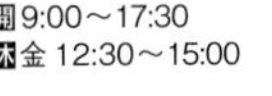

MAP P.207, 208-A2
住 Jl. Kota　☎(06)283-6220
URL www.malaysia.travel
開 9:00～17:30
休 金 12:30～15:00

▲にぎやかなジョンカー・ストリート

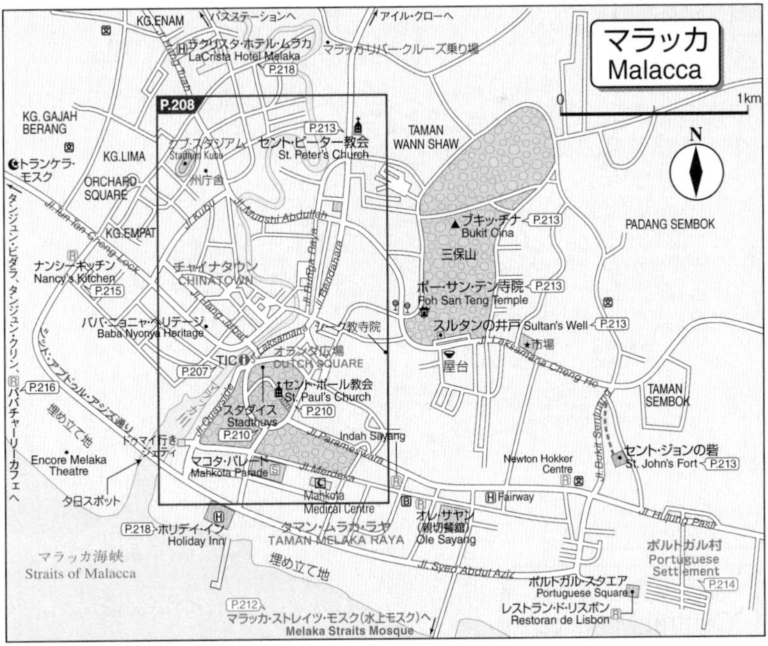

マラッカ
Malacca

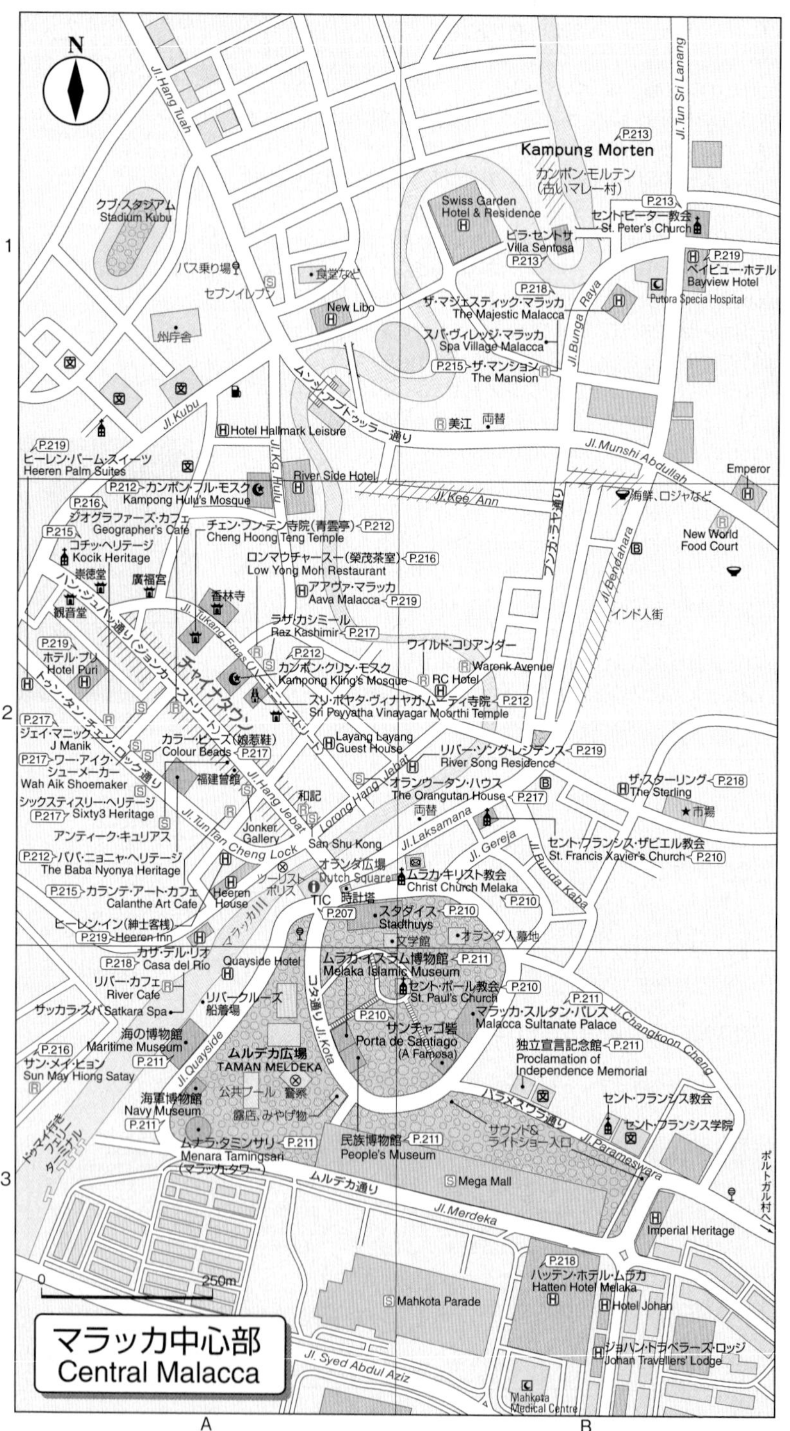

マラッカ中心部
Central Malacca
N
Jl. Hang Tuah
Jl. Tun Sri Lanang
P.213
Kampung Morten
カンポン・モルテン
（古いマレー村）
Swiss Garden Hotel & Residence
P.213
セント・ピーター教会
St. Peter's Church
ビラ・セントサ
Villa Sentosa
P.213
P.219
ベイビュー・ホテル
Bayview Hotel
Putora Specia Hospital
クブ・スタジアム
Stadium Kubu
バス乗り場
セブンイレブン
食堂など
New Libo
P.218
ザ・マジェスティック・マラッカ
The Majestic Malacca
Jl. Bunga Raya
スパ・ヴィレッジ・マラッカ
Spa Village Malacca
州庁舎
P.215
ザ・マンション
The Mansion
ムンシ・アブドゥッラー通り
Jl. Kubu
Hotel Hallmark Leisure
美江
両替
Jl. Munshi Abdullah
P.219
ヒーレン・パーム・スイーツ
Heeren Palm Suites
Jl. Kg. Hulu
River Side Hotel
Emperor
P.212
カンポン・フル・モスク
Kampong Hulu's Mosque
Jl. Kee Ann
海鮮、ロジャなど
P.216
ジオグラファーズ・カフェ
Geographer's Cafe
チェン・フン・テン寺院（青雲亭）
Cheng Hoong Teng Temple
P.212
ブンガ・ラヤ通り
New World Food Court
P.215
コチッ・ヘリテージ
Kocik Heritage
ロンマウチャースー（榮茂茶室）
Low Yong Moh Restaurant
P.216
Jl. Bendahara
崇徳堂
廣福宮
アアヴァ・マラッカ
Aava Malacca
P.219
ハン・ジュバッ通り（ジョンカー・ストリート）
香林寺
観音堂
Jl. Tukang Emas
インド人街
ラザ・カシミール
Raz Kashimir
P.217
P.219
ホテル・プリ
Hotel Puri
ワイルド・コリアンダー
チャイナタウン
P.212
カンポン・クリン・モスク
Kampong Kling's Mosque
Waronk Avenue
RC Hotel
トゥン・タン・チェン・ロック通り
スリ・ポヤタ・ヴィナヤガ・ムーティ寺院
Sri Poyyatha Vinayagar Moorthi Temple
P.212
P.217
ジェイ・マニック
J Manik
カラー・ビーズ（娘惹鞋）
Colour Beads
P.217
Layang Layang Guest House
リバー・ソング・レジデンス
River Song Residence
P.219
P.217
ワー・アイク・シューメーカー
Wah Aik Shoemaker
福建會館
Jl. Hang Jebat
Lorong Hang Jebat
オランウータン・ハウス
The Orangutan House
P.217
ザ・スターリング
The Sterling
P.218
市場
シックスティスリー・ヘリテージ
P.217
Sixty3 Heritage
和記
両替
アンティーク・キュリアス
Jonker Gallery
Jl. Tun Tan Cheng Lock
Jl. Laksamana
San Shu Kong
Jl. Gereja
Jl. Bunda Kaba
セント・フランシス・ザビエル教会
St. Francis Xavier's Church
P.210
P.212
ババ・ニョニャ・ヘリテージ
The Baba Nyonya Heritage
ツーリスト・ポリス
オランダ広場
Dutch Square
ムラカ・キリスト教会
Christ Church Melaka
P.215
カランテ・アート・カフェ
Calanthe Art Cafe
Heeren House
TIC
時計塔
P.210
P.207
スタダイス
Stadthuys
P.210
ヒーレン・イン（紳士客棧）
P.219
Heeren Inn
マラッカ川
文学館
オランダ人墓地
カサ・デル・リオ
P.218
Casa del Rio
Quayside Hotel
ムラカ・イスラム博物館
Melaka Islamic Museum
P.211
リバー・カフェ
River Cafe
リバー・クルーズ船着場
コタ通り
Jl. Kota
セント・ポール教会
St. Paul's Church
P.210
サッカラ・スパ
Satkara Spa
P.211
マラッカ・スルタン・パレス
Malacca Sultanate Palace
P.210
サンチャゴ砦
Porta de Santiago
(A Famosa)
Jl. Changkoon Cheng
海の博物館
Maritime Museum
P.211
ムルデカ広場
TAMAN MELDEKA
独立宣言記念館
P.211
Proclamation of Independence Memorial
P.216
サン・メイ・ヒョン
Sun May Hiong Satay
Jl. Quayside
公共プール
警察
パラメスワラ通り
海軍博物館
Navy Museum
P.211
露店、みやげ物
セント・フランシス教会
セント・フランシス学院
ドゥマイ行きフェリーターミナル
ムナラ・タミンサリ
P.211
Menara Tamingsari
（マラッカ・タワー）
民族博物館
P.211
People's Museum
サウンド＆ライトショー入口
Jl. Parameswara
ポルトガル村へ
ムルデカ通り
Mega Mall
Jl. Merdeka
Imperial Heritage
0
250m
P.218
ハッテン・ホテル・ムラカ
Hatten Hotel Melaka
Mahkota Parade
Hotel Johan
ジョハン・トラベラーズ・ロッジ
Johan Travellers' Lodge
Jl. Syed Abdul Aziz
Mahkota Medical Centre
1
2
3
A
B

メモ　川沿いにあるⓇWaronk Avenueは若者に人気のスポット。おしゃれな造りの一軒家で、ナシレマッやサテーなどの名物料理が楽しめる。音楽イベントも開催。

ニャたちが交易で栄華を極めた頃の邸宅が並び、多くは両方の通りをまたぐので長さ50〜60mの長屋風になっている。一般公開しているババ・ニョニャ・ヘリテージ(→P.212)や、ホテルやレストラン、アンティークショップ、工房に改装しているものも多い。

ここには中国寺院、モスク、ヒンドゥー寺院、キリスト教会なども集まり、中国系移民だけでなく多民族が共生した興味深いエリアだ。週末や祭日にはナイトマーケットが開かれ、深夜まで大にぎわいとなる。

▲朝から地元の人たちでにぎわう食堂

旅人が集まるタマン・ムラカ・ラヤ

セント・ポール教会が建つ丘の東側にある**サンチャゴ砦(ファモサ)Porta de Santiago(A Famosa)**は、マラッカの象徴としてよく取り上げられる古い建造物。この前に延びているのが**パラメスワラ通りJl. Parameswara**でセント・フランシス教会の前を通り、**ポルトガル村Portuguese Settlement**や**セント・ジョンの砦St. John's Fort**まで続いている。

セント・フランシス教会から南へ行ったタマン・ムラカ・ラヤには、数軒の安宿があり、長期滞在者やバックパッカーが集まっている。このエリアの西にある大きなショッピングセンターがⓈマコタ・パレードMahkota Paradeだ。さらに西に進むとマラッカ川にぶつかる。ここにはインドネシアのドゥマイ行きのフェリーが発着するジェティ(船着場)がある。

整備されたマラッカ川沿い

チャイナタウンの入口付近からカンポン・モルテン(古いマレー村)まで川幅が狭くなった両側の歩道はきれいに整備されている。川沿いには古い邸宅、マレー様式の建物、カフェ、マラッカの歴史を表現した学生たちの楽しい壁画なども並んでいて、散歩が楽しい。リバークルーズも盛んになった。

▲ライトアップされた川沿いの道

郊外の観光スポット、アイル・クロー

市内から北へ約20km、ハイウエイの近くにある**アイル・クロー通りJl. Ayer Keroh**にはチョウ園、動物園、博物館など深い自然のなかに見どころが点在している。週末は地元の人々でにぎわうが、平日は閑散としているのでタクシーをチャーターしよう。中心部からタクシーで約RM50、所要約30分。

レンタルサイクル
ゲストハウスの多くでは1日約RM10で自転車を借りられる。

市内交通
● **トライショー**
観光スポットを回るマラッカの名物、トライショー(人力自動車)は1時間RM40〜50。
● **タクシー**
タクシーは交渉制で、ひと乗りRM20。数が少ないのでGrab利用がベター。

ドゥマイ(インドネシア、スマトラ島)〜マラッカのフェリー
チケットは下記船会社、市内旅行会社にて取り扱う。
● **Tunas Rupat Follow Me Express**
ドゥマイ行き、1日1便、マラッカ発9:00(金10:00)、所要2時間、片道RM187／往復RM327
☎(017)648-1280

▲スタダイス

スタダイス
☎(06)284-1934
開9:00～16:30
休月
料大人 RM20　子供 RM10

マラッカ・リバー・クルーズ Melaka River Cruise
約45分のリバークルーズ。乗り場はⒽカサ・デル・リオの対岸にある。マラッカ川沿いには、おしゃれなカフェやバー、ゲストハウスが並び、壁には個性的な絵が描かれていて見ているだけでも楽しい。
☎(06)281-4322
URL www.melakarivercruise.my
開9:00～23:00
料大人 RM50　子供 RM40

▲風が心地よい夕暮れ時がおすすめ

ムラカ・キリスト教会
開9:00～18:00
休日・祝、宗教行事中
料寄付

近郊のビーチ
車で市内から西へ20～30分の所にはタンジュン・クリン Tanjung Kling、タンジュン・ビダラTanjung Bidaraをはじめ、地元客でにぎわうビーチがいくつかある。❶TIC(MAP P.208-A2)や宿で情報を提供してくれるので、興味があれば行ってみよう。優しい海風に当たりながら、飲み物を片手にマラッカ海峡に沈む夕日を楽しむこともできる。

マラッカの禁煙令
マラッカ州では2011年6月15日から、世界遺産地区を含む5地区の公共の場所で全面禁煙を開始した。禁煙場所で喫煙した場合、RM1000の罰金が科せられる。

▲トレッキングコースもあるサンチャゴ砦

見どころ

オランダ広場周辺

東南アジア最古のオランダ建築

スタダイス

Stadthuys　MAP P.208-A2

1650年にオランダの総督らが居住するために建てられた、マラッカの町のシンボル的存在。**歴史博物館 Historic Museum**や**民族博物館 Ethnography Museum**が併設され、マラッカやマレーシアの歴史や工芸品、民族衣装などが、絵画やジオラマをもとに解説されている。結婚式の手順をわかりやすく図解で説明したり、ハードな虐殺シーンの再現図などもあり、なかなか奥が深い。日本統治時代の史料も写真パネルで解説してある。歴史博物館の中庭を通って階段を上がると**文学館 Literature Museum**がある。マレーシアの書物に関する展示を行っている。

スタダイスそばの目立つ教会

ムラカ・キリスト教会

Christ Church Melaka　MAP P.208-B2

1753年、オランダ統治時代に建てられたれんが色の教会。周辺は観光客やトライショーのたまり場になっている。内部にはタイル画の「最後の晩餐」がある。

日本にも布教に来たフランシスコ・ザビエルの像が立つ

セント・ポール教会

St. Paul's Church　MAP P.208-B3

ポルトガル支配の頃、マラッカは西洋の宣教師たちの活動拠点であった。セント・ポールの丘の上には、その名残である、1521年にポルトガル人によって建てられた教会跡がある。ザビエルの遺骨は、ここに9ヵ月間安置されたあと、インドのゴアに移された。

▲美しい夕日が望める丘の上に立つ

繁華街に面した

セント・フランシス・ザビエル教会

St. Francis Xavier's Church　MAP P.208-B2

1849年にフランス人が建てた、ふたつの塔をもつゴシック建築の教会。スタダイスから徒歩3分ほど。

強固な砦跡

サンチャゴ砦

Porta de Santiago (A Famosa)　MAP P.208-B3

地元では「ファモサ」と呼ばれる、スタダイスに次ぐ人気の撮影スポット。1511年にオランダとの戦いに備えるため、ポルトガル軍によって造られた大砲もある砦跡だ。

メモ　世界各地のおばけを集めた博物館Ghost Museumが人気。希望すればガイド付きで見学ができ、特徴などを説明してくれる。URL www.facebook.com/ghostmuseummelaka/

古い王宮を再現した

マラッカ・スルタン・パレス

Malacca Sultanate Palace MAP P.208-B3

『マレー王統記(スジャラ・ムラユ)』に書かれていた記述をもとに復元された、重厚な木造建築。内部は**マラッカ文化博物館 Cultural Museum of Malacca**になっており、1階はスルタンに謁見する様子が人形で再現されていたり、マラッカの歴史をジオラマで解説してある。2階はアクセサリーなどの装飾品、3階は剣や銃などの武器が展示されている。(改装のため現在クローズ)

マラッカ・スルタン・パレス
☎(06)282-6526
開9:00～17:30
休無休
料大人 RM20
子供・学生 RM10

▲館内には靴を脱いで上がる

かつての英国人専用社交クラブ「マラッカ・クラブ」

独立宣言記念館

Proclamation of Independence Memorial MAP P.208-B3

1912年創建の風格ある洋風建築。現在はマレーシアが独立を勝ち取るにいたるまでのエピソードや苦悩を描いた絵画、独立に関する歴史的な書類、領土地図、条約文などが展示されている。

独立宣言記念館
☎(06)284-1231
開9:00～17:30
休金12:00～15:00
料無料
※改装のため2022年10月時点クローズ

世界のさまざまな民族のおもしろい風習を紹介

民族博物館

People's Museum (Muzium Rakyat) MAP P.208-A3

世界各地の民族の奇習、美意識がテーマ。装身具や入れ墨、骨の変形などが、写真や模型でマニアックに紹介されている。マラッカ市議会の行政事務所だった建物にも注目。

民族博物館
開9:00～17:30
休月
料大人 RM10　子供 RM5
URL perzim.gov.my

マラッカのパノラマビューが楽しめる展望タワー

ムナラ・タミンサリ(マラッカ・タワー)

Menara Tamingsari MAP P.208-A3

高さ110mのタワーを、冷房が効いた回転式の展望キャビンが上下するもので、マラッカの町並みと海峡を一望にできる。約15分の空の旅を楽しむことができ、ローカルに人気。

▲マラッカを見渡せる

ムナラ・タミンサリ
☎(06)288-1100
URL menaratamingsari.com
開10:00～23:00
休無休
料大人 RM23　子供 RM15

イスラム文化を知る

ムラカ・イスラム博物館

Melaka Islamic Museum MAP P.208-A3

マラッカ王国時代から現代にかけてのマレーシアにおけるイスラム教がテーマ。さまざまなコーランの本やスルタンの装飾品なども展示されている。

ムラカ・イスラム博物館
開9:00～17:30
料大人 RM5　子供 RM3

大きな船を博物館として利用

海の博物館

Maritime Museum MAP P.208-A3

館内には、マラッカに来航した各国の歴史的な船の模型などが展示され、往時のマラッカ川と海峡のにぎわいを想像させる。斜め向かいには**海軍博物館 Navy Museum**がある。

海の博物館、海軍博物館
☎(06)283-0926
開9:00～17:30
休月
料大人 RM20　子供 RM10
(両博物館と共通のチケット)

▲巨大な木造船が目印

チャイナタウン

いにしえの生活を知る

ババ・ニョニャ・ヘリテージ

The Baba Nyonya Heritage　MAP P.208-A2

ババ・ニョニャとは数百年前にマレーシアに移り住んだ華人男性と地元のマレー系女性が結婚して生まれた子孫のこと。男性はババ、女性はニョニャと呼ばれ、独自の融合文化を生み出した。彼ら独特の文化の一端を見せてくれるのが、このプライベートミュージアム。以前チャン家の私邸だった家を、家宝とともに一般公開している。ところ狭しと並べられている家具類は、どれも約100年前、中国やヨーロッパから持ってきたものばかり。2階には伝統的な中国の婚礼衣装も飾ってある。日本語のガイドブックが用意されているのでわかりやすい。

▲内部の写真撮影が可能になった

❋ババ・ニョニャ・ヘリテージ
☎(06)282-1273
URL babanyonyamuseum.com
開 水～日　10:00～17:00
休 月・火・祝、中国正月
料 大人 RM16　子供 RM11
※水～日12:45～14:00は消毒のためクローズ

マレーシア最古の中国寺院

チェン・フン・テン寺院(青雲亭)

Cheng Hoong Teng Temple　MAP P.208-A2

1646年に中国から運んだ資材で建てられており、本堂の屋根の上には動物や人の小さな像が飾られている。参拝者が絶えない美しい寺院だ。周辺には線香の香りが漂っている。

❋チェン・フン・テン寺院
☎(06)282-9343
開 7:00～19:00
(金・土、旧暦の1日と15日は～21:00)
料 無料

▲チェン・フン・テン寺院

東西の建築様式を取り入れた

カンポン・クリン・モスク

Kampong Kling's Mosque　MAP P.208-A2

チェン・フン・テン寺院並びにあり、スマトラ様式の3層の屋根をもつモスク。白亜のミナレット(尖塔)はパゴダ(仏塔)に似ている。18世紀後半の創建。

▲カンポン・クリン・モスク

マレーシア最古のヒンドゥー寺院

スリ・ポヤタ・ヴィナヤガ・ムーティ寺院

Sri Poyyatha Vinayagar Moorthi Temple　MAP P.208-A2

19世紀の初めに建てられたもの。カンポン・クリン・モスクの並びにある。

▲スリ・ポヤタ・ヴィナヤガ・ムーティ寺院

マレーシア最古のイスラム寺院

カンポン・フル・モスク

Kampong Hulu's Mosque　MAP P.208-A2

1728年に建てられた古いモスク。チャイナタウンからムンシ・アブドゥッラー通りへ出る途中にあり、礼拝時間には大勢の信者が集まる。それ以外のときはわりと静かで落ち着いて見学ができる。

▲どこかアジアを感じさせる

メモ　マラッカ海峡の海辺にあるマラッカ・ストレイツ・モスクMelaka Straits Mosque。海に浮かんでいるように見える美しいモスクで、とくに夕暮れは絶景。中心地から車で約20分。

マラッカ市街北部

ホテル街の谷間にひっそりとたたずむ

セント・ピーター教会

St. Peter's Church　MAP P.208-B1

Ⓗベイビューの近くにある、1710年にポルトガル人が建てた教会。美しいステンドグラスがある。

▲セント・ピーター教会の内部

マレーシア人のライフスタイルを知るなら

カンポン・モルテン

Kampung Morten　MAP P.208-B1

サザン・ホスピタル近くにある、20世紀初頭に建てられた家ビラ・セントサなど。現在も住人がおり、プライベート空間を見学させてくれる家のある地区。入場料はないが、寄付をおすすめする。

※ビラ・セントサ
住 138. Kg. Morten
☎(06)282-3988
開 月～水・土 10:00～17:00
木 10:00～12:00
金 10:00～12:00
15:00～17:00
日 10:00～18:00
料 寄付
※あくまでも一般の民家なので時間は参考まで。

▲ビラ・セントサ

マラッカ市街東部

オランダ様式とポルトガル様式の建物が点在する

セント・ジョンの砦

St. John's Fort　MAP P.207

町の東部にある丘で、うっそうとした森の中の道を登っていくと、白い砦が姿を現す。頂上からは、マラッカの町が見渡せる。木陰には、カップルの姿がちらほら。また、ウオーキングやジョギングに汗を流す地元の人たちも多く見かける。

シーフードの穴場
● ポルトガル広場のシーフード食堂
中心地から車で約15分の距離にある海沿いのエリア。大航海時代の名残りであるポルトガル人の末裔がうみだした料理を提供する店が並んでいる。とくにシーフードが人気で、蟹、海老、イカなど多種。辛いサンバルソースを塗って蒸し焼きした魚料理イカン・バカールIkan Bakarは必食。

マレーシア最古、中国以外では最大の華人墓地

ブキッ・チナ

Bukit Cina　MAP P.207

15世紀のマラッカは、タイ王朝の脅威を受けていたので、当時の強国である明と朝貢関係を結んで安定を図ろうとした。この朝貢関係に基づいて、明から上流の女性が数多く嫁いできた。明皇帝もその娘リー・ポーをマラッカ王に嫁がせたが、このとき、皇女と侍女のために与えられた居住地がブキッ・チナ。崩れかけた15世紀の墓や比較的新しい墓など、白い質素な墓がたくさん並んでいる。

ブキッ・チナの麓

ポー・サン・テン寺院とスルタンの井戸

Poh San Teng Temple & Sultan's Well　MAP P.207

どちらもブキッ・チナの丘の麓にある。ポー・サン・テン寺院は、1795年に建てられたもので、1409年と1411年の明王朝皇帝からの使節派遣を記念して造られたものだ。スルタンの井戸は、マラッカで一番古い井戸で、1459年にマラッカ王に嫁いできた皇女リー・ポーが造らせたものといわれる。後に、オランダ人によって補強工事がなされた。この井戸に背を向けて、投げ込んだコインが輝きながら沈んでいくと、再びマラッカを訪れることができると言い伝えられている。

▲ポー・サン・テン寺院

メモ　モスク、寺院、教会は中に入れてくれるところもあるが、礼儀をわきまえて静かに見学させてもらおう。基本的に入場料はかからないが、気持ち程度のドネーション（寄付）を置いていったほうがいいだろう。

※ポルトガル村
行き方 バス17で行ける。バスの車掌や周りの人に「ポーチギース・セトルメント」と言っておけば、降りる場所を教えてくれる。

▲ポルトガル村の町並み

※マラッカ・バタフライ＆レプティル・サンクチュアリ（蝴蝶文化村）
住 Ayer Keroh
☎(06)232-0033
URL www.butterflyreptile.com
開 8:30〜17:30
休 無休
料 大人 RM25　子供 RM20

※タマン・ミニ・マレーシア
☎(06)234-9988
開 9:00〜17:00
休 無休
料 大人 RM20　子供 RM8
※2022年10月現在休業中

※オラン・アスリ博物館
☎(06)282-6526
開 9:30〜17:00
休 月
料 大人 RM5　子供 RM3
※2022年10月現在休業中

※ムラカ動物園
☎(06)232-4054
開 8:30〜17:00(土・日〜18:00)
URL www.zoomelaka.gov.my
ナイトサファリ　金・土・祝 20:00〜23:00
休 無休
料 大人 RM81　子供 RM59

ポルトガル人の子孫に会える

ポルトガル村

Portuguese Settlement MAP P.207

町の東にあるポルトガル村では、ポルトガル人の子孫が暮らしている。村の一画にポルトガル・スクエアPortuguese Squareと呼ばれるシーフードを中心としたレストラン街がある。ここで働くスタッフの大半はポルトガル名をもつカトリック教徒だ。毎年6月下旬には、サン・ペドロ祭がポルトガル・スクエアで盛大に行われる。

アイル・クロー

国産チョウの保護育成にも貢献

マラッカ・バタフライ＆レプティル・サンクチュアリ（蝴蝶文化村）

Malacca Butterfly & Reptile Sanctuary MAP P.209外

一見普通のチョウ園だが、研究機関としての役割も大きいのが特徴。ネットの囲いの中で飼育されているチョウは、雨や曇りの日よりも晴れた日（特に乾季）のほうが元気に舞うという。ほかには昆虫、キングコブラなどの蛇、サイチョウやオウムなどの鳥類も見ることができる。

マレーシア13州の伝統的な建物が見られる

タマン・ミニ・マレーシア＆ミニ・アセアン

Taman Mini Malaysia & Mini Asean MAP P.209

日本でいうなら“明治村”のようなところ。マレーシア各地の伝統的家屋を実物大で再現している。ほかに**ミニ・アセアンMini Asean**というセクションもあり、タイ、フィリピン、ブルネイなどのアセアン7ヵ国の実物家屋も展示されている。似ているようで似ていない東南アジア諸国の家屋の実態がわかっておもしろい。

マレーシア先住民のライフスタイルを知ることができる

オラン・アスリ博物館

Muzium Orang Asli MAP P.209

高床式の木造建築の博物館。館内にはマレー半島各地に点在する先住民の生活圏のパネル解説や生活用具、結婚式などの絵の展示物がある。床下には写真のパネル解説が設置されている。

国内で2番目に大きい

ムラカ動物園

Zoo Melaka MAP P.209

54エーカーの敷地には、オランウータンやギボンなど175種以上の動物が1100匹以上いる。マレートラ、マレー牛、スマトラカモシカなど、マレーシアならではの動物が見どころだ。

▲マレーバクもいる

マラッカのレストラン
Restaurant

チャイナタウン　**ニョニャ料理**

コチッ・ヘリテージ
Kocik Heritage　MAP P.208-A2

家庭的なニョニャ料理が味わえる

　ニョニャのシェフが家族のレシピでもてなしてくれる。スパイスやハーブをすり潰すところからていねいに調理し、マラッカ産の椰子砂糖を使うなど食材にもこだわっている。ビーズサンダルの名店「Jマニック」の姉妹店で、歩いてすぐの距離にある。

住100, Jl. Tun Tan Cheng Lock
☎(018)221-5315(Mr.Go)
営11:00～19:00、金・土・日～21:30
休火　CC MV

マラッカ市内　**クリスタン料理**

ザ・マンション
The Mansion　MAP P.208-B1

コロニアル時代に生まれたクリスタン料理

　クリスタン料理とは、およそ500年前のポルトガル移民が生みだした料理(クリスタンとはクリスチャン)のこと。名物料理は木の実がごろごろ入った濃厚なカリー・クルア、スパイシーなカリー・デバル。クラシックな店の雰囲気もまた魅力。

住Ⓗ The Majestic Malacca
☎(06)289-8000
営19:00～22:00LO(アフタヌーンティーは15:00～18:00)
休無休　CC MV

マラッカ市内　**ニョニャ料理**

ナンシーキッチン
Nancy's Kitchen　MAP P.207

ナンシーシェフが伝統のニョニャ料理をていねいに再現

　地元の人から西洋人にまで人気のニョニャ料理の名店。看板メニューはボリュームのあるポピア(ニョニャ春巻き)。海老のだしが効いたラクサ、四角豆のサンバル炒め。ルンダンも名物。店内で販売されているちまきやパイナップルタルトなども美味。

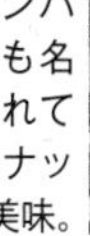

住13～13-2, Jl KL 3/8,Taman Kota Laksamana, Seksyen 3　☎(06)283-6099
営11:00～17:00、金・土・日・祝～15:30、17:00～21:00
休火　CC MV

チャイナタウン　**カフェ**

カランテ・アート・カフェ
Calanthe Art Cafe　MAP P.208-A2

マレーシア各地の珈琲が揃う人気店

　マレーシアの13の州の珈琲が飲めるカフェ。それぞれ豆の種類や焙煎方法の違いが再現されている。サンドイッチ、サテー、エッグタルトなどの軽食も充実。自宅で楽しめる珈琲セットやポストカードなど、おみやげ向きの物販コーナーもある。

住No.11 Jl. Hang Kasturi
☎(06)292-2960
営9:00～23:00
休木　CC MV

COLUMN

マラッカならではのアフタヌーンティー

　マレーシア全土で楽しめるホテルのアフタヌーンティー。サンドイッチやスコーンなどが付く英国式が基本だが、Ⓗマジェスティック・マラッカでは、これらのメニューに加えて、マラッカで生まれた伝統菓子も提供。例えばココナッツミルクで作ったカヤをもち米につけて食べるおやつ、サモサによく似たカレー味のパフなど。さらにポルトガル占領時代の名残りであるエッグタルトも登場。歴史を物語るマジェスティック・マラッカの優雅な空間で、ここでしか味わえない特別なアフタヌーンティーを楽しもう。

▲レストラン、またはロビーで提供。要予約

● Ⓗ **The Majestic Malacca**
住188, Jl. Bunga Raya　営15:00～18:00
休無休　料RM75(1名)、RM120(2名)

メモ　マラッカの名物スイーツといえば、ココナッツミルク、椰子砂糖シロップ、小豆入りのかき氷、チェンドルCendol。ぷるんぷるんの食感の緑豆ゼリーも美味。

マラッカのレストラン

Restaurant

チャイナタウン　サテー

サン・メイ・ヒョン(新味香)

Sun May Hiong Satay House　MAP P.208-A3

炭火で香ばしく焼いたサテー専門店

店内で一つひとつ串に刺し、炭火で焼き上げる。サテーの種類は、鶏肉、豚肉、豚レバー、豚モツ。香ばしくジューシーな肉に、ピーナッツとパイナップルを合わせた海南スタイルのサテソースを合わせるのが特徴。Ⓗカサ・デル・リオから歩いて10分程度。

住Jl. Kota Laksamana 1/1
☎(06)281-7281
営10:00～18:00
休火　CC M V

チャイナタウン　カフェ

ジオグラファーズ・カフェ

Geographer's Café　MAP P.208-A2

ジョンカー通りのシンボル的存在

チャイナタウンの真ん中にあるオープンエアのカフェ。欧米人でいつもにぎわっており、週末の夜にはライブを開催。ビールやカクテル、ワインなどアルコールメニューが豊富でノンアルコールカクテルもある。料理、スイーツも充実。

住83, Jl. Hang Jebat
☎(06)281-6813　URL www.geographer.com.my
営12:00～21:00　金～日11:00～22:00
休無休　CC J M V

チャイナタウン　中国料理

ロンマウチャースー(榮茂茶室)

Low Yong Moh Restaurant　MAP P.208-A2

ひとり旅に最適な点心店

カンポン・クリン・モスクの向かいにある、午前中のみ営業の点心店。蒸しもの、揚げものの順に運ばれてくるので、食べたいものを指でさして選ぶ。1皿2～3個入りと小ぶりなのでいろんな味が楽しめる。煮汁たっぷりの大肉包(ダーパオ)が名物。

住32, Jl. Tukang Emas
☎(06)282-1235
営7:00～11:30
休火・水、中国正月　CC不可

マラッカ市内　ニョニャ料理

ババチャーリーカフェ

Baba Charlie Cafe　MAP P.207外

ニョニャ菓子ねらいなら午前中に

ニョニャ菓子の人気店が手がける店。店内には30種近い手作りの菓子が並び、1個単位で購入可。ラクサや炒飯などの食事系も充実。中心地から少し離れているが、いつも混雑していて、昼過ぎにはお菓子が売り切れてしまうことも。

住No.631, Jl. Siantan, Taman Siantan Seksyen 1
☎(06)332-3488
営9:00～19:00
休木休　CC M V

COLUMN

チャイナタウンの週末ナイトマーケット

世界遺産マラッカが最もにぎわうのは週末の夜。チャイナタウンのジョンカー・ストリートで週末限定のパサー・マラムが開かれるからだ。パサー・マラムとは夜市、夜店を意味するマレー語。毎週金・土・日曜は、18:00から24:00まで、車両通行止めとなり、通りの両側に数えきれないほどの屋台が並ぶ。バラエティに富んだ料理を売る屋台、雑貨を売る屋台と、まさにお祭りのよう。屋台の後ろで営業を続ける店舗もあって、何しろにぎやかだ。

特設ステージでは、カラオケを熱唱する人がいて、大勢の観光客と地元民で盛り上がる。

ホテルは軒並み満室になるので、週末のマラッカへ行くなら予約は必須。

また最近は、同じく週末の夜に、Ⓢマコタ・パレードの近くでパラワン・ウォークPahlawan Walk Night Marketも開催されている。

▲食べ歩きもパサー・マラムの楽しみ

メモ　ポルトガル・スクエア内にあるレストラン・ド・リスボンでは、歴史を反映したポルトガルの要素をもつマレーシア料理が食べられる。スパイスの効いた辛い料理が多くご飯によく合う。フードコートのような気軽な雰囲気。

マラッカのショップ
Shopping

チャイナタウン　ビーズサンダル

ジェイ・マニック
J Manik　MAP P.208-A2

一生もののビーズサンダルに出合える

直径1ミリにも満たない極小ビーズを一つひとつ縫い付ける、まさに芸術品。鮮やかながらも優美な色合いが魅力。多くの顧客を抱える職人歴22年のジョイスさんの店で、上質な作品を見たい方におすすめ。ビーズサンダルはRM680より。

住23, Jl. Heng Lekir
☎(06)282-7570
営10:00～19:00(土～21:00)
休無休(春と秋に休暇あり)　CC M V

チャイナタウン　ニョニャ・クバヤ

シックスティスリー・ヘリテージ
Sixty 3 Heritage　MAP P.208-A2

ニョニャ・クバヤとおしゃれカフェ

シルクのブラウスに美しい刺繍をあしらったニョニャ・クバヤ。もともとはプラナカンのおしゃれ着だが、最近はハレの日の装いとして多くの人に好まれている。ボトムに合わせるサロンやおみやげ向きの雑貨も販売。店の奥には居心地のいいカフェもある。

住No. 63 Jl. Tun Tan Cheng Lock
☎(06)282-6222
営9:00～17:00
休火　CC M V

チャイナタウン　Tシャツ

オランウータン・ハウス
The Orangutan House　MAP P.208-A2

マラッカ出身のアーティストのギャラリー

絵画やTシャツ(RM40)などすべてMr. Charles Chamオリジナル作品。作品には人権や自然保護などを目的としたテーマがあり、すべての絵にタイトルがつけられている。オランウータンにはチャム氏の特別の思い入れがあり、店の名前にも反映している。

住59, Jl. Hang Jebat
☎(06)282-6872
営9:00～17:00
休無休　CC M V

チャイナタウン　雑貨

ラザ・カシミール
Raz Kashimir　MAP P.208-A2

日本大好きな店主がもてなしてくれる

身につけるアクセサリーや室内アクセサリー、ショールなどが揃うインド系の雑貨店。店内には、マラッカがかつては東西の貿易港であったことを思い出させる品々がところ狭しと販売されている。歩いてすぐの場所にビリヤニの店もオープン。

住No12, Jl. Tukang Emas
携(014)328-3131
営10:00～19:00
休無休　CC J M V

チャイナタウン　ビーズサンダル

ワー・アイク・シューメーカー
Wah Aik Shoemaker　MAP P.208-A2

伝統の職人技

100年以上続くビーズ職人一族の3代目が作ったものを購入できる店。ビーズで作られたアンティークサンダルや刺繍などの精巧な作りは、まさに匠の技。店は古ぼけているが、腕は一流。本革で作るビーズサンダルはRM600～。日本発送も可。

住92 Jl. Tun Tan Cheng Lock
☎(06)284-9726
営9:00～17:00
休中国正月　CC 不可

チャイナタウン　ビーズサンダル

カラー・ビーズ(娘惹鞋)
Colour Beads　MAP P.208-A2

足元を彩るビーズサンダル

マラッカの象徴ともいえるビーズサンダルを販売している店。手頃な値段のもの、かかとの高さをカスタマイズできるなど種類豊富。クバヤやサロンもある。カラフルな色であふれる店内を見て回るだけでも楽しい。

住84, Jl. Tun Tan Cheng Lock
☎(06)283-0957　URL www.colourbeads.com
営9:00～19:00
休中国正月　CC J M V

ジョンカー通りで提供されているチキンライスは、ご飯がまん丸でチキンライスボールと呼ばれる。その昔、ある店が映え目的で始めたらしい。味は通常のチキンライスと同じ。

マラッカ市内　高級

ザ・マジェスティック・マラッカ

The Majestic Malacca　MAP P.208-B1

ノスタルジック＆モダンの高級ホテル

1929年に建てられた邸宅をメインビルディングとして改装し、客室棟を新たに建造。レトロな雰囲気は損なわず、それでいてモダンで洗練されたマラッカ随一のホテル。客室からはマラッカ川と旧市街が一望できる。コロニアル調のインテリアもナイス。

住188, Jl. Bunga Raya　☎(06)289-8000
予YTLトラベルセンター(KL)　☎現地(03)2783-1000
URL www.majesticmalacca.com
料デラックス RM550～　CC A J M V　室54

マラッカ市内　高級

ハッテン・ホテル・ムラカ

Hatten Hotel Melaka　MAP P.208-B3

マラッカ海峡に近いリゾートホテル

Sマコタ・パレード隣にある大型ホテル。インフィニティ・プール、レストラン、スパ、ジムなどの施設が整っている。中心部から少し離れているが、歩いて行ける距離にあり、街歩きとリゾートステイの両方が楽しめる。家族連れ、ビジネスマンの利用が多い。

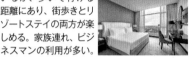

住Jl, Merdeka, Bandar Hilir
☎(06)286-9696　URL www.hattenhotel.com/
料ジュニアスイート RM273～
CC M V　室704

マラッカ市内　高級

カサ・デル・リオ

Casa del Rio　MAP P.208-A2

マラッカ川のほとりにたたずむリゾートホテル

開放的なスパニッシュスタイルを取り入れたリバーサイドホテル。テラスからは海の博物館などが見渡せ最高のロケーション。客室はスパニッシュスタイルに、プラナカン文化が融合したエレガントで趣のあるインテリアでまとめられている。

住88, Jl.kota Laksamana
☎(06)289-6888
URL www.casadelrio-melaka.com
料デラックス RM600～　CC A M V　室66

マラッカ市内　高級

ザ・スターリング

The Sterling　MAP P.208-B2

隠れ家的ホテル

中心地から少し離れているので落ち着いた雰囲気。シングルルームからファミリールームまで12の部屋タイプがあり、幅広い用途に対応可。屋上のレストランが心地よく、バスタブ付きの部屋がある。地元の人でにぎわう市場まですぐ。

住Jalan Temenggong　☎(06)283-1188
URL thesterling.com.my
料スーペリア RM200～
CC M V　室37

郊外　高級

ラクリスタ・ホテル・ムラカ

LaCrista Hotel Melaka　MAP P.207

大通りに面した大型ホテル

コロニアル風の外観がおしゃれなホテル。朝食や昼食込みのお得なプロモーション料金が出ることもある。ロビーのステンドグラスは美しく、思わず見とれてしまうほど。中心地からはやや遠いので、タクシーで移動するほうが便利。

住146, Jl. Hang Tuah
☎(06)281-6868　URL www.lacrista.com.my
料デラックス RM320～
CC A D J M V　室228

郊外　高級

ホリデイ・イン

Holiday Inn　MAP P.207

美しい夕日を楽しめる

海沿いに建つ大型のシティホテル。マラッカ海峡に沈む夕日を屋外プールから眺めることができる。オランダ広場、チャイナタウンなど観光スポットへも10分ほどの徒歩圏内。目の前にインドネシアへ渡るフェリーの乗り場がある。

住Jl. Syed Abdul Aziz
☎(06)285-9000　URL melaka.holidayinn.com
料キングスタンダード RM315～
CC A D J M V　室275

メモ　マラッカでの宿泊には、観光税RM10(1室・1日)に加えて、ヘリテージ税RM2(1室・1日)が課される。

マラッカのホテル
Hotel

チャイナタウン　高級

ヒーレン・パーム・スイーツ
Heeren Palm Suites　MAP P.208-A2

風情あるプラナカン建築のホテル

元プラナカン屋敷をホテルに改築。アンティークの調度品、ニョニャタイルの飾り、陽が差し込む中庭など、どこをとっても絵になるホテル。全室スイートで、部屋ごとにマレーシアならではの民族の文化に合わせた装飾品で彩られている。立地も抜群。

住No.155, Jalan Tun Tan Cheng Lock
☎(06)282-8155
URL heerenpalmsuites.com
料RM399～　CC MV　室10

チャイナタウン　中級

ホテル・プリ
Hotel Puri　MAP P.208-A2

奥行き100mにも及ぶショップハウスを体感

チャイナタウンのホテルのなかで一番趣があるのがここ。ショップハウスを改装してあり、客室はやや小さめだが、清潔でカーペット敷き。ロビーも豪奢だ。ありし日のプラナカン文化を体感するには最高のロケーションで料金もリーズナブル。

住118, Jl. Tun Tan Cheng Lock
☎(06)282-5588　URL www.hotelpuri.com
料スタンダード RM188～
CC AMV　室92

マラッカ市内　中級

ベイビュー・ホテル
Bayview Hotel　MAP P.208-B1

ビジネスマンにおすすめ

ブンガ・ラヤ通りを北上し、セント・ピーター教会のほか H ザ・マジェスティック・マラッカの近くにある。広々としたロビーはとても居心地がよい。手頃な価格にも関わらず客室の天井の高さと広さは高級ホテル並みで、ゆったりとしていて快適。

住Jl. Bendahara　☎(06)283-9888
URL www.bayviewhotels.com
料スーペリア RM135～
CC AJMV　室188

マラッカ市内　中級

アアヴァ・マラッカ
Aava Malacca　MAP P.208-A2

伝統家屋の趣あるホテル

マラッカ川沿い、ジョンカー通りまで歩いてすぐの好立地。戦前に建てられた3つのショップハウスを改装したブティックホテルで、瀟洒なロビーや天窓から陽が差し込むレストランにその面影が残っている。客室はコンパクトな造りだが清潔で心地よい。

住12 Jl, Kampung Hulu
☎(06)288-3977　URL aavamalaccahotel.com/
料クラシックルーム RM140～
CC MV　室15

チャイナタウン　中級

ヒーレン・イン(紳士客桟)
Heeren Inn　MAP P.208-A2

抜群の立地

チャイナタウンにあるホテル。建物は250年前に建てられたものらしいが、完全に改装されており、間取り以外はほとんどその面影は残っていない。オランダ広場から歩いて5分の好立地。入口横のマシーンで人を介さずチェックインできる。

住23, Jl. Tun Tan Cheng Lock
☎(012)421-3600
料スタンダード RM180～
CC不可　室13

マラッカ市内　安宿

リバー・ソング・レジデンス
River Song Residence　MAP P.208-B2

2階ベランダからの眺めが最高

町の中心部に近く便利な立地に建つ2つ星ホテル。客室はバス・トイレ共同とバス・トイレ付きのタイプがある。どちらの客室も狭さは否めないが、エアコン、セーフティボックス、テレビなど、最低限の設備が揃っている。

住100, Lorong Hang Jebat
携(013)634-9329
料スタンダード(バスルーム付き) RM80～
CC MV　室12

バトゥ・パハ
Batu Pahat

　半世紀以上前、マレー半島を旅した流浪の詩人、金子光晴がただならぬ思いを込めて紀行文をしたためた町として知られる。戦前はスリ・メダンの鉱山開発により、その集散地として活気にあふれていた。終戦とともにその繁栄は過ぎ去り、今日の鉱山跡はむき出しの赤土と小山と廃屋を残すのみだ。

市外局番07

ACCESS

バス

　クアラルンプールのTBSバスステーション（MAP P.48-B2）から所要約3時間40分、RM 22.70～。

歩き方

　長距離＆近郊バスステーションはバトゥ・パハの市街の真ん中にある。金子光晴の常宿であった**旧日本人クラブ**の建物は、川へ向かって7～8分ほど、税関の前にある。道を挟んだ向かいには、金子が通い詰めていた**岩泉茶室**があったが、現在は新しく再建され、穀物などを扱う雑貨屋などが入っている。また、旧日本人クラブの界隈は週末に市が立ち、多くの人でにぎわう。川沿いにはフードコートもあり、夜遅くまで明かりが消えることはない。

バトゥ・パハ
Batu Pahat

（注：長距離＆近郊バスステーションから旧日本人クラブの建物まで、徒歩約7分）

▲詩人の金子光晴が滞在した旧日本人クラブ

バトゥ・パハのホテル
Hotel

中心部　中級

ビーアンドエス・ブティック・ホテル
B & S Boutique Hotel　MAP P.220

便利な立地のシティホテル

　町の中心地に位置し、20種のテーマに分かれた遊び心のある部屋を提供している。カフェを併設しているので、時間を問わずに食事ができ、ビジネス使いもOK。

住 2-10, Plaza Lian Hoe, 8, Jalan Abu Bakar
☎ (07)474-8000
URL bnshotel.com
料 エグゼクティブ RM102～　CC M V　室 50

中心部　中級

シルバー・イン
The Silver Inn　MAP P.220

バスステーションから徒歩5分圏内

　市中心部にあり、上層階からの眺めがいい。リノベーションで管理は良好。ツインベッドからファミリーまで5タイプの客室がある。通りの向かいにはチキンライスのおいしい店がある。

住 2, Jl. Fatimah
☎ (07)431-5122
料 スタンダード RM76～
CC M V　室 80

ジョホール・バル

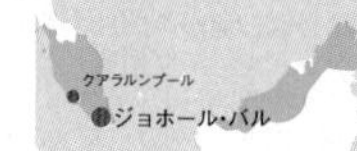

Johor Bahru (JB)

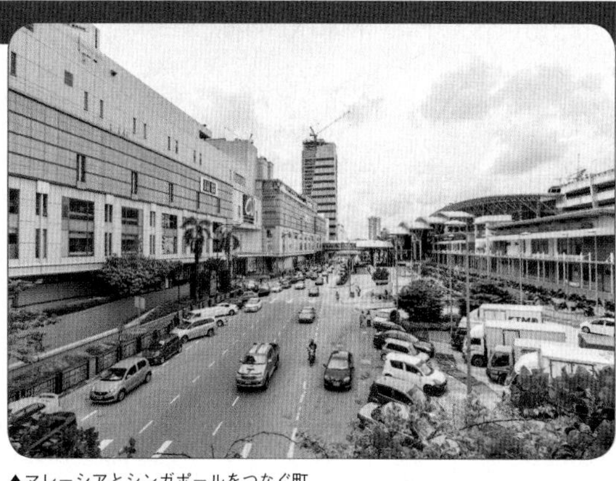
▲マレーシアとシンガポールをつなぐ町

JBの愛称をもつジョホール・バルは、マレー半島の南端に位置する国境の町。全長約1050mの陸橋、コーズウエイでシンガポールと結ばれている。シンガポールの繁栄にあやかり、クアラルンプールに次ぐにぎわいがある。東海岸から南下するとその大都会ぶりに圧倒され、シンガポールから入国すると人々の服装や建物などを目にするにつけ、イスラムの国に来たという実感が湧いてくる。

1855年にイスラム教の君主スルタン・アブ・バカールによってつくられたこの町は、イスラムの伝統を残した数多くの古い建物にも触れることができる。さらに、第2次世界大戦中のこの地方と日本とのかかわりも忘れてはならないだろう。

行き方

ジョホール・バルのスナイ国際空港は市内から約32km北西にあり、マレーシア国内と東南アジア主要都市との空路がある。

バスは中心部から約5km北の**ラーキン・バスターミナルLarkin Bas Terminal**（MAP P.222下）に発着する。各主要都市、シンガポールへのバス、タクシー（→P.228）が出ている。

近代大型ビルの**JBセントラルJB Sentral駅**にマレー鉄道のKTMが発着する。クアラルンプールからはグマスで乗り換える。所要6～7時間。マレーシアとの国境に位置するシンガポールのウッドランズWoodlandsからも毎日10本ほど出ている。スナイ空港からJBセントラル駅へはバス（RM8）で移動が可能。

歩き方

ラーキン・バスターミナルから市街までは車で20分程度。市街はイミグレーションおよび鉄道駅の近辺。中心部だけであれば、歩いて回れる距離だが、交通量が多く日中歩くのはかなりハード。近郊へのバス路線やメータータクシーを利用すれば行動半径が広がる。メルリン・タワー周辺は、地元でもあまり治安がよくないことで知られている。ツーリストインフォメーションセンターはJBセントラル駅および、税関ビルのイミグレーションを抜けたマレーシア側にある。

市外局番07

ACCESS

飛行機

クアラルンプール国際空港からスナイ空港へ所要1時間5分。マレーシア航空は1日4便、エアアジア1日2便、バティック・エア・マレーシアが1日1便。クアラルンプールのスバン空港からはファイアフライが1日5便、バティック・エアが1日1便。
ほかコタ・キナバル、クチン、ペナン、バンコク、ジャカルタなどからの便がある。

鉄道

クアラルンプールからグマス経由で所要約6時間。RM46。

バス

クアラルンプールのTBSバスステーション（MAP P.48-B2）から約5時間、RM35～40。KLIA2からも出ていて、所要約4時間、RM34。クアラ・トレンガヌからは約6時間、RM51。マラッカからは約3時間30分、RM21。ほかマレーシア各主要都市からも出ている。

ラーキン・バスターミナルから市内へ

ローカルバスでJBセントラルまでRM3。タクシーでRM20～25。（→P.222に続く）

見どころ

王宮博物館コレクションの最高峰

イスタナ・ブサール

Istana Besar MAP P.224

16～18世紀に栄えたジョホール王国のスルタン(王)、アブ・バカールが1866年に建てた王宮。53haの広い敷地、**ザハラ・ボタニック・ガーデン**にビクトリア調の白い建物である**王宮博物館**、日本庭園、ランの庭、茶室などがある。当時のインド、日本、中国、ヨーロッパからの調度品や装飾品などがあり、たいへん美しい。日本との深いつながりも感じられる。すぐ西側には、同じくアブ・バカールが1892年に建てた**アブ・バカール・モスク**がある。

▲豪奢な建築物

▲外から眺めるだけでもいい

スナイ空港から市内へ
飛行機の発着時間に合わせてシャトルバスが運行。ラーキン・バスターミナルまでRM8。ローカルバスはRM3.50。タクシーは市内までRM50前後。バス、タクシーともに所要50分前後。

❊イスタナ・ブサール
開9:00～17:00
休金・祝　料無料

❶マレーシア政府観光局
Malaysia Tourism Office
☎(07)222-3590
URL www.tourism.gov.my

❶観光案内所
Johor Tourist Information Center
MAP P.224
① 税関内
☎(07)227-0822
②JBセントラル駅内
☎(07)224-4133
URL tourismjohor.my

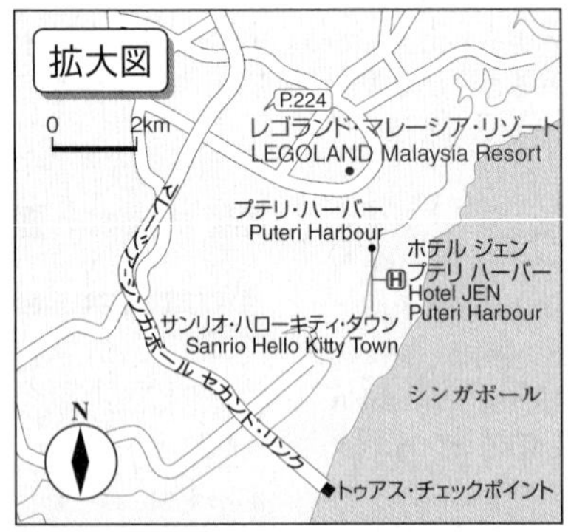

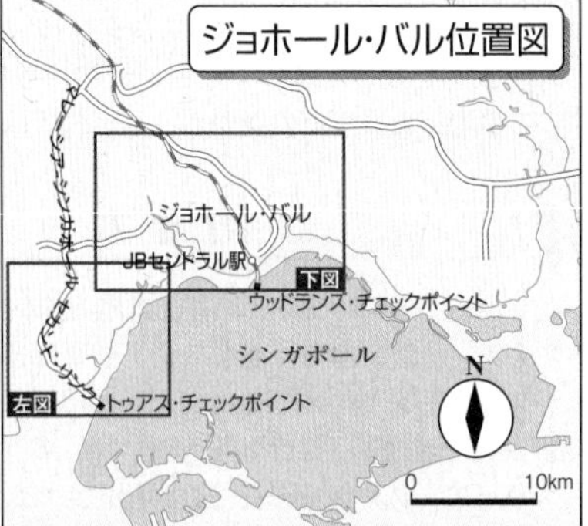

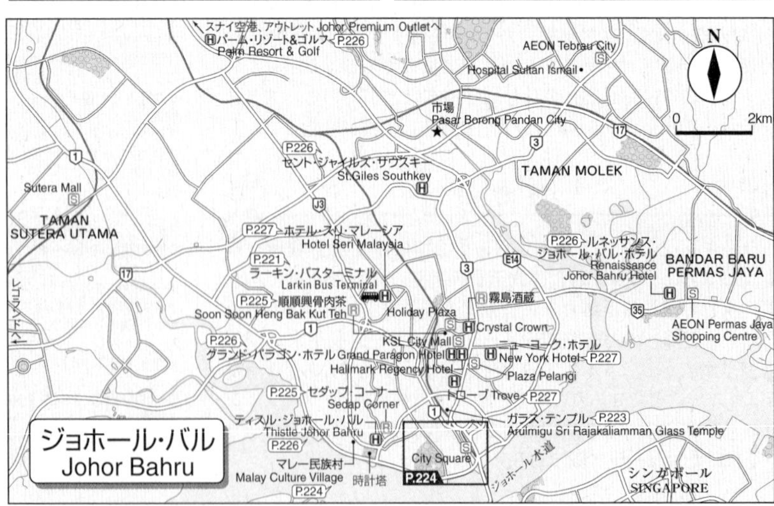

キラキラ輝くヒンドゥー寺院

ガラス・テンプル

Arulmigu Sri Rajakaliamman Glass Temple MAP P.222下

中心街に比較的近いヒンドゥー寺院の敷地に、2009年に建立されたガラスの寺院。6色のミラーを使ったモザイクで建物の90％が装飾されている。キラキラ輝く映える寺院として、新しい観光地となっている。寺院内には、マザーテレサの像も。平日の午後は閉まっていることが多いので注意。

▲内部はガラスでキラキラ

ガラス・テンプル
開 月～金　7:30～12:00
18:00～22:00
土・日・祝　7:00～22:00
休 無休
料 RM10

▲宗教行事では電飾の点灯も

散歩感覚で楽しむ

ジョホール動物園

Johor Zoo MAP P.224

園内にはマレーシア固有種の鳥やサルのほかに、エミューなどがいる。見学所要時間は1時間もかからない。かつてジョホールを治めた王により設立された。(2022年10月時点、休園中)

▲シカの群れ

ジョホール動物園
☎ (07) 223-0404
開 9:00～18:00
休 無休
料 大人 RM2　子供 RM1

COLUMN

夜のジョホールバルはフォトジェニック

かつては国境独特の殺伐とした雰囲気に包まれ、法の厳しいシンガポールでは果たせない欲望を求めてやってきた人々に応える町だったジョホールバル。夜ともなれば酒場のあやしい明かりがともり、暗めの路地には女性や女装者が立っていた。しかし近年は再開発が進み、アジアの経済ハブを目指すイスカンダル・プロジェクトにより、外資系企業の進出や教育機関、高級コンドミニアムなども建設。

▲アブ・バカール・モスク

▲イスタナ・ブサール

そのおかげで他の都市同様、夜の散策も楽しめるようになっている。バザール・キャラット Bazar Karatは毎日18:00頃から深夜までたくさんの屋台と多くの人でにぎわう。そこからさらに西のチャイナタウンに続く路地には、イマドキ風の露店が多く、地元の若者たちに人気。あまり遅くない時間のうちに、人が行き交っている場所だけを最低限の注意(→P.106)を払って歩くのであれば、ほぼ問題はないだろう。

▲バザール・キャラット

▲LEDで飾られた道路

※マレー民族村
☎(07)238-7377
開9:00～15:00
休無休
料無料
※要電話予約。

カンポン・モハマド・アミンと呼ばれる

マレー民族村

Malay Culture Village　MAP P.222下

地名を取ってカンポン・モハマド・アミンという名で知られている。庭には、香辛料やトロピカルフルーツの木々があり、マレーダンスやアンクルンと呼ばれる竹の楽器のショーを客の入りに応じて行っている。

※レゴランド・マレーシア・リゾート
☎(07)597-8888
URL www.legoland.com.my
開10:00～18:00あるいは19:00
休無休
※シーズンやエリア、アトラクションによって異なる
料
テーマパーク
　大人(12～59才)　RM199
　子供、シニア
　(3～11才、60才～)
　　RM157
テーマパーク＆ウオーターパーク＆水族館
　大人　RM329
　子供、シニア　RM272
行き方 JBセントラルから車で約25分。タクシーRM50。ジョホール・バル空港からはブルー・タクシーでRM80前後。バスはJBセントラルから出発(1日5本程度)でRM8。

アジア初のレゴランド・リゾート

レゴランド・マレーシア・リゾート

LEGOLAND Malaysia Resort　MAP P.222拡大図

世界では6番目、アジアでは初となるレゴランド。敷地内には、7つのテーマエリアに40以上のアクティビティが用意されている。ミニランドMinilandでは、世界各地のランドマークをなんと3000万個以上のレゴブロックを使って再現。クアラルンプールを訪れた人にはなじみ深い、ペトロナス・ツイン・タワー(→P.70)やKLタワー(→P.71)などのリアルさは圧巻。2014年には水をテーマにしたウオーターパークが新設された。20以上もあるウオータースライダーで、親子ともども楽しめるほか、レゴ直営のレゴランド・ホテルもある。

▲レゴで作られたプトラ・モスク(ピンクモスク)

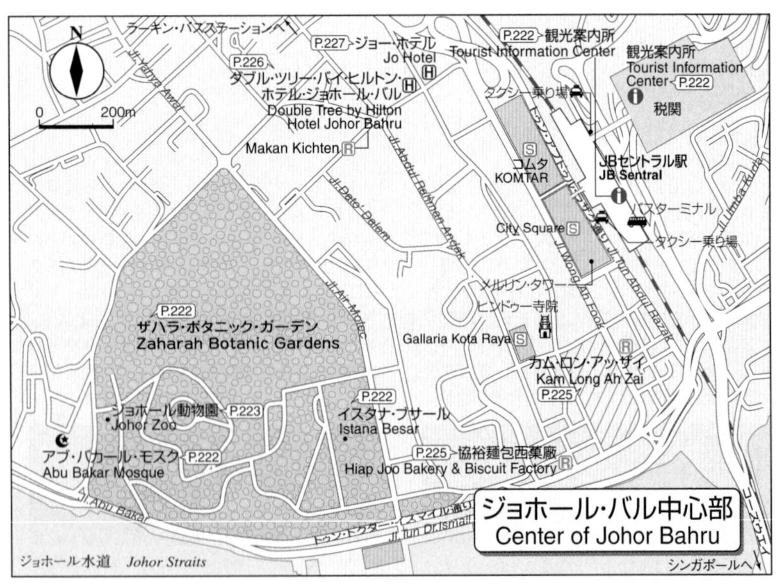

ジョホール・バルのレストラン
Restaurant

ジョホール・バル中心部　フィッシュヘッドカレー

カム・ロン・アッ・ザイ

Kam Long Ah Zai　MAP P.224

並んでも食べたいフィッシュヘッドカレー

昔ながらのフィッシュヘッドカレーの専門店。甘味、辛味、塩味、酸味、うま味のバランスが絶妙で一度食べるとハマる味。地元の人も多く週末はかなり並ぶが、並んでも食べる価値ありのカレー。小(RM29)、中(RM42)、大(RM58)。

住No. 74 Jl. Wong Ah Fook Bandar
携(016)752-8382
営8:00～16:00
休不定休　CC不可

ジョホール・バル中心部　ベーカリー

協裕麺包西菓廠

Hiap Joo Bakery & Biscuit Factory　MAP P.224

みんなのお目当てはバナナケーキ！

週末は行列ができるほど地元で人気のベーカリー。一番人気はほんのり甘いふわふわのバナナケーキ。焼きあがり時間を確認して行くとよい。大RM10、小RM5。そのほか、ココナッツバンズやカヤバンズ、オタオタバンズなどもある。

住13 Jl. Tan Hiok Nee　☎(07)223-1703
営7:30～16:30(バナナケーキ：月10:30～、火～土7:30～、日7:30～)
休無休　CC不可

郊外　マレーシア料理

セダップ・コーナー

Sedap Corner　MAP P.222下

Ⓗティスルそばの地元食堂

ジョホール・ツーリスト・アソシエーションのお墨付きだけあって、味は辛口かつ本格的でおいしい。住宅街の一軒家レストランといった造りだが、庶民的な食堂だ。Ⓢシティ・スクエアにも支店があるので中心部に滞在しているならこちらが便利。

住11, Jl. Abdul Samad
☎(07)224-6566
営10:00～22:00
休ハリラヤ・プアサ　CC A J M V

郊外　中国料理

順順興肉骨茶

Soon Soon Heng Bak Kut Teh　MAP P.222下

KSL City Mallの目の前

朝から混み合っている肉骨茶(バクテー)の店。肉骨茶は小中大からサイズを選んでオーダー(RM13～)。入口で注文を受けていて、豆腐や油揚げ、エノキなどのトッピングも指さしでわかってもらえる。澄んだスープでクセのない味わい。

住43, Jl. Serigala, Taman Abad
営8:30～20:00
休隔週火、中国正月
CC不可

COLUMN

ジョホール・バルのショッピングセンター

JBセントラル駅周辺には、駅正面のシティ・スクエア。また、車で15分程の距離に2019年にMid Valley Southkeyがオープンしている。

開発が郊外へと広がっていて、人気エリアの入れ替わりも激しい。Tebrau地区のシティ・モールはイオンが入っていてシンガポール人に人気。日本人居住者の多いPERMAS JAYA地区にもイオンがある。ショッピングセンターではないが、同じく日本人の多いTAMAN MOLEK地区にはおしゃれなカフェが並ぶ。

▲JBセントラル駅と直結するシティ・スクエア

メモ　マレーシアレビュー(URL www.facebook.com/jbgourmet)が、最新のレストラン情報を発信している。

ジョホール・バルのホテル
Hotel

郊外　高級

ティスル・ジョホール・バル
Thistle Johor Bahru　MAP P.222下

住宅街の一角に建つ市内最高級ホテル

JBセントラルまでタクシーで10分程度と、中心街に比較的近い高級ホテル。ジョホール水道やシンガポールを望む高台にあり、市街地とは雰囲気ががらりと変わって、リゾート気分で滞在できる。プールのある中庭を見晴らすフロントやラウンジ、シービューの部屋からの眺めは申しぶんない。スタッフの対応も高級ホテルらしくしっかりしている。

住 Jl. Sungai Chat　☎(07)222-9234
URL www.thistle.com
料 デラックス RM260～
CC A D J M V　室380

ジョホール・バル中心部　高級

ダブル・ツリー・バイ・ヒルトン・ホテル・ジョホール・バル
Double Tree by Hilton Hotel Johor Bahru　MAP P.224

JBセントラルから徒歩10分圏内

JBセントラル駅からショッピングモールのコムタを経由して、徒歩10分ほどの4つ星ホテル。立地のよさからシンガポール旅行の滞在先として利用する人もいるほど。比較的新しい高層のホテルで中心街のランドマークとなっている。客室は31㎡と広めで、ひととおりのアメニティが揃う。13階には眺めのいいプールもある。

住 12, Jl. Ngee Heng
☎(07)268-6868　URL doubletree.com
料 スタンダード RM349～
CC A D M V　室335

郊外　高級

ルネッサンス・ジョホール・バル・ホテル
Renaissance Johor Bahru Hotel　MAP P.222下

日本人居住者の多いエリア

中心街から車で30分ほどのPermas Jayaエリアにあるマリオット系列の5つ星ホテル。比較的新しいこともあり評判は上々。17階建てで、パブを含めた3つのレストランをはじめ、プールやジムなどの設備も充実している。客室は34㎡のデラックスルームをはじめとする5タイプ。デラックスルームなどベーシックな客室にはバスタブがない。

住 No. 2, Jl. Permas 11, Bandar Baru Permas Jaya
☎(07)381-3333　URL www.marriott.com
料 ツイン RM333～
CC A J M V　室345

郊外　高級

パーム・リゾート＆ゴルフ
Palm Resort & Golf　MAP P.222下外

ゴルフコース完備のリゾートホテル

スナイ空港の近くのゴルフ場を併設するリゾート。ホテルは、グランデュール・パーム・リゾート・ジョホールLe Grandeur Palm Resort Johorの名称で、広々とした敷地に、建物も4階建てのゆったりとした造り。人気のゴルフ場は、54ホールを有し、バギーも乗り入れ可能で変化に富んだコースでプレイを楽しめる。

住 Jl. Persiaran Golf, Off Jl. Jumbo, Senai
☎(07)599-6000　URL www.palmresort.com
料 デラックスRM488～
CC A D M V　室330

郊外　高級

セント・ジャイルズ・サウスキー
St. Giles Southkey　MAP P.222下

ショッピングモール直結のNewホテル

2022年にオープンしたばかり。Ⓢミッドバレー・サウスキー内という便利な立地で、食事や買い物には困らない。モダンな造りの客室で、とくにリビングとベッドが分かれたプレミアルームが人気。ビジネス客やファミリーに好評。

住 Mid Valley Southkey, 1, Persiaran Southkey 1 kota Southkey　☎(07)336-8888
URL www.stgileshotels.com/
料 アーバンルーム RM288～　CC M V　室575

郊外　中級

グランド・パラゴン・ホテル
Gland Paragon Hotel　MAP P.222下

ショッピングモールまで徒歩3分

KSL City Mallまで徒歩3分の高台にある中級ホテル。スタンダードのツインから175㎡のプレジデンシャルスイートまで客室の種類もあり、マレーシア人の利用が多い。部屋は広めで、設備はやや古くなりつつあるものの、清潔に保たれている。居酒屋のような日本食を出すレストランが入っている。朝食ビュッフェは種類も豊富。客室でもWi-Fiが利用できる。

住 18, Jl. Harimau, Taman Century
☎(07)268-5222　URL www.grandparagonhotel.com.my
料 スタンダード RM168～
CC A D J M V　室358

メモ　ジョホール・バル移住への道(URL www.facebook.com/Jbijuu)で、ジョホール・バルの穴場など最新情報が得られる。

ジョホール・バルのホテル
Hotel

郊外　高級

トローブ
Trove　MAP P.222下

モダンでおしゃれな4つ星ホテル

モダンなインテリアの客室で、Wi-Fi接続はもちろんのこと、テレビにつないでNetflixやYouTubeの視聴もできる。館内にはレストランやバーが完備されていて、とくにバラエティに富んだ朝食に定評がある。

住 Jl. Dato Abdullah Tahir, Taman Abed
☎ (07)272-8888
URL trove-johorbahru.careluxuryhotels.com
料 スタンダード RM180～　CC M V　室 283

郊外　中級

ニューヨーク・ホテル
New York Hotel　MAP P.222下

居心地のよい大型ホテル

飲食店が多い便利なエリアに位置する4つ星ホテル。シンプルかつ清潔感のある客室に、マレーシアではめずらしい室内プールとレストランを完備。フロントは24時間スタッフが対応し、セキュリティ体制もしっかりしているので安心。

住 22, Jl. Dato Abdullah Tahir, Taman Abad
☎ (07)331-1588　URL newyorkhotel.com.my
料 デラックス RM100～
CC M V　室 413

市内　中級

ジョー・ホテル
Jo Hotel　MAP P.224

光が差し込む明るい部屋が人気

JBセントラル駅まで徒歩圏内という好立地。ブルーを基調とした明るいトーンにリノベーションされた客室は、シンプルで使い勝手がよく快適に滞在できる。ホテル内のレストランではマレーシア料理をはじめとするアジア料理を提供している。

住 15, Jl. Gereja
☎ (07)288-8688　URL thejohotel.com
料 スーペリアRM150～
CC M V　室 413

郊外　中級

ホテル・スリ・マレーシア
Hotel Seri Malaysia　MAP P.222下

バス移動に便利

ラーキン・バスターミナルから徒歩15分の所に位置し、トランジットに便利。白壁の外観はジョホール・バルという都市にいながらもリゾートの雰囲気を感じさせてくる。客室内は明るく機能的にまとめられており、清潔度もそこそこで悪くない。ホテルのランクとしては中級の下といったところ。市内中心部へは車で約20分。

住 Lot PTB 17648, Jl. Langkasuka, Larkin
☎ (07)221-1002　URL www.serimalaysia.com.my
料 スタンダード RM155～
CC A D M V　室 200

COLUMN

ジョホール・バルの治安について

マレーシア経済が好調で、ジョホール・バルは開発も進んでいるため、町に活気があり、治安もよくなってきている。しかし、注意は必要。最も気をつけたいのはバイクによるひったくり。ホテルやレストランから出てきた瞬間にバッグを持っていかれる、ということもある。車を駐車している間にガラスを割られて車内の荷物をとられたり、車ごとなくなっていたり、ということもあるそうだ。人気の少ない夜道のひとり歩きを避ける、むやみに車道を歩かない、バイクには警戒する、カメラやスマホをテーブルの上に置きっぱなしにしないなどの基本的な注意を怠らないことだ。

▲夜の繁華街では十分注意しよう

COLUMN

マレーシア〜シンガポール国境情報

コーズウエイを渡ってシンガポールへ

ジョホール・バル〜シンガポールの国境は24時間オープン。一般的に交通手段はバス、タクシー、シャトル電車の3種類。道路状況にもよるが、車で30分から1時間ほどでシンガポールに到着する。ただし、シンガポールの休日などはイミグレーション前に長い車の列ができ、1時間以上かかることもある。**コーズウエイ**は歩いて渡ることはできない。

2015年7月1日、JBセントラル(ジョホール・バル)―ウッドランズWoodlands(シンガポール)間のシャトル電車Shuttle Tebrauが開通したことで、最も早い国境越えの手段はシャトル電車となった。ただし、便数がかぎられている。

コーズウエイは、JBセントラル駅に直結しているイミグレーションへと乗り入れている。JBセントラル駅からイミグレーションへと進み、出国手続きをして、バス、タクシーまたはシャトル電車へと進む。

▲ジョホール・バルのイミグレーション

■バス

シンガポールへのバスは毎日頻繁に出ている。コーズウエイ・リンクCausway Linkのバスが6:30〜深夜まで出ていて料金RM4.80。そのほか、複数のバス会社からも運行している。また、ラーキン・バスターミナル(町中心から北へ5km)、レゴランド前からシンガポール行きのバスが発着している。バスはシンガポールのクイーン・ストリート・ターミナルに到着する(バスによって到着場所が異なるので注意。)。シンガポールでの入国審査の際、イミグレーションで一度バスを降りなければならないので、チケットの紛失には注意しよう。乗車していたバスに乗り遅れても、チケットがあれば、後続のバスを利用できる。

●コーズウエイ・リンク
Causeway Link
URL causewaylink.com.my

●トランスター・トラベル
Transtar Cross Border
URL www.transtar.travel/cross-border-services

●トランスナショナル
Transnasional
URL www.transnasional.com.my

●KKKL シンガポール
KKKL Singapore
URL www.kkkl.com.sg

▲クイーン・ストリート・ターミナル（シンガポール）

■タクシー

乗合タクシーはバスと同様、シンガポールのクイーン・ストリート・ターミナルに到着する。料金はひとりRM100〜130。1台貸し切りの場合、RM270〜。

タクシーを貸し切りで利用する場合、入国時に入国カードを余分に入手し、記入しておくといい。そうすればタクシーから降りなくとも、運転手がイミグレーションとやりとりしてくれる。両国のタクシーステーション間であればボラれることはほとんどないが、目的地を指定すると料金をつり上げてくるので事前に交渉が必要だ。渋滞時や夜間は割増料金となる。

■シャトル電車

2015年7月1日、JBセントラル―ウッドランズ(シンガポール)間にシャトル電車が開通。所要時間は約5分。座席は各電車200席以上。運賃はジョホール・バル→ウッドランズがRM5、ウッドランズ→ジョホール・バルがS$5。本数はだいたい30分〜1時間30分に1本。JBセントラル発5:00が始発、22:45が最終、ウッドランズ発8:30が始発、23:45が最終となっている(2022年10月現在)。最新の時刻表はKTMのホームページで確認を。出入国手続きは、それぞれの駅(イミグレーション)で行う。

●KTM
URL www.ktmb.com.my

水に映る姿も美しいクアラ・トレンガヌのトゥンガ・ザハラ・モスク

マレー半島／東海岸・内陸部

Peninsular Malaysia East Coast, Inland

AREA GUIDE

マレー半島／東海岸・内陸部

Peninsular Malaysia / East Coast, Inland

クアラルンプール

マレー半島の東海岸は、観光地化されていないので訪れる旅行者は少ない。それゆえに、まだ手つかずのマレーシアが残っており、むしろこのエリアを好む人も多い。ウミガメが産卵する白砂のビーチやダイビングポイント、バックパッカーに人気のアイランドリゾート、内陸には半島きっての大自然が残るタマン・ヌガラがある。

太古の森にいだかれる

タマン・ヌガラ(国立公園)

➡P.258

先史時代のジャングルが残る広大な自然公園。野生動物や魚たちの楽園でもある。レインジャーやガイド主導のもと、トレッキング、川下り、キャノピーウオーク、バードウオッチング、ナイトサファリなど、各種アクティビティを楽しめる。

▲クアラルンプールからのツアーも催行されている

古くからの交易都市

クアンタン

➡P.247

パハン州の州都として栄える町。マレー文化の強い東海岸の町のなかで、華人やインド人の姿も多くそれぞれの居住エリアもわりとはっきりしている。発展を続けるクアラルンプールと比べ、古きよき時代のマレーシアの雰囲気が残る。

▲クアンタン川のほとりは市民の憩いの場

リゾートへ渡る前にちょっと一息

メルシン

➡P.254

ティオマン島(→P.180)をはじめ、南シナ海に浮かぶ島々へのゲートとなる町。こぢんまりとしているが、世界各地からの旅行者を対象としたの格安ホテルや旅行会社などが充実し、海岸線の美しさにも目を見張る。

▲町にはいたるところにウォールアートも

旅のベストシーズン

マレー半島 東海岸・内陸部 4～9月

南シナ海に面したマレー半島東海岸は、11～3月が北東モンスーンの影響を受け雨季となる。ベストシーズンはこれ以外の4～9月。また、モンスーンシーズンにはほとんどのリゾートアイランドが閉鎖されるので注意が必要。内陸部もモンスーンの影響を受け、11～2月は雨が多くなる。

マレー文化を継承する人々が暮らす

コタ・バル

➡P.232

マレーシアの伝統的な芸能や工芸が今も息づく町。クランタン・カルチュラル・センターでは、それらの芸能に触れることができる。町なかには小規模ながら博物館が集まる一角があり、タイへのゲートウエイの役割も果たす。

▲カルチュラル・センターでの太鼓演奏

東南アジアの隠れ家的スポット

クアラ・トレンガヌ沖の島々

➡P.243

プルフンティアン島やレダン島をはじめ、珊瑚礁に囲まれた美しい島々が散らばっており、海の透明度も抜群。長期滞在者向けの安宿も多く、まだ日本人ツーリストの少ない穴場のビーチとして知られる。

▲静かで穏やかなビーチが続く（ブサール島）

コタ・バル

クアラ・トレンガヌ沖の島々

博物館もモスクも大スケール

クアラ・トレンガヌ

➡P.239

のんびりとした雰囲気が漂うトレンガヌ州の州都。マレーシアで一番大きな博物館がある。小規模ながら本格的なチャイナタウンがあり、ドゥヨン島など、周囲の開発も近年盛んに行われている。

▲とてもカラフルなクアラ・トレンガヌのチャイナタウン

クアラ・トレンガヌ

タマン・ヌガラ国立公園

クアンタン

クアラルンプール（KL）

クアラルンプール国際空港

シンガポール人に人気

メルシン沖の島々

➡P.256

東海岸の穴場ともいえる小さなリゾートアイランドで、ウオータースポーツやスノーケリングを満喫できる。各種アクティビティを遊び尽くす、ひたすらのんびり滞在する、など各島によりさまざまな楽しみ方ができる。

メルシン沖の島々

メルシン

コタ・バル

Kota Bharu

▲クランタンの伝統文化ワヤン・クリッ（影絵）

クランタン州の州都コタ・バルは、東海岸北端の町かつタイへのゲートウエイ。一見すると東海岸にあるほかの都市と何ら変わりのない、川岸に栄えた地方都市だが、"新しい町"という意味の名前のとおり、数々の不思議な魅力に出合える。マレー独特の伝統芸能、伝統工芸がここには根づいているし、マーケットでは庶民の暮らしぶりも目の当たりにできる。ここを拠点にして周辺ビーチやカンポンを訪れるのもいい。

市外局番09

ACCESS

飛行機
クアラルンプールから所要約1時間。マレーシア航空が1日2〜3便(RM170〜)、エアアジアが1日9〜10便(RM47〜)。そのほか、ファイアフライ航空、バティック・エア・マレーシアなども運航している。

バス
クアラルンプールのTBSバスステーション(MAP P.48-B2)から所要約9時間、RM46〜。クアンタンから約6時間、RM37〜。

鉄道
クアラルンプールからグマス経由でワカ・バルまで所要約13時間30分

空港から市内へ
市内から約8km離れたスルタン・イスマイル・プトラ空港からバスで所要約30分。

ワカ・バル駅からコタ・バル市内へ
タクシーは約15分(RM15〜)。バスは約30分。バス停は駅から徒歩3分。

ⓘツーリストインフォメーションセンター(TIC)
MAP P.233-A2
住 Jl. Sultan Ibrahim
☎ (09)748-5534
URL tourism.kelantan.my
開 日〜水　8:00〜17:00
　木　8:00〜15:30
(13:00〜14:00はクローズ)
休 金・土
※空港内にもⓘTICあり

行き方

各主要都市からバスが出ている。バスは、中心地パダン・ガロン通りに面した(MAP P.233-A2)**コタ・バル・バスステーションKota Bharu Bus Station**、または町の南側のⓈテスコ近くにある**コタ・バル・バスターミナルKota Bharu Bus Terminal**に乗り入れている。トランスナショナルTransnasional社ほか若干のバス会社のみ「バスステーション」を使用しており、「バスターミナル」から町の中心部までは、タクシーでRM25ほど。

鉄道の場合、グマスGemas経由で、東海岸線の終点トゥンパッのひとつ手前のワカ・バルWakaf Bahruで下車する。

歩き方

コタ・バルの町は、クランタン川に沿ってやや南北に縦長に広がっており、端から端まで歩くのは厳しい。市内バスは複雑なので、トライショー、貸自転車などを利用したい。

町の中心は時計塔のある**ホスピタル通りJl. Hospital**の北側一帯で、この狭い地域にバス&タクシーステーション、市場、ホテルなどが集中している。まずは時計塔の近くにある**ⓘツーリストインフォメーションセンター(TIC)**を目指そう。エンターテインメントや見どころの情報やパンフレットを入手できるほか、数々のツアーも企画している。

▲ホスピタル通りにある時計塔

見どころ

クランタン州を知るなら

クランタン州立博物館

Kelantan State Museum MAP P.233-A2

ホスピタル通りの時計塔そばにある。ここにはクランタン州の手工芸品、美術品、楽器などが展示されている。当地の歴代のスルタンに関する展示もあり、また、かつての民族文化や交易の紹介なども興味深い。

▲クランタンの州旗がたなびいている

クランタン州立博物館
☎(09)748-2266
（クランタン州博物館協会）
開 日～水　8:30～16:45
　木　8:30～15:30
（13:00～14:00はクローズ）
休 金・土
料 大人 RM4　子供 RM2

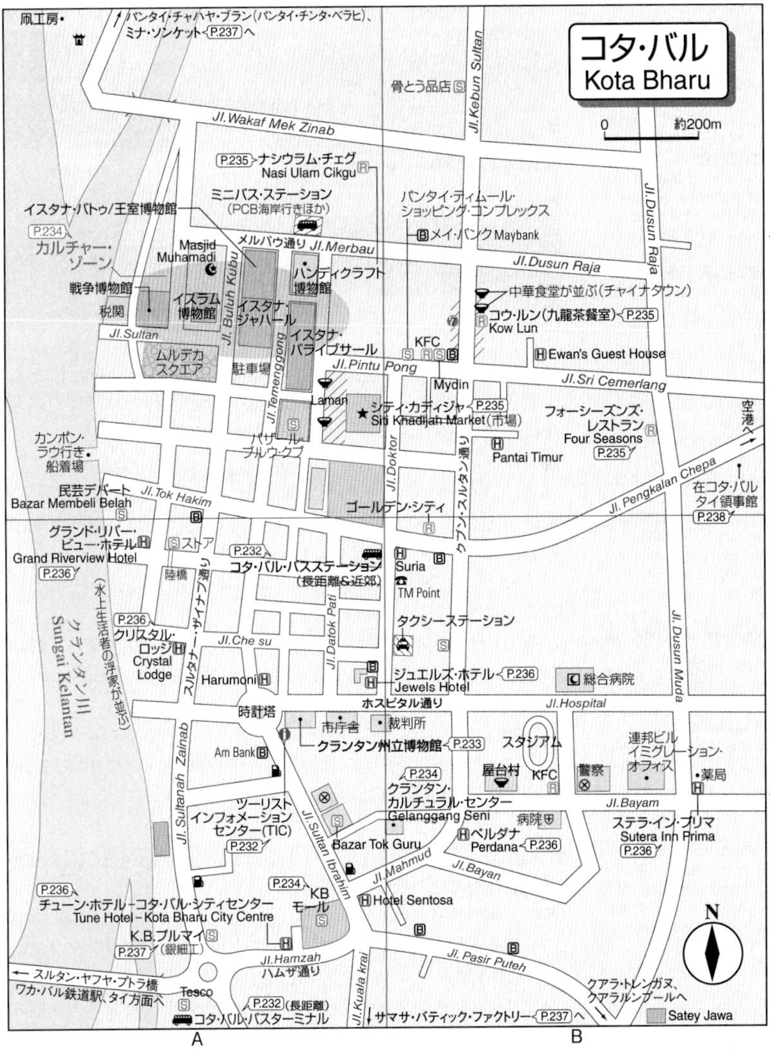

コタ・バル
Kota Bharu

0　約200m

凧工房・
パンタイ・チャハヤ・ブラン（パンタイ・チンタ・ベラヒ）、ミナ・ソンケット P.237へ
骨とう品店
Jl. Kebun Sultan
Jl. Wakaf Mek Zinab
P.235 ナシウラム・チェグ Nasi Ulam Cikgu
ミニバス・ステーション（PCB海岸行きほか）
パンタイ・ティムール・ショッピング・コンプレックス
メイ・バンク Maybank
イスタナ・バトゥ/王室博物館
P.234 カルチャー・ゾーン
Masjid Muhamadi
メルバウ通り Jl. Merbau
Jl. Dusun Raja
戦争博物館
税関
イスラム博物館
Jl. Buluh Kubu
イスタナ・ジャハール
ハンディクラフト博物館
イスタナ・バライブサール
中華食堂が並ぶ（チャイナタウン）
コウ・ルン（九龍茶餐室） P.235 Kow Lun
KFC
Ewan's Guest House
Jl. Sultan
ムルデカ スクエア
駐車場
Jl. Temenggong
Jl. Pintu Pong
Mydin
Jl. Sri Cemerlang
Laman
シティ・カディジャ Siti Khadijah Market（市場） P.235
フォーシーズンズ・レストラン Four Seasons P.235
空港へ
カンポン・ラウ行き船着場
バザール・ブルウ・クブ
Jl. Doktor
クブン・スルタン通り
Pantai Timur
Jl. Pengkalan Chepa
在コタ・バル タイ領事館 P.238
民芸デパート Bazar Membeli Belah
Jl. Tok Hakim
ゴールデン・シティ
グランド・リバー・ビュー・ホテル Grand Riverview Hotel P.236
ストア
P.232 コタ・バル・バスステーション（長距離&近郊）
Suria
TM Point
陸橋
スルタナー・ザイナブ通り
（水上生活者の浮家が並ぶ）
クランタン川 Sungai Kelantan
P.236 クリスタル・ロッジ Crystal Lodge
Jl. Che Su
Jl. Datok Pati
タクシー・ステーション
Jl. Dusun Muda
Harumoni
ジュエルズ・ホテル Jewels Hotel P.236
総合病院
ホスピタル通り
Jl. Hospital
時計塔
市庁舎
裁判所
クランタン州立博物館 P.233
スタジアム
連邦ビル イミグレーション・オフィス
Am Bank
屋台村
KFC
警察
薬局
P.234 クランタン・カルチュラル・センター Gelanggang Seni
Jl. Bayam
Jl. Sultanah Zainab
ツーリスト・インフォメーション・センター（TIC） P.232
Jl. Sultan Ibrahim
Bazar Tok Guru
病院
ペルダナ Perdana P.236
ステラ・イン・プリマ Sutera Inn Prima P.236
Jl. Mahmud
Jl. Bayan
P.234 KB モール
Hotel Sentosa
P.236 チューン・ホテル－コタ・バル・シティセンター Tune Hotel－Kota Bharu City Centre
K.B.プルマイ（銀細工） P.237
Jl. Hamzah ハムザ通り
Jl. Pasir Puteh
Jl. Kuala krai
← スルタン・ヤフヤ・プトラ橋
ワカ・バル鉄道駅、タイ方面へ
Tesco
P.232（長距離） コタ・バル・バスターミナル
サマサ・バティック・ファクトリー P.237へ
クアラ・トレンガヌ、クアラルンプールへ
Satey Jawa
N
1
2
A
B

伝統芸能を堪能しよう

クランタン・カルチュラル・センター

Gelanggang Seni (Cultural Centre) MAP P.233-B2

マフムッド通りJl. Mahmudから少し細い道を奥に入った所に屋根付きのオープンシアター、広場、影絵劇場がある。ⓘTIC主催でラマダン期間中を除く2〜10月の毎週水・土・日曜にワヤン・クリッ(影絵)、シラット(武術)、ルバナ・ウビ(太鼓)など、クランタン州の伝統芸能が披露され、無料で見学できる。

博物館巡りができる

カルチャー・ゾーン

Culture Zone MAP P.233-A1

セントラル・マーケットの西、博物館が集中するエリアのこと。

▲ひとところに集まっているので巡りやすい

イスタナ・バトゥ／王室博物館　Istana Batu / Muzium Di Raja

黄色の建物は、かつて王家の結婚式などが行われていた。現在は歴代の王(スルタン)の写真や調度品などを展示。

ハンディクラフト博物館　Kraftangan dan Muzium

ソンケットやバティック、銀製品などクランタン州の手工芸品がマレーシア式の木造りの館に展示。みやげ物店や体験コーナーも。

イスラム博物館　Muzium Islam

イスラム教の歴史、諸行事についての文献や写真を展示。

戦争博物館　Bank Kerapu

第2次世界大戦に関する資料が数多く展示されている。日本軍がコタ・バルに上陸したということを表す石碑もある。

イスタナ・ジャハール　Istana Jahar

建物は、1887年に建てられたもの。クランタンのロイヤルファミリーなどの資料が見られる。昔の武器を展示した**ウエポン・ギャラリーWeapon Gallery**も併設。

300年前に建てられた、釘を1本も使わない木造りの古いモスク

カンポン・ラウ・モスク

Masjid Kampung Laut MAP 地図外

イスラム教徒以外は入れない。コタ・バルからクランタン川を渡った所にあるカンポン・ラウKampung Lautの名前がついているのは、もともとカンポン・ラウにあったものを、モンスーン期の洪水の被害から保護するために、1968年にここに移したため。

クランタン・カルチュラル・センター
☎(09)744-3124/(012)909-6068(Mr. Roslan)
開 水・土・日　15:30〜17:30
土　21:00〜22:00
休 11月〜1月のモンスーンシーズン
料 無料

▲ワヤン・クリッの人形の制作風景

カルチャー・ゾーン
☎(09)748-2266
(クランタン州博物館協会)
開 8:00〜17:00
休 金
● **イスタナ・バトゥ**
料 大人 RM4　子供 RM2
● **ハンディクラフト博物館**
料 大人 RM2　子供 RM1
● **戦争博物館**
料 大人 RM4　子供 RM2
● **イスタナ・ジャハール**
料 大人 RM4　子供 RM2
※パレスエリアは撮影禁止。

ラマダンの営業時間
ラマダン(断食月)の間は、オフィスや商店によって、夕方早めに閉店するところがあるので注意しよう。

ショッピングモール
● **KBモール**
大規模なショッピングモールが、市の南部ハムザ通り沿いにある。ブランド品から日用品まで、品揃えが豊富。
MAP P.233-A2
住 1, Lot 1-888, KB MALL, Jl. Hamzah
☎(09)741-7888
開 10:00〜22:00
休 無休

▲中は吹き抜けになっていてゆっくりと買い物が楽しめる

カンポン・ラウ・モスク
行き方 コタ・バル・バスステーションからNo.44AかNo.5の市内バスで15〜20分、Nilam Puri下車。またはタクシーで15〜20分。
料 無料

メモ クランタン・カルチュラル・センターで行われるTIC主催の伝統芸能のアトラクションは、一応日程が決まっているものの、急遽変更されることもしばしば。当日、または前日にTICに確認しておくのが無難だ。

コタ・バルのレストラン
Hotel

市内　マレー料理

ナシウラム・チェグ
Nasi Ulam Cikgu　MAP P.233-A1

おかずが並ぶナシチャンプル店

地元の人でにぎわうローカル食堂。店頭に料理が並ぶスタイルの店で、カレー、揚げ魚などをご飯に合わせて皿に盛り、席で会計してもらう。名物はナマズのから揚げや生野菜のウラム。ハンディクラフト博物館内にあるので、観光途中に立ち寄れる。

住 Kampung Kraftangan, Jl. Hilir Kota
☎ (019)961-6665
営 10:30〜17:00
休 金　CC 不可

市内　中国系

コウ・ルン(九龍茶餐室)
Kow Lun　MAP P.233-B1

バクテー、麺料理などの屋台が集まる

チャイナタウンにある中華料理店が集まるホーカーセンター。早朝から深夜まで営業しているので便利。焼き麺のほか、チャーシュー、漢方スープで豚肉を煮込んだバクテーなど、コタバルではなかなかお目にかかれない豚料理もある。ビールも飲める。

住 4340 U-1, Jl. Sri Cemerlang
営 7:00〜14:00、15:00〜0:00
休 無休
CC 不可

市内　中国系

フォーシーズンズ・レストラン
Four Seasons　MAP P.233-B1

地元の人がハレの日に集う名店

人気のハラル中華料理店。香り豊かなバタープロウン、フィッシュカレー、空心菜炒めなどマレーシアの名物料理が揃っている。海老、イカ、魚などの海鮮料理では、スチーム(蒸し)とゴレン(揚げ)などの調理法から選ぶことができる。

住 5670 B/1, B/2&B/3, Jl. Sri Cemerlang
☎ (09)743-6666
営 12:00〜14:30、18:00〜22:00
休 無休　CC MV

市内　マレー系

ヤッティ・アヤム・プルチ
Yati Ayam Percik　MAP 地図外

アヤム・プルチなど名物料理がずらり

アヤム・プルチとは、クランタン州の名物鶏料理。ココナッツミルクのタレに漬けた鶏肉を焼いたもので、甘くてスパイシーな味。ほかに、刻み野菜をご飯に混ぜて食べるナシクラブや焼き菓子もある。市内から少し離れているが、行く価値のある人気店。

住 Jl. Long Yunus
☎ (09)747-9867
営 11:00〜17:40
休 無休　CC MV

COLUMN

生鮮食品から菓子まで揃い、食堂も併設されたマーケット

マレーシア人の暮らしに欠かせない場所といえば、市場。パサーPasarやウェットマーケットWet Marketと呼ばれている。コタバルの中心地にあるシティ・カディジャ・マーケットSiti Khadijah MarketのG階には、生鮮食材、干物、調味料、スパイスなど、ありとあらゆる食品が揃っている。なかでも人が集っているのは、菓子Kuih-Muihコーナー。カラフルながらも素朴な味で、日本人の口にも合うものが多い。上の階は食堂になっていて、ローカル飯の宝庫。カレー麺Mee Kari、ナシアヤムNasi Ayam(チキンライス)など、看板にメニュー名と写真が表示されているので、指さしで注文できる。

▲働いている人の 90% 以上が女性という珍しい市場

●Siti Khadijah Market
MAP P.233-A1　住 Jl. Buluh Kubu
営 7:30〜17:30(金は時間変更あり)

市内　高級

グランド・リバービュー・ホテル

Grand Riverview Hotel　MAP P.233-A2

クランタン川のそばに建つ

クランタン川を一望できる。室内はモダンな家具とブルーのファブリックで統一され、シャワールームはセパレートタイプ。ジムやサウナ、ビジネスセンターも完備。4つ星ホテルだけあって、客室も清潔に保たれていて心地よい。

住 Jl. Post Office Lama
☎ (09) 743-9988　URL grv.com.my
料 プレミアツイン RM220～
CC A J M V　室 299

市内　高級

ペルダナ

Perdana　MAP P.233-B2

中心部にある広い敷地の高級ホテル

スタジアムの近くに建つマレーシア資本の高級ホテル。やわらかい照明に包まれた絨毯敷きの広々とした客室に最新の豪華アメニティが備わる。大ホールや会議場、ビジネスセンターも完備。ビジネスユースでも質の高い滞在が約束される。

住 Jl. Mahmood　☎ (09) 745-8888
URL perdana.attanahotels.com
料 デラックス RM257～
CC A D J M V　室 272

市内　中級

クリスタル・ロッジ

Crystal Lodge　MAP P.233-A2

クランヌン川近くにある

外観のわりには質素なロビー。部屋はシンプルだが、清潔に保たれている。落ち着いた内装で、アメニティは最小限完備されている。欧米人の利用者やリピーターが多い。コタ・バルのホテルのなかでも、口コミで人気を集めているホテルだ。

住 124 Jl. Che Su　☎ (09) 747-0888
URL crystallodge.my
料 スーペリア RM109～
CC M V　室 100

市内　中級

ステラ・イン・プリマ

Sutera Inn Prima　MAP P.233-B2

清潔でロケーションがよい

連邦ビルの近く、大通りに面して建っているシティホテル。古さは否めないが客室には冷蔵庫やセーフティボックスなど、必要最低限のものが揃っている。Wi-Fiも無料完備。スタッフの対応も親切で好感がもてる。地元の観光客やビジネスマンに人気。

住 Jl. Dusun Muda Off Jl. Bayam
☎ (09) 744-1000
料 デラックス RM150～
CC M V　室 90

市内　中級

ジュエルズ・ホテル

Jewels Hotel　MAP P.233-A2

中心地にあり、施設の充実度が魅力

ツーリストインフォメーション近くという抜群の立地。レストラン、ルームサービス、フィットネスセンターもある。ランドリーサービスも行っているので、長期滞在やビジネスでの宿泊にも最適。客室はシンプルだが清潔で、手入れが行き届いている。

住 Lot 1159-1162, Seksyen 11, Jl. Maju
☎ (09) 747-4788
URL www.jewelshotel.com.my/
料 スーペリア RM160～　CC M V　室 42

市内　安宿

チューン・ホテル -コタ・バル・シティセンター

Tune Hotel - Kota Bharu City Centre　MAP P.233-A2

便利な立地ながら低料金

KBモールの横にあるシティホテル。クランタン・カルチュラル・センターまでは徒歩約15分、セントラル・マーケットへも徒歩圏内と立地の良さが魅力。24時間レセプション対応が可能で安心。ロケーションとコスパのいいホテル。

住 KBCC, Jl. Hamzah
☎ (09) 744-3822　URL www.tunehotels.com
料 ダブルルーム RM72～
CC M V　室 172

「熱烈な愛」から「月の光」へ　PCB海岸

▲地元の人が訪れるローカルビーチ

コタ・バルから北へ10kmほど、南シナ海を望むPCB海岸は、この近郊で最も美しい海岸として、地元の人々、特に若者たちに人気がある。日本で「PCB」というと、環境汚染物質のポリ塩化ビフェニールを思い浮かべてしまうが、コタ・バルの「PCB」は美しい自然そのもの。この海岸はシャレーが建ち並ぶリゾート地でもあり、欧米からの旅行者たちはPCB近くのカンポン(村落)で作られたバティックを買いに訪れる。いかにも熱帯の人々らしい色彩感覚とデザインのバティックは、マレーシアのおみやげにはもってこい。しかも、生産直売だからクアラルンプールで買うよりもずっと安いのだ。

「PCB」という名はもともと“Pantai Cinta Berahi(パンタイ・チンタ・ベラヒ)”というマレー語の頭文字を取ったもの。これを日本語に翻訳すると「熱烈な愛の海岸」とまあ、石原慎太郎元東京都知事の青年時代の湘南海岸を状況説明したような名前だったわけである。しかし、ここコタ・バルは、マレーシアの中でも特にイスラム色の強い土地柄。さすがに「ちょっと強烈すぎるかな」ということで、頭文字を取って「PCB」にしたのだろう。それでも、「PCB」は、地元の若い男女にとって名前のとおりロマンティックな海岸の愛称として親しまれていた。

ところが10年ほど前、「この海岸には道徳的にけしからんイメージがある」という意見が強くなり名称を変更しようということになった。しかし「国際的にも知られている“PCB”という愛称は残そう」という意見が出され、「海岸」を意味する「パンタイPantai」は問題ないとして、「C」と「B」をどうするか真剣に討議された。そして、決まったのが、"Pantai Cahaya Bulan(パンタイ・チャハヤ・ブラン)。つまり「月の光の海岸」というロマンティックな名前になったのだ。もちろん愛称の「PCB」はそのまま。今も若者たちが愛をささやく「熱烈な愛の海岸」である。

(渡邉明彦)

コタ・バルの伝統工芸の工房見学

コタ・バルはマレー文化の中心地。伝統芸能にとどまらず、伝統工芸もここから発達したといえる。今も職人技を伝える工房が多数あるので、見学してみたい。ショールームや工房では商品の購入もできる。アクセスはタクシーを利用するのが便利。

ろうけつ染めの一種、バティック工房なら**サマサ・バティック・ファクトリーSamasa Batik Factory**(現在改装中)や**キラン・サマサ・バティックKilang Samasa Batik**(☎(09)9744-3032)。ここは100年以上続く老舗で、英国エリザベス女王も訪れたという由緒ある工場。型押し、手描きの両方が見られる。

金糸を織り込んだ布ソンケット工房は**ミナ・ソンケットMinah Songket**(住Kg. Penambang　☎(013)986-1616　開9:00～18:30　休金)。昔ながらの機織りをふたりひと組で操作する様子が見られる。ちなみに、ソンケットはもともと王族しか使うことができなかった。

▲即売もしてくれる(K.B.プルマイ)

銀細工は**K.B.プルマイK.B.Permai**(住5406-B&C, Jl. Sultanah Zainab　☎(011)811-6106　開9:00～17:00　休金)。ショールームの奥が工房になっていて、熱で曲げたり、細かい飾りを付けたりする様子を見学することができる。コマや凧の置物から指輪などアクセサリーまで揃う。

影絵人形作りは**ナシール氏の自宅兼工房**へ。水牛、ヤギの皮を利用。細い釘と金槌で模様をつけ、カラフルに色付けして人形を作り上げる。

どの工房も職人個人の小さなものなので、見学したい場合はツーリストインフォメーションセンターで相談してみよう。

ランタウ・パンジャン

Rantau Panjang

コタ・バル市内から約40kmの内陸にある国境の町。ビジネスマンなど毎日多くの人々が国境を越えるので、手続きもスムーズ。

市外局番09

ACCESS

バス

クアラルンプールのTBSバスステーション(MAP P.48-B2)から8～10時間、RM35～50。バスステーションから国境のイミグレーションまでは約300m。

ランタウ・パンジャンからコタ・バルへは、No.29のバスが6:30～19:00の間に30～45分おきに運行している。

タクシー

コタ・バルから所要40分～1時間、RM50～60。

在コタ・バル タイ領事館

MAP P.233-B1
住 4426 Jl. Pengkalan Chepa
☎ (09)744-5266
URL www.thaiembassy.org/kotabharu/
開 9:00～12:00
14:00～15:30
(ビザセクション)
休 金・土・祝

歩き方

マレーシアとタイを結ぶ鉄道はつながっているが、現在は貨物専用のため乗客は利用できない。また、バスやタクシーに乗って国境を通過することはできないため、歩いて越えることになる。係官も慣れているので、入国手続きはスムーズ。国境ゲートの開いている時間は、6:00～22:00(5:00～21:00、タイ時刻)。両国の間には時差があるので、タイに入ったら、時計の針を1時間戻そう。

マレーシアと国境を接するタイ側の町、スンガイ・コロクSungai kolok市内へはバイク・タクシーやミニバス・タクシーを利用すると便利。鉄道駅は国境から約2km離れている。なお、スンガイ・コロクではマレーシアの通貨も使える。陸路の国境越えは、原則として滞在期間にかかわらず、ビザが必要だ。しかし、日本人の場合は、ビザを持っていなくても通過できることが多い。国境へ向かう途中検問があることが多いので、パスポートはあらかじめ取り出しやすい所にしまっておこう。

▲陸路、木材を輸出するトラック

COLUMN

巨大な涅槃仏がある村　トゥンパッ

コタ・バルから北西へ18km、タイ国境に近いこの小さな村がトゥンパッTumpatだ。ここにある寺ワット・ポティヴィハンWat Potivihanには、全長41.2m、高さ10.7mというマレーシア最大の涅槃仏がある。また、この町には大仏像も鎮座している。

マレーシアの中でも特にイスラム色の強い東海岸で、このような仏教文化に出合うのも意外だが、このあたりはかつてタイ領だった歴史もあり、今もなお、仏教文化が色濃く残されている。

▲目が覚めるほど鮮やかな色の涅槃仏

クアラ・トレンガヌ
クアラルンプール

クアラ・トレンガヌ

Kuala Terengganu

▲イバイ川の上に建てられたトゥンガ・ザハラ・モスク

トレンガヌ州の州都クアラ・トレンガヌは、河口にあるのんびりとした雰囲気をもつ港町。東海岸の島へ渡る人、北上してコタ・バルやタイ国境を目指す人、内陸部ケニル・レイクへ向かう人などが立ち寄る、ほどよい大きさの中継地点的存在。川のほとりにあるセントラル・マーケットには隣の漁港から運ばれる新鮮な魚が並び、朝から活気みなぎる風景が見られる。人口の95％がマレー人というトレンガヌ地方ゆえに、町全体に保守的なイスラム色が強く出ているが、小規模ながらチャイナタウンもあり、民族の共存風景がそこにはある。

歩き方

メインストリートは、町の西を流れるトレンガヌ川沿いの**バンダール通りJl. Bandar**とそれに続く**スルタン・ザイナル・アビディン通りJl. Sultan Zainal Abidin**で、川に沿って**チャイナタウン**、**セントラル・マーケット**、**ⓘツーリストインフォメーションセンター（TIC）**がある。このあたりがこの町の一番の見どころ。長距離・近郊バスステーションは**トクラム通りJl. Toklam**沿いにある。1階は乗り場と食堂街、2階は衣料品店が軒を連ねている。

トレンガヌ州立博物館、**トゥンガ・ザハラ・モスク**、**ワリサン島**へはタクシーかバスの利用になる。

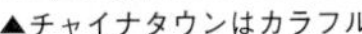
▲チャイナタウンはカラフル

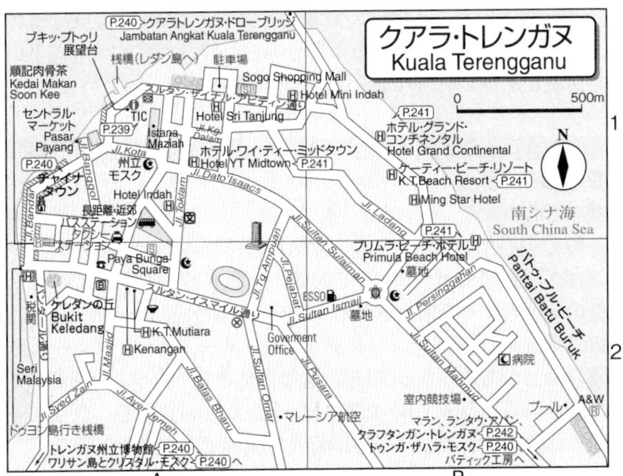

市外局番09

ACCESS

飛行機
クアラルンプールから所要55分。マレーシア航空とファイアーフライ（RM182～）が1日計5便、エアアジア（RM65～）が1日2便運航している。

バス
クアラルンプールのTBSバスステーション（MAP P.48-B2）から所要約6～7時間、RM40～。クアンタンから約3時間、RM19.60～。

空港から市内へ
スルタン・ムハマド空港Sultan Mohamad Airportから市内までタクシーで約30分、料金RM30程度。

市内交通
市内を走る観光バス（C-01～C-03）を利用する。タクシーはRM10～15程度。

▲市内を巡る観光バス

ⓘツーリストインフォメーションセンター（TIC）
MAP P.239-A1
住 Jl. Sultan Zainal Abidin
☎ (09)626-2946
開 8:00～17:00
休 金・祝

見どころ

▲空港へのアクセスにも使われる

トレンガヌ川の河口を横切る巨大な跳ね橋

クアラトレンガヌ・ドローブリッジ

Jambatan Angkat Kuala Terengganu　MAP P.239-A1

2019年8月1日に開通した長さ638mの開閉式の橋。その巨大さからすでに町の新しいシンボルとなっている。15階建てのタワーが4つあり、そのデザインはロンドンのタワーブリッジを参考にしたという。2塔をつなぐスカイブリッジにはレストランも。

▲ウォールアート巡りも楽しい

フォトジェニックなウォールアートがいっぱい

チャイナタウン

China Town　MAP P.239-A1-2

1700年代の戦前のショップハウス群が残る。近年、歴史遺産としての価値を損なわずに観光資源とする試みが進められていて、建物はかわいらしいパステルカラーに塗られている。路地ごとにテーマが異なるウォールアートが施され、フォトジェニックな一大スポットとして注目されている。

トレンガヌ州立博物館
☎(09)632-1200
URL museum.terengganu.gov.my
開 月〜木、日 9:00〜17:00
休 金
料 大人 RM15　子供 RM10
※館内の写真撮影禁止。
行き方 近郊バスステーションから観光バスC-02(RM2)、またはタクシー(RM20程度)で15〜20分。帰りはチケット売り場でタクシーを呼んでもらうことも可能。

トゥンガ・ザハラ・モスク
行き方 近郊バスステーションから観光バスC-01、またはマラン行きバスに乗り、モスクが見えたら降ろしてもらう。タクシーでRM15、所要約20分。

イスラム文明公園
住 Pulau Wan Man, Losong Panglima Perang
☎(09)627-8888
URL www.tti.com.my
営 月・水・木　10:00〜19:00
　金〜日　9:00〜19:00
(金曜の11:30〜14:30はクローズ)
休 火(マレーシアの祝日と学校休暇期間は営業)
料 RM20
行き方 市内を循環する観光バスC-012で約50分。市内中心部からタクシーで約15分。

マレーシアで一番大きい博物館

トレンガヌ州立博物館

The Terengganu State Museum Complex　MAP P.239-A2外

トレンガヌの古い宮殿のデザインに基づいて建てられた巨大な現代建築が印象的。工芸品や歴史遺産、王室の財宝、自然や美術を展示するメインエリアのほか、海洋博物館、海洋博物館などで構成されている。

▲巨大で見応え十分

"フローティング・モスク Floating Mosque"と呼ばれる

トゥンガ・ザハラ・モスク

Masjid Tengah Zaharah　MAP P.239-B2外

地元の人が集まる信仰の対象で、池の上に浮いているように見える。ここの池にははるか昔から白いワニがすんでいるという伝説があるとか。外から見るだけでも美しい。

美しいクリスタル・モスクがある観光の島

ワリサン島

Plau Warisan　MAP P.239-A2外

町の中心部の南西、トレンガヌ川に浮かぶ島で、クアラ・トレンガヌの観光スポットとして人気。世界各地の有名な22のモスクのミニチュアで構成されるイスラム文明公園Taman Tamadun Islamのほか、コンベンションセンター、リバークルーズ発着場などがある。さらに2年の建築期間を経てガラスとスチールで造られたクリスタル・モスクMasjid Kristalも圧巻。青空にキラキラ光る姿が美しい。約1500人を収容できる大きなモスクで、信者以外でも内部の見学が可能。

▲クリスタル・モスク

メモ　クアラ・トレンガヌから内陸に55kmほど入ると、東南アジア最大の人工湖「ケニル・レイクKenyir Lake」がある。26万haもの広さを誇り、希少なシダ植物やサイチョウ、ゾウなどが生息している。

クアラ・トレンガヌのホテル
Hotel

ドゥングン 高級

タンジョン・ジャラ・リゾート
Tanjong Jara Resort MAP 折込表

スルタン気分のゴージャスさ

ウミガメで知られるランタウ・アバンの近くにたたずむ高級リゾート。17世紀のスルタン(マレー君主)の王宮を現代によみがえらせたリゾートとして、建築的にも注目に値する。客室はすべて海を望めるベランダ付き。

住Batu 8 Off Jl. Dungun
☎(09)845-1100
URL www.tanjongjararesort.com
料ブンブンルーム RM750～ CC A D J M V 室99

市内 中級

ホテル・グランド・コンチネンタル
Hotel Grand Continental MAP P.239-B1

居心地のよいチェーンホテル

マレーシア、オーストラリアなどに展開しているチェーン系ホテル。長距離バスステーションより徒歩約15分の所にある。歩くと少し疲れるので、タクシーを使おう。全室オーシャンビューで、セキュリティ体制もしっかりしている。

住Jl. Sultan Zainal Abidin, Daerah 8
☎(09)625-1888 URL www.grandcontinental-kt.com
料スタンダード RM200～
CC A D J M V 室190

ムラン 高級

ストラ・ビーチ・リゾート・トレンガヌ
Sutra Beach Resort Terengganu MAP 折込表

地域では老舗のリゾート

ムランMerangの近く、長く続く白砂のビーチに建つリゾート。レクリエーション設備が充実しているほか、DVDプレーヤー、ゲーム類の貸し出しも行っている。夜にはラウンジでショーも催される。

住Kampung Rhu Tapai, Merang
☎(09)653-1111
URL www.sutrabeachresort.com
料スタンダード RM210 CC A D J M V 室120

市内 中級

プリムラ・ビーチ・ホテル
Primula Beach Hotel MAP P.239-B2

海に面したリゾート

バトゥ・ブル・ビーチに面した大型の4つ星ホテル。南シナ海を眺めながらゆっくりできるバーや、広いプールなどゆったりとくつろげるが、スポーツ選手団などの団体客が入っていることが多いようで、静けさを重視する人は考慮しよう。

住Jl. Persinggahan
☎(09)622-2100 URL www.primulahotels.com
料スーペリア RM220～
CC A M V 室248

市内 中級

ホテル・ワイ・ティー・ミッドタウン
Hotel Y T Midtown MAP P.239-A1

町の中心部にありアクセスがよい

町のほぼ中央にあり、バスターミナルや桟橋にも近く、ロケーションは抜群。設備も整っている。客室内は料金相応の清潔さだ。おすすめはできるだけ上のフロア。客室から町の様子をよく眺めることができる。チェックインのときリクエストしてみよう。

住No.30, Jl. Tok Lam ☎(09)622-3088
URL www.hotelytmidtown.com.my
料スーペリア RM99～
CC A J M V 室141

市内 中級

ケイティ・ビーチ・リゾート
KT Beach Resort MAP P.239-B1

ビーチ沿いにある手頃な価格のホテル

外観は公民館のようで、実際に、地元の人の結婚式やパーティなどで多く利用されている。部屋にはシャワールーム、アイロン台、衛星テレビ、エアコン、ドライヤーなど滞在に必要な設備はしっかり整っている。キッチン付きの長期滞在用の部屋もある。

住Jl. Sultan Zainal Abidin
☎(09)631-5555
URL ktbeachresort.wordpress.com
料スタンダード RM112～ CC M V 室50

H タンジョン・ジャラ・リゾート(→上記)には、ドゥングンのナイトマーケットツアーやエコ・リバークルーズなど多様なツアーがある(季節によるので事前に確認を)。自然豊かな環境を思う存分楽しむことができる。

COLUMN

トレンガヌの伝統工芸工房見学

トレンガヌ州は、マレーシアの伝統的な手工芸品が多く生産される所だ。その製品は時として芸術品と呼べるほど完成度が高い。例えばシルクの上に手描きを施した**バティックBatik**。バティックとは、ろうけつ染めの一種で、シルクや木綿、サテンなどの素材に花柄やマレーシアの伝統紋様などを描いた生地のこと。手描きのほかに、ハンコのような型押しをしたあとに色を付ける方式と2種類ある。

また、さまざまな色彩の絹糸で手織られた生地**ソンケットSongket**もマレーシアでは名高い工芸品のひとつだ。ほかにパンダン・リーフやパームツリー・リーフを編んだバスケット、真鍮製品などがトレンガヌ州の名産である。

クアラ・トレンガヌはコタ・バルに次いでバティックやソンケットの生産が多いことでも知られている。市内や周辺にはこうした工房が多く、伝統手工芸技術を脈々と受け継ぎながらも新しい製品を手がけている。クアラ・トレンガヌ市街から南のマラン方面へ行った郊外にあるクラフタンガン・トレンガヌの中には、州政府が運営するショールームをもつ工房があり、見学ができる。

●クラフタンガン・トレンガヌ
Kraftangan Terengganu
住 Lot 219, Kawasan Perindustrian Chendering
MAP P.239-B2外　☎(013)355-0848
開 9:00～16:30　休 金・土・祝
行き方 クアラ・トレンガヌのバスステーションから観光バスC-01(30分)で途中下車後、道路を渡り徒歩約600m。またはタクシー(15～20分、片道RM30～35)。

▲職人芸を身近に見ることができる

COLUMN

ウミガメの町　ランタウ・アバン

ウミガメはトレンガヌ州のシンボル。なかでもウミガメの産卵地として有名なのが、クアラ・トレンガヌの南にある**ランタウ・アバン Rantau Abang**(MAP 折込表)だ。産卵の季節は毎年6～9月頃。しかし、訪れる観光客の数に反比例するように、産卵に上陸するウミガメの数は激減しているのが現状だ。実際の産卵に立ち合えるチャンスはそうそうない。しかし、ここには**タートル・インフォメーションセンター**があり、ウミガメの産卵の様子や生態についての展示を行っている。近くの浜辺にはふ化場もあるので、運がよければ赤ちゃんガメに出合えるかもしれない。

ランタウ・アバンの海岸線の美しさは東海岸でも指折り。素朴な村もあり、のんびりできる。また、ここからバスで30分ほど行った所にある**ドゥングンDungun**(MAP 折込表)は、毎週木曜の夜に大きなナイトマーケットが開かれることで有名だ。観光客向けのホテルも何軒かあるので、ビーチを楽しむために泊まってみてもいい。

●タートル・インフォメーションセンター
Turtle Information Centre
☎(09)844-4169
開 日～水　8:00～17:00
　木　8:00～15:30
休 金・土・祝
料 無料

▲ウミガメに出合える

クアラ・トレンガヌ沖の島々

Offshore Islands of Kuala Terengganu

クアラ・トレンガヌ沖の島々
クアラルンプール

クアラ・トレンガヌの沖合には、いくつもの美しい島々が点在し、手つかずの自然が今も残されている。特にダイバーに人気があるが、この隠れ家的リゾートにはまるリピーターも多い。モンスーン期(11～3月)にはほとんどの宿がクローズするので、この時期は事前に確認が必要だ。

クアラ・トレンガヌ沖の島々
クチル島
ブサール島
0 10km
クアラ・ブスッ
ラン・トゥンガ島
レダン島
ピドン島
ムラン
南シナ海
South China Sea
Chalok
Setiu
N
クアラ・トレンガヌ
Kedai Buluh
カパス島&グミア島
マラン

プルフンティアン島(ブサール島、クチル島)

Pulau Perhentian

トレンガヌ州の北端、クアラ・ブスッKuala Besutの沖に浮かぶ珊瑚礁の島、プルフンティアン島。東側のブサール島Pulau Besarと西側のクチル島Pulau Kechilの隣り合ったふたつの島からなっている。4人程度集まれば、クアラ・ブスッからボートも出るし、予約をしなくても宿を確保しやすいという手軽さが人気だ。

行き方

プルフンティアン島への起点になるのは、クアラ・トレンガヌから北に106km離れた港町のクアラ・ブスッKuala Besut。ここからボートに乗り換えて本土から20km離れた沖合のプルフンティアン島に渡る。出発は波の状況に左右される。

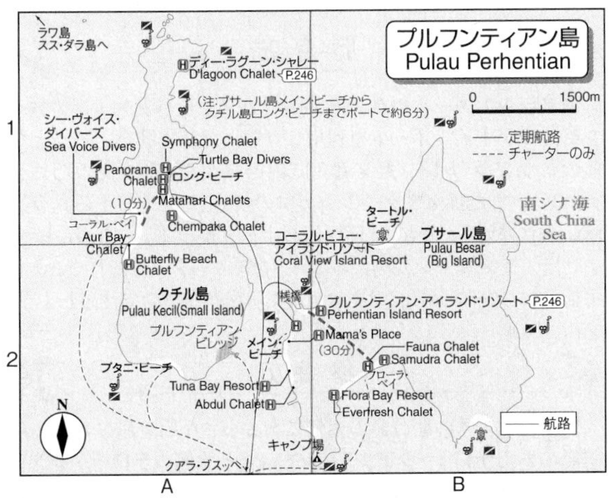

市外局番09

ACCESS

バス&ボート

島へ渡るボートの発着するクアラ・ブスッへはバスを利用。コタ・バルから所要約45分、RM6。

クアラ・ブスッのバス＆タクシーステーションから桟橋までは約100m。桟橋手前には旅行会社のカウンターが集まっており、宿泊施設、ボートの予約などができる。

クアラ・ブスッからプルフンティアン島へはスピードボートを利用。所要30分～1時間、片道RM35。詳細は現地で確認のこと。

島内交通

● ブサール島～クチル島間

タクシーボートで自由に行き来ができる。料金はビーチによって相場が違う。距離に応じて、片道RM6～15、5～15分が目安。

メモ　マレー半島の東海岸は透き通る美しい海で有名。特に最近は、ダイビングやスクーバを楽しむ欧米の旅行者が増えた。日本人スタッフのいない施設が多いが、時間がある人はぜひ訪れたいスポットだ。

ダイビングショップ
クチル島のロング・ビーチにダイビングショップが多い。どのショップに行っても料金はだいたい同じ。1ダイブRM100、スノーケリングRM50くらい。

▲抜けるような青い空と澄みわたる海

プルフンティアン島のおもなダイビングサービス
● **シー・ヴォイス・ダイバーズ Sea Voice Divers**
URL seavoicedivers.com
● **ディー・ラグーン・ダイブ・センター D' Lagoon Dive Center**
URL dlagoonchalet.com

歩き方

ブサール島Pulau Besar(Big Island)とクチル島Pulau Kecil(Small Island)のふたつの島に分かれており、両者間はタクシーボートで簡単に移動ができる。ブサール島で一番宿が集中しているメイン・ビーチからクチル島のロング・ビーチまではボートで5〜6分ほど。

クチル島のロング・ビーチは一番にぎやかで、海辺に沿って雰囲気のいいバーやシャレーなどが並んでいる。ここから島の反対側、コーラル・ベイまではトレッキングで15分ほど。一方、ブサール島にもバーやシャレーが多い。プルフンティアン島はウミガメが産卵にやってくることで知られ、産卵シーズン(6〜9月頃)には見学ツアーを催行する宿が多い。

▲プルフンティアンの島々の海は美しい

レダン島
Pulau Redang

クアラ・トレンガヌの浜から46km、レダン島はクアラ・トレンガヌ沖に浮かぶ島のなかで最も大きな島だ。島の周りには8つ以上の小さな無人島が点在しており、珊瑚礁に囲まれた海は海洋公園に指定され、ダイビングやスノーケリングをするのに最適。シーズン中は人気の宿の予約が取れないこともある。

▲レダン島のビーチ

市外局番09

ACCESS
ボート
クアラ・トレンガヌから所要1時間40分、往復RM110。
バス&ボート
クアラ・トレンガヌからムランまでバスで所要45分、RM7。タクシーで約RM55。ムランからボートで40分、片道RM55。

ムランとマランは違う町
クアラ・トレンガヌ沖の島へ渡る場合のジェティ(船着場)がある町の名前が紛らわしいので注意。
ムラン Merang
行き先→レダン島、ラン・トゥンガ島
マラン Marang
行き先→カパス島、グミア島

行き方

クアラルンプールやクアラ・トレンガヌからパッケージツアーで行くのが主流。ボートを利用して個人で行く場合、起点となるのは**クアラ・トレンガヌ** ℹ TIC前の桟橋(現在改装のためクローズ)、またはクアラ・トレンガヌの20kmほど北にある**ムランMerang**の桟橋。ともに1日数便のボートが出る。プルフンティアン島、ラン・トゥンガ島からボートをチャーターして行くことも可能。モンスーン時期にはクローズする宿が多いので注意しよう。

歩き方

レダン島行きの船は島の南側にある小さな船着場に着く。船着場のある**テロッ・シアンTeluk Siang**と北側の**テロッ・ダラムTeluk Dalam**にかけて通じる道がかろうじてあるほか、このテロッ・ダラムから**パシール・パンジャンPasir Panjang(Long Sand Beach)**の間にトレッキングコース(片道約1時間30分)があるのみ。

パシール・パンジャンには数軒のシャレーが建ち並び、ダイビング&スノーケリングスポットにもなっている。

南端の**ピナン島Pulau Pinang**にはマリンパークの管理局があり、桟橋の両側では潮の状態によりスノケーリングが楽しめる。ただし、それ以外のビーチは遊泳禁止。

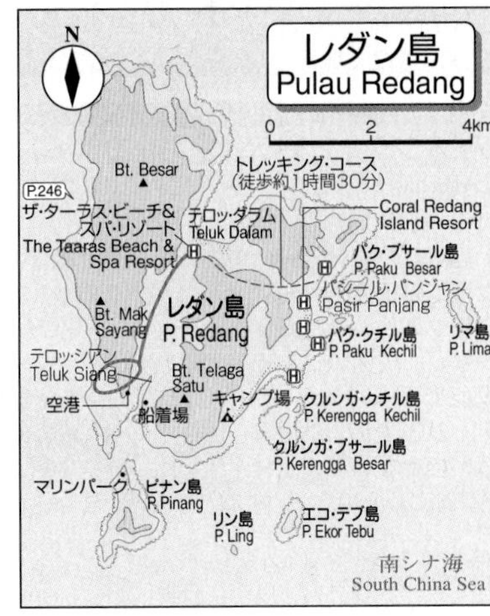

ラン・トゥンガ島

Pulau Lang Tengah

ダイバーたちの間で人気のラン・トゥンガ島は、レダン島とプルフンティアン島の間に位置する小さな島。海洋公園に指定されている周辺の海の透明度はすばらしく、ビーチは真っ白なパウダーサンド。島の大半はジャングルに覆われており、プライベート感覚で過ごすことができる。

行き方

クアラ・トレンガヌから北に車で約40分の所にある**ムランMerang**にある桟橋へ。ムランには川と海とに桟橋がいくつかあり、天候などその日の情況によって桟橋が違うので、個人で桟橋に行くときはよく場所を聞いておき確認を忘れずに。ホテル所有のスピードボートで、所要約45分で島に到着(船賃は宿泊料に含む)。

市外局番09

ACCESS

ホテルを予約して各宿の送迎ボートで行くのが一般的。クアラルンプールなどからツアーもある。

カパス島&グミア島

Pulau Kapas & Pulau Gemia

マランの沖約6kmに浮かぶ島がカパス島、その北西約800mの所に浮かぶ小さな島がグミア島だ。島々を取り巻く海は透明度が高く、ダイビング、スノーケリングに最適。カパス島の東側にはウミガメが産卵に来る小さなビーチもある。

行き方

カパス島への起点は、クアラ・トレンガヌの南の**マランMarang**だ。ボートは乗客が4人以上集まればいつでも出発する。料金はどこのボート店も一緒。島へ着いてから宿を決めたい場合は、その旨を伝えておくこと(宿がボート店を兼ねることが多いため)。グミア島へは唯一の宿泊施設、ジェム・アイランド・リゾートの専用ボートで渡る。

▲透明度が高いカパス島

市外局番09

ACCESS

バス&ボート

クアラ・トレンガヌからマランへバスで所要約45分、RM5。タクシーでRM30。マランからボートで15～20分、往復RM75。

ブサール島 高級

プルフンティアン・アイランド・リゾート

Perhentian Island Resort MAP P.243-B2

島唯一の高級リゾート

専用の桟橋やプライベートビーチがある静かな環境の高級リゾート。ジャングルトレッキングやウミガメの産卵見学ツアー、スノーケリングなど、周囲の自然を堪能できるアクティビティの豊富さが自慢だ。よい機会なので、積極的に楽しみたい。

住 Pulau Perhentian Besar, Daerah Busut
☎ (03)2144-8530
URL www.perhentianislandresort.net
料 スーペリア RM340〜 CC A J M V 室 106

クチル島 安宿

ディー・ラグーン・シャレー

D'lagoon Chalet MAP P.243-A1

島最北の静かな宿

周りにはここ以外に宿がないため、プライベート感覚で過ごせる。また、Wi-Fiも備わっていて、快適な滞在ができる。手つかずの自然を、誰にもじゃまされることのない隠れ家リゾートで満喫しよう。ダイビングサービスを併設。

住 Teluk Kerma, Pulau Perhentian Kecil
携 (019)985-7089 URL www.dlagoonchalet.com
料 ドミトリー RM30〜 ⓈⒹRM80〜
CC 不可 室 29

レダン島 高級

ザ・ターラス・ビーチ&スパ・リゾート

The Taaras Beach & Spa Resort MAP P.245

島で一番の高級リゾート

レダン島の中で、随一の規模を誇る高級リゾート。高くそびえるヤシの木に囲まれた白砂のビーチは、プライベートビーチのようだ。美しい自然に囲まれたビーチでのんびりと過ごし、マリンアクティビティに挑戦するのもいい。

▲木々の緑が心地よいテラス・スパ

▲レトロ調の落ち着いた客室。窓から海が見える

住 Pulau Redang
☎ (09)630-8888
URL www.thetaaras.com
料 ガーデン・デラックス RM780〜 CC A J M V 室 125

レダン島のダイビング情報

レダン島の海域は美しいまま保護された珊瑚礁が残り、海洋公園に指定されている。基本的にリゾート付近のビーチ以外は立ち入り禁止のためビーチ付近のサンゴの状態もよく、ツマグロをはじめ魚の顔ぶれも豊か。ダイビングスタイルは、1日2回のボートダイビングとビーチエントリーが主流だ。周辺には8つ以上の島があり、22ヵ所のダイビングスポットがある。タンジュン・ラン（フィジーマウント）、ラムランズ・リーフはサンゴ好きの人にはおすすめ。パシール・パンジャン付近はビーチエントリーが可能なポイント。そこから北側に向かったテロッ・マ・デラではナポレオンフィッシュが見られる。ショップはどこもリゾート付きになっていてポイント名も各ショップにより多少異なる。

▲目にしたことのない魚に出合うチャンス

メモ レダン島へのアルコールの持ち込みはおすすめしない。輸送ボートの重量に負荷がかかるなどの理由で、持ち込み料金が課せられる。もちろんリゾートでは酒類の提供がある。

クアンタンと周辺ビーチ

Kuantan & Around Beaches

パハン州の州都クアンタンは、デサルからコタ・バルまでの半島部東海岸のほぼ真ん中に位置している。コタ・バルまで続くビーチの海岸線が始まるポイントでもある。近くには大規模なクアンタン港があり商業も発達していることから、ほかの東海岸の町と比べると華人が多い。町にはモスク、ヒンドゥー寺院、中国寺院が揃い、古い歴史ある建物と現代的なビルとが同居している。一方、郊外に足を延ばせば素朴なカンポン(村)があり、手つかずの豊かな自然も楽しめる。

行き方

空港から市内までは、タクシーで30～40分、RM40～。空港ロビー内にあるブースで、行き先を書いた紙のチケットをもらう。料金はあと払い。

バスステーションは、長距離、近郊との2ヵ所に分かれている。郊外のチェラティン・ビーチ、チェンペダ・ビーチ、カンポン・ブセラ、チニ・レイク方面(フェルダ・チニ行き)へは近郊バスステーションからバスが出る。長距離バスステーションへは近郊バスステーションからNo.303のバスが出ていて約20分。

バスのチケットを予約しているなら時間にゆとりをもって。タクシー料金は、町なかなら乗車1回につきRM15～。

▲川沿いにある展望タワー、クアンタン188

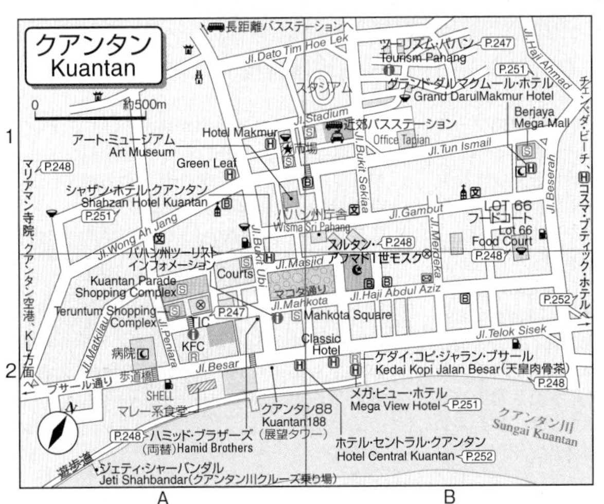

市外局番09

ACCESS

飛行機

クアラルンプールから所要約40分。マレーシア航空が1日2便、RM89～。ペナン、シンガポールなどからの便もある。空港から市内へはタクシーで所要約30～40分、RM35～40。

バス

クアラルンプールのTBSバスステーション(MAP P.48-B2)から所要約4時間、約RM20。クアラ・トレンガヌから約4時間、約RM20。

ℹ ツーリストインフォメーションセンター(TIC) Tourist Information Centre

木を多用した伝統的マレーシアスタイルの建物。市内マップもある。

MAP P.247-A2
住 Jl. Mahkota
☎ (09)517-1623
URL www.pahangtourism.org.my
開 月～木 8:00～13:00、14:00～17:00
金 8:00～12:15、14:45～17:00
休 土・日・祝
※2022年10月時点休業中

▲マレー建築のTIC

ℹ ツーリズム・パハン Tourism Pahang

住 33&34, Jl. Putra Square 4
☎ (09)568-1624
休 土・日・祝

クアンタン川クルーズ
市街を一望できるリバークルーズは、ブサール通りを西に向かったジェティ・シャーバンダルJeti Shahbandarに事務所がある。
携(011)1647-1617

スルタン・アフマド1世モスク
☎(09)516-5818
開10:00〜12:00、15:00〜16:00、17:30〜18:00
休金

両替
ハミッド・ブラザーズ Hamid Brothers
インド人の両替商で、本屋の片隅が両替所になっている。レートは銀行よりも少しよい。
MAP P.247-A2
住23-25, Jl. Mahkota
☎(09)516-2119
営10:00〜19:00
(土日〜16:30)

マリアマン寺院
住Kummuting
☎09-514-2069
開 5:00〜9:00、18:00〜21:00
料無料
行き方 町の中心から徒歩20〜30分。タクシーだと約5分、片道RM15程度。

▲晴れた日には山門の豊かな色彩が青空に映える

見どころ

空に向かって伸びる4本のミナレットが美しい

スルタン・アフマド1世モスク

Sultan Ahmad I Mosque　MAP P.247-B2

広いサッカーグラウンドの向かい側にある大きなモスク。白と水色が基調で、伝統的な建築と現代的な軽快さの調和が特徴のあるドームに象徴されている。中のステンドグラスも見事だが、内部の写真撮影は禁止されている。また礼拝中はイスラム教徒以外の人の立ち入りを禁止しているので、見学時間を見計ること。夜はライトアップされ、日中とはまた違う美しさ。

▲グラウンドと隣り合わせに建つ

規模は小さいが美しいヒンドゥー寺院

マリアマン寺院

Sri Mariamman Temple　MAP P.247-A2外

マレーシア東海岸最大のヒンドゥー寺院。近郊バスステーションから空港方面へ約1km、ブサール通り沿いにある。正面入口の三角屋根の装飾、礼拝所の外壁のシヴァ神、ガネーシャ神などの浮き彫りが施されたレリーフがある。壁のないオープンな礼拝所には、1日中火がともされ厳かな雰囲気が漂う。開門時間外でも外からの観賞が可能なので訪れてみよう。

COLUMN

クアンタンのマレー料理屋台街

町の東側にある屋台街Ⓡ**Lot66フードコート Lot66 Food Court**(開7:00〜16:00頃)。中国系の店を中心に6軒ほど入っており、麺類、ご飯類など種類も豊富だ。一部の店は、朝から営業している。テイクアウトも可能。

また、Ⓗメガ・ビュー近くにあるバクテーが名物の中国料理店Ⓡ**ケダイ・コピ・ジャラン・ブサール(天皇肉骨茶)Kedai Kopi Jalan Besar**(住B-72 & 74, Jl. Besar ☎(09)516-1964 開6:00〜21:30)は地元の人気店。豚足、豚の腸などのモツが入った名物のバクテーは1人前RM18〜。漢方がよく調合されたアツアツのスープとともにいただく、かむごとに味わいのある肉が格別だ。バクテー以外にも、本日のおすすめや各種メニューがホワイトボードに書かれているので、漢字で判断して料理を決めるのも楽しい。人気店で食材がなくなったらクローズ。21:00頃に閉店する場合もあるので、もし訪れるなら早めに。

▲Lot66 フードコート

メモ クアンタンの町にはふたつのⓘツーリストインフォメーションとツーリズム・パハンの観光案内所がある。2022年10月現在、P.247の地図にTICとある観光案内所は一時休業中。

のどかな自然に身を委ねる

クアンタン周辺のビーチ

Beaches around Kuantan MAP P.249

クアンタンから少し郊外に足を延ばすだけで、ジャングルの中にある洞窟や滝を見ることができたりと、日帰りで豊かな自然のなかに身をおくことができる。一方、海岸沿いを北上すると、ヤシの木に縁取られた海岸が長く続き、趣のある素朴なカンポン(村)が点在する。海水浴ができるビーチ周辺にはリゾートホテルやゲストハウスも多い。ビーチにはそれぞれ特徴があるので、お気に入りのビーチを見つけて滞在してみては。

▲白い砂浜がはるかに続くチェラティン・ビーチ

チェンペダ・ビーチ
Telok Chempedak

白い砂に岩場、ヤシの木より松林が目につく趣のあるビーチ。岩場のそばには散歩にぴったりの歩道がある。クアンタンから約5kmと近いこともあって、週末になると地元の人も多く集まるが、高級ホテルには欧米からのバカンス客も多い。近くにゴルフ場、植物園、恐竜エリアを新設した動物園もある。

▲家族連れで楽しむ地元の人々

バトゥ・ヒタム・ビーチ＆バロッ・ビーチ
Batu Hitam Beach & Balok Beach

クアンタンからチェラティン・ビーチまでの間には中級から高級のリゾートホテルがところどころに散見される。ロケーションは海の前、大通り沿いとさまざま。多くのビーチは静かで水遊びができるが、引き潮時はかなり遠浅になる。バトゥ・ヒタム・ビーチは岩場が多く、水面下の黒い岩が美しい。バロッ・ビーチはウインドサーフィンの大会が開かれることで有名。ビーチ沿いに見かける白いコンクリートのシェルターは、第2次世界大戦中に英国軍が対日本軍用に造ったものだという。

▲ H スイス・ガーデン・ビーチ・リゾート

市外局番09

チェンペダ・ビーチ
行き方 クアンタンの長距離バスステーション近くのタウン・バスステーションまたは近郊バスステーションから、チェンペダ行きのバスで20分。タクシーでRM20。

バトゥ・ヒタム・ビーチ＆バロッ・ビーチ
行き方 タクシーで行くほうが便利。所要20～30分。近郊バスステーションからBalok Makmur行きのバスに乗り途中下車、徒歩5～10分。クアンタンの長距離バスステーションからチェラティン行きでも行ける。

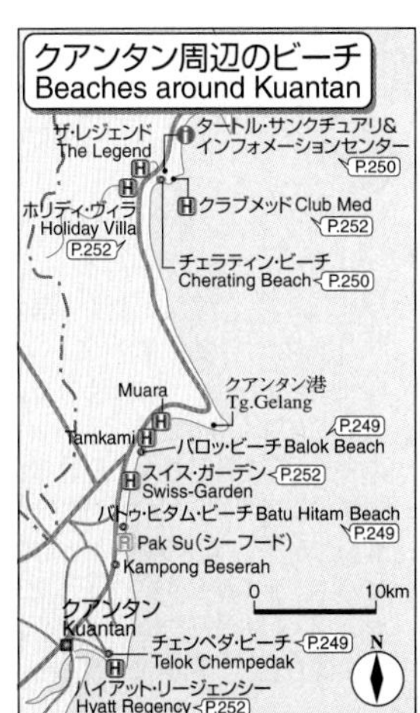

チェラティン・ビーチ発のツアー

チニ・レイクやチャラー・ケーブ、パンダン滝、カパス島などへのツアーは、クアンタン周辺のホテルで聞いてみよう。オプショナルツアーが用意されていて、人数が揃えば、ツアーを催行してくれる。

チェラティン・ビーチ

行き方 クアンタンの長距離または近郊バスステーションからシーハットSihat行きで約1時間。タクシーなら約45分、RM60〜70。空港からタクシーを使うと約40分、RM65〜。

ℹタートル・サンクチュアリ＆インフォメーションセンター Turtle Sanctuary & Information Centre

カメの生態、産卵に関するビデオ上映が行われる。

MAP P.249　☎(09)581-9087
開9:30〜16:30
休月・祝　料寄付
※2022年10月時点休業中
※チェラティン・ビーチの北kemamanでウミガメの産卵など保護活動をしている人、マットさん☎(017)932-1926(Mr.Mat)。興味があれば連絡してみよう。

▲長期滞在する外国人バックパッカーも多いチェラティン・ビーチ

チェラティン・ビーチ　Cheratinq Beach

クアンタンから45km北にある。バティック作りを楽しめるところ、お酒が飲めるバー、24時間営業のファストフード店などがあるため、長期滞在する外国人旅行者や地元観光客も多い。Ⓗクラブ・メッド以外は歩いて回れる距離にある。旅行会社ではチャラー・ケーブやチニ・レイク(→P.253)など周辺の観光地への1日ツアーも催行しているので、それに参加するのもいいだろう。

また、**ℹタートル・サンクチュアリ＆インフォメーションセンター**がⒽクラブ・メッドのそばにある。6〜9月のシーズンには、運がよければウミガメの産卵や子ガメを海に返すところに立ち合うこともできる。ゲストハウスが集まるエリアからはかなり遠く、タクシーを利用して行くことになる。旅行者同士シェアして行くのもよい。

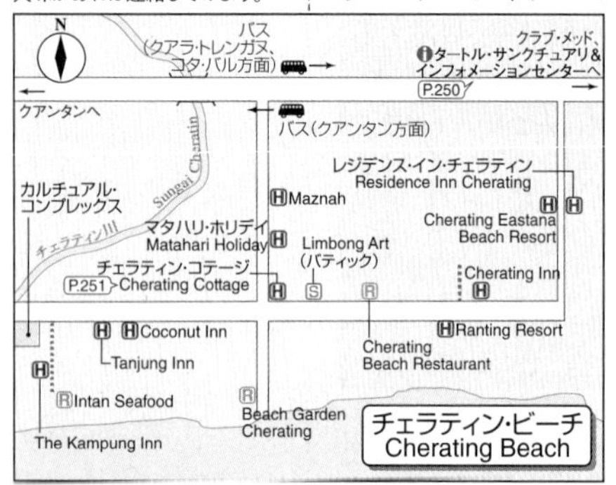

COLUMN

神秘的な洞窟　チャラー・ケーブ

クアンタン郊外最大の観光スポット、チャラー・ケーブはグア・チャラーGua Charahとも呼ばれるが、グアとはマレー語で洞窟という意味。また、地名を取ってパンチン・ケーブPancing Caveということもある。クアンタン市街から約25kmの地点。パームオイル・プランテーションを見下ろす石灰岩の山中にある。ここは約50年前にタイの高僧がやってきて住み着いて以来、洞窟そのものが寺院として存在している。急勾配の階段を上ってようやく入口にたどり着くのだが、眼下に広がる山並みの光景もすばらしい。岩を削って造った9mの長さの涅槃像があり、神秘的なムードが漂う場所だ。

●チャラー・ケーブCharah Cave

MAP 折込表
行き方 クアンタンからタクシーで約45分。車で約20分ほど離れた所に**パンダン滝Pandan Water Fall**がある。チャラー・ケーブとパンダン滝をタクシーで回ると所要約3時間、RM150〜200くらい。

◀階段を上ると入口がある

COLUMN

クアンタンのノスタルジー

クアンタンは東海岸最大の都市だが、観光的には魅力に乏しい。都市化が進んだのは19世紀後半からと歴史が浅く、伝統文化や遺産がほとんどないためだ。近隣にビーチリゾートはあるが町は通過点に過ぎない。旧市街を歩いていて目に入るのは、どこか寂れた、でも何となく懐かしい風景。戦争での破壊を免れた建物が多く残っているためだ。華やかさの代わりに、のんびりとしたノスタルジーを味わえる。

▲旧市街ではノスタルジーを求めて町歩きを楽しみたい

クアンタンと周辺ビーチのホテル

Hotel

市街地　高級

グランド・ダルマクムール・ホテル

Grand DarulMakmur Hotel　MAP P.247-B1

便利な立地にある4つ星ホテル

Ⓢベルジャヤ・メガモールに隣接した4つ星ホテル。最上階からはクアンタンの夜景を見ることができ、カフェラウンジやプールテラスなどの設備が充実している。コンビニも入っていて夜食などに便利。プールからの眺望もすばらしい。

住Lot 5 & 10, Lorong Gambut, Off Jl. Beserah
☎(09)511-8888　URL gdmhotel.com.my
料デラックス RM234～
CC A D J M V　室204

市街地　高級

メガ・ビュー・ホテル

Mega View Hotel　MAP P.247-B2

クアンタン川を見下ろす

クアンタン川沿いに建つホテル。ツアー客が頻繁に利用する。上層階にあるコーヒーハウスで飲むコーヒーは格別だ。川沿いを散策するのもよし。客室に窓が付いていないと、少しだけ料金が安くなる。事前に部屋を見せてもらうとよい。

住Lot 567, Jl. Besar
☎(09)517-1888　URL www.megaviewhotel.com
料スタンダード RM185～
CC A M V　室94

市街地　中級

シャザン・ホテル・クアンタン

Shahzan Hotel Kuantan　MAP P.247-A2

おしゃれなシティホテル

町の真ん中にある高層ホテル。改装された客室はシンプルで使い勝手もよく心地よい。設備も充実しており、プールもある。マレーシア中にチェーン展開するシティホテルだけあり、ビジネス客や家族での利用が多い。朝食も充実している。

住Lot Pt 240, Jl. Bukit Ubi / Jl. Masjid
☎(09)513-6688　URL shahzanhotels.com
料スタンダード RM160～、デラックス RM210～
CC A D J M V　室152

市街地　安宿

チェラティン・コテージ

Cherating Cottage　MAP P.250

チェラティン・ビーチまで歩いてすぐ

バックパッカーやサーファーに人気のコテージ。周りに広がるのどかな雰囲気を楽しみつつ散策すれば、ものの数分でビーチにたどり着く。フレンドリーなスタッフが滞在をサポートしてくれてWi-Fiも完備。ビーチでのんびりしたい人におすすめ。

住No.1/1000, Kampong Budaya, Cherating Lama
☎(010)517-5678
料スタンダード RM60～
CC不可　室25

クアンタンと周辺ビーチのホテル
Hotel

市街地　中級

ホテル・セントラル・クアンタン

Hotel Sentral Kuantan　MAP P.247-A2

市の中心にある便利なシティホテル

クアンタンを観光するのに最適なホテル。ファミリールームもあり、家族での利用にもおすすめ。ホテルの施設は、コーヒーハウスとルーフテラスレストンを完備。ルーフテラスレストランからは、雄大なクアンタン川を一望でできる。

住No 45-P, Jl. Besar
☎(09)565-9999　URL www.hotelsentralkuantan.com.my
料スーペリア RM136～
CC MV　室97

市街地　安宿

コスマ・ブティック・ホテル

Kosma Boutique Hotel　MAP P.247-B外

改装してさらに快適に

クアンタン中心地から少し歩くが、改装したばかりの室内はシンプルで快適。ひとり旅用の部屋に加えて、比較的広さのあるファミリータイプの部屋もある。市内観光はもちろんのこと、ビーチへもタクシーで5分程度とロケーションがいい。

住A-73, Jl. Teluk Sisek
☎(09)514-0101
URL kosma.com.my
料スタンダード RM75～　CC不可　室20

チェンペダ・ビーチ　高級

ハイアット・リージェンシー・クアンタン・リゾート

Hyatt Regency Kuantan Resort　MAP P.249

クアンタン周辺随一のホテル

世界的に有名なハイアット・リージェンシーが市内から約5km、車で20分の距離にある。周辺にはレストランやゴルフ場もあり、ハイアットらしくとても便利。メインのビルは三角屋根の伝統的マレースタイル。

住Telok Chempedak　☎(09)518-1234　予ハイアット・ホテルズ・アンド・リゾーツ・リザベーションセンター　☎東京(03)3288-1234　フリーダイヤル日本0120-512-343　URL www.hyatt.com/ja-JP/hotel/malaysia/hyatt-regency-kuantan-resort
料デラックスツインルーム RM474～　CC ADJMV　室330

チェラティン・ビーチ　高級

クラブメッド・チェラティン・ビーチ

Club Med Cherating Beach　MAP P.249

自然と調和したエコネイチャーリゾート

ウミガメが産卵する自然保護区をリゾート内に有したナチュラルリゾート。美しいビーチと緑豊かなジャングルでは、さまざまなアクティビティが用意され、子供から大人まで思う存分楽しめる。オールインクルーシブシステムなので安心。

住29th mile, Jalan Kuantan Kemaman, Kuantan
☎クラブメッド バカンス ダイヤル　0088-21-7008
URL www.clubmed-jp.com
料要問い合わせ　CC ADJMV　室361

チェラティン・ビーチ　中級

ホリディ・ヴィラ

Holiday Villa　MAP P.249

家族旅行に人気

チェラティン・ビーチにある広々としたリゾート。ふたつのプールに加え、キッズ用のウオーターパークにオープンジャグージもあり、とくにファミリーで滞在するのに最適。目の前に広がる海を眺めながら食事ができるレストランもある。

住Lot 1303, Mukin Sungai Karang, Cherating
☎(09)581-9500　URL www.holidayvillahotels.com
料スタンダード RM211～
CC AJMV　室112

バロッ・ビーチ　中級

スイス・ガーデン・ビーチ・リゾート

Swiss-Garden Beach Resort　MAP P.249

エリア随一の優良チェーンホテルリゾート

ダイナミックかつパノラミックな南シナ海の景観を全室のバルコニーから望める。自然さと豪華さとの調和がモットーで、竹の素材を存分に使用した部屋の内装デザインは、どこか懐かしさを覚える。リピーターが非常に多いリゾートだ。

住Mukin Sungai Karang, Balok Beach
☎(09)548-8288　URL www.swissgarden.com
料デラックス RM282～
CC AJMV　室304

チニ・レイク
Chini Lake

クアンタンの町から南西に約95km、マレーシアでは2番目に大きい湖がひっそりとジャングルの中にたたずんでいる。「マレーシアのネス湖」とも呼ばれる神秘的な湖で、湖底に沈んだ古代小都市、巨大怪獣生存などの伝説がある。非常に豊か、かつ特殊な生態系をもち、138種類の植物をはじめ、300種類の淡水の脊椎動物、144種類の淡水魚が確認されている。13の小さい湖で構成されており、各湖とパハン川の支流を巡るボートトリップと周辺を歩くジャングルトレッキングが人気。周辺にはオラン・アスリの住む村が点在し、彼らがガイドとして同行する川下りや、チニ山登山を含むトレッキングなどを楽しむことができる。また彼らの集落でホームステイをしたり、彼らの武器であるブローパイプ(吹き矢)を体験したりすることも可能だ。8～9月にかけて、湖面が白やピンク、オレンジの大輪のハスの花で埋め尽くされるさまは、鮮やかな自然の奇跡を見るようだ。

行き方

クアンタンからチニ・レイク直行のバスはない。クアンタンの近郊バスステーションからブキッ・ガンバン・リゾートBukit Gambang Resort行きのバスに乗り、終点で下車(約1時間、RM3)。そこからタクシーに乗り換え、コンプレックス・クアラ・チニComplex Kuala Chiniへ(約1時間、RM150～)。ただし、タクシーの台数が少ないので注意。また、インフォメーションセンターとボート乗り場を兼ねているコンプレックス・クアラ・チニからボートをチャーターし、チニ・レイクまで行ける(片道約1時間、ボート往復RM200、～6人)。オラン・アスリの住むチェンダハン村Kampung Cendahanへも同様(片道約50分)。

歩き方

ここでは、ボートによる観光が中心。代表的な湖とパハン川の支流下りを合わせて2時間もあれば十分。13の湖のなかからいくつかを選んで見せてくれる。周辺にはオラン・アスリの集落が点在しており、彼らが漁をする丸太をくり抜いた舟とすれ違うこともある。目新しい、さまざまな淡水魚の群れを眺めながらのんびりと楽しもう。

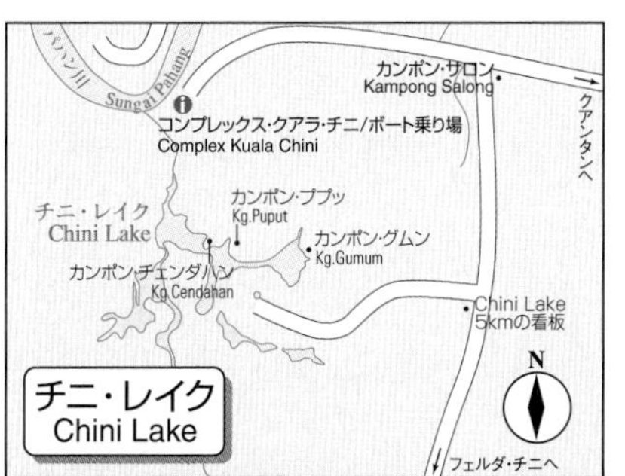

(注：この地図は物件の位置関係をメインとしたデフォルメマップですので距離は正確ではありません)

市外局番09

注意事項
帰路のタクシーをつかまえるのがたいへんなので、往復サービスを頼んでおくこと。クアンタンの❶コンプレックス・クアラ・チニ(011)1858-1277ではタクシーとボートを組み合わせた日帰りツアーをアレンジしてくれる。

オラン・アスリの村
今でもリスやサルを狩るのに使用しているブローパイプ(吹き矢)を吹かせてくれる。意外と簡単に遠くまで飛ぶのに驚く。オラン・アスリについては→P.400。

▲マレー半島の先住民、オラン・アスリ

メルシン
Mersing

コタ・バルからジョホール・バルまで、マレー半島東海岸は乾季の間、目も覚めんばかりのコバルトブルーの海岸線が続く。シンガポール方面から東海岸を北上しようとすればその出発点、タイ方面から南下しようとすればその終点となるのが、このメルシンだ。小さな港町だが、リゾートアイランドとして名高いティオマン島(→P.180)をはじめ、南シナ海の島々へ行く拠点となっている。

▲ダイビングスポットとして人気のティオマン島

市外局番07

ACCESS

バス

クアラルンプールTBSバスステーション(MAP P.48-B2)から所要約6時間、RM34.20～。クアンタンから所要約4時間30分、RM19。

▲バスステーション

行き方

クアラルンプール、クアンタン、クアラ・トレンガヌ、ジョホール・バルなど、主要都市と直行バスで結ばれている。直行がない場合は、コタ・ティンギ Kota Tinggiやクルアン Keluangでバスを乗り換える。長距離バスステーションは町の西側にある。島々へ渡る埠頭までは歩いて15分ほど。タクシーステーションも兼ねているので、大きな荷物がある場合はタクシーを使おう。ツーリストバスなどの一部は埠頭近くの旅行会社やバスのオフィスが入ったⓈプラザR&Rに発着する。また埠頭近くを通過するバスは、埠頭前で降ろしてもらえることもあるので、あらかじめ運転手に確認したうえで伝えておくといい。

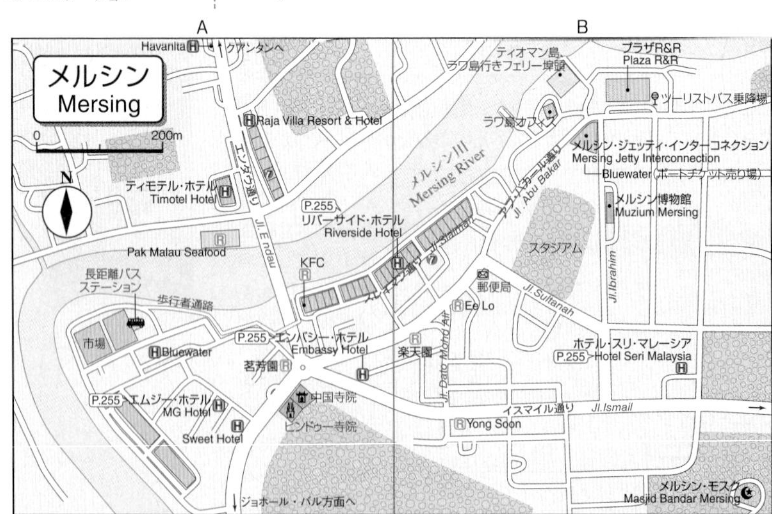

歩き方

メルシン川の南岸にある市街地は**アブ・バカール通りJl. Abu Bakar**と**イスマイル通りJl. Ismail**を中心に広がり、ホテルやレストランなども、ふたつの通り沿いに多く建っている。なお、市内から北や南に10〜20km前後行くと美しいビーチがあるので、ぜひ足を延ばしてみたい。ティオマン島の両替レートはあまりよくない。メルシンの両替所も閉まっていることが多いので、この町に来る前に両替をしよう。

▲ティオマン島、ラワ島行きフェリー乗り場

ティオマン島行きのフェリー
メルシンからティオマン島へは、フェリーで約2時間、片道RM38。チケットは桟橋脇にある売り場、もしくは町なかにある旅行会社で買う。チケットの取り扱いがあるのはBLUE-WATER EXPRESS社。また、往復割引はないので、片道を買ったほうがベター。往復だと帰路にその会社の船しか乗れなくなってしまう。ほかにチャーターのスピードボートもあり、相乗りできるかもしれない。

メルシンのホテル
Hotel

市内　中級

ホテル・スリ・マレーシア
Hotel Seri Malaysia　MAP P.254-B

静かな滞在を求めるなら

交通の要衝に当たるメルシンのホテルは町の中心近くに集中しているが、こちらは住宅街に位置しているので、料金は若干高めながら静かな環境が約束される。ロビーが広々としており、出かけるときでもタクシーの手配もスムーズだ。

住Lot TTB 641, Jl. Ismail
☎(07)799-1876　E www.serimalaysia.com.my
料スーペリア RM111〜
CC M V　室92

市内　安宿

エムジー・ホテル
MG Hotel　MAP P.254-A

フェリー乗り場への送迎あり

長距離バスステーションから歩ける距離にある。フェリー乗り場までの送迎があり、ティオマン島行きの拠点にするのに最適。車で旅をしている人はホテルの駐車場が利用できるので安心だ。客室はミニマムな設備だが、シンプルで快適な造りになっている。

住10-C, Jl. Jemaluang
☎(07)798-0699
料シングル RM75、スタンダード RM94〜
CC A M V　室6

市内　安宿

エンバシー・ホテル
Embassy Hotel　MAP P.254-A

町の散策に最適

1階はレストランで、部屋は古いがこぎれい。町の老舗ゲストハウス。大通りに面していて、夜は多少うるさいが、ロケーションはよく、料金以上の満足感はあるといったところ。繁華街にも近く、町をゆっくりと散策したい人にもおすすめだ。

住2, Jl. Ismail
☎(07)799-3545
料スタンダード RM75〜
CC不可　室27

市内　安宿

リバーサイド・ホテル
Riverside Hotel　MAP P.254-B

格安の料金が魅力

ティオマン島へのフェリー乗り場と長距離バスステーションのちょうど真ん中に位置する安宿。レセプションは24時間オープンしているので、早朝の出発や遅い時間のチェックインでも快く対応してくれる。

住74, Jl. Sulaiman
☎(07)798-2589
料スタンダード RM74〜
CC不可　室40

メルシン沖の島々

Offshore Islands of Mersing

メルシン沖には、ティオマン島のほかにも美しい島がいっぱい。輝くばかりの青い海とサンゴに囲まれた南の島で、スノーケリング、ダイビングや釣り、クルージングなど、さまざまなウオータースポーツを思う存分楽しめる。島はどれも比較的小さいので、気に入った島を見つけてのんびり過ごそう。

市外局番09

ACCESS

●メルシン～ラワ島
スピードボートで所要約45分、RM35～

●メルシン～ブサール島
スピードボートで所要約40分、RM50～

●メルシン～アオル島
チャーターのみ

●タンジュン・レマン～ティンギ島
チャーターのみ

●タンジュン・レマン～シブ島
フェリーで所要40分、RM70～
※ボートのチャーターなどは船着場にある旅行会社などで相談に乗ってくれる。料金は片道RM400～くらい。

メルシンからのツアー

島々での滞在は、メルシンの旅行会社やゲストハウスをとおして、パッケージツアーとして申し込むのが原則。ツアー料金にはメルシンと島々間の送迎、宿泊費、食費などが含まれている。

アイランドホッピング

ラワ島、ブサール島、テンガ島などの3～5島を訪れる日帰りツアー(9:30前後～18:00頃)が催行されている。

▲ビーチ巡りも楽しい

行き方

ティンギ島やシブ島行きのボートは、メルシン市内より南へ車で1時間30分行った所にある**タンジュン・レマンTanjung Leman**から出航する。メルシンからタンジュン・レマンへは、タクシーで約RM130。それ以外の島へはメルシンから行ける。出航時間や便数は、潮の状態、乗客数によって違うので、前もって確認を。各島へは個人で行くこともできるが、ボートのチャーター代などを含め高くつくので、ツアーで行くほうがおすすめ。海の状況がよければ、メルシンから近い島には日帰りで行く方法もある。料金の支払い方法は旅行会社により異なるので、しっかりと確認を。

11～2月のモンスーン期にはボートが欠航したり、島の宿が閉鎖してしまうことが多い。3月中旬～8月頃がベストだ。

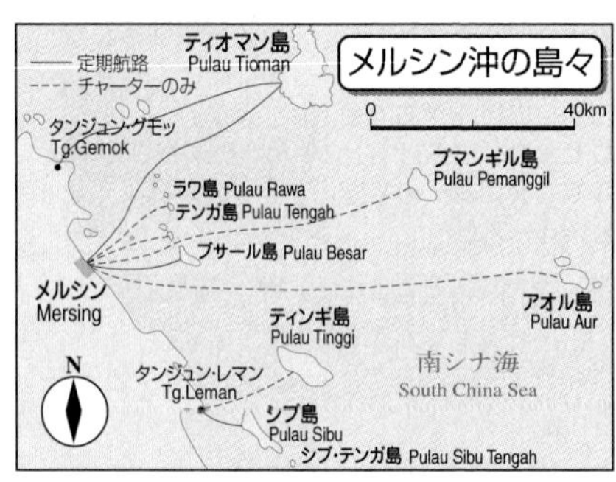

歩き方

ラワ島　Pulau Rawa

メルシンから島に近づくにつれて島の左側に"RAWA"と大きく書かれた文字が見える。透き通ったブルーの海とヤシの木が並ぶ白いビーチの景色が印象的だ。島自体はさほど大きくなく、リゾートホテルも2軒しかない。泳げるビーチも桟橋付近にかぎられているが、のんびり過ごすにはいい。

ビーチ周辺のスノーケリングポイントはおもに桟橋の左側。ソフトコーラルやテーブルサンゴなどが見られる。ただしビーチから沖に20mほど離れると急激に水深が深くなる。ここは魚もサンゴも多いが、20～30mとかなり深いので泳ぐときには気をつけよう。

ブサール島　Pulau Besar

メルシン寄りの島のなかでは一番大きい。白砂のビーチがきれい。島にはリゾートホテルもいくつかあるほか、伝統的なマレー・カンポンもある。島ではジャングルトレッキング、ウインドサーフィンなどの各種ウオータースポーツが楽しめる。

▲各島への船が出るメルシンの港

テンガ島　Pulau Tengah

メルシンからボートで1時間程度だが、定期便は出ていない。宿泊施設のない静かな島で、珍しい魚が見られる。7月にはウミガメも産卵に来るという。

アオル島　Pulau Aur

各島のなかでも最も沖にあり、こちらも定期便は出ていないので、メルシンの旅行会社ですべてアレンジして行くように。

ティンギ島　Pulau Tinggi

ティンギ島は貿易船の停泊所として、600年も前から人が往来していたという。各種マリンスポーツが楽しめる。

シブ島　Pulau Sibu

本島と南の小さなシブ・テンガ島ほか4つの島からなっていて、トロピカルで安いシャレーが多いのが魅力。各種マリンスポーツやジャングルウオークが楽しめるほか、シブ島周辺の島や漁村へのツアーもある。

▲日常を忘れてくつろごう

メルシン沖の島々のホテル

予約は、メルシンのゲストハウスをはじめ市内の旅行会社やリゾートオフィスなどで申し込める。単独でも行けないわけではないが、パッケージツアーを利用するほうが経済的。ツアー料金は人数や料理の種類で決まるため一律ではない。

● ラワ島

Ⓗラワ・アイランド・リゾート
Rawa Island Resort
☎(07)799-1204
URL www.rawaislandresort.com
料 ヒルサイドデラックス RM 2040～(2泊以上)
室77

● ブサール島

Ⓗドゥココナット・アイランド・リゾート
D'Coconut Island Resort
☎現地(03)4252-6686
URL www.dcoconut.com
料 要問い合わせ
室20

● アオル島

Ⓗブルー・ウオーター・ホリデイ・リゾート
Blue Water Holiday Resort
☎(07)799-4811(予約オフィス)
料 要問い合わせ
室20

● シブ島

Ⓗサリ・パシフィカ・リゾート&スパ・シブ・アイランド
Sari Pacifica Resort & Spa Sibu Island
☎現地(03)6211-1055
URL www.saripacificasibuisland.com/
料 要問い合わせ
室53

COLUMN

穴場リゾート　デサル Desaru

デサルDesaru(MAP 折込表)は、マレー半島の南端近く、シンガポールの北東にあり、マレーシア国内よりもシンガポールからのほうが行きやすく、よってシンガポール人に人気が高いリゾート。乱開発されていないため自然が豊富に残されている。ビーチ沿いには、ウオーターパークが併設されたⒽハードロック・ホテル・デサル・コーストがある。バスで行く場合は、メルシンからラーキン・バスターミナルを経由(所要約1時間20分、RM13)してJBセントラルへ。ここからデサル・コースト(1日一便、約1時間半、RM15)へ。また、クアラルンプールからも同様にラーキン経由で乗り継ぐ。バス会社Causewaylinkでの事前予約をおすすめ。シンガポールからフェリーで行くこともできる。所要45分。

●ハードロック・ホテル・デサル・コースト
Hard Rock Hotel Desaru Coast
住 Jl. Pantai 3　☎(07)838-8888
URL hardrockhotels.com
料 スーペリア RM635～　室365

▲ハードロック・ホテル・デサル・コースト

タマン・ヌガラ（国立公園）

タマン・ヌガラ
クアラルンプール

Taman Negara

▲ボートに乗って手つかずの大自然を満喫しよう

タマン・ヌガラは、パハン州、クランタン州、トレンガヌ州の3州にまたがる国立自然公園で約1億3000万年前から続く先史時代そのままのジャングルが残されている貴重な地域だ。広さ4343km^{2}にも及ぶ広大な敷地には、マレー半島最高峰のタハン山Gunung Tahan(2187m)をはじめ、石灰岩の丘陵、峡谷、野生動物の集まる含塩地など、変化に富んだ地形が手つかずのまま残されている。その雄大な自然は、ジャングル王国の名にふさわしい。

枝分かれした多くの河川には、大小さまざまの魚がすみ、密林には、ゾウ、ヒゲイノシシ、トラなどの野生の動物が、また250種類にも及ぶ鳥、300万種の昆虫が生息しているという。トレッキング、動物ウオッチング、タハン山登山、洞窟探検、ラフティング、釣り、つり橋渡り、オラン・アスリの村訪問など、盛りだくさんのアクティビティがある。

市外局番09

ACCESS

バス

クアラ・タハンKuala Tahan行きが、クアラルンプールのチャイナタウンにある🄷ホテル・トラベルロッジ(→P.105)前からタマン・ヌガラ行きのバスが8:30出発で2本(Han Travel社とNKS社)出ている。クアラ・テンベリン・ジェッティまでバスで行き、それからボートに乗り換える。バスの所要時間は4～5時間で、RM95。

ボート

クアラ・テンベリン～クアラ・タハンへ。

普通ボート(12人乗り、所要3時間～3時間30分)
13:30
※本数は季節による
料片道RM80

行き方

タマン・ヌガラ内には、🄷**ムティアラ・タマン・ヌガラ**(→P.263)、🄷**ヌサ・ホリデイ・ビレッジ**(現在10名以上のグループの受付のみ)、アジア・キャンプ・リゾートの宿泊施設があり、そこで宿泊とボートなどの交通手段、あるいはパッケージツアーの予約をして行くのが一般的だ。

クアラ・テンベリンからボートでいく場合

このほかに**クアラ・タハンKuala Tahan**(→P.260)対岸にある国立公園外の安宿に泊まり、直接行く方法もある。この場合は、**クアラ・テンベリンKuala Tembeling**まで行き、そこからボートでクアラ・タハンへ向かうことになる。クアラルンプールからクアラ・テンベリンへは、シャトルバスを利用するのが楽だが、普通のバスで**ジェラントゥットJerantut**まで行き、そこからクアラ・テンベリンへ乗り継ぐという方法もある。

クアラ・テンベリンの公園事務所でボート代と入園料、カメラ持ち込み料などを支払い、入園許可証Permitをもらう。この許可証は、帰りのボートに乗るときに回収されるので、なくさないこと。ボートは定時に出発するので、早めに来て待っていたい。時間が余っても、レストランで食事や休憩ができる。

メモ　ムティアラ・タマン・ヌガラやアジア・キャンプ・リゾート内に公園事務所があり、そこで入園許可証やアクティビティの申込みができる。

時間になったら船着場で待っていよう。いざ出発！　黄土色をしたテンベリン川をボートは滑るように、水を分けながら進んでいく。ボートといっても、カヌーに毛が生えたような船体で、乗ってみると、水面まで手が届いてしまう。しかし、それだけスピード感もある。所要時間は3時間～3時間30分。野生のサル、川でたわむれる水牛、水を浴びる土地の人などを目にすることも。ボートには一応トタン屋根は付いているものの、ジャングル特有のスコールに見舞われると全身ビッショリになる可能性大。たとえ乾季であっても、雨具の準備は怠らないようにしたい。また、標高が高く、朝晩は冷え込み、日中との寒暖の差が激しい。暑い日でもスピードを上げて走るボートの上は涼しく感じられるなど、頻繁に着替えが必要になる可能性が高いことから、シャツなどをあらかじめ多めに準備しよう。

タマン・ヌガラ国立公園
料 入園料RM 1
カメラ・ビデオ、カメラ付き携帯電話の持ち込み料は１台につきRM 5

タマン・ヌガラのシーズン
旅行しやすいのは、２～９月の乾季。それでも雨は降るから、雨具の準備は年間をとおして必要だ。７～８月はかなり混み合うので、早めに予約を。なお11～12月は雨季のためクローズするホテルもある。

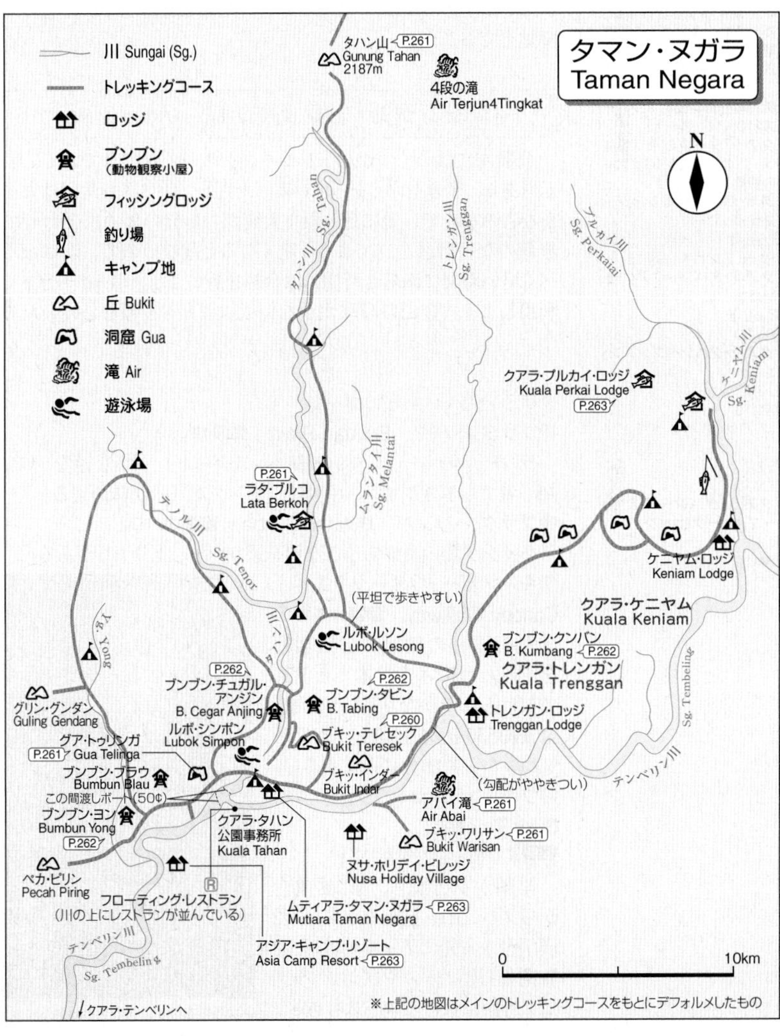

メモ　雨季は洞窟がクローズ、または１泊以上のトレッキングツアーが催行されないことが多いので観光局や現地旅行会社で事前に確認を。

歩き方

テンベリン川とタハン川が合流する河口に面した所にあるのがタマン・ヌガラへの入口、**クアラ・タハンKuala Tahan**だ。クアラ・テンベリンからのボートは、ここにある船着場に着く。階段を上り切ると、ジャングルに来たとは思えないほど豪華なⒽムティアラ・タマン・ヌガラが見える。安宿はこの対岸にあるので、渡し船(有料)で渡ろう。

Ⓗムティアラ・タマン・ヌガラのレセプションの隣に公園事務所がある。スタッフたちはジャングルのプロ。わからないことがあったらどんどん質問しよう。これが安全にジャングルを楽しむコツだし、交流も図れる。ここはレクリエーションカウンターも兼ねている。ブンブン(動物観察小屋)やフィッシングロッジ、ボート、キャノピー・ウオークウエイの申し込みもここで行うので覚えておこう。

ジャングル・トレッキング TREKKING

公園内にはいくつかのトレッキングルートができていて、表示もあり、歩きやすくなっている。ただし、手に入る地図は大まかなものなので、道に迷ったら大変だ。自分の体力に合わせて無理のない計画を立てよう。暗くなると危ないので、朝はなるべく早い時間に出発し時間には余裕をもつこと。ボートもうまく利用しよう。登山の経験が少ない人はガイドを頼むといいだろう。

クアラ・タハンからのコース

●ブラタン・パヤ　Bulatan Paya　行程 1周30分、1km

リゾートのシャレー89の横からスタート。平坦な道なので、初心者でも歩きやすく、手軽にジャングル気分が味わえる。

●ブラタン・リンバ　Bulatan Rimba　行程 1周1時間、1km

キャンプ場の裏から小さな沼を通り、少し上り下りがある。

●キャノピー・ウオークウエイ Canopy Walkway　行程 1時間30分

熱帯雨林の樹冠の自然観察をするために木から木へと渡して架けられたかなり長いつり橋。全長約550m、地上45m。クアラ・タハンから約20分の所にある。

●ブキッ・テレセック Bukit Teresek

行程 登り1時間／下り40分、1.7 km

早朝か夕方なら、第2展望台からタハン山も見えるかも。第2展望台から先に下っていけば、2時間の1周コースやブンブン・タビン方面に抜けるコースもある。

▲つり橋を渡り、樹の上も観察しよう

タマン・ヌガラビデオショー

夜になるとクアラ・タハン一帯は静寂に包まれ、空は降り出しそうな星々に支配される。外を歩くとヒゲイノシシやシカとも出合うことができる。しかし、どんな動物を見ても、それの性質はおろか、名前もわからないというのが都会人の悲しさ。そんな人のために公園事務所が主催してくれるのが、タマン・ヌガラビデオショー。毎日10:00と16:00から45分間、Ⓗムティアラ・タマン・ヌガラのInterpretive Room(前にサイの像が立っている)にて。参加費無料。スライドを使い、タマン・ヌガラに生息する生き物の解説、また公園内の見どころを英語で解説してくれる。

※2022年10月現在、一時中止

公園内の移動に便利なリバーバス(10人乗りボート)

クアラ・タハンの乗り場はリゾートの対岸、SPKGツアーズの桟橋より出る。

●ヌサ・ホリデイ・ビレッジ～クアラ・タハン

1日6往復

料RM5(ノンゲストRM15)

●クアラ・タハン～クアラ・トレンガン

1日2往復

料RM30

●クアラ・タハン～ブンブン・ヨン

1日3便

料RM15

●クアラ・タハン～キャノピー

1日2便

料RM10

●クアラ・タハン～イアー・ケーブ／パーク・ロッジ

1日3便

料RM10

メモ　トレッキングコースの情報は公園事務所、またはクアラルンプールのマレーシア・ツーリズム・センター(→P.73)で入手可能。

● **グア・トゥリンガ　Gua Telinga**　行程 片道1時間30分、2.6km

大きな洞窟で、入口から出口まで30～50分はかかる。クアラ・タハンからリバーバス(1日2便)で5分下った所から歩くと30分。洞窟の中にはコウモリや蛇(毒はないので安心を)がすんでいる。洞窟内は暗いので、昼でも懐中電灯が必要。

● **ラタ・ブルコ　Lata Berkoh**　行程 片道4～5時間、8km

クアラ・タハンから貸切ボートで行くと45分ほどで到着。滝つぼで泳いだり、ピクニックするのに最高だ。近くにあるフィッシングロッジに泊まることもできる。

● **タハン山　Gunung Tahan**　行程 往復7～9日間、55km

標高2187m、マレー半島最高峰のタハン山はタマン・ヌガラの奥深くにそびえ立っている。テントや食料を背負い、川を渡ったり、岩を登ったり、ヒルに悩まされながらの55kmはかなりハードだが、珍しい鳥や植物がいっぱい、ジャングルを思う存分味わえる究極のコースだ。必ずガイドが必要なので、ツアーに申し込むこと。

▲朝の散策でバードウオッチングを楽しもう

Ⓗ ムティアラ・タマン・ヌガラからのコース

● **ブキッ・ワリサン　Bukit Warisan**　行程 往復2時間

ブキッ・テレセックより細い道で登りもかなりきついが、人がいなくて静か。丘の頂上からの森と山と川の光景は見応えがある。夜明け前に登れば、美しい御来光が見られる。

● **アバイ滝　Air Abai**　行程 往復3時間

少し岩を登ったり流れを横切ったりもする。途中オラン・アスリの村を通る。滝で泳ぐこともできるが、雨後は増水に注意。

動物ウオッチング　ANIMAL WATCHING

タマン・ヌガラにいる動物は、シカ、サル、バク、リス、水牛、カワウソ、豚、牛、イノシシ、大トカゲなどさまざま。動物を見るには観察小屋の**ブンブンBumbun**に行くのがいちばん。広い窓があり、そこから外を眺められ、宿泊もできる。動物は夜から朝にかけて活動するので、できれば泊まってみよう。申し込みはクアラ・タハンの公園事務所へ。1泊RM5だが、シーツと枕カバーはないので持参する。なお、動物におそわれたという被害は報告されていないが、蛇やサソリ、クモなどには注意を払いたい。虫よけは絶対必需品だ。

▲タハン山の中腹に広大なジャングルが広がる

珍しい野鳥を見よう

タマン・ヌガラには、380種類もの鳥が生息していて、バードウオッチング愛好家にとってはまさに天国。サイチョウHornbillやブルブルBulbul、カワセミ、ワシ、キジなどの珍種が見られる。クアラ・タハン、クアラ・トレンガン、クアラ・ケニヤムをベースにして静かな森へ行ってみよう。変わったところでは、タハン川でヒレアシ鳥Masked Finfootが見られる。

11月のフェスティバル

クアラ・タハンを中心に楽しい催しを日替わりで開催。各種の大会(吹き矢、釣り、伝統ゲーム、魚のつかみ取りなど)やカルチャーショーをはじめ、カンポン体験やオラン・アスリ訪問ツアー、鳥の声当てなど、タマン・ヌガラならではのおもしろい催しがある。※残念ながら現在は開催中止、再開未定。

ホテルのアクティビティ

Ⓗ ムティアラ・タマン・ヌガラ

● **ナイト・ジャングルウオーク**
1.5時間、RM45

● **ナイト・サファリ**
2.5時間、RM50

● **キャノピー・ウォーク**
3時間、RM50

● **ラピッド・シューティング**
2～3時間、RM60

● **オラン・アスリ訪問**
1.5時間、RM80

● **ボートクルーズ**
2～3時間、RM250

※最少催行人数2名
※ネイチャー・ガイドの個人手配が可能。価格はRM150より。

▲野生動物と共生する生活

ブンブンに宿泊する人へ

ブンブンは7～8人用の2段ベッド、小さなテーブル、トイレが付いている簡単な小屋。電気も水もないので、懐中電灯と水、食料は必ず用意して行くこと。マットレスと枕は用意されているが、上掛けはない。ジャングルの夜は冷え込むので、防寒具も必携。窓がオープンになっているため、蚊、砂バエ、ハツカネズミなどが入ってくる。蚊取り線香、虫よけスプレーなども必要だ。

ジャングルでの食事

トレッキングをしたり、ブンブンやフィッシングロッジに泊まる人は、水と食料を自分で用意して行くこと。リゾート内の売店にもあるが、クアラ・タハン入りする前にどこかで食料を調達しておくか、リゾート対岸の村内で買ったほうが安くつく。

ラピッドシューティング

クアラ・トレンガン方面へボートで行き、早瀬に来たらスピードを上げて水面を滑走する。リクエストに応じて、わざと水しぶきを浴びるようにボートを操作してくれる。暑い日にはこれが爽快なので、びしょびしょになってもいい服装で行こう。途中川で泳ぐこともできる。1人RM35～(最少催行人数あり)。

そのほかの宿泊施設

紹介したリゾート以外に、ムティアラ・タマン・ヌガラの対岸にはパーク・ロッジPark Lodge(☎(019)773-1661)など1泊RM70(ドミトリー)～750(食事付き)くらいのホテルが多数ある。また、ジャングル内の5ヵ所のブンブンと2ヵ所のフィッシングロッジも宿泊可。予約はクアラ・タハンの公園事務所で。

▲虫よけなどの装備は万全に

●ブンブン・タハン　Bumbun Tahan

リゾートのカフェテリアの裏から400m、歩いて10分なのでぜひ朝か夜に行ってみよう。動物が見られるかもしれない。宿泊は不可。

●ブンブン・タビン　Bumbun Tabing

クアラ・タハンから、2km、1時間ちょっとで手軽に行ける。タハン川に近い。

●ブンブン・クンバン　Bumbun Kumbang

クアラ・タハンから11km、4～5時間、クアラ・トレンガヌからだと45分。一番奥地にあるブンブンで、動物に出合える率が高くて人気がある。トラやゾウも目撃されている。ハツカネズミも多い。

●ブンブン・チュガル・アンジン　Bumbun Cegar Anjing

クアラ・タハンから2.9km、約1時間30分。途中1ヵ所川越えがあるので、増水時には川を渡れなくなるので行くことはできない。もちろん、周りはとても静かだ。

●ブンブン・ヨン　Bumbun Yong

クアラ・タハンから歩くと2時間～2時間30分かかるが、リバーバスを使えば15～20分ほどで行ける。先住民オラン・アスリの生活をかいま見られるツアーもある。

COLUMN

ナイト・ジャングル・ウオーク

夜は多くの夜行性の動物たちが活動する時間。昼間はなかなか見ることのできない野生のシカ、野豚、フクロウの仲間などをリゾート周辺で見ることができる。ガイドに付いて一歩ずつ静かに進み、全身の神経を研ぎ澄まして観察してみよう。暗闇に動く動物の影が浮かんで見えてくるはずだ。毎晩20:30頃より1時間30分。Ⓗムティアラ・タマン・ヌガラや公園事務所で申し込むことができる。

▲虫が多いので蚊よけをして出かけよう

フィッシング　FISHING

ケニヤム川とタハン川にいい釣り場があり、コイ科の大きな魚やエビなどが釣れる。2〜9月が釣りには最適だが、増水していなければいつでも可能だ。近くにはフィッシングロッジがあって泊まることもできる。宿泊とボートの申し込みは公園事務所へ。1泊RM8、フィッシング許可証RM10、飲料水、食料、懐中電灯が必要。

●ラタ・ブルコ・ロッジ　Lata Berkoh Lodge

クアラ・タハンから徒歩4〜5時間、ボートなら45分(4人乗りRM250)。

●クアラ・プルカイ・ロッジ　Kuala Perkai Lodge

プルカイ川沿いで、クアラ・トレンガヌから徒歩約8時間、クアラ・タハンからボートで1時間30分〜2時間。

▲野生の王国を眺めよう

タマン・ヌガラのホテル

Hotel

公園内　高級

ムティアラ・タマン・ヌガラ

Mutiara Taman Negara　MAP P.259

快適なジャングルリゾート

クアラ・タハンのリゾート内には公園事務所、ミニマーケット、ライブラリー＆ビデオルーム、クリニックがある。シャワーはお湯も出るし、ジャングル散策の拠点としても、数日リラックスする場所としても申しぶんない。

住Kuala Tahan
☎(09)266-2200
URL www.mutiaratamannegara.com
料シャレー RM323〜
バンガロー RM618〜
CC ADJMV

公園内　中級

アジア・キャンプ・リゾート

Asia Camp Resort　MAP P.259

アウトドア好きに向けたプログラムが充実

質素だが、自然をそのまま感じられる非日常感がある。水面を高速で滑走するラピッド・シューティング、オラン・アスリの村への訪問、チームビルディングなど、アクティビティも充実。子供向けプランもありファミリーでも安心して利用できる。

住Kuala Tahan
☎(012)658-4456
URL tamannegara2u.com/
料【ファン】ドミトリー RM50、【A/C】ダブル RM120
CC MV
室シャレー20、ドミトリー80ベッド

COLUMN

タマン・ヌガラ国立公園に泊まる2泊3日(クアラルンプール発)

クアラルンプール発着でツアーが催行。ジャングルトレッキング、キャノピーウオーク、川下りなど自然を体験し、森で暮らす先住民族オラン・アスリの村にも訪問する貴重な内容だ。

●タマン・ヌガラ2泊3日ツアー料金例

料RM1160〜(1名／大人2名で1室利用の場合)
※KL市内からの交通費、ホテル宿泊、トレッキング等のプログラムを含む
問ウェンディーツアーKL支店
malaysia.wendytour.com

▲オラン・アスリの村を訪問。彼らは移動しながら生活する民族のため、必ず会えるわけではない

マレーシアの民族芸能①

マレー半島 編

新井卓治

マレーシアは民族芸能の宝庫である。多民族社会なのでマレー、中国、インドなどの各民族ごとに、それぞれ祖先の出身地域からもち込んだ芸能があるので、必然的に多様性に富んでいるのだ。しかしながら、マレーシアを代表する民族芸能はマレーのものである。エキゾチックなのに、どことなく日本人と共通するものがあり、自然と親しみが湧いてしまう代表的な民族芸能を紹介しよう。

大人も伝統芸能を行うときは子供のように熱中する

マレー凧

マレー凧は、古い歴史をもつマレーの代表的な娯楽で、マラッカ王国時代から行われていた。竹の枠に紙を張る技法は日本の凧とも共通点がある。マレー凧は形によって月形、猫形、鳥形の3種類に分かれ、最も人気があるのが月形（ワウブラン）だ。競技では、地上から垂直に最も高く揚げた人の勝ちとなる。

マレー拳法

シラットと呼ばれるマレー拳法は、東南アジア島嶼部で広く行われている、日本の空手や、中国の拳法にも似た伝統武術だ。外敵から身を護り、攻撃へと転じる動きのなかに、伝統舞踊の動きが織り込まれ、伝統音楽とともに舞う演舞は儀礼的な性格ももち、結婚式や各種記念式典などに欠かせないものとなっている。

コマ回し

マレーシアでも日本同様、コマ回しを楽しんでいる。コマはガシンと呼ばれ、大きさは日本のコマのように小さいものから直径 30cm の鉄製コマまである。遊び方は、コマの回る時間を競ったり、ケンカゴマだったりさまざまだが、大きいコマは上手に回すと数時間も回り続ける優れものだ。

影絵芝居

東南アジアで盛んな影絵芝居は、マレーシアではワヤン・クリッと呼ばれ、半島北部のクランタン州で最も盛んである。マレーの伝統にインド渡来の2大叙事詩ラーマーヤナ、マハーバーラタを素材として物語性を加え、14 ～ 15 世紀頃に確立された。ガムラン音楽を背景に、ダランと呼ばれる語り手兼人形使いがユーモアを交えて物語っていく芝居は、言葉はわからずとも一度は見る価値のある伝統芸能だ。

ここで紹介した民族芸能のほとんどは、コタ・バルにあるクランタン・カルチュラル・センターで見学できる（→P.234）。

オランウータンはマレー語で森(Hutan)の人(Orang)という意味がある

Malaysian Borneo
ボルネオ島

AREA GUIDE

ボルネオ島

Malaysian Borneo

クアラルンプール
ボルネオ

世界で3番目に大きな島、ボルネオ島の北部がサバ州とサラワク州だ。マレー半島部に対して、「東マレーシア」とも称される。熱帯雨林のジャングルが広がり、希少動植物の宝庫として知られる。また独自の文化をもつ先住民族の文化も残されている。ボルネオ島の北東部には世界屈指のダイビングスポットもあり、さまざまな楽しみ方ができる。

ボルネオ島の玄関口として栄える都市

コタ・キナバル

➡P.268

成田からの直行便が就航しているサバ州の州都。ローカルマーケットや文化村など、見どころが充実しているほか、キナバル公園や海洋公園、リバークルーズなどのツアーの拠点としても知られ多くの観光客が訪れる。

▲美しい夕焼けも見どころ

クチンとミリを結ぶ道の中継地

シブ

➡P.327

ラジャン川とイガン川の合流点に位置する華人の多い町で、貿易都市として栄えている。訪れる観光客はそれほど多くはないが、イバン族のロングハウスの訪問など、サラワクの文化を味わう見どころがいくつかある。

▲ラジャン川に開けた町

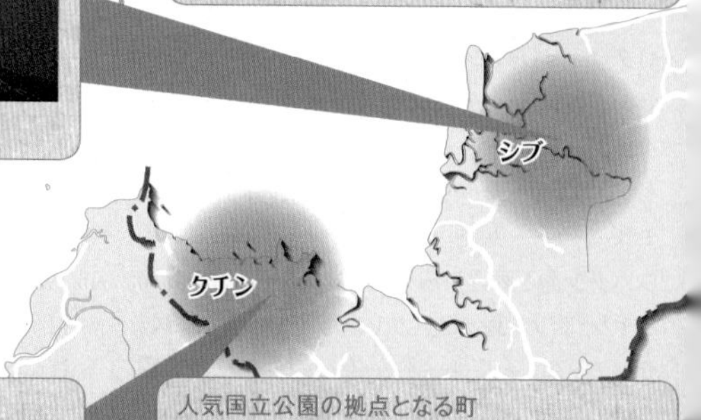

シブ
クチン

ボルネオ島の穴場的スポット

クチン

➡P.315

猫の町として知られるサラワク州の州都。サラワク川に沿って町が形成され、ウオーターフロントは散歩に最適。歴史的な建物が多く残されており、町歩きも楽しめる。周囲には国立公園などの見どころが点在している。

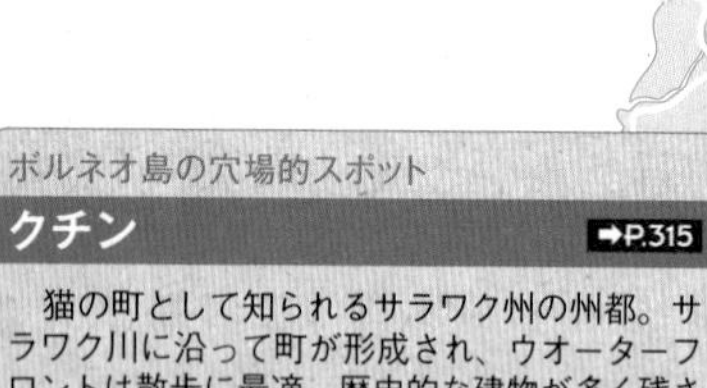

▲川沿いに開けたクチンはネコの町としても有名

人気国立公園の拠点となる町

ミリ

➡P.329

20世紀初頭に油田が発見され、その恩恵を受けた豊かな町として、現在もニュータウン開発が進んでいる。町自体は味気ないが、グヌン・ムル国立公園、ニア国立公園などへの拠点として観光客は少なくない。

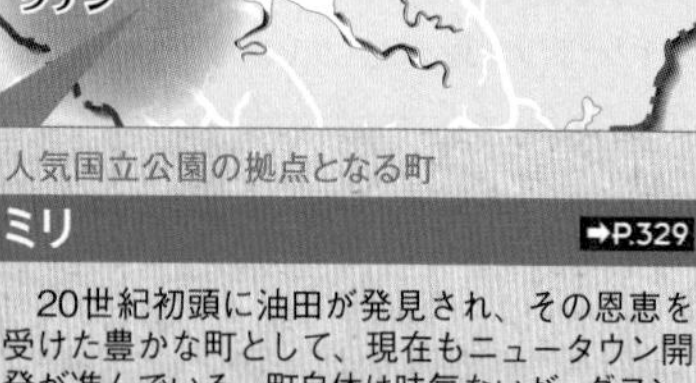

▲石油の町として大規模な開発が進む

旅のベストシーズン

ボルネオ島

4～9月

南シナ海に面したボルネオ島は、マレー半島東海岸同様、11～3月に北東モンスーンの影響を受け雨が多くなる。ベストシーズンは4～9月となるが、シパダン島のある北東部はモンスーンの影響が少ないので、10～3月でも状態がよければダイビングは可能。

人気観光スポットがめじろ押し

サンダカン

➡P.303

サバ州第2の商業都市として栄える町。ボルネオ島の東部に位置し、フィリピンは目と鼻の先だ。オランウータンやテングザルなど、ボルネオならではの動物を見ることのできる施設があり、コタ・キナバルから1日ツアーで訪れる人も。

▲ラブックベイで見られるテングザル

マレーシア有数のダイビングスポット

シパダン島とその周辺

➡P.340

マレーシアでも指折りの美しい海をもつ海域にあり、ダイバー憧れの地として知られる。過去にはこの地域でフィリピンの武装集団による襲撃事件があり、現在も日本の外務省から危険情報が発出されているので注意が必要。

▲渡航前に危険情報の確認を

コタ・キナバル

Kota Kinabalu (KK)

▲年々発展しているコタ・キナバルの町並み

コタ・キナバル(通称KK)はマレーシアで2番目に大きな州、サバ州の州都でありボルネオ島側、東マレーシア最大の都市だ。人口約58万人。生物多様性豊かなジャングルや海など自然に恵まれ観光資源の多いボルネオ観光の起点として、世界中から旅行者が集まる。

ジェッセルトンと呼ばれていたイギリス支配の時代から、日本軍占領、連合軍による爆撃などの第2次世界大戦を経て、1968年、町の再建とともに名称はコタ・キナバルへと改名された。

海岸線と並行して南北に走る広い道路と埋め立てによって広がった町は、古さと新しさ、整然と渾然を併せもっているよう。しかし何といっても、小さな島々が浮かぶ南シナ海と、なだらかな丘の背後に連なるクロッカー山脈の間に横たわる雄大なロケーションが、コタ・キナバルの最大の魅力だ。町の中心部は海沿いの一部分だが、増加する人口にともない、町は内陸部にどんどん拡大、発展している。

市外局番088

ACCESS

飛行機

クアラルンプールから、マレーシア航空が毎日8～10便(RM300～)、エアアジアが毎日7～10便(RM150～)運航している。またボルネオ島内の移動はマス・ウィングスMASwingsも利用できる。

バス

サンダカンから約6～7時間、RM43～。そのほか、ボルネオ各都市からバスが出ている。

アクセス

日本からはマレーシア航空が成田からコタ・キナバルまで週2便(月・木曜)の直行便を運航している。所要約6時間。

クアラルンプールからはマレーシア航空やエアアジアの直行便があり、所要約2時間30分。ほかにコタ・キナバルへ乗り入れている近隣諸国の航空会社を利用して、ソウルや台北、シンガポールを経由するルートもある。

そのほか、ボルネオ島各地からはボートやバスでのアクセス方法がある。バスについては欄外を参照。ボートはラブアン島からの便がある。所要約3時間、RM43～48。

コタ・キナバル国際空港 KOTA KINABALU INTERNATIONAL AIRPORT

空港はコタ・キナバルの中心部から南に約8km、タンジュン・アル・ビーチにほど近い場所に位置している。かつては第1、2ターミナルに分かれ、エアアジアは第2ターミナルに発着していたが、2015年末にすべての旅客便は第1ターミナルに統合され、より便利になっている(第2ターミナルは貨物便専用)。

▲第１ターミナル

空港から市内へ

タクシーまたはGrab(→P.65)を利用して、約20分で街の中心に出ることができる。空港のタクシーは区間ごとに一律料金のチケット制。中心部まではRM30で、23:00～翌6:00は深夜料金で5割増しとなる。到着ロビーのチケットカウンターでチケットを購入し、乗り場はロビーを出て左手。Grabを使えば中心部までRM10～。ローカルバスは空港から歩いて大通りまで出れば拾えるが、運行時間が不定期かつ市街地の端で降ろされるのでおすすめしない。

▲空港のタクシー乗り場

市内交通

中・長距離バス BUS

サバ州各都市へバスが発着する中・長距離バスターミナルは街中にふたつある。主たる発着場所は、ムルデカ広場前のターミナル(MAP P.273-B2)とKKセントラル(MAP P.273-A3)の2ヵ所。各方面別にチケットを売るブースが出ている。キナバル公園方面のラナウ行きなどはKKセントラルに発着している。

サンダカン、タワウ、ラハ・ダトゥ、センポルナへの長距離バスは、中心部から15分ほど離れたイナナムInanamにあるノース・シティ・バスターミナルNorth City Bus Terminalに発着している。イナナムへは、ホテル・シャングリラ前の近郊行きバスステーション(MAP P.273-B3)からバス(RM2)が出ている。

▲ムルデカ広場前のバスターミナル

▲KKセントラルバスターミナル。ブルネイ行きもある

パスポートチェック
ボルネオ島のサバ州とサラワク州は自治領であるため、両州相互やマレー半島側からの移動には、空港到着時と出発時にパスポートチェックが必要となる(→P.375)。

空港内の施設
第1ターミナルの到着ロビーに旅行会社と両替所、レンタカーのカウンターがある。出発階にはカフェ＆レストラン、みやげ物屋がある。

▲広々としてきれいな第１ターミナルの到着ロビー

各航空会社の問い合わせ先
●マレーシア航空
住Kota Kinabalu International Airport, Level 3, Terminal 1, Jl. Petagas
☎1-300-88-3000
●エアアジア
住Lot G24, Ground Floor, Wisma Sabah, Jl. Tun Razak
URL www.airasia.com

市内から空港へ
タクシーは市内からでも同じくRM30。通常はホテル前にタクシーが待機しているが、深夜早朝の場合は念のためホテルに予約手配してもらおう。GrabならRM10～。夕方は渋滞するので時間に余裕を持とう。

ℹ空港内のインフォメーションセンター
コタ・キナバルの地図など各種パンフレットが手に入る。
住Kota Kinabalu International Airport, Terminal 1
☎(088)413-359
開8:00～23:00 休無休

▲イナナムのノース・シティ・バスターミナル

メモ 現地ツアーガイドによるコタ・キナバル＆ボルネオ島の徹底ガイド『コタキナバルの歩き方』にはグルメ、見どころなど情報が盛りだくさん！ URL www.nikibix.com/blog

近郊行きバスステーション
近郊行きバス発着所はいくつかに分かれている。メインはふたつで、東・南部方面行きバスはトゥン・ファド・ステファン通り（MAP P.273-A3）、北部方面行きはⒽホテル・シャングリラ前のバスステーション（MAP P.273-B2）に発着する。

▲ウオーターフロントからはステラ・ハーバーが見える

市内 & 近郊行きバス LOCAL BUS

コタ・キナバル市内や近郊を走るバスのスケジュールは特に決まっておらず、乗客がいっぱいになると出発する。行き先はフロントガラスに表示されているが、途中経路はバスによって多少異なるので、目的地に行くかどうか確認してから乗ること。市内の移動なら運賃はRM1～3。

タクシー TAXI

流しのタクシーはなく、ショッピングモールやホテルの前などにあるタクシー乗り場を利用する。メーター制の表示を付けた車両もあるが、実際にはメーターは使わず距離に応じた相場で運行している。市内中心部の移動はRM20～30、空港やタンジュン・アル・ビーチなど郊外へはRM30～45が目安。

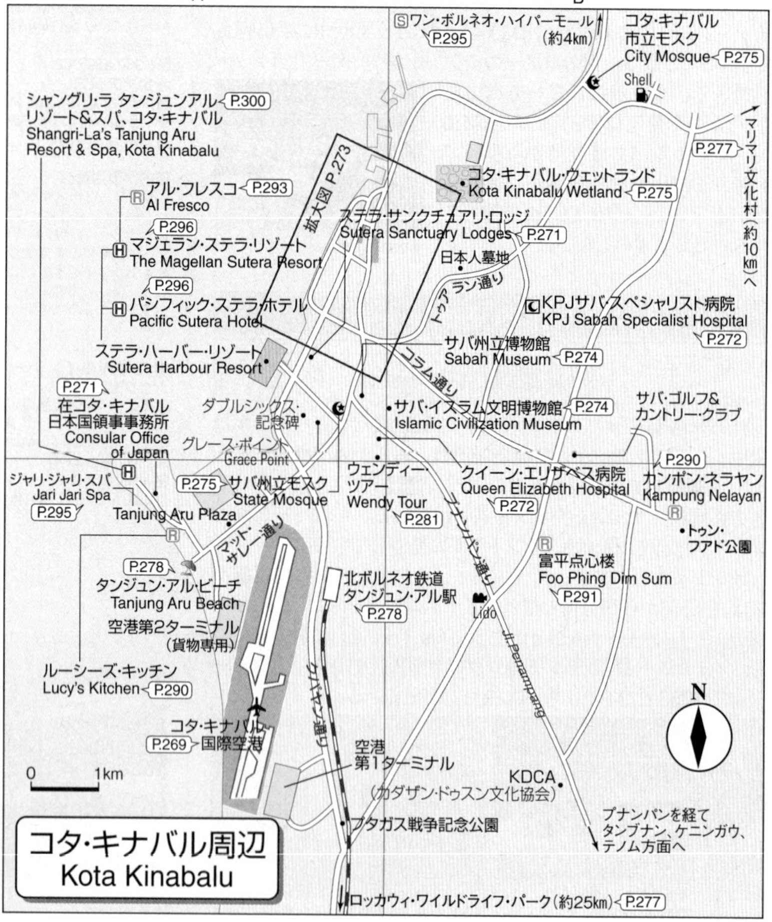

A
B
1
2

Ⓢワン・ボルネオ・ハイパーモール（約4km）P.295
コタ・キナバル市立モスク City Mosque P.275
Shell
マリマリ文化村（約10km）へ P.277
シャングリ・ラ タンジュンアル リゾート&スパ、コタ・キナバル Shangri-La's Tanjung Aru Resort & Spa, Kota Kinabalu P.300
拡大図 P.273
コタ・キナバル・ウェットランド Kota Kinabalu Wetland P.275
Ⓡアル・フレスコ Al Fresco P.293
ステラ・サンクチュアリ・ロッジ Sutera Sanctuary Lodges P.271
ⒽマジェラN・ステラ・リゾート The Magellan Sutera Resort P.296
日本人墓地
トゥアラン通り
Ⓗパシフィック・ステラ・ホテル Pacific Sutera Hotel P.296
KPJサバ・スペシャリスト病院 KPJ Sabah Specialist Hospital P.272
ステラ・ハーバー・リゾート Sutera Harbour Resort
サバ州立博物館 Sabah Museum P.274
コラム通り
在コタ・キナバル日本国領事事務所 Consular Office of Japan P.271
ダブルシックス・記念碑
サバ・イスラム文明博物館 Islamic Civilization Museum P.274
サバ・ゴルフ&カントリー・クラブ
グレース・ポイント Grace Point
ジャリ・ジャリ・スパ Jari Jari Spa P.295
サバ州立モスク State Mosque P.275
ウェンディー・ツアー Wendy Tour P.281
クイーン・エリザベス病院 Queen Elizabeth Hospital P.272
カンポン・ネラヤン Kampung Nelayan P.290
Tanjung Aru Plaza
マット・サレー通り
プナンパン通り
トゥン・フアド公園
Ⓡ富平点心楼 Foo Phing Dim Sum P.291
タンジュン・アル・ビーチ Tanjung Aru Beach P.278
北ボルネオ鉄道 タンジュン・アル駅 P.278
Lido
Jl. Penampang
空港第2ターミナル（貨物専用）
クパヤン通り
ルーシーズ・キッチン Lucy's Kitchen P.290
N
コタ・キナバル国際空港 P.269
0 1km
空港第1ターミナル
KDCA（カダザン・ドゥスン文化協会）
プタガス戦争記念公園
プナンパンを経てタンブナン、ケニンガウ、テノム方面へ
コタ・キナバル周辺 Kota Kinabalu
ロッカウィ・ワイルドライフ・パーク（約25km）P.277

歩き方

コタ・キナバルの市街地は南北に延びており、中心部は半径約1km以内にコンパクトに収まる。片方には南シナ海、もう片方には緑豊かな山並みが広がっている。町の中心部には3本の広い道路が走っており、海側から順に**トゥン・ファド・ステファン通りJl. Tun Fuad Stephens**、**トゥン・ラザク通りJl. Tun Razak**、**トゥンク・アブドゥル・ラーマン通りJl. Tuanku Abdul Rahman**だ。郊外の開発は進んでいるが、ほとんどのレストラン、市場、宿泊施設、旅行会社などはこの中心街にある。

▲巨大な建物の多いトゥン・ファド・ステファン通り

新旧交わる中心部の海側

海沿い一帯とトゥン・ファド・ステファン通り沿いが最も人の往来があるにぎやかなエリアだ。大型ショッピングセンターと中・大型ホテルの間に建物が数珠つなぎに並び、レストラン、ショップの2階から上は住居空間となっている。Ⓢ**ワリサン・スクエア**の海側は**ウオーターフロント**と呼ばれ、バーや外国料理レストラン、カフェが並ぶ。

ウオーターフロントの海に向かって右側は**ハンディクラフト・マーケット**(→P.276)、果物や乾物市場、そして町の台所**セントラル・マーケット**(→P.276)になっている。また海側一帯は島一番の**ナイト・マーケット**(→P.276)で、名前のとおり新鮮な魚市場、マレー料理屋台が広がり、町で最も東南アジアらしい雰囲気がある。一度は足を運びたい。このあたり一帯は通称**フィリピノ・マーケット**でとおっている。

古い町並みが残るKKラマ地区

コタ・キナバルは戦時中の爆撃で大きなダメージを受けたあと再建された町だが、町の北東部にあたる**KKラマ地区**は植民地時代の面影を残すビルが今も残っている。この界隈には中級ホテルや安宿も多く、食堂や雑貨店なども集まる。中心となる**ガヤ通りJl. Gaya**では毎週日曜の朝に**サンデーマーケット**が開かれ、民芸品、食材、薬草、観葉植物などが並び多くの客でにぎわう。ガヤ通りの北側に建つ白いコロニアル建築は**サバ州観光局**のオフィスになっていて、観光パンフレットや地図はここで入手できる。背後の丘の上にはシグナル・ヒル展望台があり、コタ・キナバルの町と沖に浮かぶ島々を一望できる。

KKラマの南側は市役所、ムルデカ広場、高等裁判所などが集まる行政の中心。ムルデカ広場の脇からシグナル・ヒルへ向かう道路の脇には、1905年に建てられた**アトキンソン時計塔**がある。

感じさせるアトキンソン時計塔

● 在コタ・キナバル日本国領事事務所
Consular Office of Japan
MAP P.270-A2
住 No.18, Jl. Aru, Tanjung Aru
☎ (088)254-169
FAX (088)236-632
URL www.kotakinabalu.my.emb-japan.go.jp
開 8:30～12:00、13:30～16:00
休 土・日・祝、年末年始

ⓘ サバ州観光局
Sabah Tourism Board

1918年に建てられた元郵便局の建物。1988年には歴史的建造物として認定され、1991年に修復が完了した。白くエレガントな外観で植民地時代を彷彿とさせる。

館内に入るとカウンターがあり、スタッフが親切に観光案内をしてくれる。ローカルバスの使い方など、バックパッカーのニーズにも応えることのできる情報量を誇り、豊富なパンフレットも用意しているので滞在中に一度は行っておきたい。

MAP P.272
住 No.51, Jl. Gaya
☎ (088)212-121
URL japan.sabahtourism.com
開 月～金　8:00～17:00
　土・日・祝　9:00～16:00
休 無休

▲戦禍を免れた数少ないビルのひとつサバ州観光局

アトキンソン時計塔

若くしてマラリヤに倒れたジェッセルトンの初代郡長を記念して、その母親の意で1905年に建てられた。かつて時計塔の下にはジェッセルトン駅があり、時を告げていた。

コタ・キナバルの病院

● KPJ サバ・スペシャリスト病院
KPJ Sabah Specialist Hospital

近代的設備の整った私立総合病院。入院施設もある。町の中心部から車で15分。

MAP P.270-B1
住 Lot No.2, off Jl. Damai, Luyang
☎(088)322-000

● クイーン・エリザベス病院
Queen Elizabeth Hospital

サバ州立博物館のそばにある、24時間体制の公立総合病院。市街地から車で10分。

MAP P.270-A1
住 Karung Berkunci, No. 2029
☎(088)517-555
URL qeh.moh.gov.my

▲町の船着き場ジェッセルトン・ポイント

▲サバ大学隣の S ワン・ボルネオ・ハイパーモール

コタ・キナバル名物、ガヤ通りのサンデーマーケット

KKラマのガヤ通りを中心に歩行者天国となり、数百mにわたって野菜、服、みやげ物などたくさんの露店が並ぶ。開かれるのは毎週日曜6:30～13:00頃。

▲地方からの民芸品が集まる

アピアピ・ナイトマーケット

ガヤ通りで週末の夜だけ開かれるナイトマーケット。歩行者天国にローカルフードの屋台やフードトラックが集まり、地元ミュージシャンによる生演奏も楽しめる。開催は金・土曜の18:00～24:00。

食事にも便利なカンポン・アイールとアジア・シティ

KKラマ地区から行政エリアを挟んだ南側に広がるのが、マレーシア語で「水上集落」を意味する**カンポン・アイル地区**と**アジア・シティ地区**だ。その名のとおり、かつて水上集落だった場所を埋め立てて開発された。この周辺では夜にナイトマーケットも開かれる。カンポン・アイルと隣り合うアジア・シティ地区には、大型ショッピングセンターのアジア・シティ・コンプレックスがある。ふたつの地区のちょうど中間にある大型の屋台村の R **スリ・スレラ**(→P.292)には海鮮レストランが集まり、新鮮なシーフードが食べられる。

町の北側

中心部の北にはボートの発着場でもある**ジェッセルトン・ポイントJesselton Point**がある。船のチケット売り場のほかに、海を望むレストランなども入っている。さらに北上すると中心部を走る3本の道路がひとつに合流し、海沿いを走りながらリカス地区へと続く。周辺は豊かな緑と湿地帯が広がり、**コタ・キナバル・ウェットランド**ではマングローブに囲まれたボードウオークを散策できる。さらに北上すると市立モスクや、サバ財団ビル(旧ヤヤサン・サバ)、さらには**マレーシア・サバ大学(UMS)**へと続く。町から約7km離れた地点には S **ワン・ボルネオ・ハイパーモール**(→P.295)がある。

町の南側

中心部の南側には埋立地に造られた高級リゾートの**ステラ・ハーバー・リゾート**があり、ジェッセルトン・ポイント以外に、ここからもトゥンク・アブドゥル・ラーマン公園へのツアーやクルージングに出かけることができる。

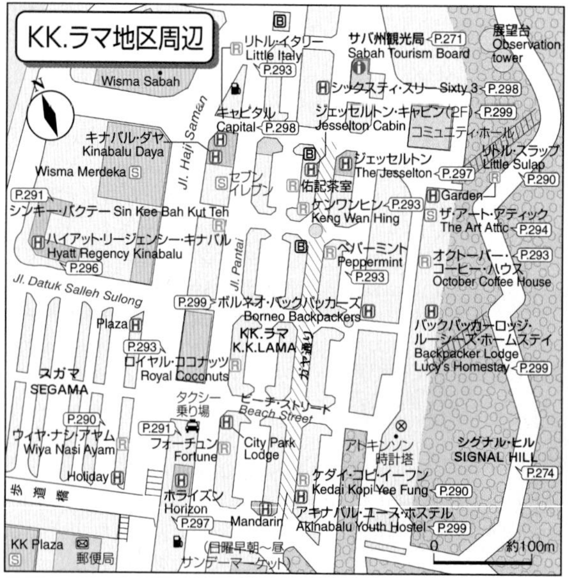

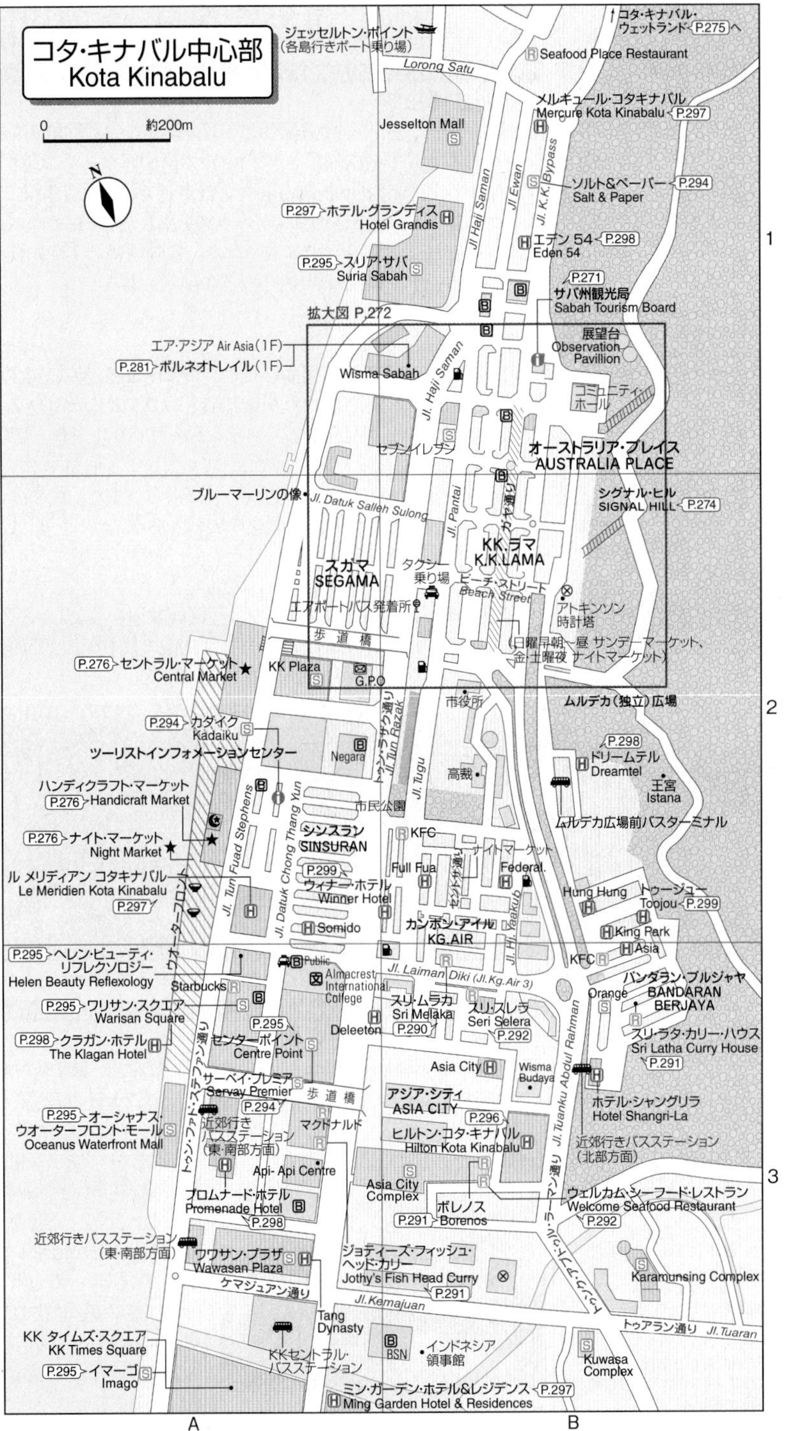
コタ・キナバル中心部
Kota Kinabalu
0 約200m
ジェッセルトン・ポイント
(各島行きボート乗り場)
コタ・キナバル・ウェットランド P.275へ
Seafood Place Restaurant
Lorong Satu
メルキュール・コタキナバル
Mercure Kota Kinabalu P.297
Jesselton Mall
ソルト&ペーパー
Salt & Paper P.294
P.297 ホテル・グランディス
Hotel Grandis
エデン 54 P.298
Eden 54
P.295 スリア・サバ
Suria Sabah
P.271
サバ州観光局
Sabah Tourism Board
拡大図 P.272
展望台
Observation Pavillion
エア・アジア Air Asia(1F)
P.281 ボルネオトレイル(1F)
Wisma Sabah
コミュニティ・ホール
セブンイレブン
オーストラリア・プレイス
AUSTRALIA PLACE
ブルーマーリンの像
Jl. Datuk Salleh Sulong
シグナル・ヒル
SIGNAL HILL P.274
KK.ラマ
K.K.LAMA
スガマ
SEGAMA
タクシー乗り場
ビーチ・ストリート
Beach Street
アトキンソン時計塔
エアポートバス発着所
歩道橋
(日曜早朝～昼 サンデーマーケット、金・土曜夜 ナイトマーケット)
P.276 セントラル・マーケット
Central Market
KK Plaza
G.P.O
市役所
ムルデカ(独立)広場
P.294 カダイク
Kadaiku
ツーリストインフォメーションセンター
Negara
P.298 ドリームテル
Dreamtel
高裁
王宮
Istana
ハンディクラフト・マーケット
P.276 Handicraft Market
市民公園
ムルデカ広場前バスターミナル
シンスラン
SINSURAN
KFC
P.276 ナイト・マーケット
Night Market
ナイトマーケット
ル メリディアン コタキナバル
Le Meridien Kota Kinabalu
P.297
P.299 ウィナー・ホテル
Winner Hotel
Full Fua
Federal
Hung Hung
トージュー
Toojou P.299
Somido
カンポン・アイル
KG.AIR
King Park
Asia
KFC
P.295 ヘレン・ビューティ・リフレクソロジー
Helen Beauty Reflexology
Public
Almacrest International College
Jl. Laiman Diki (Jl.Kg.Air 3)
バンダラン・ブルジャヤ
BANDARAN BERJAYA
Starbucks
Orange
P.295 ワリサン・スクエア
Warisan Square
スリ・ムラカ
Sri Melaka
スリ・スレラ
Seri Selera
P.292
P.290
P.295 センターポイント
Centre Point
Deleeton
スリ・ラタ・カリー・ハウス
Sri Latha Curry House
P.291
P.298 クラガン・ホテル
The Klagan Hotel
Asia City
Wisma Budaya
サーベイ・プレミア
Servay Premier
歩道橋
P.294
アジア・シティ
ASIA CITY
P.296
ホテル・シャングリラ
Hotel Shangri-La
P.295 オーシャナス・ウオーターフロント・モール
Oceanus Waterfront Mall
近郊行きバスステーション
(東・南部方面)
マクドナルド
ヒルトン・コタ・キナバル
Hilton Kota Kinabalu
近郊行きバスステーション
(北部方面)
Api- Api Centre
Asia City Complex
ウェルカム・シーフード・レストラン
Welcome Seafood Restaurant
P.292
プロムナード・ホテル
Promenade Hotel
P.298
ボレノス
P.291 Borenos
近郊行きバスステーション
(東・南部方面)
ワワサン・プラザ
Wawasan Plaza
ジョティーズ・フィッシュ・ヘッド・カリー
Jothy's Fish Head Curry
P.291
Karamunsing Complex
ケマジュアン通り
Jl. Kemajuan
Tang Dynasty
トゥアラン通り Jl. Tuaran
KK タイムズ・スクエア
KK Times Square
KKセントラル・バスステーション
BSN
インドネシア領事館
Kuwasa Complex
P.295 イマーゴ
Imago
ミン・ガーデン・ホテル&レジデンス
Ming Garden Hotel & Residences
P.297
Jl Haji Saman
Jl Ewan
Jl. K.K. Bypass
Jl. Pantai
ガヤ通り
Jl. Tun Fuad Stephens
Jl. Datuk Chong Thang Yun
トゥン・ラザク通り
Jl. Tun Razak
Jl. Tugu
Jl. Hj. Yaakub
Jl. Tuanku Abdul Rahman
トゥンク・アブドゥル・ラーマン通り
トゥン・フアド・ステファン通り
ウォーターフロント
1
2
3
A
B

見どころ

サバの過去と現在がぎっしり詰まっている

サバ州立博物館

Sabah Museum　MAP P.270-A1

町の中心よりやや南側、トゥンク・アブドゥル・ラーマン通りとプナンパン通りJl. Penampamgの交差点近くの丘の上にある。ルングス族やムルット族のロングハウスを模した4階建ての本館と、ヘリテージ・ビレッジで構成される。敷地内には実際に使われていた自動車や機関車、ボートなどの展示もある。

本館　Main Building

民族衣装、民具、生活用品などサバ州に住む各民族に関する展示、陶器など発掘された歴史的遺物、カラフルなチョウを含む昆虫の展示などが見られる。タイムトンネルのコーナーでは、1万年前から人が住んでいたといわれているマダイ洞窟やツバメの巣の採取現場がジオラマで再現されている。また、民族の流入や宗教の伝道などを含めた歴史の展示もある。

ヘリテージ・ビレッジ　Heritage Village

実際に使われていたロングハウスや伝統家屋を移築し、屋外に展示。「海の民」の家は池の周りに、「内陸の民」の家は丘の斜面に建ててある。家屋の中も自由に見学できる。

※サバ州立博物館
住 Jl. Bukit Istana Lama
☎(088)225-033
URL museum.sabah.gov.my
開 9:00～17:00　休 無休
料 RM15（サバ・イスラム博物館と共通）
行き方 近郊行きバスステーション（東・南部方面）からプナンパン方面行きのバスに乗り、トゥンク・アブドゥル・ラーマン通りから左折してプナンパン通りに入った所で下車。所要約10分、RM1。タクシーならRM20程度。
※館内での写真撮影はOKだがフラッシュ使用は禁止。また事前許可なしでの動画撮影は禁止。

▲伝統的な建築様式を模した本館

▲地形を利用してさまざまな伝統住居が建てられている

▲ロングハウス内部ではちょっとしたアトラクションも

イスラム教をとおしてマレーシアを知る

サバ・イスラム文明博物館

Sabah Islamic Civilization Museum　MAP P.270-B1

サバ州立博物館の裏側の丘の上にある。イスラム教の理解を深めることを目的に建てられた。1階には18世紀にペルシャ語で書かれたコーランをはじめ、中東、アフリカ、アセアンのイスラム諸国から集められた装飾品、陶磁器、武器、織物などの展示、2階にはマレーシアおよびサバ州の中でのイスラム教布教の歴史、国内各都市にあるモスクの写真などが展示されている。

▲坂を上ること10分の丘の上にある

※サバ・イスラム文明博物館
住 Jl. Menteri
☎(088)238-501
開 9:00～17:00　休 無休
料 RM15（サバ州立博物館と共通）
行き方 近郊行きバスステーション（東・南部方面）からプナンパン方面行きのバスに乗り、メンテリ通りJl. Menteriで下車（RM1）、坂道を徒歩10分。

シグナル・ヒル展望台
中心街が見渡せるので町の概要をつかむのに最適。ムルデカ広場から丘を登って900m（MAP P.272）。Ⓗバックパッカー・ロッジ・ルーシーズ・ホームステイの裏とⒽガーデン・ホテルの脇から階段がある。2023年9月末頃まで改修作業のため一時閉鎖。

コタ・キナバルで最も大きなモスク

コタ・キナバル市立モスク

Kota Kinabalu City Mosque　MAP P.270-B1

町の北部リカス地区にあるラグーンに面した伝統建築のモスク。リカス湾に面し、まるで海に浮かんでいるかのような印象だ。州立モスクと同じく現代建築を取り入れてはいるが、よりイスラム諸国のモスクに近い外観をもつ。コタ・キナバルで最も規模の大きいモスクで、収容人数は9000～1万2000人。コタ・キナバルから車が必要だが、美しいモスクなのでぜひ訪れてみたい。

▲コタ・キナバルで最も美しいモスク

コタ・キナバル市立モスク
☎(088)435-891
開8:00～12:00
4:00～15:30
16:00～17:30
休無休
料RM5
行き方 近郊行きバスステーション（北部方面）から、リカス行きのバスで約10分、RM1。

市内からすぐの場所に建つ近代的なモスク

サバ州立モスク

Sabah State Mosque　MAP P.270-A1

町の中心から空港へ向かう途中、スンブラン地区に建つ現代的建築のモスクが州立モスク。内部は5000人収容可能。アラブ・イスラムの伝統的な建築をベースとし、現代建築様式を取り入れた独特の外観は圧巻だ。金色を多用したドームやミナレットは特に美しく迫ってくる。500人収容の女性用プレイヤールームもある。金曜以外は旅行者も入場が可能で、喧騒のコタ・キナバルを離れて静かなモスクで時を過ごせる。

▲堂々たる美しさの州立モスク

サバ州立モスク
携(013)869-3148
開8:00～12:00
14:00～17:00
（金 14:00～17:00）
行き方 近郊行きバスステーション（東・南部方面）から、タンジュン・アル方面に向かうバスで約15分、RM1。MUISビル前で下車。

見学のマナー
礼拝時間以外は異教徒でも見学できるが、ノースリーブや短パンは不可。入口で帽子や服を貸してくれる。

2016年ラムサール条約湿地に登録

コタ・キナバル・ウェットランド

Kota Kinabalu Wetland　MAP P.270-B1

町の中心部に残された24haのマングローブ湿地帯に1.5kmのボードウォークがあり、植生するマングローブを観察することができる。バードサンクチュアリ（鳥類保護区）としての一面もあり、アオサギやカワセミなどの野鳥、トビハゼや泥カニなど水辺の生物を観察することが可能。園内には湿地の役割や重要性、生物多様性などについて解説した展示もある。

▲市街地から近いので気軽に訪れてみよう

コタ・キナバル・ウェットランド
☎(088)246-955
URL http://www.sabahwetlands.org/kkw/ja
開8:00～18:00
休月
料大人RM15、学生RM10
行き方 タクシーまたはGrabで中心部から約10分。料金はタクシーだとRM15、Grabだと RM7～8程度。

ウェットランド（上記）では希望者に双眼鏡のレンタルがあります。6歳以下は無料で、ひじょうに見所が多く、多くの人に訪れてほしい場所です。（東京都　Endo　'20）['22]

❊ナイト・マーケット
開17:00〜23:00頃
休無休

▲屋台で好きなものを買ってテーブルで食べよう

▲フィッシュマーケット周辺は足元がぬれている

夜の町で一番活気のある場所

ナイト・マーケット

Night Market　MAP P.273-A2

▲おいしそうな南国フルーツが格安で手に入る

市街地の海沿い、Ⓗル メリディアン コタ・キナバルの真向かいに毎日夕方から開かれる広大なマーケット。おおまかにエリアが分かれていて、セントラルマーケット寄りの北側から順にシーフード屋台、焼き鳥や手羽先のグリル屋台、マレー料理やかき氷の屋台、さらに生鮮市場と続く。市場海側では鮮魚、メリディアン側では野菜や果物が売られている。南シナ海の風に吹かれながら、安くておいしい屋台料理を楽しもう。

❊セントラル・マーケット
開5:00〜17:00頃
休無休

▲売り子は皆親切に応対してくれる

アジアの海の匂いたっぷり

セントラル・マーケット

Central Market　MAP P.273-A2

町の台所、2階建ての大型の建物。1階は乾物、野菜、果物がところ狭しと並べられ、2階は衣料品やフードコートがある。日本では見つけにくい、または高価なスパイスや山菜があり、地元の人たちのやりとりや買い物を見るのも興味深い。

▲地元の人向けのマーケット

❊ハンディクラフト・マーケット
開9:00〜19:00
休無休

▲伝統工芸品が並ぶ

淡水パールや雑貨が豊富

ハンディクラフト・マーケット

Handicraft Market　MAP P.273-A2

セントラル・マーケットの南隣に広がる。以前このあたりはフィリピノ・マーケットと呼ばれていた。中に入ると織物、籐製品、木工品などサバ州とフィリピン南部から入ってくる民芸品がぎっしりと並んでいる。特に淡水パール(RM100〜650)が充実し、色、大きさ、形ともにバリエーションが豊富、値段も手頃なので、カジュアルにつけるぶんにはお買い得だ。

▲淡水パールをアクセサリーにする女性

近郊の見どころ

少数民族の暮らしぶりがわかる

マリマリ文化村

Marimari Cultural Village MAP P.270-B1外

バジャウ族、ルンダエ族、ムルット族、ルングス族、ドゥスン族という、サバ州の5つの先住民族の暮らしぶりを再現した文化村。各村の独自の伝統建築や実際行われていた儀式などが生きいきと再現され、見応え十分だ。ビレッジツアーは10時と14時から開催。ガイドと共に地酒の試飲、伝統料理やお菓子作り、伝統的な火起こし、吹き矢などの様々な文化体験をしながら5つの伝統家屋を回っていく。民族舞踊のショーを楽しんだあとは伝統料理の食事付き。

▲少数民族の家屋を再現した建物

▲カルチャーショーも楽しめる

マリマリ文化村
携(013)8814-921
URL marimariculturalvillage.my
料2023年末まで特別料金
大人 RM100　子供 RM90
(入場料、食事)
行き方 1日2回のショーの時間に合わせてコタ・キナバルからツアーが催行されているのでそれに参加する。コタ・キナバルから現地へは所要約45分。文化村でのプログラムは3時間程度。

透明度抜群のアイランドへ

マンタナニ島

Mantanani Is. MAP 折込表

コタ・キナバルからバスで1時間半、さらにボートで45分かけて辿り着く離島。島の周りにはコバルトブルーの海が広がり、ダイビングやシュノーケリングを楽しめる。定期船がないためツアーや宿泊の送迎を利用して上陸する。海が荒れるとボートが出せずツアーが中止になることもある。

▲アクセスが不便なぶん、海は美しい

マンタナニ島
料日帰りツアー
スノーケリングパッケージ
RM300～
ダイビングパッケージ
RM490～
(交通、ランチ込み)
問い合わせは各旅行会社へ

希少なボルネオの動物がいっぱい

ロッカウィ・ワイルドライフ・パーク

Lok Kawi Wildlife Park MAP P.270-A2外

コタ・キナバルの中心から南東へ約25kmの郊外にある、サバ州野生生物局が運営している動物園。広大な敷地と地形を生かし、なだらかな坂道を歩きながら点在する動物を見学できるようにデザインされている。オランウータン、テングザル、テナガザル、ボルネオ・ピグミー・エレファントなどボルネオ島固有種の動物のほか、マレートラ、マレーグマ、ウンピョウ、ビロードカワウソ、ホーンビル、ビントロングなど多くの動物がおり、間近で観察することができる。

▲テングザル

ロッカウィ・ワイルドライフ・パーク
住 Jl. Penampang-Papar Lama, W.D.T No. 63, Penampang
☎(088)765-793
開9:30～17:30
休無休
料大人 RM20　子供 RM10
行き方 タクシーで所要約30分。待ち時間を入れて往復RM150。
動物ショー
月～木、土日の11:15、15:30

※タンジュン・アル・ビーチ
行き方 近郊行きバスステーション(東・南部方面)から16Aのバスで所要約15分、RM1.5。ただしビーチの前までしか行かない。

▲ビーチ周辺は施設が充実している

※北ボルネオ鉄道(観光列車)
H マジェラン・ステラ・リゾート
☎(088)308-500
URL www.suteraharbour.com/north-borneo-railway
料 ひとり RM380
(ミニ朝食、昼食付き)
※毎週水・土曜、タンジュン・アル駅10:00出発。3歳以下は無料。

▲三段重ねのランチボックス

▲パパール駅に到着!

普通列車

観光列車と同じ線路の延長でボルネオ島唯一のサバ州鉄道の普通列車はタンジュン・アル〜テノム間(約134km)を1日2〜3便運行している。

安くておすすめ、ビーチサイドのフードコート

タンジュン・アル・ビーチ

Tanjung Aru Beach MAP P.270-A2

コタ・キナバルの南西にある、町から一番近い市民の憩いのビーチ。約5kmにも及ぶ白砂のロングビーチが広がっている。ビーチの一画には、ゴルフコースやヨットクラブ、高級リゾートなどが並ぶが、少し離れると庶民的なムードが漂っている。のんびりと過ごすにはおすすめの場所だ。一時は再開発計画でフードコートなどの施設が取り壊されたが、ビーチの存続を望む市民の声で計画が見直しに。現在は夕方になるとローカルフードの屋台が立ち並び、以前のにぎわいを取り戻している。

レトロなSL観光列車

北ボルネオ鉄道(観光列車)

North Borneo Railway MAP P.270-A2

1880年代、英国の北ボルネオ・カンパニーがプランテーション農園から作物を運搬するため敷設した鉄道路線に、当時の蒸気機関車を再現。観光用列車として、タンジュン・アル〜パパールPapar間の約38kmを週2便運行している。

▲クラシックな制服を身につけたスタッフ

最初の旅客列車がスタートしたのは1896年。内陸部ブカウ川Bukau Riverからボーフォート Beaufort、ブルネイ港のウェストンを結ぶ32kmから始まり、その後路線はジェッセルトン(当時のコタ・キナバル)まで延ばされ、最長193kmの距離を走っていた。観光列車の距離は短いが、往年のクラシックな車両をそのまま再現していて味わい深い。観光列車は10:00にタンジュン・アル駅を出発し、キナルートKinarutで途中下車。終点のパパールで町を散策し列車の中でランチ。その後引き返して14:00前にはタンジュン・アルへ戻るという旅程だ。2022年10月現在、新型コロナの影響で運休中。早期再開に期待したい。

▲鉄道マニア垂涎の北ボルネオ鉄道

ボートに乗ってアイランドトリップ！

トゥンク・アブドゥル・ラーマン公園

Tunk Abdul Rahman Park MAP P.279

コタ・キナバルからボートで30分もかからない所に、国立公園に指定され、豊かな自然を残した美しい島々がある。ほんの半日もあれば「ちょっと島まで泳ぎに行ってくる」ことも可能だ。

サピ島　Pulau Sapi

公園内で最もきれいなビーチがあり、珊瑚礁もビーチからほんの数m先。海水浴やスノーケリングに最適の島だ。島内一周約1時間のトレイルはかなりハードでビーチサンダルでは不可。宿泊施設はないが、キャンプは可能(要事前許可)。スノーケルのレンタル、シャワー、売店、食堂もある。

▲大勢の観光客でにぎわうサピ島のビーチ

マヌカン島　Pulau Manukan

設備が整ったブーメラン形の大きな島で、南北に長いビーチがある。海水浴、スノーケリング、ダイビングにいい。海水はとても透明度が高くきれい。キッチンが付いたシャレー、島内一周トレイル、プール、スノーケルのレンタル、売店がある。2017年に客室がリノベーションされ、さらにおしゃれになっている。宿泊する場合はステラ・サンクチュアリ・ロッジ(→P.279欄外)へ。

ガヤ島　Pulau Gaya

公園内で最も大きな島で、東側は水上コテージをもつ🄷ガヤナ・マリン・リゾート(→P.300)と、🄷ガヤ・アイランド・リゾート(→P.300)が占める。島はフタバガキ科の背の高い木で覆われ、この島でしか見られない固有の植物も見ることができる。

マムティク島、スルグ島　Pulau Mamutik、Pulau Sulug

マムティク島は桟橋の両側に小さなビーチ、4.5kmのトレイル、ダイビングセンターがある小さな島。スルグ島は岩場が多いためほかの島に比べ開発が遅れている。そのため桟橋がなく満潮時にしか上陸することはできない。

スパンガール島　Sepanggar Island

国立公園の島ではないが、ガヤ島の北に位置するスパンガール島にもツアー会社が運営するプライベートビーチがある。マリマリ文化村(→P.277)と同じ運営のマリマリ・スパンガールでは休憩施設が整備され、マリンアクティビティも充実している。

▲木造りのレストハウス

トゥンク・アブドゥル・ラーマン公園
Tunk Abdul Rahman Park
0　2.5　5km
N
スパンガール島
Pulau Sepangar
南シナ海
South China Sea
Bunga Raya
ガヤ島
Pulau Gaya
P.300
ガヤ・アイランド・リゾート
Gaya Island Resort
ガヤナ・マリン・リゾート
Gayana Marine Resort
P.300
サピ島
Pulau Sapi
P.300
マヌカン・アイランド・リゾート
Manukan Island Resort
ジェッセルトン・ポイント
Jesselton Point
マヌカン島
Pulau Manukan
コタ・キナバル
Kota Kinabalu
マムティク島
Pulau Mamutik
ステラ・ハーバー
Sutera Harbour
スルグ島
Pulau Sulug

トゥンク・アブドゥル・ラーマン公園

料 環境保護料　RM20
(複数の島に行く場合でも1日1回払えばいい)

行き方 コタ・キナバルのジェッセルトン・ポイントから島々へのボートが出る。数社が運航しており、どこもボートの定員(10～12人)が埋まれば出発する。時間が遅くなると人が集まらずボートが出ないので、8:00～10:00出発を目指そう。帰りの時間は1時間おきに17:00までの好きな時間を選べる。夕方は天候が崩れやすいので14時～16時の便で戻るのが一般的。

※🄷シャングリ・ラ タンジュン アル リゾートや🄷ステラハーバーからも島行きボートが出ている。

サバ州内の国立公園での宿泊予約

ステラ・サンクチュアリ・ロッジ Sutera Sanctuary Lodges

MAP P.270-B1
住 B-G-09, Block B, Ground Floor, Sutera Avenue, Lorong Lebuh Sutera, Sembulan
携 (015)4876-1800
開 9:00～17:30(土～13:00)
休 日

マリマリ・スパンガール

☎ (013)883-4921
URL marimarisepanggar.com
料 大人150、子供RM128
(ボート往復、昼食込み。要予約)

COLUMN

コタ・キナバル発のツアー

▲サンダカンのセピロックにあるオランウータン・リハビリテーション・センター

コタ・キナバルはボルネオ島サバ州観光のベースとなる町。オランウータンやテングザルなどのマレーシアならではの動物を見たい人も、昔ながらの暮らしを守る少数民族の村を訪ねたい人も、さまざまなツアーが出ているので積極的に参加したい。これらの見どころは、個人で行くには骨の折れる山奥に位置していたり、何度も乗り換えが必要だったりするため、すべてパッケージになったツアーの利用がベストなことが多い。ここではコタ・キナバル発のおもな人気ツアーを紹介するが、下記以外にもさまざまなツアーがあるので、現地の旅行会社でいろいろ情報を集めてみよう。

※下記ツアー料金はウェンディー・ツアー(→P.281)の2022年10月現在の日本語ガイドツアー料金(サンダカンツアーのみ英語)。いずれも最低催行人数は2名から。

●リバークルーズとホタル鑑賞

催行時間:13:00〜21:30

コタ・キナバルからバスで片道約2時間。クリアス半島の川をボートで進みながら野生動物を探す。船着場での夕食のあと、暗くなったら再度ボートに乗り込んでホタル鑑賞。ボルネオ島固有種のテングザルに会える人気のツアーだ。

ツアー料金

大人 RM380〜　子供 RM190〜

▲気分はジャングルクルーズ！

●キナバル公園とポーリン温泉

催行時間:7:00〜17:30

世界遺産に登録されているキナバル山とその近くにあるポーリン温泉をあわせて訪ねるツアー。

植物園やキャノピーウォーク(吊り橋)でのジャングル散策が楽しめる。交通が不便なキナバル公園はツアー利用がおすすめ。

ツアー料金

大人 RM380〜　子供 RM190〜

▲東南アジアの最高峰キナバル山

●サンダカン1日満喫ツアー

催行時間:6:00〜22:00　※英語ツアー

車だと6〜8時間かかるサンダカンだが、飛行機だと約1時間でアクセスでき、気軽に1日ツアーで訪れることができる。セピロックでオランウータン、ラブック・ベイでテングザルを見たあとは、サンダカンの町を観光。

ツアー料金

大人 RM960〜　子供 RM580〜　※航空券別

▲ラブック・ベイで見られるテングザル

●蛍観賞とシーフードディナー

催行時間:16:30〜21:30

エビやカニなどのシーフードディナーを楽しんだ後、コタ・キナバル市内から約45分の場所にある、ムンカボン川でホタル鑑賞を楽しむ。綺麗に輝くホタルは、とても幻想的。短時間で自然へ出かけたい人におすすめ。

ツアー料金

大人 RM490〜　子供 RM245〜

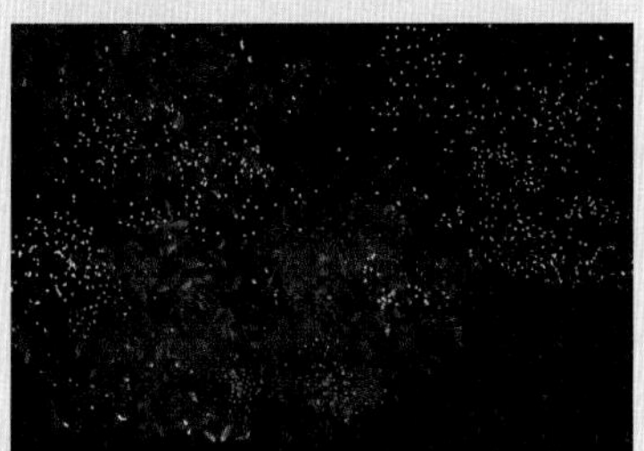

▲蛍の集まる木はまるでクリスマスツリー

●オリジナル標本作りと昆虫観察

催行時間:14:00〜21:00

コタ・キナバルから郊外へ来るまで約1時間ほどのエマス山にて、ボルネオの珍しい昆虫や植物、蘭などを見学。希望者は昆虫の標本作成にもチャレンジできる。夕食後はライトに照らされた場所に集まる昆虫を観察できる。

ツアー料金

大人 RM520〜　子供 RM220〜※標本は別料金

▲ボルネオ固有種のカブトムシ「モーレンカンプ」

●コタ・キナバル・ナイトツアー

催行時間:16:00〜21:30

エネルギッシュなコタ・キナバルの町を、夜に散歩する。地元の人が集まり活気があふれるマーケットや夜店で、Tシャツ、アクセサリー、日用雑貨などの買い物を楽しめる。夕食は地元の海鮮料理。

ツアー料金

大人 RM290〜　子供 RM145〜

▲ローカルマーケットでおみやげ探し

サバ州のおもなツアー会社

●ウェンディー・ツアーWendy Tour 日本語 英語

MAP P.273-A3　☎(088)231-118

URL malaysia.wendytour.com

クアラルンプールに本店があり、コタ・キナバルとペナンに支店をもつ旅行会社。コタ・キナバルのツアーでは、いずれもドライバーとは別に頼りになる日本語ガイドが付いてくれ、家族連れには頼もしい限り。オフィスには日本人スタッフが常駐しているので安心してツアーに申し込むことができる。

●ボルネオトレイル
Borneo Trails Tours & Travel 日本語 英語

MAP P.273-B1

☎(088)235-900

携日本語(013)810-3286

URL www.borneotrails.com.my/jp/

ボルネオに詳しいので安心。

名峰キナバル山を抱く世界遺産の国立公園

キナバル公園 Kinabalu Park

▲麓に住む部族の人々からは霊峰としてあがめられている

東南アジアの最高峰

標高4095.2mのキナバル山を中心とした、7万5400haにも及ぶ広大なエリアがキナバル公園。1964年にサバ州で最初に州立公園に指定され、2000年12月には、サラワク州のグヌン・ムル国立公園（→P.331）と並んで、マレーシア初の世界遺産として登録された。晴れた日にはコタ・キナバルからもその勇姿を見ることができるし、約50km内陸にあるにもかかわらず、頂上からははるかフィリピンの島影が見えるという。まさに東南アジアの最高峰にふさわしい山だ。

実際に頂上までの登山を行うのは、年間約20万人の訪問者のうちの約10%。宿泊施設の数がかぎられているため、入山者の上限が決められ、ひいては環境保護にも結びついている。登山者のために設けられた施設や登山道はたいへんよく整備されており、時間をかければ、特に登山経験がない人でも登頂することができる。

キナバル山は、熱帯雨林の樹海が広がる山麓から、ゴツゴツした花崗岩の岩場が続く頂上にかけて、高山の自然環境に適応した珍しい動植物が数多く自生していることでも知られている。登山をしなくとも、公園本部周辺にあるハイキングコースや植物園を歩いてみよう。それだけでもすばらしい自然が満喫できる。コタ・キナバルからツアーもでている。

2015年6月のボルネオ島北部地震被害状況と登山の再開

2015年6月5日、ボルネオ島北部を震源とするM6.0の地震が発生。震源に近いキナバル山で崖崩れが起き、日本人を含む16名の死亡者が出ている。崖崩れにより登山道に被害が出ているほか、通称「ロバの耳」と呼ばれる山頂の奇岩の一部も崩れている。

その後登山道が復旧し、山頂まで登れるようになったが、2022年10月現在マシラウルートは依然閉鎖されており、復旧のめどは立っていない。登山の際には現地で最新の情報を確認のこと。

公園本部

コタ・キナバルから北東へ約88kmに公園本部がある。晴れていれば、途中キナバル山の全景が車中から見える。午後になると頂上付近は雲に覆われてしまうので、全景を見るのは朝のうちがチャンスだ。本部のある付近の標高は約1600m、平均気温は日中で20℃とかなり涼しく、夜間は13℃でむしろ寒いほど。日本でいう高山植物と熱帯植物が混在している環境だ。

公園本部は登山者のためのベースキャンプであると同時に、日帰りまたは宿泊してキナバル公園を楽しむ人のためのゲートウエイでもある。ゲートをくぐると、正面には公園内地図、右側には管理事務所Reception Office、その前にはセルフサービスレストランのキナバル・バルサム・カフェKinabalu Barsamu Cafeがあり、簡単なスナックやお菓子を置く売店もある。管理事務所の奥には、キナバル山に生息する動植物や地質に関する展示がある自然歴史ギャラリーNature History Galleryもできた。ゲートから歩いて10分ほどの所にあるビジターセンターには、本格的に食事ができるレストラン、Tシャツや絵はがきを売るみやげ物屋などが入っている。晴れた日は、レストランのベランダに出ると気持ちがいい。見上げるとすぐ目の前にキナバル山が見える。また、建物のすぐ脇には小さな山岳植物園もある。

本館の周辺にはキャビンやロッジが点在。このエリアには、熱帯雨林の植生を観察できるハイキングコースが設けられている。公園専属のガイドが案内・解説してくれる、ネイチャー・ガイドウオークも毎日開催されている。

▲世界最大の花ラフレシア

▲山岳植物園のラン

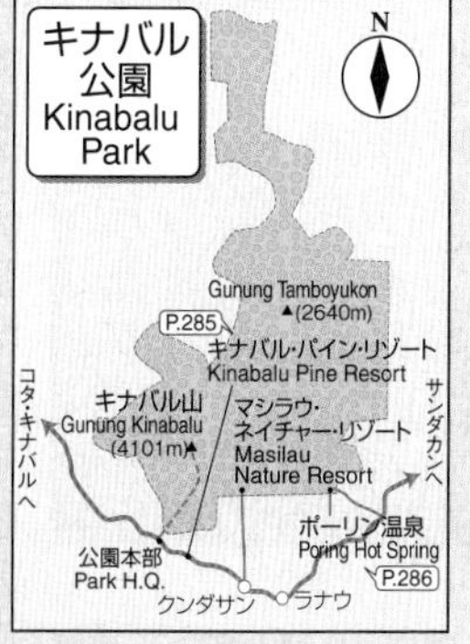

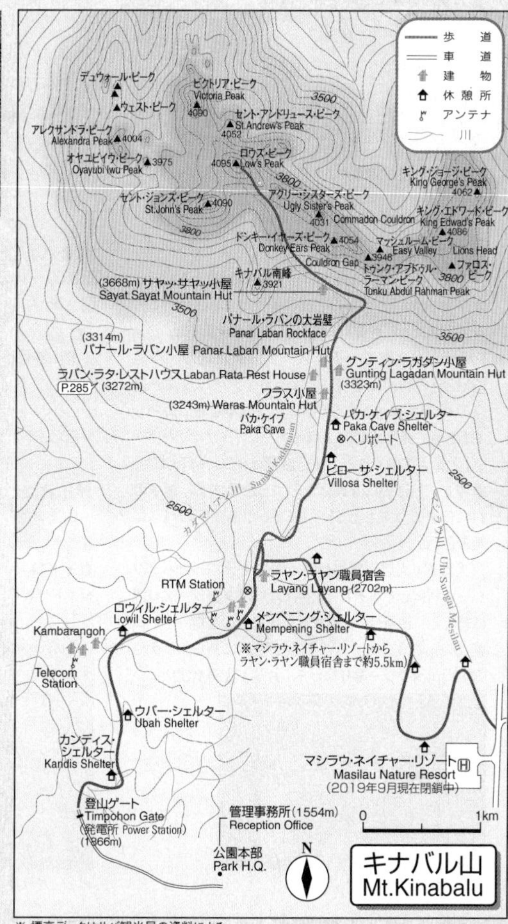

※ 標高データはサバ観光局の資料による

管理事務所での手続き

公園本部内での宿泊者と登山者は、受付カウンターでチェックイン、予約確認を済ませる。名前、国籍、パスポート番号などを記入、ステラ・サンクチュアリ・ロッジ(→P.271欄外)発行の予約証または予約番号を提出、登山に必要のない荷物を預ける(1個RM12)。そして、登山者の名前、登山日、グループ認識番号が印刷されたIDパスを受け取る。IDパスは安全確認のためのもの。山頂までのチェックポイントで提示する義務もあるので、登山中は携帯しておくこと。

次に、登山をする人は事務所の左コーナーに設けられた窓口で、登山許可料、保険料、ガイド料を支払う。山頂までの登山を行う場合は、ガイドを雇うことが義務づけられている。特に、霧が出たときなどはルートを迷うことがあるので、山頂付近はガイドの指示を受けながら登頂する。また、動植物の採取をする登山者がいないように、お目付け役も兼ねている。受付を済ませ、ガイド料を払うとガイドが紹介される。ガイドは周辺の村に住む幅広い年齢層のドゥスン族の人たち。専門的な訓練を受け、動植物に関する知識も豊富。説明は英語だが、なかにはカタコトの日本語を駆使する人もいる。見たい花や植物などがあったら、あらかじめ伝えておくといい。2～3日に1回キナバル登山をしているだけあって、体力自慢ばかりで頼もしい。

▲鮮やかな緑と植生の豊かさに驚かされる

▲登山前にまずは受付

さらに登山者は隣の部屋のカウンターで、登山ゲートまでのバスを予約。ポーターを雇う人は、荷物の計量、ポーター代を支払う。

DATA

行き方

キナバル公園へは、ムルデカ広場前バスターミナルかコタ・キナバル近郊のイナナムInanamにあるノース・シティ・バス・ターミナルNorth City Bus Terminalから出ているバス、サンダカン方面行き(RM25)の利用が便利。とはいえキナバル公園が終点のバスはないので、公園本部を通るときに降ろしてもらう。乗車の際にドライバーに「キナバル・パーク」と伝えておくこと。運行時間は8:30～17:00で、乗客がいっぱいになればそのつど出発する。途中の村に停まるバスもあるが、ダイレクト運行のバスに乗るといい。

人数が4人以上集まれば、コタ・キナバルからタクシーを利用してもそれほど高くない。タクシー乗り場に行くと、相乗りしてくれる人が来るのを待っている客がけっこういる。ムルデカ広場前にある、ラナウ方面行きタクシー乗り場から、片道1台RM100～。

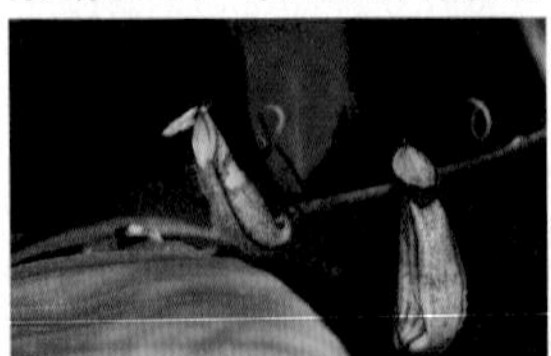
▲食虫植物のウツボカズラ

キナバル公園

開9:00～16:30(ビジターセンター)

料		
入園料	大人	RM50
	18歳未満	RM25
登山許可料	大人	RM400
	18歳未満	RM200
	傷害保険料	RM10

※2023年1月からの新料金

ガイドについて

山頂までの登山をする場合、5人までのグループにつきひとり、ガイドの同行が義務づけられている。

ガイド料

ガイドひとりにつきRM350(1～5人)

▲しっかりと準備をして登山に臨みたい

キナバル公園のホテル

Hotel

公園本部 中級

リワグ・スイート

Liwagu Suite

ビジターセンター併設で売店・食堂あり

展示室や売店、レストランが入っているビジターセンター内の宿泊施設。ロフト風の作りで1階がリビングルーム、2階がシャワールームとダブルベッドの寝室になっている。おしゃれなインテリアと窓の外の緑に癒やされる人気の部屋。

料要問い合わせ
室4

公園本部 高級

サミット・ロッジ／ザ・ピーク・ロッジ

Summit Lodge/The Peak Lodge

プライバシーが欲しい長期滞在者向き

いずれもしゃれたベランダ付きで、小屋というより貸別荘の雰囲気でプライベート感がある。ロッジは1階建てで、ツインとダブルの2部屋。ラウンジもあり、まるで高原リゾートに滞在するような気分で優雅に過ごすことができる。

料要問い合わせ
室2

公園本部 中級

ネペンティス・ロッジ

Nepenthes Lodge

リビングルームには暖炉付き

4棟の複式シャレー。それぞれ1階にはリビングルームやキッチン、2階にはツインのベッドルームが1部屋、ダブルが1部屋の計4人宿泊可能。ヒーター付き。BBQ用のスペースもある。テレビと暖炉のある山小屋風のラウンジもある。

料要問い合わせ
室8戸

公園本部 中級

ヒル・ロッジ

Hill Lodge

六角形のモダンなキャビン

本館から発電所に向かって車道を少し上った左側。六角形のキャビンが10戸くっついて建っている。ベッドルームはツインでトイレ、ホットシャワー、ヒーター付き。自炊設備はないので、本館か管理事務所下のレストランを利用する。

料要問い合わせ
室10戸

キナバル公園周辺 中級

キナバル・パイン・リゾート

Kinabalu Pine Resort MAP P.283左

眺望のよさは抜群

キナバル公園から7km。登山前後に宿泊する登山者だけでなく、避暑にやってくる地元の人にも人気がある。部屋は安い順にスタンダード、スーペリア、デラックス、スーペリアデラックスに分かれ、いずれも快適。刈り込みや花がきれいな庭があるのもうれしい。涼しくなる夜には、レストランで体温まるスチームボート（鍋料理）をいただこう。

住Kampung Kundasang, Kundasang, Ranau
☎(088)889-388
URL kinabalupineresort.com
料スタンダードRM240〜 CC A J M V 室48

キナバル登山道の山小屋 中級

ラバン・ラタ・レストハウス

Laban Rata Rest House MAP P.283右

宿泊すること自体が勲章

標高3272mに建つ大きな小屋。入口のLaban Rataと書かれた茶色の大きな看板が目印。ルーム1·2·3はシャワー、トイレ付きの個室。レストハウスは2段ベッドが2台置かれたドミトリータイプ。強力なパネルヒーターが各部屋に完備。

料要問い合わせ
室60ベッド+3戸

メモ Ⓗキナバル・パイン・リゾートを除く上記5軒の宿泊先の問い合わせはステラ・サンクチュアリ・ロッジ（→P.279欄外）まで。

ジャングルの中で湯につかる

ポーリン温泉 Poring Hot Spring

▲きれいに整備されており、地元の人も湯浴みに訪れる

キナバル公園とともに訪れたい

ポーリンとは、カダザンドゥスン族の言葉で、このあたりでよく見かける"竹"のこと。そんな風情のある土地に、第2次世界大戦中に日本軍が掘り当てた露天温泉がある。

温泉があるのはラナウの北方18km、キナバル山に流れを発してスールー海に注ぐスグット川Sungai Sugutの上流。広大なキナバル公園の一部で、キナバル登山で疲れた体を癒やしたいところだが、公園本部からは車で30分ほど離れた場所にある。

近くのジャングルには、切り立った小さな滝やコウモリのすむ洞窟などに通じるトレッキングコースが張り巡らされており、運がよければ世界最大の花、ラフレシアにもお目にかかれるはずだ。ロッジやキャンプ場などの宿泊施設もあるので1泊してもいい。

49～60℃の天然硫黄泉

無料の屋外風呂Open Bathtubと有料の屋内個室Enclosed Bathtubがある。屋内個室は管理事務所に申し込む。

屋外には、ひとつの浴槽を4つに区切ったものが7つ(ひと区画に1～2人入れる)と、ひょうたん形の大きめの風呂がひとつある。すいている浴槽に陣取って、お湯と水を出して湯加減を調節して入る。使い終わったらお湯を落としておく。マレーシアの人たちは熱いお湯につかるのに慣れていないので、一緒に行くとものすごくぬるくされてしまう。入浴には水着が必要(Tシャツに短パンでもよい)。付近に無料のシャワールームがあり、そこで着替えられる。屋内個室は鍵がかかるので、裸で入ることもできる。5室程度の個室があり、ジャクージにシャワー、トイレが付いているものも。

また、ここにはキッチン付きのロッジから、キャンプ場、ドミトリーまで整っているので、泊まりがけで訪ねてみるのもいい。

鳥やサルの気持ちに近づけ、スリル満点

地上41mの樹冠に、人ひとりがやっと通れる細いつり橋が157mにわたって架けられている。マレーシアでもこれほど高さのあるキャノピー・ウオークは数少ない。いつもは下から仰ぎ見ることしかできない熱帯雨林を上から見ようという試みだ。

DATA

行き方

コタ・キナバルからラナウまでバスで所要約2時間30分、RM25。ラナウからミニバスでRM6(1時間ごと)、チャーターすると1台RM30～(10人まで)。キナバル公園からミニバスをチャーターすることもできる。コタ・キナバルの**ステラ・サンクチュアリ・ロッジ**(→P.279欄外)で宿泊の予約をした人は、キナバル公園本部からシャトルバス(1人RM30)を利用。要問い合わせ。タクシーだとコタ・キナバルから所要約3時間、往復RM450程度。

ポーリン温泉

MAP P.283左
☎(088)878-801 開7:00～18:00
料 入場料RM50(12歳以下RM25)
カメラ持ち込み RM5
ビデオ持ち込み RM30
屋内個室入浴料 1時間RM15～20
屋外は無料

同じ敷地内にトロピカル・ガーデン、バタフライ・ファーム、オーキッド・ガーデンがあり別料金。

ボルネオ島のジャングルガイド

熱帯のジャングルが広がるボルネオ島には、豊かな自然がつくり出した未知の世界が広がっている。ここには、固有種や絶滅の危機に瀕しているものも多い。ボルネオ島の動植物やトレッキング事情についてレクチャーしていこう。

植物

ボルネオ島には7900種以上の植物が生息しているが、真っ先に挙げられるのがラフレシアRafflesiaだ。世界最大の花で、最小のものでも直径30cm、大きいものになると1m近いものもあるという。開花する時期には悪臭を放ち、受粉の媒介者となるハエなどの昆虫をひきつける。開花してもわずか数日で枯れてしまうことから、「幻の花」の異名をもち、いつでも見られるというわけではない。

食虫植物ウツボカズラNepenthesもよく知られる。標高が高く、養分の少ない土地に自生しており、袋状の葉の中にアリやクモなどを誘い込み、養分を摂取している。

▲巨大なラフレシアはボルネオ島の植物で最も有名

◀▲足元や木の上にも生えるウツボカズラ

ラフレシア・インフォメーション・センター
RAFFLESIA INFORMATION CENTRE

コタ・キナバルから、内陸のタンブナンに行く途中にある。寄生植物であるラフレシアは1ヵ所にいくつも固まって咲くので、花がひとつ見つかると、その周りにつぼみがいくつも見つかる。そういう「ラフレシア多発スポット」がこのセンター付近には56ヵ所あり、スタッフが毎週チェックしている。一番近いスポットで片道45分、一番遠い所は1時間ほどのトレッキングコースをガイドの案内で歩く。入園料は1人 RM5、ガイド料 RM100。開花したきれいなラフレシアを見られるかどうかは、事前に必ず確認しておいたほうがいい。また、ひっそりとした場所なので、早めに到着しておきたい。

行き方 コタ・キナバルからタンブナン行きのバス(RM10)に乗り途中で降ろしてもらうか、タンブナン行きのタクシー（往復 RM350）で。所要約1時間30分。不便な場所なのでツアーが便利。個人で行く場合はコタ・キナバルの❶サバ州観光局(→ P.271欄外)か、州森林局タンブナン郡事務所スタッフ(☎(088)899-589 開8:00～15:00)に、事前に電話して確認しておこう。また個人で行く場合は、必ずタクシーをチャーターして行くこと。

▶ラフレシアの生態が解説されている

昆虫

チョウやカブトムシ、ナナフシなど3000万種にも及ぶ多種多様な昆虫類がいる。なかには鮮やかな色を放つものや、擬態するものもおり興味深い。

▲鮮やかな色のヤスデ

動物

ボルネオ島には200種を超える種類の哺乳類が生息している。このジャングルの長ともいえるのが、マレー語で「森の人」の意味をもつオランウータン Orang-Utan。オスの体長は1m弱にも及ぶ。オレンジがかった毛で覆われているのは子供で、大人になるにつれ黒っぽくなっていく。昼間は移動を続け、夜には木の上にベッドを作る。セピロック(→P.307)やセメンゴ(→P.322)のリハビリセンターでは保護されたオランウータンを間近に見ることができる。

ボルネオ島の固有種としては、絶滅の危機に瀕しているテングザル Proboscis Monkeyがいる。ほかにロングテイルと呼ばれるカニクイザル Crab Eating Macaqueや、ブタオザル Pig-Tailed Macaqueなどがよく見られる。ほかにもヒゲイノシシ Beared Pigやマメジカ Mouse Deer、オオトカゲ Monitor Rizard、洞窟ではコウモリ Batの群れにお目にかかれる。またボルネオ・ピグミー・エレファント Borneo Pygmy Elephantやスマトラサイ Sumatran Rhinocerosといった大型動物も生息している。

▲オランウータンに近寄りすぎて帽子やカメラを取られないように

▲すばしっこいが愛嬌たっぷりのオオトカゲ

▲まるで人間のようなしぐさをするテングザル

鳥類

600種といわれるボルネオ島の鳥類のなかでも、サラワク州のシンボルとして知られるのが、サイチョウ Rhinoceros Hornbillだ。翼を広げると1m以上にもなり、大きなツノをもつくちばしが特徴だ。眼が赤いのがオスで、白いのがメス。ボルネオ島には8種類のサイチョウが生息している。

▲サイチョウの姿を目にすることもある

キノコ(菌類)

▶キノコは森の芸術品だ

ボルネオ島はシイタケの故郷ともいわれるほどキノコの宝庫だ。運がよければ、アカイカタケや光るキノコなどとも出合える。

マレーシア訪問の目的のひとつに、ジャングルトレッキングを楽しみにしている旅行者は多いだろう。ツルの絡まった木々がうっそうと生い茂る、熱帯雨林の中を歩く。鳥、昆虫などの鳴き声が、どこかから絶えず聞こえる。ときおり遭遇する、ジャングルをすみかにする動物たち。映像や本のなかで見た、本物のジャングルが、そこに存在する。

季節

ジャングルを歩くには、季節を選ぶことがまず大切だ。乾季と雨季があり、初めてジャングルトレッキングに行く場合は乾季がおすすめ。乾季といってもまったく雨が降らないわけではなく、1日に何度か雨が降る場合はある。しかし、地面がぬかるむほどではないので、比較的楽に歩くことができる。

通常11月から3月にかけての雨季は、雨が降る回数も1回に降る量も多い。地面はぬかるみ、水浸しで歩けなくなることもある。熱帯雨林は地盤が弱いので大きな木が倒れることもあるし、最悪のケースでは交通が遮断されてしまうこともある。また、ヒルも多いのでヒルよけ対策も必要。雨や湿気でカメラなどの機材が壊れてしまうことも。装備には注意が必要だ。

トレイルをガイドと歩くので安心

通常旅行者が歩けるジャングルは、ボードウオーク（木道）やトレイルが設けられている場合が多い。たいてい国立公園や保護区として整備されていて、公園本部や宿泊施設、トイレなどもある。また、国立公園所属、または旅行会社所属のガイドと一緒に歩くので、ルートや道に関しての心配はない。なかにはガイドが付かず、個人で歩く国立公園もあるが、一定の距離をおいて地図や案内板が立っているので、トレイルからそれたりせず注意深く歩いてさえいれば、まず道に迷うことはない。しかし、何が起こるかわからないのがジャングル。単独行動は避け、必ずふたり以上で行動すること。

なお、生態系を守るために、動植物は持ち帰らないかつ持ち込まない、ごみは必ず持ち帰るといった最低限のルールはいうまでもない。そして、動物を見つけても追いかけ回さず静かに観察すること。また危険を回避するために、むやみに動物、植物、昆虫には触らないこと。

歩く距離とルート

国立公園や保護区内には、数多くのルートが設けられている。滞在時間の短い旅行者は、メインとなるルートを歩く場合が多いが、時間に余裕があれば、自分の興味でルートを選ぶといい。見たい動物、植生や植物、景色などについての希望をガイドに伝えておけば、最適なルートを案内してくれるはずだ。事前に何kmぐらい距離があるコースなのかも調べ、体力に合わせた計画を練ること。

ジャングルトレッキングの装備

基本的に山歩きの装備と同じ。慣れない環境なので、なるべく最小限の荷物にしておこう。

必需品 長袖、長ズボン、帽子、履き慣れたトレッキングシューズまたはスニーカー、靴下、デイパック、地図、雨具（ポンチョ、レインウエア）、懐中電灯（頭に付けるものが便利）、飲料水、非常食、ごみ袋（環境保護のためごみは持ち帰る）、救急薬（頭痛薬などのほかに虫刺されの薬、虫よけスプレー、絆創膏など）、ヒルよけソックス、ライター、蚊取り線香（宿泊の場合）

あると便利な物 水着、サングラス、ティッシュペーパー、双眼鏡、図鑑、コンパス、カメラなど

吸血鬼“ヒル”対策

ヒルはあらゆる場面でひっついてくる。ズボンの上からはいてひざ下でひもを結ぶヒルよけソックスをはく、首にタオルを巻く、ゴム袖の服を着るなど、ヒルに直接皮膚に張りつかれないように注意する。もしヒルが付いてしまったら、火を押しつけたり、たばこの灰をふりかけたりすると離れる。むりやりヒルを離すと、ヒルの歯が残り、あとで非常に痒い思いをする。また、ヒルに食われたあとは、血が止まりにくいので、ティッシュや絆創膏などで押さえて止血し、ジャングルから帰ったら傷口を水で洗い、新しい絆創膏で止め直すとよい。

コタ・キナバルのレストラン

Restaurant

コタ・キナバル中心部　先住民族料理

リトル・スラップ

Little Sulap　MAP P.272

ボルネオ先住民族の料理を体験

サバ州の先住民族、カダザン・ドゥスン族などの伝統料理を楽しめるカフェ。人気メニューはサゴ椰子のデンプンを練ったものとおかずやスープを一緒に食べるアンブヤットのセット。ガーデンホテルに隣接しており、ピンクの外壁が目印だ。

住5, Lorong Dewan
☎(011)3380-8184
営10:00～22:00
休無休　CC不可

タンジュン・アル　マレーシア料理ほか

ルーシーズ・キッチン

Lucy's Kitchen　MAP P.270-A2

マレーシア料理をカジュアルに

コタ・キナバルに3店舗を展開する人気レストラン。マレーシア料理から洋食、デザートまでファミレス感覚で幅広く楽しめる。全メニュー写真入りで選びやすい。タンジュン・アル店は目の前がビーチ。週末の夕方は付近が渋滞するので注意。

住8597, Jl. Aru, Tanjung Aru
☎(088)201-866
営11:00～22:00
休無休　CC M V

コタ・キナバル近郊　シーフード料理

カンポン・ネラヤン

Kampung Nelayan　MAP P.270-B2

民族舞踊ショーが人気

町の中心から車で10分。人工池に浮かぶ観光客向けの水上シーフードレストラン。水槽から魚介類を選び好きなように調理してもらう。毎日19:45から、人気の民族舞踊ショーが行われる。コタ・キナバルでは最も規模が大きく一見の価値あり。

住Taman Tun Fuad, Bukit Padang
☎(088)231-003
営11:00～14:00、18:00～23:00
休無休　CC A M V

コタ・キナバル中心部　ニョニャ料理

スリ・ムラカ

Sri Melaka　MAP P.273-B3

マラッカのニョニャ料理を味わう

マラッカ出身のオーナーがおいしいニョニャ料理を提供しており、観光客だけでなく地元の人にも人気。サバ州名物のサバベジ(サユール・マニス)という野菜の芽の炒めものなど、おすすめ料理は写真付きで選びやすい。SサイズでRM12～。

住9, Jl. Laiman Diki, Kg. Air
☎(088)213-028
URL srimelaka.com
営10:00～21:30　休無休　CC M V

コタ・キナバル中心部　チキンライス

ウィヤ・ナシ・アヤム

Wiya Nasi Ayam　MAP P.272

かわいらしい三角錐の鶏ご飯

1976年創業の老舗チキンライス店。チキンライスはマレー語で「ナシ(ご飯)・アヤム(鶏)」と呼ばれる。鶏のだしで炊いたご飯がピラミッド状に盛られ、たれのかかった鶏と一緒にいただく。スタッフは皆真面目で、てきぱきとよく働く。

住No.4 Blk F, Segama Complex
☎(088)214-378
営9:00～16:00
休無休　CC不可

コタ・キナバル中心部　麺料理

クダイコピ・イーフン

Kedai Kopi Yee Fung　MAP P.272

サバ州のラクサを食べるならココ！

'イーフン'の名で愛されるラクサ専門店。この店のラクサはペナンのものとは違いあっさり味のスープが特徴(RM7～)。ニューチャップ(汁麺)や鍋で炊くチキンライスも人気。飲み物はテタレとアンブラ※ジュースを試してみよう。

住127, Jl. Gaya
☎(088)312-042
営6:30～18:00(土・日 ～16:00)
休無休　CC不可

メモ　※アンブラUmbraは独特の酸味があるマレーシア産のフルーツ。甘酸っぱく、さっぱりとしたあと味のジュースが現地で人気。

コタ・キナバルのレストラン
Restaurant

コタ・キナバル中心部　ファストフード

ボレノス・フライドチキン
Borenos Fried Chicken　MAP P.273-B3

コタ・キナバル発のご当地ファストフード

鶏肉のおいしさには定評のあるマレーシア。なかでもこのボレノスはサバ州産のチキンにこだわるコタ・キナバル発のファストフードチェーンだ。他ではお目にかかれない丸鶏のフライドチキンは話題性も抜群。深夜まで営業している。

住Lot G23, Ground Floor, Asia City Kompleks
☎(018)963-2280
URL borenos.com
営9:00〜26:00　休無休　CC M V

コタ・キナバル中心部　ローカルカフェ

フォーチュン
Fortune　MAP P.272

カヤトースト、サテーで有名

1960年代創業の中国系コピティアム。店内はどこか懐かしい味のある雰囲気だ。手作りのオリジナルカヤで作るカヤトーストが人気のほか、朝はナシ・ルマッ、夕方はサテーを出していてどちらもおいしい。オーナーも気さくで親切。

住Jl. Pantai
携088-257-048
営5:45〜19:00
休無休　CC不可

コタ・キナバル中心部　中国系

シンキー・バクテー(新記砂褒肉骨茶)
Sin Kee Bah Kut Teh　MAP P.272

行列のできる肉骨茶(バクテー)屋

パンタイ通りで地元の人に愛される肉骨茶(バクテー)の専門店。黒コショウが効いたスープは深みがあるのにすっきりした飲みくち。2時間煮込んだ肉も軟らかく、ひとり分RM16〜と手頃な価格もうれしい。ハーバル・プラウン・スープもおいしい。

住26, Jl. Pantai
携(016)889-1668
営12:00〜22:00
休不定休(月2回)　CC不可

コタ・キナバル近郊　中国料理

富平点心楼
Foo Phing Dim Sum　MAP P.270-B2

コタ・キナバルで絶品飲茶といえば

おいしい点心をおなかいっぱい食べることができる飲茶の老舗。1品RM4.5〜ととてもリーズナブル。できれば品数の充実した土日に行きたい(小龍包は土日のみ)。市街地から車で15分程度だが、少し遠出をしてでも行きたい人気の店。

住Block A, Lot 6 & 7, Kolam Centre
☎(088)259-692
営7:30〜14:30
休第2・4月曜　CC不可

コタ・キナバル中心部　インド系

ジョティーズ・フィッシュ・ヘッド・カリー
Jothy's Fish Head Curry　MAP P.273-A3

南インドからやってきたシェフが作る

マレーシアのインド料理といえばバナナリーフカリー(PM15〜)。バナナの葉を皿代わりにして食べる南インド料理だ。カリーの種類はいろいろあるが、この店の名物はフィッシュヘッドカリー(RM40〜)。ライスはお替わり自由でうれしいかぎり。

住Lot 1, G9, Api-Api Center, Lorong Api-Api, Jl. Center Point　☎(088)261-595
URL www.jothyscurry.com
営11:00〜15:00、18:00〜21:00　休無休　CC J M V

コタ・キナバル中心部　インド系

スリ・ラタ・カリー・ハウス
Sri Latha Curry House　MAP P.273-B3

KKで1、2を争う名店

現地在住の日本人に最も評判の高い南インド料理店。バナナリーフカリー(RM15程度。ライスと野菜はお代わり可)やフィッシュヘッドカリーが人気で、朝食の定番ロティ・チャナイもサックサクで美味。テタレやラッシーといただきたい。

住No.28, Jl. Berjaya, Bandar Berjaya
☎(088)253-669
営8:00〜17:00(日・祝〜11:00)
休無休　CC不可

コタ・キナバル中心部　シーフード料理

スリ・スレラ・カンポン・アイル

Seri Selera Kg. Air　MAP P.273-B3

カンポン・アイルのシーフード屋台村

新型コロナ以前は複数のシーフードレストランや屋台が集まる屋台村だったが、2022年10月現在、Ⓡ双天海鮮樓のみ営業を再開している。1983年創業の双天は、コタ・キナバル市内で最も長く営業している人気のシーフードレストランだ。

住Sedoco Sq, Kampung Air
☎(088)223-080（双天直通）
営15:30～22:30
休無休　CC不可

コタ・キナバル中心部　シーフード料理

ウェルカム・シーフード・レストラン

Welcome Seafood Restaurant　MAP P.273-B3

地元民に愛される海鮮料理店

アジア・シティ・コンプレックスの近くにある人気シーフードレストラン。おいしいシーフードが安く食べられると、地元の人々に評判で、口コミで観光客にも人気が広まっている。予算はひとりRM50～。注文の仕方は下記コラム参照。

住Lot G 21-22, Ground Floor, Kompleks Asia City, Phase 2A, Jl. Asia City　☎(088)447-866
URL www.wsr.com.my
営12:00～23:00　休無休　CC MV

COLUMN

シーフードの注文方法

海沿いの町コタ・キナバルはシーフードパラダイス。シーフードレストランがいくつもあり、新鮮な海鮮料理が味わえる。これらの店にはメニューのないところも多いので、簡単に注文の方法を紹介しよう。

1、食材を選ぶ

席を確保したら、まず初めに水槽の前で食べたい食材(貝、甲殻類、魚)を選ぶ。値段は基本的にはグラム単位だが、魚やカニは1匹単位の注文の場合もある。値段は食材費プラス調理費(RM10～15)になる。選んだ水槽の近くにグラム単位の値段が表示されているので、値段が気になる場合は、注文前にグラムを量って値段を教えてもらうことも可能だ。水槽前は混むこともあるので注文は一度で済ませよう。

2、調理法を選ぶ

次に調理法を告げる。おすすめは、白身魚ならスチーム、貝類ならスチームwithガーリック、ピリッと辛い料理が食べたいならサンバルソース炒め。カニの調理法ではアヒルの塩卵の黄身をペーストと一緒に炒めたエッグヨークソース、パンチのある辛味が味わえるブラックペッパーソースが現地で人気。

3、ドリンクを頼む

料理の注文が済んで席に着くと、スタッフが飲み物のメニューを持ってくるので、好きなドリンクを注文。

▲水槽前でスタッフと相談

▲花蟹は1kg RM50（店による）

▲帆立のガーリック蒸し

▲イカン・バカール

コタ・キナバルのレストラン
Restaurant

コタ・キナバル中心部　ベトナム料理

ペパーミント
Peppermint　MAP P.272

絶品のスパイシーチキンライスで有名

地域密着型のベトナム料理レストラン。値段も手頃で、現地在住の日本人もおすすめの名店だ。看板メニューのスパイシーチキンライス(RM8)は、カリカリの衣にスパイシーなたれがしみこみ最高にうまい。本格的なベトナムコーヒーもGood。

住Lot 85, Jl. Gaya
☎(088)231-130
営8:00〜22:00
休無休　CC MV

コタ・キナバル中心部　カフェ

オクトーバー・コーヒー・ハウス
October Coffee House　MAP P.272

ゆったりできる快適カフェ

おしゃれなカフェが増加しつつあるオーストラリア・プレイスで1、2を争う人気カフェ。世界中から仕入れた豆をローストし、おいしいコーヒーを飲ませてくれる。国内でも数々の賞を受賞。木材を多用した広い店内でゆったりと過ごしたい。

住Lorong Dewan, Australia Pl.
☎(088)277-396
営9:00〜23:00
休無休　CC不可

ステラ・ハーバー　地中海料理

アル・フレスコ
Al Fresco　MAP P.270-A1

絶景の夕日が自慢のファインダイニングスポット

町一番の夕日スポットとして有名なⒽマジェラン・ステラ・リゾート内の地中海料理店。新鮮なシーフードを、ハーブ類やスパイス、チーズ等で味つけし、野菜もたっぷり使っていてヘルシーだ。1品がRM50前後。カップルで訪れたい。

住1, Sutera Harbour Bld., Sutera Harbour
☎(088)308-431
営11:00〜23:00
休無休　CC MV

コタ・キナバル中心部　イタリア料理

リトル・イタリー
Little Italy　MAP P.272

町一番のイタリア料理！

毎日大にぎわいの本格派イタリア料理レストラン。フェットチーネ、リングイネなどパスタは17種、ソースは31種から選べる。4種のチーズをオーブンで焼くペンネも人気。予算はひとりRM40前後。スタッフもとても親切だ。

住No.23, Jl. Haji Saman
☎(088)232-231　URL www.littleitaly-kk.com
営17:00〜22:00(土・日・祝 12:00〜)
休月曜　CC MV

コタ・キナバル中心部　デザート

ロイヤル・ココナッツ
Royal Coconuts　MAP P.272

ココナッツシェイクでクールダウン

通常のココナッツより値段の高いパンダンココナッツを、シェイクやジュースなどいろいろな方法で楽しむ。一番人気はココナッツをそのまま食べる「パンダンココナッツ(RM7)」。飲み干したあとはスプーンで果肉を食べられ2度楽しめてお得な気分。

住Jalan Pantai
携(010)240-6399
営11:00〜21:00(火・木・土・日 〜22:00)
休無休　CC不可

コタ・キナバル中心部　ベーカリー

ケンワンヒン
Keng Wan Hing　MAP P.272

焼きたてのパイナップルパンが人気

庶民的なコーヒーショップで料理もおいしいが、特に人気なのが店で作っているパンと中華まん。メロンパン風のパンの中にパインジャムがたっぷり詰まったパイナップルパンはおやつにおすすめ。店先では持ち帰りの客が並ぶ姿も。

住80, Jalan Gaya
☎(016)849-4708
営月〜土 6:00〜17:00、日 6:00〜13:00
休隔週土曜　CC不可

コタ・キナバル中心部　民芸品

カダイク

Kadaiku　MAP P.273-A2

質のよい民芸品をリーズナブルに

サバ州管轄の地域の歴史民俗文化、民芸を紹介する店。隣には州の観光案内所がある。店員のほとんどが各民芸について説明でき、市場とは異なり品物のディスプレイもすっきりしていてわかりやすい。おもに各村の手編み籠とビーズ細工、楽器、オランウータンのぬいぐるみ、歴史や民俗の本などを扱っている。

▲ビーズのネックレスをつけたスタッフ

▲きれいにディスプレイされた店内

▲バイヤーが村で買いつける

住Lot 5, Ground Floor, Block L, Sinsuran Complex
☎(088)291-688　URL www.kadaiku.com
営8:00〜17:00
休土・日　CC MV

コタ・キナバル中心部　雑貨

ザ・アート・アティック

The Art Attic　MAP P.272

アート&ライフスタイルがコンセプト

ボルネオの自然にインスパイアされた地元アーティストの作品やハンドメイド雑貨を取り扱うショップ。植物や貝殻を使ったアクセサリー、天然素材のキャンドルや石鹸などセンスのよい商品はみやげにもぴったり。店ではハンドメイドのワークショップも頻繁に開催されている。

▲センスあふれるおしゃれな店内

住7 Lorong Dewan
☎(018)989-1133
営10:00〜20:00
休月　CC MV

コタ・キナバル中心部　文具

ソルト&ペーパー

Salt & Paper　MAP P.273-B1

ローカルのデザイナーズ文具が勢揃い

マレーシア人デザイナーが手がけるステーショナリーグッズを販売。ショップハウスの町並みやアイスカチャンなど、マレーシアのシンボルがかわいらしくデザインされた商品が多く、なかには日本にインスピレーションを受けてデザインされたものも。営業時間が短いので注意。

▲おみやげ探しにも最適

住Lot A, Ground Floor, No.51, Jl. Gaya
携(016)473-2770　URL www.saltxpaper.com
営12:00〜18:00
休月・火　CC MV

コタ・キナバル中心部　スーパー

サーベイ・プレミア

Servay Premier　MAP P.273-A3

手頃なバラマキみやげが揃う

コタキナバルの街の中心部に位置するⓈセンターポイントの地下にある大型スーパーマーケット。野菜や果物などの生鮮食料品だけでなく、お菓子やお茶などのバラマキみやげにぴったりなマレーシアの食品類、マグネットやキーホルダーなどの雑貨まで幅広く扱う。日用品や電化製品のコーナーもある。

▲人気の商品が高く積まれた店内

住 No. 1, Jalan Centre Point
☎(016)228-1199
営10:00〜21:30
休無休　CC MV

メモ　ソルト&ペーパーが主催するハンドメイド雑貨市も毎月開催されている。開催日をチェックしてみよう。
URL https://www.jesseltonartisanmarket.com

コタ・キナバルのスパ

Spa

タンジュン・アル　中級

ジャリ・ジャリ・スパ

Jari Jari Spa　MAP P.270-A2

ドゥスン族の伝統療法が生きる

ドゥスン族に古くから伝わるマッサージ法を取り入れたユニークなスパ。①肩、背中、首の患部を中心に、親指に力を入れてマッサージするドゥスン、②手の平を使って全身を優しくほぐすパラッ、③足を重点的に施術するタンガラの３つのマッサージが用意されている。Ⓢスリア・サバにも支店がある。60分RM190〜。

▲マレーシアの伝統を体感しよう

住Plaza Tanjung Aru, 2nd Floor, Block B, Lot 2.1, Jl. Mat Salleh ☎(088)272-606 URL jarijari.com.my
営10:00〜18:00
休無休 CC MV

コタ・キナバル中心部　中級

ヘレン・ビューティ・リフレクソロジー

Helen Beauty Reflexology　MAP P.273-A3

コタ・キナバルに2店舗

ステラ・ハーバー方面のスンブランに自社ビルをもつ。Ⓢワリサン・スクエア店は規模が小さめで簡素だが、団体客用の別棟もある。メニューはボルネオの伝統的なマッサージをはじめ、ホットストーンマッサージ(1時間RM102)やスウェディッシュマッサージ(1時間RM102)など。

▲ワリサン・スクエア店のマッサージ室

ワリサン・スクエア店
住Block B, Lot 13, Warisan Sq.
☎(014)617-5717
営11:00〜23:00 休無休 CC JMV

COLUMN

増え続けるショッピングセンター

ボルネオ島にも近代化の波が押し寄せ、いくつもの大型ショッピングセンターが大急ぎで建てられた。現在もコタ・キナバルの周辺は開発＆建設ラッシュだ。ここでは少しだけそれぞれのビルの傾向を紹介する。営業時間はどこも10:00〜22:00頃。

■スリア・サバ Suria Sabah（MAP P.273-B1）／5階建ての比較的新しいモール。コーチをはじめマンゴやエスプリなど中級ブランドが中心で、国内ブランドなど約200店舗。

■ワン・ボルネオ・ハイパーモール One Borneo Hyper Mall（MAP P.270-B1外）／ショップやレストラン、映画館、スパなどが入った巨大複合ショッピングセンター。

■センターポイントCentre Point（MAP P.273-A3）／街の中心にある庶民的なモール。両替商が多く、地下にはフードコート。

■ワリサン・スクエア Warisan Square（MAP P.273-A3）／観光客向けの飲食店や土産屋が入っていたが、現在は閑散としている。

■オーシャナス・ウオーターフロント・モール Oceanus Waterfront Mall（MAP P.273-A3）／マリオットホテルに隣接した海沿いの大きなモール。景色の良いレストランや土産屋もあるが、空きテナントが目立つ。

■イマーゴ Imago（MAP P.273-A3）／KKタイムズ・スクエアにある、最先端の大型ショッピングセンター。

▲郊外ホテルに隣接のワン・ボルネオ

▲オーシャナス・ウオーターフロント・モール

▲地元民向けのセンターポイント

コタ・キナバルのホテル

Hotel

コタ・キナバル中心部　高級

ヒルトン・コタ・キナバル

Hilton Kota Kinabalu　MAP P.273-B3

中心部随一のシティリゾート

2017年、コタ・キナバルの中心部にオープン。302室を擁する大型シティリゾートとして世界各国からの旅行者を受け入れている。客室はタッチパネルなど最新の設備が施され、モダンな雰囲気。最上階にプールとレストランがあり、町の景色を楽しむことができる。

▲家族連れでにぎわう屋上プール

住 Jalan Tunku Abdul Rahman, Asia City
☎ (088) 356-000
URL www3.hilton.com
料 ⓈⒹRM530〜
CC ＡＪＭＶ　室302

コタ・キナバル中心部　高級

ハイアット・リージェンシー・キナバル

Hyatt Regency Kinabalu　MAP P.272

町なかでありながらリゾート気分を味わえる

町の中心に位置し、町歩きに最適なロケーション。しかも海にも面しているので景観は抜群。プール、各種マッサージを取り揃えたスパもあり、まさにアーバンリゾートだ。日本料理「なぎさ」はプールを望み、町なかの日本料理店と料金はさほど変わらないが高級感あり。

▲モダンで広々としたスタンダードルーム

住 Jl. Datuk Salleh Sulong
☎ (088) 221-234
URL www.hyatt.com
料 スタンダードRM470〜
CC ＡＭＶ　室288

ステラ・ハーバー　高級

マジェラン・ステラ・リゾート

The Magellan Sutera Resort　MAP P.270-A1

1日中敷地内で遊べる豪華リゾート

ヨットハーバーやゴルフ場などを含め約46万坪の広大な敷地をもつステラ・ハーバー・リゾート内の5つ星リゾート。サバ州の家屋ルマ パニジャン式を模した玄関ロビーやビーチに面したプールなどすべてが豪華。食事のレベルも高い。

▲カジュアルな雰囲気なので家族連れには最適

住 1, Sutera Harbour Bld., Sutera Harbour
☎ (088) 318-888
URL www.suteraharbour.com
料 デラックスRM750〜
CC ＡＤＪＭＶ　室456

ステラ・ハーバー　高級

パシフィック・ステラ・ホテル

The Pacific Sutera Hotel　MAP P.270-A1

ヨットハーバーに隣接して雰囲気は最高

ステラ・ハーバー・リゾート内のもうひとつのホテル。上階にはビジネス客向けのクラブラウンジがある。Ⓗマジェラン・ステラ・リゾート(→左記)の施設はもちろん、敷地内のマリーナ＆カントリー・クラブではプール、テニスコートなどで思いきり遊べるのもうれしい。

▲マジェラン・ステラよりもさらにカジュアルな雰囲気

住 1, Sutera Harbour Bld., Sutera Harbour
☎ (088) 318-888
URL www.suteraharbour.com
料 ⓈⒹRM680〜
CC ＡＤＪＭＶ　室500

メモ　ステラ・ハーバー・リゾートの船着場からは、ボート会社のシー・クエストが8:30〜15:30の間、1時間おきに国立海洋公園の島行きのボートを運航している。

コタ・キナバルのホテル
Hotel

コタ・キナバル中心部　高級

ル メリディアン コタキナバル
Le Meridien Kota Kinabalu　MAP P.273-A2

大型シティホテル

眺望が抜群の新しいホテル。ジャクージが付いたプールもある。4階から12階までが客室階で、デラックスルームはシービュー。ホテルの目の前はローカル色豊かなマーケットが並び、周りは大型ショッピングセンターと観光には最高の立地にある。

住 Jl. Tun Fuad Stephens, Sinsuran
☎ (088) 322-222　URL www.marriott.com
料 クラシックRM509〜
CC ADJMV　室 306

コタ・キナバル中心部　中級

ホテル・グランディス
Hotel Grandis　MAP P.273-B1

ショッピングモールに隣接

2014年にⓈスリア・サバの隣に完成。便利な立地とオーシャンビューが自慢のホテルだ。部屋は高級感のある内装で、広めにスペースを取って設計されているのでストレスなく滞在できる。屋上にはプールと「スカイ・ブルー・バー」がある。

住 Suria Sabah Shopping Mall 1A Jl. Tun Fuad Stephens
☎ (088) 522-888　URL hotelgrandis.com
料 スーペリアRM750〜
CC AMV　室 188

コタ・キナバル中心部　中級

メルキュール・コタキナバル・シティセンター
Mercure Kota Kinabalu City Centre.　MAP P.273-A1

船着場へのアクセスが便利

コタ・キナバル市街地の北側、ガヤストリートの端に位置するモダンなホテル。部屋の設備は新しく、スーペリアルームはバスタブなしでシャワーのみ。島に渡る船着場やⓈスリアサバも至近。屋上にはプールとレストランがあり町を見渡せる。

住 41 Jalan Gaya
☎ (088) 534-888
URL all.accor.com/hotel/9416/index.ja.shtml
料 スーペリア RM194〜　CC AJMV　室 310

コタ・キナバル中心部　中級

ジェッセルトン・ホテル
The Jesselton Hotel　MAP P.272

老舗の風格あふれるホテル

サバが英国の植民地だった1954年にオープンした老舗高級ホテル。ロビーも客室もすべて英国調の家具でまとめられ、落ち着いたムード。エレガントな雰囲気のレストランも人気がある。サービスがよいわりに料金はリーズナブル。

住 69, Jl. Gaya
☎ (088) 223-333　URL www.jesseltonhotel.com
料 スーペリアRM241〜
CC AMV　室 32

コタ・キナバル中心部　中級

ミン・ガーデン・ホテル＆レジデンス
Ming Garden Hotel & Residences　MAP P.273-A3

サービスの質が高い

中心部からは少し離れているが評判のいい大型ホテル。清潔感はもちろん、部屋のアメニティも充実、ルームメイクアップも1日2回ある。広いレストランに、ミーティングルーム、ジム、プール、キッズルームとリゾート並みの施設も自慢だ。

住 Lorong Ming Garden, Jl. Coastal
☎ (088) 528-888　URL www.minggardenhotel.com
料 スーペリアRM250〜
CC ADJMV　室 600

コタ・キナバル中心部　中級

ホライズン・ホテル
Horizon Hotel　MAP P.272

スタイリッシュな内装

町の中心、高裁前バスターミナルのそばにある。近隣に高層ビルがないため眺めがよい。屋外プール、フィットネスセンター、スパとジムが揃うが、割安感がありオープンから人気。グリル料理、飲茶の食べられるアジア料理などレストランもある。

住 Jl. Pantai　☎ (088) 518-000
URL www.horizonhotelsabah.com
料 ⓈⒹRM250〜
CC AMV　室 180

ステラ・ハーバー・リゾートのふたつのホテルやシャングリ・ラ系のリゾート（→P.300）からは市街地までのシャトルバスサービスがある。

コタ・キナバル中心部　中級

シックスティ・スリー

Sixty 3　MAP P.272

広くてきれいなお手頃ホテル

サバ州観光局の斜め向かいにある、人気の5階建て3つ星ホテル。スタンダードの客室でも37㎡はあり、広々としていて内装もしゃれている。大きな机に冷蔵庫、金庫、ヘアドライヤー完備で快適。ダブルベッドがふたつのファミリーデラックスもある。

住63, Jl. Gaya
☎(088)212-663　URL www.hotelsixty3.com
料スタンダードRM242～
CC A M V　室100

コタ・キナバル中心部　中級

プロムナード・ホテル

Promenade Hotel　MAP P.273-A3

海の見える街中ホテル

ロビーが広くオリエンタルな雰囲気。Ⓢセンターポイントや Ⓢオーシャナスモールに近く、小さいがプールもある。全体的にコスパの良いホテルで、特にクラブラウンジ・アクセス付きの部屋は手頃な料金で贅沢気分が味わえる。

住No.4, Lorong Api-Api 3, Api-Api Centre
☎(088)265-555　URL www.promenade.com.my
料スタンダードRM250～
CC A M V　室436

コタ・キナバル中心部　中級

クラガン・ホテル

The Klagan Hotel　MAP P.273-A3

おしゃれなシティホテル

Ⓢワリサン・スクエアの上層階にあり、背後には大型ショッピングモールのⓈセンターポイントがあり便利。客室は明るく天井が高いので開放感があり、海側の部屋からは南シナ海を一望できる。客室にはWi-Fi、ケトル、アイロン、冷蔵庫を完備。

住Unit25-28, Ground Floor, 8-10F, Block D, Warisan Square　☎(088)488-908　URL www.theklagan.com
料スーペリアRM200～
CC A J M V　室296

コタ・キナバル中心部　中級

ドリームテル

Dreamtel　MAP P.273-B2

モダンな中級宿

やや手狭ではあるが、清潔で、冷蔵庫、ケトル、コーヒー、セーフティボックス、TVなど設備が充実。デザインもモダンで高層階からの景色がいい。そのわりに料金はリーズナブルでお得感がある。もちろんWi-Fiも完備している。

住5 Jalan Padang
☎(088)240-333　URL www.dreamtel.my
料スーペリアRM150～
CC A J M V　室160

コタ・キナバル中心部　中級

ホテル・キャピタル

Hotel Capital　MAP P.272

コストパフォーマンスがよい！

大型ショッピングセンターの向かい側に建ち、町歩きや食事へ行くのにたいへん便利だ。周辺には華人経営の店が多い。ランドリー＆ドライクリーニングサービスなど、出張者にうれしい環境が揃うため、ビジネスマンの宿泊が多い。

住23, Jl. Haji Saman
☎(088)231-999　URL www.kkhotelcapital.com
料スタンダードRM247～
CC A D J M V　室112

コタ・キナバル中心部　中級

エデン54

Eden 54　MAP P.273-B1

最新デザインのおすすめブティックホテル

ガヤ通りの外れにある比較的新しいホテル。階段を上った2階にレセプションとラウンジがある。共同の小さなキッチンと冷蔵庫があるので長期滞在にいい。ロビーにパソコンを設置している。客室に窓があるかないかで料金が違うので確認のこと。

住54 Jl. Gaya
☎(088)266-054　URL www.eden54.com
料ⓈRM109～　ⒹRM169～
CC J M V　室31

コタ・キナバルのホテル
Hotel

コタ・キナバル中心部　中級

ウィナー・ホテル
Winner Hotel　MAP P.273-B2

市街地の真ん中に位置するお得な宿

ロケーションが自慢の格安中級ホテル。客室にはTV、Wi-Fiを備えているだけで、特にこれといった設備はないが、リーズナブルなので人気がある。1階にはレストランがあり、朝食はそこでいただく。2階には広東料理レストランがある。

住No. 9 & 10, Jalan Pasar Baru
☎(088)243-221　URL www.winnerhotel.com
料ⓈRM102～　ⒹRM140～
CC JMV　室46

コタ・キナバル中心部　安宿

トゥージュー
Toojou　MAP P.273-B2

バックパッカーにも人気のおしゃれなホテル

バンダラン・ブルジャヤ地区でひときわおしゃれな外壁が目を引くバジェットホテル。1階にカフェ、2階にコワーキングスペース、屋上にはバーがある。部屋はドミトリーと個室。「目的地」を意味するマレー語"Tuju"が名前の由来。

住12, Jalan Masjid Lama, Bandaran Berjaya
☎(088)534-888　URL toojou.com
料ドミトリー RM50～、スタンダード RM140～
CC AJMV　室63

コタ・キナバル中心部　安宿

ジェッセルトン・キャビン
Jesselton Cabin　MAP P.272

ランドリーサービスもある

ガヤ通りにある大人気のバクテー屋の2階にある安宿。観葉植物のある広い共用スペースも部屋も清潔でアットホーム。近くには迷ってしまうほどたくさんのレストランがあるので、食事には困らない。コーヒー、紅茶は無料。Wi-Fiも完備。

住1&2F, 74, Jl. Gaya
☎(088)274-529　URL www.jesseltoncabin.com
料【ファン】ドミトリー RM25　【A/C】ドミトリー RM30　ⓈⒹRM55～65　CC不可　室6

コタ・キナバル中心部　安宿

アキナバル・ユース・ホステル
Akinabalu Youth Hostel　MAP P.272

世界中のバックパッカーが集まる

バジェット派に人気の、きれいなドミトリーのある安宿。共同スペースには、無料で使えるPCが2台とソファがあり快適。共同トイレ&シャワーも清潔で、ホットシャワーがあるのもうれしい。居心地のいい空間を提供している。土足禁止。

住Lot 133, 1-4F, Jl. Gaya
☎(088)272-188
料【ファン】ドミトリー RM25～　ⓈⒹRM55～125　【A/C】ドミトリー RM30　CC JMV　室15

コタ・キナバル中心部　安宿

バックパッカー・ロッジ・ルーシーズ・ホームステイ
Backpacker Lodge Lucy's Homestay　MAP P.272

アットホームな雰囲気

KKラマの丘側。面倒見のいいルーシーさんが切り盛りしている。トイレ&水シャワー共同。部屋は狭いが清潔だ。1990年代から世界中のバックパッカーが宿泊するだけあり、客層は国際色豊か。裏にはシグナル・ヒル展望台へ続く近道がある。

住Lot 25, Lorong Dewan, Australia Pl.
☎(088)261-495　URL borneohostel.wixsite.com/lucyshomestay　料ドミトリー RM28　ファン ⓈRM58　ⒹRM68　CC不可　室6

コタ・キナバル中心部　安宿

ボルネオ・バックパッカーズ
Borneo Backpackers　MAP P.272

迷彩色の外壁が目印

安宿の集まるオーストラリア・プレイスでもバックパッカーに最も人気がある安宿。部屋は清潔で過ごしやすく、屋上やソファのある共用スペースもある。1階にはリラックスできるおしゃれなカフェも営業しており、スタッフも親切。

住24, Lorong Dewan
☎(088)234-009　URL www.borneobackpackers.com
料ドミトリー RM30　ⓈⒹRM65～75
CC MV　室16

タンジュン・アル　高級

シャングリ・ラ タンジュンアル リゾート&スパ、コタ・キナバル

Shangri-La's Tanjung Aru Resort & Spa,Kota Kinabalu MAP P.270-A2

改装されますますグレードアップ

コタ・キナバルの南西、タンジュン・アルの岬にある大型リゾート。ホテル内にマリーナをもち、ウオータースポーツや島へのツアーも手配可能。子供用施設の規模はサバ州最大で託児所のほか、ウオータープレイエリア、アイスクリームバーなどがある。

住20 Jl Aru, Tanjung Aru　☎(088)327-888
予シャングリ・ラ ホテルズ&リゾーツ　FREE日本0120-944-162　URLwww.shangri-la.com　料キナバルウイングマウンテンビュー RM700～　CC A D J M V　室492

トゥンク・アブドゥル・ラーマン公園　高級

ガヤ・アイランド・リゾート

Gaya Island Resort　MAP P.279

趣向が凝らされたアクティビティとスパにも注目

2012年オープンのエコ・リゾート。ジャングルの丘に沿って自然と調和したサバ建築のヴィラが建ち、レストラン、スパ、バーやプールなどひととおりのリゾート施設が揃う。クルーズやダイビングほか、ボルネオ文化体験型のアクティビティも多様。

住Malohom Bay Tunku Abdul Rahman Marine Park
☎(03)2783-1000(予約オフィス)
URLwww.gayaislandresort.com
料バユヴィラRM960～　CC A D J M V　室121

トゥンク・アブドゥル・ラーマン公園　高級

ガヤナ・マリン・リゾート

Gayana Marine Resort　MAP P.279

ロマンティックな水上コテージ

トゥンク・アブドゥル・ラーマン公園内、ガヤ島にある高級リゾート。宿泊棟はすべて水上コテージで、客室内は茶系の落ち着いた雰囲気。マリン・エコロジー・リサーチ・センターを併設し、サンゴの水槽などを見ることができる。

住Moloham Bay, Gaya Island, Tmana Tunku Abdul Rahman　☎(088)380-390(コタ・キナバルオフィス)
URLechoresorts.com　料レインフォレストビラ RM1275
CC A M V　室52

トゥンク・アブドゥル・ラーマン公園　高級

マヌカン・アイランド・リゾート

Manukan Island Resort　MAP P.279

オーシャンビューのおしゃれなシャレー

マヌカン島の高級リゾート。目の前がビーチで、日帰り客が帰ったあとの静かな島を存分に楽しめる。客室はモダンで凝ったデザインの木造バンガロー。宿泊客専用のプールも使える。ビーチディナーやウエディングなどの手配も可能。

住Manukan Island
予ステラ・サンクチュアリ・ロッジ　☎(088)487-466
料ⓈⒹRM980～
CC A M V　室20

トゥアラン　高級

シャングリ・ラ ラサリア リゾート & スパ、コタ・キナバル

Shangri-La's Rasa Ria Resort & Spa, Kota Kinabalu MAP 地図外

ボルネオの動物に出合える豪華リゾート

パンタイ・ダリットPantai Dalitにあり、目の前には広々としたビーチ、すぐ後ろには森が迫る陸の孤島。何百種類の野鳥や珍しい食虫植物など、熱帯雨林の多彩な自然も満喫できる。そのほか敷地内には、ゴルフコースやスパなどもある。

住Pantai Dalit, Tuaran
☎(088)797-888　URLwww.shangri-la.com
予シャングリ・ラ ホテル&リゾーツ　FREE日本0120-944-162
料ⓈⒹRM590～　CC A D J M V　室499

カランブナイ半島　中級

ネクサス・リゾート&スパ・カランブナイ

Nexus Resort & Spa Karambunai　MAP 地図外

白い砂浜ビーチと森の両方楽しめる

コタ・キナバルから車で40分のカランブナイにある高級リゾート。目の前には約6kmにわたって続くビーチ。自然に囲まれたリゾートの敷地内でさまざまなアクティビティを楽しめる。Wi-Fiは客室、レストラン、ロビーでのみ接続が可能。

住Off Jl. Sepanggar Bay, Locked Bag 100
☎(088)480-888　URLwww.nexusresort.com
料ボルネオガーデン RM398～
CC A M V　室485

COLUMN

古くて新しい観光デスティネーション　クダッ

ボルネオ島の最北端に位置するクダッKudatは、東南アジアにおいて初めてイギリス人が居住した歴史のある町だ。イギリス植民地時代には首都として2年間機能していたこともあり、ボルネオ島初のゴルフコースもある。しかし、そのあとは島の最北端という立地ゆえに開発に遅れをとっていた。現在はボルネオ島最北端の岬「ティップ・オブ・ボルネオ」を中心に、観光名所として徐々に名を上げつつある。

昔ながらの伝統文化を今も守り続けているルングス族の、ロングハウスのホームステイができるのもクダッならではの体験だ。ロングハウスには、端から端までぶち抜きの共同エリアと、薄い壁で仕切られた個室があるだけ。テレビはもとより、電気製品やガスもなく、電灯さえわずかな昔ながらの住まいだ。滞在中には、ルングス族のダンスや、ハンディクラフト製作や農作業などを体験できる。

行き方 ムルデカ広場前のバスターミナルから長距離バス(RM30)で3時間30分。最北端の岬へはそこからチャータータクシーで約40分(往復RM80)。コタ・キナバルの旅行会社が主催するツアー利用が便利。

●ロングハウス

Ⓗ カンポン・ババンガゾ

Kampung Bavanggazo

携(013)552-7191

料 ひとりRM95

※食事、ダンスショー込み

●リゾートホテル

Ⓗ クダッ・ゴルフ&マリーナ・リゾート

Kudat Golf & Marina Resort

住 Off Jl. Urus Setia

☎(088)611-211

URL www.kudatgolfmarinaresort.com

料 ⓈⒹRM140～

▲民族衣装の布を織るルングス族の女性

COLUMN

漂海民族 バジャウ族

先住民族の比率が高い東マレーシア(ボルネオ島)には、サバ州内だけでも30を超える民族が暮らしている。そのひとつが水上生活を基盤とするバジャウ(Bajau)族だ。彼らはサバ州沿岸部からカリマンタン、フィリピンのスールー海にかけての広範囲に散在しており、家族ごとに船を住居として移動しながら自給自足の生活を送っているため、「オラン・ラウト=海の人」あるいは「海のジプシー」として知られている。

人種的にはプロト・マレー系に属し、独自の言葉を話すが文字はもたず、宗教的には精霊信仰をしてきた。彼らは漁業によって生計を立てており、自家生産できない生活物資はナマコやフカヒレといった高級食材やウミガメなどを交易品として現金収入を得たり、物々交換を行ってきた。

海上を自由に往来してきたバジャウの人々には国という概念はない。しかしマレーシア、フィリピン、インドネシアといった国境が引かれたことにより、かつてのように安易に国境を越えたり、貿易活動をするわけにはいかなくなった。現在ではバジャウ族の定住化が進み、宗教的にもイスラム教やキリスト教への改宗も増えている。

シパダン、マブールへの玄関口センポルナ周辺には、彼らの水上集落を見ることができる。また、コタ・キナバルから北へ車で1時間ほどのコタ・ブルKota Beludの朝市は、沿岸に暮らすバジャウの人々と山岳民族との物々交換の場にもなっている。

サバ州先住民族のお祭り

カアマタン

民族衣装で
着飾った子供たち

カアマタンとは？

収穫したお米の精霊に感謝をささげ、次の年の豊作を祈願する収穫祭のこと。毎年5月に1ヵ月間行われる。カダザン・ドゥスン族とムル族を中心とした祭りで、「カアマタン Kaamatan」という言葉は、収穫祭を意味するカダザン・ドゥスン族の言葉。

ボルネオ島サバ州には、マレーシアのおもな民族であるマレー系、中国系、インド系に加え、カダザン・ドゥスン族、ムル族、ルングス族などさまざまな先住民族が暮らしている。自然とともに生きている彼らが1年でいちばん大事にしているお祭りが5月に行われる「カアマタン」。サバ州最大のお祭りだ。

約1ヵ月続くカアマタンのフィナーレが、コタキナバル市内から車で15分、ピナンパン地区にあるKDCA（カダザン・ドゥスン・カルチュラル・アソシエーション）で行われる。会場には民族ごとに昔ながらのロングハウスなどの家屋が建てられ、観光客も見学・参加可能。部屋の中にはカラフルな民族衣装。また炭火を使った調理場やバナナの葉を皿にしたテーブルセットなど伝統的な食事風景が再現されている。

踊りは、日本の盆踊りのような簡単なステップの繰り返し。輪の中央にいた男性がサバ州名物の地酒「リヒン」をコップに注ぎ、踊っている人に渡して飲むように促す。踊りながらのお酒で盛り上がりは頂点に。演奏している人たちの手元にもビールが置かれ、あちこちでビールやリヒンで乾杯。カアマタンにお酒は欠かせないものだ。午後にもなると、会場は盛大な宴会場へと化す。

毎年5月30日と31日の2日間、収穫祭のファイナルイベントがJalan PenampangのKDCA会場で開催される。コタキナバル市内から車で約20分。

民族ごとの音楽隊が伝統音楽を生演奏。カダザン・ドゥスン族のエリアでは約30人の大演奏、ビサヤ族では10～20代ぐらいの若い男性が演奏。ガムラン音楽によく似た楽器を使った演奏が披露され、その音色に合わせて人々が踊る。カダザン・ドゥスン族の伝統的な舞は、鳥をモチーフにした踊り。その昔、稲作の外敵である鳥を追いやるために、みんなで大鳥に扮して踊ったのが始まりといわれている。

ムル族の家屋には木製のトランポリンのようなものが作られていて、その上で子供たちがいっせいにジャンプ。天井の高い位置に小さな飾りが取り付けられていて、みんなでタイミングを合わせてジャンプをすると、中央にいるひとりが飾りをつかむことができる。これは、狩猟民族であるムル族の風習で高くジャンプできる人が村で偉くなる、というものに由来している。

サンダカン

Sandakan

▲海に面したサンダカンの町

ボルネオ島の北東部、スールー海に面したサンダカンは、サバ州第2の都市として栄える商業の町だ。木材、魚介類、パームオイル、ゴム、果てはツバメの巣など、自然の恵みを積んだ貿易船、漁船が埠頭から次々と出航する。すぐ隣の国、フィリピンへのフェリーも発着、多くの労働者が行き来する。

豊富な自然資源をもつサンダカンは、昔からアジア諸国や欧州の貿易商人の注目を集め、交易地として栄えていた。イギリス人統治下の北ボルネオの時代には、首都としても機能し、それは日本軍占領下、1945年に連合軍の爆撃を受けて町が破壊され、ジェッセルトン(現在のコタ・キナバル)に移されるまで続いた。

現在のサンダカンは、周辺に広がる豊かな自然と、オランウータンやテングザルなど野生動物に触れる旅のゲートシティとして知られている。近年まで大規模な森林の乱伐が行われ、多くの材木長者を生み出した。しかし、現在は野生動物がすむ貴重な森を守るために伐採もぐっと縮小され、保護区の制定、植林も行われている。

行き方

コタ・キナバルやクアラルンプールから国内線の便が出ている。片道所要1時間程度で便数も多いので、コタ・キナバルから1日ツアーで訪れる人も多い。バスは同じサバ州のコタ・キナバル、ラナウ、ラハ・ダトゥなどからの便がある。

空港、バスステーションから市内へ

空港から市内へ

サンダカン空港は町の北約10km、車で20分ほどの所。市内へはミニバスかタクシーで。ミニバス乗り場は空港敷地内から外に出たロータリーにあるが、何の目印もないのでバスが見えたら手を挙げる。30分〜1時間に1本、RM2。運転手にひと言「町で降りる」と伝えておいたほうがいい。タクシー利用の場合は、到着ロビーにあるカウンターでチケットを購入する。町の中心部までRM35〜40、セピロックまでRM40。

長距離バスターミナルから市内へ

コタ・キナバル、ラナウ、ラハ・ダトゥなどからのバスは毎日早朝に出発し、午後、サンダカンの町の中心から北へ約4km離れた**レタッLetat**にある長距離バスターミナル(MAP P.304上)に到着する。町の中心へはバスでRM3。

市外局番089

ACCESS

飛行機
コタ・キナバルから、マレーシア航空(マス・ウィングスによる運搬便を含む)が毎日3〜4便(RM119〜)、エアアジアが毎日3便(RM81〜)運航している。所要約50分。

バス
コタ・キナバルのイナナムにあるノース・シティ・バスターミナルからバスが出ている。所要約6時間、RM43。

航空会社の問い合わせ先
● **マレーシア航空**
☎1-300-88-3000
(コールセンター)
● **エアアジア**
URL www.airasia.com

外務省危険情報
2022年10月現在、サンダカン周辺地域に「レベル3:渡航は止めてください」という外務省危険情報が発出されている。詳細は→P.311。

メモ コタ・キナバルからサンダカンへ飛行機で行く際には進行方向左の窓際A席、帰りは逆側の窓際F席がおすすめだ。窓からキナバル山の美しい姿を見ることができる。

サンダカンと日本の昔(明治～昭和)を知る本

●**『サンダカン八番娼館－底辺女性史序章』**

大宅壮一ノンフィクション賞を受賞したヒューマンドキュメント。

●**『サンダカンの墓』**

からゆきさんの足跡を訪ねてボルネオ、マラヤなど東南アジア各地を巡ったルポルタージュ。

(どちらも山崎朋子著、文春文庫)

歩き方

サンダカンの中心部は十分歩いて回れる大きさだ。しかし丘に向かって坂が多く、人どおりが少なくさびしい所もある。必要に応じてタクシーを使うとよい。アグネス・キースの家に続く石の階段や日本人墓地周辺は特に、ひとり歩きはすすめられない。海岸線と並行して走る**プライヤー通りJl. Pryer**と**ティガ通り(3番街)Lebuh Tiga**の間にほとんどの商店やホテル、レストラン、銀行、オフィスなどが揃っている。

サンダカン周辺
レインフォレスト・ディスカバリー・センター
Rainforest Discovery Center
ネイチャー・ロッジ・セピロック P.314
Nature Lodge Sepilok
ワニ園 P.306
Sandakan Crocodile Farm
戦争記念公園 P.306
War Memorial Park
サンダカン空港
パビリオン P.312
Pavilion
コタ・キナバル方面へ
ラブック通り Jl. Labuk
ラブックベイ・テングザル保護区へ P.308
セピロック・ネイチャー・リゾート
Sepilok Nature Resort P.314
セピロック・ジャングル・リゾート P.314
Sepilok Jungle Resort
マレーグマ保護センター P.307
Bornean Sun Bear Conservation Centre
セピロック・オランウータン・リハビリテーション・センター
Sepilok Orang Utan Rehabilitation Centre P.307
セピロック・フォレスト・エッジ・リゾート P.314
Sepilok Forest Edge Resort
ラブックホテル
Labuk Hotel P.313
P.306
シム・シム・ウオーター・ヴィレッジ
Sim Sim Water Village
Sandakan Golf & Country Club
P.303
長距離バスターミナル
日本人墓地
P.312
リビングストン
Livingston
ウタラ通り
Jl. Buli Sim Sim
Sandakan Rainforest Park
Jl. Cecily
P.306
プー・ジー・シ寺(普済寺)
Puu Jih Shih Temple
下図
サバ公園ボート乗り場
(タートル・アイランズ行き
ボート乗り場)
レイラ通り Jl. Leila
P.311 好味肉骨茶
Good Taste Bah Kut Teh
州立モスク
(注:この図は諸物体の位置関係をメインとした
デフォルメマップですので距離は正確ではありません)
空港からサンダカン中心部まで車で約20分

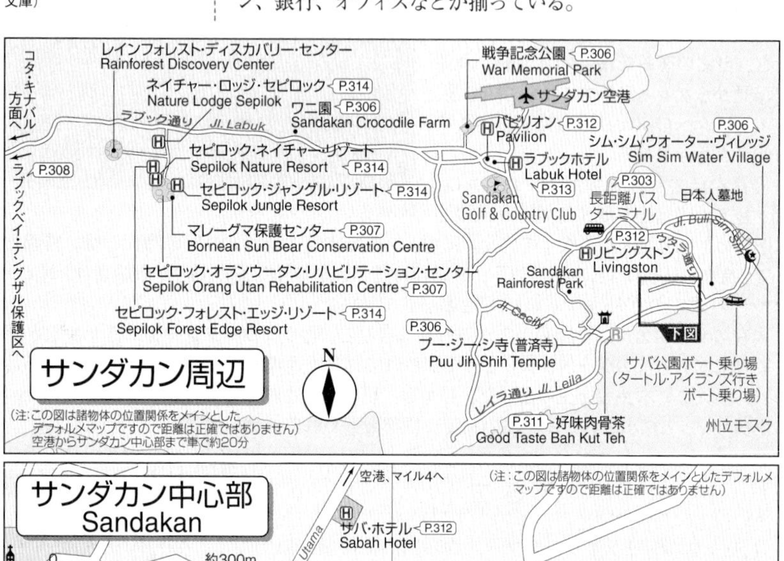

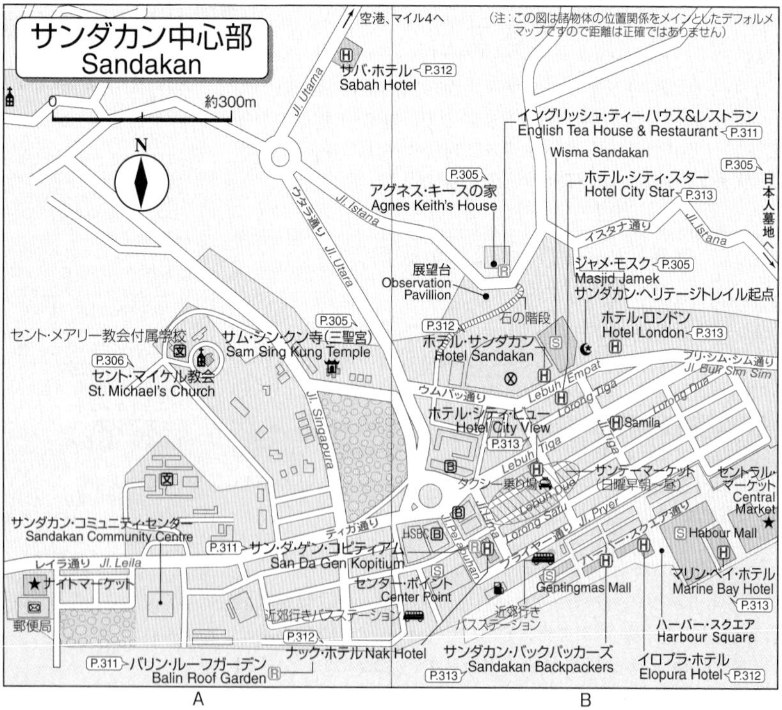

サンダカン中心部
Sandakan
0 約300m
空港、マイル4へ
(注:この図は諸物体の位置関係をメインとしたデフォルメマップですので距離は正確ではありません)
サバ・ホテル P.312
Sabah Hotel
Jl. Utama
イングリッシュ・ティーハウス&レストラン
English Tea House & Restaurant P.311
Wisma Sandakan
P.305
日本人墓地へ
P.305
アグネス・キースの家
Agnes Keith's House
ホテル・シティ・スター
Hotel City Star P.313
ウタラ通り Jl. Utara
Jl. Istana
イスタナ通り
展望台
Observation Pavillion
ジャメ・モスク P.305
Masjid Jamek
サンダカン・ヘリテージトレイル起点
石の階段
P.305
P.312
ホテル・サンダカン
Hotel Sandakan
ホテル・ロンドン
Hotel London P.313
セント・メアリー教会付属学校
サム・シン・クン寺(三聖宮)
Sam Sing Kung Temple
P.306
セント・マイケル教会
St. Michael's Church
Jl. Singapura
ブリ・シム・シム通り
Jl. Buli Sim Sim
Lebuh Empat
ウムパッ通り
Lorong Tiga
Lorong Dua
ホテル・シティ・ビュー
Hotel City View
P.313
Samila
Lebuh Tiga
サンデーマーケット
(日曜早朝～昼)
セントラル・マーケット
Central Market
タクシー乗り場
Lebuh Dua
サンダカン・コミュニティ・センター
Sandakan Community Centre
ティガ通り
Lorong Satu
Jl. Pryer
スクエア通り
HSBC
Habour Mall
P.311 サン・ダ・ゲン・コピティアム
San Da Gen Kopitium
プライヤー通り
ハーバー
マリン・ベイ・ホテル
Marine Bay Hotel
P.313
レイラ通り Jl. Leila
ナイトマーケット
センター・ポイント
Center Point
Gentingmas Mall
郵便局
近郊行きバスステーション
近郊行き
バスステーション
ハーバー・スクエア
Harbour Square
P.312
ナック・ホテル Nak Hotel
P.311 バリン・ルーフガーデン
Balin Roof Garden
サンダカン・バックパッカーズ
P.313 Sandakan Backpackers
イロプラ・ホテル
Elopura Hotel P.312
A
B

見どころ

サンダカン歴史散策

サンダカン・ヘリテージトレイル

Sandakan Heritage Trail

MAP P.304下-B

サンダカンの史跡を巡る散歩コース。ジャメ・モスクMasjid Jamekを起点にアグネス・キースの家やサム・シン・クン寺などの名所を約1時間で回れる。コースを示す標識や地面のタイルを探しながら歩こう。

▲写真撮影スポットとして人気の階段

からゆきさんの墓を訪ねる

日本人墓地

Japanese Cemetery

MAP P.304下-B外

からゆきさんの眠る日本人墓地は、イスタナ通りを登りきった丘の一画にある。「日本人墓地」と書かれた看板が目印だ。斜面に墓が点在するのだが、管理はされておらず、荒れ果てた印象を受ける。

▲ここから細い坂道を登る

『Land Below the Wind(風下の地)』の著者

アグネス・キースの家

Agnes Keith's House

MAP P.304下-B

1934～1952年にサンダカンに滞在したアメリカ人キース夫妻が住んでいた家。森林局の長官だった夫のハリー・キースについてサンダカンに移り住んだアグネスは、ボルネオでの生活を書いた『Land Below the Wind』などの本を出版し、一躍有名になった。一度は廃墟となり朽ちてしまった家だが、近年きれいに復元され、内部も当時の様子を再現、一般に公開されている。インテリアはほとんどがレプリカだが、1936年にアグネスが買った冷蔵庫と、バスタブだけは本物だ。2階には、夫妻の人生の軌跡を、パネルと写真を使って解説している。すぐそばの町の「オアシス」、Ⓡイングリッシュ・ティーハウス&レストラン(→P.311)と一緒に訪れたい。

1887年に建てられたサンダカン最古の寺

サム・シン・クン寺(三聖宮)

Sam Sing Kung Temple

MAP P.304下-A

1887年に建てられた小さな堂の跡が、入口を入ってすぐの階段の途中にある。現在の寺はそのあとで建て増しされたもの。正義の聖人Kwan Woon Cheung、海の守り神Tin Hou、学問の神Min Cheongの3体が祀られている。

▲試験の前には学生が集まる

▲活気のあるサンダカンの中心街

サンダカンのマーケット

セントラル・マーケットはサンダカン市民の台所。2、3階の一部はフードコートになっていて、海を見ながら食事が取れる。

日曜の午前中(6:00～12:00)にはデュア通りLebuh Duaを中心に**サンデーマーケット**が開かれる。カラフルなパラソルがびっしりと道路に並び、生活用品から衣類、ペットまでさまざまな物が売られている。

▲セントラル・マーケット

アグネス・キースの家
☎(089)221-140
開9:00～17:00 休無休
料RM15
行き方 町の中心から徒歩約15分、タクシーなら約5分。

▲当時のままに再現されているアグネス・キースの家

サム・シン・クン寺
開7:00～15:00
休無休
料無料

セント・マイケル教会
開8:30～16:30
料RM10
休火・日・祝

▲セント・マイケル教会

プー・ジー・シ寺
開8:00～16:30
休無休
行き方 レイラ通りをタナ・メラのロータリー（サンダカンの町の中心にあるロータリーから3km）で山側に曲がって坂道を1kmほど上っていく。ダウンタウンからはタマン・シブガTaman Sibuga行きのバスで参道前まで行ける。そこから700mほど入った所。

▲豪華な造りのプー・ジー・シ寺

▲水上集落のフルーツマーケット

ワニ園
☎(089)660-666
開8:00～17:30　休無休
料大人 RM15　子供 RM6

戦争記念公園
行き方 町からマイル7（タマン・スジャティTaman Sejati）行きのバス（RM2）を利用。しかし帰りの足の確保が大変なので、タクシーまたはツアーを利用したほうがいい。

▲公園内は緑が多く運動をしている人も見かける

1880年代に建てられたサンダカンで唯一の砂岩造りの建物

セント・マイケル教会

St. Michael's Church　MAP P.304下-A

第2次世界大戦の末期には連合軍による爆撃でサンダカンの町はほとんど跡形もなく破壊されたが、そのとき唯一残った建物がこの教会。隣にあるセント・メアリー教会St. Mary's Church付属学校は、1883年にカトリックのミッションによって開校されたサバ州で最初の学校となったところ。

タナ・メラの丘の上に1987年に完成

プー・ジー・シ寺（普済寺）

Puu Jih Shih Temple　MAP P.304上

サバ州最大の規模を誇る仏教寺で、別名千段寺。総工費は3億円ともいわれている。チーク材に金箔を塗って作った龍が巻きついている柱は、マカオから取り寄せたもの。境内からはサンダカンのパノラマビューが望める。

マレー人、中国人地区がある

シム・シム・ウオーター・ヴィレッジ

Sim Sim Water Village　MAP P.304上

町から約3km北東に行った所の海側一帯に大型の水上集落があり、色とりどりの家の間にかけられた水上小道の散策が楽しい。近くの海で漁師たちが取った新鮮な魚介類が自慢のシーフードレストランがいくつか海に張り出している。

ワニ養殖場を見学できる

ワニ園

Sandakan Crocodile Farm　MAP P.304上

養殖場ではコンクリートで仕切られた水槽に、体長1mほどのワニが押し込められており、迫力がある。カワウソやピラルクなどの餌づけも見られる。

「サンダカン死の行進」の記憶を留める

戦争記念公園

War Memorial Park　MAP P.304上

ゴムの木が植えられている丘に遊歩道が設けられているサンダカン公園Taman Sandakanの一画。第2次世界大戦中、日本軍はオーストラリア人約2000人とイギリス人約750人をこの地に拘留。日本軍はサンダカンに空港建設を計画、捕虜をそのための労働力として考えていた。空港は1944年に完成したが、すぐに連合軍の爆撃を受けて使えなくなり、放棄された。1944年9月、生き残っていた約2400人がここからキナバル山の麓のラナウに向けて移動させられ、9ヵ月後にラナウに着いたときに生き残っていたのはわずか6人だったという（サンダカン死の行進）。

公園内には記念碑のほかに、ステンドグラスが美しいパビリオンがあり、当時の様子を物語るテキストパネル、写真、地図などが展示してある。

近郊の見どころ

サンダカン観光のハイライト

セピロック・オランウータン・リハビリテーション・センター

Sepilok Orang Utan Rehabilitation Centre MAP P.304上

かつて人間にペットとして飼われていたり、森林伐採などが原因で母親を亡くしたり、生き別れになったオランウータンを保護し、森へ帰って自立できるようにトレーニングをする施設。オランウータンの餌やりと敷地内にあるオランウータンの保育園が一般公開されている。

▲プラットホームから餌やりを見学

▲餌を食べに来た子供のオランウータン

野生に近いマレーグマの姿を見ることができる

マレーグマ保護センター

Bornean Sun Bear Conservation Centre MAP P.304上

森林の伐採によりすみかを失ったマレーグマを保護する施設で観光客も見学ができる。敷地内にはマレーグマに関する展示があり、その生態について学ぶことができる。プラットホームから柵内にいるマレーグマを見るだけだが、世界で最も小さなクマであるマレーグマはとてもキュート。

▲英語ではサンベアー Sun Bear と呼ばれる

テングザルを訪ねるジャングル・リバー・クルーズ

スカウ

Sukau MAP 折込表

サンダカンの南、キナバタンガン川下流にあるスカウ村周辺には川沿いにいくつかのロッジが点在し、**ジャングル・リバー・クルーズ**を楽しめる。付近の森にはテングザルやサイチョウなどがすんでいて、目にすることもある。

スカウへは**サンダカンかコタ・キナバルからツアーに参加して行くのが一般的。**サンダカン発1泊2日のものからあり、ゴマントン洞窟を見学してからスカウ村に向かい、リバークルーズ、ナイトウオーク、湖クルーズなどが含まれるものもある。

▲密林を行くリバークルーズ

※セピロック・オランウータン・リハビリテーション・センター
☎(089)633-587
開 9:00～12:00
(金～11:00)、
14:00～16:00

料大人 RM30
18歳未満 RM15
カメラ・ビデオ持ち込み料 RM10
行き方 サンダカンのⓈセンター・ポイント横の近郊行きバスステーションから、BATU14のバスで所要約1時間、RM6。タクシーだと約40分、RM50程度。また、シャトルバスがⒽホテル・サンダカン前から毎日9:30に運行している。セピロックに10:20頃着、10:30にはラブック・ベイに向けて発車。料金はひとりRM20。(詳細→P.308欄外)

毎日開催されるプログラム
①オランウータンの餌やり
10:00、15:00(約30分間)
②ビデオ上映
9:00、10:30、11:00、12:00、14:00、15:30
③オランウータンの保育園
9:00～12:00、14:00～16:00
※開館時間内であればいつでもオランウータンを見ることができる。

トレイルを歩くには
センターの受付でサインをしてパスを受け取る。また、パークレンジャーと歩きながら動植物を観察するモーニングウオーク、ナイトウオーク(1時間RM30)も楽しむことができる。2名～。要予約。

※マレーグマ保護センター
☎(089)534-491
開9:00～15:30 休無休
URL www.bsbcc.org.my
料18歳以上 RM31.8
12～17歳 RM15.9
12歳未満 無料

※スカウ
全長560km、サバ州最大の規模を誇るキナバタンガン川の流域には、野生のテングザル、オランウータン、ゾウ、サイチョウなどが生息する。スカウのリバー・クルーズ・ツアーはおもに支流のムナンゴル川を小型ボートでゆっくり進む。

キナバタンガン・リバー・クルーズ・ツアーの宿
ツアーはおもに1泊2日または2泊3日。料金は宿による。スカウ、ビリットBilitに多くの宿が集まるが川の上流にも数軒。旅行会社や宿が紹介する安いツアーは宿の様子や食事など写真も含めて詳しく説明を受けるのがベター。

メモ セピロック・オランウータン・リハビリテーション・センターから徒歩約20分のところに、レインフォレスト・ディスカバリー・センターがある。トレッキングやキャノピー・ウオークが楽しめる。

※ラブック・ベイ・テングザル保護区
☎(089)672-133
URL www.proboscis.cc
開8:30～17:30
餌づけの時間
施設A 9:30、14:30
施設B 11:30、16:30
※施設A、Bともにテングザルの餌づけが見られる。
休無休
料大人 RM60 子供 RM30
ビデオ持ち込み料 RM10
カメラ持ち込み料 RM10
行き方 プライベートの送迎サービスを利用するのがベスト。事前に予約をすれば、空港やサンダカン市内まで迎えにきてくれる。市内から所要約40分、片道RM80(1台、4人まで)。
また、サンダカン市内からシャトルバスの運行もある。毎朝Ⓗホテル・サンダカン(→P.312)前を出発。ひとり片道RM20。

シャトルバス時刻表

9:30	Ⓗホテル・サンダカン
10:30	セピロック
11:00	ラブック・ベイ
15:00	ラブック・ベイ
15:30	セピロック
16:00	Ⓗホテル・サンダカン

※ゴマントン洞窟
開8:00～17:00
☎(089)561-581
料大人 RM30
ビデオ持ち込み料 RM50
カメラ持ち込み料 RM30
行き方 サンダカンからバスで約1時間30分。片道RM25。タクシーをチャーターするとRM約350～400。
※近年は訪問者を制限している場合があるので、事前に確認のこと。

※タートル・アイランズ公園
料大人 RM60
12歳未満 RM30
行き方 サンダカン発の宿泊ツアーを利用。1泊2日でRM900前後～。
個人で手配する場合は、サンダカンにある**クリスタル・クエスト**(→下記)で宿泊、ボートを手配する。

●クリスタル・クエスト Crystal Quest
住Jl. Buli Sim Sim
URL turtleisland.com.my

宿泊施設
セリンガン島のシャレーは、バスルーム付きの客室が12室、バス共同の客室が13室の合計25室。シャレー全体での収容人数は53名で、レストラン付きなのもうれしい。

絶滅の危機にあるテングザルを目の前で見られる

ラブック・ベイ・テングザル保護区

Labuk Bay Proboscis Monkey Sanctuary　MAP 折込表

セピロックから北西に約30km、サンダカンの町から車で約1時間30分、テングザルを見ることができる場所が、スールー海に面するラブック湾にある。パームオイル農園の奥に約200haのマングローブ林が残されており、そこで野生のテングザルに餌づけを行っている。

周辺の森ではシルバーリーフ・モンキーなど他種のサルやオランウータン、ホーンビルなどに遭遇することも。

▲立派な長い鼻をもつオスのテングザル

ツバメの巣の採取をしている

ゴマントン洞窟

Gomantong Caves　MAP 折込表

サバ州で最も大きな石灰岩洞窟のひとつ。スカウの西にあり、ツアーで訪れるのが一般的。大きな洞窟がふたつと小さな洞窟がいくつかあり、高価な中華料理の材料となるツバメの巣の採取が行われている。洞窟内90mの高さの場所に採取用の細長いはしごがぶら下がっている。巣の採取は通常2～4月と7～9月に行われる。

▲個人では訪れにくい場所にある

ウミガメの産卵はいつもドラマチック

タートル・アイランズ公園

Turtle Islands Park　MAP 折込表

WWF(世界自然保護基金)も世界一と認めたセリンガン島にあるウミガメの産卵地。7月から10月がピークシーズンだが、1年をとおしてほぼ毎日ウミガメが産卵にやってくる。12月から2月にかけてはタイマイに出合えることもある。

パークレンジャーによるカメ保護対策は徹底しており、セリンガン島に滞在する宿泊者もきちんと指導を受ける。ウミガメが砂浜に上がり、穴を掘って卵を産み落とす時間帯(18:00～翌朝6:00)は、ビーチに出ることは禁止。その代わり、夕刻、島に上陸して産卵を始めたウミガメを、指示のもとに見学するプログラムが用意されている。

1回の産卵で産み落とされる40個から190個の卵は、パークレンジャーの手で集められ、ふ化場の囲いの中、地中30cmに埋められる。約7週間でふ化した赤ちゃんガメは、そっと海に戻される。

▲産卵を終えて海に戻るウミガメ

▲ウミガメの卵のふ化場があり、ふ化した赤ちゃんガメは海に戻される

数少ない原生林が残る本物のジャングル

ダヌム・バレー自然保護区

Danum Valley Conservation Area　MAP 折込表

森林伐採が進むダヌム・バレーの一部を、研究、教育の目的も兼ねて自然保護区に制定している。総面積438km²、おもに低地多雨林で、一番高いダヌム山は標高1093m、エリアの90%を高さ30～60mの高木が覆い、10km²あたり約200種類の木が存在する。動物は、鳥類が275種、オランウータン、ルリイロコノハザル、マメジカ、テングザル、ウンピョウ、マレーグマ、アジアゾウ、スマトラサイなど哺乳類が110種、爬虫類72種類、両生類56種、魚類37種、鳥類275種、そして数々の昆虫が記録されている。

ダヌム・バレー自然保護区には、宿泊施設があるふたつのエリアがあり、研究者用に建てられたⒽ**ダヌム・バレー・フィールド・センター周辺**(→P.314)には12本のトレイル観察用タワーなどが整備。旅行者用に建てられたⒽ**ボルネオ・レインフォレスト・ロッジ周辺**(→P.314)は、整備されたトレイルが7本ある。どちらでも、宿泊客はガイドが案内するジャングルトレッキング、夜行性動物を観察するナイトサファリ、カエルや昆虫を観察するナイトウオークなどに参加できる。

▲スリル満点のキャノピー・ウオーク

マッド・ボルケーノが見られる

タビン野生動物保護区

Tabin Wildlife Reserve　MAP 折込表

ラハ・ダトゥLahad Datu(MAP 折込表)から舗装道を北西に約19km、未舗装道をさらに19km行くと、総面積1205km²、シンガポールの約3倍の面積をもつサバ州最大のジャングルがある。スマトラサイやボルネオ・ピグミー・エレファント、ウンピョウが目撃されているこのエリアは、宿泊施設も整備されている。原生の熱帯雨林が残る100km²のコアエリアは一般の旅行者も見学可。さまざまな動物や川や滝、マッド・ボルケーノ(泥火山)など豊かな自然を目にすることができる。

自然と共生する少数民族の村がある

クランバ野生動物保護区

Kulamba Wildlife Reserve　MAP 折込表

タビン野生動物保護区の北側、セガマ川とスールー海に挟まれた所に位置する湿地帯。オランウータンやバンテン(絶滅危惧種の野牛)といった貴重な生物の生息地となっている。セガマ川の下流には少数民族ティドンが暮らす3つの村があり、伝統的な生活を営んでいる。

❊ダヌム・バレー自然保護区

行き方 公共の交通機関はないので、旅行会社や宿泊施設が運営する宿泊パッケージの送迎を利用。送迎を頼もう。日帰りも時間的にきつい。入場許可を取る手間や、料金を考えると、宿泊込みのツアーで行くことをおすすめする。Ⓗボルネオ・レインフォレスト・ロッジ(→P.314)または、Ⓗダヌム・バレー・フィールド・センター(→P.314)に宿泊する。自然保護地区内には許可車のみが出入りできる。

Ⓗボルネオ・レインフォレスト・ロッジの宿泊客は前もって予約すると早朝にコタ・キナバルからマス・ウィングスでラハ・ダトゥへ飛び、ダヌム・バレーまで空港送迎車をアレンジしてもらえる。

Ⓗダヌム・バレー・フィールド・センターの宿泊客はミニバンの専用送迎車があるが、曜日などが決められているので前もって調整する必要がある。

いずれもラハ・ダトゥから約2時間30分、ジャングルの地面の状況によってもっと時間がかかる場合もある。

❊タビン野生動物保護区

行き方 タビン野生動物保護区を訪れるにはツアーに参加しなければならない。

●タビン・ワイルドライフ・ホリデイズ(予約)
Tabin Wildlife Holidays Sdn Bhd

住 KM 49, Jalan Tungku, Lahad Datu
URL www.tabinwildlife.com.my
料 ワイルドライフサファリ1泊2日ツアーの場合のひとり料金RM1780～。送迎、宿泊、食事、ガイドツアー、入園料込み。

▲メンガリスの板根

❊クランバ野生動物保護区

行き方 ティドン族が暮らすダガット村でホームステイし、エビ漁や薬草採取、リバークルーズ、植林などを行う3泊4日のエコツアーなどが催行されている。問い合わせは各旅行会社へ。

❊**マダイ洞窟**
料RM1
行き方 ラハ・ダトゥまたはタワウ(MAP 折込表)から、バスかタクシーで。所要1時間～1時間30分。帰りを考えると、タクシーをチャーターしたほうがいい。個人で行く場合は事前に訪問許可を取る必要がある。

● **クナック森林管理局**
Kunak Regional Forestry Office
☎(089)851-863

▲ツバメの巣採取用のロープ

3000年前の遺跡が眠る

マダイ洞窟

Madai Caves

MAP 折込表

ボルネオで最も古い遺跡のひとつがマダイ洞窟だ。このエリアには1万5000年以上も昔から形成された石灰岩の洞窟が点在しており、約1万年前に移住してきた人々がいたことがわかっている。紀元前1000年頃には住居として利用されたことが、水牛をかたどった当時の木棺の発見で判明し、その複製はコタ・キナバルのサバ州立博物館に展示されている。

この歴史的な洞窟はツバメの巣の産地としても名高く、古くから高級食材として香港などへ輸出されてきた。採集はこの地に20代以上続く先住民族のイダアン族によって受け継がれており、年2回のシーズンになるとはるか頭上のツバメの巣に向かって高いはしごで上る伝統的な採集の様子を目にすることができる。一度は見ておいても損はないだろう。

地元のバス通りからハイキングでたどり着けるという便利さから地元の人たちの憩いの場となっていたが、現在は森林レクリエーションセンターとして整備され、旅行者が訪れる場合は事前の訪問許可が必要になっている。

▲独特の雰囲気が漂う洞窟内

COLUMN

オランウータンのすむ森の再生を目指して

公益社団法人日本マレーシア協会では、1995年からボルネオ島サラワク州にて、熱帯雨林の再生のための植林活動を地域の人々とともに取り組んでいる。

熱帯雨林の急速な消失は災害の原因となり、そこにすむ動物や人間の生活をも脅かす深刻な問題となっている。南洋材の主要な輸出先であった日本にとっても無縁ではない。

熱帯雨林の再生は地球温暖化防止や遺伝子保全の観点からも重要だが、地域の人々にとっても、従来の森林との関わりを維持することにつながり、生活環境の保全効果をもたらしている。

熱帯雨林の植林は、5年ほどのメンテナンスを欠かさぬことで、着実な成果が見られるという。

日本からの植林ツアーも実施されている。参加者は子供からシニア世代までと幅広い。熱帯雨林の再生活動が世代を超えて受け継がれ、オランウータンのすむ森が本来の姿を取り戻すことは、人間にとっても持続可能な発展をもたらすこととして、活動は続けられている。

●**(公社)日本マレーシア協会**
住 〒102-0093 東京都千代田区平河町1-1-1
☎東京(03)3263-0048
URL www.jma-wawasan.com

サンダカンのレストラン
Restaurant

サンダカン中心部　カフェ

イングリッシュ・ティーハウス&レストラン
English Tea House & Restaurant　MAP P.304下-B

英国スタイルでティータイム

アグネス・キースの家のすぐ前にある、英国風レストラン。広大な敷地に大木の下のテーブルなどセッティングがすばらしい。昼間はアフタヌーンティーセット(常時)が人気。夜はカクテルなどを楽しむ地元のビジネスマンや外国人でにぎわう。

住No.2002, Jl. Istana
☎(089)222-544
URL www.englishteahouse.org
営10:00～22:00　休無休　CC不可

サンダカン中心部　カフェ

サン・ダ・ゲン・コピティアム
San Da Gen Kopitium　MAP P.304下-B

レトロさが新しいおしゃれカフェ

"古いものを尊重し、新しいものにインスピレーションを"がコンセプト。東洋モダンなインテリアで居心地のよい店内。定番マレーシア料理からスイーツまでメニューも充実している。サンダカン名物のUFOタルトはぜひ食べておきたい。

住Jl. Pelabuhan Lama
☎(089)238-988
営8:30～17:30
休無休　CC不可

レイラ通り周辺　中国系

好味肉骨茶
Good Taste Bak Kut Teh　MAP P.304上

サンダカン名物シーフード・バクテー

中心部から少し離れたところにある人気バクテー屋。豚肉のバクテーだけでなく海鮮のバクテーも食べられる。エビ、カニ、魚のバクテーは新鮮な魚介類が自慢のサンダカンならでは。同じ並びにある南財肉骨茶も同様にシーフード・バクテーで有名。

住Lot5, Block D, Bandar Nam Tung
☎(089)615-899
URL goodtastebkt-restaurant.business.site/
営8:30～14:00、17:00～20:00　休無休　CC不可

サンダカン中心部　カフェ

バリン・ルーフガーデン
Balin Roof Garden　MAP P.304下-B

のんびり過ごしたい日に

Ⓗナック・ホテルの最上階にある景色のすばらしいカフェ。店内のさらに上には、展望台ともいうべき野外席があり、ここからのサンダカンの町の眺めは壮観。メニューは軽食に、ティラミスやレモンタルトなどのケーキもある。

住Nak Hotel, Blk 29, Jl. Pelabuhan Lama
☎(089)272-988
営8:00～24:00
休金　CC M V

COLUMN

外務省危険情報

2022年10月現在、日本の外務省は、サバ州東側の島嶼部および周辺海域、また、サバ州東海岸のうちサンダカン、ラハ・ダトゥ、クナおよびセンポルナ周辺地域に「レベル3:渡航は止めてください(渡航中止勧告)」を、サバ州東海岸のうち上記以外の地域に「レベル2:不要不急の渡航は止めてください」という危険情報を発出している。同地域では,武器の押収事案や海賊事件、マレーシア人および外国人の誘拐事件などが多発している。マレーシア当局は,海軍・警察・海上法令執行庁等による警戒を実施しているが、同地域には依然として誘拐やテロの脅威の可能性があると指摘されている。

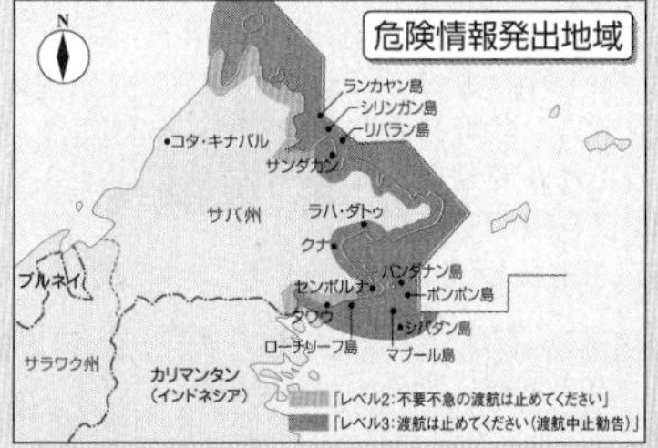

サンダカン中心部　中級

イロプラ・ホテル

The Elopura Hotel　MAP P.304下-B

海沿いで町のど真ん中

サンダカン市内では比較的新しいホテル。スタンダードルームは町の中心側、スーペリアルームはスールー海のシービューを楽しめる。4人で泊まれるファミリールームもあり。ハーバーモールや市場も目の前で町歩きにはとても便利。

住HS12, Sandakan Harbour Square
☎(089)240-888　URL elopurahotel.my
料スタンダード RM120〜
CC A J M V　室111

ウタマ通り周辺　中級

サバ・ホテル

Sabah Hotel　MAP P.304下-A

サンダカン唯一の4つ星ホテル

町の中心から空港方向に約1km離れた所に、森を切り開いて建設されたホテル。プール、スカッシュコート、テニスコートがある。客室は8種類で、メイン棟のほかに、平屋建てのボルネオルームが20室。コーヒー、ミニバー、アイロンなどが揃う。

住km 1, Jl. Utara
☎(089)213-299　URL www.sabahhotel.com.my
料スタンダードRM140〜
CC A J M V　室120

サンダカン空港周辺　中級

リビングストン・ホテル

Livingston Hotel Sandakan　MAP P.304上

空港と市街地の中間エリア

サンダカン空港とサンダカン中心部の間に2018年オープンした大型ホテル。プール、レストラン、会議室などの設備も整っている。Wi-Fi利用可。町の中心部からは離れているが、少し歩けば川を挟んだ隣の商店街に食堂やスーパーがある。

住Mile 4, Jalan Utara
☎(089)223-223
料デラックス RM200〜
CC M V　室275

サンダカン中心部　中級

ホテル・サンダカン

Hotel Sandakan　MAP P.304下-B

ロケーションは抜群

町のほぼ中心にあるロケーションのよさに加え、2010年に改装した設備と料金のバランスがよい。飲茶やスチームボートが評判のレストランがある。客室は一見地味だが、金庫、ミニバー、ドライヤー、コーヒーなどなかなか充実している。

住Block83, Town Centre, 4th Ave.
☎(089)221-122　URL hotelsandakan.net
料ⓈⒹRM109〜
CC M V　室105

サンダカン中心部　中級

ナック・ホテル

Nak Hotel　MAP P.304下-B

屋上が気持ちいいブティックホテル

1960年代に家族経営でオープンした古いホテルだが、改装しておしゃれなブティックホテルとなった。屋上にはⓇバリン・ルーフガーデン（→P.314）があり、サンダカンの町と海を望むことができる。スタッフも親切で過ごしやすい宿といえる。

住Blk29, Jl. Pelabuhan Lama
☎(089)272-988　URL www.nakhotel.com
料ⓈRM98〜　ⒹRM138〜
CC J M V　室24

サンダカン空港周辺　中級

パビリオン・ホテル

Pavilion Hotel　MAP P.304上

空港送迎サービスあり

市の中心部からは離れているが、セピロック、ラブックベイ、ワニ園、戦争記念公園といった観光スポットへ行くには中心部のホテルからよりも近い。ローカルな商店街が隣接しているので食事に出かけるのも便利。バスタブ付きの部屋もある。

住A3, Bandar Labuk Jaya, Mile 7, Labuk Road
☎(089)222-626
URL thepavilionhotel.com.my
料RM140〜　CC M V　室90

サンダカンのホテル
Hotel

サンダカン中心部　安宿

ホテル・シティ・ビュー
Hotel City View　MAP P.304下-B

町の中心にある5階建て

町の中心部にあるビジネスホテルでは、比較的規模が大きい老舗ホテル。全体的に古びているが、清潔に保たれた客室にはホットシャワーやエアコン、テレビなどがひととおり揃っている。1階にはレストランもあるのでなかなか便利。

住Lot 1, Block 23, 3rd Ave
☎(089)271-122
料ⓈⒹRM70～
CC JMV　室39

サンダカン中心部　安宿

ホテル・ロンドン
Hotel London　MAP P.304下-B

改装されてきれいになった

1975年オープンの老舗。モスクのすぐ隣にあり、アザーンの音がよく聞こえる。客室はエアコン、テレビ、トイレ、ホットシャワー、電話付き。殺風景ながらもこれだけの設備が整って清潔さも保たれている安ホテルはサンダカンでは珍しい。Wi-Fiあり。

住Lot D1-D2, Block 10, Jl. Empat
☎(089)216-366/371　URL www.hlondon.com.my
料スーペリアRM58～
CC不可　室22

サンダカン中心部　安宿

マリン・ベイ・ホテル
Marine Bay Hotel　MAP P.304下-B

中央市場と海が目の前

ハーバースクエアの端、セントラルマーケットに面したショップロットの中にあるホテル。モールにも近く便利な立地だ。部屋は狭めだが、清潔で快適。その名のとおり海が目の前なので、シービュールームからの眺めがすばらしい。

住Lot 130 & 131, Block HS-14, Harbour Sq.
☎(089)203-399
料RM100～
CC MV　室18

サンダカン空港周辺　安宿

ラブック・ホテル
Labuk Hotel　MAP P.304上

空港から近く、観光拠点にも便利

Ⓗパビリオンホテルと同じ商店街の中にあるバジェットホテル。周りに店も多く、買い出しや食事には困らない。サンダカン中心部からは離れているが、セピロックやラブックベイ、スカウなどをメインに観光する人にはこちらも便利だ。

住Block C2, Bandar Labuk Jaya
☎(010)267-0010
料RM100～
CC MV　室34

サンダカン中心部　安宿

ホテル・シティ・スター（城市大酒店）
Hotel City Star　MAP P.304下-B

アパートをホテルに改装

Ⓗホテル・シティ・ビューと同系列。部屋はシンプルで清潔なうえ、スタッフもフレンドリーなのでつい長居したくなる。料金以上に満足感を得ることができるホテルだ。Wi-Fiあり。客室のかび臭さが気になるという声もある。

住Lot 3A-4B, Block 22, 4th Ave.
☎(089)228-999
料ⓈⒹRM60～
CC JMV　室40

サンダカン中心部　安宿

サンダカン・バックパッカーズ・ホステル
Sandakan Backpackers Hostel　MAP P.304下-B

町の中心にあって便利

海沿いのハーバー・スクエアの一角にあり、バスステーションへ徒歩すぐの所にある安宿。欧米人にはそのロケーションのよさから人気がある。フレンドリーなスタッフもいる。もちろんWi-Fiも完備。屋上階でくつろげる。各種ツアーの手配が可。

住Lot 108, 1st Floor, Block HS-11, Harbour Sq.
☎(089)211-213
URL www.sandakanbackpackershostel.com
料ドミトリー RM35　ⓈⒹRM70～138　CC不可　室11

セピロック／ダヌム・バレーのホテル
Hotel

セピロック　中級
セピロック・ネイチャー・リゾート
Sepilok Nature Resort　MAP P.304上

リハビリテーション・センターまで徒歩3分

セピロック・オランウータン・リハビリテーション・センターから徒歩3分。美しく整備された庭園の中央に池があり、その周囲に木造のシャレーが並んでいる。池に張り出したテラスも気持ちいい。各シャレーのバスルームには大きなバスタブもある。

住 Jl. Rambutan-Sepilok, Mile 14　☎(089)535-001
〈タワウ事務所〉
住 1F, No.484, Block P, Bandar Sabindo Tawau
☎(089)765-200　料 ⓈⒹRM400～　CC AMV　室23

セピロック　中級
セピロック・フォレスト・エッジ・リゾート
Sepilok Forest Edge Resort　MAP P.304上

手入れされた庭にシャレーが点在

オランウータン・リハビリテーション・センターから徒歩20分ほど。ラブックB&B(ファンドミトリーRM42.40)も同じ敷地内。シャレーは快適＆おしゃれで人気が高い。スカウ(→P.307)へのツアーもあるのでぜひ参加してみよう。

住 Jl. Rambutan-Sepilok, Jl. Sepilok, Mile 14
☎(089)533-190
URL www.sepilokforestedgeresort.com
料 スタンダードRM391～　CC MV　室16

セピロック　中級
ネイチャー・ロッジ・セピロック
Nature Lodge Sepilok　MAP P.304上

アクティビティも楽しめる

セピロック・オランウータン・リハビリテーションセンターまで徒歩17分。レストランや売店、部屋はドミトリーと個室があり、個室は専用のバスルーム付き。Wi-Fiあり。ツアーデスクで申し込めば、ハイキングなどのアクティビティに参加できる。

住 Jl. Mile 14 Jl Sepilok, Jl. Labuk Sandakan
携(016)830-2038　URL nature-lodge-sepilok-my.book.direct　料 ドミトリーRM45～　スタンダードRM199～
CC MV　室10

セピロック　中級
セピロック・ジャングル・リゾート
Sepilok Jungle Resort　MAP P.304上

広い敷地にはラグーンもある

セピロック・オランウータン・リハビリテーション・センターまで徒歩5分の絶好のロケーションにある中級リゾート。リゾート内の広い敷地には、庭園や橋の架かる池がある。客室はドミトリーからエアコン付きまでさまざまな選択が可能。

住 Jl. Rambutan, Sepilok, Mile 14
☎(089)533-031　URL www.sepilokjungleresort.com
料 ドミトリー RM46～　ⓈⒹRM115～
CC MV　室60

ダヌム・バレー　高級
ボルネオ・レインフォレスト・ロッジ
Borneo Rainforest Lodge　MAP 地図外

ジャングルの中でラグジュアリーステイ

深いジャングルの中のデラックスロッジ。マレーシア伝統スタイルのなかなか豪華な高床式シャレーで、1階建てと2階建て、デラックスなど数タイプある。天井にはファンが付き、バスタブ で温水シャワーも浴びられ、ジャングルの中でも快適に滞在できる。

● Borneo Nature Tours(ラハ・ダトゥ)
☎(089)880-207　URL www.borneonaturetours.com
料 2泊3日ツアー スタンダードⒹRM4395～／人
CC AMV　室31

ダヌム・バレー　安宿～中級
ダヌム・バレー・フィールド・センター
Danum Valley Field Center　MAP 地図外

格安の部屋もある

自然科学の研究者、調査隊などが集まるが、一般の旅行者も迎えている。トイレ、バス完備の客室、キッチンの付いたシャレー、ホステル、キャンプなどさまざまな客室が用意されている。ナイトドライブ、ナイトサファリ、トレッキング同行ガイドは別料金となる。

● Rakyat Berjaya Sdn Bhd(ラハ・ダトゥ)
☎(088)326-300
料 要問い合わせ

クチン

Kuching

▲クチンの町を流れるサラワク川

　人口約65万人を擁する、サラワク川のほとりに開けたサラワク州の州都。サバ州のコタ・キナバルに並ぶ東マレーシアの空の玄関口であり、周辺の国立公園を訪れるサラワク観光の拠点となる町でもある。

　19世紀半ば、イギリス人のジェームス・ブルックが、当時支配していたブルネイのスルタンからラジャ(王)の地位を贈られ、東南アジアで初めて白人王が誕生したところとしても名が知られている。王国の首都となったクチンの町には、当時建てられたコロニアル建築が今でも残っており、サラワクの歴史を感じさせる。現在はマレー人、華人に加え、サラワク州にいる26以上の先住民族の人々も移り住む、コスモポリタンシティだ。近年、サラワク川沿いはクチン・ウオーターフロントとして整備され、現在もその範囲を西へ西へと拡張し続けている。エスニックの香りに彩られた、緑豊かな落ち着いた町に魅了される旅行者は多い。

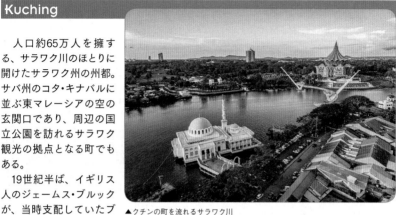

行き方

　空路はクアラルンプール、ボルネオ島の主要都市、ブルネイ、ポンティアナック(インドネシア)、シンガポールなどからの便がある。陸路だと、長距離バスがシブ、ビントゥル、ミリなどのサラワク州各地から、またポンティアナックからの便がある。

空港、バスターミナルから市内へ

　空港から市内へは約12km、車で約20分。バスはなく、クーポンタクシーを使うことになる。到着ロビーのカウンターでクーポンを購入しよう。クチン市内までRM30、セメンゴまでRM33、マタン、ダマイ・ビーチまでRM80。

　長距離バスは、空港から1.7km西にあるクチン・セントラル・バスターミナルに発着する。市内へはターミナルの横の道からバスが出ておりRM2。ターミナル内にはレストランやショップも充実している。

▲クチン・セントラル・バスターミナル

市外局番082

ACCESS

飛行機
　クアラルンプールからマレーシア航空が1日8便程度(RM319～)、エアアジアが1日12便(RM85～)運航。所要約1時間50分。ジョホール・バルからエアアジアが1日3便程度運航。所要約1時間25分、RM89～。コタ・キナバルからマレーシア航空(RM268～)が1日1便、エアアジア(RM79～)が1日3便運航。所要約1時間25分。

バス
　ミリ、ビントゥル、シブ方面から多くのバスが出ている。ミリから所要約15時間、RM80。シブから所要約8時間、RM50。

インドネシアのポンティアナック行きバス
　クチン・セントラルバスターミナルから、数社が運行。所要約8～9時間、RM60～。

❶マレーシア観光局
住 クチン空港内
開 8:00～22:00　休 無休

メモ　クチンという名前の由来は、中国語で"港"や"井戸"を意味するコチンがクチンに転じた、ネコの目の形をしたマタ・クチンという果実がなる木が生えていたから、もしくは野生のネコがたくさんいたから、など諸説ある。

ⓘビジターズ・インフォメーションセンター Visitors' Information Centre
MAP P.316-B1
住 Sarawak Tourism Complex (Old Court House)
☎ (082) 410-944
URL sarawaktourism.com
開 月～金　9:00～18:00
　土・日・祝　9:00～15:00

▲町を歩いていると、そこかしこで懐かしい風景に出合う

歩き方

観光の起点はサラワク川の南側

クチンの町は、ゆったりと流れるミルクコーヒー色のサラワク川の両岸に開けている。川の南が旧市街で、19世紀の白人王の時代にはこちらが町の中心だった。中央郵便局や旧裁判所など、コロニアル風の立派な建物が今も残る。ホテルやショッピングセンターなどが集まり、観光の起点になるのも川の南側。町全体としては横に長く、端から端まで歩くとかなりの距離になるので、うまくタクシーを利用したい。**ウオーターフロント**には、タイル敷きの遊歩道が設けられていて、散歩にぴったり。カフェも点在し、地元住民の憩いの場となっている。週末の夜にはウオークウェイに出店も並ぶ。スクエア・タワーから西側も順次開発される予定だ。

▲戦時中に爆撃を受けなかったクチンには古い建物が多く残っている

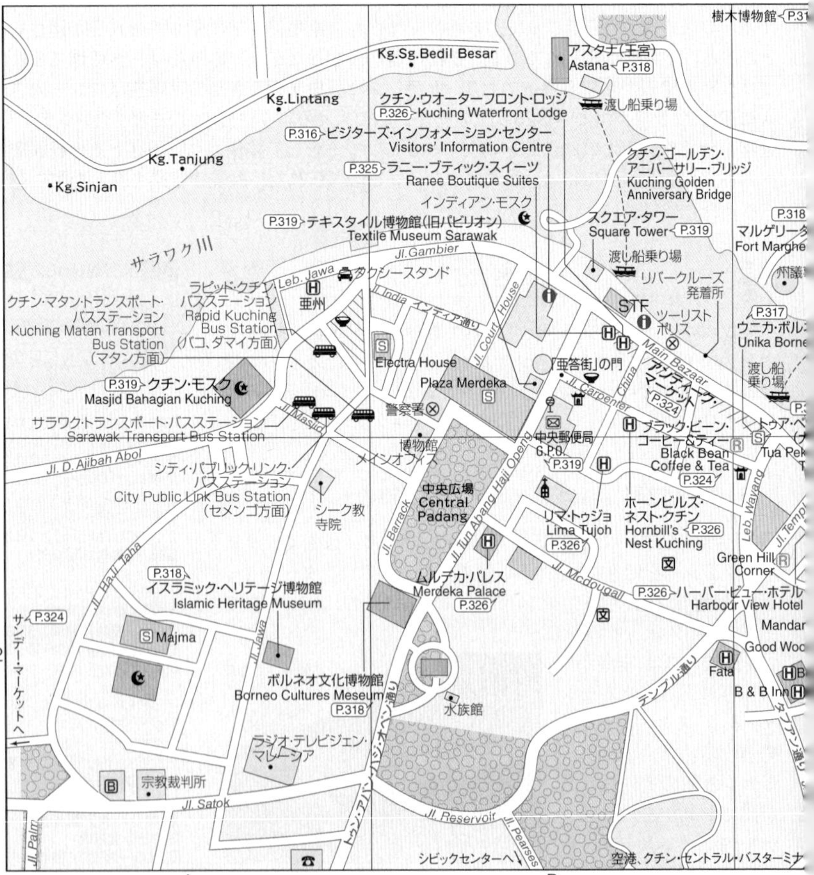

樹木博物館 P.31
Kg.Sg.Bedil Besar
アスタナ（王宮） Astana P.318
Kg.Lintang
クチン・ウオーターフロント・ロッジ P.326 Kuching Waterfront Lodge
渡し船乗り場
P.316 ビジターズ・インフォメーション・センター Visitors' Information Centre
Kg.Tanjung
Kg.Sinjan
P.325 ラニー・ブティック・スイーツ Ranee Boutique Suites
クチン・ゴールデン・アニバーサリー・ブリッジ Kuching Golden Anniversary Bridge
インディアン・モスク
P.319 テキスタイル博物館（旧パビリオン） Textile Museum Sarawak
スクエア・タワー Square Tower P.319
P.318 マルゲリータ Fort Marghe
サラワク川
Jl. Gambier
渡し船乗り場
リバークルーズ発着所
タクシースタンド
Leb. Jawa
ラピッド・クチン・バスステーション Rapid Kuching Bus Station（パコ、ダマイ方面）
亜州
クチン・マタン・トランスポート・バスステーション Kuching Matan Transport Bus Station（マタン方面）
Jl. India　インディア通り
Jl. Court House
STF
ツーリストポリス
P.317 ウニカ・ボルネ Unika Borne
Electra House
「亜答街」の門
Main Bazaar
アンティーク・マーケット P.324
渡し船乗り場
P.319 クチン・モスク Masjid Bahagian Kuching
Plaza Merdeka
Jl. Carpenter
China
警察署
サラワク・トランスポート・バスステーション Sarawak Transport Bus Station
Jl. Masjid
博物館メインオフィス
中央郵便局 G.P.O. P.319
ブラック・ビーン・コーヒー＆ティー Black Bean Coffee & Tea P.324
トゥア・ペ Tua Pek
Jl. D. Ajibah Abol
シティ・パブリック・リンク・バスステーション City Public Link Bus Station（セメンゴ方面）
シーク教寺院
中央広場 Central Padang
リマ・トゥジョ Lima Tujoh P.326
ホーンビルズ・ネスト・クチン Hornbill's Nest Kuching P.326
Leb. Wayang
Jl. Barrack
Jl. Tun Abang Haji Openg
Green Hill Corner
Jl. Haji Taha
P.318 イスラミック・ヘリテージ博物館 Islamic Heritage Museum
ムルデカ・パレス Merdeka Palace P.326
Jl. Mcdougall
P.326 ハーバー・ビュー・ホテル Harbour View Hotel
P.324 サンデー・マーケットへ
Majma
Jl. Jawa
Mandar
Good Woo
Fata
B & B Inn
ボルネオ文化博物館 Borneo Cultures Meseum P.318
テンプル通り
水族館
トゥン・アバン・ハジ・オペン通り
ラジオ・テレビジェン・マレーシア
宗教裁判所
Jl. Satok
Jl. Reservoir
Jl. Pearses
Jl. Palm
シビックセンターへ
空港、クチン・セントラル・バスターミナ
1
2
A
B

▲ミルクコーヒー色をしたサラワク川が流れる町クチン

　一方、サラワク川北岸は、マレー人を中核とするサラワクの政治の中心地。アスタナ(王宮)や新しく建てられた州議事堂など、行政府の建物が集中している。サラワク川沿いには、**マルゲリータ砦**があり、サンパン(渡し船)を使えば簡単に行くことができる。また、**ネコ博物館**や**樹木博物館**、**州立モスク**もこちら側にある。

クチン Kuching

0　200m
N
1
2
C
D
Kg.Gersik
Kg.Surabaya Hilir
Kg.Surabaya Hulu
Kg.Boyan
乗り場
Riverbank Suite
リバーサイド・マジェスティック・ホテル P.325
Riverside Majestic Hotel
サラワク川
グランド・マルゲリータ・ホテル P.325
Grand Margherita Hotel
史文物館
se History
m
Sarawaku Plaza
Benson Seafood
猫の像
Mcdonald
ヒルトン・クチン P.325
Hilton Kuching
Tun Jugah
P.319
トゥン・ジュガ博物館(4階)
猫の柱
Jl.Padungan
トップ・スポット・フード・コート
P.324 Top Spot Food Court
プルマン・クチン
Pullman Kuching
Everise Department Store
ライフ・カフェ
Life Cafe P.324
Jl.Abell
Jl.Padungan
マレーシア航空
Jl.Song Thian Cheok
フォック・ハイ・ティム・サム・カフェ
Fock Hai Tim Sam Cafe
P.324
HUA KUOK
Liwah
Jl.Ban Hock
Grand Continental
Jl.Central Timur

▲ウオーターフロントは市民の憩いの場

老舗アンティークショップ

　イバン族の銀細工ベルトやダヤク族のイヤリングなど、30年近くにわたってボルネオ島各地から伝統工芸品を集めており、ふた間ある店内はそんなアンティークでいっぱい。海外への配送も行っているので、マレーシアならではのアンティークに興味のある人はぜひ。

Ⓢウニカ・ボルネオ
Unika Borneo
MAP P.316-C2
住 5 Wayang St.
☎ (016)895-3340
URL unikaborneo.com
開 14:00〜19:00
休 日　CC M V

▲アンティークコレクター垂涎の品が並ぶ

クチンでフードトレイル！

　おいしいものがたくさんのマレーシア。クチンも例外ではなく、サラワク州の州都として各地からおいしいものが勢揃いしている。押さえておきたい名物料理は、サラワクラクサやコロミー、クエチャップ、ブラチャンミディンなど。ビジターズ・インフォメーション・センター(→P.316)でもらえるフードトレイルマップには、クチンの名物料理とそれを食べられるおすすめの屋台が紹介されているので、ぜひ手に入れておこう。

▲スパイスの風味がつまったサラワクラクサ

メモ　地方によって味が違う辛味の効いたスープ麺の「ラクサ」。クチンのラクサは、麺が細いビーフンで、スープはココナッツミルクとスパイスの風味が特徴。

見どころ

ボルネオ文化博物館
クチン観光の新定番

Borneo Cultures Museum

MAP P.316-B2

2022年3月、旧サラワク博物館がリニューアルし、新しい建物でオープンした。サラワクの自然、歴史、文化にまつわる展示が集約され、オープン当初から来館者の評価が高い。国内最大、東南アジアでは2番目に大きい博物館だ。インタラクティブな展示が多く年齢問わず楽しめる。クチンに来たらぜひ訪れたい。

▲5階建ての大きな博物館

イスラミック・ヘリテージ博物館
イスラムについての理解が深まる

Islamic Heritage Museum

MAP P.316-A2

東南アジアで最初のイスラム博物館。アセアン諸国やほかのイスラム諸国から取り寄せた武器、通貨、織物、陶磁器などを展示している。サラワク博物館のそばにある。

アスタナ
川沿いに建つ白亜の元王宮

Astana

MAP P.316-B1

サラワク川の北岸にある、平屋建ての白い宮殿。1870年に第2代白人王チャールズ・ブルックが、妻マーガレットへの結婚のお祝いとして建てたもの。現在はサラワク州元首公邸として利用されており、一般公開はされていない。

マルゲリータ砦
おとぎ話に出てくるような19世紀の要塞

Fort Margherita

MAP P.316-C1

1879年、海賊などの侵入に備えて建てられた城塞。白人王チャールズ・ブルックの妻の名前にちなんで名づけられた。中世の要塞風で、独特の雰囲気を醸し出している。ウオーターフロントからも遠めに見ることができるが、サンパン(小舟)でサラワク川を渡れば簡単に行ける。2016年には白人王ジェームス・ブルックに関するブルック・ギャラリーが整備され、有料で砦内の展示物を見学できる。

▲上からの眺めがいい

ボルネオ文化博物館
☎(082)548-215
URL museum.sarawak.gov.my
開 月～金　9:00～16:45
土・日・祝　9:30～16:30
休 一部の祝日(中国正月やハリラヤなど。ウェブサイトに記載)
料 大人RM50、子供RM20

イスラミック・ヘリテージ博物館
開 月～金　9:00～16:45
土・日・祝　10:00～16:00
休 無休
料 無料
※写真、ビデオ撮影不可。

アスタナ
行き方 川沿いの船着場からアスタナの近くの桟橋まで、渡し船で5分、RM0.5(夜はRM1)。船は客が集まると出発する。小銭を用意しておくこと。
※一般公開されていないので外から見ることしかできない。

マルゲリータ砦
開 月～金　9:00～16:45
土・日・祝　10:00～16:00
休 無休　料 RM20

そのほかの博物館

● 樹木博物館
Timber Museum
市内から車で約20分、約RM20、サラワク州森林局の敷地内にある。サラワク州内に生えている樹木とその加工品に関する展示、ジャングルのパノラマなど、なかなか見応えがある。
MAP P.316-C1外
☎(082)443-477
開 8:00～16:30
休 土・日・祝　料 無料

● ネコ博物館
Cat Museum
世界の猫グッズを集めたユニークな博物館。
MAP P.320
☎(082)446-688
開 9:00～17:00　休 祝
料 大人RM3、子供RM2
行き方 サラワク川北岸の市庁舎内にある。バスはなく、タクシーで所要約15分。

イバン族の文化がわかる

トゥン・ジュガ博物館

Tun Jugah Museum　MAP P.317-C2

ショッピングセンター「トゥン・ジュガ」の4階。伝統モチーフを用いたイバン族の織物であるプアを約500枚所蔵しており、そのうち40枚が展示されている。プアは1枚織り上げるのに1年はかかる大判の布で、日常生活や伝統儀式にも使われる意味深いもの。周辺に住むイバン族の女性が機織りしている光景も見学できる。また、奥の部屋では、イバン族のコスチュームやアクセサリーなどの展示が見られる。

▲機織りを実演している

❋トゥン・ジュガ博物館
☎(082)239-672
開 8:00〜12:00
　13:00〜17:00
休 土・日・祝　料 無料

時間が止まったような旧市街

コロニアル建築群

Colonial Construction Area　MAP P.316-B1

川沿いの**スクエア・タワー**は元留置場であったが、ブルック時代には要塞やダンスホールとして使われていた。スクエア・タワー前の広場は、イベント会場として使われている。斜め向かいの**旧裁判所**は1871年に建てられたもの。**旧ラウンド・タワー**は1886年の建築だ。隣の旧パビリオンは1909年に建てられたクチン初の鉄筋建て。**テキスタイル博物館**として、サラワク州に住む各民族の衣服や織物などが展示されていたが、2022年10月現在メンテナンスのため休館中。

▲川沿いに静かに建つスクエア・タワー

❋テキスタイル博物館
Textile Museum Sarawak
MAP P.316-B1
※休館中

▲おしゃれなカフェも入っている旧裁判所

▲立派なコロニアル建築のテキスタイル博物館

クチン在住華人の歴史を物語る

トゥア・ペッ・コン(大伯公)、華族歴史文物館

Tua Pek Kong Temple, Chinese History Museum　MAP P.316・317-C2

Ⓗハーバー・ビュー・ホテルの前にこぢんまりと建っている極彩色の寺は、19世紀の建立で、クチン最古の中国寺院。向かいの川沿いにある白い建物は1912年の建築。現在はサラワク華人の移民の歴史を伝える、華族歴史文物館になっている。

▲小さいけれど存在感のある寺

❋華族歴史文物館
開 月〜金　9:00〜16:45
　土・日　10:00〜16:00
休 無休　料 無料

黄金のタマネギ屋根

クチン・モスク

Masjid Bahagian Kuching　MAP P.316-A1

町の西にどっしり構えるイスラム寺院。1968年にRM100万をかけて完成した。寺院の中には熱心に祈るイスラム教徒の姿がある。敷地内に旅行者も入れるが、ノースリーブや短パンは不可。周囲には墓地が広がっており、少し異様な雰囲気。

❋クチン・モスク
開 5:30〜22:00
休 無休
※1日5回のお祈りの時間は見学不可

▲1968年に建立されたクチン・モスク

近郊の見どころ

リゾートや観光地のある静かな海岸

ダマイ・ビーチ

Damai Beach　MAP P.320

クチンの北35km、バスで1時間ほどの南シナ海に突き出した半島にあるビーチリゾート。半島には標高810mのサントゥボン山がそそり立ち、緑に囲まれた広々としたビーチだ。近くにはアーノルド・パーマーが設計した18ホールのダマイ・ゴルフ&カントリークラブやサラワク・カルチュラル・ビレッジ(→下記)がある。

▲静かできれいなビーチ

サラワクの民族文化に触れられる

サラワク・カルチュラル・ビレッジ

Sarawak Cultural Village　MAP P.320

サラワクの伝統文化に触れることのできる施設。さまざまな体験ができ、訪れる観光客は少なくない。大きな池の周りを取り囲むように7つの民族の民家が建てられ、そこで少数民族の楽器演奏、儀式、伝統工芸などを見学できる。また、見学者もサトウキビ搾りや吹き矢、こま回しなどに挑戦できる。民族舞踊が楽しめるカルチュラルショーも必見。年に一度ここで開催されるレインフォレスト・ミュージック・フェスティバルには、世界中からミュージシャンや音楽愛好家たちが集まる。

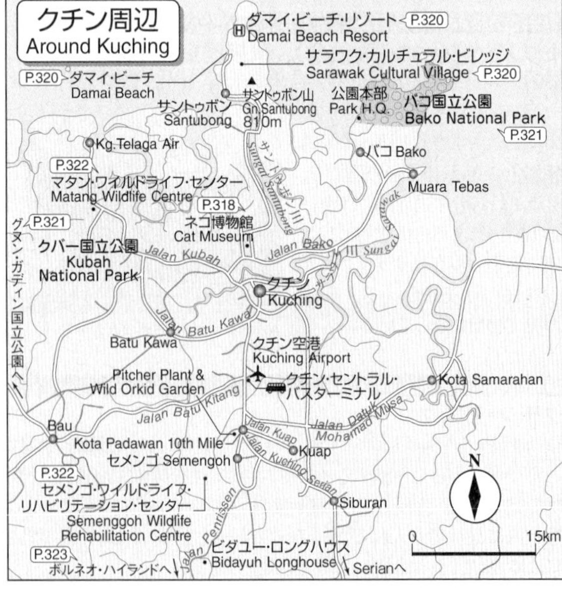

※ダマイ・ビーチ

行き方 Ⓗグランド・マルゲリータ・ホテル(→P.325)から1日3本シャトルバス(RM20)が出ている。タクシーなら片道RM50ほど。所要約45分。

シャトルバス時刻表

Ⓗグランド・マルゲリータ・ホテル発
9:15、12:15、14:15

Ⓗダマイ・ビーチ・リゾート
Damai Beach Resort

クチン市内から車で約40分、サントゥボン岬に建つマレー風建築様式のリゾートホテル。客室のインテリアには明るい暖色系を使い、清潔感にあふれた印象。イバン族のロングハウスやビダユ族の戦士が住んでいたという丸い家を模して建てられたユニークなシャレーは宿泊してみる価値あり。ゴルフ場やサラワク・カルチュラル・ビレッジにも近い便利な立地にある。

MAP P.320
住 Teluk Bandung, Santubong
☎(082)846-999
URL damaibeachresort.com
料 スタンダードRM230～
CC M V
室 252

※サラワク・カルチュラル・ビレッジ

住 Kampung Budayah Sarawak, Pantai Damai, Santubong
☎(082)846-108
URL scv.com.my
開 9:00～16:45
休 無休
料 大人 RM60
　子供 RM30

▲機織りのデモンストレーション

海から山まで16種類のトレッキングコースがある

バコ国立公園

Bako National Park　MAP P.320

クチンの北37km、南シナ海に面した、サラワクで最初に指定された国立公園で、近くにあるバコ村からボートで訪れる。海岸から丘陵と変化に富んだ地形のため、ボルネオ島に存在するほとんどの植生がここで見られる。

トレッキングコースは、1時間で往復できる手軽なコースから、キャンプをしながら巡る長距離コースまで全16種類。熱帯雨林の中を歩き、ウツボカズラやマングローブを目にすることができる。トレッキング中に、カニクイザルやシルバーリーフ・モンキー、世界中でボルネオにしかいないテングザルに出合えるかもしれない。ヒゲイノシシも、公園本部付近によく出没する。鳥も150種以上がいる。

▲海に浮かぶ自然の芸術

施設は本部のあるテロッ・アッサムTeluk Assamに集中しており、ビジターセンターやレストラン、売店、宿泊施設がある。また、公園沖には、波の浸食によってできた奇岩のシースタックがあり、公園上陸前後にボートの上から見学することが可能だ(RM150～200)。

ラフレシアを見られる確率が高い

グヌン・ガディン国立公園

Gunung Gading National Park　MAP 折込表

クチンから西へ約80km、南シナ海にほど近いルンドゥの町にあるガディン山周辺が国立公園になっている。熱帯雨林に覆われた公園内にはラフレシアが自生していて、運がよければ開花に遭遇することができる。ここではラフレシアの生態調査を行っており、常に開花情報を公園事務所で聞くことができるので時間がかぎられた旅行者にはうれしい。ラフレシアはトレイルを外れた木の根元に咲くこともあるので、ガイドなしで見つけることは難しい。公園内を熟知しているガイドに案内してもらうとよい。ガイド料は1グループにつき1時間RM20、要予約。また、よく整備されたトレイルが何コースも設けられていて、標高906mのガディン山の山頂や滝などを訪れることができる。宿泊施設、天然のプールをはじめ、公園内で見られる動植物の資料を展示したインフォメーションセンターもあるので訪れておこう。

▲造花のようなラフレシア

※バコ国立公園
☎(082)370-434
URL bakonationalpark.my
開 8:00～17:00
休 無休
料 大人RM20　子供RM7
行き方 クチンからバコ村まではラピッド・クチン・バスステーションから7:00～18:00の間1時間ごと。所要約1時間、RM3.5。バコ村から公園まではボートで約25分。5人乗りで、往復RM40。ボートは公園本部のあるテロッ・アッサムのビーチに着く。帰り便に関しては、日時を決めて予約をし、船頭に迎えにきてもらうこと。

▲ジャングルトレッキングに行こう

バコ国立公園とグヌン・ガディン国立公園の手続きについて

公園内に宿泊する場合、事前にサラワク・フォレストリィで許可証をもらい、宿の予約をする。電話、オンラインでも可。日帰りの場合は、直接公園内の受付に行って記帳、入園料を払えばよい。

※グヌン・ガディン国立公園
☎(082)735-144
URL gading.my
開 8:00～17:00
休 無休
料 大人RM20　子供RM7
行き方 クチン・セントラル・バスターミナルからサラワク・トランスポートのバス(7:45、10:00、13:30、16:00発)に乗り、所要約1時間30分でルンドゥLunduに到着。そこからはタクシー、またはプライベートバンで約5分(片道RM10ぐらい)。公園入口までさらに徒歩5分。クチン方面行き最終バスはルンドゥ発16:30。

▲自然が織りなす芸術に出合える

❊セメンゴ・ワイルドライフ・リハビリテーション・センター
開 8:00～10:00、14:00～16:00
URL semenggoh.my
休 無休
料 大人 RM10　子供 RM5
行き方 現在クチン市の電動バスが州議事堂とセンター間を無料運行している。往復ともに6:00～16:00の間、2時間おきに出発。片道約50分～1時間。

▲周囲は熱帯森林のジャングル

❊マタン・ワイルドライフ・センター
宿泊する場合はクチンのサラワク・フォレストリィで事前に予約が必要(オンラインでも可)。
☎(082)374-869
開 8:00～17:00
料 大人RM20　子供RM10
行き方 クチンから約30 kmあり、車で40分ほど。クチン・マタン・トランスポートのバスステーションからバンが出ているが、人が集まらないと出発しない。バンをチャーターすると1台往復RM100。タクシーだと待ち時間を入れて往復RM150程度。クバー国立公園の入口の横を通り過ぎて、さらに進んだ奥に入口がある。

餌やりのタイミングに合わせて訪れよう

セメンゴ・ワイルドライフ・リハビリテーション・センター

Semenggoh Wildlife Rehabilitation Centre　MAP P.320

森林の伐採にともないすむ場所を失う、母親とはぐれる、人間に飼われていたなどの理由で自力で森にすめなくなったオランウータンを保護し、森に帰すための施設。1日2回、9:00～10:00、15:00～16:00に半野生状態のオランウータンへの餌やりが行われ、見学することができる。

▲プラットホームは園内に2ヵ所ある

保護されているオランウータンの状態によって餌やり方法は異なり、檻の中にいるオランウータンにバナナなどフルーツを手渡すこともあれば、森の中に設けられたプラットホームに置いておき、森に戻ったオランウータンが自ら取りに来るのを待つことも。

公道からリハビリテーション・センターまでは、各種植生が見られる森林局のリサーチセンター内を通り抜ける。所要約20分。

野生生物を野生に近い環境で飼育している

マタン・ワイルドライフ・センター

Matang Wildlife Centre　MAP P.320

熱帯雨林のクバー国立公園の敷地内にある野生生物センター。オランウータンをはじめ、猛禽類、シカ、ワニ、マレーグマ、ビンツロング、コハゲコウ、ジャコウネコ、ハリネズミ、テナガザル、ブタオザル、フクロウなどを見ることができる。オランウータン以外の野生生物の一部は檻の中で飼育されているが、野生生物をなるべく野生に近い環境で飼育して自然に帰すことがセンターの目的のひとつであり、野生生物の保護を訴える教育目的でも利用されている。

COLUMN

クチンからのツアー

★クチン市内観光
所要 3時間　料 RM140～
★セメンゴ・ワイルドライフ・ツアー(→P.322)
所要 3時間　料 RM160～
★サラワク・カルチュラル・ビレッジ・ツアー(→P.320)
所要 4時間　料 RM175～
★イバン族ロングハウスツアー(→P.323)
所要 1泊2日　料 RM580～
★グヌン・ムル国立公園ツアー(→P.331)
所要 2泊3日　料 RM780～(航空券別)
※料金は、最少催行人数2名の場合の1人分の料金目安。

サラワク州のおもな旅行会社
●インサー・ツアー＆トラベル
Insar Tours & Travel 日本語可
☎(082)248-112
URL www.insar.com
●トロピカル・アドベンチャー・ツアーズ＆トラベル
Tropical Adventure Tours & Travel
☎(085)419-337
URL borneotropicaladventures.com

ジャングルを切り開いて造った高原リゾート

ボルネオ・ハイランド

Borneo Highland　MAP 折込表

クチンから約60km南西、インドネシアとの国境にあるペリンセン山脈の一角に、熱帯雨林の山を切り開いて造った高原リゾート。標高は762～1000m、切り立った山々に囲まれた高所に位置する。

リゾートは総面積2071ha。そのうちの30%を「基本への回帰、自然への回帰」をモチーフに、別荘地などの土地として開発し、残り70%はジャングルのまま残していく予定。現在は18ホールのゴルフコースとジャングルスパ&ウェルネスセンター、宿泊施設、別荘用シャレーなどが完成している。

熱帯雨林を眼下に見下ろすインドネシアとの国境にある展望台や、珍しいランなどを栽培している苗木園、フラワーガーデン、自然の地形を生かしたゴルフコースなどがあるほか、周囲の熱帯雨林ジャングルを歩くジャングルトレックや、ロングハウス訪問などのアクティビティが行われていたが、2022年10月現在は新型コロナの影響で一時休業している。

▲ボルネオ・ハイランズ・リゾートへの入口

ボルネオ・ハイランド
行き方 クチンからの公共交通機関はないので、リゾートに送迎を頼むか、旅行会社で車をチャーターすることになる。

H ボルネオ・ハイランズ・リゾート
Borneo Highlands Resort
住 Jl. Borneo Heights, Padawan
携 (019) 829-0790
URL www.borneohighlands.com.my
※現在休業中

▲雄大な景色が楽しめる

COLUMN

イバン族を訪ねて"バタン・アイ"のロングハウスへ

クチンから車で4～5時間。バタン・アイはインドネシアとの国境に近い山中にある。ここの湖はサラワク州初の水力発電所の建設によって造られた人造湖。もともとは森であった所を水没させたため、たくさんのピークが小島となり、日本の松島を思わせる美しい景観が魅力的だ。人造湖で知られるバタン・アイだが、この周辺には今もイバン族をはじめとする多くの少数民族がロングハウスで生活している。

イバン族の土地に建てられたリゾートがH アイマン・バタン・アイ・リゾート&リトリート。スタッフの大半がイバン族なのは、世界でもこのホテルだけ。ほかに全客室がイバン式ロングハウス建築であることも興味深い。ロングハウスはそれぞれに、広い公共スペースの屋内ベランダと屋外ベランダがある。このベランダはイバン族にならって、同じ屋根の下にいるゲスト同士での談笑や、少人数でのパーティに使用するために造られた。これらのスペースは外部との交流を大切にするイバン族ならでは。

客室はイバン、ビダユ、オラン・ウルの各民族のデザインを生かしたエスニックな雰囲気。クチンから彼らを訪ねるツアーもあるが、どうせなら彼らにもっと近づいて生活をしてみてはどうだろうか。人造湖で生きる少数民族の暮らしに触れられるまたとない機会になるはずだ。

▲リゾートへは専用ボートで向かう

H アイマン・バタン・アイ・リゾート&リトリート
Aiman Batang Ai Resort & Retreat
MAP 折込表
住 Batang Ai, Lubok Antu
☎ (019)336-8033
URL aimanbatangai.com
料 スタンダードRM328～
CC A M V　室 100

クチンのレストラン
Restaurant

クチン中心部　シーフード

トップ・スポット・フード・コート

Top Spot Food Court　MAP P.317-C2

約10軒の店が入っているフードコート

オープンエアの店の前には各種魚類やエビ、カニ、野菜類が並べられており、好きなものを選択して料理法を指定し、席に着く。大人数であればあるほど楽しめるレストランだ。クチン市街地では最も大きなフードコートなので、一度訪れてみたい。

住 Jl. Song Thian Cheok
営 14:30～22:30
（店によって営業時間が違い、夕方オープンが多い）
休 無休　CC 不可

クチン中心部　中国料理

ライフ・カフェ

Life Cafe　MAP P.317-D2

華人に人気の中国風喫茶店

木と竹を生かした中国風のインテリアが落ち着ける雰囲気をつくり出している。昼時は学生の姿が多い。ドリンクと軽食メニューがなかなか充実している。おもな価格は麺類RM9.90～、特製スパイシーヌードルRM10.90など。各種中国茶はグラスRM6.40。

住 No. 62, Jl. Padungan
☎ (082) 521-398　URL www.lifecafe.my
営 10:00～22:30
休 無休　CC A M V

クチン中心部　カフェ

ブラック・ビーン・コーヒー＆ティー

Black Bean Coffee & Tea　MAP P.316-C2

町で評判の小さな喫茶店

おいしいコーヒーが飲める店として地元の人々はもちろん、観光客からも愛されている。小さな店だが、テーブルが数台あり、カーペンター通りの散策の際の休憩に最適。台湾産中国茶も置いている。挽きたてのコーヒーはRM4～。

住 No. 87, Ewe Hai St.
☎ (082) 420-290
営 9:00～18:00
休 日　CC 不可

クチン中心部　中国料理

フォック・ハイ・ディム・サム・カフェ

Fock Hai Dim Sam Cafe　MAP P.317-D2

肉まんがクチンで一番と評判

具がボリュームたっぷりの肉まんのほか、あんまん、鶏おこわがおいしい中国風カフェ。80年の歴史をもつ。町歩きに疲れたときにピッタリなので、朝の散歩のひと休みに向かうといいだろう。夕方には閉店するので注意が必要。

住 52, Jl. Padungan
☎ (082) 236-352
営 6:30～16:30
休 中国正月（5日間）　CC 不可

COLUMN

クチンのマーケット

アンティーク・マーケット MAP P.316-B1

サラワク川沿いのメインバザールに軒を連ねるアンティークショップ。アンティークといっても、100年以上前に作られたものを指すのではなく、サラワクの少数民族が数年から数十年ほど前に作ったハンディクラフトを中心としたものが売られている。ラタンで作られたマットや籠、腕輪やビーズの装飾品、吹き矢やお面、木の彫刻、家具など、見るだけでも興味深いものがいっぱい。

サンデー・マーケット MAP P.316-A2外

週末にクチンにいたら、迷わずサンデー・マーケットへ。土曜の午前中から夜中までと、日曜6:00から11:00頃まで開かれる青空市場だ。近くの村々からさまざまな民族が、野菜、果物、魚、雑貨、花などを売りに来る。マレー語やイバン語、ビダユ語、中国語が飛び交い、活気に満ちている。場所は町の西、宗教裁判所のあるJl. Satokをさらにしばらく西へ進み、橋を渡った所。広い通り沿いに店が並ぶ。町からタクシーで約RM20。

クチンのホテル
Hotel

クチン中心部　高級

ヒルトン・クチン

Hilton Kuching　MAP P.317-C2

サラワク川に面した絶好のロケーション

クチン随一のホテルは15階建て。リバービューの客室からは、目の前にウオーターフロントのにぎわい、そしてサラワク川を隔てて正面にはマルゲリータ砦と、州議事堂を望むことができる。川面をゆっくり行き交う船が印象的だ。

住Jl. Tunku Abdul Rahman
☎(082)223-888　URL hiltonhotels.jp
料ⓈⒹRM399～
CC ADJMV　室315

クチン中心部　高級

ラニー・ブティック・スイーツ

Ranee Boutique Suites　MAP P.316-B1

クチンで人気No.1のブティックホテル

ウオーターフロントの古い建物が連なる一角に建つ。伝統的な19世紀の建物2棟を改装し、格式高いおしゃれなブティックホテルに仕上げている。24室の客室はすべて異なるデザインで、カフェもあり、クチンでは最も洗練された空間を演出している。

住6 & 7 Main Bazaar
☎(082)258-833　URL theranee.com
料スタンダードRM284～
CC AMV　室24

クチン中心部　中級

グランド・マルゲリータ・ホテル

Grand Margherita Hotel　MAP P.317-C1

サラワク川に最も近い

リバービューの部屋からは、雄大なサラワク川の流れが見える。ホテルには、コンチネンタル料理とマレー料理が楽しめるレストランと点心や新鮮なシーフードが楽しめる中国料理レストランをはじめ、屋外プール、キッズクラブなどを完備。

住Jl. Tunku Abdul Rahman
☎(082)532-111　URL www.grandmargherita.com
料デラックスRM158～
CC ADJMV　室288

クチン中心部　中級

リバーサイド・マジェスティック・ホテル

Riverside Majestic Hotel　MAP P.317-C2

ショッピングセンターがある

クチンでは規模の大きなホテルのひとつ。モダンななかにもエスニックなデザインを取り入れた客室は快適で、設備も整っている。レストランは4軒もあり、テーマに沿ったビュッフェディナーを企画するなどイベントにも積極的だ。

住Jl. Tunku Abdul Rahman
☎(082)247-777　URL riversidemajestic.com
料スーペリアRM143～
CC ADJMV　室272

COLUMN

クチンの神秘的な自然に触れる

近年、パワースポットとして人気になっているのがクチン郊外にあるフェアリーケーブ。鍾乳石に覆われた洞窟で、中には体育館が複数個入りそうな巨大な空間が広がっている。暗闇のなか垂直に近い階段をよじ登るのは勇気がいるが、洞窟の奥から外の光がさしこみ、とても神秘的。町全体がある呪いによってひと晩で石にされたという伝説をもつ。

▲滑りやすいので運動靴はマスト

●フェアリーケーブ　Fairy Cave

ビダユ族と客家民族が暮らす「バウ」とよばれるエリアにあり、クチン市内から車で約30分。
営9:00～16:00(※日暮れとともに終了)
料保護寄付料:大人5リンギット

クチンのホテル
Hotel

クチン中心部　中級

プルマン・クチン

Pullman Kuching　MAP P.317-C2

モダンなインテリアの高級ホテル

Ⓗヒルトンの斜め向かいに建つ中級ホテル。客室を含め、全館がモダンなインテリアで統一されている。高台にあるため、上層階の客室からはクチンの町やサラワク川を一望することができる。団体ツアーで利用されることも多い。

住No.1A, Jl. Mathies
☎(082)222-888　URL www.pullmankuching.com
料スーペリアRM306～
CC ADJMV　室389

クチン中心部　中級

ムルデカ・パレス

Merdeka Palace　MAP P.316-B2

緑の広場に面しロケーション抜群

中央広場に面し、サラワク博物館にも近い中級ホテルだけあり、スタッフの応対も気持ちよい。マーケットにも歩いていける距離にあるため、食事にも困らないし散策にも最適だ。セキュリティの面でもしっかりしているので安心。

住Jl. Tun Abang Haji Openg, Taman Budaya
☎(082)258-000　URL www.merdekapalace.com
料ⓈⒹRM150～
CC ADJMV　室213

クチン中心部　中級

ハーバー・ビュー・ホテル

Harbour View Hotel　MAP P.316-C2

人気の中級ホテル

ロケーションもよく、十分な客室設備に比べて料金が安いので、常に予約がいっぱいの中級ホテル。客室内はさほど広いわけではないが、窓からはサラワク川を眼下に望むことができる。有料ながらビュッフェスタイルの朝食を取ることもできる。

住Lorong Temple
☎(082)274-666　URL www.harbourview.com.my
料ⓈRM142～　ⒹRM155～
CC AJMV　室245

クチン中心部　安宿

ホーンビルズ・ネスト・クチン

Hornbill's Nest Kuching　MAP P.316-B1

便利な立地の気軽な宿

ウオーターフロントやクチン・モスクに出やすい便利な立地。館内では無料Wi-Fiが使用でき、テラスからはクチンの町が眺められる。キングルーム、ドミトリーにかかわらず全ての部屋が共同バスルーム。スタッフの対応も気持ちがいい。

住40, Jalan Carpenter
☎(082)752-713
URL hornbills-nest.business.site
料ⓈRM50～　ⒹRM20～　CC不可　室12

クチン中心部　安宿

リマ・トゥジョ

Lima Tujoh Cafe & Guesthouse　MAP P.316-B2

おしゃれカフェの上の隠れ家的ゲストハウス

クチン中心部チャイナタウン、昔ながらのショップハウスを改装したカフェにゲストハウスが併設されている。落ち着いた雰囲気の部屋は専用バス・トイレ付き。向かいの宿リトル・ハウジズも同じオーナーの経営で、そちらはバスルーム共用。

住No.57, Upper China street
☎(016)862-6190
料ⓈRM103～　ⒹRM118～
CC MV　室4

クチン中心部　安宿

クチン・ウオーターフロント・ロッジ

Kuching Waterfront Lodge　MAP P.316-B1

ショップハウスを改装したおすすめ安宿

ウオーターフロントのアンティーク街にあり、町歩きにも散歩にも便利。ショップハウスを改装しており、アンティークの調度品などもあって雰囲気がある。客室は無駄なものが何もなく、さっぱりとした感じ。オーナーは中国系で、優しくいい人。

住No.15, Main Bazaar
☎(082)231-111　URL www.kuchingwaterfrontlodge.com
料ⓈRM90　ⒹRM115
CC MV　室21

シブ

Sibu

海から約60km遡ったラジャン川沿いに開けた都市。川底が深いため、大型船が入港できることと、内陸部と沿岸との中継地点であることから、貿易都市として栄えている。1900年代前半、中国・福州からの移民が多かったため、現在の人口の60%が華人。川の上流には、まだ多くの少数民族がロングハウスで暮らしている。

バスターミナルから市内へ

長距離バスターミナルは市街地の北西にあり、クチンやビントゥル、ミリなどへの長距離バスが発着している。中心部へはタクシー、バスで約10分。市内から長距離バスターミナルへのバスはラナン・ロード・バスLanang Road Busを利用するといい。

歩き方

小さい町だが、町の中心部は交通量が多く、道も入り組み、少しの距離を歩くにも時間がかかる。中心にある**セントラル通りJl. Central**には飲食店、旅行会社、商店などが建ち並ぶ。

川沿いにある中国寺院や時計台のそばのボート乗り場や新エクスプレス・ボート乗り場から、各地への定期ボートが出ている。近郊バスステーションも川沿いにあり、その周辺にホテルやレストラン街がある。**ハイ・ストリートHigh St.**から**マーケット・ロードMarket Rd.**にかけては日中も夜も市が立ち、町で最もにぎやかな所。食料から雑貨までさまざまな物が売り買いされている。

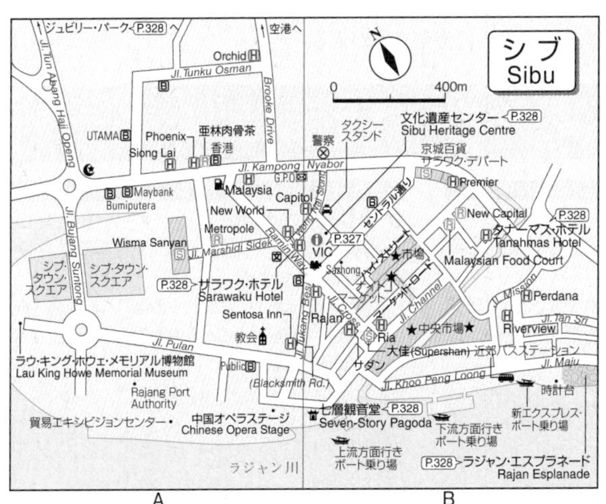

市外局番084

ACCESS

飛行機

クアラルンプールからマレーシア航空(RM258～)が1日2便、エアアジア(RM199～)が1日5～6便運航している。所要約2時間。コタ・キナバルからはマレーシア航空が1日2便(RM258～)運航。所要約1時間30分。クチンからはマレーシア航空が1日3～4便(RM188～)、エアアジアが1日3便(RM69～)運航。所要約45分。

バス

クチンから所要約8時間、RM50～。ミリから約6時間、RM50。

空港から市内へ

車で所要30～40分。100m離れたジャンクションまで歩くとバスが走っている。(6:00～18:00の間、1時間おき)。タクシーだとRM35。

ビジターズ・インフォメーションセンター Visitor's Information Centre (VIC)

MAP P.327-B
住 Sublot 3a&3b, c/o Sibu Heritage Center, Jl. Central
URL sarawaktourism.com
☎(084)340-980
開 月～金 9:00～18:00
土 9:00～15:00
休 日

航空会社の問い合わせ先

マレーシア航空

☎(084)307-888

見どころ

ロングハウスの模型や民族衣装の展示がある

文化遺産センター

Sibu Heritage Centre　MAP P.327-B

シブ地域の民族の歴史や文化を、ロングハウスの模型や衣装の展示で詳しく解説している。ビジターズ・インフォメーションセンター(→P.327)、飲食店、みやげ物店も併設。

文化遺産センター
☎(084)331-315
開9:00～15:00
休月・祝

ウオーターフロントの憩いの場

ラジャン・エスプラネード

Rajan Esplanade　MAP P.327-B

時計台や小さな庭園、噴水があり、デートスポットにもなっている川沿いの公園。イベントにもしばしば使用されている、市民の憩いの場所。

巨大市場とナイトマーケット
町の中心にある中央市場の規模はすごい。2階は椅子とテーブルを並べた食堂になっている。新鮮な材料を使っているだけあって、安くておいしい。中央市場の少し北側にある、毎日開かれるナイトマーケットも市民の巨大な胃袋。マレーシアのお菓子や肉まん、チャーシューを売る露店が多い。

▲新鮮な野菜や果物が並ぶ市場

どこからでも目につく

七層観音塔

Seven-Story Pagoda　MAP P.327-B

船の陸標になっているカラフルな中国寺院の塔。1階の本尊前はいつも線香の煙で満ち、熱心に祈る人の姿が見られ興味深い。すぐ近くには、100年以上前に建てられた寺、大伯公Tua Pek Kong Templeもある。

▲シブのシンボル

川沿いのロングハウスを訪問するには
イバン族をはじめとする少数民族が町や川沿いに暮らしており、エクスプレスボートは彼らの日常の足。それに乗ってロングハウスへ、と思うところだが注意が必要だ。ここの人々は見ず知らずの者に対して非常に警戒心が強く、ひとりで行っても歓迎されることはまずない。知り合いをつくって同行するか、旅行会社でツアーを申し込むのがベター。

郊外の公園

ジュビリー・パーク

Jubilee Park　MAP P.327-A外

池、庭園、子供の遊び場、食堂などを備えている。シブの町がよく見渡せる高台の見晴らし台のそばには悪霊よけの小屋があり、土着の習俗がうかがえる。

シブのホテル
Hotel

シブ中心部　中級

タナーマス・ホテル

Tanahmas Hotel　MAP P.327-B

リバービューがおすすめ

シブで最も高級で新しいホテル。部屋は清潔で快適に過ごせる。プールがあるため、泳げるのもうれしい。Wi-Fi完備。

住Lot 277, Block 5, Jl. Kampung Nyabor
☎(084)333-188
URL www.tanahmas.com.my
料ⓈⒹRM290～
CC A M V　室120

シブ中心部　中級

サラワク・ホテル

Sarawaku Hotel　MAP P.327-A

町歩き派におすすめ

町の中心にあり、ロケーションは最高。テレビ付き。客室はシンプルな造りで無駄がない。Wi-Fi接続可。

住34, Cross Road
☎(084)333-455
料要問い合わせ
CC不可
室21

ミリ
Miri

サラワク州の北東に位置する商業都市ミリは、南シナ海に流れ込むミリ川の河口に開けた町。隣の石油王国ブルネイとの国境までは約20kmと近いため、交通の要所であり、世界遺産に登録されたグヌン・ムル国立公園（→P.331）やニア国立公園（→P.335）観光の拠点となる町でもある。沖合の油田で潤うオイルタウンで、近年町は成長を続け、新しいショッピングエリアが次々と開発されている。しかし、ブルネイに比べればまだまだ庶民的な町で、週末には多くのブルネイ人たちが娯楽と日用品の買い出しにミリにやってくる。

歩き方

ミリの町は、端から端まで見るとなるとけっこう広いので、徒歩だときつい。タクシーをうまく活用するといい。昔からあるショッピングセンターのⓈウィスマ・ペリタ・トゥンクWisma Pelita Tunkの周辺が**旧市街**と呼ばれているエリア。色とりどりの野菜や果物、乾物が並ぶ市場**タムー・ムヒバ**、川沿いにはフィッシュマーケットなどがあり庶民的な雰囲気。近年ウオーターフロントでは、古い建物を壊して新しい町並みをつくる開発プロジェクトが進んでいる。**ⓘビジターズ・インフォメーションセンター（VIC）**、バスターミナルもタムー・ムヒバのすぐそば。**新市街**は町の東側、新しいショッピングセンター、Ⓢ**ペルマイスリ・インペリアル・モール**を中心に広がっている。

▲ミリで最も近代的なインペリアル・モール

見どころ

"オイルタウン"ミリの象徴

カナダ・ヒル
Canada Hill　MAP P.330外

旧油田のやぐらがポツンとひとつだけ残った、町の南東にある小高い丘。見晴らし台があり、町並みや川、遠くに南シナ海が見渡せる。このやぐらはグランド・オールド・レディという愛称の、1910年に建てられたマレーシア最初の油田井戸。深さ約330mまで掘り下げられ、1972年まで実際に使われていた。石油に関するありとあらゆることが学べる**石油科学博物館**がやぐらの前に建っている。

▲石油科学博物館にもぜひ立ち寄りたい

市外局番085

ACCESS

飛行機
クアラルンプールからマレーシア航空（RM328～）が1日3～4便、エアアジア（RM130～）が1日5～6便運航している。所要約2時間15分。コタ・キナバルからはマレーシア航空が1日2～3便（RM209～）、エアアジア（RM59～）が1日1～2便運航。所要約1時間。クチンからはマレーシア航空が1日3便（RM164～）、エアアジアが1日2～3便（RM89～）運航。所要約1時間。

バス
クチンから所要約15時間、RM80。シブから約7時間25分、RM50。

空港から市内へ
バスは乗り入れていないので、クーポンタクシーを使うことになる。ミリ市街地までRM20～25。

ⓘビジターズ・インフォメーションセンター（VIC）
MAP P.330
住 Lot 452, Jl. Melayu
☎ (085) 434-180
2022年10月現在休業中

長距離バスターミナル
長距離バスが発着するターミナルは、郊外のプジュット・コーナーPujut Cornerにある。市内からタクシーで約10分、RM25。

石油科学博物館
MAP P.330外
開 火～金　9:00～16:45
　土・日　10:00～16:00
休 月
料 無料
行き方 公共バスはないので、ミリの町からタクシーを利用。所要約10分、RM25。

メモ 陸路でブルネイに入国する場合、ミリでブルネイの通貨に両替しておいたほうがいい。

そのほかの見どころ
● クロコダイル・ファーム
ミリの町から車で30分。1000匹以上のワニ、サル、マレーグマ、ヘビ、コウモリなどが飼育されている。
住Lot 164, 24Km Miri-Kuala Baram Road
☎(010)385-2829
URL www.miricrocodilefarm.com
開9:00～17:00　休無休
料大人RM30、子供RM15
行き方ミリ市街地からタクシーで往復RM100程度。

ミリのレストラン
Ⓡ カヤ&トースト Kaya & Toast
その名のとおり、カヤトーストが名物のカジュアルなカフェ。パンダンを練り込んだカヤジャムを挟んだシンプルなトーストとアイスコーヒーの組み合わせは、暑さでのどの渇いたときにはたまらないおいしさ。
MAP P.330
住Lot 1092 Block 9, MCLD Jl. Merpati
☎(085)412-368
営7:00～18:00
休無休　CC不可

Ⓡ ミン・カフェ Ming Café
観光客に一番人気のレストラン&バー。スポーツバー風の店内では、世界各国の料理が楽しめ、味もなかなか。日本のものを含め、ビールも世界の銘柄を揃えている。
MAP P.330
住Coner Jl. North Yu Seng & Jl. Merbau
☎(085)422-797
営12:00～27:00(月・火 14:00～)
休無休　CC ADMV

▲見事なビールの品揃え

Ⓡ ワン・シェン・ヌードル(万香生肉面) Wang Xiang Noodle
開発中のニュータウンにあるサバ州の生肉麺(サンニュックミィエン)が味わえる人気店。朝から多くの地元の人でにぎわう。市街地の南端から西へ向かったところにあるニュータウン内にある。
MAP P.330外
住Lot 1359, G/F, Block 9, MCLD
☎(010)818-5566
営7:00～16:00
休火　CC不可

▲軟らかい肉スープが絶品

▲トゥア・ペッ・コン（中国寺院）

▲カナダ・ヒルから眺めたミリ市街地

▲新しい建物の多いミリの町並み

ミリ Miri
ミリ川 Sungai Miri
P.330 カヤ&トースト Kaya & Toast
P.336 マイ・ホームステイ My Homestay
P.336 アノ・ホテル Ano Hotel
ペルマイスリ・インペリアル・シティ・モール Permaisuri Imperial City Mall
Imperial Mall & Court
Imperial Hotel
Seven Eleven
Kelly's Café
Yi Hak Hai Seafood
Ayam Penyet Ria
Hong Leong
Next Room Homestay
ミン・カフェ Ming Café P.330
Kingsley Hotel
May
Mega Hotel
AIA
Pacific Orient Hotel
Am
Apollo
Golden
RHB
スーパーマーケット
ミリ・ハンディクラフト・センター Miri Handicraft Center
長距離バスターミナル(約3km)へ
Somerset Hotel
P.329 カナダ・ヒル(約2km)、石油科学博物館へ
P.329
CIMB
市場 Market
ホーンビルのロータリー
フィッシュマーケット Fish Market
Tua Pek Kong Temple
市場 Market
ウィスマ・ペリタ・トゥンク Wisma Pelita Tunk
時計塔 Clock Tower
タクシー乗り場
近郊行きバス乗り場
P.329 ビジターズ・インフォメーションセンター Visitor's Information Center
P.330 ワン・シェン・ヌードルへ
タムー・ムヒバ Tamu Muhibbah (市場)
ミリ・マリオット・リゾート&スパ P.336 (約1.2km)へ
空港(約8km)へ
Jl. Merpati
Jl. Perumaisuri
Jl. Merbau
Jl. Brooke
Jl. Bendahara
Jl. Kingsway
Jl. Miri Pujut
Jl. Melayu
Jl. Miri-Bintulu
N
0　100m

近郊の見どころ

ミリを拠点に訪れることができる国立公園が、3つ点在している。このエリアは、いわばサラワク州観光のハイライトだ。

サラワク州が誇る世界自然遺産

グヌン・ムル国立公園

Gunung Mulu National Park MAP P.331右

2000年、サバ州のキナバル山と並んでマレーシア初のユネスコ世界自然遺産に登録された、サラワクで一番大きい国立公園。ミリから小型飛行機で約35分の所にあり、砂岩質のムル山Gunung Mulu(2376m)と、石灰質のアピ山Gunung Api(1710m)、ふたつの山頂を中心に連なる山々、周辺に広がる熱帯雨林のジャングルも含まれる。その大きさは、東京23区がすっぽり入るほどだ。山の間には渓谷があり、川が流れ、大小の鍾乳洞が点在している。

鍾乳洞にはきちんとしたアクセス道が設けられ、ガイドと一緒に中を歩くことができるので、ムル観光の目玉になっている。現在一般に公開されているのは、通路型洞窟としては世界最大規模のディア洞窟をはじめとした、4つの洞窟だけ。だが、公園内は1960年代以降たび重なる調査が行われても、今なお60%近くが前人未踏ともいわれており、今後の調査が期待される。

▲大自然を満喫しよう

▲洞窟への入口

グヌン・ムル国立公園
☎(085)792-300/301
URL mulupark.com
料 大人 RM30　子供 RM10
行き方 ムル空港へはマレーシア航空の子会社マス・ウィングスがコタ・キナバルから毎日1便、ミリから毎日2便、クチンから毎日1便運航している。
※5日間内であれば無制限に入園できる。
※入園料のほか、各洞窟を見学するトレイルやガイドツアーへの参加料が必須(→下記)。洞窟にガイドなしで訪れることはできない。
※公園の本部入口で入園料を払うときに記帳をする。公園内の宿泊施設に宿泊する場合は、グヌン・ムル国立公園を管理しているオフィスをとおして予約をしておく。

ガイドツアー料金
- ディア＆ラング洞窟 RM35
- ウインド＆クリアウオーター洞窟 RM67
- ムル山頂(3泊4日) RM650
- ピナクルス(2泊3日) RM433

※料金は1～5人のグループの場合の1人料金。プライベートガイドを雇うこともできる。

ミリ～ムル間のフライト
この区間のフライトは天候に左右されやすく、遅延やキャンセルがよくあるので注意。

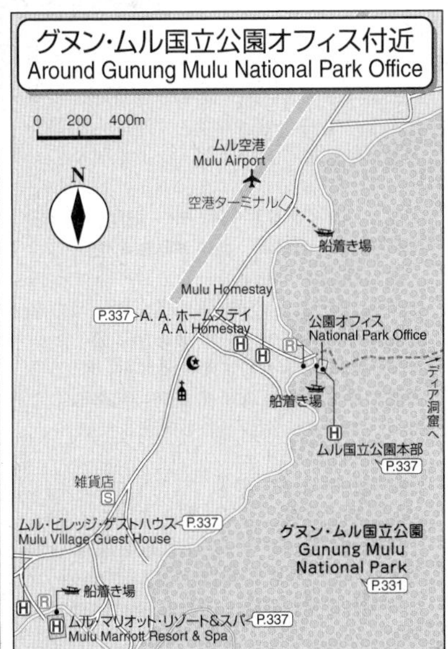

ミリ、クチンからのツアーが便利
ツアー料金は人数により異なるが、ミリからだと1泊2日でRM650ぐらいから。❶ビジターズ・インフォメーションセンター(→P.329欄外)で旅行会社のリストをくれるので、何軒か当たってみて、いいツアーを選ぼう。

空港から公園本部へ
フライトの到着に合わせてミニバンが運行している。国立公園前まで所要5分。ゲストハウスのなかには予約すれば迎えにきてくれるところもある。

▲ウインド洞窟とクリアウオーター洞窟へはボートで

▲自然の造形物に驚かされる

周辺のジャングルには75種類の哺乳動物、262種類の鳥類、170種類以上のランや10種類のウツボカズラを含む1500種類以上の顕花植物が確認されており、熱帯動植物の宝庫でもある。トレッキングコースも設けられており、体力に自信のある人はキャンプしながら歩くのも楽しい。

また、ディア洞窟に行く途中には、熱帯雨林の林冠に総長480mのキャノピー・ウオークが設置されている。世界でもこれだけ距離の長いキャノピー・ウオークは珍しい。歩くには、パークガイドの同行が必須。時間と人数も制限され、また24時間前の予約も必要。歩きたい人は、ムル到着後すぐに予約を入れること。また、ムル山やライムストーンがそそり立つピナクルスなどを登るトレッキングなども人気。探検家気分を味わいたい人はアドベンチャー・ケイビング(→下記コラム)がおすすめ。

COLUMN

アドベンチャー・ケイビング

冒険家には、アドベンチャー・ケイビングがおすすめ。水泳やロッククライミング初心者でも行けるコースと、どちらの経験もある熟練者しか行けないコースがある。

①ウインド/クリアウオーター洞窟の連結部
(所要約6～8時間、ガイド料RM225/人)
最も難易度が高いコース。ボートで入口まで約20分、その後5時間ほど真っ暗のなかを歩く。途中水かさがある所は腰ぐらいまで水につかるので水着は要着用。1～3月の雨のあとは泳がなくては先に進めないことも。サソリ、蛇などにも遭遇。

②サラワク・チャンバー
(所要約12時間、ガイド料RM310/人)
洞窟内にある、ジェット機が40機も収容できるほど大きな空間サラワク・チャンバーを目指す。洞窟入口まで3時間かかる。

③ラガンズ洞窟
(所要約3時間、ガイド料RM160/人)
12歳以上なら参加できる簡単なコース。洞窟入口まで1時間、洞窟内を2時間かけて総距離3.9kmを歩く。
※①と②のコースは参加者の能力の基準が厳しくなっている。公園本部にてスタッフが適性を判断するので、経験者は英語の経歴書を用意しておこう。

▲探検家気分を味わおう！

▲ディア洞窟のコウモリの群れは見逃せない

ディア洞窟　Deer Cave

世界最大の入口をもつ洞窟で、昔シカがすんでいたからその名がついた。そそり立つ石灰岩の壁にぽっかりと開いた入口から、高さ150m、横幅120m、奥行き800mの真っ暗な巨大ホール内に入っていくと、この世のものとは思えないような、なんとも不思議な、漆黒の空間が広がる。南側入口から数百m奥に進んだある地点で後ろを振り返ると、巨大な岩がリンカーン大統領の横顔に見えるとして有名。ディア洞窟でもうひとつ見逃せないのは、夕方食べ物を求めて洞窟を飛び立つ200万〜300万匹のコウモリの群れ。その姿は天空を舞うドラゴンにたとえられ、太くなったり細くなったりしながら森を目指す。

ラング洞窟　Lang's Cave

ディア洞窟の隣にある、奥行き170mの小さな洞窟。中はライトアップしてあり(14:00〜17:00)、何百年、何千年をかけて自然が造り上げた石筍や鍾乳石を見ることができる。

国立公園でのアクティビティ

●キャノピー・ウオーク
公園本部〜キャノピー・ウオーク〜公園本部で、所要時間2時間程度。
料RM45
※1日6回、各回限定8名ほどの予約制。雨天決行だが、強風の場合は中止になることがある。

●ナイト・ウオーク
夜行性の小動物や昆虫などを観察する。19:00頃出発、所要約1〜2時間。
料RM25

●トレッキング
標高2376mのムル山頂へは、最低でも往復3日かかる。また、名所ピナクルスへは、ボートトリップ、きつい上りを含む往復4日のタフなコースとなる。個人で行くにせよ、公園本部でガイドを頼まなくてはいけないので、パッケージツアーが便利。

※ディア洞窟とラング洞窟
行き方 公園本部からディア洞窟、ラング洞窟までは徒歩1時間弱。熱帯植物が生い茂る森を行くが、木製の歩道が整備されているので楽に歩ける。ラング洞窟内は14:00〜17:00のみライトアップされるので、ここはこの時間帯に訪れる。そのあとにラング洞窟から徒歩約5分のディア洞窟に行く。ディア洞窟見学後、17:30〜18:00頃コウモリの群れが飛んでいくところが見られる。夕方になるとコウモリを見るために設けられた観客席が人で埋まるので、早めに席を確保したい。また、ディア洞窟にはコウモリを観察するためのライブカメラが取りつけられた。コウモリ観察所に設置されたモニターで見ることができる。

▲ライトアップされたラング洞窟内

グヌン・ムル国立公園をまる1日歩いていても、まったく蚊に刺されない。それは、コウモリが蚊を食べ尽くしているから。蚊はコウモリの大好物なのだ。

▲強風が吹き抜けるウインド洞窟

▲ウツボカズラ

❊ウインド洞窟とクリアウオーター洞窟

行き方 ウインド洞窟、クリアウオーター洞窟へは、公園本部から30分ほどボートに乗っていく。このふたつの洞窟は9:00～12:30にライトアップされるので、午前中に見て回りたい。クリアウオーター洞窟の近くでは天然のプールで遊べる。

ウインド洞窟とクリアウオーター洞窟 Wind Cave & Clearwater Cave

ふたつの洞窟はつながっており、全長129.5kmと東南アジアで最も長い洞窟。ほとんどの部分に川が流れていて、人が立ち入れるのは2.5kmほど。一般の旅行者はどちらの洞窟も入口から数百mまでしか入れない。どちらもメリナウ川沿いに切り立つ崖に入口がある。

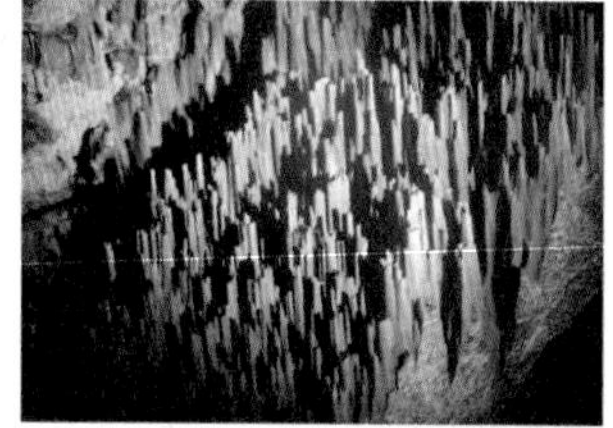

▲微生物の働きで剣山のような形になった岩

ウインド洞窟の内部には強い風が吹き抜けるので、この名前がつけられた。風や川の流れによって造り出された造形を洞窟壁に見ることができる。内部はスロープと階段が多い。有名なのは、キングス・チャンバー（王様の間）と名づけられた広い空間。ユニークな形の鍾乳石や石筍が数多く見られる。

クリアウオーター洞窟は、ボートを降りてから約200段の階段を上った所。内部にはふたつの道があり、右側のヤング・レディース洞窟には、マリア像のような形をした石筍がある。左側のリバー洞窟には澄んだ川が流れていて、橋が架けられている。川には目の見えない2種類の魚が生息しているという。

▲ツアーは途中で少数民族の村に立ち寄り、民芸品ショッピングを楽しめる

▲メリナウ川で水遊びする場合は水着を用意しよう

ツバメの巣と古代壁画のある洞窟

ニア国立公園

Niah National Park　MAP 折込表

ミリとビントゥルの間にある、大きくかつ考古学的にも重要な洞窟を有する国立公園。4万年以上前に、洞窟内に人間が住んでいたという証拠が1958年に発見されて以来、東南アジアにおける文明発祥地のひとつとされている。また、1000年以上前の古代壁画や、ツバメの巣の採取が行われる洞窟も見ることができる。

内部がいくつかに分かれているニア洞窟と、その奥に古代壁画のあるペインテッド洞窟が何といっても見どころ。プランク・ウオークを歩いて洞窟まで往復3時間ほど。洞窟内部はとても暗いので、なるべく強力なライトを持っていこう。

トレーダース洞窟　The Trader's Cave

公園本部から歩いて一番先に訪れるニア洞窟内の洞窟。ツバメの巣を取る労働者が寝泊まりしていた所で、100年近く前の木造の建物が残っている。

グレート洞窟　The Great Cave

4万年前の人骨が発見された、ニア洞窟の代表的な洞窟。西側には60～250mもある大きな割れ目がある。天井からぶら下がっている棒やはしごは、ツバメの巣を取るためのものだ。通常、5～6月に行われる。

ペインテッド洞窟　The Painted Cave

1000年以上前の壁画があることで知られている。現在では色あせており、壁画の前には金網が張ってある。小さなカヌー型の棺桶も発見されている。ガイドと同行すること。

ニア考古学博物館　Niah Archaelogy Museum

グレート洞窟で行われた発掘調査に関する展示や、ペインテッド洞窟の古代壁画を大きく模写したものなどが展示されている。ペインテッド洞窟の壁画は、暗いうえに金網越し、距離があり見にくいが、ここで全貌を把握することができる。

▲人が豆のように見える巨大な洞窟の入口

ニア国立公園
☎(085)737-450
URL niahnationalpark.my
料 大人RM20　子供RM10
※宿泊する場合は、公園オフィスに直接電話予約する。
行き方 ミリのプジュット・コーナーにある長距離バスターミナルから、ビントゥル行きのバス(RM15)に乗り、ニア国立公園へのジャンクション(ニア・レストストップ)で下車。タクシーかミニバンで公園へ。所要約2時間。ミリ～ビントゥル間は6:00～22:00の間に頻発。ミリ行き最終バスはニア・レストストップ発で、21:00頃まである。念のため帰りの足は確保しておくこと。ミリからタクシー利用なら1台RM150ほど。

公園本部
宿泊施設、レストラン、売店がある。

ニア国立公園の宿泊施設
Ⅰ.ロッジタイプ4
1軒 RM225(2部屋8人まで)
1部屋 RM150(4人まで)
Ⅱ.ロッジタイプ5
1軒 RM150(2部屋8人まで)
1部屋 RM100(4人まで)
Ⅲ.フォレストホステル
1部屋 RM40(4人まで)
1軒 RM160(4部屋16人まで)
Ⅳ.キャンプサイト RM5

▲公園の入口

▲あまりの美しさに言葉を失う

※ランビル・ヒルズ国立公園
☎(085) 471-630
開8:00～17:00
料大人 RM20　子供 RM7
行き方ミリのプジュット・コーナーの長距離バスターミナルからシブ、ビントゥル方面行きのバスで約40分、RM12。乗る際には運転手に"Lambir Waterfall"で降ろしてくれるように頼もう。なお、Lambir行きのバスは国立公園に行かないので注意。タクシーなら片道RM70～。帰りはシブやビントゥル方面からバスが頻発しているので、公園前のバス停で手を挙げていれば停まってくれる。

公園本部
バス停留所の近く。食堂やトイレなどがある。トレイルには規定時間内にしか入場できない。公園内に宿泊する場合はミリのⒾVIC(→P.329欄外)か、直接現地に連絡して、事前に予約する必要がある。

▲興味深い植物の造形に出合う

世界一多様な植生をもつといわれる国立公園

ランビル・ヒルズ国立公園

Lambir Hills National Park　MAP 折込表

ミリから約30km、1965年から調査対象とされたこの国立公園には、さまざまな植物のほかに、157種の鳥類、シカやテナガザル、ヒゲイノシシなどの動物が生息。いくつもの滝もある。日本人を含む国際調査団も駐在している。園内には10本のトレイルがあり、短いもので片道15分、長いもので4時間となっている。

ラタッ滝　Latak Waterfall

園内で最も短いコースを行くと、ラタッ滝に行ける。ラタッ川沿いに歩くと合計で3つの滝を見ることができる。とりわけ3つ目のThird Latak Fallは熱帯林の間から25m下へ流れ落ちる水の光景が美しい。周辺は白砂で、滝つぼで泳ぐこともできる。

▲片道20分程度で気軽に行けるラタッ滝

ツリー・タワー　Tree Tower

Second Latak FallとThird Latak Fallの間のパントゥ丘Bukit Pantuへと続く急な階段を上ると、高さ約40mのツリー・タワーが現れる。上に登って熱帯林を見渡すことができる。

ミリのホテル
Hotel

オヨン・ラワイ地区　高級

ミリ・マリオット・リゾート&スパ

Miri Marriott Resort & Spa　MAP P.330外

空港にも近いオンザビーチのリゾート

広々としたロビーやビーチなど、ミリで最もリゾートらしさが漂うホテル。プールバーもある大きな大人用プールと、子供用の小さなプールが南国らしい雰囲気だ。シービューの客室のベランダからは、夕日を望むこともできる。

▲ミリでは最も高級なホテル

住Lot 779, Jl. Temenggong, Datuk Oyong Lawai
☎(085) 421-121
URL www.marriott.co.jp
料デラックスRM275～
CC ADJMV　室220

ミリ中心部　中級

アノ・ホテル

Ano Hotel　MAP P.330

モール至近の便利な立地

インペリアル・モールへは徒歩2分。部屋が清潔で過ごしやすく、スタッフの対応も親切で気持ちがいい。

住Lot 1755, Block 9, off Jl. Permaisuri
☎(085) 321-166
料デラックスRM131～
CC AMV
室150

ミリ中心部　安宿

マイ・ホームステイ

My Homestay　MAP P.330

ミリで数少ない快適な安宿

ロケーションの便利な安宿。ツアーを申し込めたり、ドミトリーがあったりと、ゲストハウスの少ないミリでは重宝されている。

住Lot 1091, Jl. Merpati
☎(085) 429-091
URL staymyhomestay.blogspot.com
料ドミトリー RM30～　ⓈⒹRM45～
CC MV　室24

ムルのホテル
Hotel

ムル　高級

ムル・マリオット・リゾート&スパ
Mulu Marriott Resort & Spa　MAP P.331右

世界遺産の国立公園そばでラグジュアリーステイ

Ⓗロイヤル・ムル・リゾートとして営業していたリゾートを3年半かけて大改装。2015年、豪華な5つ星ホテルとして生まれ変わった。メリナウ川のほとりに建ち、夜にはホタルが飛び回るほど自然豊か。遠隔地にあるにもかかわらず、客室は贅を尽くした造りで、何不自由ないリゾートステイを約束してくれる。

住Sungai Melinau
☎(085)792-388
URL www.marriott.co.jp
料デラックスRM449～
CC ADJMV
室101

▲国立公園入口までシャトルバスを運行している

ムル　安宿～中級

ムル国立公園本部
Mulu National Park Headquarter　MAP P.331右

国立公園内の宿泊施設

公園敷地内に直営の宿泊施設がある。早朝や夜も公園の中を散策でき、アクティビティ終了後すぐ部屋に戻れるのがうれしい。料金も手頃で人気が高く、部屋数が限られているので予約は早めに。いずれの料金も公園内レストランでの朝食込み。

●**ホステル Hostel**
広い部屋に10人分のベッドが並ぶ。

料RM60
室10

●**レインフォレストロッジ Rainforest Rodge**
ツインベッドの2名用ロッジ。

ⓈRM218　ⒹRM254
室12

●**デラックス**
豪華な作りの3名用バンガロー。

料ⓈRM226　ⒹRM264　ⓉRM301
室8

●**ロングハウス Longhouse**
2～5人で泊まれるファミリールーム。

料ⒹRM226　ⓉRM250
室10

ムル　安宿

ムル・ビレッジ・ゲストハウス
Mulu Village Guest House　MAP P.331右

ロングハウスツアーの手配が可能

Ⓗマリオット(→上記)のすぐそばにあり、やや公園入口からは離れる。1980年代創業とムルで最も歴史のある安宿で、もともとは研究者用の宿舎だった。広い敷地にロングハウスが建ち、11ある部屋はシングル、ダブル、4ベッドに分かれる。

住Sungai Melinau
携(013)636-3851　URL www.muluvillage.com
料要問い合わせ
CC不可　室11

ムル　安宿

A. A.ホームステイ
A. A. Homestay　MAP P.331右

オーナー宅の離れに泊まる

公園入口へと続く道の途中にあり、歩いてアクセス可能。オーナー宅の敷地内の離れに4部屋ある。いずれも共同シャワーで、レストランなどもなくシンプルそのもの。しかし部屋は清潔にしてあるので、女性でも安心して泊まれる。電気は18:00～22:00のみ。

住Jl. Mulu National Park No.16 Kampung Sungai Melinau
携(017)858-5241
料ⓈⒹRM60
CC不可　室4

ムル国立公園本部の宿泊施設の予約、問い合わせはURL mulupark.com/accomodations-facilities-2/まで。

Borneo Diving Guide

ボルネオ島ダイビングガイド

ボルネオ島周辺には、ダイバーなら誰でも知っているシパダン島をはじめ、世界でもトップクラスのダイビングポイントがたくさんある。半島部マレーシアと違うのは、水深数百mにまで落ち込むダイナミックなドロップオフのスポットがあり、大型の魚や回遊魚の大群が見られるということ。このエリアの人気の理由はもうひとつ。1日に3回のボートダイビングを含む無制限ダイビングが楽しめるということ。なかには早朝から夜間まで、1日に6～7ダイブするというダイバーもいる。ボルネオ島は、まさにダイビングパラダイスなのだ。

ダイビングシーズン

南シナ海とセレベス海に面したボルネオ島は、10～2月頃の北東モンスーン期を除いた3～9月頃の乾季がベストシーズン。シパダン島とその周辺では7･8月は海が荒れやすいが、それ以外は比較的安定している。ラヤン･ラヤン島のリゾートはモンスーン期には閉鎖される。

水温

年間の平均気温が27～30℃と高く、水温も26～30℃と温かい。ウエットスーツは厚さ3～5mmのワンピースで十分だ。寒さに強い人ならファブリックスーツでもいいだろう。ただし、ナイトダイビング時にはウエットスーツがベター。

ダイビングスタイル

ボルネオ島周辺のアイランドリゾートでは、午前中に2ボートダイブ、昼食を挟んで午後に1ボートダイブ、その後は自己管理のもとで無制限ビーチダイブというスタイルが一般的。何ダイブ潜っても、追加料金はかからない(ナイトダイビングはオプションの場合も)。シパダン島やラヤン･ラヤン島のドロップオフでのボートダイビングは、潮の流れに乗って泳ぐドリフトダイビング。砂地の穏やかなポイントではじっくりと小さな生き物を見るというスタイルだ。

初心者は旅行前にスキルアップを

シパダン島とラヤン･ラヤン島の周囲は水深が深く、ドロップオフ沿いを、中性浮力を取りながらドリフトダイビングをすることになる。中性浮力が取れないと、グループから外れて深く潜ってしまったり、急浮上してしまったりして、命をも危険にさらしかねない。最低限中性浮力が取れるようになってから旅行計画を立てよう。

無制限ダイビングは自己管理が大切

無制限でダイビングができるということは、ガイドに頼らない自己管理が必須ということでもある。ボートダイビングではダイビングガイドの指示に従ってグループで潜るが、ビーチダイビングは基本的にガイドが同行しない。そのため、以下のようなルールが決められている。

①必ずバディとふたり、もしくはそれ以上で潜る。
②ダイビング時に名前とエントリー時間をホワイトボードに記入、エキジットしたら消すこと。エキジット時間を過ぎても名前が消されていない場合はスタッフが探しに行くことになっている。
③1ダイブの潜水時間は45～50分で無減圧ダイビング。エキジット前には必ず安全停止をする。
④ダイビングコンピューター必携。
⑤水面休息は1時間以上。

ダイビング器材･用具は使い慣れたものを

各ダイビングサービスにはレンタル器材も用意されているが、ダイビング本数が多いので、使い慣れた自分の器材を持参するに越したことはない。特に、無制限ダイビングをするにあたり、ダイビングコンピューターは必携だ。Cカード(ダイビングライセンス)とログブックも忘れずに持参しよう。ノンダイバーはこのかぎりではない。

生き物に触れないこと、何も持ち帰らないこと

ボルネオ島のダイビングポイントでは、海の生き物たちは実にフレンドリーだ。シパダン島ではサンゴのくぼみで昼寝しているウミガメを間近でじっくりと眺めることもできる。これは、ひとえにダイバーのマナーのよさのたまものだ。海で出合う生き物たちには絶対に触れてはいけないというマナーが守られ、彼らはダイバーが危険な侵入者ではないと認識しているのだ。

また、海中には毒のある生き物や、歯や背ビレが刃物のように鋭い生き物もいる。むやみに生き物に触ることは、けがをする危険もはらんでいるということを覚えておこう。

もうひとつのマナーとして、島と海の自然環境を守るために、生き物はもちろん、サンゴや砂など、自然のものを持ち帰ることは厳禁だ。

フィッシュウオッチング図鑑

シパダン島をはじめとするボルネオ島周辺の海域では、珊瑚礁で暮らすさまざまな生き物たちに出合うことができる。ここでは、この海域で見られる代表的な生き物を紹介しよう。

バラクーダ(オニカマス)

カマス科 体長90cm 水深5～20m

珊瑚礁の中層で群れで泳いでいることが多い。成長して1mを超えると単体でいることも。体色は銀色で、黒い横縞(頭を上にしたときの方向)があるのが特徴で、数千匹の群れがトルネード状に渦を巻いて泳ぐ姿は圧巻だ。ボルネオ島周辺では、尾ビレの黒いブラックフィンバラクーダと、尾ビレの黄色いイエローフィンバラクーダがよく見られる。歯が鋭いので、むやみに近づかないようにしよう。

ギンガメアジ

アジ科 体長50cm 水深5m～

大型のアジで、銀色の体色と平たい体型というアジの特徴に加え、鰓の上の部分に小さな黒点がある。群れをなしていて、ときには数千匹もの濃厚な群れとなり、銀色の壁のように見えることも。産卵期の雄の体色は黒色になる。

バッファローフィッシュ(カンムリブダイ)

ブダイ科 体長80cm 水深5m～

濃い青緑の体色と、頭部に大きなコブがせり出しているのが特徴。大きな歯でサンゴをガリガリとかじりながら泳ぐ。一般的には群れていることは少ないが、シパダン島では大きな群れになる。また、シパダン島で早朝に潜れば、夜明けとともに岩の隙間から起きだして群れを作る珍しい姿も見られる。

アオウミガメ(グリーンタートル)

ウミガメ科 体長1m 水深5～15m

政府がウミガメの保護区を設けるなど、保護活動にも熱心なマレーシアでは、海中の岩場やサンゴの隙間で、アオウミガメを見かけることが多い。肺呼吸のため、水面で息をするアオウミガメをボートから見かけることもある。とがった顔が特徴のタイマイ(ホークスビル)も多い。

ゴールドスペックジョーフィッシュ

アゴアマダイ科 体長20cm 水深8～30m

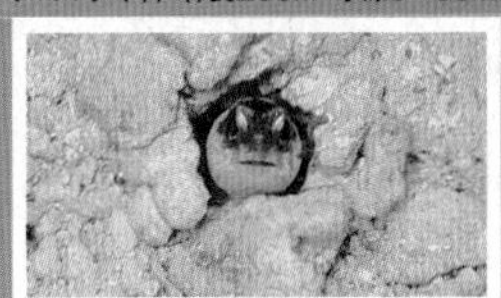

直径3cmほどの砂地の穴から顔だけを出しているユニークな生態の魚。目の上に金のラインが、まるで眉のように入っていて愛嬌たっぷりの顔をしている。マブール島の砂地に多い。ほかに、目の周りに白い輪があるリングアイドジョーフィッシュや、ランカヤン島では顔の大きさがにぎりこぶし大のジョーフィッシュも見られる。

クダゴンベ

ゴンベ科 体長9cm 水深5～20m

優雅で細長い口と、おしゃれな赤と白の格子柄でダイバーに人気が高い。ウミウチワやヤギ類の群れの中にすむが、その柄がまぎれて見つけづらい。日本でも見られるが、マレーシアでは日本よりも水深の浅い場所で見られる。

オオモンカエルアンコウ

カエルアンコウ科 体長15～30cm 水深10～15m

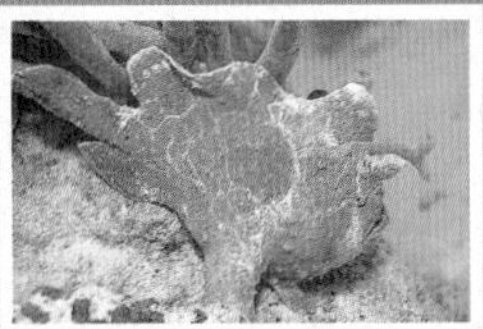

旧オオモンイザリウオ。日本で見られるものよりも小さいが、マブール島などで見られるオオモンカエルアンコウは体長20cm前後と大型だ。ヒレが肥厚していてカイメンと見分けづらい。色はグレー、黒、黄色、ピンクなどさまざまだ。

アケボノハゼ

ハゼ科 体長5cm 水深10～30m

珊瑚礁の斜面などの砂礫にすむ。ハゼ類のなかでもその鮮やかな体色がひときわ美しく、ダイバーに人気が高い。日本では水深35m前後で見られるハゼだが、シパダン島では水深10m程度の場所で見ることができる。

シパダン島と周辺の島々

Around Pulau Sipadan

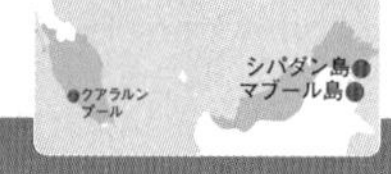

マレーシア随一のダイビングパラダイス、シパダン島。そのダイナミックなドロップオフと多種多様な海の生き物たちを求め、世界中からダイバーたちが訪れる。また、シパダン島からボートで30分ほどの場所にマブール島、カパライ島というリゾート島があり、この海域全体がひとつのダイビングエリアになっているのだ。

シパダン島

Pulau Sipadan

市外局番089

ACCESS

コタ・キナバルからマス・ウィングスがタワウまで飛んでいる。所要約1時間。空港から港のあるセンポルナまで車で1時間30分～2時間。そこからスピードボートで約1時間。タワウ空港から先は予約したリゾートの送迎だ。

シパダン島エリア入域の際には……

事前にエントリーパーミット（入域許可）が必要。

料1日RM140

シパダン島の入島制限

島の環境保護のため、2005年からシパダン島に滞在することができなくなり、日帰りでのダイビングにかぎられ、1日に上陸できる人数も制限されている。

ボルネオ島北東のセレベス海上にある。一番近いセンポルナの町からはボートで1時間ほどの場所。シパダン島周辺はマレーシアで最も人気のあるダイビングポイントとして知られる。

シパダン島のダイビングポイント

シパダン島の周囲のリーフ沿いには13ヵ所のポイントがある。外洋に面しているため潮通しがいいのでサンゴの発育もよく、さまざまな珊瑚礁の生き物や回遊魚が多く見られるのが特徴だ。

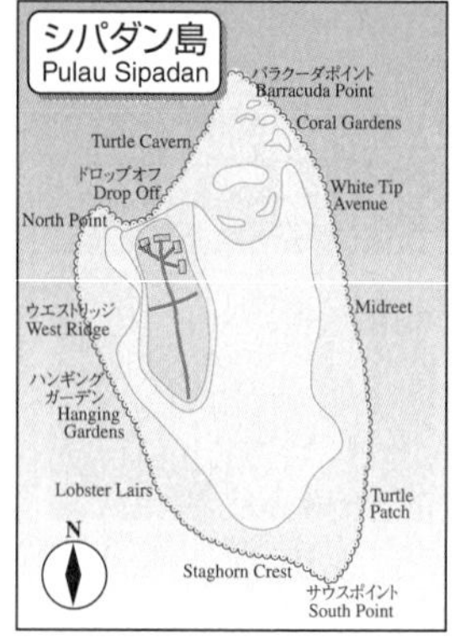

マブール島

Pulau Mabul

市外局番088

カパライ島のダイビングポイント

カパライ島があるのは、マブール島からもシパダン島からも10分ほどの場所。互いにポイントとして行き来している。浅くて小さな生き物が見られるマブール島的ポイント。はさみでイソギンチャクを持って振る愛らしいキンチャクガニなどが見られる。

シパダン島からボートで30分ほどボルネオ島寄りの場所にある島。シパダン島と違い、水深も浅く、穏やかな海だ。

マブール島のダイビングポイント

リゾート前のビーチエントリーポイントをはじめ、島の周囲に15ヵ所のポイントがある。小さな生き物をじっくりと観察したり写真を撮ったりするのにおすすめだ。

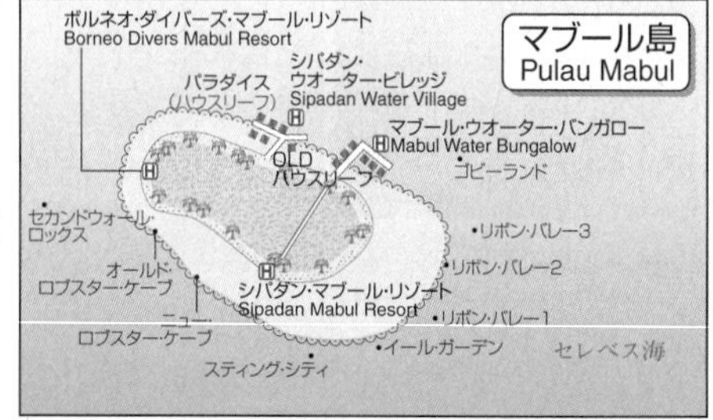

メモ　2022年10月からシパダン島入域制限が一段と厳しくなった。シパダンでのダイビングを計画するなら、まずは現地に詳しいダイブショップに相談しよう。

ラヤン・ラヤン島とランカヤン島

Pulau Layang Layang, Plau Lankayan

ラヤン・ラヤン島

Pulau Layang Layang

周囲約1km、幅300mのラヤン・ラヤン島にリゾートが造られたのは1995年のこと。今では世界中からダイバーが訪れる。

ハンマーヘッドシャークが見られるポイント

ラヤン・ラヤン島に滞在するほとんどのダイバーが憧れるハンマーヘッドシャーク。出現確率が最も高いのは、環礁の東側にあるゴルゴニアン・フォレストGorgonian Forestといわれる。ここはウミウチワが群生しているドロップオフで、ギンガメアジ、イソマグロ、バラクーダなどもよく見られる。

市外局番088

環礁周辺のダイビングポイント

14ヵ所ある。外洋の真っただ中にあり、水深1000m以上の深みへと続くドロップオフには大物が次々と現れる。バラクーダやギンガメアジの群れ、イソマグロ、ハンマーヘッドシャーク(シュモクザメ)などが常連客だ。

ランカヤン島

Pulau Lankayan

ランカヤン島はボルネオ島のサンダカンから北へ船で約1時間30分。歩いて10分もあれば一周できてしまう小さな島が、まるごとひとつのリゾートになっている。

ビギナー向けのダイビングポイント

人気が高いのがランカヤン・レックLankayan Wreck。水深23mほどの場所にある沈船で、船全体が格好の魚礁となって魚で覆われている。

さまざまな生き物が見られる

このエリアでは、トンガリサカタザメやイヌザメなどの大物や、ジョーフィッシュ、カエルアンコウやニシキフウライウオ、さまざまな種類のウミウシやハゼなどの小さな生き物などを見ることができる。

▲海にぽっかりと浮かぶランカヤン島

市外局番088

ランカヤン島のリゾート

Ⓗランカヤン・アイランド・ダイブ・リゾート Lankayan Island Dive Resort

小さな島に木造の客室コテージとオープンエアのメイン棟、ダイビングサービスがある。客室は簡素な造りだが、バスルームにはバスタブもあって快適だ。

〈タワウオフィス〉

住 484 Bandar Sabindo
☎ (089)765-200
料 要問い合わせ
CC MV　室 24

ラブアン島

Pulau Labuan

サバ州の南西端から約8km、ブルネイ湾口にあるラブアン島はどの州にも属さない、マレーシア政府直轄の島。マレーシア国内にふたつある免税の島、フリーポートのうちのひとつだ。また、国際オフショア金融センターとしても発展している。

市外局番087

ACCESS

飛行機
クアラルンプールからマレーシア航空(RM199～)が1日2～3便、エアアジア(RM78～)が1日1～2便運航している。所要約2時間30分。コタ・キナバルからはマレーシア航空が1日4便運航。所要30分、RM186～。

フェリー
コタ・キナバルのジェッセルトン・ポイントから毎日2便フェリーが出ている。所要約3時間、RM43～48。ブルネイからは毎日5便程度フェリーが出ており、所要約1～2時間、RM38～。

空港から町へ
空港からバンダル・ラブアンの町までは約4km。タクシーで10分ほどの距離。

ℹ ラブアン・ツーリストインフォメーションセンター
MAP P.342 ☎(087)423-445
URL www.malaysia.travel
開8:00～17:00
休祝

航空会社の問い合わせ先
● マレーシア航空
☎(087)423-722
● エアアジア
URL www.airasia.com

ラブアン・バード・パーク Taman Burung Labuan
MAP P.342 ☎(087)463-546
開9:00～16:00(月14:00～)
休無休 料RM5

ラブアン島のホテル
H グランド・ドーセット・ラブアン Grand Dorsett Labuan
MAP P.342 住462, Jl. Merdeka
☎(087)422-000
URL www.dorsetthotels.com
料デラックスRM410～
CC AMV 室178

H パーム・ビーチ・リゾート&スパ Palm Beach Resort & Spa
MAP P.342 住Jl. Batu Manikar
☎(087)418-700
URL www.palmbeachresortspa.com
料デラックスRM419～
CC JMV 室245

歩き方

島の中心は、港があるバンダル・ラブアン**Bandar Labuan**(旧ビクトリアVictoria)。町の中心は、島を縦断する**トゥン・ムスタファ通りJalan Tun Mustapha**と、港に沿っているムルデカ通りJalan Merdekaが交わるあたり。フェリー乗り場やバスターミナルも近くにあり、噴水のあるロータリーの周りには銀行が集まっている。西側には酒とたばこの免税店をはじめ、ショップや露店が軒を連ね、東側には**市庁舎、警察署、観光局、ラブアン広場**がある。H グランド・ドーセットを過ぎるとファイナンシャル・パークがある。

ほとんどの見どころは町からは離れた場所にある。移動はミニバスを利用したい。バススタンドが町にいくつかあり料金はRM0.50～2.50くらい。島西部にある**平和公園Taman Damai**は、第2次世界大戦時に日本軍が駐留した当時造られた。日本風の庭園や、終戦時に建立された日本軍降伏記念碑、平和塔、ボルネオ戦没者の碑がある。島北部にある**れんが煙突Chimney**は、19世紀半ばに、石炭を掘るために造られたもの。ブルネイのスルタンから島を譲り受けたイギリスが、蒸気船に使用するために石炭を掘ったのだ。

ラブアン島のシンボルともいえる煙突のモチーフはあちこちで見かけることができる。れんが煙突のすぐ近くにあるのが**ラブアン・バード・パークTaman Burung Labuan**。3つのドームの中で、580種類もの珍しい鳥が放し飼いにされている。バンダル・ラブアンの町の東側にあるのは**戦没者記念墓地War Memorial**。日本軍と戦って命を落とした3908人の英連邦の国々の軍兵士の墓標が並ぶ。

ラブアン島のもうひとつの魅力はダイビング。沖合に沈む4隻の大型船が格好のダイビングポイントとなっている。船の中や周囲には無数の魚が群れていて壮観だ。ここは、マレーシアとブルネイの両方のダイバーが潜るボーダーレスなダイビングポイントでもある。

マレーシアの民族芸能②

ボルネオ島 編

新井卓治

さまざまな民族衣装のあるマレーシア

ボルネオ島に位置する東マレーシアのサバ州、サラワク州の民族芸能には、自然とともに暮らしてきたボルネオ先住民の伝統文化が息づいている。男たちはいにしえの戦士となり、女たちは優雅に舞う伝統舞踊、印象的なメロディとリズムの洪水で魂を揺さぶる楽器演奏、森の精霊をモチーフに描いた織物やビーズ細工などは、きっと見る者誰しもを魅了するだろう。

民族舞踊

サラワク州で最も有名な民族舞踊はイバン族のアジャットだ。もともと、戦いを終えた戦士を迎える踊りだったが、今はガワイなどのお祝いの席で踊られている。男性は勇ましく、女性は優美に舞う美しい舞踊だ。サバ州では、カダザン・ドゥスンのスマザウが有名だ。鷲が大空を飛ぶように両腕を広げて男女ペアで踊る。

民族楽器

サラワク州の民族音楽は独特の魅力をもっている。アンクロモンという9つの銅製小型円盤を並べたものや、クタワやチャナンという大型のドラ、グンダンやカタボンなどの太鼓を打ち鳴らせば、心も体も活気づいてしまう。また、サペと呼ばれるサラワク版ギターは独特の音色で、私たちを太古の森の中へと誘ってくれる。

民芸品

ボルネオの民芸品には、先住民が伝統的に信仰してきた精霊信仰の影響が見られ、独特のモチーフが描かれている。イバン族の織物プア・クンブは色彩・デザインともに優れ、１枚を数ヵ月かけて織り上げる一級品だ。腕輪からネックレスまで、さまざまなスタイルのビーズ細工は日本で身につけても十分ファッショナブル。

ここで紹介した民族芸能のほとんどは、クチン近郊ダマイ・ビーチの**サラワク・カルチュラル・ビレッジ**で見学できる。（→P.320）

Brunei Darussalam

ブルネイ

2

3

永遠の平和を
約束する
富豪の国へ

ブルネイの正式名称である「ブルネイ・ダルサラーム」とは、「永遠に平和な国」という意味をもつ。日本の三重県とほぼ同じ面積でありながら、この国には原油と天然ガスによる資源と、国土の7割を占める熱帯雨林があり、これらふたつはこの国の象徴ともいえる。また、屈託のない穏やかな人々もこの国にとってはなくてはならない存在だ。

日本人にはあまりなじみのない遠い国かもしれないが、ブルネイの石油・天然ガスのおもな輸出先は日本であるほか、皇太子の結婚式に日本の皇室が呼ばれるなど、日本との関わりは決して浅くはない。すべてにおいて豊かさを享受する国ブルネイへ。

1

4

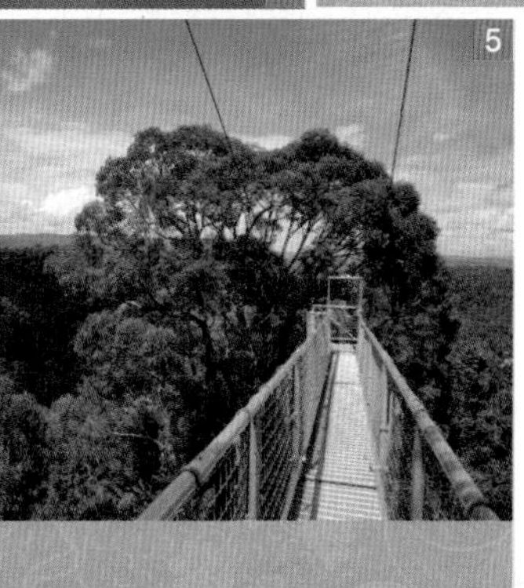

5

1 首都バンダル・スリ・ブガワンの中心にあるスルタン・オマール・アリ・サイフディン・モスク。左手前に見えるのは、16世紀の王室御座船のレプリカ　2 世界で最も規模が大きいといわれる水上集落カンポン・アイルでは、旅行者に向けて家庭訪問プログラムがある　3 石油を汲み上げる機械。通称「うなずきロバ」　4 お店でも博物館でもレストランでも最高の笑顔で迎えてくれる　5 ブルネイで初めて指定された国立公園「ウル・トゥンブロン国立公園」

ブルネイの基本情報

国　旗
黄色の地に白と黒の帯が斜めに横切り、中央には国家繁栄のシンボルである国章が配置されている。

正式国名
ブルネイ・ダルサラーム国
Brunei Darussalam

面　積
5765km²（三重県とほぼ同じ）

人　口
約44万715人（2021年）

首　都
バンダル・スリ・ブガワン
Bandar Seri Begawan

元　首
ハサナル・ボルキア国王
Hassanal Bolkiah

政治体制
立憲君主制

民族構成
マレー系65.7%、中国系10.3%、そのほか24%。

宗　教
国教はイスラム教。ほかにキリスト教、仏教など。

言　語
マレー語が公用語だが、英語も広く使われている。中国語は華人の間である程度使われる。

通貨と為替レート

B$

単位はブルネイ・ドル（B$）。補助単位はブルネイ・セント（B¢）。B$1＝100¢＝約98円（2023年1月13日現在）。

通貨の種類
紙　幣：B$1、5、10、50、100、500、1000、1万
硬貨：B¢1、5、10、20、50

なお、条約によりブルネイ・ドルとシンガポール・ドルは等価と定められており、国内ではシンガポール・ドルが使える（コインは使用不可）。

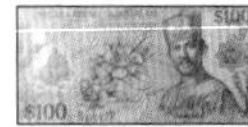
B$100

B$50

B$10

B$5

B$1

B¢50

B¢20

B¢10

B¢5

入出国

▶旅の手続き→P.388
▶入出国カード→P.348

観光目的で14日以内の滞在であれば査証（ビザ）は不要。パスポートの残存有効期間は入国時に6ヵ月以上必要。パスポートの余白は2ページ必要。

日本からのフライト時間

▶マレーシアとブルネイへの道→P.370

約6時間。ロイヤルブルネイ航空が成田とブルネイ国際空港とを結ぶ直行便を月・水・金・日曜の週4便運航している。そのほかKLやコタ・キナバルなどで乗り換え。

電話のかけ方

▶電話とインターネット→P.385

日本からブルネイへのかけ方　（例）バンダル・スリ・ブガワン ☎123-4567へかける場合

国際電話会社の番号		国際電話識別番号		ブルネイの国番号		相手先の電話番号
001（KDDI）※1 0033（NTTコミュニケーションズ）※1 0061（ソフトバンク）※1 005345（au携帯）※2 009130（NTTドコモ携帯）※3 0046（ソフトバンク携帯）※4	＋	010	＋	673	＋	123-4567

※1「マイライン」の国際通話区分に登録している場合は不要（詳細は URL www.myline.org）　※2 auは005345をダイヤルしなくてもかけられる　※3 NTTドコモは事前にWORLD WINGへの登録が必要。009130をダイヤルしなくてもかけられる　※4ソフトバンクは0046をダイヤルしなくてもかけられる

メモ　携帯電話の3キャリアは「0」を長押しして「＋」を表示し、続けて国番号からダイヤルしてもかけられる。

気　候

バンダル・スリ・ブガワンと東京の気温と降水量

気　温（℃）：バンダル・スリ・ブガワンの平均最高気温／バンダル・スリ・ブガワンの平均最低気温／東京の平均最高気温／東京の平均最低気温（1〜12月）

降水量（mm）：バンダル・スリ・ブガワンの降水量／東京の降水量（1〜12月）

はっきりした四季がなく、年間をとおして高温多湿。11〜3月は比較的雨が多い。

東京のデータは「気象庁気象統計情報」、ブルネイのデータは「The Brunei Meteorogical Service」より。

ビジネスアワー

銀　行

月〜金曜　9:00〜15:00
土曜　9:00〜11:00
日曜、祝日は休日

公共機関

月〜木・土曜
7:45〜12:00、
13:30〜16:30
金・日曜、祝日は休日

商　店

毎日　9:00〜18:00
大型店は〜22:00

※金曜の12:00〜14:00は礼拝のため、ほぼすべての機関が閉鎖する。

時差とサマータイム

日本より1時間遅れ。サマータイムはない。

祝祭日（2023年）

1月 1日	新年
22〜23日	中国暦新年＊
2月18日	ムハンマド昇天祭＊
23日	建国記念日
3月23日	アワル・ラマダン（断食月の初日）＊
4月 8日	コーラン記念日＊
22〜25日	ハリラヤ・プアサ（断食明け大祭）＊
5月31日	王国軍記念日
6月29日	ハリラヤ・ハジ（犠牲祭）＊
7月15日	国王誕生日
19日	イスラム暦新年＊
9月28日	ムハンマド聖誕祭＊
12月25日	クリスマス

＊暦の関係で年により日にちが前後する可能性あり

電圧とプラグ

電圧は230V、50Hz。コンセントは3つ穴式でマレーシアと同じBFタイプ。100-240V対応になっていない日本の電化製品を使う際には変圧器とコンセント変換アダプターが必要。

ブルネイから日本へのかけ方　（例）☎（03）1234-5678へかける場合

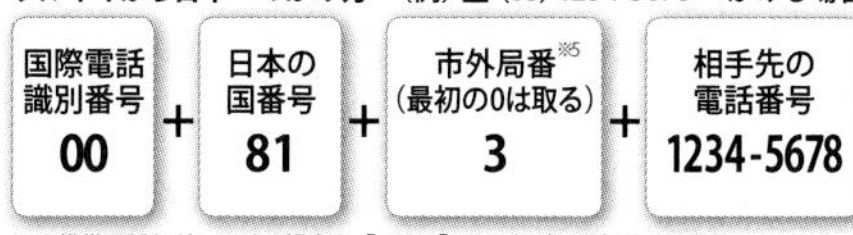

※5 携帯電話などへかける場合も「090」「080」などの最初の0を取る

日本での国際電話の問い合わせ先

KDDI	Free 0057（無料）
NTTコミュニケーションズ	Free 0120-506506（無料）
ソフトバンク	Free 0120-0088-82（無料）
au	Free 0057＊
NTTドコモ	Free 151＊
ソフトバンク（携帯）	Free 157＊

＊それぞれの携帯から無料

メモ　ロイヤルブルネイ航空は、2019年3月に成田-バンダル・スリ・ブガワン線を新規就航した。

飲料水

水道水は飲めるが、ミネラルウオーターのほうが無難。ミネラルウオーターは町なかのスーパーなどで簡単に購入できる。

▶旅のトラブル →P.386

郵　便

日本へのエアメールははがき B$0.35、封筒 B$0.50(20g)、B$1.10(50g)～。

ビデオ＆DVD

ブルネイのビデオ方式は PAL 式、DVD のリージョンコードは [3]。日本のビデオ方式は NTSC 式、DVD のリージョンコードは [2]。日本の VHS や DVD をブルネイで、もしくはブルネイのものを日本で再生するにはソフト、プレーヤー両方のビデオ方式とリージョンコードが一致しなければならない。

税　関

ブルネイでは酒類は販売されていないが、酒類2本（最大計２ℓ）および330mℓのビール12缶までは免税で持ち込むことが可能（入国時に申告が必要）。たばこは１本につき B$0.50(20本でB$10) 課税されるので注意。

安全とトラブル

治安はいいが、夜のひとり歩きや荷物の置き場所には気をつけたい。イスラム教国なので、ノースリーブや短パンなど肌が露出する服装は控える。

●警　察　☎993
●救　急　☎991
●消　防　☎995

●在ブルネイ日本国大使館
MAP P.354-2
住 House No.33, Simpang 122, Kampong Kiulap, Bandar Seri Begawan BE1518, Negara Brunei Darussalam
☎222-9265　FAX 222-9481
URL www.bn.emb-japan.go.jp

入出国カード記入例

ARRIVAL CARD　000001237893
PLEASE WRITE CLEARLY AND TICK APPROPRIATE BOXES WITH BLACK OR BLUE INK
USE BLOCK LETTERS
Full Name (as printed in Passport) ①: TARO YAMADA
Date of Birth (DD-MM-YYYY) ②: 19-08-1986
Sex ③: ☑ Male ☐ Female
Place of Birth ④: TOKYO
Nationality ⑤: JAPANESE
Passport No. ⑥: MQ1234567
Place of Issue ⑦: TOKYO
Expiry Date (DD-MM-YYYY) ⑧: 15-07-2020
Number of Children Travelling on Parents Passport ⑨: 0
Foreign Identity Card No. (if applicable) ⑩:
Permanent Home Address ⑪: GINZA CHUO-KU TOKYO JAPAN

Last Place of Embarkation Before Brunei (Country) ⑫: MALAYSIA
Flight No./Vehicle Registration No./Vessel Name ⑬: BI874
First Visit to Brunei? ⑭: ☑ Yes ☐ No
Travelling on Package Tour? ⑮: ☑ Yes ☐ No
Have you ever used a different passport to enter Brunei? ⑯: ☐ Yes ☑ No
Have you ever been prohibited from entering Brunei? ⑰: ☐ Yes ☑ No
Have you been to Africa or South America during the last 6 days? ⑱: ☐ Yes ☑ No
Intended length of Stay ⑲: 5 Days
Occupation ⑳: Office Worker
Race ㉑: Asian
Purpose of Entry ㉒: ☑ Holiday ☐ Business ☐ In Transit ☐ Government ☐ Employment ☐ Others, please specify ☐ Exhibition ☐ Visit Relatives
Accommodation in Brunei ㉓: ☑ Hotel ☐ Own Residence ☐ Residence of Friend / Relatives ☐ Not Required ☐ Others
Address during Stay in Brunei ㉔: DAI HOTEL
Amount Carried (and Currency) ㉕: US$1000
Signature ㉖: 山田 太郎

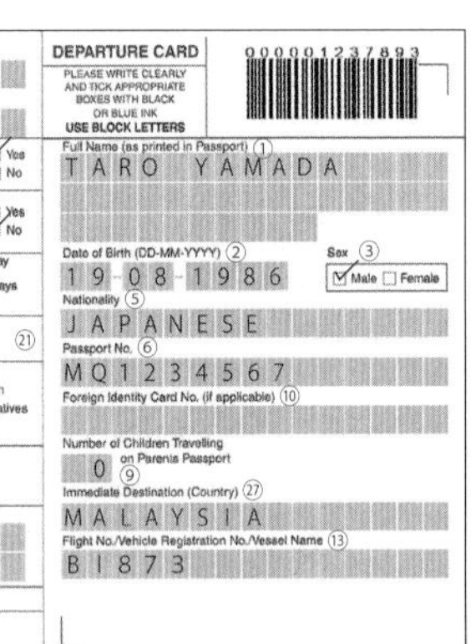

DEPARTURE CARD　000001237893
PLEASE WRITE CLEARLY AND TICK APPROPRIATE BOXES WITH BLACK OR BLUE INK
USE BLOCK LETTERS
Full Name (as printed in Passport) ①: TARO YAMADA
Date of Birth (DD-MM-YYYY) ②: 19-08-1986
Sex ③: ☑ Male ☐ Female
Nationality ⑤: JAPANESE
Passport No. ⑥: MQ1234567
Foreign Identity Card No. (if applicable) ⑩:
Number of Children Travelling on Parents Passport ⑨: 0
Immediate Destination (Country) ㉗: MALAYSIA
Flight No./Vehicle Registration No./Vessel Name ⑬: BI873

①姓名　②生年月日（日 - 月 - 年の順）　③性別
④出生地　⑤国籍　⑥パスポート番号
⑦パスポート発行地
⑧パスポート有効期限（日 - 月 - 年の順）
⑨親のパスポートに記載されている子供の人数
⑩外国人証明書番号（必要な場合のみ）　⑪現住所
⑫乗機地　⑬飛行機、船、鉄道などの便名
⑭ブルネイは初めて？　⑮パッケージ旅行？
⑯違うパスポートでブルネイに入国したことはあるか？
⑰ブルネイに入国を禁じられたことがあるか？
⑱最近６日以内にアフリカまたは南米に行ったか？
⑲滞在日数　⑳職業　㉑人種
㉒入国の目的（観光は Holiday にチェック）
㉓ブルネイでの滞在先　㉔滞在先（ホテル名）
㉕所持金　㉖署名　㉗次の目的地

バンダル・スリ・ブガワン

Bandar Seri Begawan

▲公園内の巨大フレーム（MAP P.355-A2）側からオールドモスクを撮影

バンダル・スリ・ブガワン(BSB)は総人口の約7分の1、6万3000人もの人々が暮らすブルネイで一番大きな都市だ。中心部に国会議事堂などがある行政区と、銀行やオフィス、ショッピングセンターがある商業地区がある。首都というには規模もエリアも小さく、1時間もあれば徒歩でぐるりと町を一周できてしまうほどコンパクトだ。道路は広いが、高層ビルや繁華街はなく、車両も人どおりも少ない。アジアの国に特有のバイクや自転車の姿もほとんど見受けられず、静かな町という印象だ。町なかでひときわ目立つのが豪華な造りのモスク。夕日に空が染まる頃、礼拝を呼びかける声がスピーカーから流れてくるのを聞くと、モダンでクリーンな町にいながらもイスラム教国独特の異国情緒を感じるだろう。

BSB市民の台所であるオープンマーケットやフィッシュマーケット、さらにブルネイ川を渡って水上集落に足を運んでみると、庶民の生活ぶりが見えてくる。そして、どこまでも続くと思われる水上集落が途切れた先には、野生のサルが今も暮らすマングローブの林が広がっている。

アクセス

空路 BY AIR

ブルネイへの玄関となる定期便が発着する空港は、ブルネイ国際空港Brunei International Airport。バンダル・スリ・ブガワンの中心部からおよそ8kmの場所にある。ロイヤルブルネイ航空の直行便が成田から週4便(日・月・水・金)運航され、所要わずか6時間30分ほどで到着する。ブルネイ経由でクアラルンプールやコタ・キナバル、さらにボルネオ島クチンへも便利に乗り継げる。直行便がない曜日は、クアラルンプールやコタ・キナバル、その他アジアの主要都市で乗り継いでブルネイへ入る方法もある。ブルネイ国際空港のターミナルはひとつのみ。深夜は制限エリアの売店が開いていないので、深夜便で帰国する場合、みやげ物は事前に買っておくのがおすすめ。

▲ブルネイ国際空港

ACCESS

航空会社の問い合わせ先

ロイヤルブルネイ航空(BWN)

住 RBA Plaza, Jl. Sultan
☎221-2222(コールセンター)
URL flyRB.com
開 8:00～16:45
※金曜は12:00～14:00の間お祈りのためクローズする。
休 日・祝
※陸路での入国は→P.352

ブルネイ国際空港
Brunei International Airport

ブルネイ国際空港はとてもコンパクト。案内板に沿って行けば、入国・出国ともに迷うことはまずない。唯一注意したいのは到着時。ほとんどの便で入国よりも乗り継ぎの人数のほうが多いため、人の流れにまかせて乗り継ぎ客の列に並んでしまわないように。正式名はブルネイ国際空港だが、出発地では案内板やチェックインカウンターで「ブルネイ Brunei」ではなく「バンダル・スリ・ブガワン Bandar Seri Begawan」と表示されることが多い。羽田や成田が「東京 Tokyo」と表示されるのと同じ。

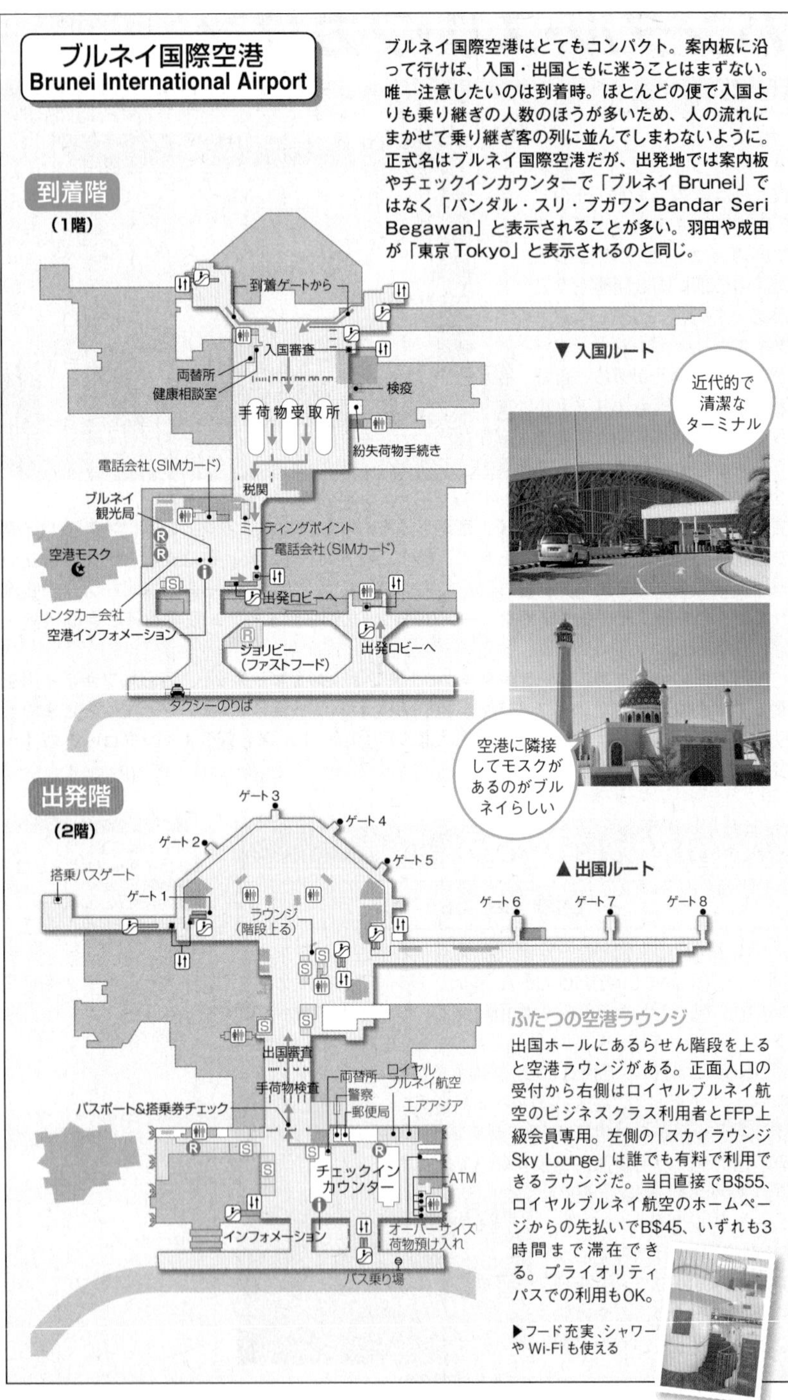

ふたつの空港ラウンジ

出国ホールにあるらせん階段を上ると空港ラウンジがある。正面入口の受付から右側はロイヤルブルネイ航空のビジネスクラス利用者とFFP上級会員専用。左側の「スカイラウンジ Sky Lounge」は誰でも有料で利用できるラウンジだ。当日直接でB$55、ロイヤルブルネイ航空のホームページからの先払いでB$45、いずれも3時間まで滞在できる。プライオリティパスでの利用もOK。

▶フード充実、シャワーや Wi-Fi も使える

メモ 空港には出発ロビー、出国審査後に、小規模だが免税店とみやげ物店があり、最後の買い物ができる。

入国　– Arrival –

❶ 到着

飛行機内で配布される入出国カード(→P.348)に記入し、Arrivalの表示に従って、入国審査場へ。

❷ 入国審査

外国人専用のカウンターに並び、審査官にパスポートと記入済み入出国カードを提示する。検印を受け、パスポートに入国スタンプを押してもらう。

❸ 荷物受け取り

搭乗した便名が示されたターンテーブルで預けた荷物を引き取り、荷物引換証と照合する。破損や未着が生じた場合は、外に出ず、紛失荷物手続きのカウンターへ。

❹ 税関審査

申告するものがない場合は緑の通路へ。申告が必要な場合は赤の通路へ行き、審査を受ける。

❺ 到着ロビー

案内板に従ってそれぞれの交通手段の乗り場へ行き、いざ市内へ！

出国　– Departure –

❶ チェックイン

航空会社のカウンターで出国カードと航空券(eチケット控え)、パスポートを提示。預託荷物があれば預け、ボーディングパス(搭乗券)とクレームタグ(荷物引換証)を受け取る。

❷ セキュリティチェック

液体物や危険物を持ち込んでいないか、チェックを受ける。

❸ 出国審査

出国カードとパスポート、ボーディングパスを提出し、出国審査を受ける。

❹ 搭乗ゲート

指定の搭乗ゲートへ。出国審査後にはレストランやカフェ、免税店などがある。

❺ 帰国

税関審査では、機内で配られた「携帯品・別送品申告書」を提出。別送品がある場合は2枚必要。提出後は到着ロビーへ。

空港から市内へ

空港からバンダル・スリ・ブガワン(BSB)のダウンタウンまでは約8km離れている。バスNo.23、24、34、38が市内と空港を往復しており、所要約15分、運賃B$1。なかでもNo.38が早く着く。30分に1本くらいあり、17:00頃まで運行。バスは空港の到着ロビーを出たところに乗り入れているので、バスNo.を確認して乗車する。タクシー乗り場は到着ゲートを出て正面にある。運賃は市内までB$25～(空港発着はB$3追加、18:00～翌6:00までは50%の割増料金)。空港で車を借りることも可能。

▲ブルネイのタクシー

ブルネイ国際空港
Brunei International Airport
URL www.brunei-airport.com
☎233-1747

ℹツーリストインフォメーション
Tourist information
住 Ground Level, Brunei International Airport
開 9:00～16:30
休 無休

日本からブルネイへ
→P.372

ブルネイへの持ち込み制限について
ブルネイに入国する場合、以下の範囲までが免税で持ち込める。
- **酒類2本(最大2ℓ)**
- **缶ビール12本まで(350mℓ)**

※空港で要申告。たばこは免税なし。1本につきB$0.50、20本でB$10を課税。また、B$1万5000以上に相当する金額を持ち込む場合は要申告。

日本へ帰国の際の免税範囲→P.373欄外

陸路 BY BUS

マレーシアのミリからバスで入国

マレーシアのサラワク州ミリ(MAP 折込表)からブルネイのBSBまでの直行バス「PHLSエクスプレスバス」が、ミリのプジュット・コーナーにある長距離バスターミナル(→P.329)から1日2本、8:15と15:45に出ている。所要時間は出入国手続きを入れて約4時間。料金はRM65。途中でクアラ・ブライトKuala Belaitとセリア Seriaに立ち寄る。BSBからミリへのバスは7:00と13:00に出発する。

▲マレーシア側のイミグレーション

マレーシアのコタ・キナバルからバスで入国

コタ・キナバルのKKセントラル・バスステーション(MAP P.273-A3)からジェッセルトン・エクスプレスが、週3便、朝7:30にブルネイ行きを運行している。所要約8時間30分、RM150。途中、サラワク州、ブルネイの飛び地を通るため、何度もイミグレーションで手続きが必要。

▲KK セントラル・バスステーション

マレーシアのラブアン島からエクスプレスボートで入国

エクスプレスボートとカーフェリーの2種類がある。エクスプレスボートは所要約2時間、9:00、13:30発で料金はRM38、それに港使用税RM5が加算される。カーフェリーは、ロロランプRo-Ro Rampターミナルから16:00発でB$120。所要時間は約2時間。どちらもブルネイのスラサSerasaターミナルに着く。

PHLSエクスプレスバス
URL www.phls38.com

▲ブルネイ側のイミグレーション

▲ミリからクアラ・ブライトまでは約30分

シピタン・エクスプレス Sipitang Express
携 +60-16-836-0009（コタ・キナバル）
☎ 714-5734（ブルネイ）
URL www.sipitangexpress.com.my

ラブアン島へのボートチケット
ハリム・ツアーズ&トラベル Halim Tours & Travel
MAP P355-B2
住 No.61, Jl. Mcarthur
☎ 222-6688
開 8:00～17:00
休 日

バンダル・スリ・ブガワンのフェリーターミナル
バンダル・スリ・ブガワンのエクスプレスフェリーターミナルは、郊外のスラサ・ムアラSerasa Muaraにある。市内へのバスは東線(Eastern Line)のTerminal Penumpang Jabatan Laut行きExpress Service Busで6:30～16:00の間、30分ごと(B$2)、所要約1時間。タクシーだと所要約30分。ボートは数社が運航している。

▲スラサ・ムアラのエクスプレスフェリーターミナル

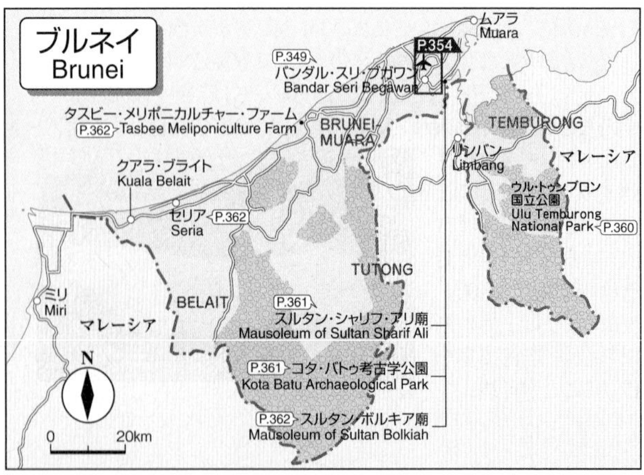

市内交通

バス BUS

▲BSBのバスターミナル

BSBのバスは、初めはややこしく感じるが、慣れればとても使いやすく便利で安価な交通手段だ。ダウンタウンのカトル通りJl. Catorにあるバスターミナルを起点に6方向、多くの路線があり、たいていの場所にはバスで行くことができる。

バス料金は均一の先払い制。大人B$1、シニア・子供B$0.50(55歳以上、12歳未満)。車内に係員がいてチケットを買う。料金箱のあるワンマンバスもある。

バス利用のポイント

①ひとつの場所を複数のバスが通るが、No.によって最終目的地やルートが異なるため、所要時間も異なる。

②バスの運行は基本的に6:00〜20:00頃で、15〜30分間隔。多少前後することもあるので最終バスの時間はいつも確かめておいたほうがよい(その路線の運転手に聞く)。

タクシー TAXI

タクシー上部に「TEKSI」と表示されている。基本メーター制で最初の1分(または1km)ごとにB$3.50、その後15秒ごと(もしくは250mごと)にB$0.20が加算される。空港への出入りにはB$3、市内からトゥトン、セリア、ムアラなどの遠方に向かう場合 B$8が加算される。手荷物が二つ以上の場合は、3つ目からB$2、18:00〜翌6:00までは50%の割増料金。タクシーの呼び出しサービス(電話)を利用するとこの場合もB$2加算される。また、ブルネイにもGrabのような配車アプリ「Dart」がある。Wi-Fiがあれば、スマホで呼び出しができて便利。

水上タクシー WATER TAXI

水上集落(カンポ・アイール)に行く際に利用する交通機関。オープンマーケット前の運河やブルネイ川沿いのボート乗り場にいつも何隻か停まっているので簡単にひろえる。料金は交渉制だが、乗合で対岸に渡るだけならB$1程度。チャーターして水上集落を見て回る場合は、1時間B$15〜20ぐらい。

▲庶民の足、水上タクシー

主要な場所へのバスNo.

空港	23、24、34、38
ジュルドン・パーク	55
イスタナ	42、44、56
ニューモスク	01C、20
ガドン・センターポイント	01A、01C、20
ブラカス国軍キャンプ	23
マレー技術博物館	39
ブルネイ博物館	39
ハンディクラフト・センター	39
市内循環	01A、01C
ムアラ	37、38、39

No.01バスが便利

旅行者が一番お世話になるのが、サークルラインと呼ばれるNo.01バス。市内→ガドン→ニューモスク→市内を循環している(逆ルートもある)。約20分おきに運行し、一周約45分。万一、どこで降りるかわからなくなっても、乗り続けていれば、必ず市内に戻ってくる。日本大使館へもこのバスを利用すればいい。

URL mtic.gov.bn

タクシー呼び出し

☎222-2214、222-6853

Dart Rider

URL www.dartbrunei.com/

水上タクシー

貸し切る場合は、1時間B$15〜20が相場だが、たいていの場合外国人にはそれ以上の料金を要求してくる。悪質なドライバーは少ないが、皆無とはいえないので、旅行会社をとおすほうが安心だ。

ℹブルネイ観光局
Brunei Tourism
MAP P.354-1
住 Jl. Menteri Besar
☎238-0022
URL bruneitourism.com
行き方 市内からバスNo.01、24、34利用。

▲オープンマーケットでは庶民の暮らしを垣間見ることができる

▲カンポン・アイールから見たBSBの町並み

歩き方

バンダル・スリ・ブガワン(BSB)の町は、ブルネイ川、ケダヤン川の流れによって、ダウンタウン、カンポン・アイール(水上集落)、ダウンタウンの北西約5km地点にあるガドンに大きく分けられる。

▲バンダル・スリ・ブガワンの町並み

ダウンタウンから歩き始めよう

ダウンタウン内は徒歩で回れる。中心になるのは**スルタン・オマール・アリ・サイフディン・モスク**で、北側には国会議事堂やロイヤル・レガリア、すぐ南側には巨大ショッピングセンターのⓈ**ヤヤサンSHHBコンプレックス**(→P.364)がある。ここからブルネイ川はすぐそばで、カンポン・アイール行きボート乗り場やオープンマーケットも近い。

ダウンタウンで最もにぎやかな場所は、緑の芝生が敷き詰められた運動場の南を東西に走る**ペマンチャ通りJl. Pemancha**とブルネイ川沿いの**マクアーサー通りJl. McArthur**に挟まれた地区。そのほぼ中心を南北に走っているのがメインストリートの**スルタン通りJl. Sultan**。この道路の両側には貴金属店、レストラン、漢方薬局、雑貨屋などが軒を連ねている。ブルネイ川から分かれる運河沿いの東側にはオープンマーケット(市場)があり、朝早くから食材の買い出し客でにぎわっている。

カンポン・アイール(水上集落)

ダウンタウンの真向かいに広がるエリアが代表的。水上タクシーで見て回るか、上陸して木の道の上を歩いて見学する。

▲電気も水道も完備している

ブルネイ・アート&ハンディクラフト(→P.359)では、値段はそれなりにするが、きちんとした品質の手工芸品を購入することができる。

新興商業地区ガドン

ダウンタウンと空港の間にできた新しい商業地区で、ビジネス、ショッピングの最先端となっているエリア。中心にふたつの高級ホテルとショッピングセンターが一緒になった**Ⓢ ザ・モール**(→P.364)がある。ピザ・ハットやジョリビー、マクドナルドなどのファストフード店もある。ダウンタウンから車で10分ほど。

バンダル・スリ・ブガワン郊外

バンダル・スリ・ブガワン市街から少し足を延ばせば、東南アジア最大級の規模を誇る**ジュルドン・パーク遊園地**(→P.359)や、大きな滝もある熱帯雨林**ウル・トゥンブロン国立公園**(→P.360)などがあり、日帰り訪問が可能だ。

バンダル・スリ・ブガワンの旅行会社

フレーミー・トラベル Freme Travel
MAP P.355-B2
バンダル・スリ・ブガワン中心部にオフィスを構える旅行会社。日本人が常駐し、日本語ガイドが付くツアーも催行している。問い合わせは日本語OKなので、気軽に問い合わせてみよう。
住 Unit 404B-408B, Wisma Jaya, Jl. Permancha
☎223-4277/78/79
URL www.freme.com
E fremeinb@brunet.bn、noriko@freme.com

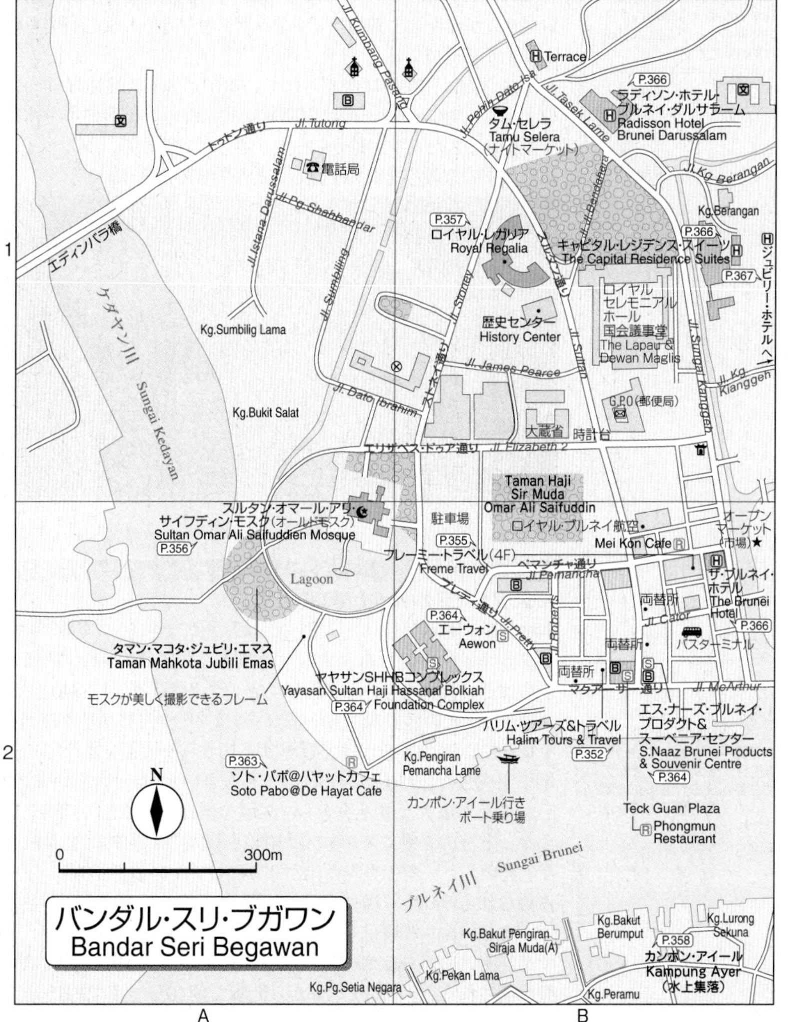

見どころ

ブルネイを象徴する

スルタン・オマール・アリ・サイフディン・モスク（オールドモスク）

Sultan Omar Ali Saifuddien Mosque MAP P.355-A2

バンダル・スリ・ブガワンの中心に位置する、ブルネイを代表する堂々たる風格をもつモスク。前国王、第28代スルタンの名前を冠したこのモスクは、イタリア人建築家の設計で、イタリアから大理石、中国から御影石、イギリスからガラスやシャンデリア、ベルギーやサウジアラビアから絨毯など、世界中の一流品を集め、前国王が在位中の1958年に完成した。2階建てで、高さは77m、幅26m、ミナレット（尖塔）も50mの高さがあり、エレベーターが付いている近代的モスクだ。その総工費はしめて約US$500万。

モスクの前はラグーンになっており、16世紀の王室御座船のレプリカが浮かぶ。夜はライトアップされひときわ美しい姿を浮かび上がらせている。

モスク内は、時間はかぎられているがイスラム教徒以外の人の入場も可能。ぜひ一度は内部も見てみたい。仕事の手を休めて集まってきた人々が静かに祈りをささげる姿から、ブルネイに住む人々の宗教心をかいま見ることができるだろう。

▲白亜の近代的なモスク

1788の部屋をもつ王宮

イスタナ・ヌルル・イマン（王宮）

Istana Nurul Iman MAP P.354-2

ブルネイの豊かさを示すものは数多くあるが、さしずめこの王宮はその象徴ともいうべきものだ。建設費は推定US$40億で、フィリピン人の建築家レオンドロ・V・ロクシンとアメリカのベクテル社により、2年をかけて世界30ヵ国から一流品を集めて1984年に完成した。バチカン宮殿よりも大きいといわれる王宮は20haにも及ぶ広大な敷地をもち、部屋の数は驚くことに1788を数える。王宮内で働くスタッフは1000人に及び、内外は世界最強と名高いネパールのグルカ兵が守りについている。300台の車を停められるサッカー場並みの駐車場にはロールスロイスが並んでいるという。普段は一般人の立ち入りを禁止しているが、ラマダン明けのハリラヤ・プアサの2～4日目にあたる計3日間は一般公開される。ダウンタウンから徒歩で約40分、車で約15分。

スルタン・オマール・アリ・サイフディン・モスク
開 8:30～12:00
13:30～15:00
16:30～17:30
休木・金

モスクの見学
お祈りの時間帯以外であれば、たいてい入場させてもらえる。入場の際、女性は入口で貸し出ししている黒い上着を着用すること。男性も半そで・短パン着用の場合は上着を着用する。

断食月（ラマダン）に旅する人へのアドバイス
官公庁関係（博物館やそのほかの観光施設）はオフィスアワーや開館時間を短縮する（9:00～14:00頃）。訪れたい施設がある場合は事前にラマダン時期のオープン状況を確認しておくこと。

ハリラヤ・プアサの日に王宮を訪問できる
服装は、肌を露出したものやGパンなどは不可。一番初めに入殿するのは軍隊と学生（17～18歳くらいの若い男女）の長い列。待ち時間にビュッフェ式のご馳走が振る舞われる。食後は男女別の列に並び、男性は国王と王子たちの部屋へ、女性は第1王妃、第2王妃、皇太子妃、王女たちの部屋へ入る。王族が訪問客一人ひとりと握手をしながら「スラマッ・ハリラヤ」とお声をかけてくださる。

メモ オールドモスクは日中のうちに内部を見学し、夜に周辺を散歩するのがおすすめ。ライトアップされたモスクは湖に浮かんでいるように見えて幻想的。

国王の個人資産で建てられた

ジャメ・アスル・ハサナル・ボルキア・モスク（ニューモスク）

Jame'Asr Hassanil Bolkiah Mosque MAP P.354-2

5000人収容可能というブルネイ随一の大きさを誇る、ガドン近くにある新モスク。現ハサナル・ボルキア国王の即位25周年に合わせて、8年間かけて1994年に完成。近代的な外観のモスクが目立つマレーシアのものとは対照的に、伝統的な様式を踏まえている。床や柱は総大理石で、イタリア製の一級品だ。お祈りの時間を外せば、信者以外でも中に入れる。中に入るときは受付でカメラや手荷物を預け、女性は全員、男性はノースリーブや短パン着用の場合、無料貸し出しの黒い上着を着用する。礼拝堂にはモスク模様の絨毯が敷かれているが、そこは神聖なお祈りの場所なので立ち入らないこと。信者以外の立ち入りは、絨毯の端の無地の部分まで。係の人にお願いすれば、ミナレットにも上らせてくれるかも。

▲伝統的なスタイルを使用したモスク

ジャメ・アスル・ハサナル・ボルキア・モスク
開 月〜水・土　8:00〜12:00
　　　　　　　14:00〜15:00
　日　　　　　10:30〜12:00
　　　　　　　14:00〜15:00
休 木・金
料 無料
※現在改装中のため見学は外観のみ（2022年10月末時点）

ブルネイのゴルフコース

ロイヤル・ブルネイ・ゴルフ・クラブ
Royal Brunei Golf Club (RBA Golf Club)
☎234-3724
料 グリーンフィー
18ホール
　月〜木　B$50
　金・土・日　B$70
保険　B$5

エンパイヤ・ホテル＆カントリー・クラブ
The Empire Hotel & Country Club
ジャック・ニクラウスのデザインによるコース。
MAP P.354-2外
☎241-8888
URL www.theempirehotel.com
料 18ホール
　月〜木　B$170
　金〜日　B$220

絢爛豪華な王室宝物・史料館

ロイヤル・レガリア

Royal Regalia MAP P.355-B1

1992年に建てられたが1998年に火災で半焼、その後修復され、1999年4月に展示内容が拡張されて新装オープン。白いドーム形の屋根が立派だが、中はさらに豪華だ。入口で靴を脱ぎ、右側クロークに荷物を預けること。床にはぶ厚い絨毯が敷き詰められていて、その上を歩くだけでも贅沢な気分になれる。展示内容は現在の第29代ハサナル・ボルキア国王の生い立ちやブルネイ・ダルサラーム独立の歴史を写真やパネルで紹介したもの、即位行列の再現、玉座や王冠、金銀製品などの王家ゆかりの財宝を眩いばかりに並べたコーナーなど。冷房がよく効いた快適な環境でブルネイ史を知ることができる。

▲現国王即位の際に使われた御所車

館内は写真撮影不可（一部は撮影可）、禁煙、飲食禁止。

ロイヤル・レガリア
☎223-8357
開 日〜木、土・日9:00〜17:00
　金　9:00〜11:30
　　　14:30〜17:00
休 無休
料 無料

▲煌びやかな展示に驚かされる

メモ ロイヤル・ガレリアの詳しい案内は、スマホアプリ「izi.TRAVEL ツーリストオーディオガイド」で聞くことができる（他エリアの音声ガイド、有料のコンテンツもある）。

ブルネイ川は暴走族でいっぱい?

BSBでは約3万の人々が水上集落で生活を送っている。彼らが勤めや買い物に行く場合には、ダウンタウンへ出かけなければならない。ここで人々の足の役目を果たしているのがボート(水上タクシー)。このボート、例外なくヤマハやスズキの大型船外機を取りつけ、無謀とも思えるスピードで疾走する。もちろん水の上だから信号があるわけではないし、スピード違反もおとがめなし。よくこれで事故が起こらないものだと感心させられる。圧巻なのは水上集落の中を走るとき。板を渡した歩道の下をほとんどスピードを落とすことなく突っ走る。水上集落へ行くときには、ぜひ一度、そのスピードを体感してほしい。

▲水上集落には学校、病院、消防署などもある

世にも不思議な水上集落

カンポン・アイール(水上集落)

Kampung Ayer　MAP P.355-B2

これが川とは信じられないほど大きなスケールのブルネイ川。そこに、まるで蜃気楼としか思えないような一大集落が浮かんでいる。この水上集落は600年以上の歴史をもつ世界最大のもので、現在も約3万の人々がここを生活の場としている。水上集落へ行くにはボートを使うしかない。地元の人々がタクシー代わりに使っているこのボートに挑戦してみよう。料金は距離にもよるが、B$1が相場。メーターなどはないから、乗る前にしっかり交渉しよう。チャーターする場合はB$15～20で、1時間ほどかけてクルージングして水上集落を案内してくれる。

さて水上集落に上陸(?)したら、とにかく歩いて見て回ろう。ブルネイの観光パンフレットに必ず登場する水上集落だが、しかし、ここは観光名所ではない。私たちと異なった生活と文化をもった人々が、生きて生活しているただの町。学校もあれば病院、消防署もある。だからこそ、人々の生活の息吹、おもしろさが伝わってくる。

外観はとても素朴に見えるこの水上集落も、その内部は近代的だ。各家には水道、電気はもちろん、10畳以上ある広いリビングにはビデオデッキやエアコンが置かれている。現在、ブルネイ川を30年かけて埋め立てて、ダウンタウンを広げる計画が進んでいる。近年、水上集落で大規模な火災が発生しているため、安全性も考慮して、政府は住民に陸地への移住を奨励している。だが、すでに移住者用に公営団地が建ててあり、格安の賃貸料で10年間住めば、その物件は入居者のものになるという好条件が提示されているにもかかわらず、移住を拒む人が多いという。住民にとって水上集落は特別な安住の地なのだ。

▲モスクも水上にある

▲庶民の姿がうかがえる

ブルネイ川のほとりにある3つの博物館

博物館

Museum MAP P.354-2外

市街から6.5km東に、3つの博物館がある。**ブルネイ博物館Burunei Museum**では、ブルネイの歴史、海底から引き揚げられた宝物など、6つのコーナーに分けて展示されている。現国王による手書きのコーラン、テングザルやギボンの剥製など、興味をそそられる展示が多い。隣の**マレー技術博物館Malay Technology Museum**は、金銀製品のコレクションのほか、ブルネイの7つの民族のそれぞれの衣装、水上生活、機織り機などの工具や建築、造船などに関する展示がされている。また、同地区にある2015年にオープンした**海洋博物館Maritime Museum**は、海を通じての周辺国との関わりの歴史の展示が見られる。

ブルネイ博物館
開 日～木　9:00～17:00
金　9:00～11:30
14:30～17:00
土　9:45～17:00
休 無休　料 無料
※2022年10月現在、改装中につきクローズしている。

マレー技術博物館
開 日～木　9:00～17:00
金　14:30～17:00
土　9:45～17:00
休 祝　料 無料

海洋博物館
開 土～木　9:00～17:00
金　9:00～11:30
14:30～17:00
休 祝　料 無料

行き方 上記3つの博物館はともに中心街から6.5kmほど離れたコタ・バトゥ通りJl. Kota Batuにある。バスNo. 39で。

ブルネイ人の憩いの場

ジュルドン・パーク遊園地

Jerudong Park Playground MAP P.354-2外

王族によって開発された広い敷地をもつ遊園地。オープン当時は東南アジア随一といわれ、30ほどのアトラクションが無料で楽しめたが、最近は有料になり、アトラクションの数も減りつつあった。しかし2017年にリニューアルオープンし、フリーフォール、4Dシアター等の新アトラクションが新たに登場している。

ジュルドン・パーク遊園地
☎261-1777
URL www.jerudongpark.com
開 水・木　16:00～22:00
金　15:00～22:30
土・日　10:00～22:30
休 月～火
料 大人 B$20　子供 B$12
※遊園地と動物園共通
※プールは別
行き方 バスNo. 55で所要約30分、B$1。ジュルドン・パーク遊園地入口付近まで行く。帰りのバスの最終は18:00頃。ジュルドン・パーク遊園地入口のある道と、バスの通っている大通りがT字にぶつかった所で手を挙げてバスを停めて乗る。タクシーなら片道B$40程度。アプリDartを使うのも手。

手工芸品の実演・展示・販売・トレーニング

ブルネイ・アート&ハンディクラフト

Brunei Arts & Handicrafts MAP P.354-2

ダウンタウンの東、ブルネイ川沿いのレジデンシー通りJl. Residencyを山に向かって歩くとすぐ。職業訓練学校の生徒が作る銀細工をはじめとした手工芸品が展示、販売されている。値段がはるものが多いが、技術力とデザイン性が高く、上質なものが揃っている。2階では実際の作業の様子を見ることができる。

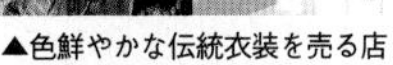
▲色鮮やかな伝統衣装を売る店

ブルネイ・アート&ハンディクラフト
☎222-2418
開 月～木　8:00～17:00
休 金～日　CC M V

COLUMN

テングザルに合おう！　マングローブ・リバーサファリ

水上集落が浮かぶブルネイ川を南に下ると、両岸はマングローブがびっしりと生えているプチジャングル。ここにすむテングザルを見にいくツアーが人気だ。ボルネオオオトカゲやオナガザル、ワニ、白サギなども見ることができる。カンポン・アイール(水上集落)訪問が付いているツアーもある。

【ツアー概要】バンダル・スリ・ブガワンのボート乗り場から出発。出発時刻の目安は8:00、15:30頃。所要約2時間。送迎、ボートツアー、日本語ガイド付き。
【料金の目安】
B$75
【現地での問い合わせ】
→旅行会社、P.355欄外。

▲希少なテングザル

❊ウル・トゥンブロン国立公園
行き方 公園へはボート乗り場から、ブルネイ川を高速ボートで約50分かけてバンガール・タウンBangar Townへ。そこから車で約30分、バタン・ドゥーリにあるトゥンブロン河畔に到着。ロングボートに乗り換えて30分で公園オフィスに到着する。また、2020年にスルタン・ハジ・オマール・アリ・サイフディエン橋（通称トゥンブロン橋）が開通し、ボートを使わずに行けるようになった。ただ、公園は広大なので、アクティビティを含む1日ツアーで行くのが一般的。フレーミー・トラベル（→P.355欄外）、Ⓗトレンディー・マリーナ・リゾート（→下記）などへ問い合わせを。

▲トゥンブロン地区とバンダル・スリ・ブガワンを結ぶトゥンブロン橋

Ⓗトレンディー・マリーナ・リゾート
Trandie Marina Resorts
☎525-0066/77
URL trandiebrunei.com

▲大きなキャノピー・ウオークは公園の名物

広大なボルネオ島の大自然に触れる

ウル・トゥンブロン国立公園

Ulu Temburong National Park　MAP 地図外

近年、国立公園の整備が進み、ブルネイでもエコツアーが観光客に人気。バンダル・スリ・ブガワンから日帰りで行けるウル・トゥンブロン国立公園は、周囲をマレーシアのサラワク州に囲まれたブルネイの東側の一部分、バトゥ・アポイ森林保護区内にあるブルネイで最初にできた国立公園だ。トゥンブロン川沿いに続く熱帯雨林の中に木でできた自然観察遊歩道が約7km続き、高さ43mに設置された鉄パイプ製のキャノピー・ウオーク（つり橋）がそびえる。人ひとり通れるかどうかの幅で、しかもかなり高いので、高所が苦手な人は大変かもしれない。しかしここから見る熱帯雨林の森は絶景だ。もやがたちこめたときなどは、とても幻想的。

公園内には3段に分かれた滝もあり、滝つぼで水遊びもできる。ひざ下まで水につかりながら沢を30分ほど登っていくと、最初の滝に出る。そこから上の滝までは設置されたロープをたぐりながら岩場を登っていくハードな道。水底や岩場は滑りやすいので、履き慣れたスニーカーやサンダルタイプのトレッキングシューズが必要だ。

トゥンブロン川は比較的流れが穏やかなのでラフティングも楽しめる。また、公園内外には簡単な宿泊施設もあり、食事の手配も可能。ただし、売店などはないので、飲み物などは持参する。

▲ブルネイの大自然を満喫しよう！

COLUMN

永遠に平和な国　ブルネイ

2004年に皇太子が女子高生を皇太子妃に迎え、日本の皇太子も結婚式に招かれたことで注目を集めたブルネイ。日本とはなじみのない遠い国というイメージだが、かなり深い関係をもっている。

ブルネイの正式国名、「ブルネイ・ダルサラーム」とは、「永遠に平和な国」という意味。その名のとおり、周辺諸国に比べると格段に治安もいい。

国土こそ小さいが、世界で最も豊かな国ともいわれ、国王は世界有数の資産家のひとりに数えられる。給与平均は東南アジアいち、個人所得税はなく、教育費、医療費は無料。公共料金も住宅ローンの金利も安い。自家用車は一家に2台以上といわれ、町なかでも歩く人の姿は少ない。

この豊かな国を支えているのが、沖合で取れる原油と天然ガスだ。そして、その大部分が日本に輸出されている。もちろん豊かなのは都市部だけではない。国土の7割は熱帯雨林のジャングルに覆われており、自然の宝庫でもあるのだ。

メモ Ⓗエンパイヤ・ホテル&カントリー・クラブのゴルフコース（→P.357欄外）は、ジャック・ニクラウスがデザインした18ホールのチャンピオンシップコース。

一度は訪れたい必訪スポット！

ガドン・ナイトマーケット

Gadong Night Market MAP P.354-2

約6000㎡の広々とした空間に、ブルネイやマレーシアの人気料理、生鮮食品店など約100店舗が営業。ブルネイ人が「世界一おいしい」と自慢するストリートフードが勢揃いする。屋根付きで清潔感があり、衛生面も安心。春巻などの揚げ物を前菜、サテーや焼き魚をメイン、ご飯でシメて、甘い南国フルーツをデザートにすれば、ブルネイ料理のフルコースが楽しめる。すべて持ち帰りできるのでホテルでゆっくり味わうのもいい。ただし、ドリアンはホテルへの持ち込みは不可。

▲欲しいものを指させば袋に入れてくれる

※ガドン・ナイトマーケット
住 Simpang 37, Jln. Gadong, BSB
開 16:00頃～22:00頃
休 無休
CC 不可

▲果物で人気なのはタラップ（左奥）

ブルネイ・イスラム教の祖を祀る

スルタン・シャリフ・アリ廟

Mausoleum of Sultan Sharif Ali MAP P.352

ブルネイの第3代スルタン、シャリフ・アリ（在位1426～1432）を祀った廟。ブルネイにイスラム教を広め、国内初のモスクを建設した人物だ。なんと一説には、イスラム教を興したムハンマドの血を引き、現サウジアラビアのタイーフからやってきた人物とされている。大学などの学校、道路など、その名を冠したものがブルネイ国内にはたくさんある。

▲市内中心部からバスですぐ着く

※スルタン・シャリフ・アリ廟
住 Jln. Sultan Bolkiah
開 24時間
休 無休
料 無料
行き方 バンダールのバスターミナルからバスNo.39で。所要約10分。

見逃せない重要な見どころ

コタ・バトゥ考古学公園

Kota Batu Archaeological Park MAP P.352

14～17世紀、ブルネイが東南アジア貿易の重要拠点だった時代の中心地。イタリア人の冒険家ピガフェッタによると、1521年、ここには2万5000戸の住居があったという。スルタン廟があるエリア一帯からブルネイ川にかけて都市が広がっていた。公園内には博物館があるので一度のぞいてみよう。浸食を防ぐために屋根で覆われている場所は、15～16世紀のものとみられるコインや陶器が見つかった墓地跡だ。2015年にブルネイ初の考古学公園としてオープンした。

▲数百年前に思いをはせる

※コタ・バトゥ考古学公園
住 Jln. Sultan Bolkiah
開 9:00～16:30（金11:30～14:30はクローズ）
休 無休
料 無料
行き方 バンダールのバスターミナルからバスNo.39で。所要約10分。

▲博物館にもぜひ立ち寄りたい

最盛期のスルタンを祀る

スルタン・ボルキア廟

Mausoleum of Sultan Bolkiah　MAP P.352

ブルネイ王国第5代スルタン、ボルキアの霊廟。在位は15～16世紀で、ボルネオ島にとどまらず、スールー王国のあったフィリピン南部まで勢力を拡げ、彼の治世にブルネイ王国は最大版図となった。

▲スルタンの歴史をかいま見ることができる

スルタン・ボルキア廟
住 Jln. Sultan Bolkiah
開 24時間
休 無休
料 無料
行き方 バンダールのバスターミナルからバスNo.39で。所要約10分。

ブルネイの富を支える町

セリア

Seria　MAP P.352

西側に位置し、首都から車で約2時間のセリアでは、通称“**うなずきロバNodding Donkey**”と呼ばれる石油採掘装置や、セリアでの採掘が10億バレルに達したことを記念して建てられた**10億バレル記念碑Billionth Barrel Monument**、ブルネイの石油産業を紹介したセリア・エナジー・ラボ・ブルネイSeria Energy Lab Bruneiなどの見どころが点在している。ブルネイ・シェル石油の本社もここにある。15kmほど東のルムットには三菱商事も出資しているLNG社が天然ガスの精製を行っている**LNG社の天然ガス精製所Lumut Natural Gas Plant**がある。

▲うなずきながら石油を採掘する

▲海のそばにたたずむ記念碑

うなずきロバ
住 Seria
開 24時間
休 無休
料 無料

10億バレル記念碑
住 Seria
開 24時間
休 無休
料 無料

セリア・エナジー・ラボ・ブルネイ
住 Seria
開 火～木・日　8:30～17:00
　金　14:30～19:00
　土　8:30～19:00
休 月
料 平日B$23、土・日B$25

ルムット天然ガス精製所
※中に入るには特別な許可が必要。

珍しい“針なしバチ”のハチミツを味わう

タスビー・メリポニカルチャー・ファーム

Tasbee Meliponiculture Farm　MAP P.352

BSBから車で約45分。川沿いに開けた町トゥトンの郊外にある小さな養蜂場。ここで体験できるのが通称“針なしバチ”と呼ばれるハチが集めたハチミツのテイスティング。日本では味わうことのできない、酸味のあるおいしいハチミツだ。針なしバチStingless Beeとは針のないハチの総称で、マレー語でルバクルルと呼ばれている。おもに東南アジアやオーストラリアなどの熱帯、亜熱帯に分布し、ブルネイには22種が生息。ハチの巣自体がプロポリスで作られているため、蜜にもプロポリスの成分が含まれる。また、体が小さく行動範囲も狭いので、普通のミツバチの20～40分の1程度しか蜜が採取できず、たいへん貴重なものとされている。

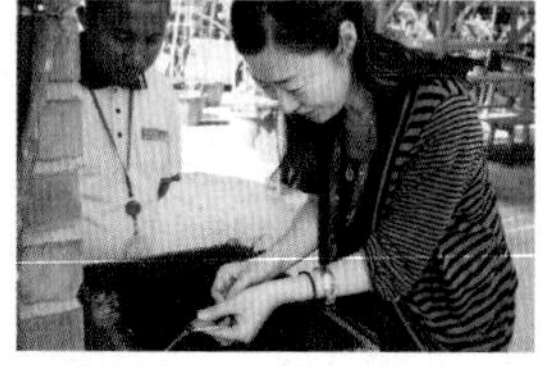
▲蜂蜜を採取する体験ができる

タスビー・メリポニカルチャー・ファーム
住 Tutong
☎ 813-2266
開 要予約
料 無料
行き方 トゥトンの町から車で約10分。トゥトンまでは公共バスで行くことができるが、トゥトンの町でタクシーは見つけにくいので、旅行会社に手配してもらうのが一般的。

バンダル・スリ・ブガワンのレストラン
Restaurant

BSB郊外　ブルネイ料理

ソト・パボ@ハヤットカフェ

Soto Pabo @De Hayat Café　MAP P.355-A2

地元で人気の眺めのいいレストラン

ブルネイ川沿いの開放的なレストラン。18:00過ぎに訪れると、夕焼けの美しい空を眺めながら食事ができる。看板料理はソトとよばれるスープ麺で、さっぱりした鶏だしに米麺を合わせ、具は牛や鶏など。海鮮や野菜料理などブルネイで人気の料理が揃う。

住222, Jl. Kota Batu, Kampong Pintu Malim
☎222-9298
開9:00～22:30(金12:00～14:00クローズ)
休無休　CCMV

ガドン地区　ブルネイ料理

レストラン・アミナー・アリフ

Restaurant Aminah Arif　MAP P.354-2

珍しい郷土料理が食べられる

サゴという植物から取れるでんぷん質をどろどろに溶かしたものを木の棒に巻きつけ、すっぱい果実のビンジャイソースにつけて食べるアンブヤAmbuyatがある。各種おかずが付いて1セットB$16(ふたり分)、B$21(3人分)。

住Jl. Batu Bersurat
☎245-6447
営8:00～22:00(金12:00～14:00はクローズ)
休無休　CCMV(B$20～)

BSB郊外　ブルネイ料理

タリンダック・ディセニ

Tarindak D'Seni　MAP P.354-2

ビュッフェで伝統食を制覇

ハンディクラフト・センター(→P.359)の隣にある見晴らしのいいレストラン。肉料理、シーフード、伝統菓子まで、ブルネイならではの料理を約30種ビュッフェで提供。ビュッフェランチB$17。伝統食アンブヤ(サゴヤシで作るくず餅のようなもの)も食べられる。

住Brunei Arts and Handicrafts Training Centre,Jl. Kota Batu　☎261-2500
営8:00～22:00(金12:00～14:00はクローズ)
休無休　CCMV

ガドン地区　カフェ

サフィラ・ケーキ・ハウス

Sapphira Cake House　MAP P.354-2

ブルネイ菓子を味わえるカフェ

木製のインテリアで飾られた心地よいカフェ。ブルネイの郷土菓子が揃っていて、とくに人気なのが、カラフルなレイヤー焼き菓子ことクエラピス。色によって味が変わり、ほのかにスパイスの香りがするものもある。さらにご飯や麺料理など食事も充実。

住Unit 3, Seri Anigma Complex Kpg Kiulap
☎223-2021
開8:00～18:00(金12:00～14:00クローズ)
休無休　CCMV

BSB郊外　チキンライス

ティエン・ティエン・レストラン

Thien Thien Restaurant　MAP P.354-2

チキンライスの有名店

バンダル・スリ・ブガワンに3店舗を展開するチキンライス(B$3.50)の有名店。早朝から夜までいつも地元の人でにぎわっている。ココナッツミルク味のまろやかなラクサ(B$2.50)も名物。麺はビーフンと卵麺のミックスが人気だ。

住Seri Complex, Jln. Laksamana Abdul Lazak
☎222-2435
営7:00～21:30(金11:00～14:30はクローズ)
休無休　CC不可

ガドン地区　カフェ

チョップ・ジン・チュウ

Chop Jing Chew　MAP P.354-2

老舗の中国系ベーカリー

1946年創業のベーカリーカフェで、ロティ・クニン・カウィンという、カヤジャムとバターの入ったトースト(B$1)が安くておいしい。ほかにチーズをのせたフレンチトースト、ロティ・クニン・チュチュ・チーズ(B$2.40)などのパンがある。

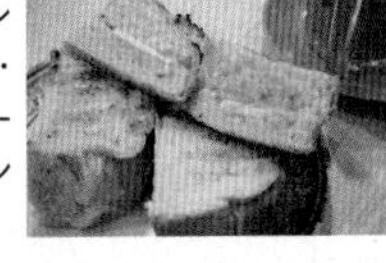

住Simpang5, No.10, Jl.Gadong
☎1242-4132
営6:00～17:00(日～12:00)
休無休　CC不可

ブルネイ最大の夜市、ガドン・ナイトマーケット(→P.361)はローカル料理の宝庫。また、ヤヤサンSHHBコンプレックス(→P.364)のフードコートでも地元の味が楽しめる。

バンダル・スリ・ブガワンのショップ
Shopping

BSB中心部　ショッピングモール

ヤヤサンSHHBコンプレックス

Yayasan Sultan Haji Hassanal Bolkiah Complex　MAP P.355-B2

巨大ショッピングコンプレックス

オールドモスクとカンポン・アイールの間にある。2棟の建物の中にはフア・ホ・デパート、数々のブランド品店、KFCなどのファストフード店、フードコート、インターネットカフェなど、あらゆる店が入っている。市街地にあるのでアクセスも便利。

住Jl. Kumbang Pasang　☎223-2737
営9:30～21:30（店により異なる）※金12:00～14:00クローズの店あり　休無休（店により異なる）
CC A D J M V（店により異なる）

ガドン地区　ショッピングモール

ザ・モール

The Mall　MAP P.354-2

ガドン地区の一大ショッピング・スポット

ブティック、デパート、両替、フードコート、映画館、ゲームセンターなどが揃う総合ショッピングモール。地上4階、地下1階。1階には王様も好むというチョコレート専門店をはじめ、レストラン、ファストフードと食も充実している。地下はスーパーマーケット。

住Gadong　営10:00～22:00（店により異なる）※金12:00～14:00クローズ
休無休（店により異なる）
CC A D J M V（店により異なる）

BSB中心部　雑貨

エス・ナーズ・ブルネイ・プロダクト&スーベニア・センター

S.Naaz Brunei Products & Souvenir Centre　MAP P.355-B2

一度はのぞいておきたい

メイド・イン・ブルネイのみやげ物を集めたショップ。ガラス細工、自然素材100%のココナッツジャム、ハラルフード（エビせん、インスタント麺など）、雑貨（籠バッグ、キーホルダー、マグカップなど）、Tシャツなどを扱っている。SegarとMarrybrownの間のビル。

住1st, Darussalam Complex, Jln. Sultan Omar Ali Saifuddien
営9:00～22:00（金12:00～14:00はクローズ）
休無休　CC M V

BSB中心部　雑貨

エーウォン

Aewon　MAP P.355-B2

モダンなブルネイみやげが揃う

ヤヤサンSHSBコンプレックス、Ⓗエンパイア・ホテル、空港内など国内で6店舗を展開する人気店。センスのいい雑貨やTシャツをはじめ、ブルネイらしさをパッケージで表現したクッキーなど幅広い品揃え。おみやげ探しにぴったりのショップだ。

住Gf/1F, Yayasan Complex
☎242-8515
開9:00～21:00（金12:00～14:00クローズ）
休無休　CC M V

COLUMN

スーパーで買えるブルネイみやげ

ブルネイ産100%のハーブティー

自家農園で栽培したハーブを使用。古代より民間の薬として重宝されるモリンガ茶が人気で、ミントをブレンドしたさっぱりした味わい。レモングラス、ローゼル、ペパーミントの茶も揃う。モリ・ティー Mori Tea各B$5.8

やみつき海老スナック

ブルネイ産のブルーシュリンプを使った昔から地元で愛されているスナック。素朴ながらも海老の香りと香ばしさが絶妙。チリ味、魚味、チーズ味などさまざまなフレーバーがある。ママズ・レシピ Mama's Recipe 各B$1.5～1.6

これらはヤヤサンSHHBコンプレックス（→P.364）内のHua Hoスーパーで購入可。

メモ　ヤヤサンSHHBコンプレックス（上記）などのショッピングモール、公共交通機関、レストランなどは、礼拝のため金曜の12:00～14:00はクローズするので注意しよう。

バンダル・スリ・ブガワンのホテル
Hotel

ジュルドン地区　高級

エンパイヤ・ホテル & カントリークラブ

The Empire Hotel & Country Club

MAP P.354-2外

ブルネイ王国が誇る豪華ホテル

海岸沿いに建つ7つ星リゾートホテル。高い天井のロビーは床や柱にイタリア製大理石、装飾には24金が使われており、18ホールのゴルフコース、7つのプール、映画館やボウリング場などが完備。宿泊しないにせよ、一見の価値があるホテルだ。

▲オーシャンビューの部屋からはサンセットも臨める

▲イタリア製の大理石が美しいロビーラウンジ

住 Jerudong BG3122 Negara Burnei Darussalam
☎ 241-8888
URL theempirehotel.com
料 スーペリアB$300～
CC A M V　室 522

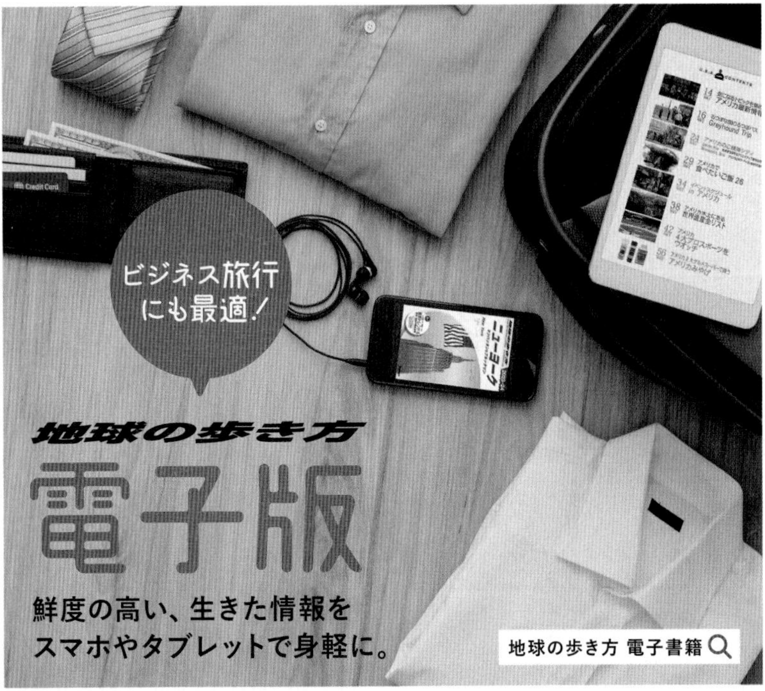

バンダル・スリ・ブガワンのホテル
Hotel

BSB中心部 高級

ラディソン・ホテル・ブルネイ・ダルサラーム
Radisson Hotel Brunei Darussalam MAP P.355-B1

ダウンタウンにある老舗

ロイヤル・レガリアのすぐ近くで、ダウンタウンの観光に便利。高級老舗ホテルというだけあり、スタッフの応対はきめこまやかでていねい。客室も広々としている。全客室でインターネットの接続が可能なのもうれしい。スタッフの応対もスマート。

住 Jl. Tasek
☎224-4272 URL www.radisson.com/brunei
料 スーペリア B$160～
CC AMV 室142

ガドン地区 高級

リツクン・インターナショナル・ホテル
The Rizqun International Hotel MAP P.354-2

ショッピングモールに直結

ガドン地区にある高級ホテル。伝統とモダンなデザインが融合した客室からはガドンが一望できる。施設が充実しているし、Ⓢザ・モール（→P.364）と連結しているので何かと便利だ。結婚式のある日は招待客でロビーがにぎやかになる。

住 Abdul Razak Complex, Gadong
☎242-3000 URL www.rizquninternational.com
料 デラックス B$320～
CC AMV 室168

ガドン地区 高級

センターポイント・ホテル
The Centrepoint Hotel MAP P.354-2

夜景のモスクが眺められる

ショッピングセンターⓈザ・モール（→P.364）が道路を挟んで隣にあり、周囲にショップ、レストランが多く便利だ。施設は中国料理、イタリアンなどのレストランに、ジム、プール、ビジネスセンターと充実。ロビーにはコンシェルジュも控えている。

住 Abdul Razak Complex, Jl. Gadong
☎243-0430 URL www.thecentrepointhotel.com
料 デラックスB$280～
CC AMV 室216

BSB中心部 中級

ザ・ブルネイ・ホテル
The Brunei Hotel MAP P.355-B2

コストパフォーマンスがよくおすすめ

ダウンタウン観光に便利な中級ホテル。客室は機能的でシンプルな造り。アメニティも充実している。周辺にはモスクやオープンマーケットをはじめ、レストランやショッピングセンターもある。水上集落（カンポン・アイール）へのボート乗り場も近い。

住 No. 95, Jl. Pemancha
☎224-4828 URL thebruneihotel.com
料 スーペリアB$115～
CC AV 室65

BSB中心部 中級

キャピタル・レジデンス・スイーツ
The Capital Residence Suites MAP P.355-B1

空港への無料シャトルがある

ブルネイ華僑が集まる地区にあり、少し奥まっていてわかりにくいが、隠れ家的な立地。個人客向けのこぢんまりしたホテル。レストランあり。空港への無料シャトルのほか、主要な観光地への無料シャトルバスもあり、便利。

住 Simpang 2, Lot 21207, Kg. Berangan
☎222-0067 URL www.capitalresidencebn.com
料 デラックス B$68～
CC AMV 室18

ガドン地区 中級

ハイヤー・ホテル
Higher Hotel MAP P.354-2

清潔で広々とした部屋

2018年11月にオープンしたホテル。ホテルの前に20番のバス停があり、バンダル・スリ・ブガワン中心部へのアクセスが便利。セキュリティもしっかりしている。2階には230人収容可能な大型のカフェがあり、各種アジア料理が食べられる。

住 Spg 88-4, Jalan Jame'Asr, Kampong Kiulap Gadong B
☎333-8888 URL higherhotelbrunei.com
料 スーペリアB$58～
CC MV 室200

メモ 2021年にオープンしたグランピング施設「the ABODE Resort & Spa」。自然に包まれたヴィラで、ジップラインなどのアクティビティも充実。URL www.abodebrunei.com/

バンダル・スリ・ブガワンのホテル
Hotel

キウラップ地区　中級

キウラップ・プラザ・ホテル
Kiulap Plaza Hotel　MAP P.354-2

キウラップ地区の中心に立地

バンダールとガドンの間に位置するキウラップ。周辺にはショップやレストランが多い。洗濯機が設置されている部屋もある。ホテルと同じ建物内にも売店、ブティック、レストラン、カフェなどがあり便利。

住Simpang 88, Kiulap Commercial Area
☎223-2251/2　URL kiulap-plaza-hotel.com
料スーペリアB$72～
CC M V　室102

BSB郊外　中級

バディア・ホテル
Badi'ah Hotel　MAP P.354-2

モダンな中級ホテル

落ち着いてモダンな雰囲気のホテル。ルームタイプごとに壁紙の色が異なり、部屋は広め。プール、レストラン、カフェがありゆったり過ごせる。無料の空港シャトルバスを使用したい場合は、要予約。ホテルの裏にスーパーマーケットあり。

住Badi'ah Complex, Mile 1 1/4, Jl.Tutong
☎222-2888　URL badiahhotel.com
料スーペリアB$98～
CC M V　室55

BSB郊外　中級

ジュビリー・ホテル
Jubilee Hotel　MAP P.355-B1外

町外れにあり静かな環境

ダウンタウンから徒歩約5分、ブルネイ国際空港からは車で約15分の場所にあるシティホテル。客室はシンプルだが手入れが行き届いており心地よい。スタンダード、スーペリア、エグゼクティブ、スイートの4タイプがあり、デラックスと一部のスイートにはキッチンが付いている。そのほか、売店やレストランなど施設もひととおり揃っている。

住Jubilee Plaza, Jl. Kampong Kianggeh
☎222-8070
料スーペリアB$50～
CC A M V　室42

トゥトン地区　中級

レーンズ・ホテル
The Lanes Hotel　MAP 地図外

トゥトン中心地にあり、充実の設備

ブルネイ空港から車で約40分、トゥトン地区の中心地にある。近代的な大型ホテルで、シンプルな部屋からキッチン、洗濯機完備の長期滞在用の部屋まで揃う。ジム、プール、レストランなど施設も整っていて、ホテル主催の観光ツアーも開催している。

住Lot No. 9003, Kg Petani, Tutong
☎422-1991
URL www.thelaneshotel.com/
料スーペリアB$88～　CC M V　室100

BSB郊外　中級

クイン・イン・レストハウス
Qing Yun Resthouse　MAP P.354-1

清潔なレストハウス

ブルネイ空港からすぐ、デリマ・ショップ・エリアに近いバジェット・ホテル。部屋はコンパクトながら清潔で、Wi-Fiも完備。ランドリーサービス、冷蔵庫も揃っている。夜の11時以降、風呂の湯がストップする場合があるので、フロントで確認を。

住Unit B26 Delima Jaya kompleks, delima satu, Kianggeh　☎873-5503
料スーペリアB$50～
CC不可　室10

ガドン地区　安宿

イージーボックス・ホームステイ
Easybox Homestay　MAP P.354-2

安さで選ぶならここ

周辺にはレストランが多いので食事には困らない。ダウンタウンにも市バスでアクセスでき、ロケーション的に便利。ブルネイ最大のショッピングセンター、ザ・モールやナイトマーケットへも歩いて行ける。

住No. 4 & 5, First Floor, Block E, Abdul Razak Complex, Gadong　☎242-0020　URL easyboxhomestay.weebly.com　料ⒹB$45～、ⓈB$35～
CC A M V　室26

COLUMN

緊急時の医療会話

●ホテルで薬をもらう

具合が悪い。
アイ フィール イル
I feel ill.

下痢止めの薬はありますか。
ドゥ ユー ハヴ ア アンティダイリエル メディスン
Do you have a antidiarrheal medicine?

●病院へ行く

近くに病院はありますか。
イズ ゼア ア ホスピタル ニア ヒア
Is there a hospital near here?

日本人のお医者さんはいますか？
アー ゼア エニー ジャパニーズ ドクターズ
Are there any Japanese doctors?

病院へ連れて行ってください。
クッデュー テイク ミー トゥ ザ ホスピタル
Could you take me to the hospital?

●病院での会話

診察を予約したい。
アイドゥ ライク トゥ メイク アン アポイントメント
I'd like to make an appointment.

グリーンホテルからの紹介で来ました。
グリーン ホテル イントロデュースド ユー トゥ ミー
Green Hotel introduced you to me.

私の名前が呼ばれたら教えてください。
プリーズ レッ ミー ノウ ウェン マイ ネイム イズ コールド
Please let me know when my name is called.

●診察室にて

入院する必要がありますか。
ドゥ アイ ハフ トゥ ビー アドミッテド
Do I have to be admitted?

次はいつ来ればいいですか。
ホェン シュッダイ カム ヒア ネクスト
When should I come here next?

通院する必要がありますか。
ドゥ アイ ハフ トゥ ゴー トゥ ホスピタル レギュラリー
Do I have to go to hospital regularly?

ここにはあと2週間滞在する予定です。
アイル ステイ ヒア フォー アナザー トゥ ウィークス
I'll stay here for another two weeks.

●診察を終えて

診察代はいくらですか。
ハウ マッチ イズイットフォー ザ ドクターズ フィー
How much is it for the doctor's fee?

保険が使えますか。
ダズ マイ インシュアランス カバー イット
Does my insurance cover it?

クレジットカードでの支払いができますか。
キャナイ ペイ イイットウィズ マイ クレディット カード
Can I pay it with my credit card?

保険の書類にサインをしてください。
プリーズ サイン オン ザ インシュアランス ペーパー
Please sign on the insurance papar.

※該当する症状があれば、チェックをしてお医者さんに見せよう

□**吐き気** nausea	□**悪寒** chill	□**食欲不振** poor appetite
□**めまい** dizziness	□**動悸** palpitation	
□**熱** fever	□**脇の下で計った** armpit	＿＿＿ ℃／ ℉
	□**口中で計った** oral	＿＿＿ ℃／ ℉
□**下痢** diarrhea	□**便秘** constipation	
□**水様便** watery stool	□**軟便** loose stool	**1日に　回** times a day
□**時々** sometimes	□**頻繁に** frequently	**絶え間なく** continually
□**カゼ** common cold		
□**鼻詰まり** stuffy nose	□**鼻水** running nose	□**くしゃみ** sneeze
□**咳** cough	□**痰** sputum	□**血痰** bloody sputum
□**耳鳴り** tinnitus	□**難聴** loss of hearing	□**耳だれ** ear discharge
□**目やに** eye discharge	□**目の充血** eye injection	□**見えにくい** visual disturbance

※下記の単語を指さしてお医者さんに必要なことを伝えましょう

●どんな状態のものを
生の raw
野生の wild
油っこい oily
よく火が通っていない uncooked
調理後時間が経った a long time after it was cooked

●ケガをした
刺された・噛まれた bitten
切った cut
転んだ fall down
打った hit
ひねった twist
落ちた fall
やけどした burn

●痛み
ヒリヒリする buming
刺すように sharp
鋭く keen
ひどく severe

●原因
蚊 mosquito
ハチ wasp
アブ gadfly
毒虫 poisonous insect
サソリ scorpion
くらげ jellyfish
毒蛇 viper
リス squirrel
(野)犬 (stray)dog

●何をしているときに
ジャングルに行った went to the jungle
ダイビングをした diving
キャンプをした went camping
登山をした went hiking (climbling)
川で水浴びをした swimming in the river

クアラルンプール市内中心を走るKLモノレール

Travel Tips 旅の技術と準備

マレーシアとブルネイへの道

※便数や就航会社などはいずれも2022年10月時点のもの。

日本からマレーシアへ

マレーシアのゲートウエイとなる国際空港は、クアラルンプールとコタ・キナバル。いずれも日本からの直行便があり、国内線の便数が豊富なので乗り継ぎもしやすく旅程が組みやすい。ルートによってはシンガポール空港も選択肢にできる。

直行便でクアラルンプールへ

クアラルンプール国際空港Kuala Lumpur InternationalAirportは、市の中心部から南へ約43kmに位置するアジア有数の大空港。現地では略称のKLIA(ケーエルアイエー)のほうがとおりがよい。中心部のKLセントラル駅まで特急列車が運行しており、所要約30分。日本からの直行便は、**マレーシア航空(MH)**が成田と関空から毎日1便、羽田から週5便、日本航空(JL)が成田から毎日1便を運航。両社はお互いの便をすべて共同運航扱いとしている。**全日空(NH)**も成田から毎日1便、羽田から週5便運航。またこの大手3社とは一線を画すLCC(格安航空会社Lowcost Carrierの略→P.372を参照)のエアアジアX(D7)も羽田から毎日1便、関空から週3便、新千歳からは週4便を運航。いずれも2023年1月現在のもので、各社とも状況の改善に合わせ増便していく予定だ。また、**バティック・エア・マレーシア(OD、旧名マリンド・エア)**が2022年12月に成田へ新規就航、関空や千歳などへの路線のほか、増便も予定している(P.371欄外参照)。

乗り継ぎ便でクアラルンプールへ

アジア有数の大空港KLIAへは世界中から多くの便が発着しており、周辺諸国で乗り換えることでルート選択の幅を広げることができる。特に直行便が就航していない日本の地方の空港からは利用価値が高い。

日本各地の空港から経由地で乗り継いでKLIAまで利用できるおもな航空会社としては、ソウル経由の**大韓航空(KE)**、台北経由の**チャイナエアライン(CI)**と**エバー航空(BR)**および**スターラックス航空(JX)**、香港経由の**キャセイパシフィック航空(CX)**、ハノイあるいはホーチミン・シティ経由の**ベトナム航空(VN)**、マニラ経由の**フィリピン航空(PR)**、ブルネイ経由の**ロイヤルブルネイ航空(BI)**、バンコク経由の**タイ国際航空(TG)**、シンガポール経由の**シンガポール航空(SQ)**とその子会社のLCC**スクート(TR)**などがある。また**全日空(NH)**は、近隣諸国まで同社便を利用した後、同じ航空会社アライアンスのスターアライアンスに属するシンガポールからのシンガポール航空、バンコクからのタイ国際航空などとの共同運航便を利用した正規割引航空券を発売している。これらの都市ではストップオーバー(24時間以上の途中降機のこと)の旅を楽しむこともできる。

各航空会社の日本の連絡先

● **マレーシア航空(MH)**
☎(03)4477-4938(予約変更／日本語月～金9:00～17:00)
URL www.malaysiaairlines.com/jp/ja.html

● **日本航空(JL)**
URL www.jal.co.jp
国際線(予約・案内)
☎0570-025-031
【東京】☎(03)5460-0511
【大阪】☎(06)6344-2365
【名古屋】☎(052)265-2580

● **全日空(NH)**
URL www.ana.co.jp
国際線(予約・案内)
☎0570-029-333
【東京】☎(03)6741-6685
【大阪】☎(06)7637-6675
【名古屋】☎(052)586-8851

● **エアアジアX(D7)**
URL www.airasia.com/jp/ja
チャットでの問い合わせ

● **大韓航空**
URL www.koreanair.com
☎0570-05-2001

● **チャイナエアライン**
URL www.china-airlines.com/jp/jp
【東京】☎(03)6378-8855

● **エバー航空**
URL www.evaair.com/ja-jp
☎(0570)666-737

● **中国東方航空**
URL jp.ceair.com/ja/
【東京】☎(03)3506-1166
【大阪】☎(06)6448-5161

● **中国南方航空**
URL global.csair.com/JP/JP/Home
Emailのみ受付

● **キャセイパシフィック航空**
URL www.cathaypacific.com
FREE 0120-46-3838

● **ベトナム航空**
URL www.vietnamairlines.com
【東京】☎(03)3508-1481

● **タイ国際航空**
URL www.thaiairways.com
☎0570-064-015

● **シンガポール航空**
URL www.singaporeair.com
☎(03)3213-3431

● **アシアナ航空**
URL flyasiana.com/c/JP/JA
☎0570-082-555

● **ジェットスター・アジア航空**
URL www.jetstar.com/jp/ja/home
☎0570-550-538

● **スクート**
URL www.flyscoot.com/jp/
☎(03)4589-9464

日本からコタ・キナバルへ

ボルネオを含む旅をする場合、**コタ・キナバル国際空港Kota Kinabalu International Airport**をゲートウエイにすると効率的だ。直行便はマレーシア航空が成田から週2便を運航（時期による）しており、所要時間は約6時間30分。直行便以外の方法としては、KLIAで国内線に乗り継ぐか、周辺諸国の空港で乗り継ぐことになる。KLIA経由のメリットは便数が多いので乗り継ぎがスムーズなことだが、日本からだとコタ・キナバルのほうが距離的に近いため、一度遠くまで飛んで戻る形となりフライト時間が長めなのがデメリット。バンダル・スリ・ブガワン経由の**ロイヤルブルネイ航空（BI）**はKLIA経由より距離の短いルートではあるが、乗り継ぎに時間を要するので、ブルネイ旅行を兼ねる場合におすすめ。

国際線航空路線図

北京、上海へ　ソウル、プサンへ　日本へ
ダッカ　広州　厦門　台北　香港
ハノイ　チェンマイ　ビエンチャン　ヤンゴン　ダナン
中東 南アジア ヨーロッパへ
バンコク　マニラ　シェムリアプ　プノンペン　ホーチミン　セブ
プーケット　ランカウイ　コタ・キナバル
メダン　バンダル・スリ・ブガワン
クアラルンプール　クチン　シンガポール
パダン　ポンティアナック　バリクパパン
マカッサル　ジャカルタ　スラバヤ　デンパサール
ダーウィン
オークランド、アデレード、シドニー、メルボルン、ブリスベンへ
パースへ

● **ロイヤルブルネイ航空（日本）**
URL flyRB.com
☎(03)6455-0734

コタ・キナバル国際空港の呼び方

KLIAと同様、コタ・キナバル国際空港にもKKIAという略称があるが、こちらはそれほど浸透しておらず、道路標識などで見かける程度。

▲コタ・キナバル国際空港

そのほかの日本からのルート

ペナン島を含む旅程にする場合は**ペナン国際空港Penang International Airport**をゲートウエイとするのも手。日本からの直行便はないが、マレーシア第3の国際空港だけに運航路線は意外と豊富で、KLIA経由のほか、台北経由のチャイナエアラインとスターラックス航空（JX）、香港経由のキャセイパシフィック航空、バンコク経由のタイ国際航空、シンガポール経由のシンガポール航空、**スクート(TR)**などが利用できる。

▲近代的なペナン国際空港

またマレー半島南部を含む旅程の場合は隣国の**シンガポール国際空港Singapore International Airport**も選択肢にしてもいい。シンガポールへはKLIA以上に日本各地からの直行便が運航されており、隣接するマレーシアの都市のジョホール・バルとは陸路で国境を越えて気軽に行き来ができる(→P.228)。

▲ジョホールの名物料理ミー・バンドゥン

バティック・エア・マレーシアに注目

2012年にインドネシアの航空会社の子会社として設立され、国内線と近距離国際線を運航するマリンド・エアMalindo Airの名で親しまれてきた。2017年にバティック・エア・マレーシアにリブランドされたが、サイトや機体塗装、案内板などにマリンドのものが多く残っており、現地では今でもマリンドと呼ぶ人も多いので注意しよう。

2022年12月に成田へ新規就航し週4便で運航、2023年3月には毎日運航となる予定。このほか、2023年1月に千歳へ週3便、関西へ週4便いずれも台北経由で開設予定。成田～コタ・キナバル～クアラルンプール線も予定されている。

LCCに近い料金設定ながらフルサービス（環境配慮の破棄対策で食事のみ基本別料金）でビジネスクラスもある。予約は下記の公式サイトから。
URL www.malindoair.com

オープンジョーを利用してより効率的に

オープンジョー（開いた顎の意味）というのは、その名のとおり往路と復路の発着地が異なる航空券のこと。航空券に含まれないオープンの部分は、自分で別途手配をして旅をすることになるが、広大なエリアに広がるマレーシアの旅では上手に利用すればとても効率的なルーティングができる。

例えばキャセイパシフィック航空を利用して、行きは日本から香港を経由してペナンへ、帰りはコタ·キナバルから香港を経由して日本へ戻るオープンジョーの航空券を購入。この場合のオープンの部分を、ペナン～クアラルンプール～クチン～コタ·キナバルというように国内線を別途手配すれば、ほぼ一筆書きのルートにできる。

▲ジョージタウンはウオールアートでも有名（ペナン）

日本からブルネイへ

成田からブルネイ（バンダル・スリ・ブガワン）へはロイヤルブルネイ航空の直行便が週4便ある。月、水、金、日曜の運航で、行きは成田11:45発でブルネイ17:15着（2023年6月～16:45着）、帰りはブルネイ00:35発で成田07:30着。ブルネイ空港はコンパクトで乗り継ぎがしやすく、マレーシア各地への足にも利用できる。マレーシアとブルネイを合わせて旅をする場合にはいちばん効率的な手段となる。

また、直行便のない曜日などには他のアジアの都市を経由して行くことができる。この場合も経由地から先はロイヤルブルネイ航空が利用できる。同社が就航しているブルネイ発着のアジアの都市にはソウル、香港、マニラ、ホーチミン・シティ、バンコク、クアラルンプール、コタ・キナバル、シンガポールなどがある。クアラルンプール経由ではエアアジア、シンガポール経由でシンガポール航空の利用も可能。

▲近代的なデザインのブルネイ国際空港

COLUMN

LCCの利用について

日本でも国内線参入が相次ぎ、浸透してきているLCC（格安航空会社）は、正規割引や格安航空券とはまったく異なり、IATA（国際航空運送協会）には加盟せず完全に独自の運賃設定を行っている。マレーシアはアジア最大のLCC、エアアジアの本拠地であり、グループ会社のエアアジアXがクアラルンプールと羽田、関空、札幌を結ぶ路線を運航していることから利用する人も多いだろう。

LCCの運賃は座席の提供とわずかな手荷物分のみを基本とし、あらゆるサービスを有料化することで安くなっている。プロモーションによっては日本～クアラルンプールの片道が１万円台などという驚愕の運賃が出ることもあることを考えれば、多少の我慢が必要でも十分に魅力的ではある。

注意すべきは、価格が常に大きく変動すること。基本的に座席の予約率によって変動し、空席が多い時点で予約するほど安くなる。満席に近い状態であればレギュラーなどと呼ばれる基本運賃となり、同時期に大手航空会社のプロモーション運賃があれば、あまり差がないこともある。さらに、荷物代、食事代、機内での毛布やエンターテインメントの設備の追加料金（希望者のみ）がかかると考えると、むしろ割安感がなかったりもするので、LCCにこだわらず大手と比較検討することも大切だ。

▲アジア路線のLCCといえばエアアジア

メモ　日本に運航しているエアアジアは、プレミアムフラットシートなどが付いた機材を使うエアアジアX（エックス）という同一グループ内の別会社。ここではわかりやすくするためにエアアジアで統一している。

日本での出入国の手続き

日本からの出国

①**チェックイン**／2時間前を目安として空港に到着し、各航空会社のカウンターで。①パスポート、②eチケットの控えを渡してチェックイン。乗り継ぐ場合は再度、現地空港でのチェックインの要不要も確認すること。
②**セキュリティチェック**／機内持ち込みの手荷物と身体の検査。
③**税関申告**／高額現金、輸出免税品などを外国へ持ち出す場合には税関カウンターで申告が必要。
④**出国審査**／パスポートと搭乗券を提出する。
⑤**搭乗ゲート**／搭乗券に記載された番号のゲートへ向かう。ゲートには出発の30分前までに待機しておこう。

日本への入国

①**検疫**／感染症の流行、発生状況に応じて当該地域から帰国する人は質問票に記入する。また旅行中に下痢や発熱などが見られた場合は係官へ申し出る。
②**入国審査**／邦人専用のカウンターに並び、パスポートを提示して入国スタンプを押してもらう。
③**荷物の受け取り**／搭乗した便名が示されたターンテーブルで荷物をピックアップする。荷物引換証と照合する。
④**動植物検疫**／植物（青果物など）や肉製品（ビーフジャーキーなど）を持ち帰った人は動植物検疫カウンターで検査を受ける。
⑤**税関**／免税の範囲（→欄外）ならば、緑色の税関カウンターへ。記入した「携帯品・別送品申告書」を提出する。免税の範囲を超えている場合は赤色のカウンターに行く。

COLUMN

機内への液体持ち込み制限について

2007年3月より、日本発国際線への液体物の機内持ち込みが制限されている。対象は飲料、化粧品などの液体物、ジェル、エアゾール類（ヘアスプレー）など。ただし、医薬品や、ベビーミルク、ベビーフード、特別な制限食、手荷物検査後に免税店で購入した液体物（海外で購入した場合はその国のルールにより没収される可能性もあり）は、検査員に申告のうえ、持ち込み可能となる。

機内に持ち込む液体物は、100mℓ以下の容器に入れ、1ℓ以下の透明プラスチック製袋に収まるようにしなければならない。なお、個々の容器は必ずしも透明でなくともOK。

【問い合わせ先】
国土交通省航空局安全部空港安全・保安対策課航空保安対策室
☎(03)5253-8111（代）
URL www.mlit.go.jp/koku/koku_fr2_000007.html

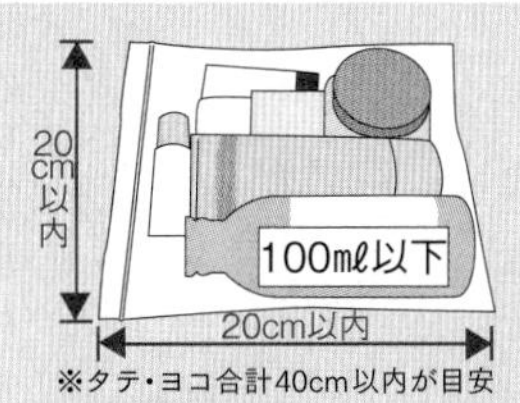

※タテ・ヨコ合計40cm以内が目安

検疫所のホームページ
●農林水産省動物検疫所
URL www.maff.go.jp/aqs
●農林水産省植物検疫所
URL www.maff.go.jp/pps

機内持ち込み制限について
機内に持ち込める手荷物には制限が設けられている。マレーシア航空の場合、7kg以下で縦、横、高さの合計がおおむね115cm以下の手荷物をエコノミークラスはひとつ、ビジネス、ファーストクラスは2つ（合計14kg）まで。また、荷物の大きさにかかわらず、ナイフやカッターなどは機内に持ち込むことができないので、預託荷物に入れること。

日本へ帰国の際の免税範囲
● **酒**
3本（1本760mℓ程度）
● **たばこ**
紙巻きたばこ:400本、葉巻:100本、加熱式たばこ:個装など20個のいずれか
※2021年10月1日からは、紙巻たばこ:200本、葉巻たばこ:50本、加熱式たばこ:個装など10個に変更される。
● **香水**
2オンス（1オンス約28mℓ）
● **その他**
海外市価の合計が20万円の範囲に収まる物品
※20歳未満の場合は酒、たばこは免税にならない。
税関（海外旅行者の免税範囲）
URL www.customs.go.jp/kaigairyoko/menzei.htm

日本への持ち込み規制
● **ワシントン条約により輸入が禁止されている動植物**
ワニ、蛇、リクガメ、象牙、サボテンなど
● **刀剣類**
猟銃、空気銃、日本刀など
● **検疫が必要な動植物、肉製品**
肉製品はソーセージ、ジャーキー類を含む。
※常温保存が可能な缶詰、レトルトパウチはOK。

日本への持ち込み禁止
● 麻薬、大麻、あへん吸煙具、覚せい剤、向精神薬など
● 拳銃などの鉄砲およびこれらの鉄砲弾やけん銃の部品
● 爆発物、火薬、爆薬
● 生物兵器の原材料となる物質
● 通貨または証券などの偽造品や変造品、模造品など
● 公安または風俗を害する書籍、図画や彫刻物などの物品
● 児童ポルノ
● 偽ブランド商品などの知的財産権を侵害する物品および不正競争防止法に違反する物品
● 家畜伝染予防法などの法律で定める特定の動物とその動物を原料とする製品
● 植物防疫法で定める植物とその包装物など

国境の越え方

国	マレーシア側の町	国境を接する相手側の町	マレーシア側イミグレーションオフィス業務時間	備考
タイ	パダン・ブサール P.196	ハート・ヤイ（ハジャイ）	6:00〜22:00	パダン・ブサールからハート・ヤイへの鉄道が1日に2便。所要約55分。カンガー発のローカルバスは国境の手前まで。国境間はバイク・タクシーが往復している。
タイ	ブキッ・カユ・ヒタム P.196	ハート・ヤイ（ハジャイ）	6:00〜24:00	半島部マレーシア西海岸とタイを結ぶ主要な国境通過地点。ジョホール・バルやペナンからの長距離バスがここを通過する。
タイ	ランタウ・パンジャン P.238	スンガイ・コロク	6:00〜22:00	半島部マレーシア東海岸とタイを結ぶ主要な国境通過地点。国境に架かる橋を歩いて渡る。
タイ	ランカウイ島 P.161	サトゥン	6:00〜21:00	ランカウイ島からサトゥンへフェリーが1日1便往復している。所要約1時間15分、RM35。
タイ	ランカウイ島	リペ島	フェリーの運航に合わせて	11月初旬から5月下旬までランカイ島からリペ島へのフェリーが運航。1日2〜3往復。RM138。
シンガポール	ジョホール・バル P.228	シンガポール	24時間	マレーシアとシンガポールをつなぐコーズウエイが入出国地点。長距離バスやタクシーがここを通る。マレー鉄道もここを通過するが、シンガポールのイミグレーションはウッドランズにある。
インドネシア	マラッカ	ドゥマイ	フェリーの運航に合わせて	マラッカからドゥマイ行きのフェリーが毎日運航。所要約2時間、RM110。
インドネシア	テベドゥ	エンティコン	6:00〜18:00頃（現地で要確認）	クチンからポンティアナック行きのバスが1日数便出ている。所要約8〜9時間。RM60。

※マレーシア〜ブルネイ間の国境情報については→P.351

在マレーシアの各国大使館

●ブルネイ大使館
住 No.2, Jl. Diplomatik 2/5, Precint 15, 62050, Putrajaya ☎現地(03)8888-7777

●タイ大使館
住 206, Jl. Ampang, 50450 KL
☎現地(03)2148-6527

●シンガポール大使館
住 209, Jl. Tun Razak, 50400 KL
☎現地(03)2161-6277

●インドネシア大使館
住 233 Jl. Tun Razak, 50400 KL
☎現地(03)2116-4016

▲国境を越える旅行者たち

COLUMN

重要！　マレーシア内移動での入境審査

マレーシアでは国内移動でも、空港や港で入出国審査と同様の"入出境審査"があるエリアがある。これが行われるのは、ボルネオ島のサバ州とサラワク州、それにラブアン島で、同じ州内を移動した場合を除き到着時と出発時にイミグレーションでパスポートを提示して審査を受ける(ボルネオとラブアン到着時にはマレーシアの入国スタンプに追加して、入境のスタンプも押される)。

少々ややこしいのは、マレー半島部の空港では、イミグレ審査が省略されること。たとえばクアラルンプールやペナンの空港では、ボルネオ島の各空港に出発する際、また到着したときも特に審査はない(もちろんフライト・チェックイン時のパスポート提示は必要)。

しかし、ボルネオ島の各州とラブアン島では、マレー半島からのみならず異なる州からの到着時、出発時に入境審査が必要になる。例えば同じボルネオ島内でも、サバ州のコタ・キナバルとサラワク州のクチンを移動した場合は必要というわけだ。

▲サラワク州の首都クチンにあるクチン空港

また、サラワク州のムルから同じサラワク州のミリを経由してサバ州のコタ・キナバルへ向かう便などの場合は、乗客全員がいったんミリで飛行機を降り、出境審査を受けて再び飛行機に乗るという流れになる(逆も同様にミリで入境審査を受ける。時間はかかるが、比較的システマチックに流れていく)。

▲サラワク州ミリの空港

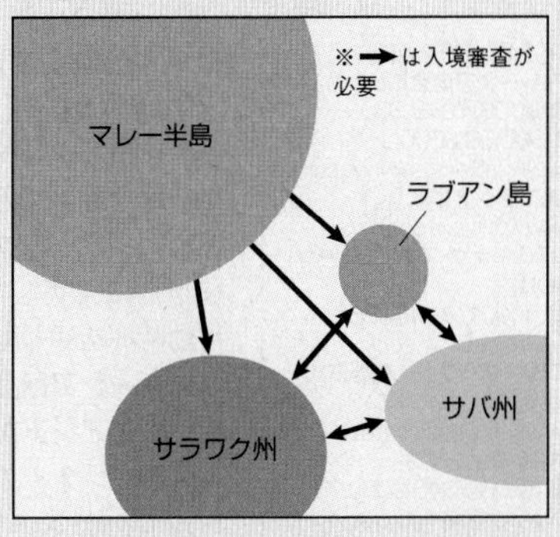

コタ・キナバルやクチンなどの大きな空港は、「国際線」「マレー半島・サラワク州・ラブアン島」「サバ州」と案内板が3つに分けて日本語でも表示されているので、それに沿っていけば到着時も出発時も特に迷うことなく審査場を通れる。しかし、小さな空港で異なる州への便があるミリやサンダカンなどでは、案内が不十分だったり、到着して間もないと係員が不在だったりと、気をつけないとうっかり審査場をスルーしてしまう可能性がある。このシステムがあることを理解しておき、トラブルを防ぐためにも審査は必ず受けるようにしよう。

▲コタ・キナバル国際空港

ちなみにこの審査がある理由は、マレーシアが連邦国家であり、サバ州やサラワク州に独立国のような強い自治権が残されているため。マレーシア人であってもこれらの州への移動の際は入境審査が必要で移住も制限されている。

▲ブルネイとの陸路国境

国内航空入門

おもな国内線航空会社
● **マレーシア航空(MH)**
☎現地(03)7843-3000
☎1-300-88-3000
URL www.malaysiaairlines.com
● **エアアジア(AK)**
URL www.airasia.com
● **バティック・エア・マレーシア(OD)**
☎現地(03)7841-5388
URL www.batikair.com
● **ファイアーフライ航空(FY)**
☎現地(03)7845-4543
URL www.fireflyz.com.my
● **マス・ウィングス**
☎現地(03)7843-3000
URL www.maswings.com.my
● **ロイヤルブルネイ航空(日本)**
URL flyRB.com
☎(03)6455-0734

飛行機を有効に利用するために

半島部とボルネオ島に分かれており、リゾートアイランドが各地に散らばるマレーシアでは、飛行機での移動が便利だ。また一部を除いて陸路の移動が困難なボルネオでは、飛行機が一番ポピュラーな交通機関ということになる。半島部内の航空路も非常に充実しており、西海岸から東海岸へ行きたいときや、移動時間を短縮したいときには飛行機に乗るのもひとつの手だ。

マレーシア航空Malaysia Airlines(MH)は国内各地を結んでいる。**エアアジアAir Asia（AK）**はクアラルンプールからアロー・スター、コタ・バル、コタ・キナバル、クチン、ラブアン島、ペナン島、ランカウイ島などへの便を運航。**バティック・エア・マレーシアBatik Air Malaysia(OD)**

▲バティック・エア・マレーシア（旧マリンド・エア）の航空機

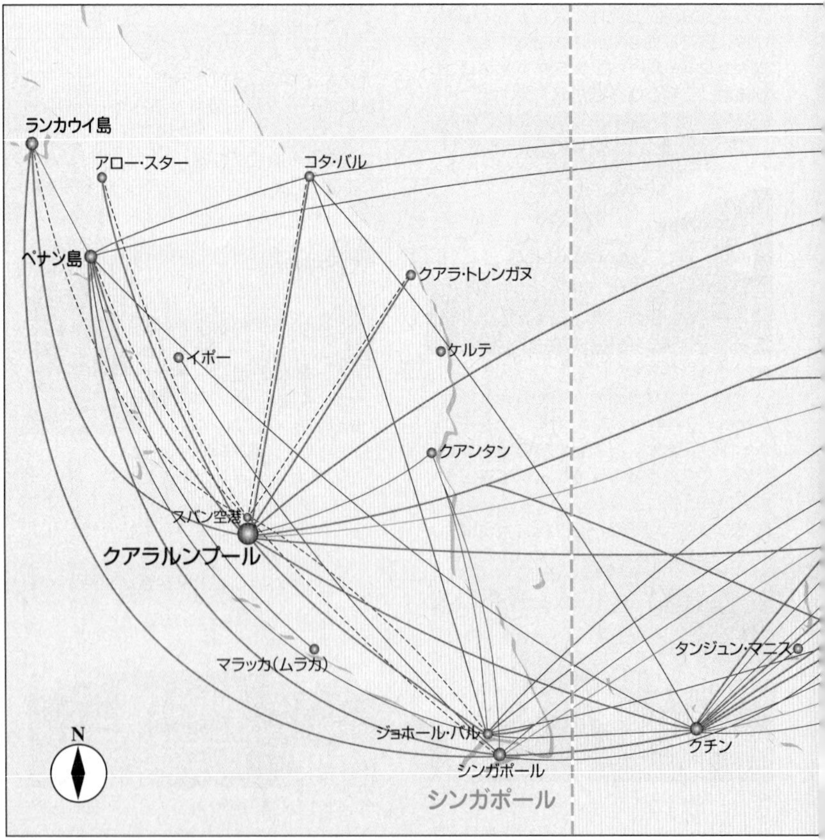

メモ 上記の路線図は、新型コロナの影響で路線が減少している2023年1月現在の情報。マイナー路線や地方間路線も次第に復活しつつあるので事前に調べてみよう。

は、KLのスバン空港からマレー半島の各地へ、またKLIA2からジョホール・バル、クチン、コタ・キナバルへの便がある。**ファイアーフライ航空Firefly**は、ペナン、スバン空港を拠点にボルネオ島を除くマレーシア各地を結んでおり、タイ、インドネシアへの国際線も運航している。またマレーシア航空の子会社**マス・ウィングスMASwings**は、ボルネオ島のサバ州、サラワク州、ラブアン島、ブルネイの各都市を結んでいる。

マレーシア航空の路線であれば、国内線の予約も日本にあるマレーシア航空オフィスや旅行会社、ホームページ上で行える。エアアジアは国際線同様、インターネットのホームページ上で予約が可能。日程が決まっているのであれば、国際線のチケットを購入する際一緒に予約するといい。

マレーシアのスクールホリデイや大型の祝日（ハリラヤ・プアサ、中国正月など→P.402）前後は飛行機も混み合うので早めの予約を必ずしておこう。

2022年12月に新しいLCCのMYエアラインMY Airlineが就航。KLIAをベースにコタバル、コタキナバル、クチン、ランカウイ、ペナンへ飛んでいる。今後、ミリ、シブ、タワウへも就航する予定だ。

使いこなすと便利なスバン空港

KLIAよりもクアラルンプールの中心部に近いスバン空港は、国内線利用者には便利でメリットも多い。ターミナルはコンパクトで、発着する機材は小型のプロペラ機に限られるため、出発便が重なると多少混雑はするものの、現地到着時と帰着時にはあっという間に降りられストレスが少ない。各地への便数も多く、飛行機をバス感覚で使うことができる。アクセスはバスあるいはタクシーでのほか、本数が少ないのが残念だがKLセントラル駅から発着するスカイパークという列車は比較的正確で速く(→P.57)、いずれの方法でもKLIAに行くより安く済む。

● **MYエアライン**
URL www.myairline.my

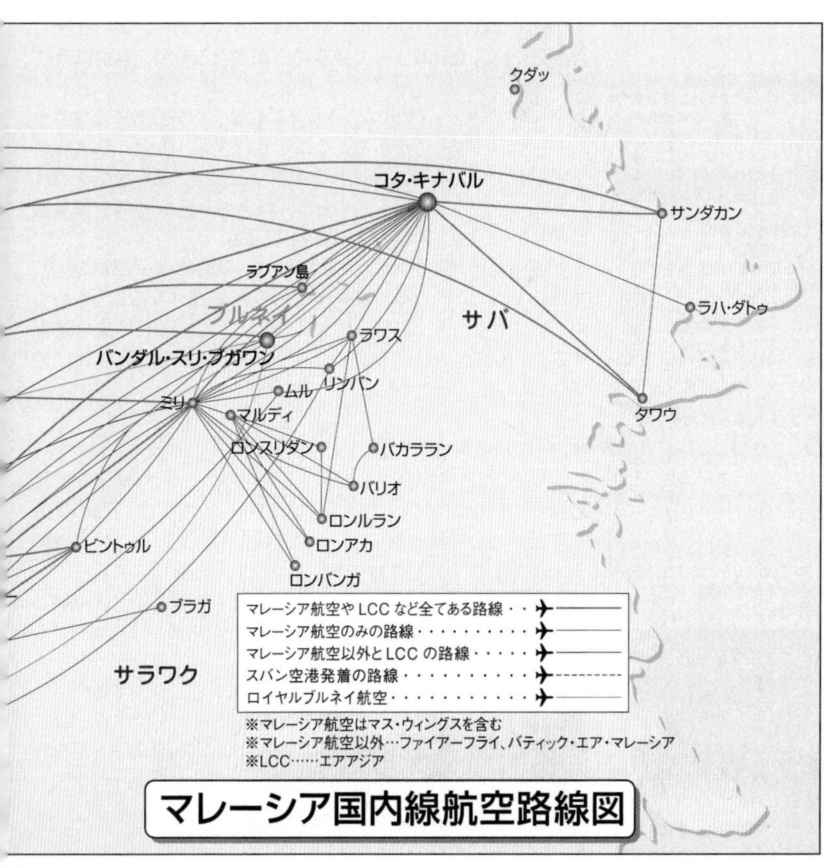

マレーシア国内線航空路線図

メモ　マレーシアの州間の入境審査時(→P.375)はもちろん、国内線を利用する際にも必ずパスポートが必要なので注意しよう。

国内バス入門

マレーシアのバスの種類

マレーシア国内を旅するうえで、おそらくは一番利用するのがバスだ。道路も整備されているし、バスもデラックスタイプのものが多く乗り心地もいい。全国の都市と都市を結ぶ**長距離バス**、比較的近くの町や村を行き来する**近郊バス（ローカルバス）**、そして都市の中を循環する**市内バス**と、さまざまなバスルートが張り巡らされている。長距離バスや近郊バスは、複数のバス会社が同じ路線のバスを運行していることが多く、バスによって設備や料金が異なるが、総じて乗り心地はよい。地域によって一般の大型バスのほかに、ワゴン車などのミニバスもある。ミニバスは普通のバスと同様に特定のルートを走っていたり、あるいは乗合タクシーのように利用されたりしている。

長距離バス、近郊バスの乗り方

バスステーションは小さな町ではおもに中心部に、クアラルンプールなどの大きな都市では複数のバスステーションがあり、行き先やバス会社によって発着場所が異なるので、事前に調べてから行こう。

バスステーションのチケット売り場には、バス会社ごとにカウンターまたはブースがある。それぞれ行き先、料金、発車時刻を掲示しているので、各売り場をざっと見て、最も適当なバス会社のチケットを買う。このとき、行き先と発車時刻を係員にはっきり言うこと。たいてい英語が通じる。

始発バスはほぼ正確に発車するので、早めに行って席に座り、発車を待とう。チケットは途中で何度か確認されることもあるので、降りるときまで持っていること。また、路上で途中乗車することもできる。バスが来たら手を前に出して合図すれば停まってくれる。チケットは車内で買えばよい。

チケットは当日買うか、事前に買うか

マレーシアの祝日（→P.402）、週末、スクールホリデイなど特別に混む時期以外は当日購入すれば十分だが、念のため目的の町にバスで到着したら、その場で次の行き先のバスについてチェックする習慣をつけておくとよい。大きなバスステーションには待合室や食堂、売店があり、場所によって荷物預かり所もある。もし移動日が決まっているのならば、あらかじめチケットを買っておくのも手だ。

▲チケットカウンターでは呼び込みをしていることも

バスの料金について
運行しているバス会社や、バスのグレード(36人乗りか24人乗りかなど)によって若干料金が違ってくる。といってもその差はRM5～10程度。

トランスナショナル Transnasional
マレーシア最大のバス会社。半島部全州に路線をもつ。切符の予約発券もすべてコンピューター管理されている。たいていの路線では、この会社の運行するバスが一番安心。

クアラルンプールのバスステーションについて
クアラルンプールにはいくつものバスステーションがある。それぞれ行き先が違うので、目的地に沿ったバスステーションへ行こう。それぞれのバスステーションと行き先、チケットの購入の仕方については→P.59～60。

乗車するに当たって
購入したバス会社と乗車するバス会社が異なる場合もあるので、乗り場で確認すること。バスの中はエアコンが効き過ぎていることもあるので、羽織るものを1枚持って乗車しよう。

バスチケットのインターネット予約
地域の長距離バスを網羅しているインターネット予約サイトで予約する方法もある。休暇シーズンは事前にネット予約がおすすめ。
URL www.easybook.com
URL www.busonlineticket.com

アプリもあるバス予約に便利なサイト
世界6カ国で展開しているredBusというバス予約システムがマレーシアでも利用可能。席も選べ、アプリ版もあって便利だ。予約したチケットは当日にターミナルの専用窓口で受け取るが、届いたSMSを見せるだけでOK。
URL www.redbus.my

▲クアラルンプールの TBS バスターミナル

鉄道旅行入門

マレーシアの鉄道

マレー国鉄（KTM）には、クアラルンプールを基点に比較的、近距離を走る近郊路線と、タイから最南州のジョホール・バルまでマレー半島を縦断する長距離路線（インターシティ）がある。長距離路線は、総称としてマレー鉄道と呼ばれ、多くの旅行者が利用している人気路線。

マレー鉄道西ルート（北南ルートSektor Utara – Selatan）

シンガポールのウッドランズ駅からコーズウエイを越え、ジョホール・バルJohor Bahruを経てタイのハート・ヤイHatyaiまでを結ぶ全長950km。首都クアラルンプール（KL）やバタワース、イポーなどのマレーシア有数の都市を結ぶ大動脈。

マレー鉄道東ルート（東南ルートSektor Timur – Selatan）

クアラルンプールとジョホール・バルのちょうど中間あたり、内陸部のグマスGemasという町で西ルートと分かれ、コタ・バル近郊のトゥンパッTumpatまで延びている。全長528km。

マレーシア国鉄 KTM
☎現地(03)2267-1200
URL www.ktmb.com.my
KTMとはKeretapi Tanah Melayu Berhadの略で、マレーシア国鉄と呼ばれている。

マレー鉄道の路線名
KTMのサイト上では、西ルートをNorth - South Routeと呼び、東ルートはEast - South Routeの一部。時刻表や乗車駅をチェックするときに間違えやすいので注意。

半島部マレーシア鉄道路線図

ソンクラー
ハート・ヤイ Hatyai
パダン・ブサール Padang Besar
タイ
アラウ Arau
アロー・スター ALOR SETAR
スンガイ・ペタニ Sungai Petani
ジョージタウン
バタワース BUTTERWORTH
ブキッ・メルタジャム Bukit Mertajam
タイピン TAIPING
ポート・ウェルド
イポー IPOH
タパー・ロード Tapah Road
テロッ・インタン（テロッ・アンソン）
西ルート
タンジュン・マリム Tanjung Malim
ラワン Rawang
セントゥル Sentul
KLセントラル KL SENTRAL
クラン
カジャン Kajang
セレンバン SEREMBAN
ポート・ディクソン
タンピン TAMPIN
マラッカ
トゥンパッ TUMPAT
コタ・バル
スンガイ・コログ
パシル・マス Pasir Mas
タナ・メラ Tanah Merah
クライ KRAI
クアラ・トレンガヌ
ダボン Dabong
東ルート
グア・ムサン Gua Musang
クアラ・カンサー KUALA KANGSAR
メラポー Merapoh
クアラ・リピス KUALA LIPIS
クランビット Krambit
クアンタン
ジェラントゥット Jerantut
メンタカブ Mentakab
バハウ Bahau
グマス GEMAS
スガマッ SEGAMAT
パロ Paloh
クルアン KLUANG
クライ Kulai
ジョホール・バル JOHOR BAHRU
ウッドランズ WOODLANDS
シンガポール
N
ゴム生産地域

▲ムーア様式が美しい昔のクアラルンプール駅

▲宮殿を思わせるようなイポー鉄道駅

▲KLセントラル駅はマレーシアの交通の要

メモ　長距離路線（マレー鉄道）は2022年10月現在の情報。電線化に伴い随時工事中なので、利用する人は事前にスケジュールの確認を。できれば事前にチケットも予約しておこう。

ボルネオ島のサバ州鉄道

ボルネオ島にも鉄道がある。サバ州のコタ・キナバルからボーフォートBeaufortを経てテノムTenomへいたる154kmだ。サバでは1910年からゴムの輸出が始まり、天然ゴムを移送するためにこの鉄道の運行を始めた。また、タンジュン・アルからパパールまでを往復する当時を思い出す蒸気機関車(北ボルネオ鉄道)もある。ボルネオ唯一の鉄道に乗り、変化に富んだ旅を楽しみ、名前も知らない小さな町を訪れるロマンティックな旅は、鉄道マニアでなくても見逃せない。

▲北ボルネオ鉄道は要予約

▲英国製のSLが走る北ボルネオ鉄道
※2022年10月現在、新型コロナの影響で運休中。

そのほかの列車

バタワース～パダン・ブサール間のように利用者が多い区間は、コミューター電車となり、本数も比較的多く1時間に1本程度で運行されている。

列車の種類

2010年のクアラルンプール～イポー間からスタートしたマレー国鉄（KTM）の電線化。2022年10月現在、西海岸線のパダン・ブサール～グマス間は電線化が完了している。電線が完了した区間を走るETS（Electric Train Service）は最高速度140km/hの電車で運行している。電線化していない東ルートの区間は、従来通りの特急列車(インターシティ)で運行している。

ETS

グマス～パダン・ブサール間にて運行。プラチナ、ゴールド、シルバーの3つの種類があり、プラチナが一番早く(特急のようなもの）停車駅も少ない。一番時間を要するのはシルバーで、各駅停車になっている。全席指定。

特急列車(インターシティ)

未電線化のルートはインターシティと呼ばれ、グマス～JBセントラル(ジョホール・バル中央駅)間と東側ルート(ジョホール・バル～グマス～トゥンパッ）で運行されている。座席の種類はスーペリアのみ。

シンガポールを結ぶシャトル列車

JBセントラル～ウッドランズ（シンガポール）間には、シャトル列車(Shuttle Tebrau)が運行している。所要時間は約5分。国境越えには最も便利な方法といえる。30分から1時間半間隔で運行。全席指定(詳細は→P.228)。

チケットの購入方法

ETS、特急列車、ウッドランズへのシャトル列車を1枚のチケットで購入することはできない。また、ETS区間と特急列車区間が混在する場合は、ETS区間と特急列車区間を別々に購入する必要がある。マレー国鉄(KTM)のホームページから事前購入が可能(出発の60日前から)。

シンガポール～マレーシア～バンコクへ、半島縦断のチケット購入例

① ウッドランズ駅～JBセントラル駅間のシャトル列車のチケット購入。
② JBセントラル駅～グマス駅間の特急列車のチケット購入。
③ グマス駅からパダン・ブサール駅間のETSのチケットを購入。
④ パダン・ブサール駅～ハート・ヤイ駅間の特急列車のチケットを購入。

※JBセントラル駅では、パダン・ブサール駅までのチケットが購入可能。パダン・ブサールからハート・ヤイのチケットは、タイ・レイルウェイ(タイ国有鉄道)のチケットオフィスにて購入可能。

そのほかの交通手段

船

船は路線によって異なってくるが、フェリーか中型の高速船がメイン。離島によっては個人で小型のボートをチャーター、もしくは相乗りの場合もある。

チケットは桟橋近くにある船会社のオフィスまたはチケットカウンターで購入する。たいていは、当日、乗船する直前に買えば問題ない。ただし、高速船などの定員の少ない路線、マレーシアの祝日（→P.402）など混み合うことが予想されるときなどは、事前に購入しておくことをおすすめする。

また、一部の高級リゾートでは、専用の送迎ボートを出すところもあるので、予約の際に聞いてみるといい。

▲タイ行きのフェリーチケット売り場

レンタカー

レンタカーを借りるためには、国外運転免許証（→P.390）の提示が必要となる。自動車を運転できるのは17歳以上だが、これとは別にレンタカー会社によってそれぞれ年齢制限があり、21歳以上または23歳以上のところが多い。また、年齢の上限を設けているところもあるので注意が必要。免許取得後1年未満だと貸してくれないこともある。レンタル料は24時間RM150〜200くらいから。空港、レンタカー店、旅行会社などで借りられる。世界的に有名な大手の会社であれば、日本の窓口でも予約ができる。支払いはクレジットカードのところが多く、デポジットを取られる。返却時に何も問題がなければデポジットは戻ってくる。

車は右ハンドルの左側通行で日本と同じ。シートベルトの着用が義務づけられている。一般道路の制限時速は道路によって異なり、最高で90キロ。高速道路は110キロ、場所によって90キロの所もある。標識などは日本の高速道路の基準に類似していて日本人にはわかりやすく、比較的道路も整備されているので安心だ。

日本と違って信号が少なく車線の広い道路はとても走りやすいが、スピードの出し過ぎにはくれぐれも気をつけたい。道路地図については、書店や、コンビニなどで最新のものを入手することができるほか、グーグルMAPなどを利用する人が多い。

なお、給油に関しては、クアラルンプールおよび周辺市では、ドライバーが自分で車に給油するセルフ方式。カウンターで料金を前払いし、その後自分で給油するのがスムーズ。不明な点は遠慮なく店員に確認するようにしよう。

▲堂々たる姿の豪華客船

マラッカ海峡を渡る豪華客船の旅

香港に本社をもつドリームクルーズDream Cruisesでは、最新鋭の大型豪華客船ゲンティンドリームで、ランカウイ島やペナン島を巡るツアーを催行しており、人気を博している。
● **ドリームクルーズ**
URL www.dreamcruises.com

行動派におすすめのレンタカーの旅

道路網の整備されたマレーシアでは、レンタカーを借りれば行動範囲はぐっと広がる。日本と同じ、右ハンドルの左側通行なので、比較的運転しやすい。ただし、運転マナーは必ずしもよくないので運転する際はくれぐれも注意しよう。

おもなレンタカー会社
● **ハーツ Hertz**
URL www.hertz.com
● **エイビス AVIS**
URL www.one.avisworld.com/ja-JP/AvisJapan/#

▲給油はセルフ方式

マレーシアの食事

▲疲れが取れる甘いテタレ

▲ちょっぴり辛いのがやみつきになるナシ・ゴレン

西洋料理やアラブ料理が充実

マレーシアは20世紀初頭、英国の保護領であったこともあり、都市部やリゾート地では英国風のパブを見かけることも多く、また高級ホテルのカフェなどではアフタヌーンティーが楽しめる。さらにアメリカ、フランス、イタリア、スペインなどの西洋料理から日本食と、世界各地の味を堪能できるのもコスモポリス、クアラルンプールの魅力。加えて、近年、中近東からの旅行者が急増しており、アラブ料理レストランが増えている。

▲ Ⓗ マジェスティックKLのアフタヌーンティー

マレーシアの食文化

多民族国家マレーシアでは、大きく分けて、マレー、中国、インド、ニョニャ料理の4つの伝統食が楽しめる。これらの料理はそれぞれの民族が互いに刺激し合い、本国とは違った独自の道を模索し発展させてきた。多民族国家ならではともいえる、長所を入れ合い作り上げてきたメニューの数々は、どれも日本人の口に合い、たいへん完成度が高い。マレーシア旅行の大きな楽しみのひとつでもあるグルメをぜひ堪能しよう。

まずは屋台へ！

マレーシア名物といえば、屋台。町のいたるところで見られ、地元の人々が家族や友達と会話しながら食事を楽しんでいる。屋台はどこの町にもあるが、そのなかでもペナン島のガーニードライブ、クアラルンプールのアロー通りなどは有名で規模も大きい。おすすめの時間帯は、屋台街が活気づく夕方から夜にかけてで、混み合う店ほどおいしいというのはどの国でも同じ。小さな屋台が集まった屋根つきのエリア、ホーカーセンターも人気だ。

注文の流れ

① 席に着いてドリンクを注文

食べたい料理の屋台が決まったらまず席に着こう。席はどこでもかまわない。席に着くと屋台街のスタッフがドリンクの注文を取りに来る。来なければ自分で注文しに行ってもよい。ドリンクが運ばれてきたら料金を払う。

② 料理を注文

料理は店に行ってオーダーする。席に番号が付いていることもある。席を離れる際は、貴重品を必ず持ち歩くことも忘れずに。ドリンクがあれば問題ないが、ティッシュやハンカチを置いておくとなおよい。注文には多少店員とのやり取りが必要になるが、たいていは指で数を示すだけでオーダー可能。

③ 支払い

料理が運ばれてきたら店員に料金を払う。おつりがあると二度手間になってしまうので、小銭を用意しておくとスムーズだ。

レストランで役に立つ マレー語

●調理法		
ポンテ	Pongteh	煮込み
ゴレン	Goreng	揚げた、炒めた
マサ	Masak	煮た
バカール	Bakar	焼いた
ルブス	Rebus	ゆでる
ククス	Kukus	蒸す
●味覚		
マサム	Masam	酸っぱい
アシン	Asin	塩辛い
プダス	Pedas	辛い
マニス	Manis	甘い
パヒッ	Pahit	苦い
●調味料&スパイス		
ガラム	Garam	塩
ラダ	Lada	コショウ
グラ	Gula	砂糖
アッサム	Assam	タマリンド
チリ	Chili	トウガラシ
●食材		
イカン	Ikan	魚
ダギン	Daging	肉
サユール	Sayur	野菜
アヤム	Ayam	鶏
バビ	Babi	豚
カンビン	Kambing	羊
ルンブ	Lembu	ビーフ
ウダン	Udang	エビ
ナシ	Nasi	ご飯
テロー	Telur	卵
ピサン	Pisang	バナナ
スス	Susu	ミルク
カチャン	Kacang	豆
ロティ	Roti	パン
ミー	Mee	麺
クエ	Kuah	おやつの総称
コピ	Kopi	コーヒー
テ	Teh	紅茶
ナナス	Nanas	パイナップル
クラパ	Kelapa	ココナッツ
マンガ	Mangga	マンゴー

マレー系

Malay

マレー系は各地域での違いはあるものの、共通する点がある。それは、スパイス、ハーブ、ココナッツミルク、発酵調味料をふんだんに使用するということ。たとえばアッサム・ジャワAssam Jawa（タマリンド）、サンタンSantan（ココナッツミルク）、ブラチャンBelacan（発酵蝦醤）、トウガラシChiliで、これらはマレー料理に必須の食材。マレー料理独特のコク、甘味、スパイシーさはこれらの香味食材が織りなす絶妙なバランスで成り立っている。

特徴
- 地域によって味の違いがある
- 多様なスパイスやハーブを使用する
- スパイシーで風味豊か
- イスラム教徒なので豚肉は食べない

代表料理 サテー、ナシ・ゴレン、ラクサ、ナシ・ルマッなど

中国系

Chinese

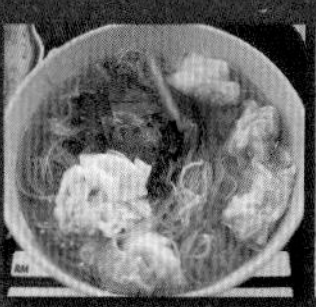

マレーシアに住んでいる中国系は、華南地方から移住してきた人々が多数派を占める。多くの種類に分けられる中国料理のなかで、華南地方は、広東、福建、客家、海南、潮州がそれぞれ独自の料理様式を確立し、世界的にも知られている。例えば、広東は飲茶やお粥、海南はチキンライス、福建はポピア（福建風春巻き）と肉骨茶といった具合だ。

マレーシアに入ってきたこれらの料理は、マレーシアで発展を遂げ、トウガラシのタレが添えられているものが多い。

特徴
- 本場の中国料理よりもスパイスを多用
- 華南地方を起源とするものが多い

代表料理 飲茶、海南チキンライス、バクテー、ヨントーフなど

インド系

India

インド系住民は多くが南インドから来たタミル人だ。彼らはイスラム教徒が多く、同じくイスラム教徒が多いマレーシアにおいて、その食文化は容易に受け入れられてきた。マレーシアのどの町に行っても、必ずインド料理店があるのはそれらの理由によるところが大きい。試してみたいのは、バナナの葉にライスとカリーをのせたバナナリーフ・カリー、マレーシアで独自の進化を遂げたロティ・チャナイなどだ。

特徴
- おもな食材は鶏肉、羊肉、魚、野菜、クミンなど
- 主食はパン類やライス

代表料理 ナシ・カンダール、バナナリーフ・カリー、ムルタバ、フィッシュヘッド・カリーなど

ニョニャ料理

Nyonya

マラッカをはじめペナンやシンガポールにも根づいている、マレーと中国の折衷料理。マレー料理と中国料理のおいしいところだけをミックスした、香り豊かで奥深い味が特徴だ。現在では家庭で作られることは減ってしまったが、ここ20年ほどのニョニャ料理ブームで、専門レストランが数多く営業し、しのぎを削っている。独特な風味ながらなつかしさもあり、食べているうちにクセになってしまうから不思議だ。

特徴
- 中国とマレーの折衷料理
- 大皿から取り分けて食べる

代表料理 ニョニャ・ラクサ、チャプチャイ、チェンドル、カリーカピタン、パイティーなど

ホテル事情

予約について

安宿の場合、通常予約をしなければ泊まれないということはないが、都市部では混んでいることも多いので、当日でもよいから電話で予約をするとよい。中・高級ホテルでは、旅行会社をとおして予約すると、個人で行くよりも安く泊まれることもある。

マレーシアの休暇に注意

注意したいのはマレーシアの休暇。ハリラヤ・プアサ（ラマダン明け大祭）、中国正月、学校休暇などは現地の人が旅行をするのでホテルが取りにくくなる（→P.402）。

おもなホテル予約サイト

● **アゴダ**
URL www.agoda.com
● **エクスペディア**
URL www.expedia.co.jp
● **ブッキングドットコム**
URL www.booking.com
● **ホテルズドットコム**
URL jp.hotels.com
● **楽天トラベル**
URL travel.rakuten.co.jp
● **ホテリスタ**
URL hotelista.jp

▲バトゥ・フェリンギのゲストハウス（ペナン）

ホテル

シャワー、トイレ共同のゲストハウスから、各客室にエアコン、シャワー、トイレを備えた中級ホテル、プールやフィットネスセンター、バーラウンジやスパなどがある国際級の高級ホテルまで、さまざまな宿が"Hotel"の看板を出している。

▲伝統家屋をモチーフにしたホテル（Ⓗ テンプル・ツリー）

リゾートホテル

町から離れた自然の豊かな所にある滞在型宿泊施設。高級リゾートには、レストラン、娯楽施設のほか、ダイビングやジャングルツアーなどのアトラクションも用意されている。クアラルンプールやコタ・キナバルなどには、都市型リゾートホテルも増えつつある。

ゲストハウス

バックパッカー向けの簡易宿泊施設。多くの旅行者が訪れる都市や観光地に集中している。一軒家から雑居ビルのワンフロアに入っているものまでさまざまなスタイルがある。狭い部屋に簡素なベッドが入っており、料金は安く、若い客が多い。

最も安いのがドミトリー。これは1室に複数のベッドが並び、ほかの客とシェアするもので、シャワーとトイレは共同だ。男女同室の場合もある。個室はシャワー、トイレ付きの部屋とそれらを共同使用する部屋があり、後者のほうが安い。ファン付きの部屋が中心だが、エアコン付きのところもある。旅の情報が集められ、ほかの旅行者との交流が図りやすいのも利点だ。

旅社

中国系の宿で、「～旅社」「～旅店」と同時にたいてい英語で"～Hotel"の看板を出している。鉄筋ビル造りの中級ホテルから、薄汚い安宿風のところまで幅がある。実際は売春宿の場合もあるので注意が必要だ。

ユースホステル、YMCA

格安宿泊施設として若者に人気がある。1泊RM80前後で泊まれる。会員でなくとも、追加料金を払えば宿泊可能で、年齢制限も特にない。設備や清潔さは場所によってまちまち。

メモ 中級以上のホテル内は、ロビーやラウンジにかぎらず、レストランや客室もエアコンが効きすぎていることも。客室のエアコンを消しても通気口から冷気が入ってくるので重ね着して寝よう。

電話とインターネット

公衆電話のかけ方

マレーシア、ブルネイとも回線事情はおおむね良好で、公衆電話はコインまたはテレホンカードを利用してかける。テレホンカードは、カードをそのまま挿入するタイプのほかに、裏面をスクラッチして出てきた番号を使ってかけるタイプもある。マレーシアの電話会社は、TM(Telekom Malaysia)やTIMEなど数社があり、テレホンカードは対応している会社の公衆電話からしか使えないため注意が必要だ。国際空港などでは、クレジットカードに対応している公衆電話もある。なお、IDDマークのない公衆電話からは、国際電話はかけられない。近年、携帯電話の普及で公衆電話の数が減っていて壊れている物も多い。空港内にある公衆電話は国際電話が可能。

▲壊れたまま放置されている電話も多い

インターネット事情

●マレーシア

ホテル／クアラルンプールや地方都市のほとんどのホテルではWi-Fi環境が整っており、宿泊客は無料でパソコンやスマートフォンでインターネット接続が可能。チェックイン時にフロントでIDとパスワードを聞こう。ホテルロビーにパソコンを設置しているところもあるが、日本語フォントが入っていないPCも多い。しかしウェブサイトやメールなどを読むだけなら可能。

空港／KLIA、コタ・キナバル空港でも、無料でネット接続が可能。こちらはパスワード不要で、空港内に入るとすぐスマートフォンなど自動的にWi-Fiに接続される。

カフェやレストラン／都市部のレストランやカフェなどでも無料でネット接続が可能。有料のところもあるので、お店に確認を取り、IDとパスワードを聞こう。

●ブルネイ

4つ星以上のホテルでは、インターネット接続ができる。

▲マレーシアは主要なバスターミナルならWi-Fi接続可

国際クレジットカード通話

●KDDI
スーパージャパンダイレクト
☎1-800-80-0081(マレーシア)
※ 公衆電話からは不可。

携帯電話を紛失した際の、マレーシアからの連絡先(利用停止の手続き。全社24時間対応)

●au
☎(00)+81+3+6670-6944※1
●NTTドコモ
☎(00)+81+3+6832+6600※2
●ソフトバンク(携帯)
☎(00)+81+92+687+0025※3
※1 auの携帯からは無料。一般電話からは有料。
※2 ドコモの携帯からは無料。一般電話からは有料。
※3 ソフトバンクの携帯からは無料。一般電話からは有料。

日本の携帯電話をマレーシアに持っていく場合

上記の携帯大手3社とも海外での定額パケットサービスを提供している。詳細は、各携帯電話会社へ。また、モバイルWi-Fiルーターを日本の出発空港でレンタルする方法がある。定額料金で利用、現地でのネット利用に便利。また、現地のSIMに入れ換える方法もある。ただしこの場合、日本の電話番号は使用不可。

日本での国際電話の問い合わせ先

●KDDI
Free 0057(無料)
URL www.kddi.com
●NTTコミュニケーションズ
☎0120-506506(無料)
URL www.ntt.com
●ソフトバンク
Free 0120-03-0081(無料)
URL www.softbank.jp
●au
Free 0077-7-111(無料)
URL www.au.com
●NTTドコモ
☎0120-800-000(無料)
URL www.nttdocomo.co.jp
●ソフトバンク(携帯)
Free 157(ソフトバンクの携帯から無料)
URL www.softbank.jp

メモ ダイレクト電話はマレーシア(→P.10)、ブルネイ(→P.346)、オペレータ通話はKDDIへ。ジャパンダイレクト☎1-800-80-0081(マレーシア) ※公衆電話からは不可。

旅のトラブル

犯罪の手口

おもにクアラルンプールなど大都市で発生しているが、日本人が遭遇しやすい犯罪は以下の3件だ。

①置き引き
②ひったくり
③詐欺(いかさま賭博)

①置き引きは空港に到着したばかりの両替中や、レストランで椅子と背中の間に荷物を挟んで置いている場合なども狙われやすい。「ほんのちょっと」目を離した隙に持っていかれる。②ひったくりはクアラルンプールの繁華街で多発。オートバイで後ろからハンドバッグをひったくられる。車道側を歩かないように注意しよう。③いかさま賭博は本書でも再三警告記事を出しているにもかかわらず、被害報告はあとを絶たない。被害者は旅慣れたバックパッカータイプの若者に多い。見知らぬ人の誘いには、毅然と「NO」と言うこと(詳しい手口については→P.106)。

もし事故や事件が起きてしまったら

まずは身の安全を確保することが大切。金品で解決するなら、命を最優先に考えること。事後、現地の警察に被害届を出し、盗難証明書（Police Report）を発行してもらう。もし海外旅行保険に加入していれば、帰国後保険金を請求できる。言葉の問題があったり、対処法を知りたければ、日本大使館または総領事館にも連絡するといい。

マレーシアでの緊急連絡先

●警察・救急車・消防　☎999
●日本国大使館領事部(KL)　☎現地(03)2177-2600
●在ペナン総領事館　☎(04)226-3030
●在コタ・キナバル総領事館　☎(088)254-169

日本での海外安全情報

●外務省領事部海外安全相談センター
☎東京(03)3580-3311(内線2902)
●外務省海外安全ホームページ
URL www.anzen.mofa.go.jp

病気について

概して衛生状態はよいが、懸念されるおもな病気は以下のとおり。

①コレラ、赤痢、腸チフスなど消化器系感染症
②結核
③デング熱(ウイルス感染症)

①消化器系感染症に関しては、食べ物による感染がほとんど。野菜や魚などの生鮮食料品は加熱調理したものを食べるように気をつけたい。また作り置きの食べ物にも注意。③デング熱はネッタイシマカの媒介によるもの。蚊の多い所では、虫よけや蚊取り線香を使用し、長袖のシャツやズボンを着用するように心がけたい。

医療機関

クアラルンプールでは、日本と同等レベルの治療が受けられる。基本的には英語による診療となるが、一部の私立病院では日本語が通じるところもある。緊急番号 999に電話をした場合（つながらないこともある)、対応が遅いという指摘もある国公立病院に搬送される。民間の救急車会社では有料で希望の病院へ搬送してくれる。

日本語の通じる医師または看護師がいる病院
(クアラルンプール周辺)

●ALTYホスピタル ALTY Hospital
住 Level 5, Menara ALTY, 187 Jl. Ampang,
☎現地(03)2787-0515(日本人スタッフ対応)
開 月～金 8:30～17:30
土　8:30～13:00　休 日・祝
※日本人医師、日本人看護師が勤務。

●スバン・ジャヤ・メディカル・センター
Subang Jaya Medical Centre
住 No.1, Jl. SS 12/1A, Subang Jaya, 47500, Serangor　☎現地(03)5639-1568(日本語スタッフ対応)
開 月～金 9:00～17:00
土 9:00 ～13:00　休 日・祝　※救急は24時間
※日本人看護師、日本語通訳が勤務。

民間の救急車専門会社

●ライフ・ラインLife Line　☎現地(03)7956-9999
●ファルク・ファーストFalck First
☎現地(03)7785-1919

『地球の歩き方』読者からのお便り＆旅のアドバイス

●クアラルンプールのホテル

ホテルのホームページをみていると、立地もよく写真で見る限り客室も問題ないのに、すごく安い料金の客室がある。こういった場合のほとんどが、客室に窓がない。ホームページをよく読むと「No Window」と明記されていることがあるので予約をする前にきちんと確認しよう。または、1ワンランク上のカテゴリーにすると窓付きのことが多い。
（東京都　ごんちゃん　'17）['22]

●ショッピングモールのフードコート

都市部にあるショッピングモールにはレストラン街やフードコートが備わっている。特にフードコートは手軽に食べられ料金も安い。子供連れや一人でも気兼ねなく利用できるのでおすすめ。スイーツも充実しているので、ショッピングに疲れたら休憩スポットとしても○。
（愛知県　Mari　'17）['22]

●マレーシアのタクシー事情

マレーシアでは、スマホを使うタクシー配車アプリの利用率が高い。グラブタクシーGrab Taxiとよばれるもので、正規のタクシー料金よりも安く、事前に料金がわかるので、ある意味安心して利用できると地元の人に人気だ。アプリをダウンロードし、Wi-Fiが繋がる場所にいれば旅行者も利用できる。
（神奈川県　山崎啓太　'17）['22]

●マレーシアの祝日に注意

ラマダン明けのハリラヤ・プアサと犠牲祭のハリラヤ・ハジは、政府機関はもちろん、多くのショップやレストラン、アミューズメントパークが休みになります。どちらも年によって異なる移動祝祭日なので注意しましょう。シッピングモールなどは営業しているところが多いです。
（東京都　匿名希望　'17）['22]

●モスクの開館時間について

マレーシアのモスクはムスリム以外でも見学できるところがあります。しかし、お祈りの時間は見学不可となりますので注意が必要です。また、女性はローブやスカーフを着用（無料で貸し出し）して入るところもありますが、モスクに行くときは肌の露出の少ない服装で出かけたほうがいいです。男性も短パンなどでは入れないモスクもあります。
（千葉県　ヒロコ　'17）['22]

●ランカウイ島のゲストハウス

ランカウイ島には、多くのゲストハウスがありますが、同じような名前のゲストハウスが多く、タクシーのおじさんにゲストハウスの名前を告げてもわからないと言われてしまいました。タクシーに乗る時は、住所と電話番号をメモしたものを持っていると安心です。
（神奈川県　ミミオ　'17）['22]

●ポケットティッシュを忘れずに

マレーシアの一般的な公衆トイレには、トイレットペーパーが備わっていません。マレーシアの人は、トイレ内にある水道ホースで洗います。手動式のウォッシュレットみたいですね。だから床がびしょ濡れなのです。日本人は、ポケットティッシュなどを携帯していると安心です。
（東京都　匿名希望　'17）['22]

●無料バスを使いこなそう

クアラルンプールとペナン島には、無料のバスが運行しています。市内を巡回し、おもな見どころやショッピングモールなどにも停車するのでぜひ利用するといいでしょう。車内はきれいでフリーWi-Fi完備。クアラルンプールは4路線、ペナン島は、ジョージタウンの歴史地区を回ります。
（東京都　康夫　'17）['22]
※編注：ペナンの無料巡回バスは現在運休中。

編集部より

近年マレーシアの都市部においては犯罪の手口が多様でかつ巧妙化してきている。手荷物の管理は各自しっかり行うとともに、犯人にスキを見せないようにしよう。日本人が遭遇する犯罪被害例で多いのが、置き引きやスリ（集団スリ）、ひったくり、タクシーでのトラブル、古典的ないかさま賭博詐欺などが挙げられる。P.106の危険情報にも目をとおしておこう。

旅の手続き

▲ICチップ付きパスポート

各都道府県の旅券課の連絡先
URL www.mofa.go.jp/mofaj/toko/passport/pass_6.html

申請と受領にかかる時間
夏休みやゴールデンウイーク前などピーク時を除き、申請で1時間、受け取りで30分もあれば手続きは完了する。

旅先でパスポート(旅券)をなくしたら
万一パスポート(以下旅券)をなくしたら、まず現地の警察署へ行き、紛失・盗難届出証明書を発行してもらう。次に日本大使館・領事館で旅券の失効手続きをし、新規旅券の発給または、帰国のための渡航書の発給を申請する。
旅券の顔写真があるページと航空券や日程表のコピーがあると手続きが早い。コピーは原本とは別の場所に保管しておこう。必要書類および費用は以下のとおり。
①紛失・盗難届出証明書
②写真(縦4.5cm×横3.5cm)2枚
③戸籍謄本または抄本1通
④日程が確認できる書類(旅行会社からもらった日程表または帰国便の航空券)
⑤手数料(10年用旅券1万6000円、5年用旅券1万1000円、帰国のための渡航書2500円。支払いは現地通貨)

パスポート(旅券)について

海外を旅行する者が日本国民であることを証明し、渡航先国に対して、所持者の安全な通過や保護を要請した公文書。

パスポートの申請

現在一般に取得できる旅券は2種類。赤い表紙の10年間有効なもの(20歳以上のみ)と、紺色の表紙の5年間有効旅券とがある。たとえ0歳の子供でも、ひとり1冊パスポートが必要だ。

また、国によってビザの取得に必要なパスポートの残存有効期間があるので、こちらにも注意が必要だ。有効期間が残り1年を切ったら切り替え(新規発給申請)ができる。

パスポートの取得

パスポートの申請・受領の手続きは各都道府県の旅券課またはパスポートセンターで行う。申請・代行サービスもあるが、結局受け取りは本人しかできないので、自分で手続きしたほうがよい。

申請に必要な書類

①一般旅券発給申請書(1通)

各都道府県の旅券課あるいはパスポートセンター、または各市区町村の役所でもらえる。5年用と10年用がある。パスポートのサインは申請書のサインが転写されるので、そのつもりで。
※未成年は、親権者または後見人のサインが必要。同意書も可。

②戸籍謄(抄)本(1通)

6ヵ月以内に発行されたもの。本籍地や市区町村の役所で発行。代理人による受け取りもできる。有効期間内のパスポートがあり、申請時に氏名や本籍地に変更がない場合は必要ない。

③身元確認のための書類(コピーは不可)

有効期間中または失効後6ヵ月以内のパスポートや、運転免許証、個人番号カード(マイナンバーカード)など公的機関発行の写真付きのものは1点、健康保険証などの写真の付いていないものは、学生証や会社の身分証明書、失効後6ヵ月を過ぎたパスポートなどと合わせて2点。
※印鑑が必要になる場合もあるので、持参したほうがよい。

④写真(1枚)

縦4.5cm×横3.5cm。正面向き、無帽、背景無地で6ヵ月以内に撮影されたもの。カラー、白黒どちらでもよいが、写真内の顔の縦の長さは3.4cm±2mmとする。裏に名前を記入しておく。

⑤有効な旅券

有効期間内の旅券があれば必ず持っていく。

⑥住民票(1通、6ヵ月以内に発行)

住民基本台帳ネットワーク運用の自治体では原則不要。

申請に要する期間と受領

パスポートは申請から休日、祝日を除いて1週間〜10日で発給される(紛失再発給申請の場合は2〜3週間かかる)。受領日には、申請時にもらった受領票、発給手数料（5年は1万1000円、10年は1万6000円。証紙・印紙はその場で買える）を持って、本人が受領する。

どうしても申請に行けないという人は、あらかじめ申請用紙を用意しておけば（記入例の用紙ももらっておきたい）、旅行会社や親族などに代行申請してもらうこともできる。ただし、この場合も受け取りは本人が出向かなければならない。

ビザについて

マレーシア

日本国籍で、観光目的の90日以内の滞在であればビザは不要。ただし、出国用の航空券（陸路出国の場合は、近隣国から出国する航空券）が必要。またパスポートは、入国時に残存有効期間が6ヵ月以上残っていることが条件。**ビザなしで入国する場合は、パスポートの未使用査証欄が2ページ以上必要(原則的には連続している必要がある)なので注意。**

ブルネイ

日本国籍で観光目的の14日以内の滞在であればビザは不要。ただし、出国用または次の目的地への航空券と残存有効期間が6ヵ月以上残っているパスポートを所持していることが条件。**パスポートの未使用欄が2ページ以上必要(連続していなくてもよい)。**

お金の持ち方について

マレーシアの両替事情

持っていく通貨の種類は、日本円またはUSドルなどが一般的。ただし最近は、多少レートは悪いが、出発前に少額の両替をする人も多い。大都市やリゾートだけ回るのであれば、日本円を現地で両替できる。最近はほとんどないが、小さな町では日本円を扱う銀行や両替所がないこともあるので、空港で両替しておこう。

▲ショッピングセンターやレストラン、ホテルではクレジットカードが使えるし、キャッシュレス化もすすんでいる

ブルネイの両替事情

ブルネイの空港では日本円の両替も可能。バンダル・スリ・ブガワン市内では両替所、一部の旅行会社で日本円を扱っている。ただし陸路でブルネイに入国する場合はマレーシア・リンギットやUSドルを持っていたほうがいい。

ビザに関する問い合わせ
● マレーシア大使館
住 〒150-0036
東京都渋谷区南平台町20-16
☎東京(03)3476-3840
● ブルネイ大使館
住 〒141-0001
東京都品川区北品川6-5-2
☎東京(03)3447-7997

入国時の指紋認証について
マレーシアの入国時に、外国人は指紋の登録が義務づけられている。登録は入国審査のとき。係官の前にある機械に、係官から指示があったとき指を添えるだけでよい。とても簡易なのですぐに終わる(→P.52)。

マレーシアの銀行の営業日
ケダー州、クランタン州、トレンガヌ州の3州のみ毎週金曜が休みで木曜は半日営業。そのほかの州はクアラルンプールを含めてすべて日曜休みで土曜は半日営業(毎月第1土曜のみ休日)。営業時間は10:00〜15:00が一般的だが、9:30〜16:00の銀行もけっこうある。半日営業とは11:30または12:00まで。
ブルネイでは月〜金曜の9:00〜16:00、土曜の9:00〜11:00に営業。日曜休み。
国際空港にある銀行の窓口は、到着便がある時間は営業している。

▲パンタイ・チェナンの両替所（ランカウイ島）

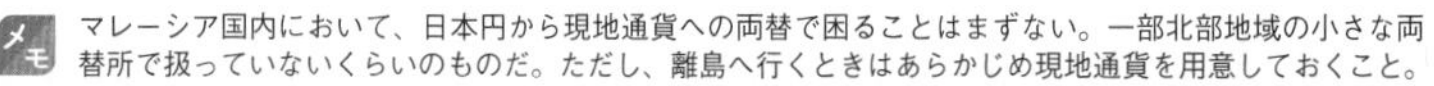
メモ　マレーシア国内において、日本円から現地通貨への両替で困ることはまずない。一部北部地域の小さな両替所で扱っていないくらいのものだ。ただし、離島へ行くときはあらかじめ現地通貨を用意しておくこと。

ブルネイ・ドルとシンガポール・ドル
ブルネイ・ドルはシンガポール・ドルと連動しているため、原則としてブルネイ国内ではどこでもシンガポール・ドルをそのままブルネイ・ドルとして使用することができる。ただし、コインは使用不可。また、一部の政府機関では受け付けないこともあるので注意。

おもなクレジットカード発行会社
● **アメリカン・エキスプレス(AMEX)**
0120-020-222
● **VISAカード**
0120-816-437
● **MASTERカード**
00531-11-3886
● **JCBカード**
0120-015-870

ICカード
海外旅行中に、ICカードのクレジットカードで買い物やATMキャッシングをする際、サインだけでなく登録した暗証番号(英語でPINあるいはPIN Code)が必要な場合がある。暗証番号がわからない場合は、日本出発前にクレジットカード会社へ必ず確認をしておこう。

おもな保険会社
● **損保ジャパン日本興亜**
0120-666-756
● **東京海上日動**
0120-868-100
● **AIG損保**
0120-016-693

国際学生証(ISICカード)の申し込み
● **ISIC Japan**
www.isicjapan.jp

両替の仕方

銀行や両替所、ホテルなどでできる。レートは各両替所によって違う。近くの両替所同士でも違う場合があるため、換金前には面倒でもレートを確認して回ったほうが後悔せずに済む。また、日本円への再両替を避けるためにも、旅行中の予算(→P.392)は計画をある程度立てておいてから、換金する額を決めるといいだろう。再両替のレートはかなり悪く、損をすることが多いからだ。

公認両替所 Authorised Money Changerは、マレーシアの主要な町のツーリストの多いエリアや、大きなショッピングセンター内に店を構えている。銀行より営業時間が長い(店によるが9:00～20:00くらい)し、両替に時間がかからなくてたいへん便利。

クレジットカード

クレジットカードは広く使われており、一部のホテルやショップ、レンタカーなどで利用できる。また、ATMキャッシングも可能。使えるカードは機械の周りに示されているが、VISAやMASTERならたいてい使える。ほとんどのATMで、英語での操作が可能。

海外旅行保険について

海外旅行保険は、海外で被るけがや病気、最近では新型コロナの罹患など、予期せぬトラブルを補償する保険だ。安心して旅行を楽しむためにも、保険にはぜひ加入しておきたい。海外旅行保険の保険料は、補償内容や限度額、旅行期間によって変わってくる。加入タイプは、あらかじめ補償が組み合わせてある「セット型」と、旅行者のニーズや予算に合わせて補償内容を選択できる「オーダーメイド型」がある。

国外運転免許証について

旅行中に車やバイクを運転する予定の人には国外運転免許証は必需品。日本の運転免許証があれば、誰でも取れるので用意しておこう。国外運転免許証を発行してくれるところは、自分の住民登録がしてある都道府県の公安委員会(免許証を取得した免許センター)または一部の警察署。申請に必要な書類はパスポート、写真(縦5cm×横4cm)1枚で、費用は2400円。申請後、20～30分で発給される。

国際学生証(ISICカード)について

国際学生証(ISICカード)があると、美術館、博物館、テーマパークの入場料やホテルの料金が割引になることがある。大学、短大、大学院、中学、高校、高専、専修学校本科にフルタイムの学生なら、誰でもすぐ発給される。申込みはWebで行い、学生証と顔写真が必要。費用は2200円になる。利用する際は、スマホのアプリで提示。また姉妹カードに、教師を対象とした国際教員証(ITIC)もある。

旅の道具と服装

旅行かばんについて

旅のスタイルによって異なる。パッケージツアー参加者や、移動は飛行機や車だけという人なら**スーツケース**で大丈夫。バスや鉄道を乗り継いで、次々と新たな目的地に向かうような行動派には、バックパックがよい。島々を小さな船で移動する人には**ダイビング用のバッグ**をおすすめしたい。防水加工がしっかりしているので、多少の波をかぶっても平気だ。

旅の服装

エアコンの効いた場所に長時間いたり、高原地帯に行く人以外は、日本の「夏服」で十分。暑さと湿気から少しでも快適に過ごすためには通気性の高いカジュアルウエアがおすすめだ。町を歩くならTシャツにズボンかスカート程度でいいだろう。しかし宗教上、リゾート地以外のムスリム人口が多い土地では、女性が肌を大胆に出すことは好ましくない。また、男女とも短パン、タンクトップなどだけでは高級ホテルやレストランでは門前払いもあり得るので、襟付きのシャツ程度は持っていったほうがいいだろう。また、日焼け予防や冷房対策に薄手の長袖の服を1枚用意しておこう。

貴重品の持ち歩きについて

財布を尻ポケットやバッグのサイドポケットに入れて歩くなど、貴重品を人目に触れるようにして持ち歩いたり、バッグやウエストバッグなど1ヵ所にまとめて入れたりするのはやめたほうがよい。外見上目立たないようにバッグや服などに分散して持ち歩くのがコツだ。信頼のできる高級ホテルに宿泊するのであれば、セーフティボックスに預けるのがいい。ただし、パスポートについては、まれに警察官に提示を求められる場合があるので、常に持ち歩くことをおすすめする。

バティックがおすすめ

現地でバティックなどの素材を使った服を買って着れば、涼しいうえにマレーシアの文化に少し溶け込んだ気分を味わえる。またおみやげにも最適だ。

旅の荷造りチェックリスト

	品名	必要度	ある・なし
貴重品	パスポート	◎	
	現金	◎	
	クレジットカード	◎	
	航空券（eチケット控え）	◎	
	海外旅行保険証	◎	
	国外運転免許証	○	
	国際学生証	○	
	携帯電話	◎	
	ダイビングⒸカード	○	
洗面用具	石鹸、シャンプー	○	
	タオル	○	
	歯ブラシ、歯ミガキ粉	○	
	化粧用具	○	
	ヒゲソリ	○	
	ティッシュペーパー、ウエットティッシュ	○	
	洗剤	○	
	日焼け止め	○	
※衣類	Tシャツ	◎	
	襟付きシャツ	○	
	ズボン　スカート	◎	
	短パン	○	

	品名	必要度	ある・なし
※衣類	水着	○	
	靴	◎	
	ビーチサンダル	○	
	帽子	○	
	下着	◎	
	靴下	◎	
薬品・雑貨	薬品類	◎	
	筆記用具	◎	
	日記帳	○	
	裁縫用具	○	
	虫よけ	○	
	ビニール袋、エコバッグ	○	
	ライター	○	
	懐中電灯	○	
	カメラ	○	
	記録メディア、充電器	○	
	雨具	◎	
	目覚まし時計	△	
	辞書	△	
	めがね、コンタクトレンズ	◎	

◎：必需品　○：あると便利な物、特定の人に必要な物　△：持っていってもいかなくてもいい物
※：衣類はマレーシアのショッピングセンターや市場で買ってもいい。安いし、おみやげにもなる。
●次の持ち物リストも参考に　ジャングルトレッキング→P.289

旅の予算

タイプ別予算(1日あたり)

タイプ1

宿泊代(ドミトリー)	RM50
朝食(コーヒーショップ)	RM5
昼食(屋台)	RM10
夕食(フードコート)	RM15
合計	RM80
	(約2060円)

タイプ2

宿泊代(5つ星ホテル)	RM600
朝食(ビュッフェ)	宿泊代に込み
昼食(レストラン)	RM50
夕食(レストラン)	RM200
ツアー	RM200
ハイティー	RM80
合計	RM1130
	(約2万9120円)

タイプ3

宿泊代(中級ホテル)	RM150
朝食(コーヒーショップ)	RM8
昼食(屋台)	RM10
夕食(レストラン)	RM50
交通費	RM30
観光地の入場料	RM10
おやつ、コーヒー	RM10
合計	RM268
	(約6900円)

タイプ1 お金はかけず、人々の暮らしを見ながら過ごす旅

ドミトリー形式の安宿に泊まり、食事は屋台で。観光のメインは人々の暮らしの様子を見ること。乗り物はなるべく利用せず、思いつくまま、寺院などの史跡や公園などの名所、ショッピングセンターなどをのぞく。夕食後は安宿で世界各国からやってきた旅仲間と情報交換やおしゃべり。

タイプ2 リゾート満喫の旅

高級リゾートや5つ星ホテルに滞在してゴージャスな時間を過ごすのも楽しみのひとつ。日本語ガイドにホテルまで迎えにきてもらい、観光地を回る。午後はハイティーを楽しみながらゆったり。夜はホテルのダイニングで、アルコールとマレー料理を味わう。

タイプ3 気取らず無理せずリラックス旅

リーズナブルなビーチシャレーやエアコンの効いた中級ホテルでのんびり。買い物をしたり、おいしいものを食べたりするのにはケチらない。バスや地下鉄、ときにはタクシーをも乗りこなし観光地を巡る。たまにはホテルのアクティビティにも参加。

INFORMATION

マレーシア・ブルネイでスマホ、ネットを使うには

スマホ利用やインターネットアクセスをするための方法はいろいろあるが、一番手軽なのはホテルなどのネットサービス(有料または無料)、Wi-Fiスポット(インターネットアクセスポイント。無料)を活用することだろう。主要ホテルや町なかにWi-Fiスポットがあるので、宿泊ホテルでの利用可否やどこにWi-Fiスポットがあるかなどの情報を事前にネットなどで調べておくとよい。ただしWi-Fiスポットでは、通信速度が不安定だったり、繋がらない場合があったり、利用できる場所が限定されたりするというデメリットもある。そのほか契約している携帯電話会社の「パケット定額」を利用したり、現地キャリアに対応したSIMカードを使用したりと選択肢は豊富だが、ストレスなく安心してスマホやネットを使うなら、以下の方法も検討したい。

☆海外用モバイルWi-Fi ルーターをレンタル

マレーシア・ブルネイで利用できる「Wi-Fiルーター」をレンタルする方法がある。定額料金で利用できるもので、「グローバルWiFi(【URL】https://townwifi.com/)」など各社が提供している。Wi-Fiルーターとは、現地でもスマホやタブレット、PCなどでネットを利用するための機器のことをいい、事前に予約しておいて、空港などで受け取る。利用料金が安く、ルーター1台で複数の機器と接続できる(同行者とシェアできる)ほか、いつでもどこでも、移動しながらでも快適にネットを利用できるとして、利用者が増えている。

▼グローバルWiFi

海外旅行先のスマホ接続、ネット利用の詳しい情報は「地球の歩き方」ホームページで確認してほしい。
【URL】http://www.arukikata.co.jp/net/

旅の情報収集

日本にある情報サービス機関

●マレーシア政府観光局(MTPB)

【東京】

住 〒100-0006
東京都千代田区有楽町1-6-4　千代田ビル5階

☎(03)3501-8691

URL www.tourismmalaysia.or.jp

開 10:00～12:30、13:30～16:00

休 土・日・祝

【大阪】

住 〒550-0004
大阪府大阪市西区靭本町1-8-2
コットンニッセイビル10階

☎(06)6444-1220

開 10:00～12:00、13:00～16:00

休 土・日・祝

●国際交流基金

住 〒160-0004　東京都新宿区四谷4-4-1

☎(03)5369-6075

URL www.jpf.go.jp

外国語で書かれた日本関係の図書資料や、現代アジアの文化・社会を紹介する資料を所蔵する。サイトに世界各地での日本関係のイベント情報もあり。

●(公社)日本マレーシア協会

住 〒102-0093
東京都千代田区平河町1-1-1

☎(03)3263-0048

URL www.jma-wawasan.com

日本とマレーシアの文化、経済交流を目的に活動。実用マレー語講座（→P.403）などのイベントも行っている。

●日本アセアンセンター

住 〒105-0004
東京都港区新橋6-17-19　新御成門ビル1階

☎(03)5402-8008

URL www.asean.or.jp

開 9:30～17:30

休 土・日・祝

日本とアセアン諸国間の貿易、投資、観光の分野における経済促進と、人物交流の促進をメインに活動。マレーシア、ブルネイを含む各国の観光資料も豊富に揃える。

マレーシア、ブルネイ関係のおもなインターネットホームページ

●在マレーシア日本国大使館

URL www.my.emb-japan.go.jp（日本語、英語）

●マレーシア政府観光局(MTPB)

URL www.tourismmalaysia.or.jp（日本語）

URL www.tourism.gov.my（英語）

●サバ州観光局(STB)

URL www.sabahtourism.com（英語、日本語他）

●マレーシア航空

URL www.malaysiaairlines.com/jp/ja.html（日本語）

ゴルフツアーや高級ホテル宿泊指定など、旅行会社のツアー情報の紹介もある。

●マレーシア・ツーリズム・センター(MaTIC)

URL www.matic.gov.my（英語）

クアラルンプールにあるMaTIC（→P.73）のサイト。

●マレーシア国鉄(KTM)

URL www.ktmb.com.my（英語）

●Jalan Jalan

URL www.junmas.com（日本語）

マレーシア、タイから発信されている情報サイト。各種情報交換や個人間売買コーナーなどもある。

●パノーラ

URL hellomalaysia.com.my

グルメからコスメ、お出かけスポットなど、旬なエンターテイメント情報を配信。また現地の物価や医療事情などの生活情報も充実。

●クアラルンプール日本人会

URL www.jckl.org.my（日本語）

●ブルネイ政府観光局

URL bruneitourism.com（英語）

●カルチャー・マガジン(WAU)

URL hatimalaysia.com/

マレーシアのカルチャー情報を発信。伝統芸能や工芸、食文化、話題の映画作品まで。

●コタキナバルの歩き方

URL www.nikibix.com/

コタキナバル在住の日本人ツアーガイドによる、マレーシア&ボルネオ観光情報発信サイト。

旅のプランニング

マレー半島とボルネオ島のふたつの離れた国土をもつマレーシア、それにブルネイの旅は、さまざまな楽しみ方やルートの組み方が考えられる。以下にいくつかプラン例を挙げるので、これらを参考にして独自の旅を作ってみよう。

1 リゾートでのんびり

マレーシア各地に島やビーチ、ジャングル、高原、ゴルフなどを楽しめるリゾート地がある。宿泊施設も高級ホテルから安バンガローまであり、予算別にタイプ分けが可能。

リゾートではあまり忙しく観光するより、心地よい自然のなかで、のんびり日頃の疲れを取るのがいい。スポーツやエステ、散歩や読書、レストラン巡りなどホテルの周辺でゆとりの時を過ごすのが理想だ。そのためには最低でも1ヵ所に2泊以上、できれば4～5泊したい。

2 西海岸の町を歩く

高層ビル建築や交通網整備が積極的に進み、ここ10年の間に飛躍的に進化したマレーシアの首都クアラルンプール。先進技術と伝統的東南アジアが共存するこの町が、今おもしろい。ほかにも、歴史の町マラッカ、歴史とビーチリゾートのペナン、シンガポールに隣接するジョホール・バルと、西海岸には重要な町が多い。これらの町をゆっくりと歩いてみれば、マレーシアの今と昔が見えてくる。

▲セント・ポール教会（マラッカ）

3 マレー鉄道でふたつの国境を越える旅

シンガポール～バンコクをマレー鉄道の国際急行を乗り継いで走り抜ける。乗車時間だけなら30時間前後だが、途中マラッカ（タンピン下車）やクアラルンプール、ペナン（バタワース下車）で降りて観光すれば、旅の楽しみも広がる。超豪華な旅をしたい人は思いきってE&Oエクスプレス（→P.205）に乗車してみてはどうだろう。夜行列車に乗るときは十分身の安全に気をつけよう。女性のみの旅行者は、なるべく日中の移動にしたほうがよい。

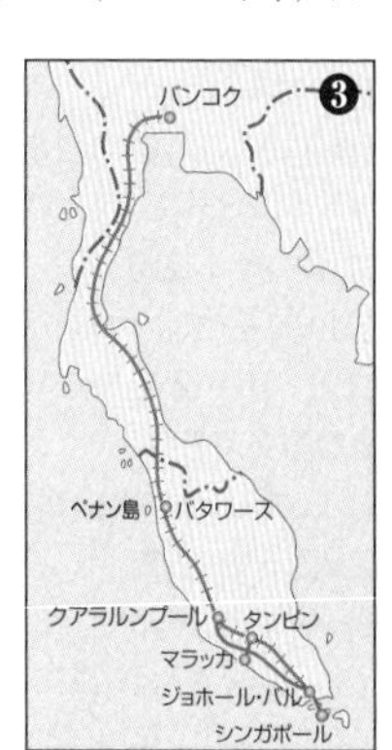

4 ジャングルトレインと東海岸の旅

「都会になんていたくない」という人のためにあるプラン。同じマレー鉄道でも、内陸部のジャングル地帯を抜けて東海岸のタイ国境まで行くこの路線は「ジャングルトレイン」などとも呼ばれ、ローカル色たっぷりだ。西ルートとの分岐点グマスからタイ国境のトゥンパッまで約10時間45分だが、せっかくジャングルを通るなら、昼の列車で車窓の風景を楽しみたい。半島内陸部最大の見どころはタマン・ヌガラ国立公園だ。ジャングルの荒々しい魅力を体験して刺激を受けたあとは、東海岸のきれいなビーチや素朴な環境のなかでのんびりしよう。

5 高原の避暑地で涼む

蒸し暑いマレーシアの気候に参った人は、涼しい高原地帯へ。キャメロン・ハイランド、フレイザーズ・ヒル、ゲンティン・ハイランドなどは下界に比べてずっと過ごしやすく、心も体も癒やされる。ゴルフやジャングルウオークもできる。

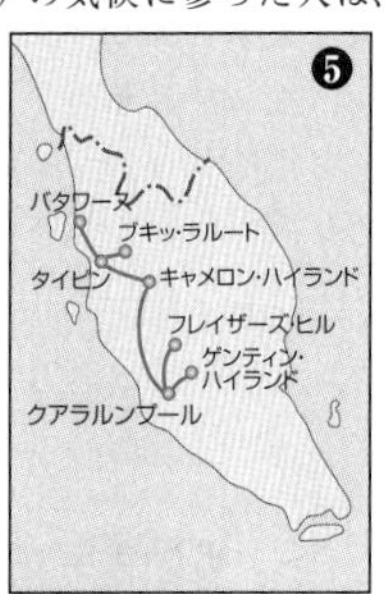

6 熱帯雨林、登山、ダイビングを満喫するサバ州の旅

▲マブール島の水上コテージ

コタ・キナバルからタワウへ飛び、センポルナ経由でシパダン島、マブール島へ。ダイバーもそうでない人も、世界有数のダイビングポイントでボルネオの海をたっぷり満喫したあと、熱帯ジャングルへ入る。ラハ・ダトゥからダヌム・バレーに入って熱帯雨林での滞在を体験し、さらにボルネオの動物に出合うならサンダカンを拠点にして、セピロックやスカウは欠かせない。登山後の疲れた体を癒やすなら、キナバル山の付近の高原避暑地で温泉につかるのもよし、サバ州鉄道に揺られながらボルネオのさまざまな民族を訪ねるのもよし、コタ・キナバルのビーチリゾートでのんびりするのもよし。なお、サバ州東海岸・島嶼部には、外務省より渡航中止勧告・不要不急の渡航中止の注意喚起が出されており注意。

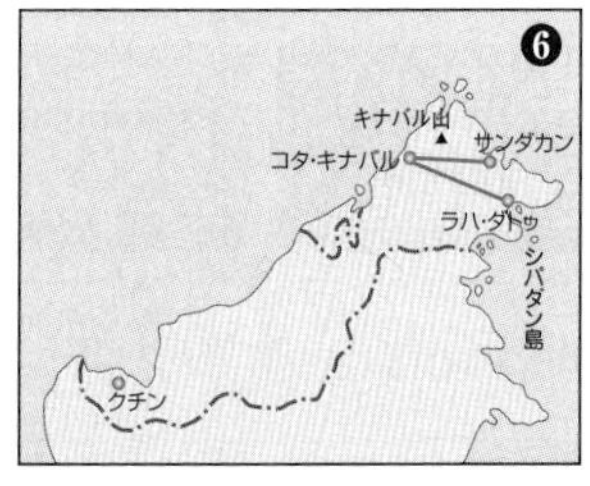

7 巨大洞窟、少数民族を訪ねるサラワク州とブルネイの旅

▲グヌン・ムル国立公園のウインド洞窟

まずはクチンからボルネオ島に入り、少数民族ビダユのロングハウスを訪れたあと、エクスプレス・ボートでシブへ。そこからラジャン川を遡って、イバンなどのロングハウスを訪ねる。ミリへ飛び、グヌン・ムル国立公園の巨大な洞窟でボルネオの神秘を体験。再びミリに戻ったら、陸路でブルネイに立ち寄りコタ・キナバルに抜ける。

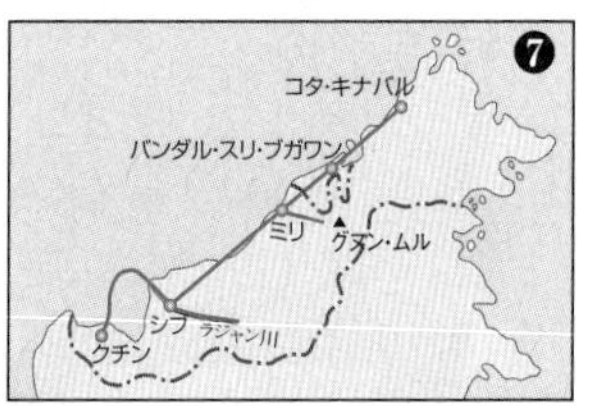

8 ブルネイへ直行

ブルネイをメインにするなら、空路でバンダル・スリ・ブガワンに入ろう。バンダル・スリ・ブガワンは小さくまとまっているので、近郊の見どころを含めてもまる2日もあればだいたい観光できてしまう。その後はバンダル・スリ・ブガワン郊外の自然公園へ足を延ばしてみよう。郊外にはかつてのマレー人の王国の面影が今でも残っていたり、開発にさらされていないジャングルを訪ねることもできる。さらにサラワクやサバに足を延ばし、ミリからグヌン・ムル国立公園を訪れたり、ボートでラブアン島を訪れてみたりするのもいい。

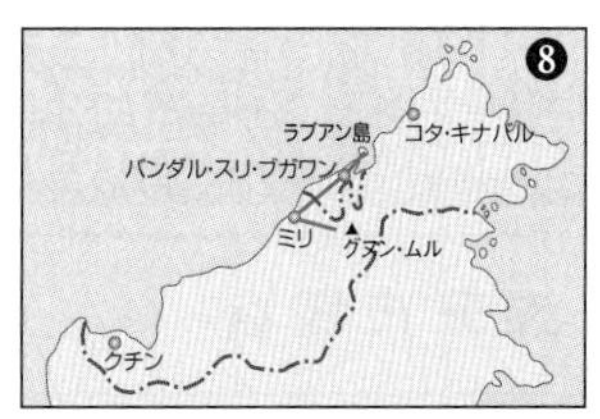

Study About Malaysia & Brunei Darussalam

マレーシア&ブルネイの基礎知識

ペナン島で最も美しいといわれている中国寺院のクー・コンシー(邱公司)

マレーシアとブルネイの歴史

新井卓治

海上貿易の要衝として稀有な発展を遂げてきたマレーシアとブルネイ。それゆえに、大航海時代から太平洋戦争が終結するまで、世界の列強の侵攻にさらされてきた。独立後は、民族間問題、金融危機などを乗り越え、躍進を続けている。

マレーシアの歴史

古代からヒンドゥー文明圏へ

インド洋と南シナ海の中間に位置するマレーシアは、古くから商人や旅行者が往来したため、さまざまな文明や民族の影響を受けてきました。

古い記録では、西暦2世紀に作られた世界地図にマレー半島が「黄金半島」として登場するほか、中国の史書では、西暦3～6世紀頃、現在のケダー州あたりに狼牙修（ランカスカ）が、クランタン州コタ・バル周辺には丹丹（タンタン）という王国があったと書かれています。

最も初期からマレー半島に往来していたのは南インドの人々で、そこから産出される黄金や香料などを取り引きしていました。その影響で、ヒンドゥー教の文化や社会制度が導入され、スマトラやジャワで王国が成立するきっかけとなりました。6世紀にスマトラ島南部のパレンバンに出現したシュリビジャヤは、海上交易によってマレー半島各地に文化的影響をもたらしました。

マラッカ王国と西洋の進出

14世紀末、パレンバンがジャワに興ったマジャパイト王国に占領されると、パレンバンの王族パラメスワラは配下の民とマラッカへ逃れ、そこでマラッカ王国を創始しました。

その後、商港としておおいに繁栄したマラッカは、当時、海上貿易を握っていたペルシャ、アラブ、インドからやってきたイスラム教徒の影響を受け、15世紀の後半には完全にイスラム化し、東南アジアにおける海上交易とイスラム教の中心地となり、今のマレーシアの版図をその勢力下に収めました。しかし、1511年にマラッカが香料などの交易の独占を目論んだポルトガル人に占領されると、マラッカ王家はジョホールなどに逃れ、次第に衰退していきました。1641年には、マラッカはポルトガルを駆逐したオランダ人に占領されました。

▲ポルトガル軍が築いたサンチャゴ砦（マラッカ）

▲再現されたスルタン謁見の様子（マラッカ）

イギリスの植民地統治

イギリスのマレー半島における植民地支配は、1786年、イギリス東インド会社がケダー州のスルタンからペナン島を割譲されたことに始まりました。

その後、20世紀初頭にはイギリスがマレー半島とボルネオ島北部を掌握し、英領マラヤとして本格的な植民地統治が行われました。

その間、イギリスは莫大な資本を投下してスズ鉱山とゴム農園の開発に力を注ぎ、その結果、中国と南インドから多くの労働者が移住して、現在のような多民族社会ができあがっていきました。

一方、ボルネオ島では、もともとブルネイの支配下にあったサラワクで起こった部族間の争いを平定した英国人ジェームス・ブルックが、1841年、ブルネイのスルタンからラジャに任命され「ブルック王国」を建設し、サバも1888年にイギリスの保護領となりました。

太平洋戦争から独立まで

1941年12月の太平洋戦争開戦とともに、日本軍はコタ・バルなどに上陸。半島を南下して翌年1月にクアラルンプールを、2月にシンガポールを占領しました。日本軍の進攻は、白人支配の神話を打ち破り、イギリスの植民地支配を一掃したため、ナショナリズムの高まりをもたらしました。

戦後、イギリスが復帰すると、その軍政にマレー人の反発が高まりました。1946年にダト・オンを初代総裁としたマレー人国民組織（UMNO）が発足し、マラヤ華人協会（MCA）、マラヤ・インド人会議（MIC）と連立したマラヤ連合党が結成されました。1948年にはイギリスがマレー人の地位を認めたマラヤ連邦が発足しました。

その後、共産ゲリラとの12年間に及ぶ厳しい内戦を経て、政情が安定するにつれて民族主義運動が高まりを見せ、イギリスとの交渉の結果、1957年8月31日に、ラーマン初代首相によって高らかに独立宣言がなされました。第2次世界大戦後、数々の新しい国が誕生しましたが、マラヤは流血を見ずに独立を達成した数少ない国のひとつでした。

その後、1963年にシンガポール、サバ、サラワクを加えてマレーシア連邦が結成されましたが、1965年にシンガポールが分離独立し、現在のマレーシアとなりました。

民族対立からマレーシア民族の形成へ

イギリス植民地支配の遺産として、独立を達成したマレーシアでは富の不均衡が最大の社会問題となっていました。都市部には、一部マレー人富裕層と、植民地時代に移民した華人やインド人が暮らし、経済の実権を握り、一方、多数派のマレー人は農村で貧しい暮らしをしていました。

そんななか、1969年5月10日に行われた連邦下院議員選挙の後の5月13日、一部マレー人と華人の衝突がクアラルンプールで勃発し、500人を超える死傷者を出す惨事となり、ラーマン首相は非常事態を宣言しました。

翌1970年9月21日、ラーマン首相は退陣し、ラザク副首相に政権を譲りました。

民族暴動事件をきっかけに1971年、ラザク首相は、貧困の撲滅と人種間の経済格差の縮小を目標とする新経済政策を導入しました。この政策はマレー人を優遇することでマレー人の教育と経済状況の向上を図り、国全体を引き上げていこうとするもので、ブミプトラ（「土地の子」の意味）政策と呼ばれています。

ラーマン、ラザク、第3代首相フセインに次いで、1981年に第4代首相に就任したマハティールは、同年「ルックイースト政策」を発表しました。日本や韓国の成功モデルに学ぶべく、留学生や研修生を派遣し、最新技術や勤労倫理などを学び、自国の発展に役立てようとする政策を始めました。1980年代の半ばからは、おもに日本から多くの投資や企業進出を受け、急速に工業化を進め、90年代初めにはGDPが年率9%近い成長を遂げるまでになりました。

1991年、マハティール首相は「ビジョン2020」を発表し、2020年までにマレーシアを先進国レベルに高め、国民が「マレーシア民族」としてより団結することを呼びかけました。

▲はためくマレーシア国旗

1997年にアジアを襲った経済危機はマレーシアにも甚大な影響を与えましたが、マレーシアは独自の政策でこれを乗り切りました。

2003年10月末、マハティールが引退し、アブドゥラ副首相が第5代首相に就任。2009年4月、前年の総選挙結果を受け辞任した同首相に代わり、ナジブ副首相が第6代首相に就任。2015年に同首相の汚職疑惑が報じられると政情が混乱し、2018年5月の総選挙で野党連合が勝利。独立以来初の政権交代となり、マハティールが第7代首相として返り咲きました。

2020年2月、同首相が辞任すると政局が混乱。国王が全議員及び政党と面会し、ムヒディン内務相を第8代首相に指名。2021年8月、同首相が辞任。憲法の規定に基づき、国王がイスマイル・サブリ副首相を第9代首相に任命。2022年11月の総選挙後、過半数を得る政党連合がなく、国王による調停の結果、最大議席数政党連合のアンワル議長が第10代首相に任命されました。

ブルネイの歴史

石油の富により独立した新しい国

ブルネイが位置するボルネオ北部は、中国とインド、アラビアを結ぶ貿易ルートの寄港地でした。湾の奥にあるブルネイは船の停泊に適したほか、樟脳や材木の産地でもあったので、ブルネイに王国が誕生しましたが、起源は明確ではありません。

15世紀には国王がイスラム教に改宗し、イスラム国家となり、イスラム教を周辺地域の人々に布教していくことにより国の領土を広げ、最盛期にはボルネオ島全域とフィリピンのミンダナオ島までを支配していました。

16世紀初め、マラッカがポルトガル人の手に陥ちると、貿易港としてのブルネイの重要性が増し、香辛料などを積んだ船がブルネイから世界へと旅立っていきました。

17世紀にかけてフィリピンを植民地にしたスペインとの争いによって疲弊したブルネイは次第に衰弱し、18世紀末には、実際に統治している地域は市街周辺だけとなり、今のブルネイ領土とほぼ同じ広さになりました。1888年にはブルネイはイギリスの保護領となりました。

1926年に石油が発見されたブルネイは、太平洋戦争中に日本軍に占領され、戦後、再びイギリスに統治されました。1963年のマレーシア連邦構想に参加せず、イギリス保護領のままであったブルネイは、植民地政策に反対する世論の高まりにより、イギリスとの交渉によって、1984年に独立を果たしました。

マレーシアの民族　新井卓治

この国の民族は、ひと口に「マレーシア人」とくくることのできない、複雑な背景をもっている。マレーシアは、単なる「多民族国家」ではない。それぞれの民族がそれぞれの社会をもつ「複合民族国家」なのである。

マレーシアの人口と民族構成

マレーシアの人口は3200万人で、そのうち、ブミプトラ（マレー人およびその他の先住民）が69%、華人23%、インド人7%、その他（ヨーロッパ系、アラブ系など）1%からなる多民族国家です。

民族融和と国民の統合が独立以来の主要課題となっており、1969年の民族暴動を踏まえた政治経済社会の安定施策として、最大勢力であるブミプトラの主導的地位の確保と経済状態引き上げを通じて民族間の経済的不均衡を是正するため、ブミプトラをさまざまな面で優遇する社会・経済施策(ブミプトラ政策)を基本政策としています。

ブミプトラは「土地の子」を意味し、ブミプトラ政策のもと、マレー人、オラン・アスリ、ボルネオの先住民など、もともとマレーシアに暮らしていた人々と、華人やインド人など、おもにイギリス植民地時代に移民してきた人々を区別する用語として用いられており、民族そのものを表す言葉ではありません。

世界には多民族国家と呼ばれる国はいくつもありますが、マレーシアは複合民族社会を形成しています。複合社会とは、マレー人社会、華人社会、インド人社会その他のおのおのの社会が複合して存在している様をいいます。つまり、民族間の婚姻などによる融合が少なく、それぞれの社会が独自の文化を保ちながら、共存している社会であるといえます。

マレーシアは半島部の西マレーシアとボルネオ島北部の東マレーシアとに分かれますが、総人口の約80%が半島部に居住し、その50%強がブミプトラ（マレー人、オラン・アスリ）で、華人が30%強、インド人その他が10%を占めています。しかし、東マレーシアではブミプトラ（ボルネオ先住民、マレー人）が70%以上を占め、華人その他が約30%です。

主要な民族であるマレー人は主として半島部に住み、東マレーシアでは華人に次ぐ少数派です。また、華人は半島部西岸に集中し、おもに都市に暮らしています。インド人も半島部に多く暮らしています。

マレーシアでは、民族と宗教・職業の結びつきが顕著に見られます。マレー人はイスラム教徒で、元来自給的な農・漁業か公務員に従事していましたが、ブミプトラ政策のもとで実業の世界にも進出してきています。華人は製造業、流通業と事務職に特色があり、宗教は仏教、道教、キリスト教。インド人は小規模な商業、サービス業、農園などの労働に就き、ヒンドゥー教徒が多数ですが、イスラム教やキリスト教を信仰する人もいます。

ボルネオ先住民は農業、漁業に従事する人や、公務員が多く見られます。マレー人と異なるのはキリスト教徒が大多数であることです。

マレー半島部の民族

マレー人

マレー人とは、狭義ではマレーシアに住むマレーの人々という意味ですが、広い意味では、タイ南部からインドネシア、フィリピン南部に暮らすマレー系の人々のことを総称する名称です。

マレーシアにおいて過半数以上を占めるマレー人は、憲法によってその定義を「マレーシアに住み、マレー語を母語とし、イスラム教徒であり、アダット(マレーの慣習法)に従う者」と定められています。

マレー人の民族的特性として、礼儀正しく謙遜であり、儀式や作法を重んじる価値観を有しています。また、非マレー人に対して寛容であることがマレー人の作法であり、マレーシアが歴史的にさまざまな民族を受け入れてきたことには、このマレー人の性格が大きな要因になっているといえます。

オラン・アスリ

マレー半島にマレー人がやってくる前から暮らしていた先住民族です。彼らの子孫はオラン・アスリといわれ、約5万人が半島中部の森林地帯に暮らし、農業を営んでいます。

オラン・アスリは、人類学的に原マレーと呼ばれ、3000～4000年前に中国大陸からマレー半島に渡ってきた人々で、ネグリト、セノイ、ジャクンなどのサブグループに細分されています。

華人

中国人の東南アジアへの移住は、15世紀の明の時代に始まりました。彼らは一般に商人でありマラッカにババ・ニョニャという社会を築き上げました。華僑といわれる中国人がマレーシアに大挙して移住するようになったのは19世紀以降です。

マレー半島でスズ資源が発見されると、人口が少ない土地であったため、イギリスによって一時的な出稼ぎ労働力として連れてこられました。帰国するつもりであったものが、成功するまでということで滞在するうちに経済的基盤が固まり、妻を中国から迎えてそのまま居着いた人たちの子孫が今日の華人と呼ばれる人々です。

華人の出身地は、広東、福建、潮州、客家、海南、福州などに大別されますが、古くからの商業地域のマラッカ、ペナン島では福建系が多く、ペラ、セランゴールというスズ鉱山の地域では広東、客家などが多いのが特徴です。

インド人

ひと口にインド人といっても、その出身地はさまざまで、北部のベンガル人、南部のタミール人、セイロン人などと多様性に富んでいますが、タミール人が80%以上と多数派を占めています。インド人の宗教はヒンドゥー教が多く、そのほかにイスラム教、キリスト教、シーク教と多様です。民族、出身地域、社会階層、宗教が複雑なのがインド社会の特徴です。

イギリス植民地時代、ゴムのプランテーションの労働者としておもにタミール人が連れてこられましたが、インドからの移民はゴム園の労働者だけではなく、植民地政府の官吏や都市経済の労働力として、教育を受け、経済的に余裕をもって移住してきた人々もいました。このようなインド人の子孫は今も富裕であり、いつまでも貧しいゴム園労働者の子孫とは別の階層社会を形成しており、金貸しや換金業を専業にする人もいます。

最も目につくインド人はシーク教徒で、男性は頭にターバンを巻いています。彼らはインド西北部のパンジャブ地方の出身で、体格も大きく肌の色も白いのが特徴です。

マレー半島におけるインド人の分布はペナン、ペラ、セランゴールという半島西海岸側のゴム・プランテーション地域に偏ります。東マレーシアでは極めて少数です。

▲マレーシア最大級のヒンドゥー寺院「バトゥ・ケーブ」

ボルネオ島の民族

サラワク州の民族

サラワク州の人口約263万人（2015年マレーシア統計）のうち、約2%がおもにインドネシアからの外国籍の住民です。

サラワク州には27の先住民とマレー人、華人、インド人その他、40を超える民族が暮らしていて、40を超える言語が話されています。

民族別構成は、イバン29%、華人24%、マレー23%、ビダユ8%、ムラナウ6%、オランウル5%、その他（他の先住民、ヨーロッパ系、インド人など)5%となっています。

かつて、サラワクの先住民族はダヤク族と総称され、イバンは海ダヤク、ビダユは陸ダヤクと呼ばれていましたが、現在ではダヤクと総称せずに、各民族名で呼ばれています。

ムラナウとマレー人は沿岸地域に、イバンとビダユは低地森林地域に、オラン・ウルは山間地に住んでいます。華人は半島部同様、都市に多く居住しているほか、農業に従事している人が多いのが特徴です。

サバ州の民族

サバ州の人口約354万人（2015年マレーシア統計）のうち、約28%がフィリピンとインドネシア国籍の住民です。全人口の70%のマレーシア市民には、30を超えるエスニックグループがおり、80以上の言語が話されています。

民族別構成は、カダザン・ドゥスン17.8%、バジャウ14%、華人9.2%、ブルネイ・マレー5.7%、ムルット3.2%、その他(ブミプトラ)20.6%、その他(非ブミプトラ)1.5%となっています。

サバ州最大民族のカダザン・ドゥスンは水田耕作に長けている農耕民でキリスト教徒です。

元来、内陸部に暮らしていましたが、最近では都市やその近郊に進出し、華人との混血も進んでおり、そういった人々はシノ・カダザンと呼ばれています。

バジャウは海岸部に暮らし、元来漁業を生業とするイスラム教徒です。もともとフィリピン南部を行き来していた人も多く、海のジプシーなどとも呼ばれていましたが、現在では政府の政策によって海上集落から陸地の住宅に移り住む人も増えてきました。

ムルットはサバとサラワクにまたがる内陸部の住民の総称で、言語的にはフィリピンの原住民とも近いといわれます。伝統的なムルットの暮らしは、ロングハウスに居住し、狩猟と焼畑耕作を生業としていましたが、今では定着農耕や街で働く人も増えています。

マレーシアの宗教と祝祭日　新井卓治

マレーシアの祝祭日は、マレーシア社会の多様性を反映して、カラフルなお祭りやイベントで彩られ、1年中、にぎやかです。多民族・多宗教社会のマレーシアでは、他の民族や宗教の祝日にそれぞれの家を訪問するなどして、お互いに祝福し合います。
(日付は2023年のもの。＊印の祝祭日は暦の関係で毎年日にちが変わります。)

■中国正月(華人の祝日)＊　1月22～23日

中国正月は陰暦の元旦です。家族が一堂に集い、アンパオというお年玉を子供たちや親戚に配り、お互いの幸福を祈ります。また繁栄の象徴として、相手の幸運を願いながらミカンをあげたりもします。街では伝統的な中国獅子舞が街を練り歩き、たいへんにぎやかです。

■ハリラヤ・プアサ(イスラム教徒の祝日)＊　4月22～23日

イスラム教徒には五行という義務があり、そのひとつに断食があり、イスラム暦の9月に30日間行われます。病人、小児、旅行者などを除いて、日の出から日没までの間、飲食、喫煙を断ちます。日没と同時に軽い食事を取り、礼拝をします。夕食はその後で取ります。

断食明けの第1日目をハリラヤ・プアサといい、ムスリムにとって1年で最大の祝日です。この日に合わせて家族が集まり、皆で大掃除をしたり、買い物をしたり、ハリラヤ用のごちそうを作ったりする様は日本の正月によく似ています。

■ウェサック(仏教徒の祝日)＊　5月5日

全世界の仏教徒が祝う釈迦聖誕祭です。仏教徒にとって最も神聖な日で、釈迦が生まれ、悟りを開いた日でもあり、80歳の生涯を終えた日でもあると伝えられています。仏教徒はこの日、寺院に集まり、お経を上げ、供え物をささげ、喜捨などを行います。

■カーマタン(カダザン・ドゥスンの収穫祭、サバ州のみ)　5月30～31日

リゾート地として人気のサバ州が最もにぎわうカーマタンは、カダザン・ドゥスンの人々が豊作を祝い、米の精霊に感謝をささげるお祭りです。カーマタンの期間中、各村々ではふるさとを離れている家族が一堂に会し、タパイという米でできたお酒と伝統料理をいただきながら、歌と踊りで数日間盛り上がります。

■ガワイ・ダヤク(ダヤクの収穫祭、サラワク州のみ)　6月1～2日

ガワイとはかつてダヤクと呼ばれたサラワク州の先住民のイバン、ビダユ、オラン・ウルの人々が祝う収穫祭です。親戚や友人を住居であるロングハウスに招き、トゥアというお米で作られたお酒や伝統的な料理でもてなします。また歌や踊りもあり、ユニークな伝統儀式を見ることができます。

■ハリラヤ・ハジ(イスラム教徒の祝日)＊　6月28日

イスラム教徒の聖地メッカへの巡礼を祝うお祭りで、犠牲祭とも呼ばれます。全世界のイスラム教徒がそれぞれの住んでいる村や町で家畜を犠牲にささげ、巡礼を祝います。

■イスラム暦新年(イスラム教徒の祝日)＊　7月19日

イスラム暦は新月の日が各月の第1日とされ、1年は太陽暦より11日ほど短くなっています。預言者ムハンマドがメッカからメディナへ移住した日がイスラム暦の紀元1年1月1日で、西暦だと622年7月16日になります。

■ムハンマド聖誕祭(イスラム教徒の祝日)＊　9月27日

預言者ムハンマドの誕生日を祝う祝日です。

■ディーパバリ(ヒンドゥー教徒の祝日)＊　11月12日

インド系のヒンドゥー教徒の祭事ディーパバリは、悪事に勝った勝利の光の祭りで、ヒンドゥー暦の7月に祝います。お祈りをする人々がお寺や神棚で洗礼の儀式と感謝をする日です。ヒンドゥーの家はライトで華やかに飾られ、親戚・友人を伝統的なインドのお菓子でもてなします。

■クリスマス(キリスト教徒の祝日)　12月25日

キリスト教徒は世界中のクリスマスと同様、クリスマスツリーや華やかな照明飾りでキリストの降誕を祝います。常夏のマレーシアでも、ショッピングモールやホテル、レストランなどでは、雪ぞりに乗ったサンタクロースの飾りつけがされ、さまざまな特別イベントを開催します。

マレー語 サバイバル会話術 大森実樹

マレー語を話せれば、旅はグンと楽しくなる。ここでは旅行者が本当に必要な最小限の事項だけを厳選した。言葉は「話した者勝ち」だ。これを足がかりに、どんどんマレー語に親しもう。

入門編 これだけは覚えよう

スラマット トゥンガハリ / スラマット プタン
こんにちは Selamat tengahari. / Selamat petang.
平安 昼 / 平安 午後

スラマット パギ
おはよう Selamat pagi.
平安 朝

スラマット マラム
おやすみなさい Selamat malam.
平安 夜

アパ カバール / カバール バイッ
元気？ Apa khabar? ／**元気ですよ** Khabar baik.
何 近況 / 近況 よい

「selamat ＋時間を表す単語」であいさつとなる。tengahari は 12:00 ～ 14:00 くらい、petang は 19:00 くらいまで。夜、人に会ったときは、Selamat malam ではなく Apa khabar? を使うことが多い。

スラマット ジャラン / スラマット ティンガル
さようなら Selamat jalan. / Selamat tinggal.
平安 道 / 平安 滞在

ジュンパ ラギ
また会いましょう Jumpa lagi.
会う 再び

とどまる人から去る人へは jalan を使い、去る人からとどまる人へは tinggal を使う。「またね」と軽く言いたいときは Jumpa lagi が便利。

ダリ ジュプン
日本からです Dari Jepun.
～から 日本

ダリ マナ
どちらから？ Dari mana?
～から どこ

ク マナ / ジャラン ジャラン
どちらへ？ Ke mana? ／ **散歩です** Jalan-jalan.
～へ どこ / 道 道

初対面で聞かれる質問の第 1 位。顔見知りになると、よく Ke mana? と尋ねられる。あいさつなので真剣に答える必要はあまりない。

シアパ ナマ / ナマ サヤ
お名前は？ Siapa nama? ／名前は～です Nama saya ～.
誰 名前 / 名前 私

シアパ ナマ アンダ
名前を聞かれたら、Siapa nama anda? と聞き返してみよう。
誰 名前 あなた

マアフ ハロ
すみません（呼びかけ）Maaf! ／ Halo!
許し

食堂などで人を呼びたいときに便利。それぞれ英語の「Excuse me」、「Hello」に相当。Maaf は 2 番目の a を強調して「マアフ」と発音する。

トゥリマ カシ / サマ サマ
ありがとう Terima kasih. ／どういたしまして Sama-sama.
受ける いつくしみ / 同じ 同じ

マレーシアでは英語もよく通じる。『地球の歩き方』の web では、英会話（ほか 6 言語）の文例が“ネイティブの発音”で聞ける！「ゆっくり」「ふつう」の再生スピードがあるので初心者でも安心。URL www.arukikata.co.jp/tabikaiwa

◎マレー語とは

もともとマレー人の言葉として使われていたが、1957 年にマレーシアがイギリス支配から独立した際に、国語として制定された。ブルネイやシンガポールでも話されており、マレー語をもとにしたインドネシア語ともかなり共通している。

◎マレー語の発音

ローマ字どおりに読んでほぼ差し支えはない。ただし、語頭以外の「e」は「エ」ではなく、軽い「ウ」に近い音になる。また「c」は「チャ」行になるので注意。

◎人称代名詞

ていねいな場合とくだけた場合、相手との関係によって、数多くの「私」、「あなた」の言い方がある。ここではていねいな言い方を挙げておく。

私	saya（サヤ）
あなた	anda（アンダ）
彼／彼女	dia（ディア）
彼ら	mereka（ムレカ）

◎家族 keluarga（クルアルガ）

父	ayah（アヤ）
母	emak（マッ）
子供	anak（アナッ）
兄	abang（アバン）
姉	kakak（カカッ）
弟妹	adik（アディ）
祖父	datuk（ダトゥッ）
祖母	nenek（ネネッ）
夫	suami（スアミ）
妻	isteri（イストゥリ）

◎指し示す言葉

これ	ini（イニ）
それ	itu（イトゥ）
ここ	sini（スィニ）
そこ	situ（スィトゥ）
あそこ	sana（サナ）

◎数字

難しそうだが、実は単純な規則で成り立っている。

1	satu	サトゥ
2	dua	ドゥア
3	tiga	ティガ
4	empat	ンパッ
5	lima	リマ
6	enam	ンナム
7	tujuh	トゥジュ
8	lapan	ラパン
9	sembilan	スンビラン
10	sepuluh	スプル
11	sebelas	スブラス
12	duabelas	ドゥアブラス
13	tigabelas	ティガブラス
20	duapuluh	ドゥアプル
21	duapuluh satu	ドゥアプル サトゥ
22	duapuluh dua	ドゥアプル ドゥア
30	tigapuluh	ティガプル
50	limapuluh	リマプル
100	seratus	スラトゥス
400	empat ratus	ンパッ ラトゥス
1000	seribu	スリブ
4000	empat ribu	ンパッ リブ
10000	sepuluh ribu	スプル リブ
0	kosong	コソン

◎時間

日	hari	ハリ
週	minggu	ミング
月	bulan	ブラン
年	tahun	タウン
昨日	kelmarin	クマリン
今日	hari ini	ハリ イニ
明日	besok	ベソッ
今	sekarang	スカラン
さっき	tadi	タディ
あとで	nanti	ナンティ

◎場所

駅	stesen	ステセン
市場	pasar	パサール
スーパー	pasaraya	パサラヤ
本屋	kedai buku	クダイ ブク
薬局	kedai ubat	クダイ ウバッ
銀行	benk	ベン
郵便局	pejabat pos	プジャバッ ポス

◎動詞（1）

起きる	bangun	バングン
眠る	tidur	ティドゥル
食べる	makan	マカン
飲む	minum	ミナム
聞く	dengar	ドゥンガー
話す	cakap	チャカップ
座る	duduk	ドゥドゥッ
立つ	berdiri	ブルディリ

初級編　質問してみよう

いくらですか？　Berapa harga?（ブラパ ハルガ）

高いです　Mahal.（マハル／高い）／**高くないよ！**　Tidak mahal!（チィダッ／(否定)　マハル／高い）

まけてください　Minta kasi kurang.（ミンタ／ちょうだい　カシ／～にする　クラン／減る）

harga の代わりに ini（イニ／これ）／ itu（イトゥ／それ）、semua（スアム／すべて）などでも応用が利く。

いつですか？　Bila?（ビラ／いつ）／今日です　Hari ini.（ハリ／日　イニ／この）

何時発？　Jam berapa lepas?（ジャム／時間　ブラパ／どのくらい　ルパス／発つ）／**3時です**　Jam tiga.（ジャム／時　ティガ／3）(Pukul tiga)（プクル／たたく　ティガ／3）

何時間（かかる）？　Berapa jam?（ブラパ／どのくらい　ジャム／時間）／**3時間です**　Tiga jam.（ティガ／3　ジャム／時間）

bila は広い範囲でいつかを尋ねるとき、jam ははっきりと時刻を尋ねるときに使う。Jam berapa? と Berapa jam? は語順で意味が違うので注意。前者は時刻を、後者は時間の長さを尋ねる。返事も同様。

どこですか？　Di mana?（ディ／～で　マナ／どこ）

トイレはどこですか？　Di mana tandas?（ディ／?　マナ／どこ　タンダス／トイレ）／**あそこです**　Di sana.（ディ／?　サナ／あそこ）

「di mana ＋場所」で無限に応用が広がる。

これは何ですか？　Apa ini?（アパ／何　イニ／これ）／これはチキンです　Ini ayam.（イニ／これ　アヤム／チキン）

返ってきた答えが理解できるとは限らないが、マレー語での呼び名を知りたいときにも便利。

ありますか？／いますか？　Ada?（アダ）

ナシ・ゴレンはある？　Ada nasi goreng?（アダ／ある　ナシ ゴレン／やきめし）

ジュマはいる？　Ada Juma?（アダ／いる　ジュマ／ジュマ）／**ここにいるよ**　Ada di sini.（アダ／いる　ディ スィニ／ここに）

何があったの？　Ada apa?（アダ／ある　アパ／何）／**何でもないよ**　Tidak apa-apa.（ティダッ／(否定)　アパ／何　アパ／何）

「ある／いる」の意の ada は物にも人にも使える応用範囲の広い単語。Tidak apa-apa は「問題ない」という意味でもよく使われる。

できますか？　Boleh?（ボレ）

入れる？　Boleh masuk?（ボレ／可能　マスッ／入る）／**はい**　Boleh.（ボレ／可能）・**いいえ**　Tidak boleh.（ティダッ／否定　ボレ／可能）

部屋を見られる？　Boleh lihat bilik?（ボレ／可能　リハッ／見る　ビリッ／部屋）

英語を話せる？　Boleh cakap bahasa Inggeris?（ボレ／可能　チャカップ／話す　バハサ／言語　イングリス／イギリスの）

「boleh ＋動詞」で「～することができる」の意。禁止の表現「dilarang（ディララン）＋動詞」も覚えておこう。dilarang merokok（ディララン／禁止　ムロコック／たばこをすう）、dilarang masuk（ディララン／禁止　マスック／入る）などをよく目にする。

初級編 お願いしてみよう

ください minta（ミンタ） ＋名詞

アイスティーをください　Minta teh ais.
（ミンタ テ アイス／ください アイスティー）

鍵をください　Minta kunci.
（ミンタ クンチ／ください 鍵）

（屋台などで持ち帰り用に）包んで　Minta bungkus.
（ミンタ ブンクス／ください 包み）

してください tolong（トロン） ＋動詞

ここで止まってください　Tolong berhenti sini.
（トロン ブルフンティ スィニ／助け 止まる ここ）

もう一度言ってください　Tolong ulang lagi.
（トロン ウラン ラギ／助け 繰り返し言う 再び）

しないで jangan（ジャンガン） ＋動詞／形容詞／名詞

騒がないで　Jangan bising.
（ジャンガン ビスイン／～しないで 騒ぐ）

だまさないで　Jangan tipu.
（ジャンガン ティプ／～しないで だまし）

したいです mahu（マウ） ＋動詞

駅に行きたい　Mahu pergi ke stesen.
（マウ プルギ ク ステセン／～したい 行く ～へ 駅）

それを食べたい　Mahu makan itu.
（マウ マカン イトゥ／～したい 食べる）

帰りたい　Mahu balik.／帰りたくない　Tidak mahu balik.
（マウ バリッ／～したい 帰る）（ティダッ マウ バリッ／否定 ～したい 帰る）

mahu itu のように「mahu ＋物」で「欲しい」の意でも使える。

しましょう mari kita（マリ キタ） ＋動詞

行きましょう　Mari kita pergi.
（マリ キタ プルギ／～しましょう 行く）

食べましょう　Mari kita makan.
（マリ キタ マカン／～しましょう 食べる）

初級編 困ったとき、とっさのひと言

病気です Saya sakit.（サヤ サキッ）

頭（腹／歯）が痛い　Saya sakit kepala (perut ／ gigi).
（サヤ サキッ クパラ プルッ ギギ／私 病気 頭 腹 歯）

下痢です　Saya cirit-birit.
（サヤ チリッ ビリッ／私 下痢）

風邪をひいた　Saya kena selesma.
（サヤ クナ スルスマ／私 被る カゼ）

助けて！ Tolong!（トロン）

周囲の注意を引きたいときは大声で叫ぼう。

たぶん／mungkin（ムンキン）、あとで／nanti（ナンティ）

はっきりと断りきれない状況では、この2語でひとまず逃げよう。

◎動詞（2）

行く	pergi（プルギ）
来る	datang（ダタン）
発つ	lepas（ルパス）
着く	tiba（ティバ）
売る	jual（ジュアル）
買う	beli（ブリ）
払う	bayar（バヤール）
入る	masuk（マスック）
出る	keluar（クルアール）
勉強する	belajar（ブラジャール）
送る	kirim（キリム）
読む	baca（バチャ）
見る	lihat（リハッ）
働く	bekerja（ブクルジャ）
帰る	balik（バリッ）
休む	berehat（ブレハッ）
散歩する	berjalan-jalan（ブルジャラン ジャラン）
遊ぶ	bermain（ブルマイン）
乗る	naik（ナイッ）
降りる	turun（トゥルン）

◎食べ物

飯	nasi（ナシ）	パン	roti（ロティ）
肉	daging（ダギン）	チキン	ayam（アヤム）
魚	ikan（イカン）	野菜	sayur（サユール）
果物	buah-buahan（ブア ブアハン）		
持ち帰り用包み	bungkus（ブンクス）		

◎味覚

すっぱい	masam（マサム）
塩辛い	masin（マシン）
辛い	pedas（プダス）
甘い	manis（マニス）
苦い	pahit（パヒッ）
塩	garam（ガラム）
コショウ	lada（ラダ）
砂糖	gula（グラ）

◎方向

右	kanan（カナン）	左	kiri（キリ）
東	timur（ティムール）	西	barat（バラット）
南	selatan（スラタン）	北	utara（ウタラ）

◎体の各部

頭	kepala（クパラ）	目	mata（マタ）
耳	telinga（トゥリンガ）	鼻	hidung（ヒドゥン）
肌	kulit（クリッ）	腹	perut（プルッ）
足	kaki（カキ）	手	tangan（タンガン）
胸	dada（ダダ）		
喉	kerongkong（クロンコン）		
首	leher（レヘル）	口	mulut（ムルット）
歯	gigi（ギギ）	髪	rambut（ランブット）
顔	muka（ムカ）	指	jari（ジャリ）

◎病気

病院	hospital（ホスピタル）	医院	klinik（クリニック）
医者	doktor（ドクトール）	薬	ubat（ウバッ）
熱	demam（ドゥマム）	咳	batuk（バトゥッ）
傷	luka（ルカ）	血	darah（ダラ）

◎形容詞

清潔	bersih（ブルスィ）
汚い	selekeh（スレケー）
高い	mahal（マハル）
安い	murah（ムラー）
新しい	baru（バル）
古い	lama（ラマ）
大きい	besar（ブサール）
小さい	kecil（クチル）
長い	panjang（パンジャン）
短い	pendek（ペンデック）
寒い	dingin（ディギン）
暑い	panas（パナス）
満腹	kenyang（クニャン）
空腹	lapar（ラパール）
おいしい	sedap（スダップ）
美しい	cantik（チャンティック）
うれしい	gembira（グンビラ）
快適な	selesa（スレサ）
恥ずかしい	malu（マル）

◎色 warna（ワルナ）

赤	merah（メラ）	白	putih（プティ）
青	biru（ビル）	黒	hitam（ヒタム）
黄	kuning（クニン）	緑	hijau（ヒジャウ）

◎疑問詞

何	apa（アパ）
誰	siapa（シアパ）
どこへ	ke mana（ク マナ）
どこで	di mana（ディ マナ）
どうやって	bagaimana（バゲマナ）
いつ	bila（ビラ）
どのくらい	berapa（ブラパ）
どの	yang mana（ヤン マナ）
なぜ	mengapa（ムンガパ）

補足 マレー語はこうなっている

マレー語は、初心者にはやさしい言語だ。単語と単語をつなげるだけでそれなりに文になるし、主語などを省略しても文が成り立つ。

平叙文

私は日本人です Saya（サヤ／私） orang（オラン／人） Jepun（ジュプン／日本）.

これはたいへんおいしい Ini（イニ／これ） sangat（サンガッ／とても） sedap（スダップ／おいしい）.

私はこれが好きです Saya（サヤ／私） suka（スカ／好き） ini（イニ／これ）.

英語と同じように「主語＋補語」、「主語＋動詞＋目的語」という語順になる。

疑問文と否定文

これはチキンですか？ Ini（イニ／これ） ayam（アヤム／チキン）?

疑問文にはいくつか種類があるが、語尾を上げるのが一番簡単。

はい、これはチキンです Ya（ヤ／はい）, ini（イニ／これ） ayam（アヤム／チキン）.

いや､これはチキンではない｡これはビーフだ Ini（イニ／これ） bukan（ブカン／否定） ayam（アヤム／チキン）, ini（イニ／これ） lembu（ルンブ／ビーフ）.

名詞の否定には「bukan」を使う。また、すでにわかっている事柄の繰り返しはあまりしない。この場合の返事も、単に「ya」、「bukan, lembu」などでもよい。

彼はお金持ちです Dia（ディア／彼） kaya（カヤ／金持ち）.

彼はお金持ちではありません Dia（ディア／彼） tidak（ティダッ／否定） kaya（カヤ／金持ち）.

形容詞や動詞の否定には「tidak」を使う。

「完了」すでに sudah（スダ）／「未完了」まだ belum（ブルム）

ご飯食べた？ Sudah（スダ／もう） makan（マカン／食べる）?

食べたよ Sudah（スダ／もう） makan（マカン／食べる）.

まだです Belum（ブルム／まだ） makan（マカン／食べる）.

この「すでに」、「まだ」の表現も覚えておくとたいへん役立つ。

COLUMN

JMA実用マレー語講座

（社）日本マレーシア協会では、少人数制でアットホームな雰囲気のなか、経験豊富なネイティブ講師が、早く、確実に正しく話せるよう指導してくれるマレー語講座を開催している。

講座は週1～2回程度で全10回程度の予定。開講は受講生がある程度集まったタイミングで行われるので、興味のある人は、まずは問い合わせてみよう。

【問い合わせ先】

●（公社）日本マレーシア協会

住 〒102-0093 東京都千代田区平河町1-1-1

☎東京(03)3263-0048

URL www.jma-wawasan.com

COLUMN

イスラムの国を旅するために

多民族国家のマレーシアだが、憲法上、イスラム教を国教としている。実際、人口の大半がイスラム教徒であり、風俗・習慣において、イスラム教の戒律が厳しく守られている。たとえ旅行者であっても、最低限、彼らの戒律を気に留めておいてほしい。それがトラブルの回避につながるし、お互いの理解にもつながる。

旅行中に気をつけたい10ヵ条

①イスラム教徒の前で、酒や豚肉は取らない。
②左手は不浄とされているので、握手や物の受け渡しは右手を使う。
③人や物を指すときに人差し指を使うのは無礼なこととされているので、親指を使う。
④頭は神聖な部分とされているので、たとえ子供であっても頭をなでたりしない。
⑤女性に対して、こちらから握手を求めない。
⑥年長者と同席する際は、足を組まない。
⑦モスクを見学するときは、肌の露出した服装は避ける。
⑧日没から夕方の祈りの時間が始まるので、日没後1時間は訪問や電話は避ける。
⑨ラマダン(断食月。2023年は3月22日～4月21日頃)に留意する。ラマダンの間、日の出から日没まで、イスラム教徒は飲食・喫煙などを断つ。異教徒である旅行者はその対象ではないが、この時期にイスラム教徒とつき合うときは、相手の事情も考えてあげたほうがいい。
⑩麻薬やポルノは厳禁。特に麻薬に関しては、死刑・無期懲役を含む重刑が科せられる。もちろん外国人旅行者であっても例外なく罰せられる。

▲カピタン・クリン・モスクの境内（ペナン）

COLUMN

多民族国家とブミプトラ政策

さまざまな民族が共存するマレーシアは、町行く人々の顔立ちや服装、バラエティ豊かな食事など、旅行者にとっても大きな魅力をもっている。しかし現在の世界を見てもわかるように、安定した多民族国家の実現は決して容易ではない。事実マレーシアでも1969年にマレー人と華人との間に大規模な衝突(5・13事件)が発生している。これは単なる民族紛争ではなく、植民地時代に商工業で経済力をつけた華人と、農業主体のマレー人との間に所得格差が生じていたことへの不満が表面化したものであった。

これを教訓に打ち出された政策が「ブミプトラ政策」と呼ばれるマレー人優遇策だ。ブミプトラとは「土地の子」という意味のマレー語で、元来この地に暮らしてきたマレー人(および先住民族)を指す。経済的に劣勢のマレー人に特権を与えることで彼らの経済力を引き上げ、民族間の不均衡を解消しようというものだ。政策が導入された1970年代から現在まで、ブミプトラ政策はマレーシアの社会基盤の大きな柱となっている。具体的には企業におけるマレー人資本・雇用比率の引き上げのほか、大学進学や公務員採用枠、不動産や融資など生活の場面においても数々の優遇策が敷かれ、これによってマレー人の経済進出や社会的地位の向上は一定の成果を上げてきた。当然ながら非マレー人の不満は根強いが、マレーシアの経済発展による生活水準の向上によって抑制されているのが現状だ。

しかし、政策の実施にともない新たな問題も浮上している。優遇措置に甘んじるマレー人の怠慢が指摘されるようになり、ついにはマハティール元首相も痛烈にマレー人を批判している。他方、優秀であっても進学や雇用の機会を制限された非マレー人の海外流出も、知的集約型産業を推進するマレーシアにとって頭の痛い問題だ。

民族間のバランスと経済成長をいかに保つか、多民族国家マレーシアは常に難しい舵取りを求められている。

見どころ INDEX

タ行

ナ行

ハ行

マ行

Kelantan Your Unique Destination
KELANTAN TOURISM INFORM

地球の歩き方 関連書籍のご案内

マレーシアとその周辺諸国をめぐる東南アジアの旅を「地球の歩き方」が応援します!

地球の歩き方 ガイドブック

D09 香港 マカオ ¥1,870
D16 東南アジア ¥1,870
D17 タイ ¥1,870
D18 バンコク ¥1,870
D19 マレーシア ブルネイ ¥2,090
D20 シンガポール ¥1,980
D21 ベトナム ¥2,090
D22 アンコール・ワット ¥1,870
D23 ラオス ¥2,090
D25 インドネシア ¥1,870
D26 バリ島 ¥1,870
D33 マカオ ¥1,760

地球の歩き方 aruco

07 aruco 香港 ¥1,320
10 aruco ホーチミン ¥1,430
12 aruco バリ島 ¥1,320
22 aruco シンガポール ¥1,320
23 aruco バンコク ¥1,430
27 aruco アンコール・ワット ¥1,430
29 aruco ハノイ ¥1,430
38 aruco ダナン ホイアン ¥1,430

クアラルンプール/マラッカ

地球の歩き方 Plat

07 Plat ホーチミン ハノイ ¥1,320
10 Plat シンガポール ¥1,100
16 Plat クアラルンプール ¥1,100
20 Plat 香港 ¥1,100
22 Plat ブルネイ ¥1,430

地球の歩き方 リゾートスタイル

R12 プーケット ¥1,650
R14 バリ島 ¥1,430
R20 ダナン ホイアン ¥1,650

地球の歩き方 gemstone

ハノイから行けるベトナム北部の少数民族紀行 ¥1,760

地球の歩き方 BOOKS

ダナン&ホイアン PHOTOTRAVEL ¥1,650
マレーシア 地元で愛される名物食堂 ¥1,430
香港 地元で愛される名物食堂 ¥1,540

地球の歩き方 aruco 国内版

aruco 東京で楽しむアジアの国々 ¥1,480

※表示価格は定価（税込）です。改訂時に価格が変更になる場合があります。

地球の歩き方 シリーズ一覧 2023年1月現在

＊地球の歩き方ガイドブックは、改訂時に価格が変わることがあります。＊表示価格は定価（税込）です。＊最新情報は、ホームページをご覧ください。www.arukikata.co.jp/guidebook/

地球の歩き方　ガイドブック

A　ヨーロッパ

番号	タイトル	価格
A01	ヨーロッパ	￥1870
A02	イギリス	￥1870
A03	ロンドン	￥1760
A04	湖水地方&スコットランド	￥1870
A05	アイルランド	￥1980
A06	フランス	￥1870
A07	パリ&近郊の町	￥1980
A08	南仏プロヴァンス　コート・ダジュール&モナコ	￥1760
A09	イタリア	￥1870
A10	ローマ	￥1760
A11	ミラノ　ヴェネツィアと湖水地方	￥1870
A12	フィレンツェとトスカーナ	￥1870
A13	南イタリアとシチリア	￥1870
A14	ドイツ	￥1980
A15	南ドイツ　フランクフルト　ミュンヘン　ロマンチック街道　古城街道	￥1760
A16	ベルリンと北ドイツ　ハンブルク　ドレスデン　ライプツィヒ	￥1870
A17	ウィーンとオーストリア	￥1870
A18	スイス	￥1870
A19	オランダ　ベルギー　ルクセンブルク	￥1870
A20	スペイン	￥1870
A21	マドリードとアンダルシア	￥1760
A22	バルセロナ&近郊の町　イビサ島／マヨルカ島	￥1760
A23	ポルトガル	￥1815
A24	ギリシアとエーゲ海の島々&キプロス	￥1870
A25	中欧	￥1980
A26	チェコ　ポーランド　スロヴァキア	￥1870
A27	ハンガリー	￥1870
A28	ブルガリア　ルーマニア	￥1980
A29	北欧　デンマーク　ノルウェー　スウェーデン　フィンランド	￥1870
A30	バルトの国々　エストニア　ラトヴィア　リトアニア	￥1870
A31	ロシア　ベラルーシ　ウクライナ　モルドヴァ　コーカサスの国々	￥2090
A32	極東ロシア　シベリア　サハリン	￥1980
A34	クロアチア　スロヴェニア	￥1760

B　南北アメリカ

番号	タイトル	価格
B01	アメリカ	￥2090
B02	アメリカ西海岸	￥1870
B03	ロスアンゼルス	￥1870
B04	サンフランシスコとシリコンバレー	￥1870
B05	シアトル　ポートランド	￥1870
B06	ニューヨーク　マンハッタン&ブルックリン	￥1980
B07	ボストン	￥1980
B08	ワシントンDC	￥1870
B09	ラスベガス　セドナ&グランドキャニオンと大西部	￥1870
B10	フロリダ	￥1870
B11	シカゴ	￥1870
B12	アメリカ南部	￥1980
B13	アメリカの国立公園	￥2090
B14	ダラス　ヒューストン　デンバー　グランドサークル　フェニックス　サンタフェ	￥1980
B15	アラスカ	￥1980
B16	カナダ	￥1870
B17	カナダ西部　カナディアン・ロッキーとバンクーバー	￥1760
B18	カナダ東部　ナイアガラ・フォールズ　メープル街道　プリンス・エドワード島　トロント　オタワ　モントリオール　ケベック・シティ	￥2090
B19	メキシコ	￥1980
B20	中米	￥2090
B21	ブラジル　ベネズエラ	￥2200
B22	アルゼンチン　チリ　パラグアイ　ウルグアイ	￥2200
B23	ペルー　ボリビア　エクアドル　コロンビア	￥2200
B24	キューバ　バハマ　ジャマイカ　カリブの島々	￥2035
B25	アメリカ・ドライブ	￥1980

C　太平洋 / インド洋島々

番号	タイトル	価格
C01	ハワイ1　オアフ島&ホノルル	￥1980
C02	ハワイ2　ハワイ島　マウイ島　カウアイ島　モロカイ島　ラナイ島	￥1760
C03	サイパン　ロタ&テニアン	￥1540
C04	グアム	￥1980
C05	タヒチ　イースター島	￥1870
C06	フィジー	￥1650
C07	ニューカレドニア	￥1650
C08	モルディブ	￥1870
C10	ニュージーランド	￥1870
C11	オーストラリア	￥2200
C12	ゴールドコースト&ケアンズ	￥1870
C13	シドニー&メルボルン	￥1760

D　アジア

番号	タイトル	価格
D01	中国	￥2090
D02	上海　杭州　蘇州	￥1870
D03	北京	￥1760
D04	大連　瀋陽　ハルビン　中国東北部の自然と文化	￥1980
D05	広州　アモイ　桂林　珠江デルタと華南地方	￥1980
D06	成都　重慶　九寨溝　麗江　四川　雲南	￥1980
D07	西安　敦煌　ウルムチ　シルクロードと中国北西部	￥1980
D08	チベット	￥2090
D09	香港　マカオ　深セン	￥1870
D10	台湾	￥1870
D11	台北	￥
D13	台南　高雄　屏東&南台湾の町	￥
D14	モンゴル	￥
D15	中央アジア　サマルカンドとシルクロードの国々	￥
D16	東南アジア	￥
D17	タイ	￥
D18	バンコク	￥
D19	マレーシア　ブルネイ	￥
D20	シンガポール	￥
D21	ベトナム	￥
D22	アンコール・ワットとカンボジア	￥
D23	ラオス	￥
D24	ミャンマー（ビルマ）	￥
D25	インドネシア	￥
D26	バリ島	￥
D27	フィリピン　マニラ　セブ　ボラカイ　ボホール　エルニド	￥
D28	インド	￥
D29	ネパールとヒマラヤトレッキング	￥
D30	スリランカ	￥
D31	ブータン	￥
D33	マカオ	￥
D34	釜山　慶州	￥
D35	バングラデシュ	￥
D37	韓国	￥
D38	ソウル	￥

E　中近東　アフリカ

番号	タイトル	価格
E01	ドバイとアラビア半島の国々	￥
E02	エジプト	￥
E03	イスタンブールとトルコの大地	￥
E04	ペトラ遺跡とヨルダン　レバノン	￥
E05	イスラエル	￥
E06	イラン　ペルシアの旅	￥
E07	モロッコ	￥
E08	チュニジア	￥
E09	東アフリカ　ウガンダ　エチオピア　ケニア　タンザニア　ルワンダ	￥
E10	南アフリカ	￥
E11	リビア	￥
E12	マダガスカル	￥

J　国内版

番号	タイトル	価格
J00	日本	￥
J01	東京	￥
J02	東京　多摩地域	￥
J03	京都	￥
J04	沖縄	￥
J05	北海道	￥
J07	埼玉	￥
J08	千葉	￥

地球の歩き方　aruco

●海外

番号	タイトル	価格
1	パリ	￥1320
2	ソウル	￥1650
3	台北	￥1320
4	トルコ	￥1430
5	インド	￥1540
6	ロンドン	￥1320
7	香港	￥1320
9	ニューヨーク	￥1320
10	ホーチミン　ダナン　ホイアン	￥1430
11	ホノルル	￥1320
12	バリ島	￥1320
13	上海	￥1320
14	モロッコ	￥1540
15	チェコ	￥1320
16	ベルギー	￥1430
17	ウィーン　ブダペスト	￥1320
18	イタリア	￥1320
19	スリランカ	￥1540
20	クロアチア　スロヴェニア	￥1430
21	スペイン	￥1320
22	シンガポール	￥1320
23	バンコク	￥1430
24	グアム	￥1320
25	オーストラリア	￥1430
26	フィンランド　エストニア	￥1430
27	アンコール・ワット	￥1430
28	ドイツ	￥1430
29	ハノイ	￥1430
30	台湾	￥1320
31	カナダ	￥1320
33	サイパン　テニアン　ロタ	￥1320
34	セブ　ボホール　エルニド	￥1320
35	ロスアンゼルス	￥1320
36	フランス	￥1430
37	ポルトガル	￥1650
38	ダナン　ホイアン　フエ	￥1430

●国内

東京	￥1540
東京で楽しむフランス	￥1430
東京で楽しむ韓国	￥1430
東京で楽しむ台湾	￥1430
東京の手みやげ	￥1430
東京おやつさんぽ	￥1430
東京のパン屋さん	￥1430
東京で楽しむ北欧	￥1430
東京のカフェめぐり	￥1480
東京で楽しむハワイ	￥1480
nyaruco　東京ねこさんぽ	￥1480
東京で楽しむイタリア&スペイン	￥1480
東京で楽しむアジアの国々	￥1480
東京ひとりさんぽ	￥1480
東京パワースポットさんぽ	￥1599
東京で楽しむ英国	￥1599

地球の歩き方　Plat

番号	タイトル	価格
1	パリ	￥1320
2	ニューヨーク	￥1320
3	台北	￥1100
4	ロンドン	￥1320
6	ドイツ	￥1320
7	ホーチミン／ハノイ／ダナン／ホイアン	￥1320
8	スペイン	￥1320
10	シンガポール	￥1100
11	アイスランド	￥1540
14	マルタ	￥1540
15	フィンランド	￥1320
16	クアラルンプール／マラッカ	￥1100
17	ウラジオストク／ハバロフスク	￥1430
18	サンクトペテルブルク／モスクワ	￥1540
19	エジプト	￥1320
20	香港	￥
22	ブルネイ	￥
23	ウズベキスタン／サマルカンド／ブハラ／ヒヴァ／タシケント	￥
24	ドバイ	￥
25	サンフランシスコ	￥
26	パース／西オーストラリア	￥
27	ジョージア	￥

地球の歩き方　リゾートスタ

番号	タイトル	価格
R02	ハワイ島	￥
R03	マウイ島	￥
R04	カウアイ島	￥
R05	こどもと行くハワイ	￥
R06	ハワイ　ドライブ・マップ	￥
R07	ハワイ　バスの旅	￥
R08	グアム	￥
R09	こどもと行くグアム	￥
R10	パラオ	￥
R12	プーケット　サムイ島　ピピ島	￥
R13	ペナン　ランカウイ　クアラルンプール	￥
R14	バリ島	￥
R15	セブ&ボラカイ　ボホール　シキホール	￥
R16	テーマパークｉｎオーランド	￥
R17	カンクン　コスメル　イスラ・ムヘーレス	￥
R20	ダナン　ホイアン　ホーチミン　ハノイ	￥

地球の歩き方　御朱印

御朱印でめぐる鎌倉のお寺　三十三観音完全掲載　三訂版	¥1650
御朱印でめぐる京都のお寺　改訂版	¥1650
御朱印でめぐる奈良の古寺　改訂版	¥1650
御朱印でめぐる東京のお寺	¥1650
日本全国この御朱印が凄い！　第壱集　増補改訂版	¥1650
日本全国この御朱印が凄い！　第弐集　都道府県網羅版	¥1650
御朱印でめぐる全国の神社　開運さんぽ	¥1430
御朱印でめぐる高野山　改訂版	¥1650
御朱印でめぐる関東の神社　週末開運さんぽ	¥1430
御朱印でめぐる秩父の寺社　三十四観音完全掲載　改訂版	¥1650
御朱印でめぐる関東の百寺　坂東三十三観音と古寺	¥1650
御朱印でめぐる関西の神社　週末開運さんぽ	¥1430
御朱印でめぐる関西の百寺　西国三十三所と古寺	¥1650
御朱印でめぐる東京の神社週末開運さんぽ　改訂版	¥1540
御朱印でめぐる神奈川の神社　週末開運さんぽ	¥1430
御朱印でめぐる埼玉の神社　週末開運さんぽ	¥1430
御朱印でめぐる北海道の神社　週末開運さんぽ	¥1430
御朱印でめぐる九州の神社　週末開運さんぽ　改訂版	¥1540
御朱印でめぐる千葉の神社　週末開運さんぽ　改訂版	¥1540
御朱印でめぐる東海の神社　週末開運さんぽ	¥1430
御朱印でめぐる京都の神社　週末開運さんぽ　改訂版	¥1540
御朱印でめぐる神奈川のお寺	¥1650
御朱印でめぐる大阪　兵庫の神社　週末開運さんぽ	¥1430
御朱印でめぐる愛知の神社　週末開運さんぽ　改訂版	¥1540
御朱印でめぐる栃木　日光の神社　週末開運さんぽ	¥1430
御朱印でめぐる福岡の神社　週末開運さんぽ　改訂版	¥1540
御朱印でめぐる広島　岡山の神社　週末開運さんぽ	¥1430
御朱印でめぐる山陰　山陽の神社　週末開運さんぽ	¥1430
御朱印でめぐる埼玉のお寺	¥1650
御朱印でめぐる千葉のお寺	¥1650
御朱印でめぐる東京の七福神	¥1540
御朱印でめぐる東北の神社　週末開運さんぽ　改訂版	¥1540
御朱印でめぐる全国の稲荷神社　週末開運さんぽ	¥1430
御朱印でめぐる新潟 佐渡の神社　週末開運さんぽ	¥1430
御朱印でめぐる静岡 富士 伊豆の神社　週末開運さんぽ	¥1430
御朱印でめぐる四国の神社　週末開運さんぽ	¥1430
御朱印でめぐる中央線沿線の寺社　週末開運さんぽ	¥1540
御朱印でめぐる東急線沿線の寺社　週末開運さんぽ	¥1540
御朱印でめぐる茨城の神社　週末開運さんぽ	¥1430
御朱印でめぐる関東の聖地　週末開運さんぽ	¥1430
御朱印でめぐる東海のお寺	¥1650
日本全国ねこの御朱印&お守りめぐり　週末開運にゃんさんぽ	¥1760
御朱印でめぐる信州 甲州の神社　週末開運さんぽ	¥1430
御朱印でめぐる全国の聖地　週末開運さんぽ	¥1430
御船印でめぐる全国の魅力的な船旅	¥1650
御朱印でめぐる茨城のお寺	¥1650
御朱印でめぐる全国のお寺　週末開運さんぽ	¥1540
日本全国 日本酒でめぐる　酒蔵&ちょこっと御朱印〈東日本編〉	¥1760
日本全国 日本酒でめぐる　酒蔵&ちょこっと御朱印〈西日本編〉	¥1760
関東版ねこの御朱印&お守りめぐり　週末開運にゃんさんぽ	¥1760
52	一生に一度は参りたい！　御朱印でめぐる全国の絶景寺社図鑑	¥2479
D51	鉄印帳でめぐる全国の魅力的な鉄道40	¥1650
	御朱印はじめました　関東の神社　週末開運さんぽ	¥1210

地球の歩き方　島旅

1	五島列島　3訂版	¥1650
2	奄美大島～奄美群島1～　3訂版	¥1650
3	与論島　沖永良部島　徳之島（奄美群島②）改訂版	¥1650
4	利尻　礼文	¥1650
5	天草	¥1650
6	壱岐　4訂版	¥1650
7	種子島　3訂版	¥1650
8	小笠原　父島　母島　3訂版	¥1650
9	隠岐	¥1650
10	佐渡　3訂版	¥1650
11	宮古島　伊良部島　下地島　来間島　池間島　多良間島　大神島　改訂版	¥1650
12	久米島　渡名喜島　改訂版	¥1650
13	小豆島～瀬戸内の島々1～　改訂版	¥1650
14	直島　豊島　女木島　男木島　犬島～瀬戸内の島々2～	¥1650
15	伊豆大島　利島～伊豆諸島1～　改訂版	¥1650
16	新島　式根島　神津島～伊豆諸島2～　改訂版	¥1650
17	沖縄本島周辺15離島	¥1650
18	たけとみの島々　竹富島　西表島　波照間島　小浜島　黒島　鳩間島　新城島　由布島　加屋	¥1650
19	淡路島～瀬戸内の島々3～	¥1650
20	石垣島　竹富島 西表島 小浜島 由布島 新城島 波照間島	¥1650
22	島旅ねこ　にゃんこの島の歩き方	¥1344

地球の歩き方　旅の図鑑

W01	世界244の国と地域	¥1760
W02	世界の指導者図鑑	¥1650
W03	世界の魅力的な奇岩と巨石139選	¥1760
W04	世界246の首都と主要都市	¥1760
W05	世界のすごい島300	¥1760
W06	地球の歩き方的！　世界なんでもランキング	¥1760
W07	世界のグルメ図鑑　116の国と地域の名物料理を食の雑学とともに解説	¥1760
W08	世界のすごい巨像	¥1760
W09	世界のすごい城と宮殿333	¥1760
W10	世界197ヵ国のふしぎな聖地&パワースポット	¥1870
W11	世界の祝祭	¥1760
W12	世界のカレー図鑑	¥1980
W13	世界遺産　絶景でめぐる自然遺産　完全版	¥1980
W15	地球の果ての歩き方	¥1980
W16	世界の中華料理図鑑	¥1980
W17	世界の地元メシ図鑑	¥1980
W18	世界遺産の歩き方　学んで旅する！　すごい世界遺産190選	¥1980
W19	世界の魅力的なビーチと湖	¥1980
W20	世界のすごい駅	¥1980
W21	世界のおみやげ図鑑	¥1980
W22	いつか旅してみたい世界の美しい古都	¥1980
W23	世界のすごいホテル	¥1980
W24	日本の凄い神木	¥2200
W25	世界のお菓子図鑑	¥1980
W26	世界の麺図鑑	¥1980
W27	世界のお酒図鑑	¥1980
W28	世界の魅力的な道	¥1980
W30	すごい地球！	¥2200
W31	世界のすごい墓	¥1980

地球の歩き方　旅の名言＆絶景

ALOHAを感じるハワイのことばと絶景100	¥1650
自分らしく生きるフランスのことばと絶景100	¥1650
人生観が変わるインドのことばと絶景100	¥1650
生きる知恵を授かるアラブのことばと絶景100	¥1650
心に寄り添う台湾のことばと絶景100	¥1650
道しるべとなるドイツのことばと絶景100	¥1650
共感と勇気がわく韓国のことばと絶景100	¥1650
人生を楽しみ尽くすイタリアのことばと絶景100	¥1650
今すぐ旅に出たくなる！　地球の歩き方のことばと絶景100	¥1650
悠久の教えをひもとく　中国のことばと絶景100	¥1650

地球の歩き方　旅と健康

地球のなぞり方 旅地図 アメリカ大陸編	¥1430
地球のなぞり方 旅地図 ヨーロッパ編	¥1430
地球のなぞり方 旅地図 アジア編	¥1430
地球のなぞり方 旅地図 日本編	¥1430
脳がどんどん強くなる！　すごい地球の歩き方	¥1650

地球の歩き方　gemstone

とっておきのポーランド　増補改訂版	¥1760
ラダック　ザンスカール　スピティ　北インドのリトル・チベット　増補改訂版	¥1925

地球の歩き方　旅の読み物

今こそ学びたい日本のこと	¥1760
週末だけで70ヵ国159都市を旅したリーマントラベラーが教える自分の時間の作り方	¥1540

地球の歩き方　BOOKS

BRAND NEW HAWAII　とびきりリアルな最新ハワイガイド	¥1650
FAMILY TAIWAN TRIP　#子連れ台湾	¥1518
GIRL'S GETAWAY TO LOS ANGELES	¥1760
HAWAII RISA'S FAVORITES　大人女子はハワイで美味しく美しく	¥1650
LOVELY GREEN NEW ZEALAND　未来の国を旅するガイドブック	¥1760
MAKI'S DEAREST HAWAII	¥1540
MY TRAVEL, MY LIFE Maki's Family Travel Book	¥1760
WORLD FORTUNE TRIP　イヴルルド遙華の世界開運★旅案内	¥1650
いろはに北欧	¥1760
ヴィクトリア朝が教えてくれる英国の魅力	¥1320
ダナン&ホイアン　PHOTO TRAVEL GUIDE	¥1650
とっておきのフィンランド	¥1760
フィンランドでかなえる100の夢	¥1760
マレーシア　地元で愛される名物食堂	¥1430
やり直し英語革命	¥1100
気軽に始める！大人の男海外ひとり旅	¥1100
気軽に出かける！　大人の男アジアひとり旅	¥1100
香港　地元で愛される名物食堂	¥1540
最高のハワイの過ごし方	¥1540
子連れで沖縄　旅のアドレス&テクニック117	¥1100
純情ヨーロッパ　呑んで、祈って、脱いでみて	¥1408
食事作りに手間暇かけないドイツ人、手料理神話にこだわり続ける日本人	¥1100
親の介護をはじめる人へ　伝えておきたい10のこと	¥1000
人情ヨーロッパ　人生、ゆるして、ゆるされて	¥1518
総予算33万円・9日間から行く！　世界一周	¥1100
台北　メトロさんぽ　MRTを使って、おいしいとかわいいを巡る旅	¥1518
鳥居りんこ　親の介護をはじめたらお金の話で泣き見てばかり	¥1320
鳥居りんこの親の介護は知らなきゃバカ見ることだらけ	¥1320
北欧が好き！　フィンランド・スウェーデン・デンマーク・ノルウェーの素敵な町めぐり	¥1210
北欧が好き！2　建築&デザインでめぐるフィンランド・スウェーデン・デンマーク・ノルウェー	¥1210
地球の歩き方JAPAN　ダムの歩き方　全国版　初めてのダム旅入門ガイド	¥1712
日本全国　開運神社　このお守りがすごい！	¥1522

地球の歩き方　スペシャルコラボ BOOK

地球の歩き方　ムー	¥2420
地球の歩き方　JOJO　ジョジョの奇妙な冒険	¥2420

地球の歩き方 旅の図鑑シリーズ

見て読んで海外のことを学ぶことができ、旅気分を楽しめる新シリーズ。
1979年の創刊以来、長年蓄積してきた世界各国の情報と取材経験を生かし、
従来の「地球の歩き方」には載せきれなかった、
旅にぐっと深みが増すような雑学や豆知識が盛り込まれています。

W01
世界244の国と地域
¥1760

W07
世界のグルメ図鑑
¥1760

W02
世界の指導者図鑑
¥1650

W03
世界の魅力的な
奇岩と巨石139選
¥1760

W04
世界246の首都と
主要都市
¥1760

W05
世界のすごい島300
¥1760

W06
世界なんでも
ランキング
¥1760

W08
世界のすごい巨像
¥1760

W09
世界のすごい城と
宮殿333
¥1760

W11
世界の祝祭
¥1760

W10 世界197ヵ国のふしぎな聖地&パワースポット ¥1870
W13 世界遺産　絶景でめぐる自然遺産　完全版 ¥1980
W16 世界の中華料理図鑑 ¥1980
W18 世界遺産の歩き方 ¥1980
W20 世界のすごい駅 ¥1980
W22 いつか旅してみたい世界の美しい古都 ¥1980
W24 日本の凄い神木 ¥2200
W26 世界の麺図鑑 ¥1980
W28 世界の魅力的な道 178 選 ¥1980
W31 世界のすごい墓 ¥1980

W12 世界のカレー図鑑 ¥1980
W15 地球の果ての歩き方 ¥1980
W17 世界の地元メシ図鑑 ¥1980
W19 世界の魅力的なビーチと湖 ¥1980
W21 世界のおみやげ図鑑 ¥1980
W23 世界のすごいホテル ¥1980
W25 世界のお菓子図鑑 ¥1980
W27 世界のお酒図鑑 ¥1980
W30 すごい地球! ¥2200

※表示価格は定価（税込）です。改訂時に価格が変更になる場合があります。

あなたの**旅の体験談**をお送りください

「地球の歩き方」は、たくさんの旅行者からご協力をいただいて、
改訂版や新刊を制作しています。
あなたの旅の体験や貴重な情報を、これから旅に出る人たちへ分けてあげてください。
なお、お送りいただいたご投稿がガイドブックに掲載された場合は、
初回掲載本を1冊プレゼントします！

ご投稿はインターネットから！

URL www.arukikata.co.jp/guidebook/toukou.html
画像も送れるカンタン「投稿フォーム」
※左記のQRコードをスマートフォンなどで読み取ってアクセス！

または「地球の歩き方　投稿」で検索してもすぐに見つかります

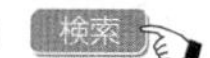

▶投稿にあたってのお願い

★ご投稿は、次のような《テーマ》に分けてお書きください。
《新発見》―――ガイドブック未掲載のレストラン、ホテル、ショップなどの情報
《旅の提案》―――未掲載の町や見どころ、新しいルートや楽しみ方などの情報
《アドバイス》―――旅先で工夫したこと、注意したこと、トラブル体験など
《訂正・反論》―――掲載されている記事・データの追加修正や更新、異論、反論など

※記入例「○○編20XX年度版△△ページ掲載の□□ホテルが移転していました……」

★データはできるだけ正確に。
ホテルやレストランなどの情報は、名称、住所、電話番号、アクセスなどを正確にお書きください。
ウェブサイトのURLや地図などは画像でご投稿いただくのもおすすめです。

★ご自身の体験をお寄せください。
雑誌やインターネット上の情報などの丸写しはせず、実際の体験に基づいた具体的な情報をお待ちしています。

▶ご確認ください

※採用されたご投稿は、必ずしも該当タイトルに掲載されるわけではありません。関連他タイトルへの掲載もありえます。
※例えば「新しい市内交通パスが発売されている」など、すでに編集部で取材・調査を終えているものと同内容のご投稿をいただいた場合は、ご投稿を採用したとはみなされず掲載本をプレゼントできないケースがあります。
※当社は個人情報を第三者へ提供いたしません。また、ご記入いただきましたご自身の情報については、ご投稿内容の確認や掲載本の送付などの用途以外には使用いたしません。
※ご投稿の採用の可否についてのお問い合わせはご遠慮ください。
※原稿は原文を尊重しますが、スペースなどの関係で編集部でリライトする場合があります。

あとがき

全世界を巻き込んだコロナ禍は、マレーシアにも大きな影響を与えました。多くの変化がもたらされていく一方で、ガイドブックとしてお伝えできずにいたのはジレンマの極みでした。こうしてようやく改訂できるときを迎え、再び門戸が開かれたその先で私たちが目にしたのは、未曾有の困難にも負けず力強く生きる人々でした。輝かしい未来に向けて進化を続けていく姿を、ぜひ皆さんご自身で確かめていただきたく、本書がその旅立ちの背を押す役目を果たせることを願っています。

STAFF

制　　作	斉藤麻理	Producer	Mari Saito
編集・取材・執筆	アナパ・パシフィック	Editorial Production	Anapa Pacific Co., Ltd.
	梅原トシカヅ	Editorial Director	Toshikazu Umehara
	古川　音	Chief Editor & Writer	Oto Furukawa
編　　集	小山まゆみ	Editors	Mayumi Koyama
	伊部綾子		Ayako Ibe
取　　材	服部好江	Writers	Yoshie Hattori
	今村志帆		Shiho Imamura
	下福あやの		Ayano Shimofuku
執　　筆	新井卓治		Takuji Arai
	大森実樹		Miki Omori
写　　真	波間英彦	Photographers	Hidehiko Hama
	松本光子		Mitsuko Matsumoto
デザイン	山本美恵子（開成堂印刷）	Design	Mieko Yamamoto（Kaiseido）
	岡崎理恵		Rie Okazaki
	戸部明美（at）		Akemi Tobe（at）
校　　正	永井正己	Proofreading	Masami Nagai
	東京出版サービスセンター		Tokyo Syuppan Service Center
地　　図	高棟 博（ムネプロ）	Maps	Hiroshi Takamune（Mune Pro）
表　　紙	日出嶋昭男	Cover Design	HIDEJIMA Akio

SPECIAL THANKS：マレーシア政府観光局／ Tourism Malaysia ／ウェンディー・ツアー／サンヨー・ジャパン・マーケティング・インターナショナル／ウィンコーポレーション／加藤富弼（ニッポンメット・シン・トラベル&ツアーズ）／ Crystal Yacht Holidays ／ガヤ・ミナミ／ YTL Hotels ／フレーミー・トラベル／本橋裕美子／ Sabah Tourism Board ／ Sarawak Tourism Board ／ブルネイ大使館／ロイヤルブルネイ航空／ JTB ／ JS マーケティング

本書の内容について、ご意見・ご感想はこちらまで

読者投稿　〒 141-8425　東京都品川区西五反田 2-11-8
株式会社地球の歩き方
地球の歩き方サービスデスク「マレーシア ブルネイ編」投稿係
https://www.arukikata.co.jp/guidebook/toukou.html

地球の歩き方ホームページ（海外・国内旅行の総合情報）
https://www.arukikata.co.jp/

ガイドブック『地球の歩き方』公式サイト
https://www.arukikata.co.jp/guidebook/

地球の歩き方 D19

マレーシア ブルネイ 2023-2024年版

2023年 3 月 7 日　初版第1刷発行
2023 年10月13日　初版第2刷発行

Published by Arukikata. Co., Ltd.
2-11-8 Nishigotanda, Shinagawa-ku, Tokyo, 141-8425, Japan

著作編集　地球の歩き方編集室
発行人　新井 邦弘
編集人　宮田　崇
発 行 所　株式会社地球の歩き方
〒 141-8425　東京都品川区西五反田 2-11-8
発 売 元　株式会社Gakken
〒 141-8416　東京都品川区西五反田 2-11-8
印刷製本　開成堂印刷株式会社

※本書は基本的に 2022 年 8 ～ 10 月の取材データに基づいて作られています。
発行後に料金、営業時間、定休日などが変更になる場合がありますのでご了承ください。
更新・訂正情報：https://www.arukikata.co.jp/travel-support/

●この本に関する各種お問い合わせ先
・本の内容については、下記サイトのお問い合わせフォームよりお願いします。
URL ▶ https://www.arukikata.co.jp/guidebook/contact.html
・広告については、下記サイトのお問い合わせフォームよりお願いします。
URL ▶ https://www.arukikata.co.jp/ad_contact/
・在庫については　Tel 03-6431-1250（販売部）
・不良品（乱丁、落丁）については　Tel 0570-000577
学研業務センター　〒 354-0045　埼玉県入間郡三芳町上富 279-1
・上記以外のお問い合わせは　Tel 0570-056-710（学研グループ総合案内）

※本書は株式会社ダイヤモンド・ビッグ社より 1989 年 6 月に初版発行したもの（2019 年 11 月に改訂第 29 版）の最新・改訂版です。
学研グループの書籍・雑誌についての新刊情報・詳細情報は、下記をご覧ください。
学研出版サイト　https://hon.gakken.jp/